JN492736

Perfect C

C언어로 배우는 프로그래밍 기초

저자소개

강환수 교수

서울대학교 계산통계학과에서 학사학위, 서울대학교 전산과학과에서 전산학 이학석사(M.S.)를 취득하였다. 1998년까지 삼성 SDS의 정보기술연구소에서 선임연구원으로 재직 중에 지식관리시스템(Knowledge Management Systems)과 그룹웨어시스템(Groupware Systems) 개발에 프로젝트 매니저로 참여하였다.

1998년에 동양미래대학교로 자리를 옮겨 현재, 동양미래대학교 컴퓨터정보공학과와 인공지능소프트웨어학과 교수로 재직하고 있으며 서울대학교 컴퓨터공학부에서 박사를 수료하였다. 컴퓨터 관련 교육에 관심이 있어 프로그래밍 언어에 관련된 서적인 『알기 쉬운 자바(영한, 1998)』, 『비주얼 베이직 6.0 프로그래밍(글로벌, 1999)』, 『C로 배우는 프로그래밍 기초(학술정보, 2003)』, 『자바로 배우는 프로그래밍 기초(학술정보, 2005)』, 『유비쿼터스 시대의 컴퓨터 개론(학술정보, 2006)』, 『Perfect C(인피니티북스, 2007)』, 『C로 배우는 프로그래밍 기초 2판(인피니티북스, 2008)』, 『소프트웨어 중심 사회의 컴퓨터 개론(인피니티북스, 2019)』, 『파이썬으로 배우는 누구나 코딩(홍릉과학출판사, 2020)』 등을 저술하였으며 역서로는 『비주얼 베이직으로 배우는 프로그래밍 기초(학술정보, 2005)』 등이 있다.

- 서울대학교 계산통계학과 학사
- 서울대학교 전산과학전공 석사
- 서울대학교 컴퓨터공학부 박사 수료
- 전 삼성SDS 정보기술연구소 선임연구원
- 미국 인디애나 퍼듀 대학(IUPUI) 방문교수
- 전 동양미래대학교 산학협력처장 겸 단장
- 현 동양미래대학교 컴퓨터공학부 교수

강환일 교수

서울대학교 전자공학과에서 학사학위를 취득하였고, 한국과학기술원(KAIST) 전기 및 전자공학과에서 공학석사를 취득하였다. 미국 위스콘신(매디슨)대학 전기 및 컴퓨터공학과에서 박사학위를 취득하였다. 현재 명지대학교 정보통신공학과에서 교수로 재직 중이며, 캐나다 토론토대학 전기공학과 및 미국 퍼듀대학교 전기공학과 방문교수를 역임하였고, 2014년에는 영국 크랜필드대학(슈리븐햄 캠퍼스) 국방분야의 단기과정을 이수하였다. 주요 연구 분야는 멀티미디어 보안 및 처리, 정보통신 응용 및 국방관련 최적화 연구와 강인제어시스템 등이다.

저서로는 『C로 배우는 프로그래밍 기초(학술정보, 2003)』, 『자바로 배우는 프로그래밍 기초(학술정보, 2005)』, 『유비쿼터스 시대의 컴퓨터 개론(학술정보, 2006)』, 『모바일 시대의 컴퓨터개론(인피니티북스, 2014) 등이 있다.

- 서울대학교 전자공학과 학사
- 한국과학기술원(KAIST) 전기 및 전자공학과 석사
- 미국 위스콘신(매디슨)대학 전기 및 컴퓨터공학과 박사
- 캐나다 토론토대학 전기공학과 및 미국 퍼듀대학교 전기공학과 방문교수
- 영국 크랜필드대학(슈리븐햄 캠퍼스) 단기연수
- 현 명지대학교 정보통신공학과 교수

이동규 교수

서울대학교 전자공학과에서 학사학위 및 석사학위를 취득하였고, 서울대학교 기술경영대학원에서 박사학위를 취득하였다. 삼성전자의 통신연구소 전임연구원이었으며, 삼성전자에서 근무하는 기간(1992~1998)에 교환기부가시스템의 운영체제를 개발하였으며, 현재 동양미래대학교 컴퓨터공학부에서 교수로 재직 중이다.

저서로는 『C 언어 스케치(인피니티북스, 2011) 』 등이 있다.

- 서울대학교 전자공학과 학사
- 서울대학교 전자공학과 석사
- 서울대학교 기술경영대학원 박사
- 전 삼성전자 통신연구소 전임연구원
- 삼성 근무기간(1992~1998)에 교환기부가시스템 운영체제 개발
- 현 동양미래대학교 컴퓨터공학부 교수

C 언어로 배우는 프로그래밍 기초

Perfect C

3판

강환수·강환일·이동규 지음

INFINITYBOOKS
인피니티북스

머리말

2016년 3월, 이세돌 기사와 알파고의 바둑 대회를 계기로 '인공지능'이라는 단어가 우리에게 익숙해지게 되었다. 스마트폰과 무선통신 기술 발전으로 대중화된 모바일 컴퓨팅 환경은 기계, 자동차, 제조업, 금융, 의학 등 다양한 분야의 융합 기술을 낳았으며, 발전을 거듭하는 인공지능과 빅데이터 그리고 사물인터넷 등의 혁신적인 첨단 기술과 함께 우리는 이미 제4차 산업혁명 시대에 살고 있다. 이러한 정보기술 발전에 항상 함께한 언어가 바로 C 언어이다. C 언어는 1972년 벨 연구소에서 새로 개발하려는 유닉스 운영체제에서 사용하기 위해 개발된 이래 50년간 꾸준히 활용되고 있는 프로그래밍 언어이다. 이후 마이크로소프트 윈도우즈(Windows)와 맥킨토시의 OS X 그리고 리눅스(Linux) 등이 모두 C 언어로 개발되었다. C 언어는 운영체제 개발뿐만 아니라 임베디드 시스템과 다양한 분야의 응용 프로그램 개발에도 널리 사용되고 있다. C 언어의 위상은 지금까지도 거의 변화 없이 학습과 실무에서 여전히 가장 중요한 프로그래밍 언어 중의 하나로 자리매김하고 있다. 라틴어가 영어나 프랑스어, 스페인어 등의 기원이듯 C 언어는 오늘날 널리 사용되는 고급 언어의 가장 바탕이 되는 언어라고 할 수 있다. 그러므로 C 언어의 터득은 자바와 C#, 파이썬(python) 등 대부분의 다른 고급 언어의 이해와 학습에도 많은 도움이 된다.

필자의 'C로 배우는 프로그래밍 언어'와 'Perfect C'의 출간을 계기로, 국내에는 다양한 C 언어 저서가 출간되어 이제 대학을 비롯한 대부분의 교육기관에서 국내 서적으로 C 언어를 교육하고 있다. 필자는 본서 'Perfect C'를 쉬운 내용부터 하나하나 독자 스스로 터득할 수 있도록 내용과 소스를 보다 쉽게 개정하고 구성하였다. 본문 중간중간에 용어나 주제의 다른 설명을 위해 팁(Tip)을 넣었으며, 스스로 학습 내용을 점검할 수 있도록 중간점검, 간단한 프로그램을 완성하는 랩(Lab), 단원을 여러 가지로 평가할 수 있는 내용점검과 프로그래밍 연습으로 본서를 구성하였다. 또한 1999년에 발표된 C99라 불리는 C 표준인 ISO/IEC 9899:1999에 대한 내용을 '버전 C99 추가 기능'에 추가하였다. 본서는 C 언어를 처음 학습하는 독자들에게 이해하기 쉬운 해설과 그림으로 재미있고 빠르게 C 언어를 학습하기 위한 지침서이며 강단에서 C 언어 학습에 보다 효과적으로 활용하기 위한 교재이다. 다양한 C 언어 관련 서적이 있는 현실에서 C 언어를 처음 접하는 독자에게 본서가 효과적인 학습 지침서가 되기를 희망한다.

2021년 7월

대표저자 강환수

내용 구성

본문은 16개의 단원(chapter)으로 구성, 단원은 여러 절로 구성되며, 절 하부에는 주제와 부제로 구성

- 본문에는 다양한 실습예제로 프로그래밍 연습이 가능하며, 비주얼 스튜디오의 프로젝트 이름과 소스 이름, 소스에 대한 간단한 설명과 실행결과를 제시

실습예제 9-4	Prj04	04aryparam.c	함수에서 배열인자를 사용	난이도: ★

```c
#include <stdio.h>

int sumary(int ary[], int SIZE);

int main(void)
{
   int point[] = { 95, 88, 76, 54, 85, 33, 65, 78, 99, 82 };

   int arySize = sizeof(point);
   printf("메인에서 배열 전체크기: %d\n", arySize);
   int aryLength = arySize / sizeof(int);

   int sum = 0;
   for (int i = 0; i < aryLength; i++)
      sum += point[i];

   printf("메인에서 구한 합은 %d\n", sum);
   printf("함수 sumary() 호출로 구한 합은 %d\n", sumary(point, aryLength));
   printf("함수 sumary() 호출로 구한 합은 %d\n", sumary(&point[0], aryLength));

   return 0;
}

int sumary(int ary[], int SIZE)
{
   int sum = 0;
   printf("함수에서 배열 전체크기: %d\n", (int) sizeof(ary));
   for (int i = 0; i < SIZE; i++)
   {
      sum += ary[i];
   }

   return sum;
}
```

배열의 실매개변수 사용은 point와 &point[0]로도 가능

함수의 매개변수에 배열을 사용하더라도 배열의 첫 원소 주소만이 전달되므로 배열의 크기를 전달해야 배열에 관한 처리가 가능함. 이것은 배열 크기를 구하는 문장으로, 변수 aryLangth에는 배열크기가 저장됨

이 곳에서는 함수를 호출한 곳에서의 배열 전체 크기를 알 수 없음

결과

```
메인에서 배열 전체크기: 40
메인에서 구한 합은 755
함수에서 배열 전체크기: 8
함수 sumary() 호출로 구한 합은 755
함수에서 배열 전체크기: 8
함수 sumary() 호출로 구한 합은 755
```

중간점검

절의 주제에서 학습한 내용을 바로 점검하기 위한 간단한 문제

중간점검

01 다음 while 문은 컴파일 오류는 발생하지 않으나 문제가 발생한다. 잘못된 것을 찾아 수정하시오.

```
while (3 >= 1);
   printf("%s\n", "Hello World!\n");
```

02 다음 부분 소스에서 왼쪽과 오른쪽의 출력 값을 기술하시오.

```
int n = 1;
while (n < 10)
   printf("%d ", n++)
```

```
int n = 1;
while (n < 10)
   printf("%d ", ++n)
```

NOTE

주요 이슈가 되는 흥미로운 내용이나 주의해야 할 내용을 간략히 설명

NOTE: **[문법오류] 중첩된 블록주석**

블록 주석에서 /* … */ 은 주석 안에 다시 주석을 이용하는 중첩된(nested) 주석은 사용할 수 없으니 주의해야 한다. 다음과 같은 중첩된 블록주석에서 컴파일러는 처음으로 나타난 /*을 블록주석 시작으로 인식하며, 이후 처음으로 표시된 */을 종료로 인식하므로 다시 나타난 */에서 컴파일 시간에 문법 오류가 발생한다.

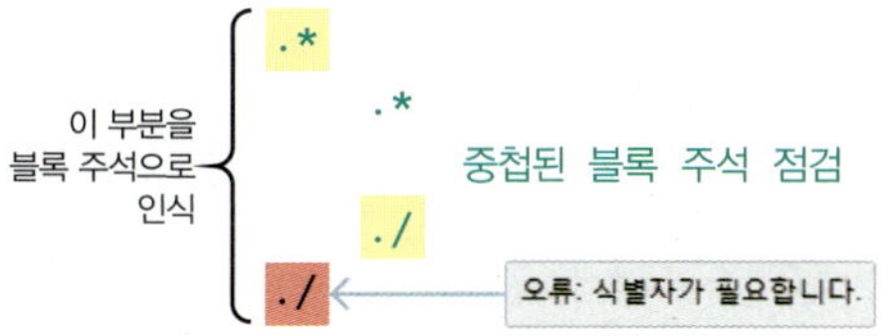

그림 3-11 다중 블록 주석 오류

TIP

프로그래밍 문법에서 주의 깊게 살펴보아야 할 내용을 정리

TIP 대입에서 l-value와 r-value

대입연산자 =의 왼쪽에 위치하는 변수를 lvalue 또는 l-value라 하며, 오른쪽에 위치하는 변수나 연산결과의 값을 rvalue 또는 r-value라 한다. l-value와 r-value는 각각 left value와 right value를 의미한다. 즉 대입 문장은 다음과 같은 구조를 가지며 l-value는 반드시 값을 저장할 수 있는 변수나 변수를 표현하는 표현식이어야 하며, r-value는 l-value에 저장할 자료 값을 반환하는 표현식이어야 한다. 그러므로 30 = 20 + 10과 같은 문장은 오류가 발생한다.

```
l-value = r-value;

30 = 20 1 10;     ./오류 발생
```

오류: 식이 수정할 수 있는 lvalue여야 합니다.

그림 3-26 l-value와 r-value

버전 C99 추가 기능

1999년에 발표된 C99라 불리는 C 표준인 ISO/IEC 9899:1999에 대한 내용을 정리

NOTE: 버전 C99 추가 기능

포인터 변수에 형변환 연산자를 사용해 직접 배열 초기화 형태의 원소 초기값을 저장할 수 있다.

```
int *p = (int[]) { 3, 0, 3, 1, 4 };
```

포인터 변수 p를 사용해 배열 형태의 저장 값을 모두 출력할 수 있다.

```
for (int i = 0; i < 5; i++) {
   printf("%d ", *p++);
}
```

LAB

절의 내용을 프로그래밍 구현으로 복습하는 샘플 예제로, 일부 소스가 미완성(빈칸)으로 되어 있어 학습자가 스스로 소스를 완성하여 실행

LAB 표준입력으로 받은 세 정수의 최대값을 출력

표준입력으로 받은 세 정수에서 최대값을 출력되는 프로그램을 작성해보자.

- 먼저 조건식 x > y 이 참이면 x와 z의 최대값, 거짓이면 x와 z의 최대값을 구해 출력

Lab 6-1 lab1max.c 난이도: ★★

```c
01 #define _CRT_SECURE_NO_WARNINGS
02 #include <stdio.h>
03
04 int main(void)
05 {
06     int x, y, z;
07     printf("세 정수를 입력: ");
08     scanf("%d %d %d", &x, &y, &z);
09
10     if (x > y)
11     {
12         if (          )
13             printf("최대 수: %d\n", x);
14         else
15             printf("최대 수: %d\n", z);
16     }
17     else
18     {
19         if (          )
20             printf("최대 수: %d\n", y);
21         else
22             printf("최대 수: %d\n", z);
23     }
24
25     return 0;
26 }
```

정답

```c
10 if (x > z)
19 if (y > z)
```

Lab 표준입력으로 받은 세 정수의 최대값을 출력 269

내용점검 연습

단원의 내용을 정리하는 부분으로 O/X문제, 빈 부분 채우기, 4지선다형 객관식 문항, 소스 오류 찾기, 소스 실행결과 문항 등 다양한 내용점검 문제로 구성

내용점검 연습

01 다음에서 서술 내용이 맞으면 ○, 틀리면 × 하시오.

❶ 프로그램에서 컴퓨터에게 명령을 내리는 최소 단위를 문장(statement)이라 한다. ( )

❷ C 언어에서 변수의 자료유형은 바뀔 수 있다. ( )

❸ 식별자는 영문자(대소문자 알파벳), 숫자(0에서 9), 빼기 기호(-)(_)로 구성된다. ( )

❹ 문자형과 정수형의 최대 최소 상수는 헤더파일 limits.h에 정의되어 있다. ( )

❺ 열거형 enum을 사용하여 정수 열거형 상수를 여러 개 정의하여 활용할 수 있다. ( )

❻ 블록 내부에서 변수선언은 반드시 다른 문장보다 앞서 배치해야 한다. ( )

❼ 변수(variables)에서 변수 이름, 변수 유형, 변수 저장 값을 변수의 3요소라 한다. ( )

02 다음에서 비어있는 부분을 적당히 채우시오.

❶ 문장과 달리 프로그램 내용에는 전혀 영향을 미치지 않는 설명문을 ( )이라 한다.

❷ ( )는 블록 내부에서 문장들을 탭(tab) 정도만큼 오른쪽으로 들여 쓰는 소스작성 방식이다.

❸ 프로그래밍 언어에서 문법적으로 의미 있는 단어로 사용하기 위해 미리 정의해 놓은 단어를 ( )라 한다.

❹ 연산자 ( )를 이용하면 자료형, 변수, 상수의 저장공간 크기를 바이트 단위로 알 수 있다.

❺ 전처리 지시자 ( )은 매크로 심볼릭 상수를 정의하는 지시자이다.

❻ 변수를 사용하기 위해서는 먼저 ( ) 과정이 필요하다.

❼ 이스케이프 문자에서 역슬래쉬 \ 자체는 ( )로 표현한다.

03 다음 각각의 문제에서 가장 적절한 것을 하나 선택하시오.

❶ 다음 중에서 키워드가 아닌 것은? ( )

가) int　　나) return

다) main　　라) void

154 CHAPTER 03 입출력과 연산자

프로그래밍 연습

단원의 내용을 프로그래밍 연습 문제로 직접 코딩하여 점검

프로그래밍 연습

01 인치(inch)를 센티미터(cm)로 바꾸는 함수를 작성하여, 표준입력으로 받은 인치를 센티미터로 출력하는 프로그램을 작성하시오. 난이도: ★

- 1inch = 2.54 cm

```
Microsoft Visual Studio 디버그 콘솔
거리를 인치로 입력하세요. -> 35.4
입력한 35.400000인치는 89.916000센티미터이다.
```

02 표준입력으로 받은 양의 정수를 매개변수로 하는 함수 getsum(int max)을 구현해 1부터 max까지의 합을 출력하는 프로그램을 작성하시오. 난이도: ★

```
Microsoft Visual Studio 디버그 콘솔
1에서 n까지의 합을 구할 n을 입력하시오. >> 12
1에서 12까지의 합: 78
```

03 다음 식과 내용을 참고로 섭씨온도(C)를 화씨온도(F)로 변환하는 함수를 작성하여 그 결과를 출력하는 프로그램을 작성하시오. 난이도: ★

- 섭씨온도(C)와 화씨온도(F)의 관계식 : C = (5/9)(F − 32)
- 섭씨온도가 0부터 100까지 0.5씩 증가하도록 하며, 이 때의 화씨온도를 구하여 출력(단 온도는 모두 소수점 2자리까지 출력)

```
Microsoft Visual Studio 디버그 콘솔
섭씨온도 0.5씩 증가값에 대한 화씨온도 출력

섭씨온도= 10.00    화씨온도= 50.00
섭씨온도= 10.50    화씨온도= 50.90
섭씨온도= 11.00    화씨온도= 51.80
```

프로그래밍 연습 419

대학강좌 학습 일정

교육 강좌에 본서를 이용하는 교수님을 위하여 학습 일정을 제시한다. 프로그래밍 언어 관련 강좌에 다음 표와 같은 일정으로 본서를 가지고 교육한다면 만족할 만한 학기 강의를 할 수 있으리라 믿는다. 프로그래밍 언어를 처음 학습하는 저학년을 대상으로 한다면 주당 3~4시간의 한 학기로 본서의 내용 전체를 학습하는 강좌로는 다소 시간이 부족할 수 있으니 2개 학기로 나누어 1학기에는 단원1에서 단원 12까지 소화하고, 나머지 2학기에는 복습과 함께 단원 13에서 단원 16장까지 두 학기용 일정의 강의 계획을 권장한다. 고학년이나 다른 프로그래밍 언어를 학습한 학생을 대상으로 운영하는 강좌라면 한 학기용 일정의 강의 계획을 권장한다.

[단원 1]은 프로그래밍 언어를 학습하기 위한 기본 정보기술의 내용으로 구성된 단원이다. 초보자인 경우, 교육 일정에서 [단원 1]의 강의가 필요하며 고학년이나 중급자인 경우는 간략히 설명하거나 생략할 수 있다.

주	한 학기용	두 학기용	
		1학기	2학기
1주	[단원 1] C 프로그래밍 언어 개요	[단원 1] C 프로그래밍 언어 개요	[복습] C 언어와 개요와 개발환경
2주	[단원 2] C 프로그래밍 첫걸음 [단원 3] 자료형과 변수	[단원 1] C 프로그래밍 언어 개요 [단원 2] C 프로그래밍 첫걸음(1)	[복습] 조건과 반복
3주	[단원 4] 전처리와 입출력	[단원 2] C 프로그래밍 첫걸음(2)	[복습] 포인터와 함수
4주	[단원 5] 연산자와 연산식	[단원 3] 자료형과 변수	[복습] 문자 기초와 변수 유효 범위
5주	[단원 6] 조건 [단원 7] 반복	[단원 4] 전처리와 입출력	[복습] 포인터 기초
6주	[단원 8] 배열	[단원 5] 연산자와 연산식	[복습] 문자와 문자열
7주	[단원 9] 함수 기초	[단원 6] 조건	[복습] 구조체와 공용체
8주	중간고사	중간고사	중간고사
9주	[단원 10] 변수 유효 범위	[단원 7] 반복	[단원 14] 함수와 포인터 활용(1)
10주	[단원 11] 포인터 기초	[단원 8] 배열	[단원 14] 함수와 포인터 활용(2)
11주	[단원 12] 문자와 문자열	[단원 9] 함수 기초	[단원 15] 파일 처리(1)
12주	[단원 13] 구조체와 공용체	[단원 10] 변수 유효 범위	[단원 15] 파일 처리(2)
13주	[단원 14] 함수와 포인터 활용	[단원 11] 포인터 기초	[단원 16] 동적 메모리와 전처리(1)
14주	[단원 15] 파일 처리	[단원 12] 문자와 문자열 [단원 13] 구조체와 공용체	[단원 16] 동적 메모리와 전처리(2)
15주	[단원 16] 동적 메모리와 전처리 팀 프로젝트 발표회	팀 프로젝트 발표회	팀 프로젝트 발표회
16주	기말고사	기말고사	기말고사

차례

CHAPTER 16

동적 메모리와 전처리 ······ 697

CHAPTER 01

프로그래밍 언어 개요

학습목표

▶ **프로그램과 컴퓨터의 소프트웨어를 이해하고 소프트웨어를 개발하는 프로그래밍 언어에 대해 설명할 수 있다.**
- 일반 용어인 프로그램과 컴퓨터 프로그램의 유사점
- 하드웨어와 소프트웨어
- 기계어와 어셈블리어
- 저급언어와 고급언어
- 컴파일러와 어셈블러

▶ **C언어의 중요성과 특징을 이해하고 설명할 수 있다.**
- C 언어의 개발과 역사
- C 언어의 특징과 중요성

▶ **컴퓨터의 자료 표현 방법과 논리 및 문자를 이해하고 설명할 수 있다.**
- 이진수의 표현 방법과 정보의 단위
- 논리와 문자 표현

▶ **소프트웨어 개발 과정과 알고리즘의 표현 방법을 이해하고 설명할 수 있다.**
- 알고리즘의 정의와 기술 방법
- 소프트웨어 개발 절차

▶ **포트란에서부터 엔트리까지 다양한 프로그래밍 언어를 이해하고 설명할 수 있다.**
- 60~70년 초기에 개발된 프로그래밍 언어
- 비주얼 프로그래밍 언어

학습목차

1.1 '프로그램'은 무엇일까?

우리 주위에서 일상이 된 '프로그램'

스마트폰과 컴퓨터에서의 프로그램

이제 아침마다 스마트폰에서 알려주는 알람을 통해 잠에서 깨는 일이 일상이 되었다. 그리고 날씨 정보를 보며 오늘 입고 갈 옷을 고르곤 한다. 학교로 가는 버스나 지하철에서 어제 못 본 드라마 동영상을 보거나 일정관리 앱을 보면서 오늘 할 일을 점검한다. 학교에 가선 컴퓨터에서 워드프로세서를 사용해 레포트 작성을 하기도 한다.

- 스마트폰에서 이용하는 각종 앱이나, 컴퓨터에서 작업하는 워드나 아래한글 등이 바로 프로그램(program)이다.
- 우리 주위에서 쉽게 접할 수 있는 **스마트폰과 노트북 또는 데스크탑 컴퓨터에서 특정 작업을 위해 컴퓨터를 작동시키는 것이 프로그램**이다.

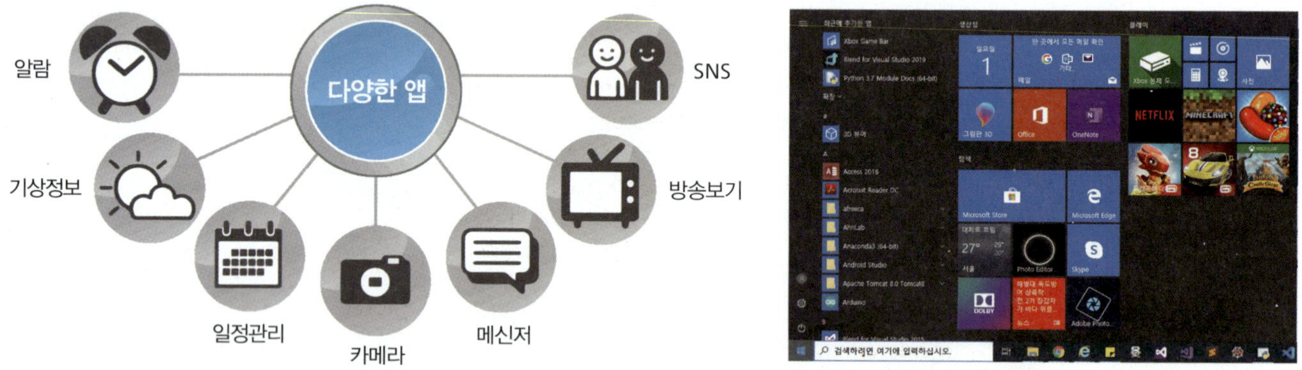

그림 1-1 일상생활에서 활용하는 스마트폰 프로그램 "앱"과 컴퓨터의 여러 프로그램들

프로그램의 중요 의미

알람 앱, 기상정보 앱, 일정관리 앱, 계산기, 메모장과 같이 **컴퓨터나 스마트폰에서 특정 목적의 작업을 수행하기 위한 관련 파일의 모임을 프로그램(program)**이라 한다. 프로그램은 응용 프로그램(application program)을 줄인 말로, 특히 스마트폰에서 사용되는 프로그램은 더 간단히 "앱(app)" 또는 "어플(appl)"이라고도 부른다.

그렇다면 이러한 프로그램은 무엇으로 구성되어 있는 것일까? 프로그램의 구성 내용을 알기 전에 쉽게 일상생활에서 자주 사용되는 프로그램을 먼저 알아 보자.

텔레비전의 방송에서도 예능 프로그램, 오디션 프로그램 등 프로그램이라는 용어를 자주 사용하며, 워크숍이나 음악회, 운동회에서도 프로그램이라는 용어를 흔히 사용한다. 여기서 **프로그램이란 연극이나 방송 따위의 진행 차례나 진행 목록**을 말한다. 즉 **프로그램이란 용어의 공통적 의미는 특정한 목적을 수행하기 위한 이미 정해놓은 순서적인 계획이나 절차를 의미**한다. 이러한 프로그램의 공통적인 특징을 살펴보면 다음과 같다.

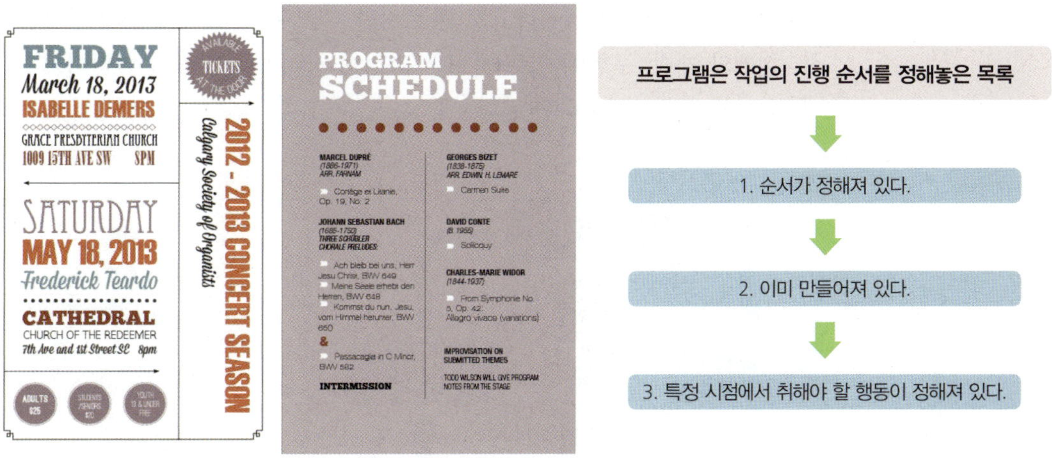

그림 1-2 콘서트 프로그램 예와 프로그램의 특징

우리가 배우는 정보기술 분야에서 **프로그램은 특정 작업을 수행하기 위하여 그 처리 방법과 순서를 기술한 명령어와 자료로 구성**되어 있다. 즉 **프로그램은 컴퓨터에게 지시할 일련의 처리 작업 내용을 담고 있고, 사용자의 프로그램 조작에 따라 컴퓨터에게 적절한 명령을 지시하여 프로그램이 실행**된다. 이러한 컴퓨터 프로그램의 내부 명령어는 약속된 형식의 0과 1의 비트(bits)로만 구성되어 있다. 다음 알람 앱에서와 같이 정해진 명령이 순서에 의해 실행되는 것을 알 수 있다.

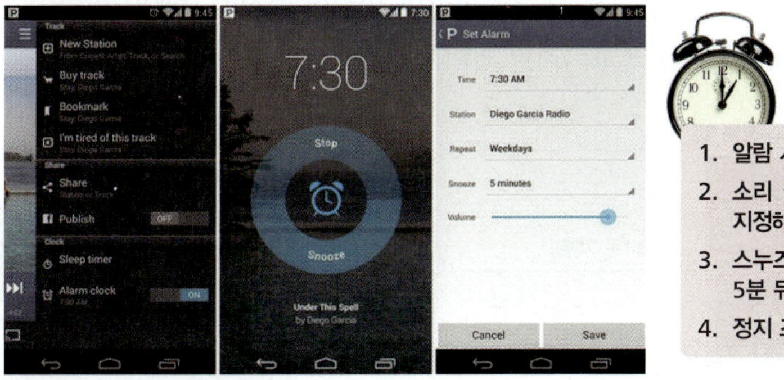

1. 알람 시각 설정: 아침 7시 30분에 알람을 울려라.
2. 소리 설정: 알람음은 듣기 좋은 '물방울 소리'로 지정해라.
3. 스누즈 기능 설정: 알람을 지정 시각에 울린 후 5분 뒤에 다시 울려라.
4. 정지 조건 설정: 버튼을 누르면 알람을 정지해라.

그림 1-3 알람 앱 프로그램

중간점검

01 컴퓨터와 스마트폰에서 사용되는 대표적인 프로그램은 무엇이 있는가?

프로그래머와 프로그래밍 언어

프로그래머

텔레비전의 방송 프로그램을 만드는 사람을 연출자, 영어로는 프로듀서(producer)라고 하며 영화를 만드는 사람을 감독이라고 하듯이, **컴퓨터와 스마트폰 등의 정보기기에서 사용되는 프로그램을 만드는 사람을 프로그래머(programmer)**라 한다. 일반적으로 프로그래머는 소프트웨어나 프로그램 개발자(developer)라고도 부르지만, 개발자는 소프트웨어 구축을 위한 기획에서부터 분석 · 설계와 개발, 구현에 이르는 모든 과정에 참여하는 사람을 말한다. 따라서 프로그래머보다 좀 더 넓은 의미라고 이해하면 된다.

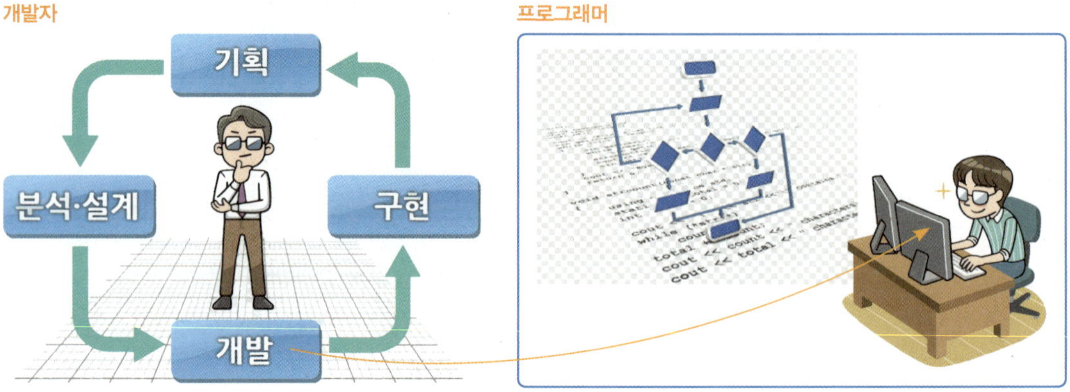

그림 1-4 개발자와 프로그래머

프로그래밍 언어

아마도 프로그래머를 꿈꾸는 많은 사람들은 이 책과 같은 C 프로그래밍 언어로 프로그래밍 학습을 시작한다. 프로그래머는 특정 문제를 해결하기 위해 컴퓨터에게 지시할 일련의 명령을 적절히 기술하여 프로그램을 개발하는데, 이 일련의 명령어가 **프로그래밍 언어**이다. 그러므로 프로그램 개발자가 되기 위해서는 프로그래밍 언어를 배우는 것이 가장 기본이다.

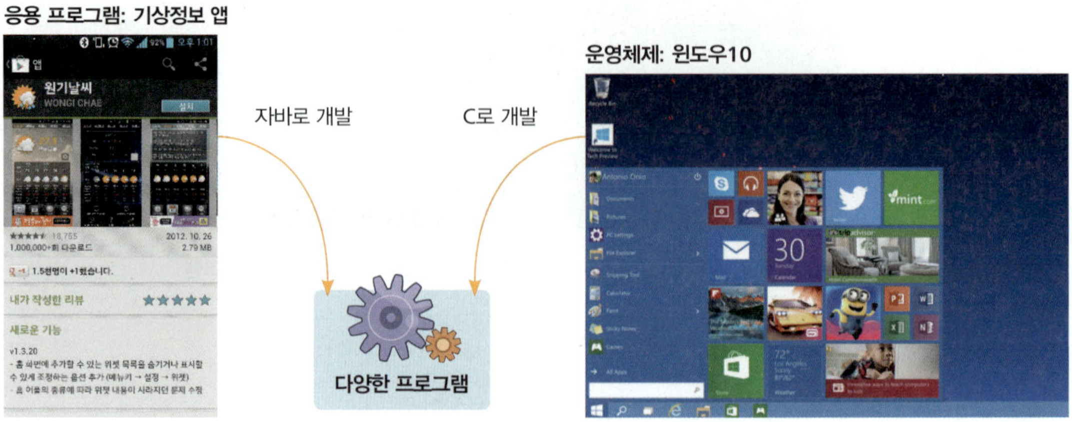

그림 1-5 프로그램을 개발하는 프로그래밍 언어

한국어, 영어, 일본어, 중국어, 프랑스어, 스페인어 등 전 세계에는 매우 다양한 언어가 존재한다. 즉 우리 실생활에서 사람들과의 의사 교환을 위해 언어가 필요하듯이 **사람과 컴퓨터가 서로 의사 교환을 하기 위한 언어가 프로그래밍 언어(programming language)**이다. 만일 컴퓨터가 더욱 발전되어 한국어나 영어와 같은 사람의 언어를 알아 듣는다면 프로그래밍 언어가 달리 필요하지 않을 수 있으나, 현실은 그렇지 않기 때문에 컴퓨터에게 명령을 내릴 프로그래밍 언어가 필요하다. 즉 **프로그래밍 언어는 사람이 컴퓨터에게 지시할 명령어를 기술하기 위하여 만들어진 언어**이다. 전 세계에 다양한 언어가 있듯이 시대와 목적에 따라 매우 다양한 프로그래밍 언어가 개발되었다. 대표적인 프로그래밍 언어로는 FORTRAN, ALGOL, BASIC, COBOL, PASCAL, C, C++, Visual Basic, Java, Objective-C, JSP, Javascript, Python, C#, Go, Swift, Kotlin 등 매우 다양하다.

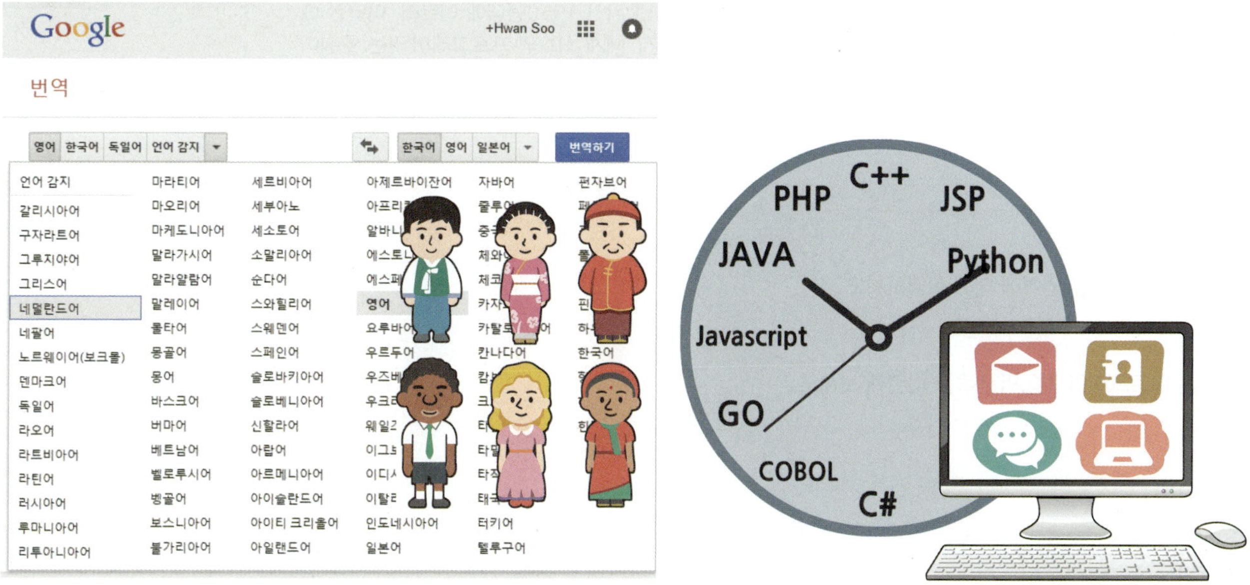

그림 1-6 사람의 언어와 프로그래밍 언어

NOTE: 최초의 프로그래밍 언어는?

최초의 대중화된 프로그래밍 언어는 1950년 중반 IBM에 근무했던 28세의 젊은 과학자인 존 배커스(John Backus)가 개발한 포트란(FORTRAN)이다. 포트란은 수식 변환기(FORmula TRANslator)라는 의미의 약자로 공학과 과학 분야에서 계산 위주의 사용을 목적으로 개발된 프로그래밍 언어이다. 그러나 최초의 프로그래머는 포트란을 활용한 프로그래머가 아니라 포트란이 나오기 100년 이상 전 시대의 어거스터 에이다라는 여성으로 기록되고 있다. 물론 에이다는 지금과 같은 프로그래밍 언어를 활용하지는 않았지만 프로그래밍 개념을 도입한 최초의 프로그래머이다.

존 배커스

NOTE: 최초의 프로그래머: 어거스터 에이다

일반적으로 인류 최초의 프로그래머는 영국 여자인 '어거스터 에이다'로 알려져 있다. 어거스터 에이다(Augusta Ada, 1815~1852)는 영국의 유명 귀족 집안인 낭만파 시인 바이런의 딸로, 수학에 천재적 재능을 갖고 있었으며 지적 욕구가 높고 상상력이 풍부하였다고 한다. 에이다는 최초의 컴퓨터 창안자 찰스 배비지가 고안한 기계를 이해했고, 1833년에 배비지가 고안한 '분석 엔진(Analytical Engine)'에 계산 과정을 기술하는 프로그램을 만들어 오늘날 일반적으로 사용하는 컴퓨터의 시조가 되는 데 공헌하였다. 1842년 에이다는 오늘날 컴퓨터의 원형이 된 '분석 엔진'에 관한 책인 '배비지의 해석기관에 대한 분석(Observations on Mr. Babbage's Analytical Engine)'을 출간하였다. 에이다가 작성한 배비지 해석기관에 대한 설명은 현대 컴퓨터 프로그래밍 역사의 기원이 되었다. 그로부터 100년 뒤인 1950년대에 이르러, 이러한 에이다의 업적을 기려 그녀에게 '세계 최초의 프로그래머'라는 호칭이 주어졌으며, 1979년에 미국 국방성에서는 새로 개발한 프로그래밍 언어를 에이다의 이름을 따서 "ADA"라고 명명하였다.

중간점검

01 프로그래밍 언어에 대해 설명하시오.

02 프로그래밍 언어의 종류를 나열해 보시오.

1.2 프로그래밍 언어의 계층과 번역

컴퓨터는 단순한 기계덩어리

컴퓨터(computer)는 영어 단어 compute와 er의 조합으로 '계산하는 기계'라는 의미이다. 즉 컴퓨터는 '전자적으로 계산을 수행하는 장치'이다. **컴퓨터는 물리적 부품인 하드웨어(hardware)와 이 하드웨어를 작동하게 하는 소프트웨어(software)로 구성**된다. 영혼이 없는 육체는 아무 의미가 없듯이 컴퓨터의 경우 소프트웨어가 없는 컴퓨터(하드웨어)는 아무 것도 할 수 없는 단순한 고철 덩어리에 불과하다.

하드웨어와 소프트웨어

컴퓨터는 우리가 흔히 보는 모니터, 하드디스크, 프린터 등과 같은 물리적인 하드웨어와 컴퓨터의 처리를 지시하는 프로그램인 소프트웨어로 이루어져 있다. **하드웨어의 중요한 구성 요소로는 중앙처리장치(CPU: Central Processing Unit), 주기억장치(main memory), 보조기억장치(secondary memory), 입력장치(input device), 출력장치(output device)**를 들 수 있다. 중앙처리장치는 연산을 수행하는 연산장치(ALU: Arithmetic Logic Unit)와 연산을 제어하는 제어장치(control unit)로 구성되며 이 중앙처리장치의 칩을 프로세서(processor)라 한다. **소프트웨어는 컴퓨터가 수행할 작업을 지시하는 전자적 명령어들의 집합으로 구성된 프로그램**을 말한다.

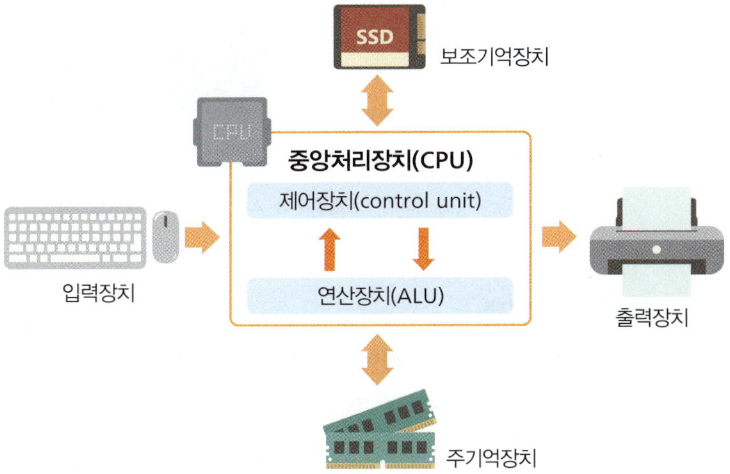

그림 1-7 컴퓨터 하드웨어 구성요소

소프트웨어 분류

컴퓨터를 사람에 비유하면 사람의 몸은 하드웨어이고 사람의 몸을 움직이게 하는 의지 또는 정신을 소프트웨어라 할 수 있다. **소프트웨어는 컴퓨터가 특정 작업을 수행할 수 있도록 해주는 전자적인 명령어 집합으로 구성되며 컴퓨터의 하드웨어가 해야 할 작업 내용을 지시**한다.

소프트웨어는 크게 시스템 소프트웨어와 응용 소프트웨어로 나뉜다. 시스템 소프트웨어는 컴퓨터가 잘 작동하도록 도와주는 기본 소프트웨어를 말하며 응용 소프트웨어는 문서 작성이나 인터넷 검색, 게임 하기, 동영상 보기 등과 같은 특정 업무에 활용되는 다양한 소프트웨어를 말한다. 그러므로 컴퓨터는 기본적으로 하드웨어 작동을 위해 시스템 소프트웨어가 반드시 필요하며, 특정 업무의 필요에 따라 적당한 응용 소프트웨어를 이용하여 원하는 정보를 얻을 수 있다. 다시 시스템 소프트웨어는 크게 운영체제(Operating System)와 각종 유틸리티(utility) 프로그램으로 구분할 수 있다. **운영체제는 특정 CPU에 맞게 관련된 하드웨어를 작동하게 하고 응용 소프트웨어를 실행해주는 소프트웨어**이다. **유틸리티 프로그램은 운영체제를 돕고 컴퓨터 시스템이 원활하게 작동**하도록 돕는다.

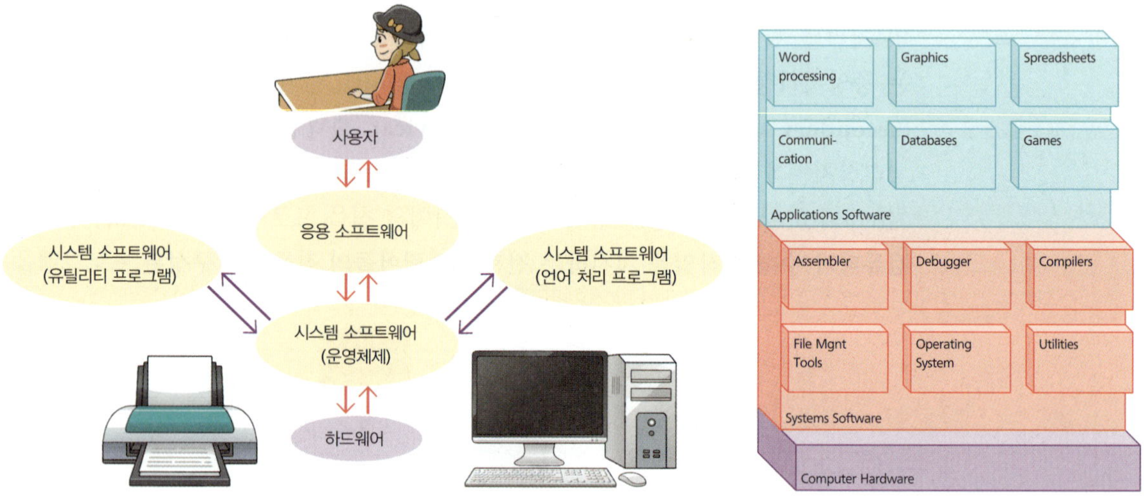

그림 1-8 시스템 소프트웨어와 응용 소프트웨어

다양한 운영체제

운영체제는 컴퓨터 하드웨어 장치의 전반적인 작동을 제어하고 조정하며, 사용자가 최대한 컴퓨터를 효율적으로 사용할 수 있도록 돕는 시스템 프로그램이다. 운영체제는 하드웨어와 응용 프로그램 간의 인터페이스 역할을 하면서 CPU, 주기억장치, 입출력장치 등의 컴퓨터 자원과 함께 다양한 프로그램과 네트워크 등을 관리한다. 즉, 인간과 컴퓨터 간의 상호작용을 위한 인터페이스를 제공하면서 동시에 컴퓨터의 동작을 구동(booting)하고 작업의 순서를 정하며 입출력 연산을 제어한다. 또 프로그램의 실행을 제어하며 데이터와 파일의 저장을 관리하는 등의 기능을 수행한다. 운영체제는 컴퓨터 하드웨어와 밀접하게 관련되어 작동되며 컴퓨터의 운영체제로는 유닉스

(Unix), 리눅스(Linux), 윈도우(Windows), 맥OS(MacOS) 등이 있으며, 스마트폰과 같은 스마트 기기를 위한 운영체제로는 iOS, 안드로이드(Android) 등이 있다.

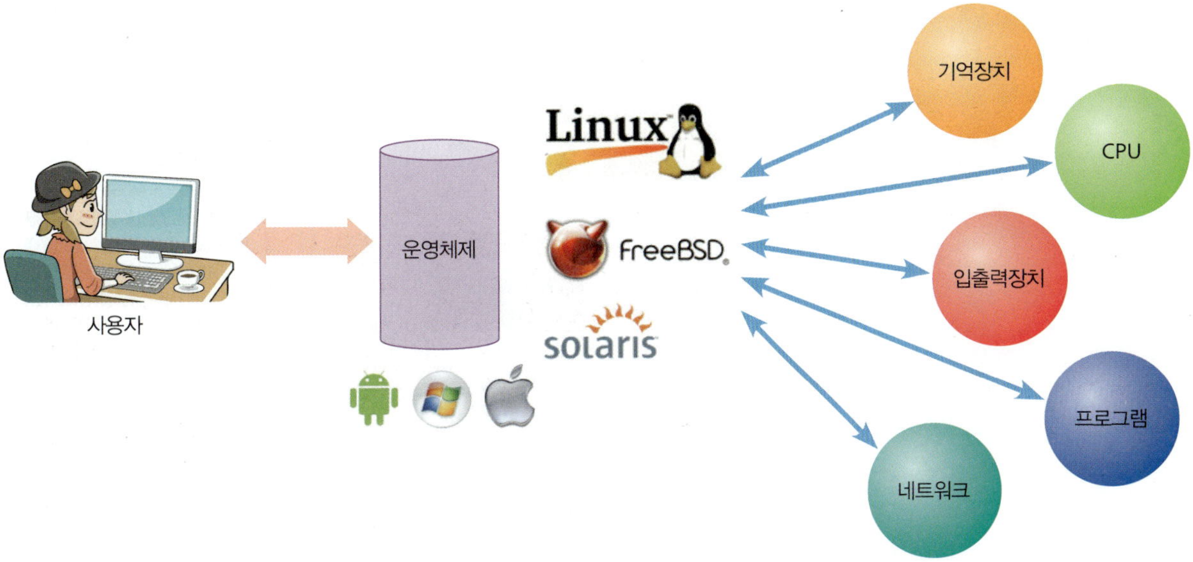

그림 1-9 운영체제의 이해

중간점검

01 연산을 수행하는 연산장치(ALU: Arithmetic Logic Unit)와 연산을 제어하는 제어장치(control unit)로 구성되는 컴퓨터의 하드웨어는 무엇인가?

02 컴퓨터 하드웨어 장치의 전반적인 작동을 제어하고 조정하며, 사용자가 최대한 컴퓨터를 효율적으로 사용할 수 있도록 돕는 시스템 프로그램은 무엇인가?

기계어, 어셈블리어, 고급언어

기계어와 컴파일러

한국인은 한국어를, 미국인은 영어를 사용한다. 서로 다른 언어를 사용하는 사람이 대화를 하려면 통역사가 필요하다. 프로그래밍 언어를 배운 우리 프로그래머들은 프로그래밍 언어를 인식할 수 있으나, 컴퓨터는 프로그래밍 언어조차 바로 인식할 수 없다. 즉 **컴퓨터는 기계어라는 것만을 인식**한다. 즉 **전기의 흐름을 표현하는 1과 흐르지 않음을 의미하는 0으로 표현되는 기계어(machine language)가 바로 컴퓨터가 유일하게 인식할 수 있는 언어**인 것이다. 그러므로 프로그래밍 언어를 사용하는 프로그래머와 기계어를 사용하는 컴퓨터가 서로 의사 교환을 하려면 통역사와 같은 번역기가 필요하다. 즉 **사람이 프로그래밍 언어로 컴퓨터에게 명령을 내리기 위해서는 프로그래밍 언어를 기계어로 변환하는 번역기인 컴파일러(compiler)가 필요**하다.

그림 1-10 통역사와 컴파일러

초기의 프로그래밍 과정은 컴퓨터에게 지시할 명령을 기계어(machine language)로 직접 표현하는 방식이었다. **기계어는 컴퓨터가 직접 이해할 수 있는 유일한 언어**로, 컴퓨터 하드웨어에 대한 강력한 통제가 가능하다는 장점이 있으며, 중앙처리장치(CPU: Central Processing Unit)에 종속(dependent)되는 언어이다. 즉 기계어는 CPU에 따라 다르며 현재는 직접 기계어를 이용하여 프로그래밍하는 경우는 없고, 컴파일러(compiler)라는 변환기에 의해 프로그램이 기계어로 구성된 기계 코드로 변환되어 특정한 플랫폼에서 실행된다.

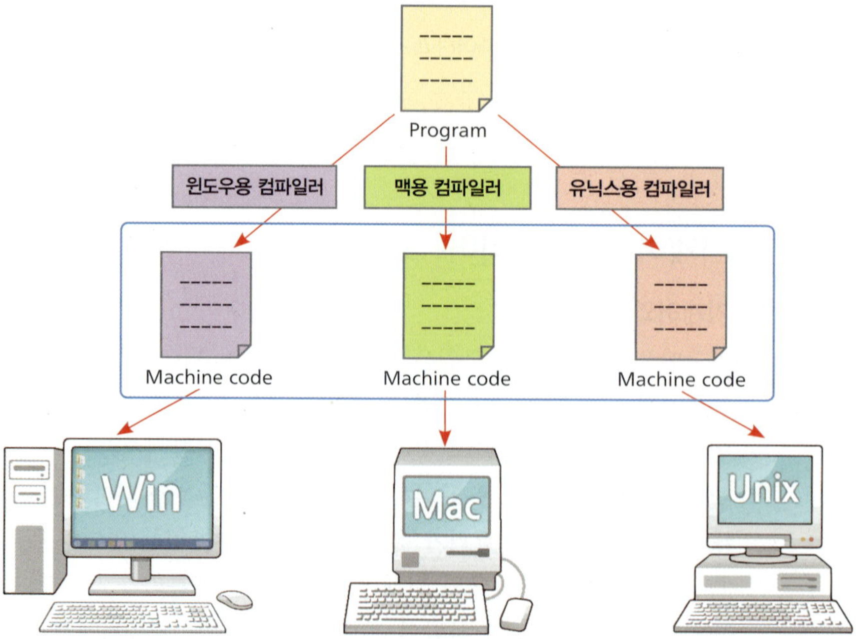

그림 1-11 기계어의 종속성(dependency)

어셈블리어

어셈블리어(assembly language)는 기계어를 프로그래머(programmer)인 사람이 좀 더 이해하기 쉬운 기호 형태로 일대일 대응시킨 프로그래밍 언어이다. 어셈블리어는 CPU마다 제각각 다르므로 하나의 CPU에 적합한 어셈블리어로 만든 프로그램을 다른 CPU로 사용한다면 그 CPU의 어셈블리 언어로 다시 작성해야 하는 번거로움이 있다. 하지만 어셈블리 언어는 기계어보다는 프로그래밍이 훨씬 용이하다. 다음 그림에서 mov, lea, int 등이 어셈블리 언어의 명령어이다.

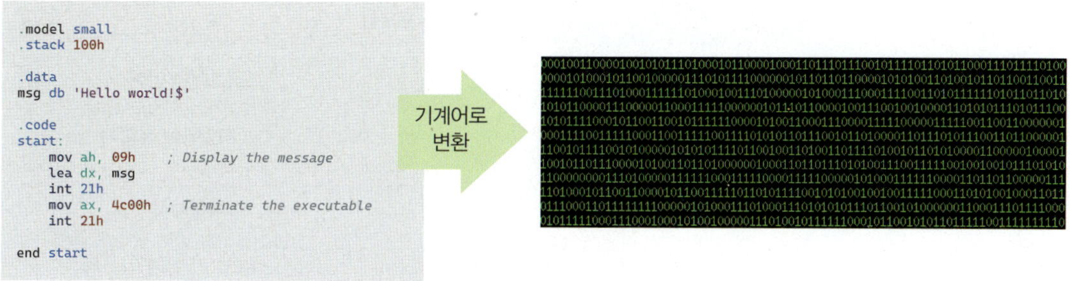

그림 1-12 인텔 CPU의 어셈블리 언어

어셈블리 명령어의 한 예로 LDA(LoaD Address), ADD, STA(STore Address) 등이 있다. 이와 같이 **명령어를 기호화한 것을 니모닉(mnemonic)**이라 한다. 어셈블리어는 기계어에 비하여 프로그래밍이 매우 쉬우며, 문장과 연산코드가 일대일 대응되기 때문에 기계어처럼 하드웨어 장치에 대한 강력한 통제 역시 가능하다는 장점이 있다. 그러나 어셈블리어도 사람에게 여전히 어려운 언어이다. 다음은 간단한 연산식 C = A + B을 처리하는 프로그램을 기계어와 어셈블리어로 나타낸 그림이다.

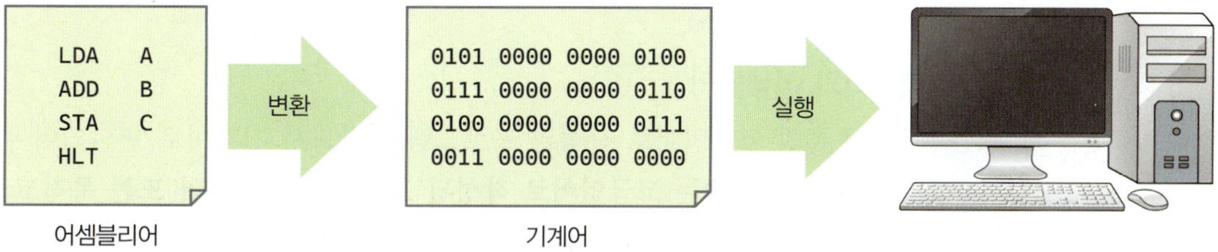

그림 1-13 어셈블리어와 기계어

저급언어와 고급언어

기계어는 컴퓨터가 이해할 수 있는 유일한 언어이며, 어셈블리어는 기계어에 가까운 언어이다. 이와 같이 **컴퓨터의 중앙처리장치(CPU)에 적합하게 만든 기계어와 어셈블리 언어를 모두 저급언어(Low Level Language)**라 한다. 저급언어는 컴퓨터의 CPU에 따라 달라지며, 특정한 CPU를 기반으로 만들어진 언어라고 볼 수 있다. 이와 반대로 **컴퓨터의 CPU에 의존하지 않고 우리 사람이 보다 쉽게 이해할 수 있도록 만들어진 언어를 고급언어(High Level Language)**라 한다. 즉 고급언어는 일상 생활에서 사용하는 수식과 간단한 영어 그리고 다양한 기호 문자를 사용하여 만든 프로그래밍 언어를 말한다. 고급언어는 컴퓨터의 CPU의 종류와 관계없이 프로그래밍 언어를 이용할 수 있는 장점이 있다. **고급언어인 프로그래밍 언어로는 바로 우리가 배우고 있는 C 언어를 비롯하여 포트란, 파스칼, 베이직,** C++, **자바, 파이썬 등 인간의 언어만큼이나 매우 다양**하다.

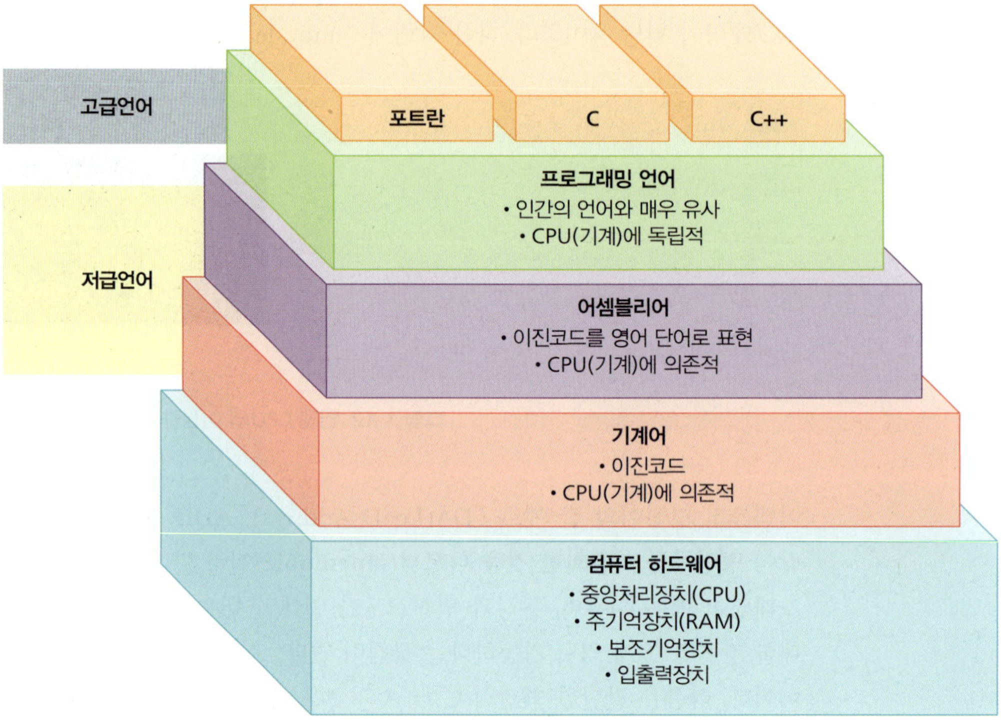

그림 1-14 고급언어와 저급언어

컴파일러와 어셈블러

다양한 종류의 고급언어로 작성된 프로그램은 반드시 기계어로 변환되어야 실행이 가능하다. 즉 **컴파일러(compiler)는 고급언어로 작성된 프로그램을 기계어 또는 목적코드(object code)로 바꾸어주는 프로그램**이다. 마찬가지로 **어셈블러(assembler)는 어셈블리어로 작성된 프로그램을 기계어로 바꾸어주는 프로그램**이다. 어셈블리어는 고급언어보다 프로그램의 실행 속도가 빠르고 하드웨어에 대한 정교한 통제가 가능하므로 시스템 소프트웨어를 작성하거나 하드웨어 장치를 제어하는 프로그램 작성에 주로 사용한다.

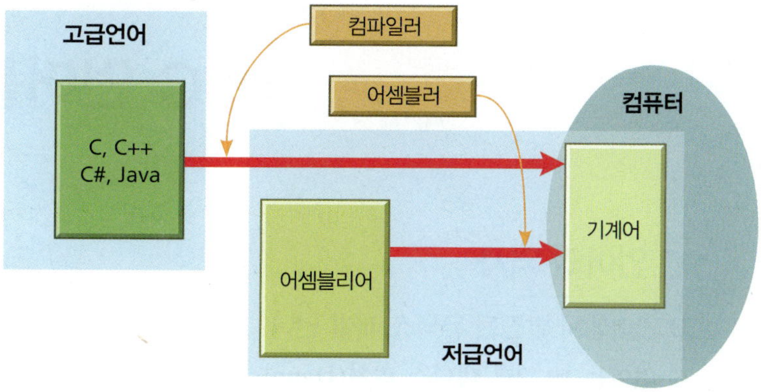

그림 1-15 컴파일러와 어셈블러

중간점검

01 전기의 흐름을 표현하는 1과 흐르지 않음을 의미하는 0으로 표현되는 이 언어는 컴퓨터가 유일하게 바로 인식하는 언어이다. 이 언어는 무엇인가?

02 기계어를 프로그래머인 사람이 좀 더 이해하기 쉬운 기호 형태로 일대일 대응시킨 프로그래밍 언어는 무엇인가?

1.3 왜 C 언어를 배워야 할까?

C 언어의 역사

B 언어에서 발전된 유닉스 개발 언어

C 언어는 1972년 데니스 리치(Dennis Ritchie)가 개발한 프로그래밍 언어이다. 당시 미국전신전화국(AT&T)의 벨 연구소(Bell Lab)에 근무하던 데니스 리치는 시스템 PDP-11에서 운용되는 **운영체제인 유닉스(Unix)를 개발하기 위해 C 언어를 개발**하였다. 그 당시 벨 연구소에서는 새로운 운영체제인 유닉스 설계를 계획하고 있었고, 이에 사용할 프로그래밍 언어에 대해 고민하다가 유닉스에 알맞은 프로그래밍 언어를 새로 디자인해서 개발하는 것을 선택했다고 한다. 주로 사용하던 **어셈블리 언어 정도의 속도를 내며, 좀 더 쉽고, 서로 다른 CPU에서도 작동되는 프로그래밍 언어가 필요했으며, 이를 위해 만든 언어가 C 언어**이다.

그림 1-16 컴퓨터 PDP-11 앞에 서 있는 데니스 리치와 앉아 있는 켄 톰슨(1972, Bell Labs 사진)

C 언어는 재미있게도 켄 톰슨이 1970년 개발한 B 언어에서 유래된 프로그래밍 언어이다. B 언어는 1970년 BCPL 프로그래밍 언어에 기반을 두고 개발된 언어이다. BCPL(Basic Combined Programming Language)은 캠브릿지 대학의 마틴 리차드(Martin Richards)가 1969년 개발한 프로그래밍 언어로 CPL(Combined Programming Language) 언어에서 발전되었으며, 1960년 초에 개발된 CPL은 1960년에 개발된 Algol 60으로부터 많은 영향을 받은 언어이다.

NOTE: **C와 유닉스를 개발한 데니스 리치**

C 언어와 유닉스 운영체제의 아버지라 불리는 데니스 리치(Dennis MacAlistair Ritchie, 1941~ 2011)는 C와 유닉스를 개발한 것으로 유명한 현대 컴퓨터 분야의 선구자이다. 하버드 대학교에서 물리와 응용수학 분야를 전공했으며, 이후 1968년부터 벨 연구소 컴퓨터 연구 센터에서 일했고, 이후 루슨트 테크놀로지(Lucent Technologies)의 시스템 소프트웨어 연구 부장을 지냈다. 그의 동료인 켄 톰슨과 함께 1983년에 '범용 운영체제 이론 개발과 유닉스 운영체제의 구현에 대한 공로'로 컴퓨터 분야의 노벨상이라 불리는 튜링상(Turing Awards)을 수상했고, 1998년에 미국 과학기술상(US National Medal of Technology)을 수상하였다. 데니스 리치가 개발한 유닉스는 현재도 대부분의 서버 계열 컴퓨터의 주류 운영체제로 사용되고 있으며, 운영체제 리눅스와 애플의 OS X 등도 모두 유닉스의 커널을 기반으로 만들어진 운영체제이다.

데니스 리치

C 언어의 발전과 C 이후의 언어

ANSI C

1972년 C 언어가 개발된 이후 많은 버전으로 발전하였는데, **ANSI C는 1989년 미국표준화위원회(ANSI: American National Standards Institute)에서 공인한 표준 C(Standard C)를 지칭한다.** C 언어는 1999년 국제표준화기구인 ISO/IEC(International Standard Organization/International Electrotechnical Commission)에 의해 표준이 개정되었으며, ISO/IEC 9899:1990인 표준을 간단히 C99라 부른다. C99는 많은 확장과 수정이 있었으며 여러 컴파일러에 따라 부분적으로 이를 지원하고 있다. 이 책에서 소개되는 C 언어는 많은 부분 ANSI C를 바탕으로 하며, C99에 대한 기능과 지원 여부를 설명한다. 2011년에는 ISO/IEC 9899:2011인 C11 표준이 발표되었다.

그림 1-17 C 언어에 영향을 미친 언어와 C 언어의 발전

C 이후의 프로그래밍 언어 발전

1983년 미국전신전화국에 근무하는 비야네 스트롭스트룹(Bjarne Stroustrup)은 C 언어에 객체지향 프로그래밍 개념을 확장시킨 프로그래밍 언어 C++를 개발하였다. C와 C++는 1992년 유럽에서 개발되어 현재 선풍적인 인기를 얻고 있는 파이썬 언어에 영향을 미쳤으며, 1995년에는 중대형 컴퓨터 시스템 회사로 유명한 선 마이크로시스템즈(Sun Microsystems)사에서 C++ 언어를

발전시킨 인터넷에 적합한 언어인 자바(Java)를 발표하였다. 또한 자바는 마이크로소프트(Microsoft) 사가 2000년에 발표한 프로그래밍 언어 C#의 개발에 많은 영향을 미쳤다. 2009년에는 구글(google)이 C와 자바를 기반으로 새로운 프로그래밍 언어인 고(Go)를 발표하였다. 이와 같이 C 언어는 이후에 개발된 다른 프로그래밍 언어에 상당히 많은 영향을 미쳤다.

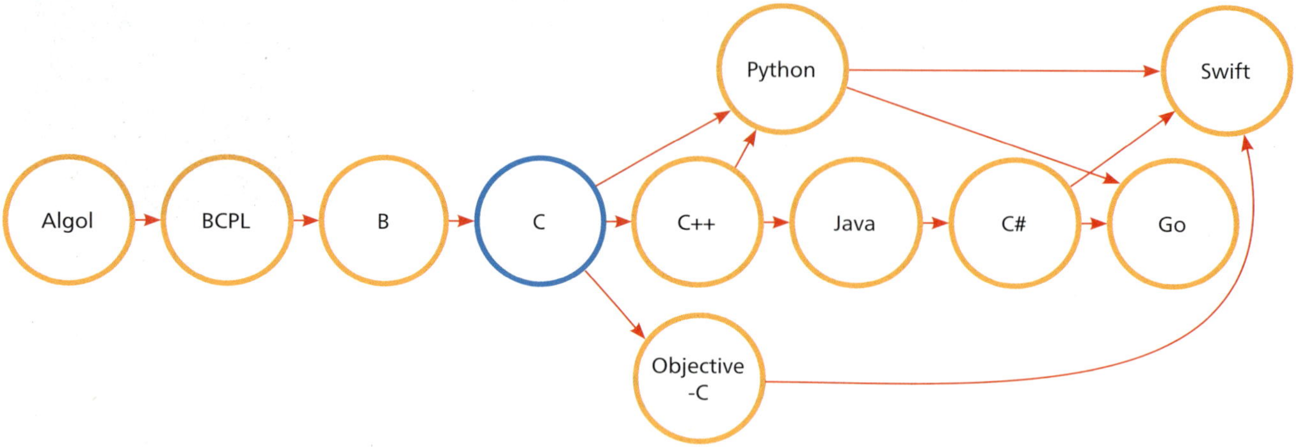

그림 1-18 C 언어의 발전

TIP 초기 C 언어의 바이블

1978년 프로그래밍 언어 C를 개발한 데니스 리치는 동료 브라이언 커니건(Brian Kernighan)과 함께 너무나 잘 알려진 "The C Programming Language" 라는 책을 출판했다. 흔히 이 책을 K&R C라고 부르는데, 이 K&R C는 ANSI C가 나오기 전까지 C 언어의 표준 문서 역할을 했다. K&R C는 이후 ANSI C 버전으로 2판(cm.bell-labs.com/cm/cs/cbook/index.html)이 다시 출간되었다. K&R C는 초보자에게는 다소 어려운 것이 사실이나 아직도 C의 바이블로 여겨지고 있다.

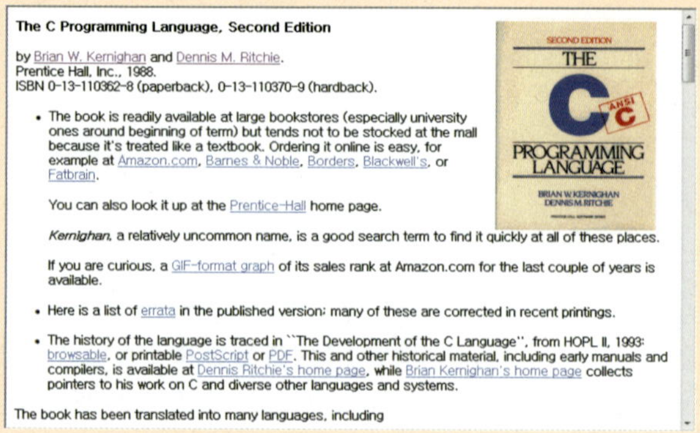

The C Programming Language, Second Edition

by Brian W. Kernighan and Dennis M. Ritchie.
Prentice Hall, Inc., 1988.
ISBN 0-13-110362-8 (paperback), 0-13-110370-9 (hardback).

- The book is readily available at large bookstores (especially university ones around beginning of term) but tends not to be stocked at the mall because it's treated like a textbook. Ordering it online is easy, for example at Amazon.com, Barnes & Noble, Borders, Blackwell's, or Fatbrain.

  You can also look it up at the Prentice-Hall home page.

  Kernighan, a relatively uncommon name, is a good search term to find it quickly at all of these places.

  If you are curious, a GIF-format graph of its sales rank at Amazon.com for the last couple of years is available.

- Here is a list of errata in the published version; many of these are corrected in recent printings.
- The history of the language is traced in ``The Development of the C Language'', from HOPL II, 1993: browsable, or printable PostScript or PDF. This and other historical material, including early manuals and compilers, is available at Dennis Ritchie's home page, while Brian Kernighan's home page collects pointers to his work on C and diverse other languages and systems.

The book has been translated into many languages, including

또한 **아이폰(iPhone)의 앱 개발 언어로 주목 받고 있는 프로그래밍 언어가 Objective-C와 스위프트(swift)**다. Objective-C는 1980년 초 브래드 콕스(Brad Cox)가 개발한 언어로, C 언어의 기본 문법을 바탕으로 대표적 객체지향 언어인 스몰토크(smalltalk) 언어의 특징을 접목한 객체지향 프로그래밍 언어(object oriented programming language)이다. 애플이 2014년에 직접 개발한 스위프트는 Objective-C의 단점을 개선하고 파이썬의 장점을 살린 언어로 애플의 앱 개발용 주력 언어로 발전할 것으로 보인다.

C 언어의 특징

이제 C 언어의 특징을 알아보자. 여기서 언급되는 내용은 처음 프로그래밍 언어를 배우는 초보자라면 그리 쉬운 내용은 아닐 수 있으니, 간략히 한번 훑어 보는 것도 좋은 방법이다. 처음이라면 간략히 살펴보고, C 언어와 프로그래밍 언어에 어느 정도 익숙해지면 다시 자세히 읽어 보길 바란다.

절차지향 언어

C 언어는 함수 중심으로 구현되는 절차지향 언어(procedural language)이다. **절차지향 언어란 시간의 흐름에 따라 정해진 절차를 실행한다는 의미로 C 언어는 문제의 해결 순서와 절차의 표현과 해결이 쉽도록 설계된 프로그램 언어**이다. C 언어는 적어도 하나 이상의 절차인 여러 함수(function)로 구성되는 언어이다. 복잡한 문제를 잘 정의된 여러 개의 함수와 자료로 나누어 구성하고 해결함으로써 구조적 프로그래밍(structured programming)이 가능하다.

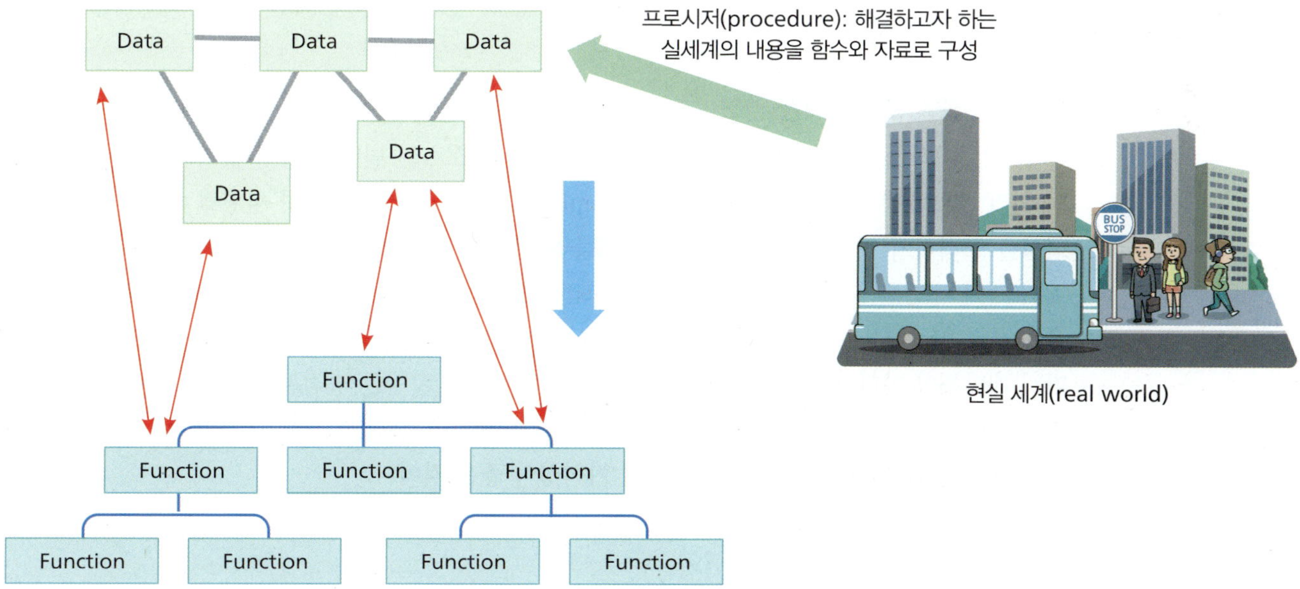

그림 1-19 절차지향 언어의 이해

간결하고 효율적인 언어

C 언어는 간결하고 효율적인 언어이다. C 언어는 비트연산, 증감연산, 축약대입연산과 같은 다양한 연산과 이미 개발된 다양한 시스템 라이브러리(rich library)를 제공하며, 함수의 **재귀(recursion) 호출**이 가능하므로 보다 간결한 소스로 프로그램을 작성할 수 있다. 또한 C 언어는 유닉스 운영체제 시스템을 개발하기 위한 목적으로 고안된 언어로 시스템의 **세세한 부분까지 제어**할 수 있도록 **포인터(pointer)와 메모리 관리(memory management) 기능**을 갖고 있으며, 여러 가지 뛰어난 기능으로 다양한 분야에서 널리 활용되고 있다. 특히 프로그램의 처리 속도가 중요한 요소라면 C 언어를 많이 활용한다. **C 언어로 작성된 프로그램은 크기가 작으며, 메모리도 적게 효율적으로 사용하여 실행 속도가 빠르다는 장점**이 있다.

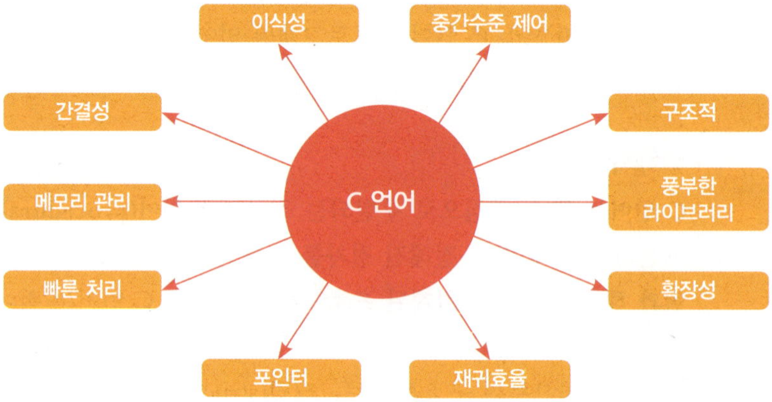

그림 1-20 C 언어의 주요 기능과 특징

이식성이 좋은 프로그래밍 언어

C 언어는 이식성(portability)이 좋다. 즉 C로 작성된 소스는 별다른 수정 없이 다양한 운영제제의 여러 플랫폼에서 제공되는 컴파일러(compiler)로 번역(compile)하여 실행될 수 있다. 만일 이식성을 고려하지 않고 특정한 CPU의 어셈블리 언어로 프로그램을 개발한다면 실행속도와 하드웨어 제어 측면에서 장점이 있을 수 있다. 그러나 인텔 CPU의 어셈블리 언어로 개발된 프로그램은 다른 CPU에서 바로 실행될 수 없으며, 실행하려면 다른 목적 CPU에 맞는 어셈블리 언어로 다시 개발해야 한다. C 언어로 개발한다면 어셈블리 언어로 만든 장점뿐만 아니라 다시 개발하는 일이 없이 간단히 컴파일만 다시 하여 원하는 결과를 얻을 수 있다. 결국 **C 언어는 다양한 CPU와 플랫폼의 컴파일러를 지원하기 때문에 이식성이 좋은 것**이다.

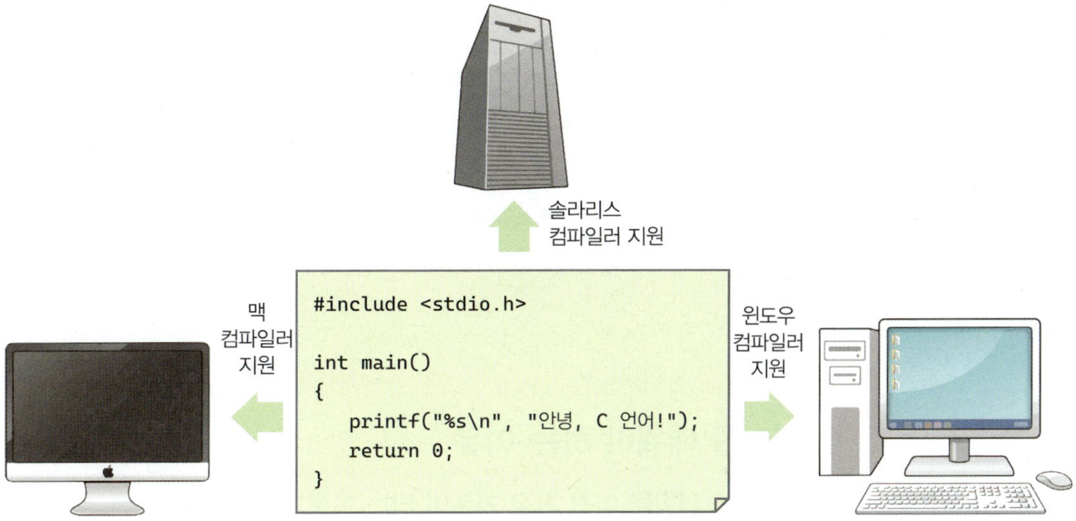

그림 1-21 C 언어 이식성의 이해

다소 어렵다는 단점

C 언어의 단점은 배우기가 다소 어렵다는 것이다. C 언어의 문법이 상대적으로 간결한 대신 많은 내용을 함축하고 있으며, 비트(bit)와 포인터(pointer)의 개념, 메모리 할당과 해제 등의 관리로 실제 C 언어는 조금 어려운 것이 사실이다. 그러나 C 언어의 발전에서 살펴보았듯이 C 언어는 다른 프로그래밍 언어에도 많은 영향을 끼친 언어이므로 **한 번 익히면 다른 프로그래밍 언어를 습득하는 데에도 많은 도움**이 된다. 그렇기에 현재에도 가장 먼저 배우는 프로그래밍 언어가 주로 C 언어인 것이다.

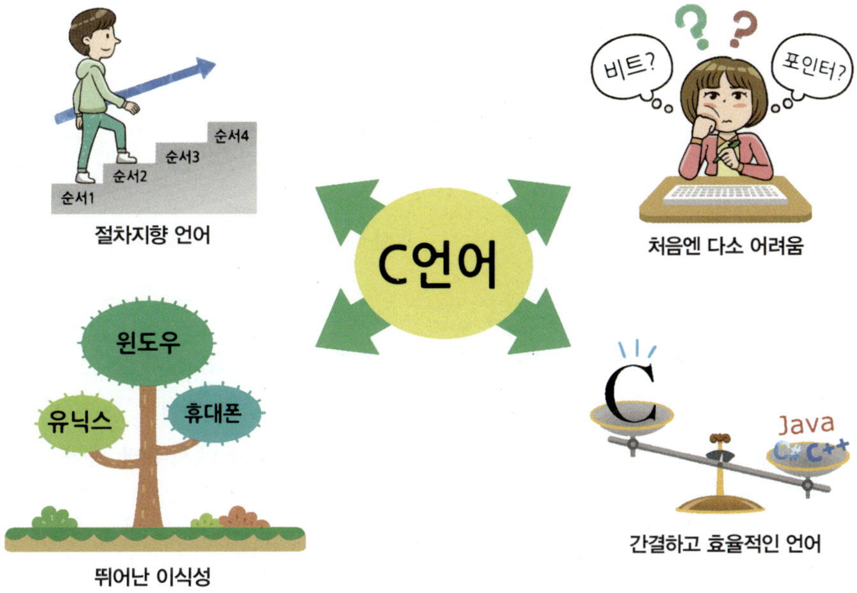

그림 1-22 C 언어의 특징

중간점검

01 C로 작성된 소스는 별다른 수정 없이 다양한 운영제제의 여러 플랫폼에서 제공되는 컴파일러(compiler)를 통해 번역(compile)해 실행될 수 있다. 이러한 특징을 무엇이라 하는가?

02 C 언어에 객체지향 프로그래밍 개념을 확장시킨 프로그래밍 언어는 무엇인가?

C 언어를 배워야 하는 이유

많은 언어에 영향을 미친 가장 기본이 되는 프로그래밍 언어

라틴어는 스페인어, 이탈리아어, 불어, 영어 등의 언어를 파생시킨 언어로, 라틴어를 알면 다른 언어의 습득이 매우 쉽다고 알려져 있다. 이와 마찬가지로 C 언어는 자바, C++, C#, 파이썬 등 여러 프로그래밍 언어에 많은 영향을 미쳤다. 특히 **현장에서 많이 쓰이는 자바나 C#, Objective-C 등의 뿌리는 C이므로, C 언어를 알면 자바나 C#, Objective-C 뿐만 아니라 그 이후의 프로그래밍 언어들도 가지를 뻗어나가듯 습득이 매우 쉬워진다.**

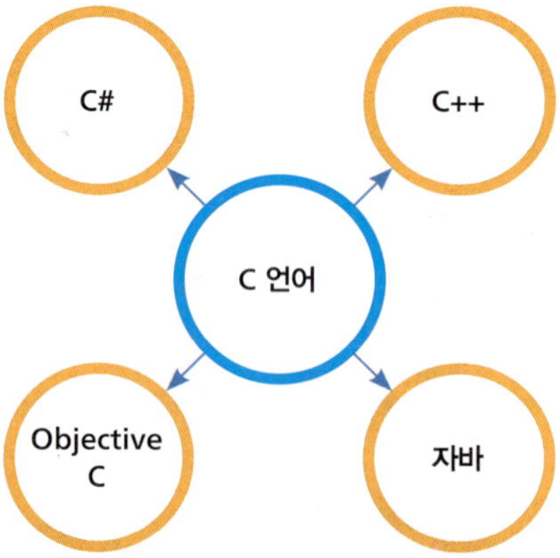

그림 1-23 C 언어가 영향을 미친 다양한 언어

현장에서 다양한 분야에 사용되는 범용적인 프로그래밍 언어

C 언어는 범용적인 프로그래밍 언어이다. 즉 C 언어는 풍부한 연산자와 다양한 자료유형을 제공하므로 **임베디드 시스템[1](embedded system)에서부터 응용 프로그램(application program),**

[1] 임베디드 시스템은 하드웨어에 내장된 소프트웨어에 의하여 특수한 기능을 수행하는 시스템이다. 임베디드 시스템은 내장형 시스템이라고도 부른다. 임베디드 시스템의 예로는 휴대폰, 스마트폰, 내비게이션, 전기밥솥, 냉장고, TV 등이 있다.

운영체제와 같은 시스템 소프트웨어(system software) 개발 등 여러 분야에 널리 사용된다. C 언어 자체가 운영체제 유닉스를 개발하기 위해 고안된 언어라고 이미 배웠다. 마이크로소프트의 윈도우, 애플의 macOS, 리눅스 등 현재 사용되는 대부분의 운영체제가 C 언어로 개발되었으며, Perl, PHP, 파이썬(Python)과 같은 프로그래밍 언어도 C 언어로 만들었다.

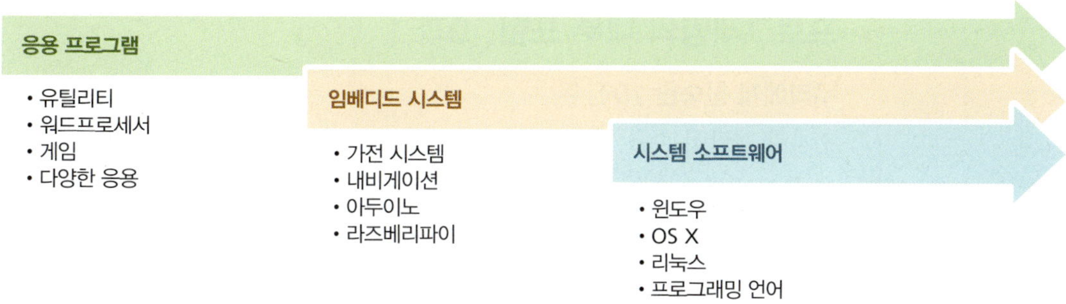

그림 1-24 C 언어가 활용되는 다양한 분야

프로그래밍 지식과 프로그래밍 방법을 학습

C 언어의 학습을 통해 단순히 C 언어의 문법뿐 아니라 일반적인 프로그래밍 기초 지식을 학습한다. 즉 자료유형, 변수, 값, 함수 등의 기초 지식에서부터, 배열, 구조체, 포인터, 메모리의 할당과 해제 등 프로그래밍에 필요한 지식을 학습한다. 또한 다양한 예제를 통하여 문제해결을 위한 프로그래밍 방법을 학습할 것이다. 그러므로 C 언어의 학습은 여러분이 프로그래머나 정보기술 개발자가 되기 위한 초석을 다지는 기회가 될 것으로 믿는다.

그림 1-25 프로그래머나 정보기술 개발자가 되기 위한 초석

1.4 프로그래밍의 자료 표현

프로그래밍의 내부 표현, 0과 1

우리에게 친숙한 10진수

숫자란 사람이 수를 셀 때 사용하는 도구이며, 사람은 수를 세기 위해 각 수에 영, 일, 이 등 이름을 붙이고 0, 1, 2 등의 아라비아 숫자 모양도 만들었다.

우리 사람들은 보통 24, 329, 7567과 같은 10진수(decimal number)를 많이 쓰는데 그렇다면 10진수는 왜 10진수라고 부를까? **수에서 하나의 자릿수(digits)에 사용하는 숫자가 0, 1, 2, 3, 4, 5, 6, 7, 8, 9까지 열 개이므로 10진수이며, 여기서 10이라는 것을 기수(base)**라 한다.

그렇다면 두 자리 10진수 10은 어떻게 만들어지는지 생각해 보자. 하나의 숫자로 이루어진 단 단위의 10진수에서 0부터 9까지 다 센 뒤 그 다음으로 넘어가려면 이미 정해진 0에서 9까지의 열 개의 숫자를 모두 사용했으므로 왼쪽 옆에 숫자를 하나 더 써넣어 9보다 큰 숫자를 10으로 나타낸다. 그러므로 10진수에서 가장 오른쪽은 10^0인 단 단위이며, 그 왼쪽 옆은 10^1인 십 단위, 다시 그 왼쪽 옆은 10^2인 백 단위의 자릿수로, 계속 어느 자릿수는 바로 오른쪽의 10배로 증가하는 자릿수를 나타낸다. 10**진수 5319는 다음 그림으로 설명하듯이, 1000(10^3)인 것이 5개, 100(10^2)인 것이 3개 10(10^1)인 것이 1개, 마지막으로 1(10^0)인 것이 9개 모인 수**를 말한다.

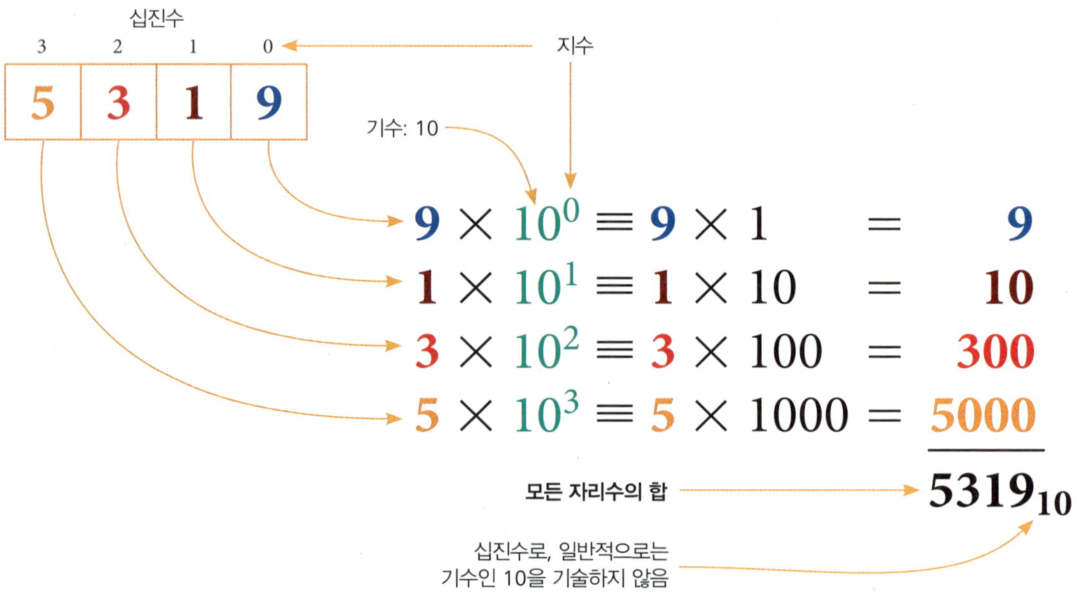

그림 1-26 십진수의 이해

내부 자료 표현 방법 2진수

프로그래밍할 때 다양한 자료 값을 내부적으로 저장하는 방법을 알아보자. 우리 인간은 정수와 실수를 표현할 때 10진수를 활용한다. 컴퓨터도 내부 저장 방식에서 10진수를 사용할까? 프로그래밍에서는 일상생활과 같이 10진수를 사용할 순 있지만, **시스템 내부에서는 10진수가 아닌 2진수를 사용하여 저장**한다.

일상 생활에서 '참과 거짓', '남자와 여자', '스위치의 온(on)과 오프(off)'와 같이 두 가지로 표현되는 것이 있다. 컴퓨터는 전기적 소자인 트랜지스터로 자료 값을 저장하므로 전기가 흐르거나(on) 흐르지 않는(off) 두 가지 전기 신호만으로 자료를 처리하고 저장한다. 이와 같이 **디지털 신호에서 전기가 흐를 경우 '참'을 의미하는 '1', 흐르지 않을 경우 '거짓'의 '0'으로 표현되므로, 컴퓨터 내부에서 처리하는 숫자는 0과 1을 표현하는 2진수 체계를 사용**한다. 즉 컴퓨터는 논리의 조합이 간단하고 내부에 사용되는 소자의 특성상 편리하기 때문에 2진법을 사용하는 것이 가장 합리적이고 효율적인 방식이다.

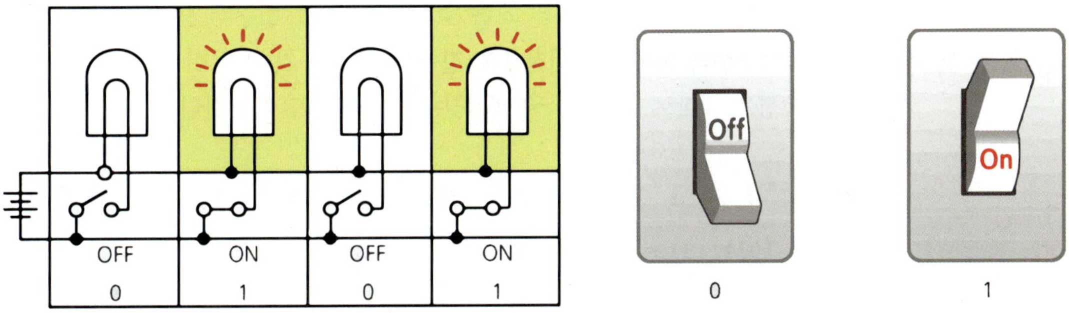

그림 1-27 트랜지스터와 스위치에서의 2진수 의미

2진수의 이해

11010, 1010, 110과 같이 0, 1로 구성되는 **2진수(binary number)는 수의 자릿수에 사용할 수 있는 숫자가 2개 이므로 2진수**라 한다. 10진수의 기수(base, radix)가 10이라면 2진수의 기수는 2이다. 2진수를 순서대로 나열하면 0, 1, 10, 11, 100 등과 같이 하위 자릿수가 1 다음은 왼쪽 자릿수를 하나 올리고 자신의 자릿수는 0이 되는 방식으로 증가한다고 볼 수 있다. **2진수에서 가장 오른쪽은 단(2^0) 단위이며, 왼쪽으로 갈수록 2(2^1)단위, 4(2^2) 단위, 8(2^3)단위, 16(2^4)단위 등으로 어느 자릿수는 바로 오른쪽의 2배로 증가하는 자릿수**이다.

다음 그림과 같이 11010은 다음과 같은 1, 2, 4, 8, 16자릿수의 카드로 표현할 수 있다. 즉 1이면 그 카드에 있는 표시 수만큼을 더하고 0이면 0을 더하면 된다. 즉 2진수 11010은 다음과 같이 16 + 8 + 0 + 2 + 0을 계산하여 26이다.

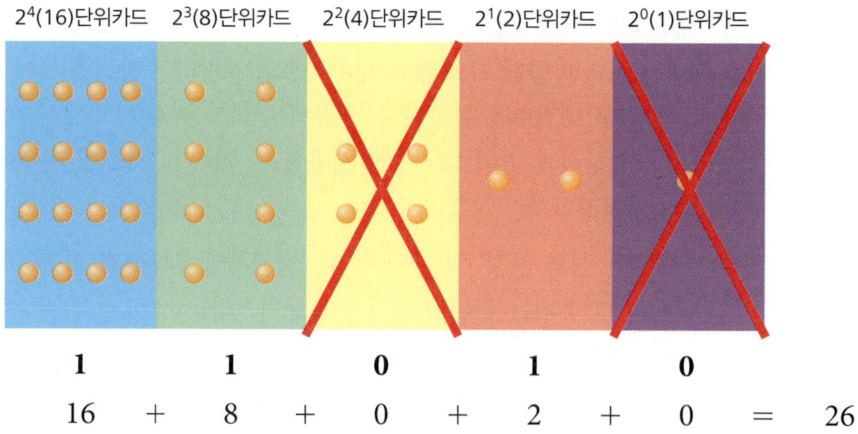

그림 1-28 카드를 이용한 2진수의 이해

위의 내용을 확장하면 좀 긴 2진수 11100111101도 이해할 수 있다. 다음 그림에서 2진수 11100111101은 1853이라는 것을 보여준다. 결국 십진수 1853은 2진수 11100111101로 표현되는데, **2진수의 문제는 상대적으로 길이가 길다는 것**이다. 이러한 2진수의 길이를 줄이면서 2진수의 특징은 그대로 표현하기 위해 8진수와 16진수도 사용한다.

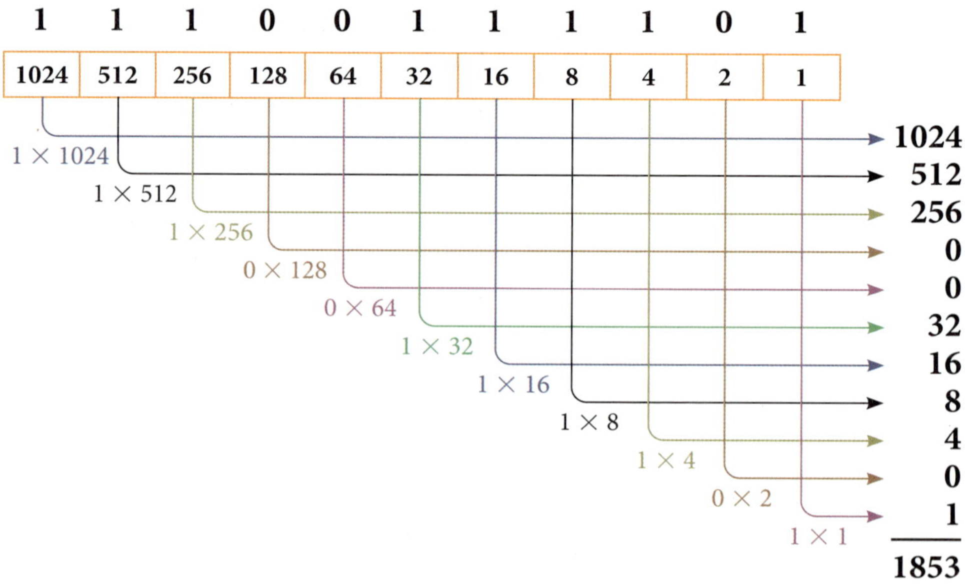

그림 1-29 11자리인 2진수 11100111101의 이해

TIP 십간 십이지로 보는 10진수와 12진수

우리 주변에서 숫자를 헤아릴 때 10진법 이외에 다른 진법이 다양하게 사용된다. 우리나라와 중국 등 동양에서 갑(甲), 을(乙), 병(丙), 정(丁), 무(戊), 기(己), 경(庚), 신(辛), 임(壬), 계(癸)의 십간은 10진수를 쓰며, 쥐, 소, 호랑이, 토끼 등 십이지는 자(子), 축(丑), 인(寅), 묘(卯), 진(辰), 사(巳), 오(午), 미(未), 신(申), 유(酉), 술(戌), 해(亥)로 12진수로 생각할 수 있다.

십간과 십이지를 조합하여 하나의 간지가 만들어지는데, 십간의 첫 번째인 '갑'과 십이지의 첫 번째의 '자'를 조합하여 '갑자'가 만들어진다. 그 다음으로 십간의 두 번째인 '을'과 십이지의 두 번째인 '축'이 결합하여 '을축'이 만들어진다. 이러한 순서로 병인, 정묘, 무진, 기사, 경오 등이 되며 마지막으로 계해의 순서로 만들어진다. 십간과 십이지는 각각 10년과 12년마다 순환하며, 하나의 간지는 60년마다 돌아오게 된다. 즉 태어나서 만으로 60세 생일이 되는 해는 자신이 태어난 해와 같은 간지가 되는 해가 된다. 즉 그 해를 갑자가 돌아온다고 하여 환갑(還甲) 또는 회갑(回甲)이라고 한다. 그러므로 십간 십이지를 조합한 간지는 60진법을 의미한다고 볼 수 있다.

중간점검

01 1년이 12개월인 달은 무슨 진수일까?

02 일상생활에서 사용하는 7진수는 무엇인가?

정보의 표현, 비트와 바이트

비트와 바이트

컴퓨터 메모리의 저장 단위 또는 **정보 처리 단위 중에서 가장 작은 기본 정보 단위(basic unit of information)가 비트(bit)**이다. 즉 전기의 흐름 상태가 온(on)과 오프(off) 두 가지이므로 2진수인 1과 0으로 비트의 표현이 가능하다. 비트(bit)는 BInary digiT의 합성어이다. 여러 개의 비트를 조합하여 다양한 경우를 만들 수 있는데, **비트가 연속적으로 8개 모인 정보 단위를 바이트(byte)**라 한다. 1바이트는 8개의 비트를 조합하므로 총 $2^8 = 256$가지의 정보 종류를 저장할 수 있다.

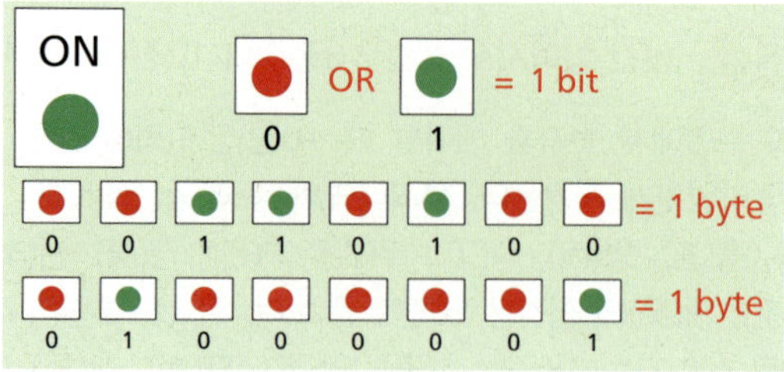

그림 1-30 비트와 바이트의 정보인 00110100과 01000001의 이해

자주 쓰이지는 않지만 바이트의 1/2 크기인 4비트를 니블(nibble)이라고 한다. 일반적으로 **바이트가 4개, 8개 모이면 워드(word)**라 하는데 시스템마다 그 크기는 다를 수 있다. 어느 시스템에서는 32비트가 1워드이고 다른 시스템에서는 64비트가 1워드일 수 있다. 즉 32비트인 윈도우 7의 워드는 32비트이며, 64비트인 윈도우 10에서 워드는 64비트이다.

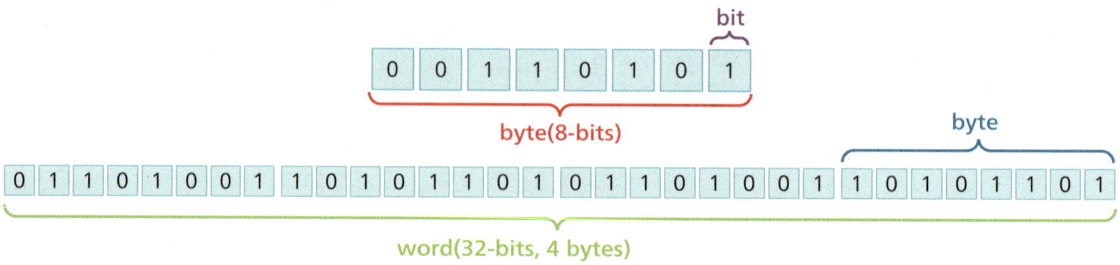

그림 1-31 비트, 바이트, 워드

TIP 저장 용량 단위

다음은 자주 이용하는 바이트의 단위로 파일이나 주기억장치, 저장장치의 크기를 표현하는 단위이다. 정확히 말하자면 바이트가 정보 용량의 단위이고 킬로, 메가, 기가, 테라 등은 그 크기를 표현한다. 즉 킬로(Kilo)는 2^{10}을 의미하며 1024개를 나타낸다. 마찬가지로 메가(Mega)는 계량단위 앞에 사용하여 1024 x 1024인 백만을 의미한다. 마찬가지로 기가 바이트(Giga Byte)는 2^{30}을, 테라 바이트(Tera Byte)는 2^{40}을 의미한다. 페타 바이트(Peta Byte)는 2^{50}을, 엑사 바이트(Exa Byte)는 2^{60}을 의미한다.

표 1-1 저장 용량 단위

단위	약자	표현	바이트(byte)	근접
1 bit	1 b (lower case)	0 또는 1		
1 Nibble		4 bits	½ byte	
1 Byte	1B (upper case)	8 bits 또는 2 Nibbles 또는 2^3 bits	1 byte	
1 Kilobyte	1 KB	2^{10} bytes	1,024 byte	1 thousand bytes
1 Megabyte	1 MB	$(2^{10})^2$ bytes	1,048,576 byte	1 milion bytes
1 Gigabyte	1 GB	$(2^{10})^3$ bytes	1,073,741,824 byte	1 trillion bytes
1 Terabyte	1 TB	$(2^{10})^4$ bytes	1,099,511,627,776 byte	1 quadrillion bytes
1 Petabyte	1 PB	$(2^{10})^5$ bytes	1,125,899,906,842,624 byte	1 quintillion bytes
1 Exabyte	1 EB	$(2^{10})^6$ bytes	1,152,921,504,606,846,976 byte	1 sextillion bytes
1 Zetabyte	1 ZB	$(2^{10})^7$ bytes	1,180,591,620,717,411,303,424 bytes	1 septillion bytes

중간점검

01 정보 처리 단위 중에서 가장 작은 기본 정보 단위는 무엇인가?

02 바이트는 몇 개의 정보 종류를 저장할 수 있는가?

논리와 문자 표현

논리 표현과 연산

참(true)과 거짓(false)을 의미하는 두 가지 정보를 논리 값이라 한다. 하나의 비트 정보도 0과 1이므로 이를 각각 거짓과 참으로 표현할 수 있다. 이러한 이진 논리 변수와 AND, OR, NOT의 논리 연산을 이용한 부울 대수(Boolean Algebra)는 논리 회로를 수학적으로 해석하기 위해 영국의 수학자 조지 부울(George Boole)이 제창한 기호 논리학의 한 분야이다. **부울 대수는 컴퓨터가 정보를 처리하는 방식에 대하여 이론적인 배경을 제공하며, 0과 1 두 값 중 하나로 한정된 변수들의 상관 관계를 AND, OR, NOT 등의 여러 연산자를 이용**하여 논리적으로 나타낸다.

기본적인 논리 연산으로 AND, OR 연산과 NOT 연산이 있다. **AND 연산은 두 개의 항이 모두 1이어야 1이며, OR 연산은 둘 중 하나만 1이면 결과가 1이다. 항이 하나인 NOT 연산은 항이 0이면 1로, 1이면 0인 결과를 반환하는 연산**이다. 또 다른 논리 연산으로, AND와 NOT을 결합한 NAND 연산, OR와 NOT을 결합한 NOR 연산, 그리고 XOR는 두 개의 입력 값이 같으면 0을 출력하고, 입력 값이 다르면 1을 출력한다.

A	B	A and B
0	0	0
0	1	0
1	0	0
1	1	1

AND

A	B	A or B
0	0	0
0	1	1
1	0	1
1	1	1

OR

A	not B
0	1
1	0

NOT

A	B	A nand B
0	0	1
0	1	1
1	0	1
1	1	0

NAND

A	B	A nor B
0	0	1
0	1	0
1	0	0
1	1	0

NOR

A	B	A xor B
0	0	0
0	1	1
1	0	1
1	1	0

XOR

그림 1-32 기본적인 논리 연산 진리표

논리 연산은 AND 게이트, OR 게이트, NOT 게이트와 같은 논리 회로로 그릴 수 있으며, NOT AND를 의미하는 NAND 게이트, NOT OR를 의미하는 NOR 게이트, EXCLUSIVE OR를 의미하는 XOR 게이트 등도 조합해 디지털 회로를 구성할 수 있다.

표 1-2 다양한 논리 연산과 회로 그림

Gate	Symbol	Operator	Gate	Symbol	Operator
AND	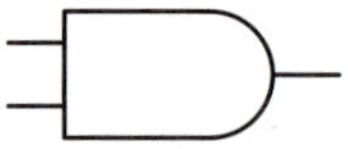	$A \cdot B$	NAND		$\overline{A \cdot B}$
OR		$A + B$	NOR		$\overline{A + B}$
NOT	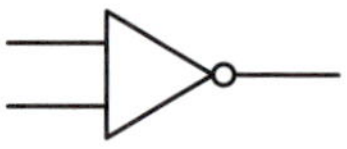	$\overline{A}$	XOR		$A \oplus B$

NOTE: **조지 부울**

조지 부울(George Boole, 1815 ~ 1864)은 영국의 수학자, 논리학자이다. 논리대수인 부울 대수를 창안해, 기호 논리학 분야에 큰 업적을 남겼다. 조지 부울은 1854년 부울 대수의 기본적인 원리를 만들었고, 1938년에 미국의 벨연구소에 근무하던 클라우드 샤논이 전기회로의 스위치가 ON, OFF의 두 상태를 갖는 점에 착안하여, 릴레이 회로의 접점 수를 감소시키는 데 응용하여 스위칭 대수로 확립하였다. 스위칭 대수를 이용하여 디지털 논리회로의 표현과 설계에 응용할 수 있음이 증명됨으로써 디지털 논리의 수학적 기초가 되어 논리 대수라고도 불리워지게 되었다.

문자 표현 표준인 아스키코드

컴퓨터와 컴퓨터 사이에서 통신을 하는 경우, 'A'라는 문자 정보를 전송하는 방법을 생각해 보자. 팩스처럼 'A'라는 문자에 대한 형상 이미지를 전송하는 방법보다는 두 장치가 약속을 하여 65이라는 값이 전송되면 그것을 'A'라고 인식하도록 약속한 후, 'A'대신 65라는 정수 값을 전송해주는 방식을 선호한다. 'A'라는 문자의 형상이미지를 전송하는 것보다 약속된 규칙에 따른 정수 값 65를 전송하는 것이 훨씬 효율적이기 때문이다.

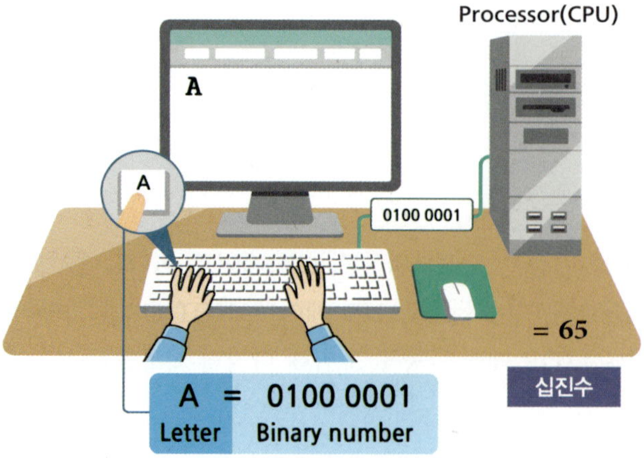

그림 1-33 문자 A는 10진수 65로 인식

하지만 이러한 장치를 개발한 회사들이 서로 달라서 약속한 정보가 서로 다르다면 제대로 문자를 전송할 수 없다는 문제점이 생기게 되었다. 예를 들어, K라는 회사는 'A' 문자 값을 65으로 정의하고 S라는 회사는 'A' 값을 75로 정의해서 제품을 생산했다면 K라는 회사에서 만든 제품과 S라는 회사에서 만든 제품은 서로 문자를 주고 받을 수 없다. 즉, 두 장치가 생각하는 문자의 기준이 다르기 때문이다. 결국 이러한 이유로 표준이 필요했고, 이 필요성 때문에 나온 여러 가지 표준이 있는데 그 중 개인용 컴퓨터에서 가장 많이 사용하는 표준이 바로 아스키코드(ASCII code)이다. 아스키코드는 영문 알파벳을 사용하는 대표적인 문자 인코딩 방법이다. 아스키코드는 컴퓨터뿐만 아니라 통신 장비와 같은 문자를 사용하는 대부분의 장치에서 사용되고 있으며 아스키코드를 기반으로 하고 있는 장치들 간에는 이 표준에 의해서 서로 문자를 주고 받을 수 있다.

표 1-3 아스키코드 표

10진수	16진수	문자	10진수	16진수	문자	10진수	16진수	문자	10진수	16진수	문자
0	0	[NULL]	32	20	[SPACE]	64	40	@	96	60	`
1	1	[START OF HEADING]	33	21	!	65	41	A	97	61	a
2	2	[START OF TEXT]	34	22	"	66	42	B	98	62	b
3	3	[END OF TEXT]	35	23	#	67	43	C	99	63	c
4	4	[END OF TRANSMISSION]	36	24	$	68	44	N	100	64	d
5	5	[ENQUIRY]	37	25	%	69	45	E	101	65	e
6	6	[ACKNOWLEDGE]	38	26	&	70	46	F	102	66	f
7	7	[BELL]	39	27	'	71	47	G	103	67	g
8	8	[BACKSPACE]	40	28	(	72	48	G	104	68	h
9	9	[HORIZONTAL TAB]	41	29	)	73	49	I	105	69	i
10	A	[LINE FEED]	42	2A	*	74	4A	J	106	6A	j
11	B	[VERTICAL TAB]	43	2B	+	75	4B	K	107	6B	k
12	C	[FORM FEED]	44	2C	,	76	4C	L	108	6C	l
13	D	[CARRIAGE RETURN]	45	2D	-	77	4D	M	109	6D	m
14	E	[SHIFT OUT]	46	2E	.	78	4E	N	110	6E	n
15	F	[SHIFT IN]	47	2F	/	79	4F	O	111	6F	o
16	10	[DATA LANK ESCAPE]	48	30	0	80	50	P	112	70	p
17	11	[DEVICE CONTROL 1]	49	31	1	81	51	Q	113	71	q
18	12	[DEVICE CONTROL 2]	50	32	2	82	52	W	114	72	r
19	13	[DEVICE CONTROL 3]	51	33	3	83	53	R	115	73	s
20	14	[DEVICE CONTROL 4]	52	34	4	84	54	T	116	74	t
21	15	[NEGATIVE ACKNOWLEDGE]	53	35	5	85	55	U	117	75	u
22	16	[SYNCHRONOUS IDLE]	54	36	6	86	56	V	118	76	v
23	17	[ENG OF TRANS. BLOCK]	55	37	7	87	57	W	119	77	w
24	18	[CANCEL]	56	38	8	88	58	X	120	78	x
25	19	[END OF MEDIUM]	57	39	9	89	59	Y	121	79	y
26	1A	[SUBSTITUTE]	58	3A	:	90	5A	Z	122	7A	z
27	1B	[ESCAPE]	59	3B	;	91	5B	[	123	7B	{
28	1C	[FILE SEPARATOR]	60	3C	<	92	5C	\	124	7C	|
29	1D	[GROUP SEPARATOR]	61	3D	=	93	5D	]	125	7D	}
30	1E	[RECORD SEPARATOR]	62	3E	>	94	5E	^	126	7E	~
31	1F	[UNIT SEPARATOR]	63	3F	?	95	5F	_	127	7F	[DEL]

아스키(ASCII: American Standard Code for Information Interchange)코드는 1967년에 표준으로 제정되어 1986년에 마지막으로 개정되었다. 아스키는 초창기에 7비트 인코딩(8비트중 7비트만 데이터 비트로 사용)으로, 33개의 출력 불가능한 제어문자들과 공백을 비롯한 95개의 출

력 가능한 문자들로 이루어져 총 128개의 코드로 구성되었다. 하지만 컴퓨터가 발전하고 좀 더 서식화되고 다양한 표현이 필요해짐에 따라 8비트 인코딩을 사용하도록 확장되었으며 기존 128개였던 아스키코드 값이 주로 그래픽에 관련된 문자와 선 그리기에 관련된 문자가 추가되어 256개로 확장되었다. **C 언어가 사용하는 문자 코드가 바로 아스키코드**이다.

유니코드

유니코드(Unicode)는 전 세계 모든 언어를 하나의 코드 체계 안으로 통합하기 위하여 만들어진 코드이다. 즉 **유니코드는 전 세계의 모든 문자를 컴퓨터에서 일관되게 표현하고 다룰 수 있도록 설계된 산업 표준이며, 유니코드 협회(Unicode Consortium)가 제정하여 1991년 버전 1.0이 발표**되었다. 아스키코드는 영어 문자 기반의 코드 체계이기 때문에 동양권의 2바이트 문자 체계를 수용하기에는 다소 무리가 있는 시스템이다. 또한 동양권의 컴퓨터 관련 시장을 쉽게 접근하기 위해서도 미국 등의 유수의 S/W, H/W업체에게 문자 코드 문제는 가장 시급하게 해결되어야 할 걸림돌이었다. 이러한 문제를 해결하기 위한 방법으로 기존의 아스키코드에서 사용되었던 8비트 체계에서 벗어나 전 세계의 문자를 모두 표현하기 위해 2바이트, 즉 16비트로 확장된 코드 체계가 유니코드이다.

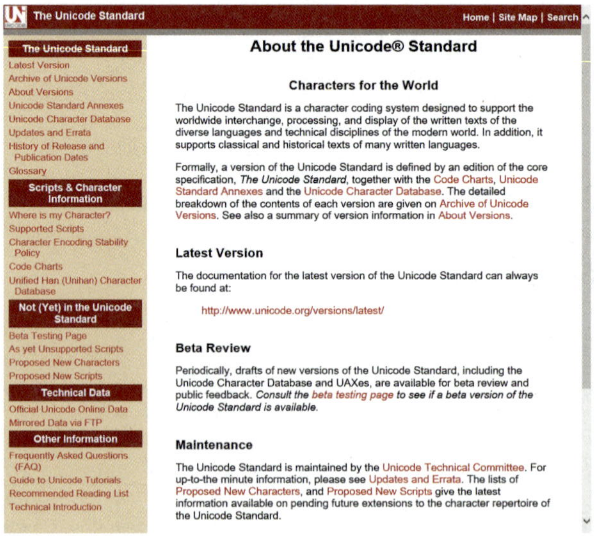

그림 1-34 유니코드의 표준(www.unicode.org/standard/standard.html)

1980년 중반부터 논의가 시작되어 1991년에 버전 1.0이 제정되었으며, 1996년 65,536자의 코드 영역을 언어학적으로 분류하였고, 완성형 한글 11,172자의 한글과 중국, 일본을 포함해 세계 유수의 언어 문자를 배열해 만든 유니코드는 국제표준화기구(ISO: International Organization for Standardization)에 상정 확정되었으며 현재 계속 수정, 보완되고 있다.

중간점검

01 논리값에는 무엇이 있는가?

02 C 언어가 사용하는 기본 문자 코드는 무엇인가?

1.5 소프트웨어 개발

컴퓨팅 사고력과 알고리즘

컴퓨팅 사고력의 중요성

우리 인간이 세상을 살아가기 위해 어릴 때부터 글을 읽고 쓰거나, 더하기, 빼기 등의 간단한 셈을 하는 것과 같이 컴퓨팅 사고력도 필요하다. 즉 이제 컴퓨팅 사고력도 우리 인간이 기본적으로 가져야 할 역량 중의 하나가 되었다. 컴퓨팅 사고력(CT: Computational Thinking)은 1980년 미국 MIT 대학의 시무어 페퍼트(Seymour Papert) 교수가 처음 언급한 이후, 2006년 카네기 멜론 대학 자넷 윙(Jeannette Wing) 교수는 그녀의 논문에서 '**컴퓨팅 사고력은 컴퓨터 과학자뿐만이 아니라 모든 사람 누구나 배워서 활용할 수 있는 보편적인 사고이자 기술**이다.'라고 제시하고 있다. 즉 **컴퓨팅 사고력이란 컴퓨터 프로그래밍에 대한 지식이 없는 일반인이 다양한 모든 분야의 문제 해결에 적용될 수 있도록 컴퓨터의 프로그래밍을 구현하는 과정의 사고에서 도출된 절차와 역량**을 말한다. 이러한 **컴퓨팅 사고력은 일반 문제해결의 방법에도 효율적으로 적용**될 수 있다. 한국의 소프트웨어 교원을 위한 소프트웨어 교원연수 자료에서는 컴퓨팅 사고력을 '컴퓨터 과학의 기본 개념과 원리 및 컴퓨팅 시스템을 활용하여 실생활 및 다양한 학문 분야의 문제를 이해하고 창의적 해법을 구현하여 적용할 수 있는 능력'으로 정의하고 있다.

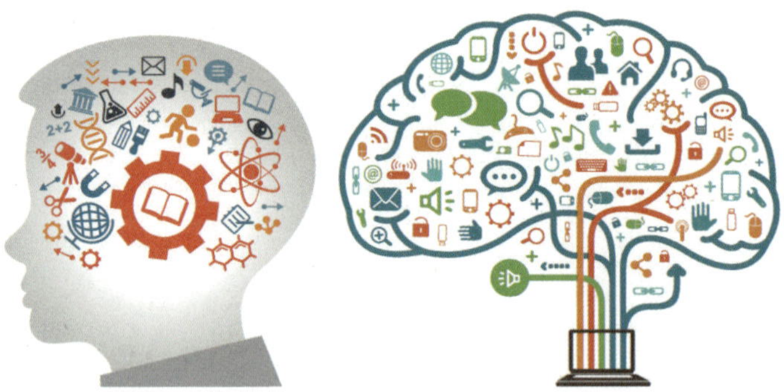

그림 1-35 컴퓨팅 사고력 개념

알고리즘

알고리즘(algorithm)이란 어떠한 문제를 해결하기 위한 절차나 방법으로 명확히 정의된(well-defined) 유한 개의 규칙과 절차의 모임이다. 이미 학습한 대로 컴퓨터에게 무슨 일을 시키려면 프로그램을 만들어야 한다. 주어진 문제를 해결하기 위한 프로그램을 만들기 위해서는 컴퓨터에게 하나씩 하나씩 내가 시키려는 일을 설명해야 한다. 결국 프로그램에서 문제를 해결하기 위한 여러 명령을 단계적으로 알려주어야 한다. 이것이 바로 '알고리즘'이다. 알고리즘은 컴퓨터에게 일을 시키는 데 있어 가장 기초가 되는 일이다. **컴퓨터 프로그램은 특정한 업무를 수행하기 위한 정교한 알고리즘들의 집합**이라고 간주할 수 있다.

그림 1-36 대중교통을 이용하여 출발지에서 도착지에 가는 알고리즘

예를 들어 멋진 외국인 친구가 오늘 인천공항에 도착한다고 하자. 이 외국인 친구는 일단 공항에서 우리집까지 잘 찾아오는 일이 무엇보다 중요하다. 이 친구에게 집까지 오는 길을 설명하는 데는 네 가지 방법이 있다. 이 예와 같이 문제를 해결하는 알고리즘은 다양할 수 있다.

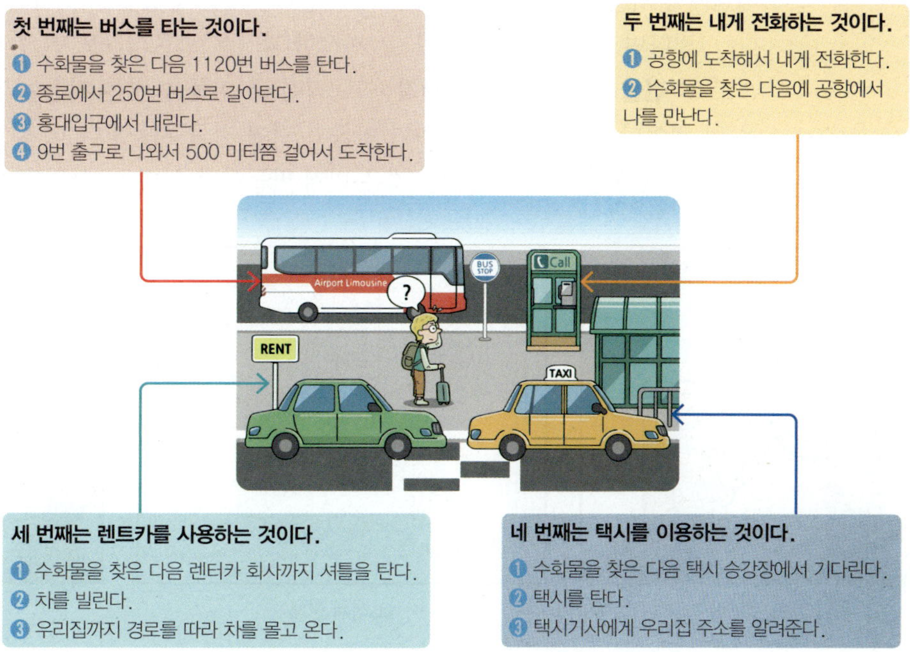

그림 1-37 문제를 해결하는 다양한 알고리즘

이 네 가지 알고리즘은 '우리집'에 온다는 결과는 같지만, 그 과정은 모두 다르다. 각각의 알고리즘은 서로 다른 비용과 시간이 든다. 예를 들어 택시를 타면 가장 빠르겠지만 반면에 비용은 가장 비싸다. 버스를 타는 것이 가장 싸겠지만 시간은 가장 오래 걸릴 것이다. 이렇듯 '알고리즘'이란 각각의 상황에 맞고 가장 효율적인 것을 선택하는 것이다. 컴퓨터 프로그램에서는 주어진 작업을 수행하기 위해 각기 다른 수많은 방법, 즉 알고리즘이 존재할 수 있다. 이러한 알고리즘은 각기 다른 상황에서 장점도 있지만 단점도 있다. 그렇기 때문에 주어진 상황에 맞는 가장 적절한 알고리즘을 구상하는 것이 무엇보다 중요하다.

중간점검

01 어떠한 문제를 해결하기 위한 절차나 방법으로 명확히 정의된(well-defined) 유한 개의 규칙과 절차의 모임을 무엇이라 하는가?

02 컴퓨터 프로그래밍에 대한 지식이 없는 일반인이 다양한 모든 분야의 문제해결에 적용될 수 있도록 컴퓨터의 프로그래밍을 구현하는 과정의 사고에서 도출된 절차와 역량을 무엇이라 하는가?

소프트웨어 개발 방법

소프트웨어 개발 방법을 연구하는 소프트웨어 공학

세계에서 가장 높다는 두바이의 부르즈 할리파라는 건물은 우리나라 업체가 시공하여 더 유명하다. 그렇다면 이러한 건물을 만드는 자세한 과정은 모르더라도 맨 먼저 ① **건설을 기획**하고, 다음으로 ② **건물의 설계 도면을 제작**하고, 직접 ③ **건물을 짓는 시공**이라는 3단계 정도가 있다는 것은 알 것이다. 즉 건물을 만들려면 만들기 전에 건물 시공보다 더 중요한 건물 설계를 해야 한다. 그러므로 건물을 실제 만든다는 것은 먼저 만들어진 설계 도면에 따라 건축물을 시공하는 일이다.

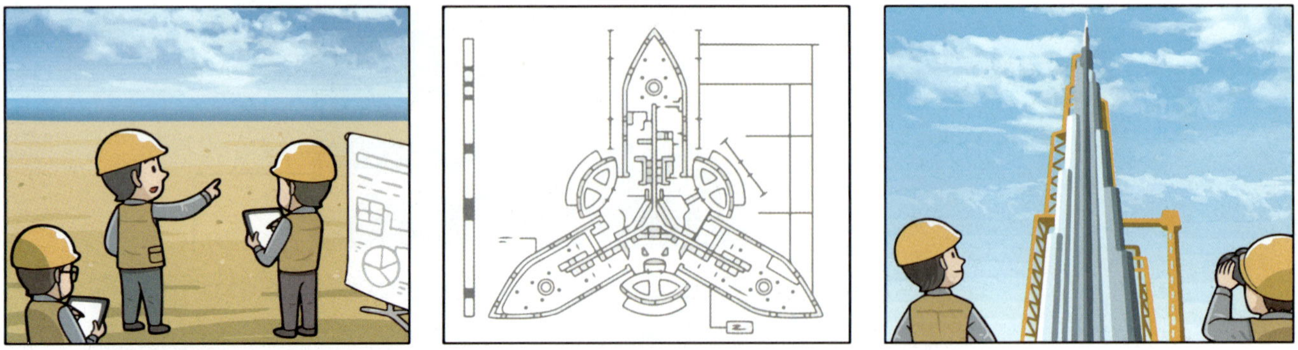

❶ 기획 단계 ❷ 설계 단계 ❸ 시공 단계

그림 1-38 부르즈 할리파의 건축 과정

건물의 건축 과정처럼 소프트웨어를 개발하려면 비슷한 과정이 필요하며, **소프트웨어의 개발 과정을 연구하는 분야를 소프트웨어 공학(software engineering)**이라 한다. 소프트웨어 공학은 실제 컴퓨터에서 신뢰성 있고 효과적으로 작동하는 소프트웨어를 경제적으로 얻기 위해 올바른 공학적 원리들을 체계화시킨 공학 분야이다. 즉 **소프트웨어 공학이란 공학적 원리에 의하여 소프트웨어를 개발하는 학문으로, 소프트웨어 개발과정인 분석, 설계, 개발, 검증, 유지보수 등 개발수명주기 전반에 걸친 계획·개발·검사·보수·관리, 방법론 등을 연구하는 분야**이다. 소프트웨어의 개발 단계를 구체적으로 살펴보면 다음 그림과 같다.

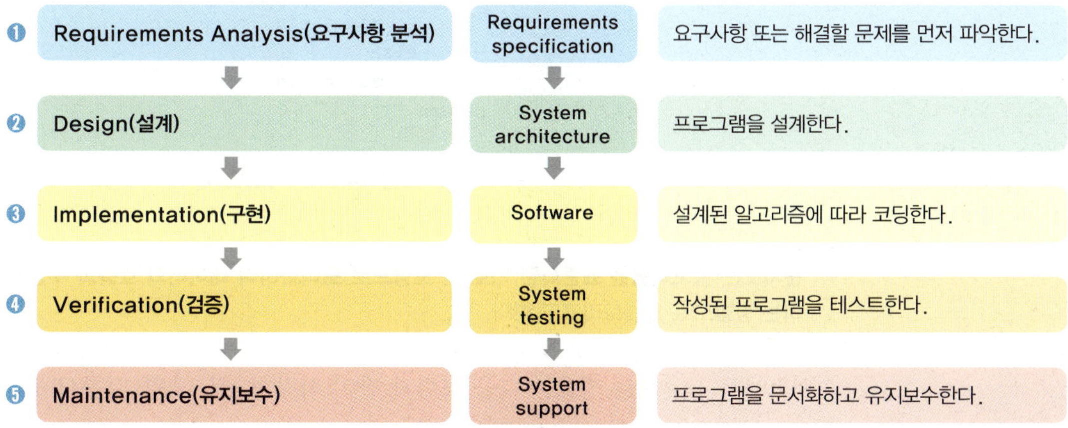

그림 1-39 소프트웨어 개발 과정

- 첫 단계인 ① **요구사항 분석에서는 시스템을 사용할 사용자의 요구사항을 파악하여 분석하는 단계**이다. 분석 단계에서 사용자의 요구사항은 보통 '요구 명세서(requirements specification)'를 통하여 제시된다.
- ② **두 번째인 설계 단계에서 프로그래머는 알고리즘을 이용하여 소프트웨어를 설계**한다. 사용자 요구사항이 많을수록 알고리즘이 복잡해지며, 이를 지원하기 위하여 자연언어 또는 흐름도(flow chart)나 의사코드(pseudo code) 등의 도구도 사용한다.
- ③ **구현 단계는 흐름도 또는 의사코드를 컴퓨터가 이해할 수 있는 자바나 C와 같은 특정한 프로그래밍 언어로 개발하는 단계**이다.
- 구현 이후 ④ **검증 단계에서는 프로그램의 소프트웨어 요구사항에 얼마나 부합하는지, 프로그램이 안정적으로 작동하는지를 검사하는 단계**이다.
- 마지막 단계는 ⑤ **프로그램의 문서화 및 유지보수 단계**이다. 프로그램에 대한 관리를 쉽게 하기 위해서는 체계적인 문서화가 필요하며, 사용자의 요구사항이 변화했을 경우에는 프로그램을 적절하게 변경시켜야 하는 등 유지보수 작업이 중요하다.

설계 단계에서의 알고리즘 기술 방법

소프트웨어 개발 과정에서 분석단계가 끝나면 프로그래머는 알고리즘(algorithm)을 생각해 소프트웨어 설계에 들어간다. **문제를 해결하기 위한 절차나 방법의 모임인 알고리즘은 우리가 사용하는 자연어 또는 순서도(data flow chart, 흐름도라고도 부름), 의사코드 등을 사용하여 표현**될 수 있다.

- 의사코드는 슈도코드(pseudo code)라고도 하는데, 특정 프로그래밍 언어의 문법을 따르지 않고 간결한 특정 언어로 코드를 흉내 내어 알고리즘을 써놓은 코드를 말한다. 의사코드는 다양한 스타일의 언어가 존재한다.

```
binarySearch(A[1..N], numberToSearch)
   min<-0, max<-N, Min<-0
   while(max != min)
      mid = (min + max)/2
         if(A[mid] == search)
            return mid
         else if(a[mid]<search)
            min = mid
         else
            max = mid
   return -1
```

그림 1-40 의사 코드 예

- **순서도는 알고리즘을 표준화된 기호 및 도형으로 도식화하여 데이터의 흐름과 수행되는 연산들의 순서를 표현하는 방법**으로 흐름도라고도 한다.

순서도에서 사용하는 기호는 다음 그림과 같이 사각형, 원, 타원, 마름모 등의 절차와 화살표의 흐름을 표시하는 다양한 기호로 구성되어 있다.

그림 1-41 순서도와 순서도를 그리는 모형 틀(template)

순서도에서 논리적 절차와 흐름, 처리방법 등의 주요 표식 기호에 대한 내용은 다음과 같다. 기호는 기하학적 도형이며, 시작과 종료는 양 옆이 둥근 직사각형인 터미널, 처리는 직사각형, 판단은 마름모꼴, 입출력은 평행사변형 등이 사용된다. 만일 시간을 체크해서 7시 이전이면 버스를 타고, 아니면 지하철을 타고 학교에 가는 과정을 순서도로 표현하면 그림 1-42와 같다.

표 1-4 흐름도의 다양한 기호

기호	기능	기호	기능
	터미널 순서도의 시작과 끝을 표시		**처리** 각종 연산, 데이터 이동 등을 처리
	판단 여러 가지 경로 중 하나의 경로 선택을 표시		**입 · 출력** 데이터의 입력 및 출력 표시
	흐름선 처리 간의 연결 기능을 표시		**연결자** 흐름이 다른 곳과 연결되는 입출구를 나타냄
	서류 서류를 매체로하는 입출력 표시		**준비** 기억장소, 초기값 등 작업의 준비 과정을 나타냄
	수동입력 콘솔에 의한 입력		**천공카드** 천공카드의 입출력

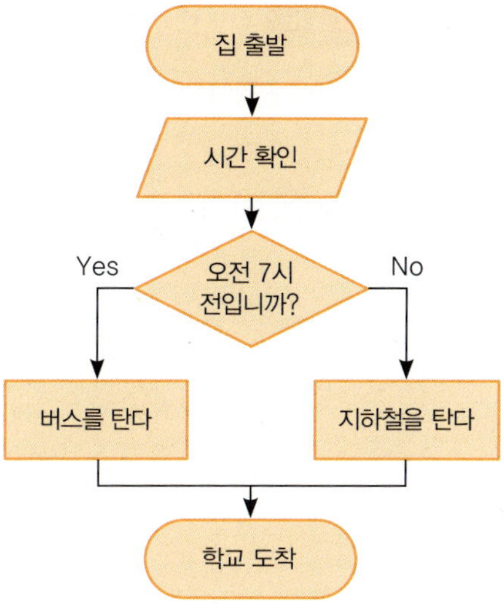

그림 1-42 교통수단을 선택하는 순서도 예

소프트웨어란 과학적인 중요성을 지닌 프로그램에서부터 개인적인 목적을 풀기 위해 만들어진 프로그램까지 매우 다양하다. 이러한 다양한 **프로그램을 개발하기 위해 알고리즘을 구상**하는 것은 그리 쉬운 일은 아니다. 알고리즘 구상을 위해 계속된 훈련이 필요할 것이다. 간단한 예로 '인터넷에서 기차표를 예매하고 출력'하는 과정을 자연어인 한글로 기술하고, 흐름도로 나타낸 그림 1-43을 살펴보자.

시작
❶ 기차표 예매사이트에 접속한다.
❷ 원하는 시각과 역에 정차하는 좌석이 있는가?
❸ 있으면 5로 간다.
❹ 없으면 다시 2로 가서 다른 좌석을 검색한다.
❺ 결제한다.
❻ 구매 완료한 기차표를 출력한다.
종료

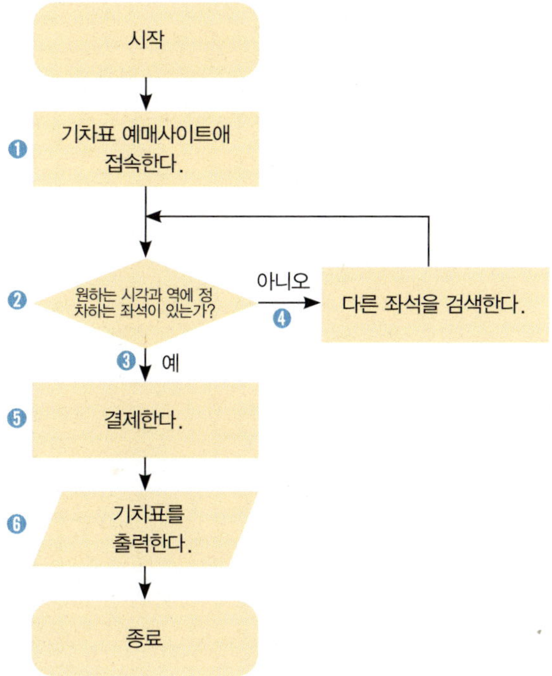

그림 1-43 '인터넷에서 기차표를 예매하고 출력'하는 과정의 자연어(한글) 기술과 순서도 표현

중간점검

01 소프트웨어 공학에서의 소프트웨어 개발과정 5단계는 무엇인가?

02 문제를 해결하기 위한 절차나 방법의 모임인 알고리즘을 기술하는 방법은 무엇이 있는가?

1.6 다양한 '프로그래밍 언어'

50 ~ 60년대에 개발된 프로그래밍 언어

포트란

포트란(FORTRAN)은 IBM 704 시스템에서 과학과 공학 및 수학적 문제들을 해결하기 위해 고안된 프로그래밍 언어로 널리 보급된 최초의 고급 언어이다. 포트란은 FORmula TRANslating system(수식 번역 시스템)의 약자로서, 수학에서 사용하는 수식을 컴퓨터가 읽을 수 있도록 기계어로 변환해준다고 해서 붙인 이름이다. 어셈블리 언어에 익숙해져 있던 1957년경, 포트란은 IBM에서 존 배커스(John Backus) 등의 전문가가 개발한 프로그래밍 언어이다. FORTRAN은 가장 오래된 언어지만 언어 구조가 단순해 놀라운 생명력을 갖추고 있어 지금도 과학 계산 분야 등에서는 많이 사용되고 있다.

코볼

1950년 말, 미국 국방성에서는 1,000여개의 다양한 컴퓨터를 사용하였고, 상품정보와 급여 정보, 원가 계산 등의 상업용 처리에는 포트란이 적합하지 않았다. 미국 국방성에서는 사무처리 언어의 통일을 위해 사무처리에 대한 언어발달 모형이 제시되었고, 컴퓨터 언어에 관한 특별 회의를 위한 데이터 시스템 언어 협회(CODASYL; Conference on Data Systems Languages)가 설립되었다.

- 학계 위원과 허니웰, GE, 뷰로우, RCA, IBM 등의 업체가 참여한 **협회 CODASYL이 1960년, 사무처리에 적합한 프로그래밍 언어로 개발한 것이 코볼(COBOL; COmmon Business Oriented Language)**이다. 즉 코볼은 포트란에 이어 두 번째로 개발된 고급 언어이다.

코볼은 사무처리에 목적이 있으므로 다른 프로그래밍 언어에 비하여 파일이나 데이터베이스에서 데이터를 쉽게 읽고 쓰며, 또한 양식을 가진 보고서를 쉽게 만들 수 있는 등 사무처리에 효율적이다. FORTRAN이 수식과 비슷한 반면, 코볼은 일상 영어회화와 비슷한 구어체 문장 형태를 갖고 있으므로 쉽게 이해할 수 있도록 프로그램 작성이 가능하다.

알골

알골(ALGOL)은 미국의 포트란에 대항하기 위해 유럽을 중심으로 취리히에서 열린 국제정보처리학회연합(IFIP) 회의를 통하여 처음에는 IAL(International Algorithmic Language)로 명명했으나 다시 알골58이 제안된 후 1960년, 알골60으로 개발되었다. **알골은 알고리즘(ALGOrithm)을 표현하기 위한 언어로 ALGOrithmic Language를 줄여서 만든 이름으로, 포트란이 미국을 중심으로 사용했다면 알골은 유럽을 중심으로 과학기술 계산용 프로그래밍 언어**로 사용되었다. 알골의 특징을 살펴보면 알고리즘의 연구 개발에 적합한 언어로 개발되었으며, 절차적 언어로서 구조화 프로그래밍에 적합하고 최초로 재귀호출이 가능한 프로그래밍 언어이다. 알골은 파스칼, C 언어 등 이후 언어의 발전에 큰 영향을 주었으나, IBM이 주로 포트란을 사용하여 더 이상 대중화에 성공하지 못하였다.

베이직

1964년에 미국 다트머스(Dartmouth) 대학의 케메니(John Kemeny) 교수와 커츠(Thomas Kurtz) 교수가 개발한 **베이직(BASIC)은 'Beginner's All-purpose Symbolic Instruction Code(초보자의 다목적용이고 부호를 사용하는 명령어 코드)'의 약어로 초보자도 쉽게 배울 수 있도록 만들어진 대화형 프로그래밍 언어**이다. 대화형의 영어 단어를 바탕으로 약 200여 개의 명령어들로 구성된 가장 쉬운 대화형 프로그래밍 언어여서 문장의 종류가 많지 않고 문법이 간단하며, 배우고 쓰기가 간단하고 쉽다. 베이직은 대화형 프로그래밍 언어로서 인터프리터를 사용하므로 프로그램 작성 시 프로그램상의 문제점을 쉽게 파악할 수 있으며, 컴파일 과정 없이 바로 작동된다.

1980년대에 개인용 컴퓨터의 출현과 함께 베이직은 기본 개발 언어로 탑재되어 범용적인 언어로 널리 사용되었으며, 마이크로소프트는 이 베이직을 기본으로 비주얼 베이직(Visual Basic)이라는 프로그램 언어를 개발하였다. 비주얼 베이직은 표준 베이직에 객체지향 특성과 그래픽 사용자 인터페이스를 추가한 프로그램 언어이자 통합개발환경이다. 웹 프로그래밍 기술에서 많이 사용하는 언어 중 하나인 ASP(Active Server Page)도 VBScript를 사용하는데, VBScript도 베이직 문법을 그대로 사용하고 있다.

중간점검

01 어셈블리 언어에 익숙해져 있던 1957년경, IBM에서 존 배커스(John Backus) 등의 전문가가 개발한 프로그래밍 언어는 무엇인가?

02 1964년, 미국 다트머스(Dartmouth) 대학에서 초보자도 쉽게 배울 수 있도록 개발한 대화형 프로그래밍 언어는 무엇인가?

70년대 이후 개발된 주요 프로그래밍 언어

파스칼

파스칼은 프랑스의 수학자인 파스칼(Pascal)의 이름에서 따온 언어로서 프로그램을 작성하는 방법인 알고리즘 학습에 적합하도록 1971년 스위스 취리히 공과대학교의 니클라우스 비르트(Nicholas Wirth) 교수에 의해 개발된 프로그래밍 언어이다. 파스칼은 알골(Algol)을 모체로 해서 초보자들이 프로그램의 문법적 에러를 줄일 수 있도록 매우 엄격한 문법을 가진 프로그래밍 언어이므로 알고리즘의 실험이나 프로그램을 연습할 수 있는 모든 명령어가 갖추어져 있다. 또한 비교적 자유로운 구조를 가질 수 있는 다른 프로그래밍 언어와는 달리 구조적인 프로그래밍

(structured programming)이 가능하도록 begin ~ end의 블록 구조가 설계되어 있다.

1980년에서 1990년대까지 대부분의 대학에서 프로그래밍 언어의 교과과정으로 파스칼을 채택할 정도로 인기를 누렸다. 애플사는 1980년 초, 파스칼 문법에 객체지향 기능을 추가시킨 오브젝트 파스칼(Object Pascal)을 만들었으며, 1980년대에는 볼랜드사에서 파스칼을 발전시켜 터보 파스칼(Turbo Pascal)이라는 제품으로 상용화하여 널리 사용되었고, 1990년 중반에 마이크로소프트사의 비주얼 베이직과 유사한 오브젝트 파스칼 언어를 기반으로 하며, 그래픽 사용자 인터페이스를 적용한 윈도우 환경의 RAD(Rapid Application Development) 통합개발환경인 델파이(Delphi)를 출시하여 현재까지도 널리 이용되고 있다.

C++

1972년에 개발된 C 언어는 1983년에 프로그램 언어 C++로 발전하였다. C++**는 객체지향 프로그래밍(OOP: Object Oriented Programming)을 지원하기 위해 C 언어가 가지는 장점을 그대로 계승하면서 객체의 상속성(inheritance) 등의 개념을 추가한 효과적인 언어로, AT&T의 비야네 스트롭스트룹(Bjarne Stroustrup)이 개발**하였다. 비야네는 이름을 C 언어 이후에 알파벳 순서인 D로 할지, 아니면 BCPL에서 BC 다음에 P로 할지 고민하다가, C 다음에 나온 언어라는 의미로 'C++'라고 이름을 붙였다고 한다. C++는 C 언어의 확장이라고 볼 수 있으므로 기존의 C 언어로 개발된 모든 프로그램들을 수정 없이 그대로 사용할 수 있다. C++ 언어가 개발될 당시 C 언어는 시스템 프로그래밍 능력을 인정받아 이미 많은 프로그래머들이 사용하고 있었고 C++가 C와 유사한 문법을 사용함으로써 C 언어에 익숙한 프로그래머들이 C++ 언어를 쉽게 배울 수 있다는 장점을 가지게 되었다.

NOTE: C++ 창시자 비야네 스트롭스트룹

비야네 스트롭스트룹(Bjarne Stroustrup)은 '최초의 객체지향 언어로 인정'되는 Simula67을 사용하여 프로그램을 개발하던 중 좀 더 편리하고 효율적인 프로그래밍 언어를 만드는 일을 시작하였고 1980년에 C 언어의 장점인 시스템 프로그래밍 능력에 'Simula67의 클래스 개념'을 도입하여 'C with Classes'라는 새로운 이름의 프로그래밍 언어를 설계했다. 이렇게 만들어진 'C with Classes'는 객체지향 프로그래밍에 필수 요소인 가상함수와 연산자 오버로딩 개념이 추가되어 1983년 C++ 1.0으로 소개되었다.

파이썬

파이썬은 현재 미국과 우리나라의 대학 등 전 세계적으로 가장 많이 가르치는 프로그래밍 언어 중 하나이다. 특히 비전공자에게 컴퓨팅 사고력(computational thinking)을 키우기 위한 프로그래밍 언어로도 많이 활용되고 있다. **파이썬은 1991년 네덜란드의 귀도 반 로섬(Guido van Ros-**

sum)이 개발한 객체지향 프로그래밍 언어로서 베이직과 같은 인터프리터로 실행된다. 파이썬은 비영리의 파이썬 소프트웨어 재단이 관리하는 개방형, 공동체 기반 개발 모델을 가지고 있다. 파이썬이 배우기 쉬우면서도 간결하며, 개발속도가 빠르고 강력하기 때문이다. 또한 파이썬은 풍부한 라이브러리 그리고 다양한 개발 환경을 제공하고 있어 개발자로 하여금 쉽고 빠르게 소프트웨어 개발을 가능하게 한다. 파이썬은 프로그래밍 교육 분야에서뿐만 아니라 실무에서도 그 사용이 급증하고 있다. 파이썬은 웹 및 데스크톱 분야의 개발뿐만 아니라 최근에는 특히 데이터 과학 및 머신러닝 분야에서 널리 활용되고 있는 추세이다. 프로그래밍 관련 질의와 답변(Q&A) 허브 사이트인 스택오버플로(stackoverflow.com)는 사용자의 통신 양을 기반으로 조사한 결과 파이썬의 인기는 더욱 증가하리라 예측하고 있다.

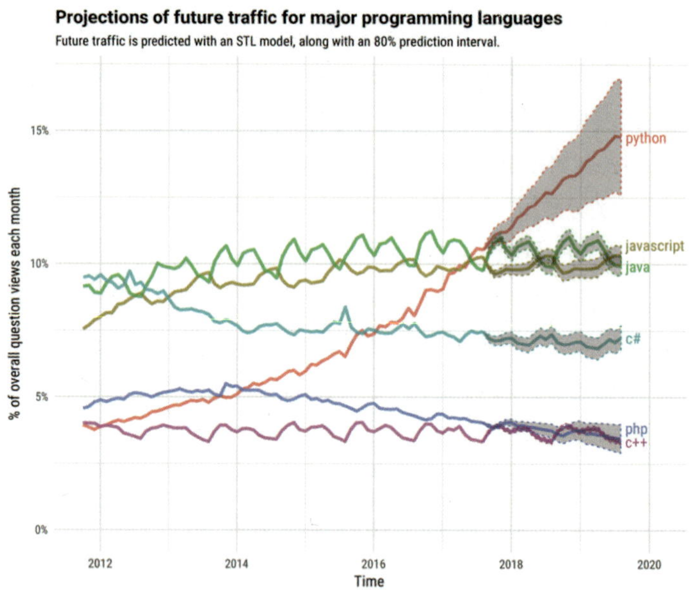

그림 1-44 프로그래밍 언어 예측(www.stacoverflow.com)

C와 C++와 같은 컴파일 언어에서는 소스를 컴파일하여 기계어로 변환한 후 실행이 되지만, 인터프리터 방식인 파이썬이나 베이직 언어는 인터프리터가 프로그램을 한 줄씩 읽어 들여 문법을 체크한 후 문법에 문제가 없으면 바로 실행하게 된다. 그러나 인터프리터를 거쳐야 하므로 상대적으로 실행속도가 느리다는 단점이 있다.

자바

자바(JAVA)의 시초는 1990년 초 미국의 선 마이크로시스템즈(Sun Microsystems)사에서 가전제품들을 제어하기 위해 고안한 언어에서부터 비롯되었다. 선 마이크로시스템즈사는 1992년 양방향 TV를 만드는 제어 박스의 개발을 위한 그린 프로젝트(Green Project)를 시작하였다. 이 프로젝트의 책임자인 제임스 고슬링(James Gosling)은 내부에서 개발된 오크(oak)라는 언어를 발전시켜 자바라는 범용적인 프로그래밍 언어를 개발했다. **자바는 1995년에 공식 발표되었으며** C++

를 기반으로 한 객체지향 프로그래밍 언어**이다. 선 마이크로시스템즈사는 오라클(oracle)사에 합병되어 현재 자바는 오라클 기술이 되었으며, 자바 개발환경인 JDK는 현재까지 계속 발표되고 있다. 자바는 안드로이드 기반 스마트폰의 개발 언어로서 여러 정보기술 분야에 사용되는 프로그래밍 언어로 발전하였다.

NOTE: 자바 창시자 제임스 고슬링

제임스 고슬링(James Arthur Gosling, 1955 ~)은 캐나다 출신으로 '자바의 아버지'라 불린다. 제임스 고슬링은 카메기 멜론 대학에서 박사 학위를 취득한 후 1984년 선 마이크로시스템즈에 입사하여 자바를 개발하고 최고기술책임자(CTO)로 일하면서 세계적으로 영향력 있는 프로그래머들 중의 한 사람으로 알려지게 되었다. 제임스 고슬링은 자바 커피 예찬론자로 자바를 개발할 당시, 인도네시아 자바 섬 원산지인 자바 커피를 하루에도 수도 없이 마셔 자신이 개발한 언어 이름을 자바로 붙였다는 이야기도 있다. 이름에 대한 여러 설이 있지만 자바의 로고가 커피잔과 접시로 구성된 것을 봤을 때 자바산 커피에서 프로젝트 이름을 따왔다는 설이 유력한 듯 하다.

코틀린

코틀린(Kotlin)은 자바 통합개발환경인 인텔리제이 아이디어(IntelliJ IDEA)를 만든 개발 회사인 제트브레인스(JetBrains)에서 자바가상기계(JVM)와 안드로이드(android)를 위해 2011년에 공개한 객체지향 프로그래밍 언어이다. 구글은 2017년, 안드로이드 앱 개발 공식 언어로 코틀린을 채택했으며, 다음처럼 안드로이드 개발자 가이드 예제에 코틀린 예제가 먼저 제시된다.

KOTLIN 자바

```
class MainActivity : AppCompatActivity() {
    override fun onCreate(savedInstanceState: Bundle?) {
        super.onCreate(savedInstanceState)
        setContentView(R.layout.activity_main)
    }

    /** Called when the user taps the Send button */
    fun sendMessage(view: View) {
        // Do something in response to button
    }
}
```

그림 1-45 안드로이드 개발자 홈페이지의 코틀린 예제

코틀린의 문법은 코딩하거나 읽기 쉽도록 매우 간결하고 간편하다. 코틀린은 언어와의 상호 운용이 100% 지원되며, 자바가상기계(JVM) 기반에서 자바 바이트코드를 생성해 실행되는 것이 기본

이지만, 모든 자바 기반 프레임워크와 완전히 호환되며 자체 컴파일러를 사용하여 기계어로 컴파일해 직접 실행도 가능하다.

중간점검

01 1991년 네덜란드의 귀도 반 로섬(Guido van Rossum)이 개발한 객체지향 프로그래밍 언어로, 현재 데이터 과학 및 머신러닝 분야에서 널리 활용되는 프로그래밍 언어는 무엇인가?

02 안드로이드 앱 개발 공식 언어는 자바와 또 한 가지 무엇인가?

프로그래밍 초보를 위한 비주얼 프로그래밍 언어

스크래치

스크래치(scratch)는 2007년 MIT 대학의 미디어랩(Media Lab)에서 개발한 비주얼 프로그래밍(visual programming) 개발 도구이다. 스크래치는 브라우저에서 직접 개발하는 환경으로 커뮤니티 기반 웹 인터페이스로 구성되어 있다. 즉 스크래치는 컴퓨터에 대한 지식이 전혀 없는 일반인과 청소년 또는 지금 바로 **프로그래밍에 입문한 학생들을 대상으로 컴퓨터 프로그래밍의 개념을 이해할 수 있도록 도와주는 교육용 프로그래밍 언어(educational programming language)**이다. 스크래치는 다양한 이미지나 사운드를 제공하여 쉽게 사용할 수 있으며, 코딩에 의한 프로그램 방식이 아닌 직관적으로 누구나 쉽게 이해할 수 있는 블록을 끼워 맞춰 프로그램을 작성하도록 한다.

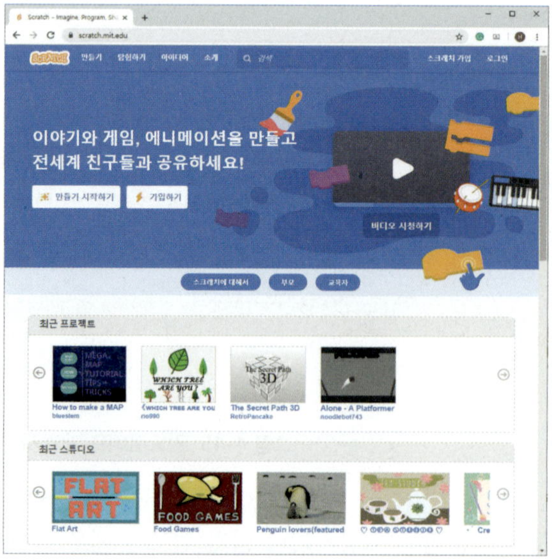

그림 1-46 스크래치 홈페이지(scratch.mit.edu)

엔트리

엔트리(www.playentry.org)는 순수 국내 기술로 개발된 제품으로, 웹 브라우저에서 로그인 후 **블록 프로그래밍 방식으로 프로그램을 작성**한다는 측면에서 스크래치와 매우 비슷하다. 엔트리는 어린 아이들도 쉽고 재미있게 배울 수 있도록 **블록을 차곡차곡 쌓고 연결하는 방식으로 코딩할 수 있는 그래픽 기반 프로그래밍 도구**로 문제를 해결할 수 있도록 다양한 콘텐츠와 학습 환경을 지원하고 있다. 즉 엔트리는 일상 언어들로 이루어져 있는 명령어 블록들을 순서에 맞게 조립하여 쉽게 독자적인 창작물을 만들 수 있다. 현재 엔트리는 교육용 프로그래밍 언어로 채택되어, 전국의 초·중등학교에서 학생들을 대상으로 엔트리를 이용한 교육이 진행되고 있으며 대학에서도 교양과목으로 개설되고 있다. 현재는 파이썬에서 엔트리를 코딩할 수 있는 엔트리 파이썬이라는 텍스트 기반 시스템도 제공하고 있다.

그림 1-47 엔트리 홈페이지(playentry.org)

중간점검

01 2007년 MIT 대학의 미디어랩(Media Lab)에서 개발한 비주얼 프로그래밍(visual programming) 개발 도구는 무엇인가?

02 순수 국내 기술로 개발된 제품으로 블록 프로그래밍 방식으로 프로그램을 작성한다는 측면에서 스크래치와 매우 비슷한 교육용 개발 도구는 무엇인가?

내용점검 연습

01 다음에서 서술 내용이 맞으면 ○, 틀리면 × 하시오.

❶ 어거스터 에이다는 지금과 같은 프로그래밍 언어를 활용하지는 않았지만 프로그래밍 개념을 도입한 최초의 프로그래머이다. (   )

❷ 시스템 PDP-11에서 운용되는 운영체제인 리눅스를 개발하기 위해 C 언어를 개발하였다. (   )

❸ C 언어는 함수 중심으로 구현되는 객체지향 언어이다. (   )

❹ 소프트웨어는 크게 응용 소프트웨어와 시스템 소프트웨어로 나뉜다. (   )

❺ 사람이 프로그래밍 언어로 컴퓨터에게 명령을 내리기 위해서는 프로그래밍 언어를 기계어로 변환해주는 통역사인 운영체제가 필요하다. (   )

❻ 컴퓨터의 CPU에 의존하지 않고 우리 사람이 보다 쉽게 이해할 수 있도록 만들어진 언어를 자연 언어라 한다. (   )

❼ 컴파일러는 고급언어로 작성된 프로그램을 기계어 또는 목적코드(object code)로 바꾸어주는 프로그램이다. (   )

02 다음에서 비어있는 부분을 적당히 채우시오.

❶ 알람 앱, 기상정보 앱, 일정관리 앱, 계산기, 메모장과 같이 컴퓨터와 스마트폰에서 특정 목적의 작업을 수행하기 위한 관련 파일의 모임을 (   )이라 한다.

❷ (   )는 특정 CPU에 맞게 관련된 하드웨어를 작동하게 하고 또한 응용 소프트웨어를 실행해주는 소프트웨어이다

❸ 전기의 흐름을 표현하는 1과 흐르지 않음을 의미하는 0으로 표현되는 (   )가 바로 컴퓨터가 유일하게 바로 인식하는 언어인 것이다.

❹ (   )는 기계어를 프로그래머인 사람이 좀 더 이해하기 쉬운 기호 형태로 일대일 대응시킨 프로그래밍 언어이다.

❺ 비트가 연속적으로 8개 모인 정보 단위를 (   )라 한다.

❻ (   )이란 어떠한 문제를 해결하기 위한 절차나 방법으로 명확히 정의된(well-defined) 유한 개의 규칙과 절차의 모임이다.

❼ (   )이란 공학적 원리에 의하여 소프트웨어를 개발하는 학문으로, 소프트웨어 개발과정인 분석, 설계, 개발, 검증, 유지보수 등 개발수명주기 전반에 걸친 계획 · 개발 · 검사 ·

보수 · 관리, 방법론 등을 연구하는 분야이다.

03 다음 각각의 문제에서 가장 적절한 것을 하나 선택하시오.

❶ 다음 중 정보 처리 단위가 작은 것부터 순서로 나열된 것은? (　　)

가) 바이트, 니블, 비트, 워드　　나) 비트, 니블, 워드, 바이트

다) 비트, 니블, 바이트, 워드　　라) 워드, 비트, 니블, 바이트

❷ 다음 중에서 C 언어에 대한 설명이 아닌 것은? (　　)

가) 이식성이 좋음　　나) 메모리의 할당과 해제

다) 객체지향 언어　　라) 다양한 분야에 사용

❸ 다음 중에서 C 언어에 대한 설명이 잘못된 것은? (　　)

가) C 언어는 문제의 해결 순서와 절차의 표현과 해결이 쉽도록 설계된 프로그램 언어이다.

나) 복잡한 문제를 잘 정의된 여러 개의 함수와 자료로 나누어 구성하고 해결함으로서 구조적 프로그래밍(structured programming)이 가능하다.

다) C 언어는 간결한 프로그래밍 언어로 복잡한 포인터와 메모리 관리(memory management) 기능이 없다.

라) C 언어로 작성된 프로그램은 크기가 작으며, 메모리도 적게 효율적으로 사용하여 실행 속도가 빠르다는 장점이 있다.

❹ 다음 중에서 C 언어를 배워야 하는 이유로 가장 관련성이 적은 것은? (　　)

가) 자바나 C#, Objective-C 등이 그 뿌리는 C이므로 그 이후의 언어들은 그 습득이 매우 쉬워진다.

나) C 언어는 범용적인 프로그래밍 언어로 다양한 분야에 활용된다.

다) C 언어의 학습을 통해 단순히 C 언어의 문법 학습뿐 아니라 일반적인 프로그래밍 기초 지식을 학습한다.

라) 자바와 Objective-C와 같이 객체와 클래스의 활용에도 선행 학습이 된다.

❺ 다음 중에서 2진수의 특징으로 잘못된 것은? (　　)

가) 2진수는 수의 자릿수에 사용할 수 있는 숫자가 0과 1, 2개 이므로 2진수라 한다.

나) 디지털 신호에서 전기가 흐를 경우 '참'을 의미하는 '1', 흐르지 않을 경우 '거짓'의 '0'으로 표현된다.

다) 컴퓨터는 논리의 조합이 간단하고 내부에 사용되는 소자의 특성상 편리하기 때문에 2진법을 사용하는 것이 가장 합리적이고 효율적인 방식이다.

라) 2진수에서 수의 길이는 상대적으로 8진수보다 짧다.

❻ 다음 중에서 8진수의 표현이 잘못된 것은? (　)

가) 17　　나) 36

다) 60　　라) 58

❼ 다음 중 소프트웨어의 개발 과정 순서가 바른 것은? (　)

가) 설계, 요구사항 분석, 구현, 검증, 유지보수

나) 요구사항 분석, 설계, 구현, 검증, 유지보수

다) 요구사항 분석, 설계, 검증, 구현, 유지보수

라) 요구사항 분석, 설계, 구현, 유지보수, 검증

❽ 다음 중 소프트웨어의 개발 과정의 설명이 잘못된 것은? (　)

가) 유지보수 단계에서는 프로그램의 소프트웨어 요구사항에 얼마나 부합하는지, 프로그램이 안정적으로 작동하는지를 검사하는 단계이다.

나) 요구사항 분석에서는 시스템을 사용할 사용자의 요구사항을 파악하여 분석하는 단계이다.

다) 설계에서 프로그래머는 알고리즘을 이용하여 소프트웨어를 설계한다.

라) 구현 단계는 흐름도 또는 의사코드를 컴퓨터가 이해할 수 있는 자바나 C와 같은 특정한 프로그래밍 언어로 개발하는 단계이다.

❾ 다음 중 프로그래밍 언어의 개발 순서가 바른 것은? (　)

가) 포트란, 알골 C, C++, 자바, C#　　나) 포트란, 알골 C, C++, C#, 자바

다) 포트란, 알골 C++, C, 자바, C#　　라) 알골, 포트란, C, C++,자바, C#

❿ 다음 중 프로그래밍 언어의 개발 순서가 바른 것은? (　)

가) BCPL, Algol, B, C, C++　　나) Algol, BCPL, B, C, C++

다) Algol, BCPL, C, B, C++　　라) Algol, B, BCPL, C, C++

04 다음에서 설명하는 것은 몇 진수를 사용하는지 답하시오.

❶ 시계의 분: 1분 2분 …. 60분 (　　)

❷ 시계의 시: 1시 2시 …. 12시 (　　)

❸ 십간: 갑 을 병 … 계 (　　)

❹ 십이지: 자 축 인 … 해 (　　)

❺ 십간 십이지의 조합으로 구성되는 간지: 갑자 을축 병인 … 계해 (　　)

05 다음에서 설명하는 프로그래밍 언어는 무엇인가?

❶ 1964년에 미국 다트머스(Dartmouth) 대학에서 개발한 언어로 초보자도 쉽게 배울 수 있도록 만들어진 대화형 프로그래밍 언어 (   )

❷ 미국의 대학에서 컴퓨터 기초 과목으로 가장 많이 가르치는 프로그래밍 언어 중 하나로, 네덜란드의 귀도 반 로섬(Guido van Rossum)이 개발한 객체지향 프로그래밍 언어 (   )

❸ 1995년에 공식 발표되었으며 프로그래밍 언어 C++를 기반으로 한 객체지향 프로그래밍 언어로 현재 안드로이드 환경에서 주 개발 언어로 사용 (   )

❹ IBM 704 시스템에서 과학과 공학 및 수학적 문제들을 해결하기 위해 고안된 프로그래밍 언어로 널리 보급된 최초의 고급 언어 (   )

❺ C 언어가 가지는 장점을 계승하면서 객체의 상속성(inheritance) 등의 개념을 추가한 효과적인 언어로, AT&T의 비야네 스트롭스트룹(Bjarne Stroustrup)이 개발 (   )

❻ 프로그램을 작성하는 방법인 알고리즘 학습에 적합하도록 1971년 스위스 취리히 공과대학교의 니클라우스 비르트(Nicholas Wirth) 교수에 의해 개발 (   )

❼ 미국의 포트란에 대항하기 위해 유럽을 중심으로 취리히에서 열린 국제정보처리학회연합(IFIP) 회의를 통하여 처음에는 IAL(International Algorithmic Language)로 명명 (   )

06 무료로 이용할 수 있는 컴퓨터 도서를 소개하는 다음 사이트에 접속해 C 서적을 검색하고 내려 받아 1장을 학습하시오.

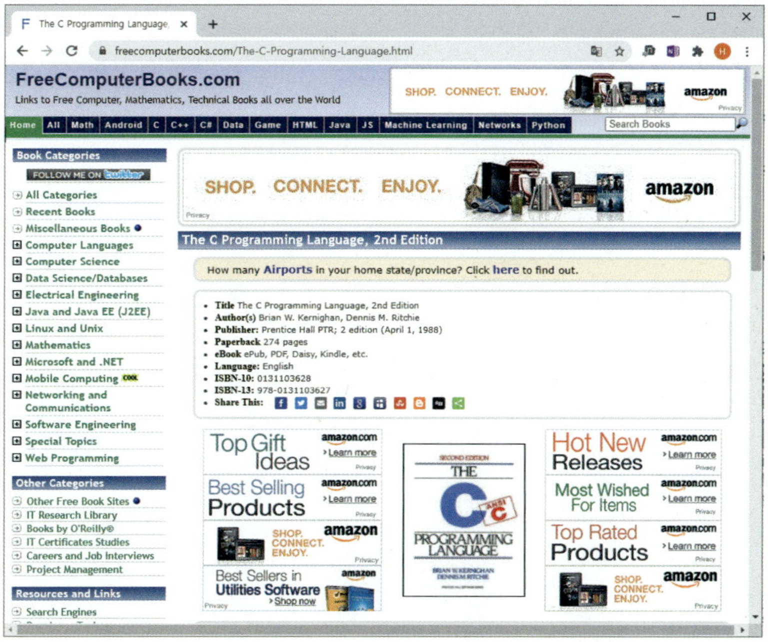

http://freecomputerbooks.com/The-C-Programming-Language.html

Perfect **C**

CHAPTER 02

C 프로그래밍 첫걸음

학습목표

▸ **프로그램 구현 과정과 통합개발환경을 설명할 수 있다.**
- 프로그램 구상, 소스 편집, 컴파일, 링크, 실행 과정
- 통합개발환경의 필요 소프트웨어

▸ **비주얼 스튜디오로 C 프로그램을 개발할 수 있다.**
- 솔루션과 프로젝트의 생성, 소스 생성
- 빌드와 실행

▸ **함수 printf()와 puts()로 구성되는 C 프로그램을 구현할 수 있다.**
- 솔루션에 여러 개의 프로젝트 생성
- 오류의 종류와 원인 파악
- 오류 발생에 따른 디버깅 과정

학습목차

2.1 프로그램 구현 과정과 통합개발환경

프로그램 구현 과정

프로그램 구현과정 5단계

이전 단원에서 소프트웨어를 개발하려면 **요구 분석, 설계, 구현, 검증, 유지보수라는 5 단계 과정**을 거친다고 배웠다. 우리는 프로그래밍에 입문하는 초보자로서 세 번째 단계인 구현[1] 부분에 대해 자세히 알아보고자 한다. 물론 구현을 생각한다는 것은 C나 자바처럼 개발할 프로그래밍 언어는 이미 선정되었다고 볼 수 있다.

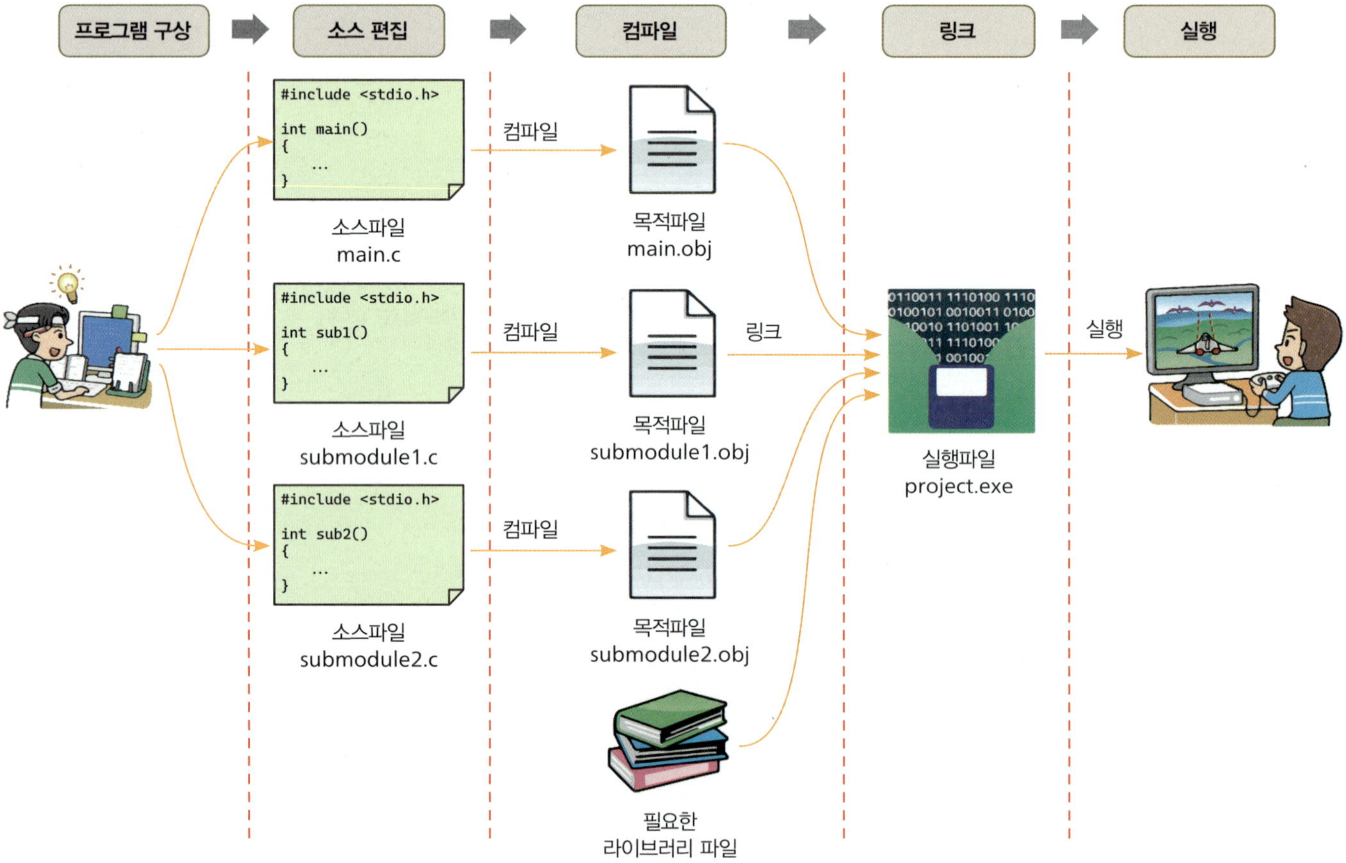

그림 2-1 C 프로그램 구현 과정

[1] 구현의 영어 표현은 주로 implementation을 사용하며, 프로그램을 작성하는 것을 의미한다. 구현은 개발(development)이라고 표현해도 무리는 없을 것으로 보인다. 다만 소프트웨어 개발이라는 표현에서의 개발은 큰 범주의 개발이고, 구현에서의 개발은 프로그램을 작성하는 과정이라고 보면 좋을 듯하다. 그러나 엄격하게 이를 구분할 필요는 없으며, 일반적으로 프로그램 작성 과정도 구현과 개발을 함께 사용한다.

프로그램을 구현하기 위해서는 프로그램 구상, 소스 편집, 컴파일, 링크, 실행의 5단계를 거친다. 가장 먼저 수행하는 소스[2] 편집에 앞서 필요한 프로그램을 구상해야 할 것이다. 간단한 프로그램은 하나의 소스파일로 구성되지만 프로그램이 커진다면 여러 개의 소스파일로 구성하는 것이 효율적일 수 있다. 그림 2-1은 우리가 배울 C 프로그램 개발 과정인 프로그램 구상에서부터 실행까지의 다섯 단계를 보여주고 있다.

프로그램 구상과 소스 편집

프로그램을 구현하기 위해 가장 먼저 해야 할 일은 소스코드(source code)를 어떻게 작성해야 할지 그 내용에 대해 생각하는 것이다. 선정된 **프로그래밍 언어로 일련의 명령어가 저장된 파일을 소스파일(source file)[3] 또는 소스코드(source code)라 하며 일반 텍스트파일로 저장되어야 한다.** 대규모 프로그램을 작성할 경우 프로그램 구상은 앞에서 설명한 소프트웨어 개발 과정의 설계 단계에서 수행하는 과정이라고 볼 수 있다. 프로그램 구상 시 순서도나 의사코드를 사용할 수도 있다. 만일 프로그램 구상이 이루어졌으면 다음은 소스파일을 만드는 일이다. 소스파일은 윈도우인 경우 메모장(notepad), 유닉스인 경우 edit나 vi와 같이 일반 텍스트로 저장되는 편집기로도 만들 수 있으나 통합개발환경[4]이 제공하는 편집기에서는 편리성을 제공하여 보다 손쉽게 소스를 만들 수 있다. 아래한글로 작성된 문서는 .hwp라는 파일 확장자를 갖듯이 **소스파일은 프로그래밍 언어에 따라 고유한 확장자를 갖는데, C 언어는 .c이며 자바는 .java 그리고 C++는 .cpp이다. 소스파일 이름은 프로그램의 동작을 설명하는 이름으로 만드는 것이 좋으며, 개발 이후 시간이 지나더라도 알아보기 쉬운 이름으로 저장하기를 권장**한다.

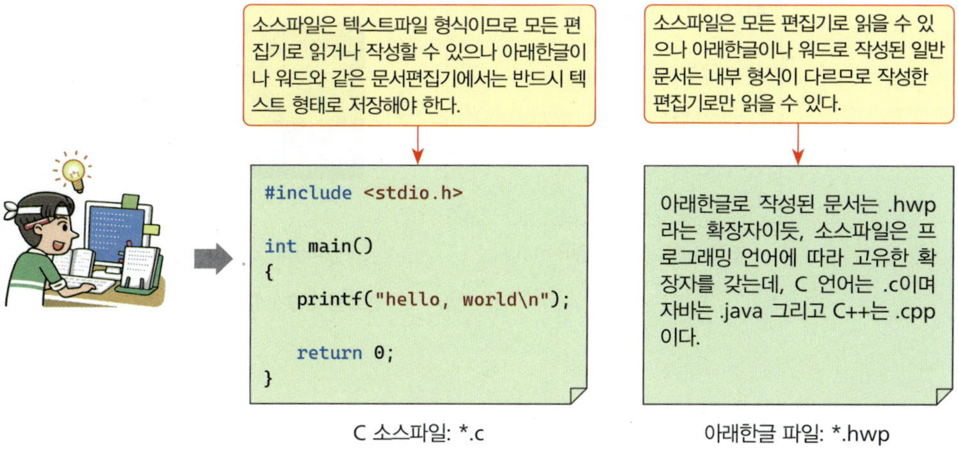

그림 2-2 소스 작성과 확장자

[2] 소스(source)는 C나 자바와 같이 선정된 특정한 언어로 작성한 내용을 말하며, 이 내용이 저장된 파일을 소스파일(source file) 또는 소스코드(source code)라고 하며 간단하게는 소스 또는 코드라고 부른다.

[3] 소스파일은 원시파일(origin file)이라고도 부른다. 소스파일은 프로그램 관점으로 표현하면 소스 프로그램이라고 표현하며, 마찬가지로 원시파일은 원시 프로그램이라고도 표현한다.

[4] 프로그램을 개발하기 위해서는 편집기(editor), 컴파일러(compiler), 링커(linker), 디버거(debugger) 등이 필요한데, 이를 통합하여 편리하게 제공하는 개발환경을 통합개발환경, 영문 약자로 IDE라 한다.

컴파일

컴파일러(compiler)는 고급 언어인 프로그래밍 언어로 작성된 소스파일에서 기계어로 작성된 목적파일(object file)을 만들어내는 프로그램이다. 즉 고급 프로그래밍언어에서 기계어를 만들어 내는 과정을 컴파일 과정이라 하며, '컴파일한다(compiling)'라고 한다. 앞에서 보았듯이 컴퓨터는 고급 언어로 작성된 프로그램을 직접 인식할 수 없다. 한국어를 모르는 외국인이 한국어를 이해하지 못하는 것과 같다. 따라서 통역사가 한국어를 외국인이 아는 언어로 번역하는 것처럼 컴퓨터가 이해할 수 있는 언어인 기계어로 바꾸어주어야 하는데, 컴파일러가 이를 수행하는 것이다. **컴파일러에 의해 처리되기 전의 프로그램을 소스코드(source code)라 하면 컴파일러에 의해 기계어로 번역된 프로그램을 목적코드(object code)**라 한다. 컴파일 결과로 목적코드가 저장된 목적파일이 생성되는데, 비주얼 스튜디오에서 소스파일이 main.c, submoudule1.c, submoudule2.c 3개를 컴파일하면, 확장자는 .obj이며 각 소스파일에 대응하는 3개의 목적파일, main.obj, submoudule1.obj, submoudule2.obj가 생성된다.

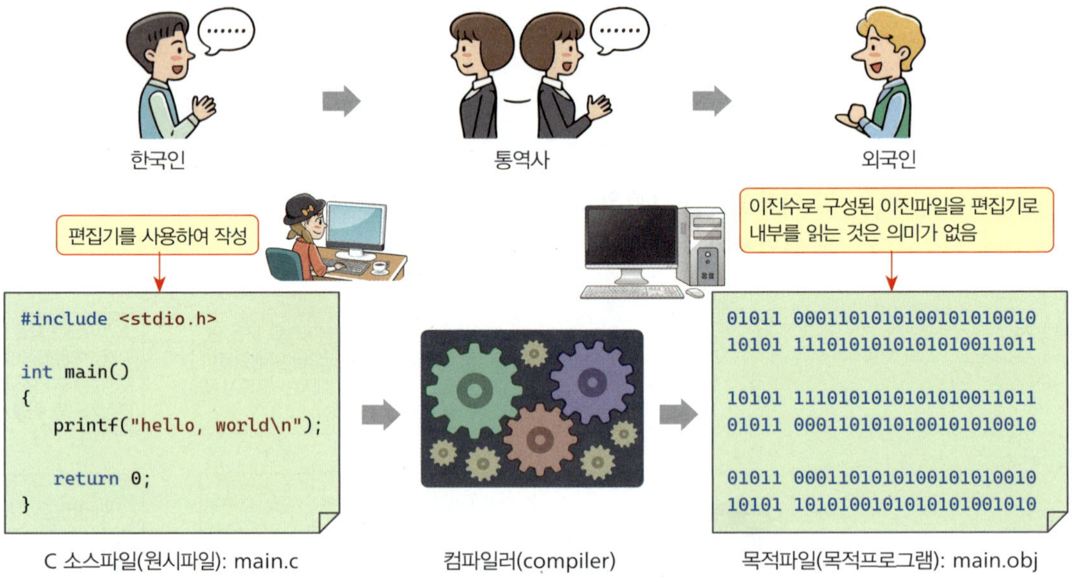

그림 2-3 컴파일의 이해

링크와 실행

링커(linker)는 **여러 개의 목적파일을 연결하고 참조하는 라이브러리를 포함시켜 하나의 실행파일(execute file)을 생성해 주는 프로그램이다. 링커가 수행하는 과정을 링크(link) 또는 링킹(linking)**이라 한다. 자주 사용하는 프로그램들은 코드를 **작성할 때, 개발자마다 새로 작성할 필요 없이 개발환경에서 미리 만들어 컴파일해 저장해 놓는데, 이 모듈을 라이브러리(library)**[5]라 한다. 리포트를 만들 때 자신의 지식과 보관 자료가 부족하면 도서관의 자료를 찾듯, 말 뜻 그대

[5] C 언어와 같은 절차지향 언어에서는 라이브러리가 내부적으로 함수(function)라는 것으로 구성되어 있다.

로 **라이브러리란 공용으로 사용하기 위해 이미 만든 목적코드로, *.lib 또는 *.dll 등의 파일로 제공**된다. 링크의 결과인 실행 파일의 확장자는 .exe 또는 .dll, .com 등이다. **비주얼 스튜디오에서는 컴파일과 링크 과정을 하나로 합쳐 메뉴 빌드(build)를 제공**한다. 즉 빌드는 컴파일한 후, 계속해서 자동으로 링크를 수행하는 과정을 말한다. 빌드가 성공하면 파일 확장자가 .exe인 하나의 실행 파일이 만들어지고 이를 실행하면 프로그램의 실행 결과를 알 수 있다.

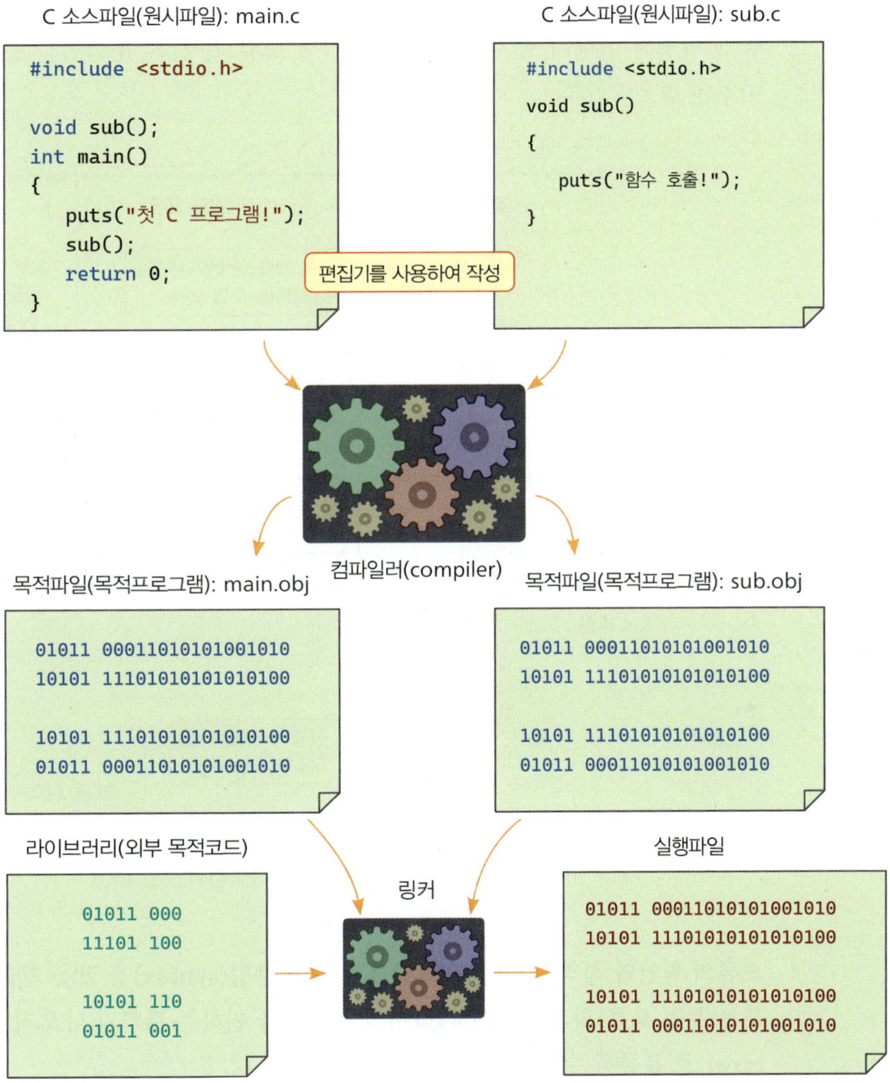

그림 2-4 링커의 이해

> **NOTE:** **컴파일과 링크를 합친 빌드만 있으면 무슨 문제가 있을까?**
>
> 결론은 여러 가지 문제로 다시 빌드할 때 효율적이지 못한 상황이 발생한다. 즉 빌드만 있다면 여러 소스 파일로 구성된 프로젝트에서 하나의 소스에서 문제가 있더라도 모든 파일을 다시 컴파일한 후 링크를 해야 한다. 컴파일과 링크가 분리되어 있다면 문제가 있는 소스파일만 컴파일하고 기존의 다른 목적파일을 그대로 사용하여 링크하면 효율적으로 실행파일을 만들 수 있다.

오류와 디버깅

프로그램 개발 과정에서 나타나는 모든 문제를 오류 또는 에러(error)라고 한다. 오류는 그 **발생 시점에 따라 컴파일(시간) 오류와 링크(시간) 오류, 실행(시간) 오류로 구분**할 수 있다. 컴파일 오류는 개발환경에서 오류 내용과 오류 발생 위치를 어느 정도 알려주므로 오류를 찾아 수정하기가 비교적 쉽다. 링크 오류는 컴파일 오류보다 상대적으로 드물고, main() 함수 이름이나 라이브러리 함수 이름을 잘못 기술하여 발생하는 경우가 대부분이다. 링크까지 성공했는데 실행하면서 오류가 발생해 실행이 중지되는 경우가 실행 오류로, 간혹 문법적인 문제가 실행 오류까지 영향을 미치는 경우도 있다.

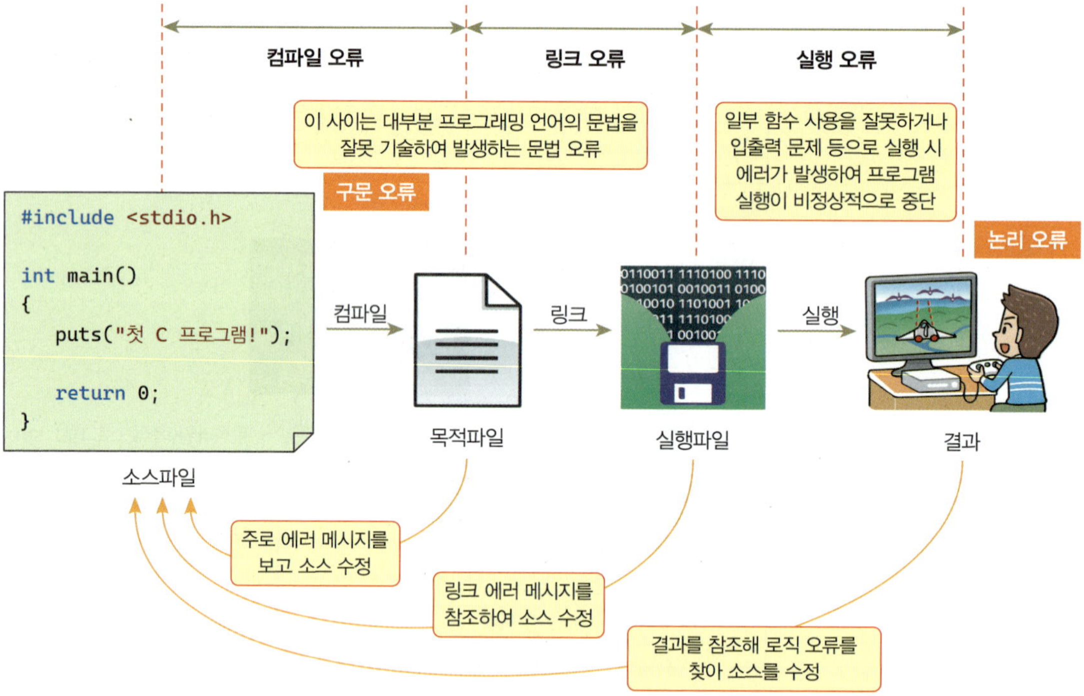

그림 2-5 디버깅의 순환 과정

오류의 원인과 성격에 따라, 프로그래밍 언어 문법(syntax)을 잘못 기술한 구문 오류(syntax error, 또는 문법 오류)와 내부 알고리즘이 잘못되거나 원하는 결과가 나오지 않는 등의 논리 오류(logical error)로 분류할 수 있다.

- 즉 잘못된 한국어는 영어로 통역이 안 되듯이 문법이 잘못된 소스로 발생하는 오류는 문법 오류이다.
- 또한 원의 면적을 구하는데 '2 × 3.14(원주율) × 반지름'으로 잘못 계산하거나, 해당 년도의 평균 평점을 계산했는데 잘못된 결과가 나오는 등이 논리 오류이다.

대부분의 문법 오류는 컴파일 또는 링크 시간에 발생하며 로직 오류는 아예 오류 메시지가 표시되지 않으며 실행 결과를 보고 확인한다. 즉 **프로그램 개발 과정에서 발생하는 다양한 오류를 찾아 소스를 수정하여 다시 컴파일, 링크, 실행하는 과정을 디버깅(debugging)이라 하며, 이를**

기사 디버깅의 유래

"아, 이 나방(bug)이 문제였구나!"

컴퓨터에서 일어나는 오작동이 벌레(bug) 때문이라는 것을 최초로 발견한 사람은 미 군함계산식 프로젝트를 맡아 하버드대에서 마크II컴퓨터를 담당하던 그레이스 호퍼 중위였다. 1947년 9월 9일, 호퍼 중위는 컴퓨터가 갑자기 멈추게 되자 컴퓨터 패널의 릴레이를 살펴보게 되었는데 바로 여기에 나방이 끼어 있었던 것이다.

마크II 컴퓨터는 그녀의 상관인 해군 예비역 중령 하워드 에이킨이 만든 것이었는데, 그 당시 최고 성능의 최신식 디지털 컴퓨터였다. 에이킨은 하버드대 물리학과 출신으로 치밀한 성격의 소유자였는데 IBM과 더불어 마크컴퓨터 시리즈를 개발한 천재이자 0세대 컴퓨터계의 대표적인 인물이기도 하다.

호퍼 중위는 릴레이 사이에서 벌레가 발견된 전후 상황을 컴퓨터 로그기록 노트에 자세하게 적었다.

그림 2-6 벌레를 발견한 그레이스 호퍼

"09:00 마크II 작동 시작, 10:00 작동을 멈추다. 패널 릴레이를 교환하다. 11:00 코사인 테이프 시작. 15:25 멀티 덧셈기를 테스트하다. 15:47 70번 패널 릴레이에서 벌레(나방)가 끼인 것을 확인하다. 이것은 벌레가 발견된 실제 케이스이다."

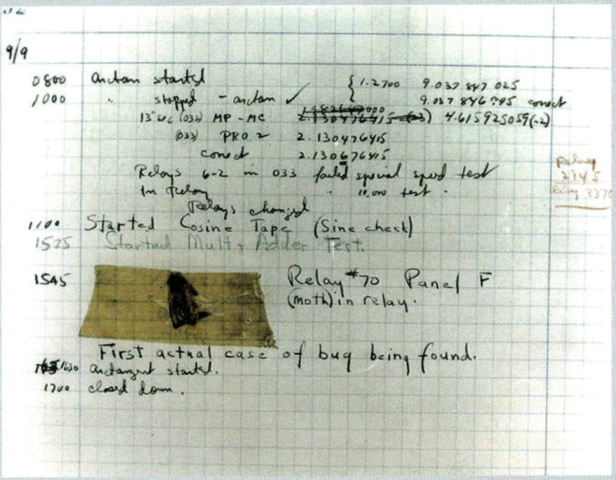

그림 2-7 벌레 발견 정황을 자세하게 기록한 로그 노트

그녀는 곧바로 그 나방을 테이프로 노트에 붙여 놓았다. 지금과 달리 당시의 컴퓨터는 기계식이었고 자전거 체인과 같은 릴레이로 된 방식이 대부분이었다. 이러한 작동부분이 몇 군데나 되었기 때문에 당시에는 나방이나 각종 벌레, 심지어 쥐가 기계를 고장내는 일이 다반사였다. 호퍼 중위가 나방을 발견했을 때 '버그(bug)'라는 단어가 구체적인 의미를 나타나게 되었다. 이후 호퍼의 보고서에 등장한 '버그'는 2차 대전 중 사용되는 레이더의 오작동을 설명하는 데 사용되는 등 컴퓨터나 정밀기기에 가장 많이 쓰이게 되는 단어가 된다.

도와주는 프로그램을 디버거(debugger)[6]라 한다. 실제 대규모 응용 프로그램 개발에서, 처음부터 오류가 없는 프로그램을 작성하기란 거의 불가능하다고 볼 수 있다. 특히 **대규모 프로젝트에서 메모리 할당과 해제 등 잘못된 알고리즘으로 인한 실행 오류나 논리 오류는 원인을 찾고 수정하기 위해 소스코드를 한 줄, 한 줄 자세히 점검해야 하므로 경험과 끈기를 요구**한다. 이러한 어려운 실행 오류나 논리 오류 수정은 편리하고 효율적인 디버거의 도움을 받아 처리해야 한다. 특히 설계 과정에서 근원적인 문제로 발생한 논리 오류라면, 아예 설계부터 다시 해야 하는 번거로움도 있을

[6] 여기서 벌레라는 단어의 버그(bug)란 바로 오류를 의미하며, 디버깅이란 버그를 잡는다는 의미에서 오류를 수정하는 과정을 말한다.

수 있다. 대부분의 규모가 큰 소프트웨어는 숨어 있는 논리 오류가 있다고 한다. 다만 실행 흐름이 오류가 숨어있는 부분을 지나가지 않기 때문이다. 그래서 대부분의 소프트웨어는 오류 수정에 의한 버전 업그레이드가 있는 것이다.

그림 2-8 오류와 디버깅

프로그램 구현 과정 순서도

지금까지 알아본 프로그램 구현 과정을 배운 순서도로 표시해 보면 다음과 같다. **컴파일과 링크, 실행 시 오류가 발생하면 대부분 소스코드를 수정해서 다시 컴파일, 링크, 실행을 해야 한다.**

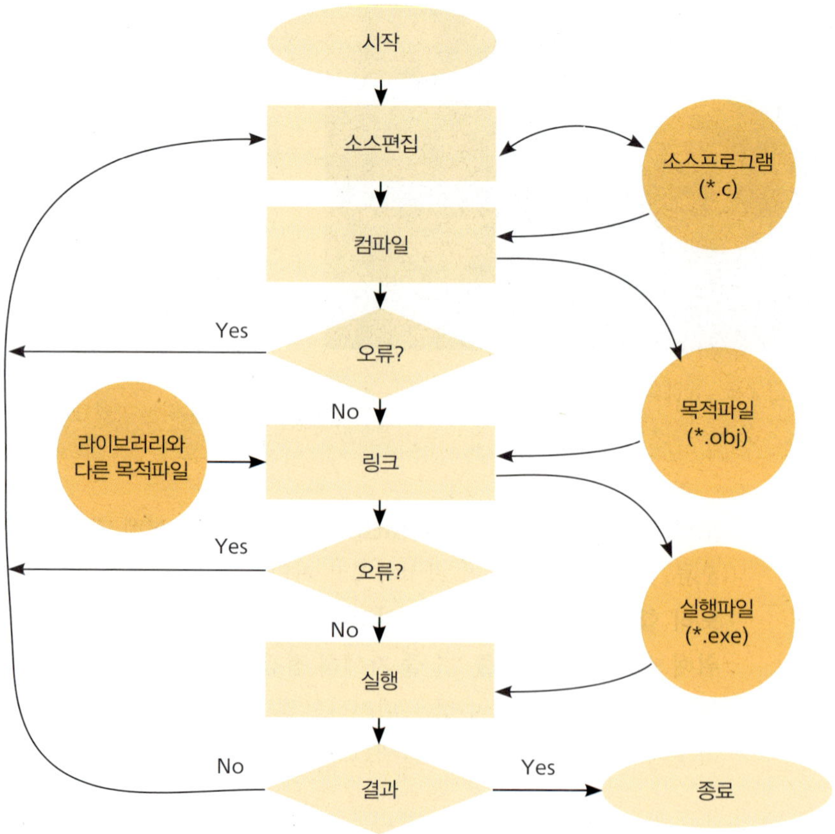

그림 2-9 프로그램 구현 과정 순서도

중간점검

01 C 언어 소스파일 process.c를 컴파일하면 생성되는 파일은?

02 개발 환경 비주얼 스튜디오에서 컴파일과 링크 과정을 하나로 합친 용어는 무엇인가?

다양한 통합개발환경

개발도구와 통합개발환경 IDE

해외 여행 시 가장 먼저 필요한 것은 항공예약이다. 그 다음으로 현지에서의 교통이용, 관광지, 숙박 등 알아봐야 할 내용이 많다. 마찬가지로 개발 도구에서 가장 먼저 필요한 것은 프로그램 명령어인 프로그래밍 언어의 내용을 편집하는 편집기(editor)이다. 또한 개발 도구에서 작성된 고급 프로그래밍 언어를 컴퓨터가 이해할 수 있는 기계어로 변환해주는 컴파일러와 여러 목적 파일을 하나의 실행 파일로 만들어 주는 링커, 작성된 프로그램에서 발생하는 프로그램 오류를 쉽게 찾아 수정할 수 있도록 도와주는 디버거 등 여러 기능을 담당하는 개발 관련 프로그램이 필요하다. 즉 **프로그램 개발 과정에는 컴파일러와 링커, 디버거 등 필요한 프로그램**이 많다.

여행사의 패키지 상품을 이용한다면 해외여행에 필요한 각종 예약 및 정보를 일일이 알아볼 필요가 없이 패키지 여행만 따라다니면 된다. 패키지 여행과 같이 **프로그램 개발에 필요한 편집기(editor), 컴파일러(compiler), 링커(linker), 디버거(debugger) 등을 통합하여 편리하고 효율적으로 제공하는 개발환경을 통합개발환경, 영문 약자로 IDE(Integrated Development Environments)라 한다.**

그림 2-10 통합개발환경의 이해

마이크로소프트 비주얼 스튜디오

소프트웨어를 개발함에 있어서 적절한 프로그래밍 언어 및 개발 환경의 선택은 중요하다. 적당한 프로그래밍 언어와 이에 적합한 통합개발환경을 사용하면 코딩과 검사가 수월해지며 유지보수가 쉬워진다. 현재 고급 언어 C와 C++를 이용하여 개인용 컴퓨터의 윈도우 기반에서 실행되는 프로그램을 개발하기 위해서 가장 많이 이용하는 통합개발환경은 마이크로소프트사의 '비주얼 스튜디오(Visual Studio)'이다.

마이크로소프트(MS)사의 비주얼 스튜디오는 윈도우 운영체제에서 여러 프로그래밍 언어와 환경을 지원하는 통합개발환경이다. **비주얼 스튜디오는 C/C++ 뿐만 아니라 C#, JavaScript, Python, Visual Basic 등의 여러 프로그램 언어를 이용하여 응용 프로그램을 개발할 수 있는 다중 플랫폼 개발 도구**이다. **비주얼 스튜디오 프로페셔널(professional)과 비주얼 스튜디오 엔터프라이즈(enterprise)가 상용 버전이라면 비주얼 스튜디오 커뮤니티(community)는 무료 버전**이다. 우리는 앞으로 통합개발환경으로 비주얼 스튜디오 커뮤니티 2019를 사용한다.

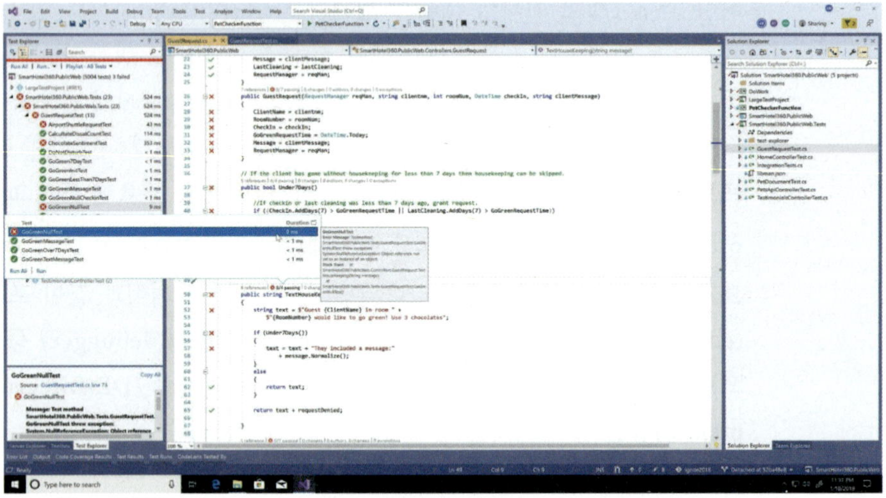

그림 2-11 대표적 IDE인 마이크로소프트사의 비주얼 스튜디오 IDE 화면

이클립스 C/C++ 개발자용 IDE

이클립스는 이클립스 컨소시엄이 개발한 다양한 플랫폼과 언어를 사용해 개발할 수 있는 유니버셜 도구 플랫폼이다. 이클립스는 개방형이며 PDE(Plug-in Development Environment) 환경을 지원하여 여러 개발환경으로 확장 가능한 통합개발환경이다. 이클립스의 가장 큰 특징은 확장성에 있다.

이제 간단히 C/C++를 위한 이클립스를 설치해 보자. 그림 2-12는 이클립스 홈페이지의 다운로드에서 이클립스 IDE를 내려 받는 페이지의 모습이다.

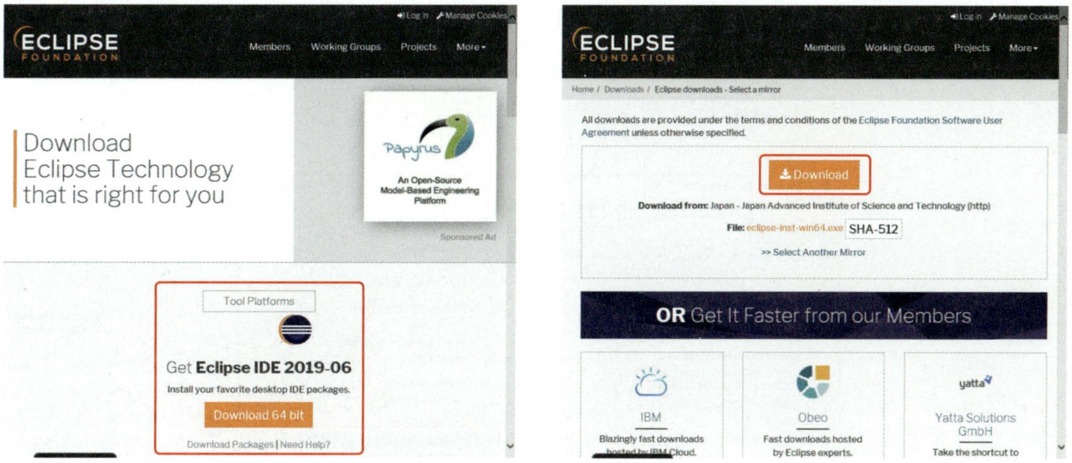

그림 2-12 이클립스 IDE 내려 받기(www.eclipse.org/downloads)

내려 받은 설치 파일 eclipse-inst-win64 .exe를 실행한 화면에서 ❶ Eclipse IDE for C/C++ Developers를 선택하여 설치를 시작한다. 다음 화면에서 ❷ 설치 장소를 지정하고 ❸ INSTALL로 설치를 시작한다.

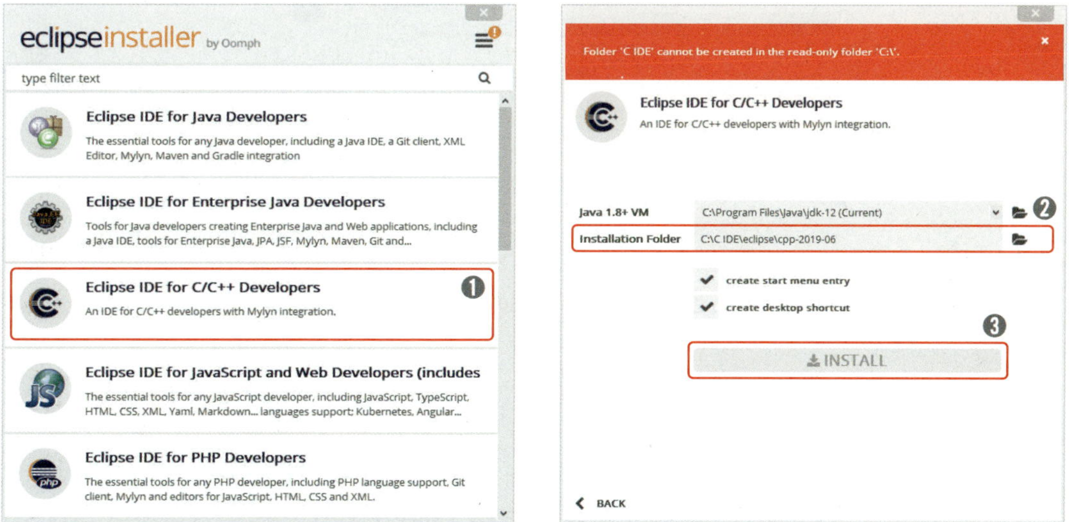

그림 2-13 Eclipse IDE for C/C++ Developers를 선택하여 설치

설치 후 지정 폴더의 실행 파일(eclipse.exe)을 실행하여 작업공간을 지정하면 이클립스의 주 화면이 표시되며, welcome 창을 닫으면 다음 왼쪽 화면과 같다. 이어서 이클립스 CDT(C/C++ Development Toolkit) 설치가 필요하다.

이클립스 CDT 설치를 위해 ❶ 메뉴 [Help/Install New Software ...]를 선택한다. 표시된 Available Software의 ❷ Work with에 CDT를 입력하면 'CDT - http://download.eclipse.org/

tools/cdt/releases/9.8'이 표시되고 ❸ 하부의 4개의 항목을 모두 선택한 후 Finish로 설치를 시작한다. 설치 이후 표시된 대화상자에서 ❹ [Restart Now]를 선택하면 이클립스 IDE가 종료 후 이클립스 CDT 가 반영되어 다시 실행된다.

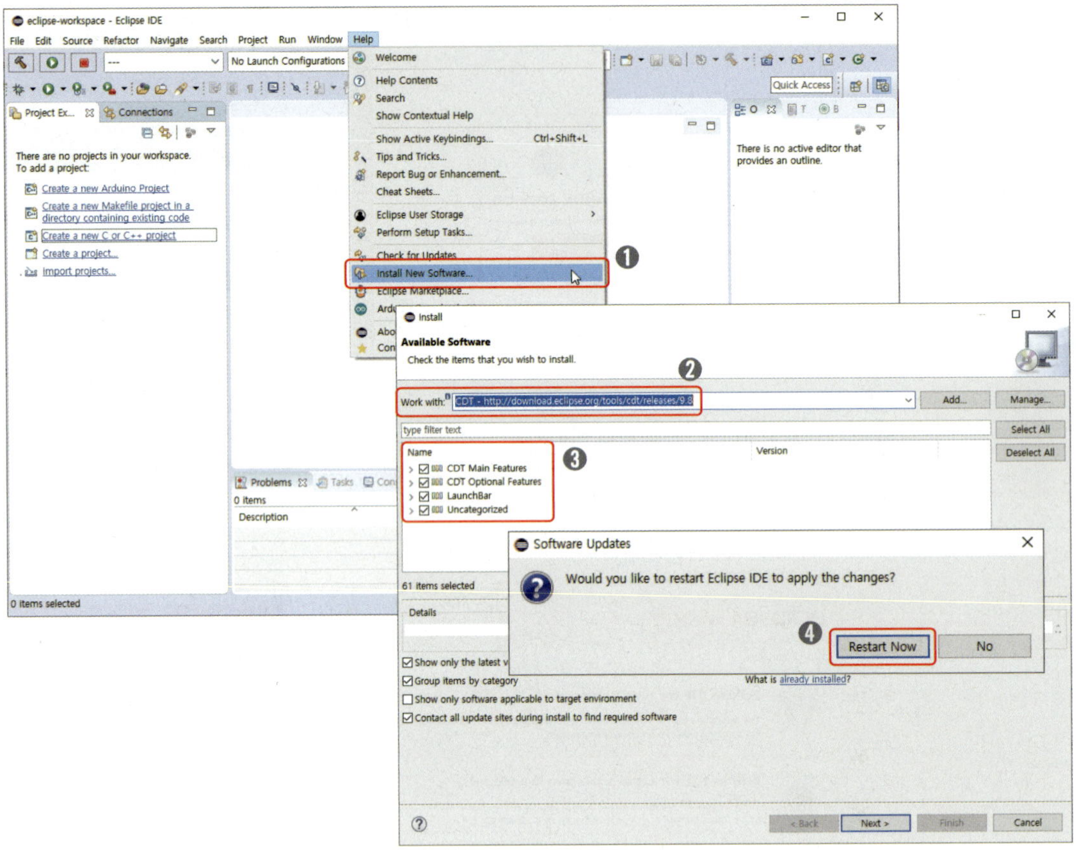

그림 2-14 이클립스에 CDT 설치(download.eclipse.org/tools/cdt/releases/9.8)

컴파일러 MinGW

앞서 설치한 이클립스(Eclipse IDE for C/C++ Developers)는 C/C++를 개발하기 위해 컴파일러는 따로 설치해야 한다. C/C++ 컴파일러로는 주로 공개 모듈인 GNU(그누라고 읽음)의 GCC(GNU Compiler Collection)를 이용한다. 윈도우에서 사용 가능한 GNU 소프트웨어 도구인 MinGW 설치를 위해 다음 사이트에 접속하여 설치 파일을 내려 받는다.

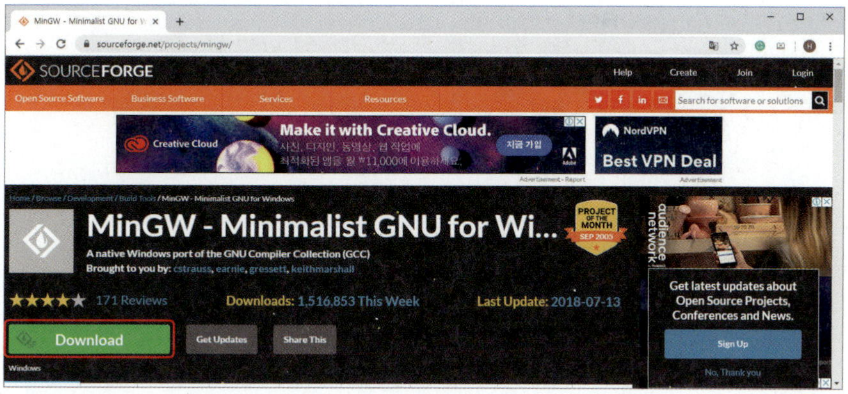

그림 2-15 컴파일러 MinGW 내려 받기(sourceforge.net/projects/mingw)

내려 받은 설치파일 mingw-get-setup.exe로 MinGW를 설치하자. 설치 절차는 인터넷 사이트(go-proprada.tistory.com/387 등)에서 도움을 받아 설치하고 시스템 변수 path도 설정하도록 한다.

Dev-C++

완전 무료인 Dev-C++은 유닉스 운영체제용 컴파일러인 GCC와 MinGW를 포함하여 배포하는 통합개발환경이다. 다음 웹 사이트에서 무료로 다운로드 받을 수 있다.

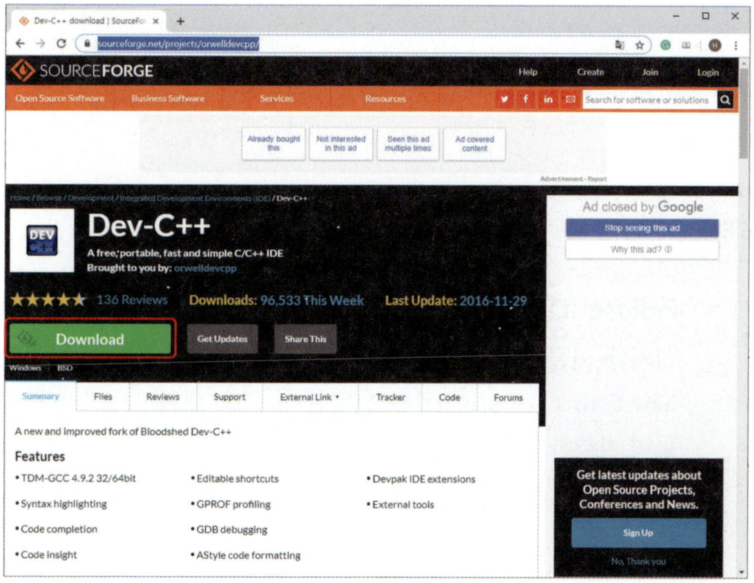

그림 2-16 Dev-C++ 다운로드 페이지(sourceforge.net/projects/orwelldevcpp)

Dev-C++의 설치는 매우 간단하다. 내려 받은 설치파일을 실행하고 설치 중간에 언어를 Korean(한국어)으로 선택한다. 필요하면 인터넷에서 'Dev-C++ 설치'를 검색하여 참조하여 설치를 완료한다. 다음은 Dev-C++ 설치 후 처음 실행한 주 화면이다.

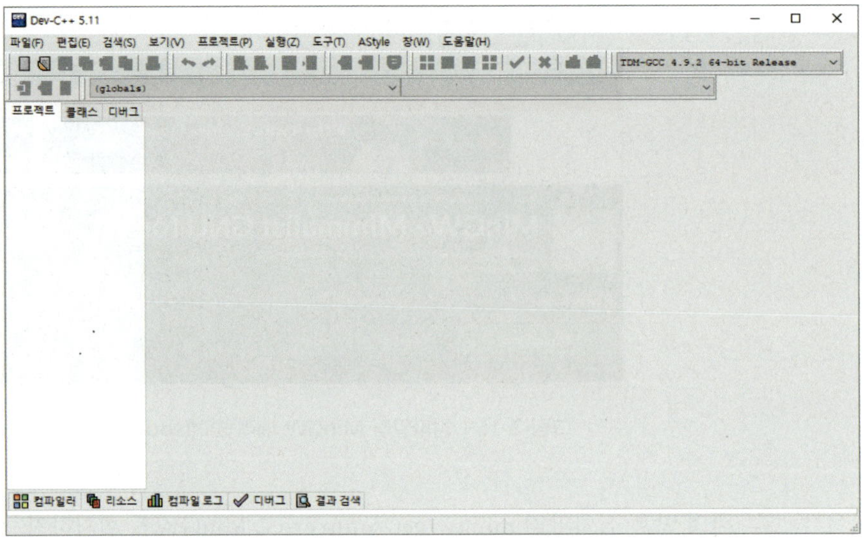

그림 2-17 설치 시 언어를 한국어(Korean) 지정하여 설치된 Dev-C++ 화면

중간점검

01 프로그램 개발에 필요한 편집기(editor), 컴파일러(compiler), 링커(linker), 디버거(debugger) 등을 통합하여 편리하고 효율적으로 제공하는 개발환경을 무엇이라 하는가?

02 마이크로소프트(MS)사의 비주얼 스튜디오에서 무료 버전의 이름은?

Eclipse IDE로 첫 소스 작성과 실행

설치한 이클립스 IDE(for C/C++ Developers)를 실행하고 Project Explorer 뷰에서 [Create a new C or C++ project]를 선택한다. 다음 대화상자에서 'C Managed Build'를 선택하고 Next를 눌러 진행한다.

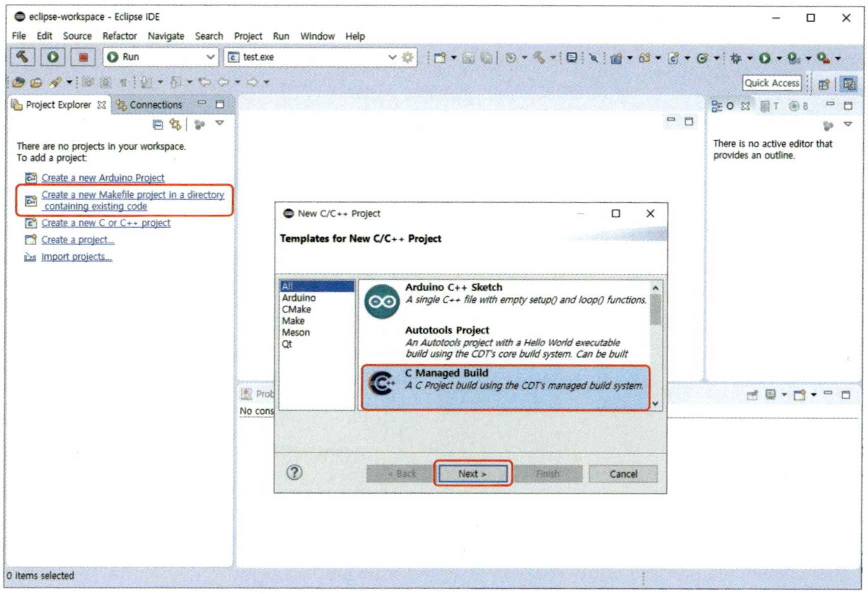

그림 2-18　이클립스 IDE 주 화면에서 C 프로젝트 만들기

프로젝트 이름을 입력하고 유형은 'Hello World ANSI C Project'로 Toolchains는 컴파일러로 설치한 'MinGW GCC'를 선택한 후 Next를 누른다. 이후 표시된 Basic Settings 화면에서 Author를 자신의 이름으로 입력한 후 다른 사항도 필요하면 수정한다. 수정하지 않으면 항목 **'Hello world greeting'에 입력한 '!!!Hello World!!!' 내용이 콘솔에 출력되는 프로그램**이 작성된다. Finish 버튼을 눌러 프로젝트 생성을 종료한다.

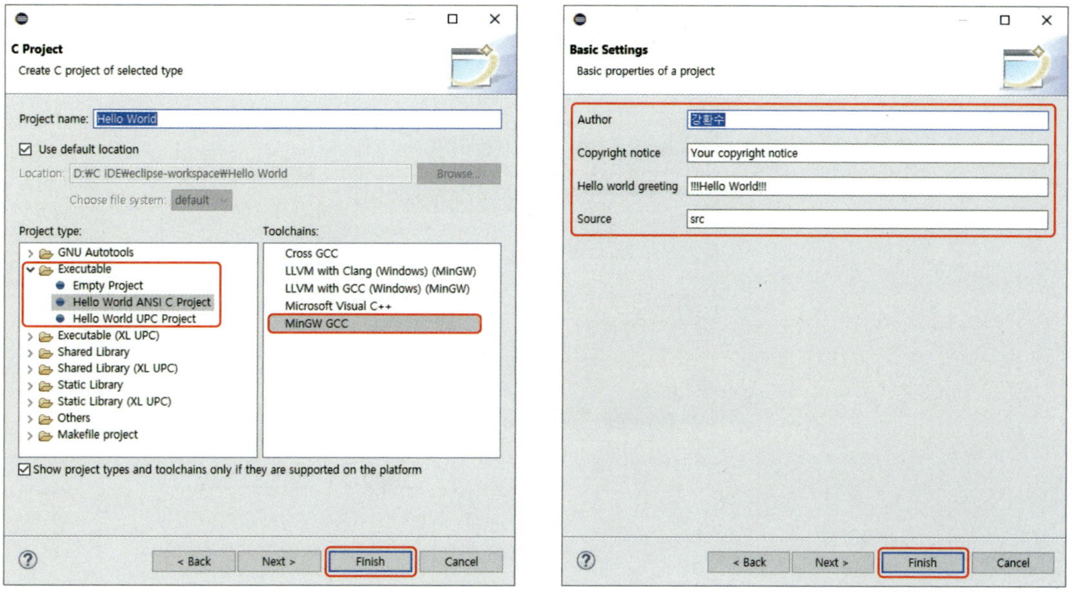

그림 2-19　C 프로젝트 생성

다음은 자동 생성된 프로젝트 Hello World와 소스파일 모습이다.

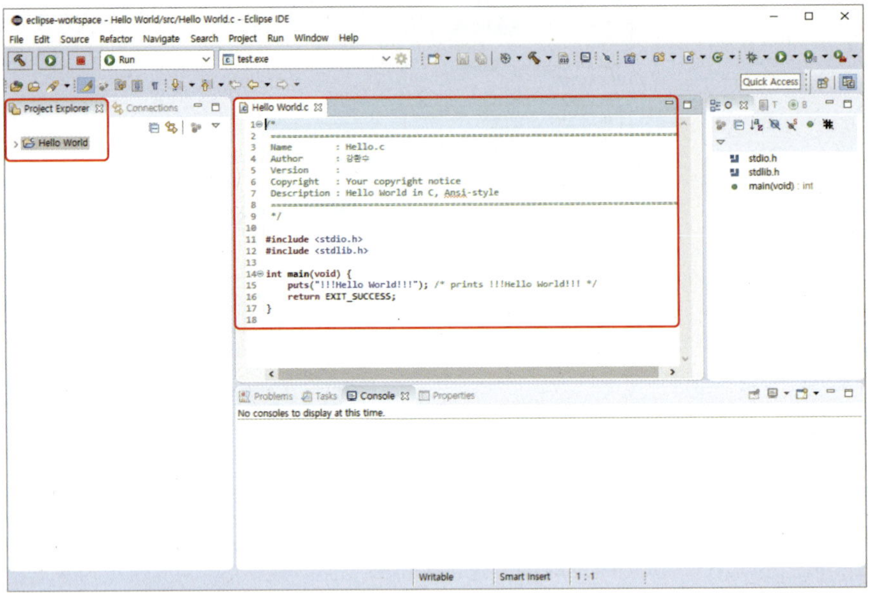

그림 2-20 자동 생성된 프로젝트 Hello World와 소스파일

단축키 ctrl+B로 컴파일과 링크를 합친 빌드를 수행한다. 이후 바로 단축키 ctrl+F11으로 실행하면 Run As 대화 상자가 표시되고 [Local C/C++ Application]을 선택하면 실행 결과를 콘솔에서 볼 수 있다. 다음 그림 2-21과 같이 실행 결과는 문자열 '!!!Hello World!!!'이 출력된다.

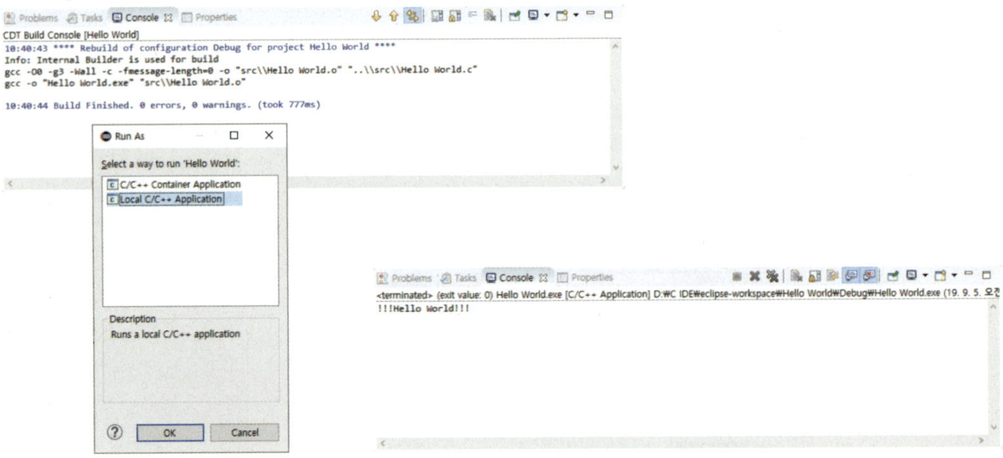

그림 2-21 빌드와 실행

2.2 비주얼 스튜디오 설치와 C 프로그램의 첫 개발

비주얼 스튜디오 커뮤니티 설치와 이해

비주얼 스튜디오 커뮤니티 내려 받기

비주얼 스튜디오는 '커뮤니티', '프로페셔널', '엔터프라이즈' 제품으로 나뉜다. '프로페셔널'과 '엔터프라이즈'는 유료 제품으로 상업적으로 프로그램을 개발하려면 이러한 유료 제품을 사용해야 한다. 그러나 C/C++ 프로그래밍 학습을 하거나 개인적으로 이용한다면 **무료인 '비주얼 스튜디오 커뮤니티'**를 쓰면 된다. 비주얼 스튜디오 커뮤니티도 기능성과 확장성에서 상용 제품 수준이다. 비주얼 스튜디오 홈페이지(visualstudio.microsoft.com/ko)에 접속하여 'Visual Studio 다운로드' 하부의 'Community 2019'를 누르면 비주얼 스튜디오를 내려 받을 수 있다. 하단에 표시된 저장 표시 화면에서 [저장(S)]을 누르면 저장할 수 있으며, [실행(R)]을 눌러 설치를 시작한다.

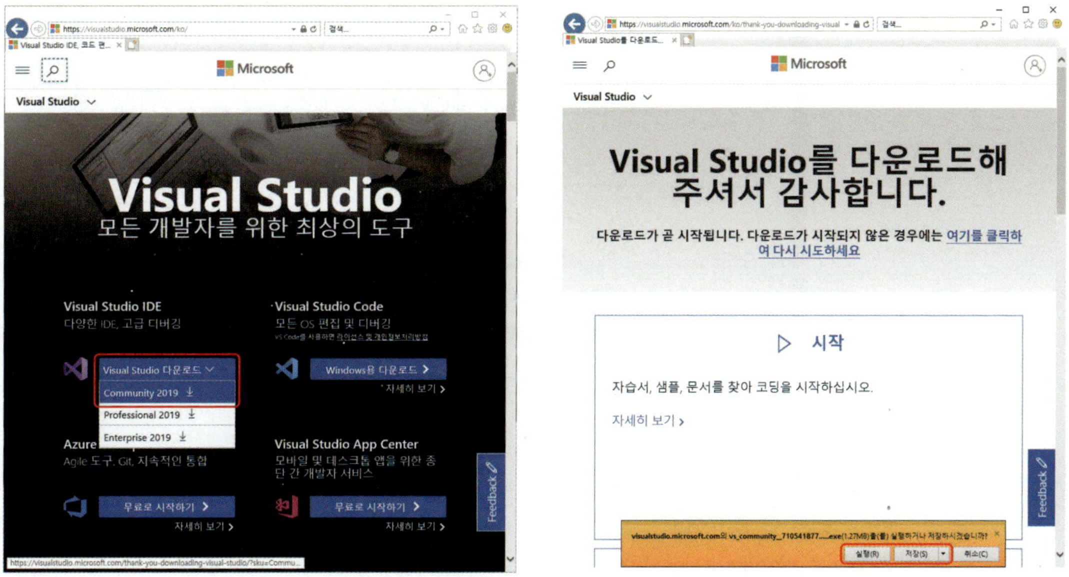

그림 2-22 비주얼 스튜디오의 홈페이지(visualstudio.microsoft.com/ko)

비주얼 스튜디오 설치와 실행

비주얼 스튜디오 커뮤니티 버전의 설치 실행이 시작된 후 표시되는 Visual Studio Installer에서 [계속]을 눌러 설치를 시작한다.

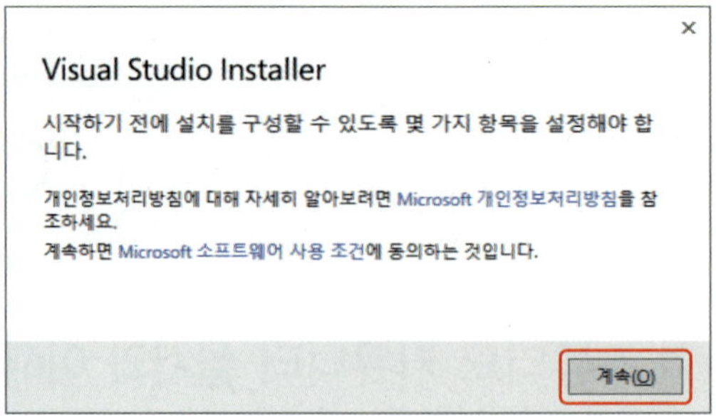

그림 2-23 표시되는 Visual Studio Installer

워크로드에서 [C++를 사용한 데스크톱 개발]을 선택한 후 [설치]를 눌러 설치를 시작하자.

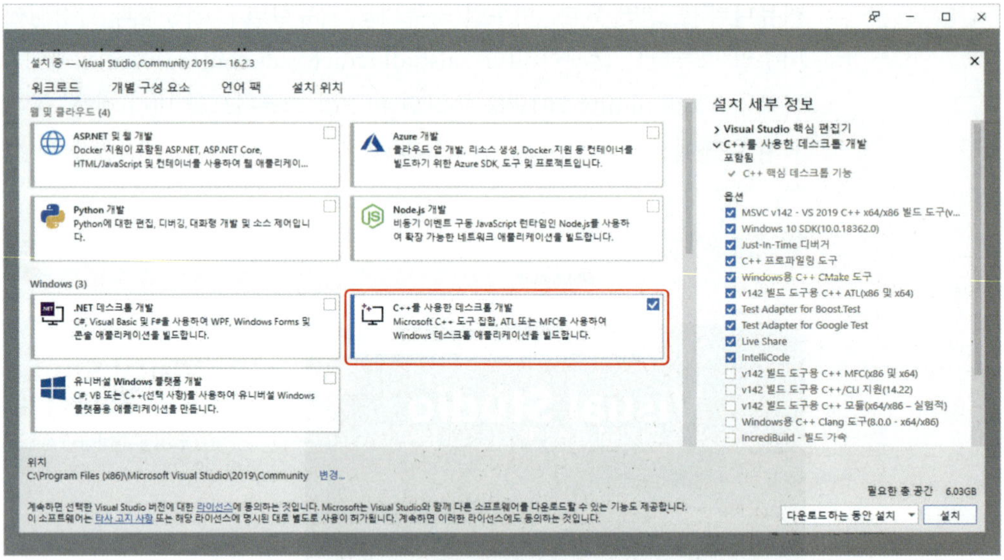

그림 2-24 비주얼 스튜디오 커뮤니티 2019 설치 과정에서 [C++를 사용한 데스크톱 개발]을 선택

설치가 시작되면 설치 과정이 표시된다. 이전에 설치한 버전이 있다면 이에 대한 정보도 표시되는 것을 알 수 있다.

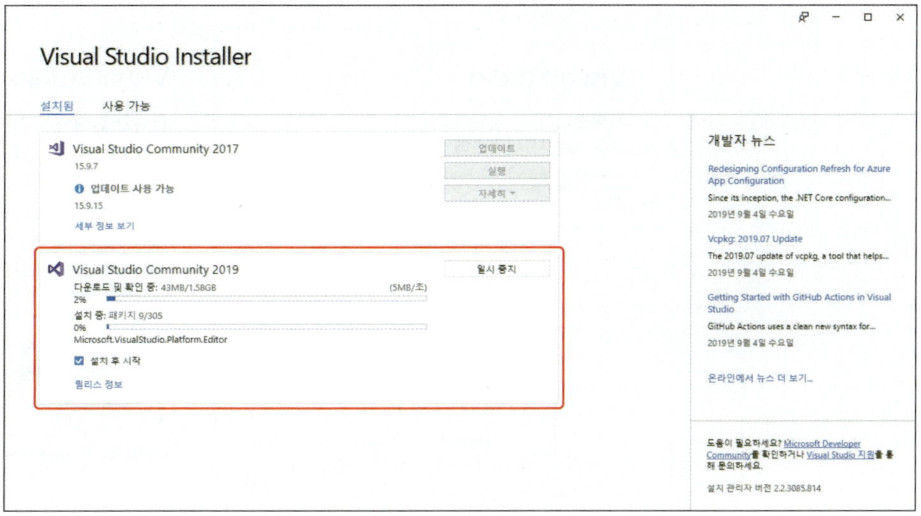

그림 2-25 비주얼 스튜디오 커뮤니티 2019 설치 과정

설치가 완료된 후 Visual Studio Community 2019의 [실행]을 눌러 IDE를 실행시킨다.

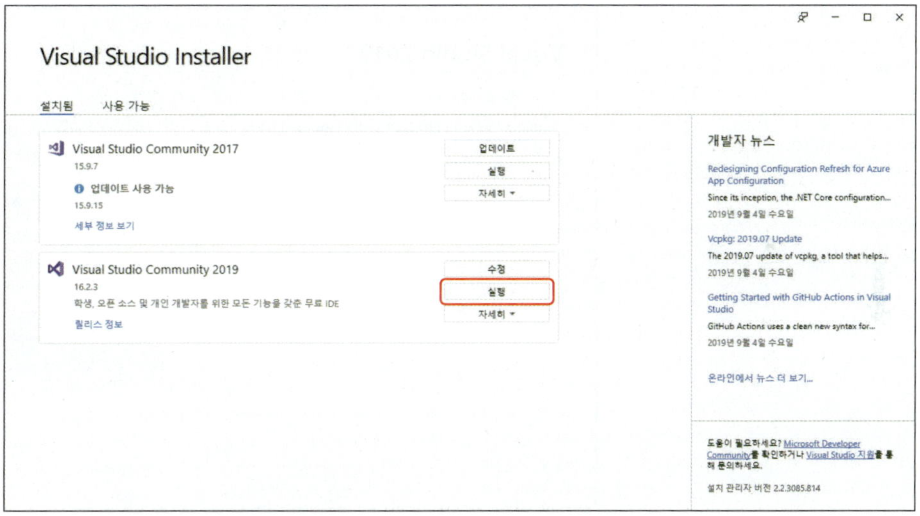

그림 2-26 Visual Studio Installer에서 Visual Studio Community 2019 실행

비주얼 스튜디오를 실행하면 [로그인] 대화상자가 표시되고, 첫 화면에서 본인인증을 하려면 중간 부분에 위치한 [로그인]을 눌러 마이크로소프트 계정으로 로그인 하도록 한다. 필요하면 나중에 로그인하기로 하고 [나중에 로그인]을 누르면 [색 테마 선택]을 할 수 있는 대화상자로 이동한다. 이 대화상자에서 간단히 [개발 설정]은 '일반'으로 지정하고 [색 테마 선택]을 하나 선택한 후 [Visual Studio 시작(S)]를 누르면 사용 준비를 알리는 화면이 나타나고, 기다리면 통합개발환경의 첫 화면이 표시된다.

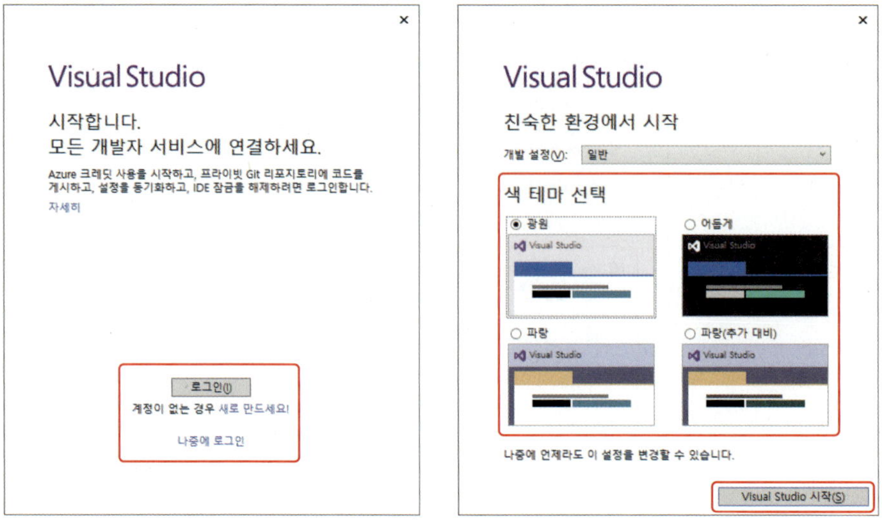

그림 2-27 비주얼 스튜디오 커뮤니티 2019 설치 후 실행 과정

이제 비주얼 스튜디오 커뮤니티 IDE의 설치 준비 완료됐고, 다음 화면이 첫 화면이다.

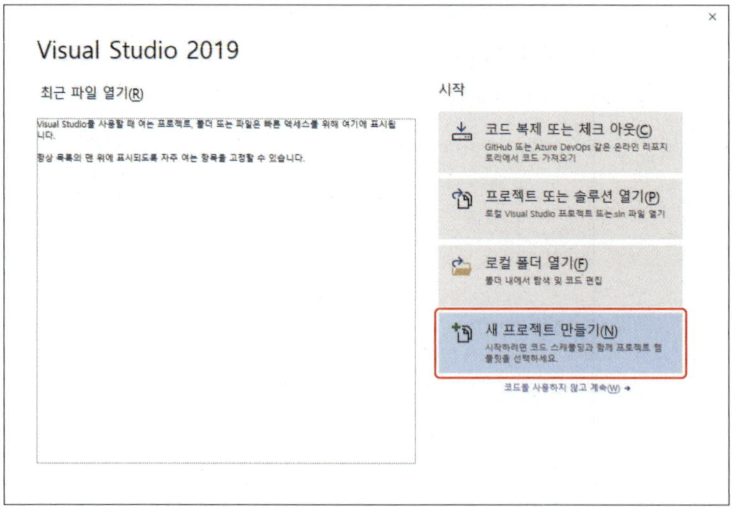

그림 2-28 Visual Studio 2019의 첫 화면

비주얼 스튜디오의 솔루션과 프로젝트 생성

프로젝트 생성을 위한 설정 값 지정

비주얼 스튜디오 커뮤니티에서 '나의 첫 C 프로그램'을 작성해 실행해 보자. 먼저 설치한 비주얼 스튜디오 커뮤니티를 실행한다. 로고 화면 이후 표시된 위 화면에서 [새 프로젝트 만들기(N)]을 누른다. 표시된 화면에서 맨 위 [빈 프로젝트]를 선택한 후 다음을 누른다.

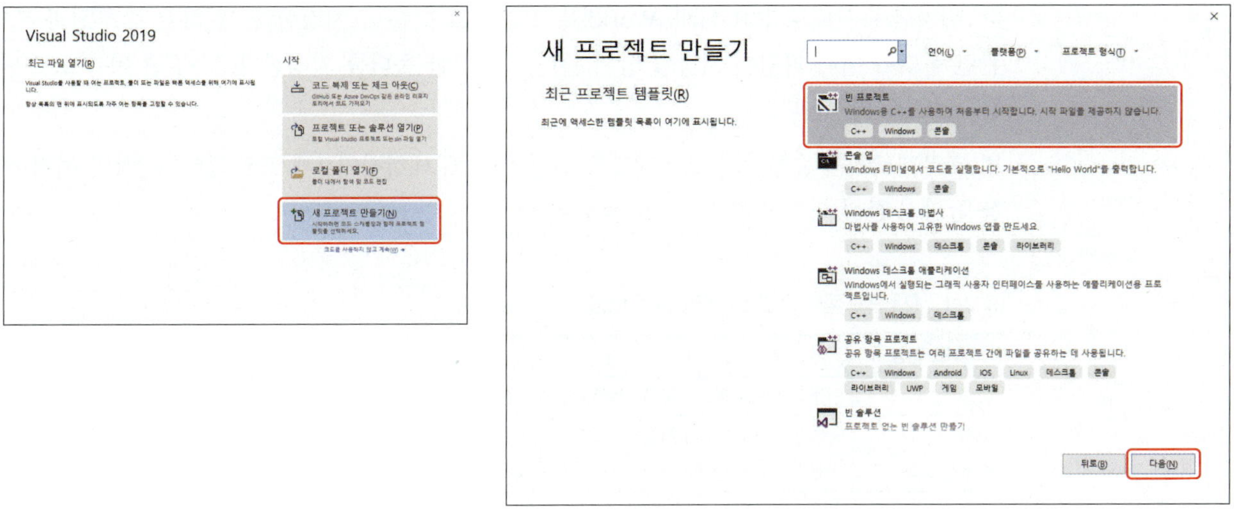

그림 2-29 새 프로젝트 만들기의 빈 프로젝트 선택

다음 표시된 화면에서 가장 먼저 비주얼 스튜디오의 개념적 컨테이너(container)인 솔루션과 프로젝트를 만들어야 한다. 이를 위해 임의로 지정된 프로젝트 이름과 위치, 그리고 솔루션 이름을 다음처럼 원하는 값으로 지정한다.

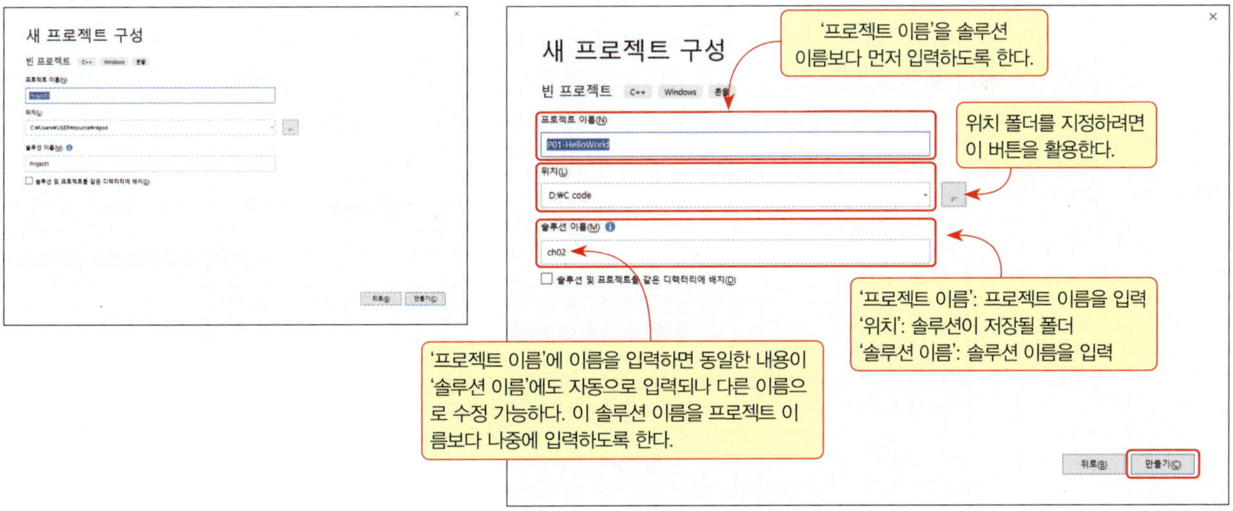

그림 2-30 새 프로젝트 구성에서 프로젝트 이름, 위치, 솔루션 이름 지정

위 [새 프로젝트 구성] 대화상자는 솔루션[7]과 프로젝트[8]를 생성하기 위한 여러 설정 값을 요구한

7 솔루션은 하나 이상의 프로젝트가 포함되는 비주얼 스튜디오의 개념적 컨테이너이다.

8 프로젝트는 하나의 솔루션 내에서 응용 프로그램을 구성하는 항목을 논리적으로 관리하고 빌드 및 디버깅하기 위한 컨테이너이며, 소스파일과 관련 파일 및 폴더로 구성된다. 프로젝트는 일반적으로 실행 프로그램(.exe), 동적 연결 라이브러리(.dll) 파일 또는 모듈로 그 결과가 생성된다.

다. 위치한 순서대로 'P01-HelloWorld'로 '프로젝트 이름'을 지정한다. '위치'는 솔루션과 프로젝트 관련 폴더와 여러 파일이 저장될 상위 폴더로 적정한 폴더를 지정한다. '솔루션 이름'으로 단원 이름 'ch02'를 지정한다.

빈 프로젝트에서 솔루션과 프로젝트를 만들기 위해 대화상자 [새 프로젝트 구성]의 여러 설정 내용을 다시 한번 확인한 후 [만들기]를 누른다.

표 2-1 [새 프로젝트 구성]의 여러 설정 내용

주요 설정	설명	설정 내용
이름	만들려는 프로젝트 이름을 입력하며, 최종 실행파일 이름 P01-HelloWorld.exe이 됨	P01-HelloWorld
위치	솔루션과 프로젝트가 저장되는 폴더	D:\C code
솔루션 이름	만들려는 솔루션(여러 프로젝트의 모임) 이름을 입력	ch02

솔루션 탐색기

이제 화면에 비주얼 스튜디오 IDE의 주 윈도우 창이 다음처럼 표시된다. 생성된 솔루션과 프로젝트는 주 화면 오른쪽 '솔루션 탐색기'에서 살펴 볼 수 있다. **솔루션 탐색기는 전체 솔루션의 그래픽 뷰를 제공하여 응용 프로그램을 개발할 때 솔루션의 프로젝트와 파일을 쉽게 관리할 수 있도록 도움**을 준다. 생성된 솔루션 'ch02' 하단부에 바로 생성된 프로젝트 'P01-HelloWorld' 표시를 확인할 수 있으며, 프로젝트는 그 하단부에 관련 폴더인 참조, 외부 종속성, 리소스파일, 소스파일, 헤더 파일로 나뉜 것을 볼 수 있다. 또한 솔루션 탐색기 하단의 속성에서는 솔루션 탐색기에서 선택한 프로젝트 'P01-HelloWorld'에 대한 속성 정보가 표시된다.

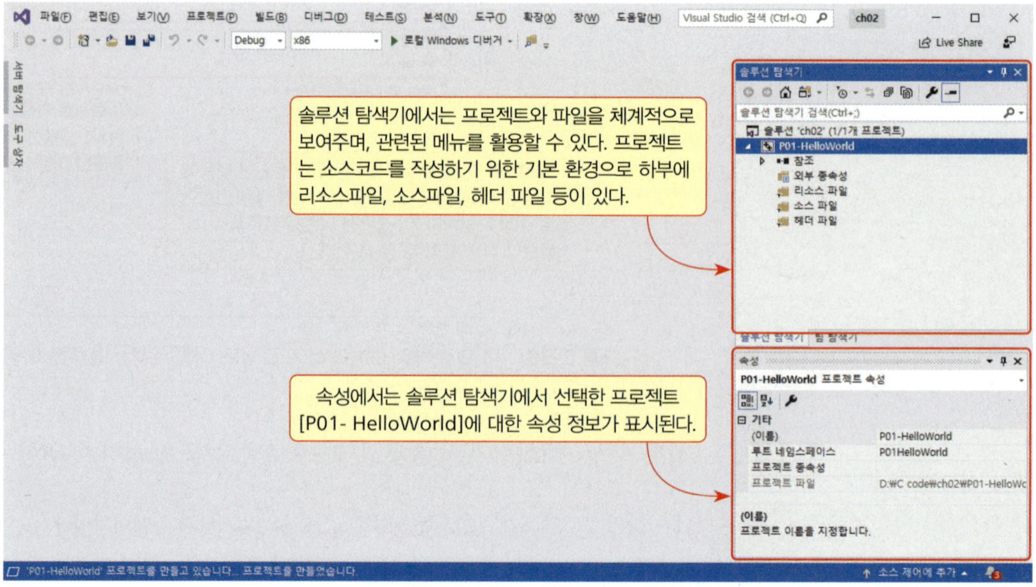

그림 2-31 솔루션과 프로젝트가 생성된 솔루션 탐색기

한 단원에 여러 예제 프로그램이 있으므로 코딩 연습을 위해 솔루션으로 단원을 만들고, 각각의 예제를 프로젝트로 생성해 관리하면 매우 편리할 것이다.

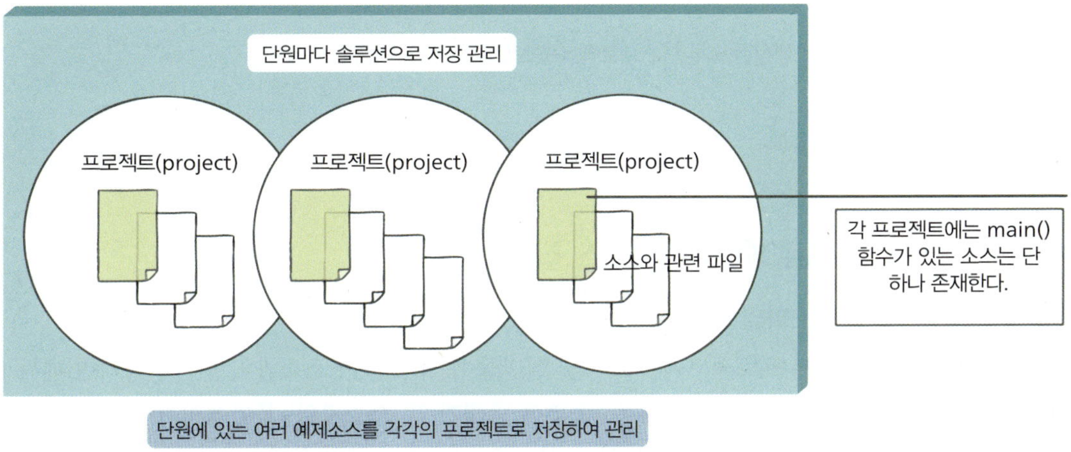

그림 2-32 단원을 솔루션으로, 예제를 프로젝트로 지정

TIP 솔루션과 프로젝트는 왜 필요하지요?

비주얼 스튜디오를 활용하기 위해서는 가장 먼저 솔루션(solution)과 프로젝트(project)의 이해가 필요하다. 우리는 서류파일이나 노트를 정리할 때 '삼공바인더'와 '분류속지'를 사용한다. 예로 '2022년 1학기'와 '2022년 2학기'라는 이름으로 각각 삼공바인더를 준비하고, 해당 학기의 해당 교과목에 사용하는 노트는 '분류속지'로 구분하여 정리할 수 있다. 여기서 '삼공바인더'는 솔루션에 해당하고 '분류속지'는 프로젝트라고 볼 수 있다. 즉 솔루션은 하나 이상의 프로젝트를 저장 · 관리하는 컨테이너 단위이다. 프로젝트는 여러 소스와 관련 파일을 저장 · 관리하는 단위로, 프로젝트 이름으로 하나의 실행파일이나 실행모듈을 생성한다. 솔루션과 프로젝트는 모두 물리적인 폴더로 생성된다.

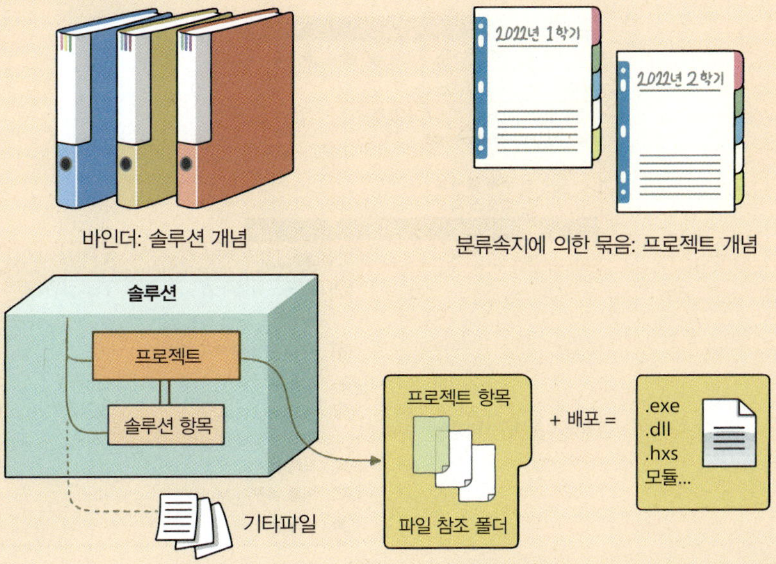

그림 2-33 솔루션과 프로젝트의 이해

중간점검

01 비주얼 스튜디오에서 솔루션과 프로젝트의 개념을 설명하시오.

02 비주얼 스튜디오에서 생성된 솔루션과 프로젝트를 보여주는 창의 이름은?

프로젝트에서 소스 작성

소스파일 생성 편집

이제 프로젝트에 소스파일을 만들어 작성하자. 소스파일을 작성하려면 메뉴 [프로젝트/새 항목 추가]를 선택한다. 또는 **'솔루션 탐색기'의 '소스파일' 폴더에서 마우스 오른쪽을 클릭하여 메뉴 [추가] → [새 항목]을 선택**해도 좋다. 표시된 대화상자 [새 항목 추가 → P01-HelloWrold]에서 각각 'Visual C++'와 'C++ 파일(.cpp)'을 선택한 후, '이름'에 소스파일 이름 01hello.c를 입력한다. '위치'는 '솔루션 폴더/프로젝트 폴더'인 'ch02/P01-HelloWrold'를 확인한 후 [추가]를 누른다.

- '이름'에 소스파일 이름 01hello.c를 입력

NOTE: **파일 이름에 반드시 확장자 .c를 입력하도록 하자.**
입력하지 않으면 자동으로 확장자가 .cpp가 되어 C++ 컴파일러가 동작하기 때문에 C 소스코드 컴파일 시 문제가 발생한다.

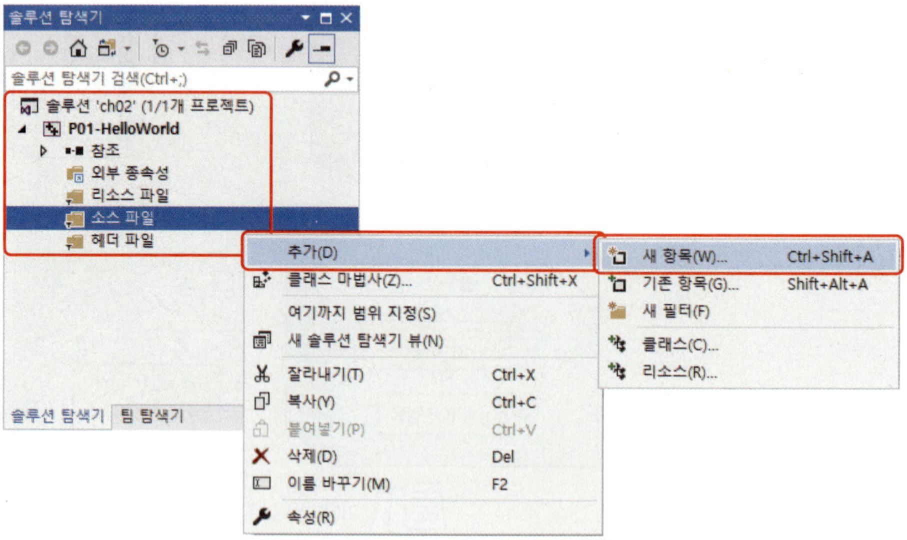

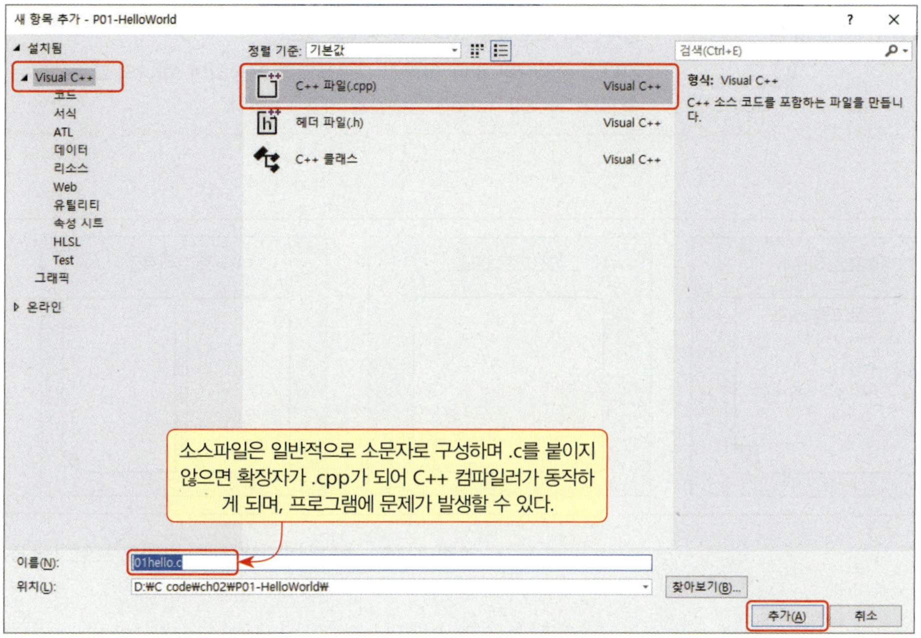

그림 2-34 소스파일 생성 방법

다음은 텅 빈 소스파일 01hello.c가 생성된 화면 모습이다. 솔루션 탐색기의 '소스파일' 폴더 하단부에 파일 01hello.c가 표시되며 왼쪽에는 소스를 편집할 수 있는 창이 나타난다. 이제 편집기에서 소스를 꼼꼼히 작성하도록 한다. 솔루션 탐색기에서 각 소스파일을 선택하면 하단 속성 탭에서 선택된 파일의 자세한 정보를 살펴볼 수 있다.

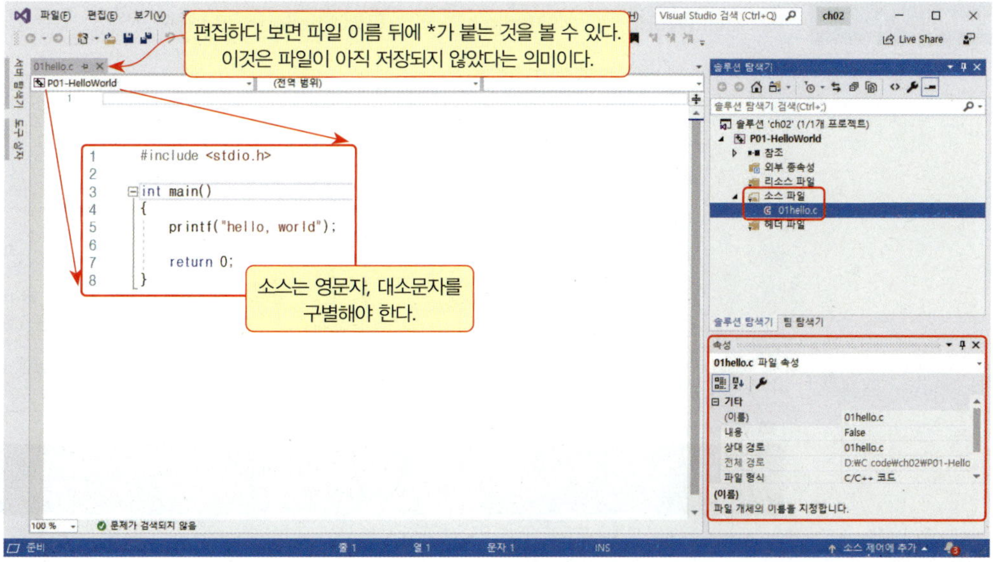

그림 2-35 소스파일 생성과 편집

> **NOTE: 솔루션과 프로젝트 그리고 프로그램 소스**
>
> 하나의 솔루션은 하나 이상의 프로젝트를 저장하며, 하나의 프로젝트는 여러 개의 프로그램 소스를 가질 수 있고 하나의 main() 함수만을 가질 수 있다.

솔루션

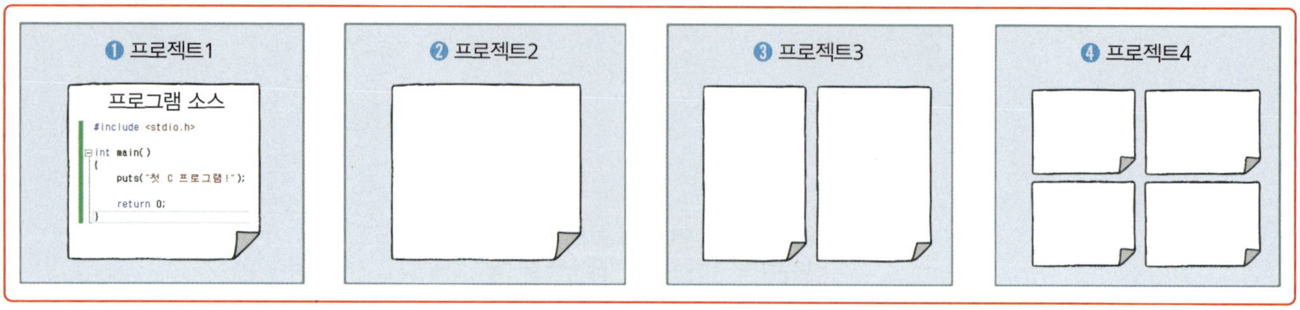

그림 2-36 솔루션과 프로젝트 그리고 프로그램 소스

C로 만드는 첫 예제 소스를 알아보자. 위에서 만든 프로젝트 [P01-HelloWorld]에 다음 예제를 작성하자. 이 **첫 예제는 문자열 "hello, world"가 콘솔 창에 출력되는 프로그램**이다. 문자열 "hello, world"를 출력하는 프로그램은 어떤 프로그램 언어를 배우던지 가장 처음에 등장하는 유명한 예제이다.

- printf()[9]의 괄호 사이에 기술된 "hello, world"가 출력
- C 소스는 영문자의 대소문자를 구별하며, #, <, >, (,), ;, {, }와 같은 특별한 의미의 여러 문자들로 구성

실습예제 2-1 | P01-HelloWorld | 01hello.c | 콘솔에 hello, world 출력 | 난이도: ★

```c
01 #include <stdio.h>
02
03 int main()
04 {
05     printf("hello, world");
06
07     return 0;
08 }
```

- printf() 함수가 콘솔에 출력할 문자열을 큰 따옴표로 묶어야 한다.
- 문장을 종료할 때는 ; (세미콜론)을 입력해야 한다.
- 5 줄에서 시작해서 6 줄을 지나, 7 줄 return 0로 0을 반환하고 프로그램이 종료된다.

결과

```
hello, world
```

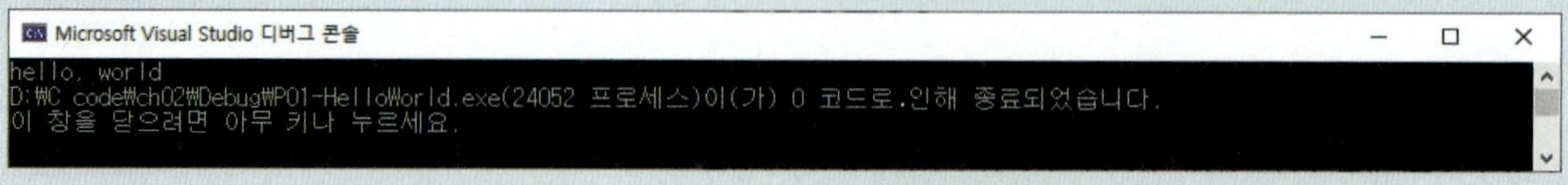

[9] 함수 printf()는 '출력하다'라는 단어 'print'와 '형식이 있는'의 의미인 'formatted'을 합친 단어로 print + f(에프)라고 읽는다.

C 프로그램을 실행하려면 항상 main()이라는 함수를 가져야만 한다. 함수(function)는 '특정한 기능을 수행하는 프로그램 단위'라고 이해하고 자세한 내용은 다음에 배운다. **프로그램은 main() 함수의 첫 줄에서 시작하여 차례대로 실행되고 마지막 줄을 실행하고 종료**된다. 단어는 반드시 대·소문자로 구분하며, 하나의 단어 중간에 공백이 들어갈 수 없다. 단어와 단어 사이의 적당한 공백과 빈 줄은 소스의 이해력을 높이기 위해 필요하면 넣을 수 있다. 소스 편집 시 입력되는 단어와 주의해야 할 문자를 살펴보면 다음과 같다.

- include, stdio.h, int, main, printf, return
- # < > ( ) { } ; ""

NOTE: **C 언어와 'hello, world' 출력 프로그램의 유래**

1978년 프로그래밍 언어 C를 개발한 데니스 리치(Dennis Ritchie)는 동료 브라이언 커닝핸(Brian Kernighan)과 함께 너무나 잘 알려진 "The C Programming Language" 라는 책을 출판한다. 흔히 이 책을 K&R C라고 부르는데, K&R C는 이후 1988년 미국국립표준협회(ANSI: American National Standards Institute)의 ANSI C 버전으로 2판이 다시 출간됐다. 바로 이 서적의 첫 번째 예제(아래 ❶이 첫 버전의 책의 내용이며, ❷는 2판의 책의 내용임)가 콘솔 화면에 "hello, world"를 출력하는 프로그램이었고, 이것이 유명해지면서 모든 프로그래밍 언어의 첫 번째 예제로 "hello, world"를 출력하는 프로그램을 사용하게 되었다.

❶ program text somewhere, compile it successfully, load it, run it, and find out where your output went. With these mechanical details mastered, everything else is comparatively easy.
In C, the program to print "hello, world" is

```
main()
{
    printf("hello, world\n");
}
```

❷ text somewhere, compile it successfully, load it, run it, and find out where your output went. With these mechanical details mastered, everything else is comparatively easy.
In C, the program to print "hello, world" is

```
#include <stdio.h>

main()
{
    printf("hello, world\n");
}
```

그림 2-37 "The C Programming Language" 2판 표지와 hello world 프로그램의 변화

소스 작성의 주의점과 들여쓰기의 이해

초보자가 처음하는 코딩 작업은 뭔가 어설프다. 그러나 컴파일러는 하나의 오타도 허용하지 않으므로 편집 시 주의를 기울여, 행과 열을 맞추어 정확히 소스를 입력하도록 하자. **문장의 종료를 표시하는 세미콜론 ;을 콜론 :으로 잘못 입력하면 컴파일에 문제가 발생**한다. 또한 int와 main()을 붙여 써도 문제가 발생한다. 컴파일러는 잘못된 문자 하나도 용납하지 않는다. 예전에 정확한 원고가 필요하거나 글 연습용으로 원고지를 많이 활용한 기억이 있을 것이다. 다음과 같이 원고지에 소스를 입력한다고 생각하고 하나 하나 입력한다면 코딩에 익숙하지 않더라도 잘못 없이 쉽게 편집할 수 있을 것이다.

다음 소스를 보면 함수 main() { 다음 5번 줄의 첫 열은 위 줄보다 4칸정도 들여 쓴다. 이후 줄은 }이 나오는 7번 줄까지 모두 이 줄의 열과 맞춘다. 이러한 방식을 **들여쓰기(indentation)**라 한다. **들여쓰기는 IDE의 편집기에서 자동으로 맞추어 주며 소스의 가독성(readability)을 위해 반드시 필요**하다.

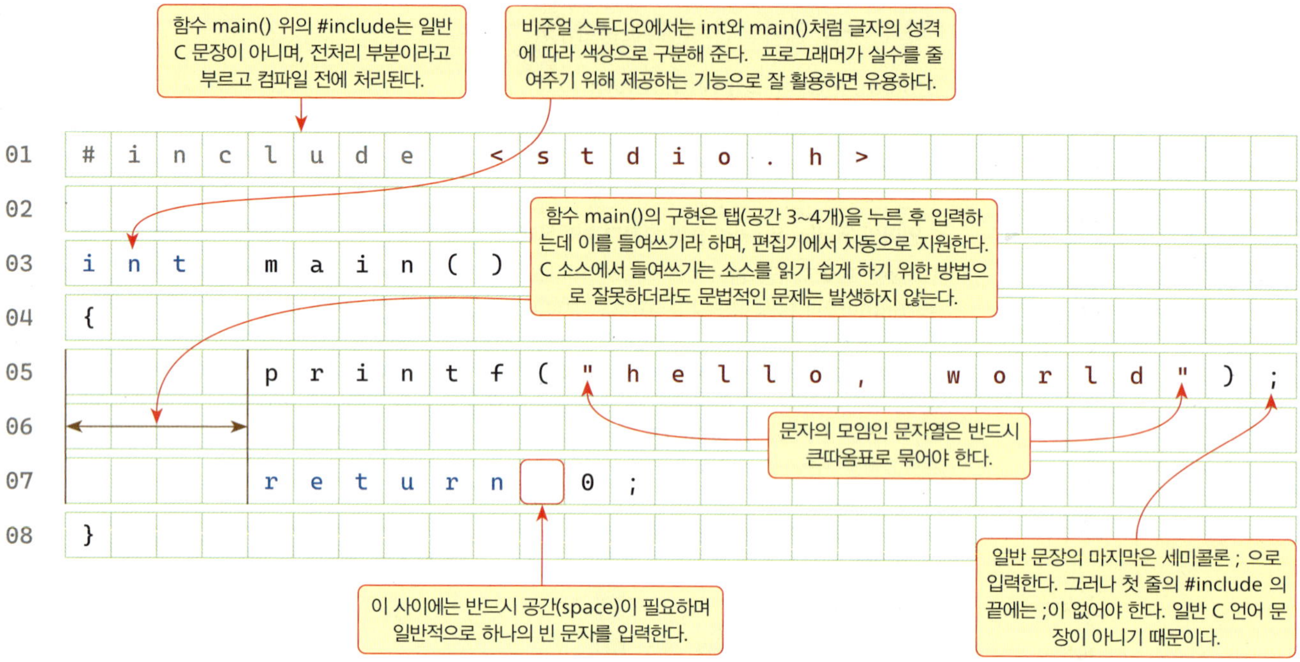

그림 2-38 소스가 기록된 원고지 모습과 주의점

NOTE: 들여쓰기와 적절한 공백의 중요성

C 프로그램에서 #include와 같은 특수한 문장을 제외하고, 일반 문장은 줄과 엔터키, 탭, 들여쓰기 등은 프로그램의 실행에는 아무 영향을 미치지 않는다. 즉 소스에서 사용하는 단어를 구분할 수 있거나 문장의 마지막을 나타내는 세미콜론 ; 그리고 <> {} () “”와 같은 각종 구두 문자만 문법에 맞게 사용한다면 컴파일 오류 없이 실행이 가능하다. 다음과 같은 소스는 실행은 가능하나 바람직한 소스코드라고 볼 수 없으며, 위에서 배운 빈 줄이나 적합한 공백은 가독성(readability)을 위해 꼭 필요하다.

```
#include <stdio.h>
int main() { printf("hello, world"); return 0; }
```

TIP 자동 들여쓰기 단축 키 Ctrl + K, Ctrl + F

만일 위와 같이 소스의 형태가 문제가 있다면 단축키로 쉽게 수정할 수 있다. 즉 자동으로 소스 형태를 맞추고 싶으면 조정하고 싶은 영역을 마우스 드래그로 선택하거나 Ctrl + A로 전체 소스를 선택한 뒤 Ctrl를 누른 상태에서 K를 눌렀다 떼고 잠시 후 F 키를 누르면(Ctrl + K, Ctrl + F) 자동으로 들여쓰기가 된다.

NOTE: 코딩 초보자가 주의해야 할 사항

- 비주얼 스튜디오 편집기에서 괄호 (), 중괄호 {}, 대괄호 [], 꺽쇠 <>, 큰따옴표 "", 작은따옴표 '' 입력 시 쌍으로 나오니 주의를 요함
- 큰따옴표 "와 작은따옴표 ' 그리고 세미콜론 ;과 콜론 :은 서로 구분하도록 주의
- 대문자와 소문자는 정확히 구분하도록 주의
- 함수 main(), puts(), printf() 등 철자가 틀리지 않도록 주의
- #include <stdio.h> 지시어에 주의
- 단어 int, return, void 등 철자에 주의

NOTE: 코딩 용지(coding sheet)

다음은 포트란을 사용할 당시에 사용하던 코딩 용지이다. 입력장치와 편집기의 기능이 떨어지는 고급 언어 사용 초기에는 프로그래밍 언어에 따라 정해진 일정한 양식의 코딩 용지를 사용하였다고 한다. 이러한 코딩 용지를 사용하면 정해진 문법에 따라 알아보기 쉽게 코딩이 가능하여 문법 오류를 줄이는 효과가 있었다. 그러나 성능 좋은 편집기가 발달함에 따라 문법 오류를 줄이는 다양한 방법을 제공하게 되어 이러한 코딩 용지는 사용하지 않고 있다.

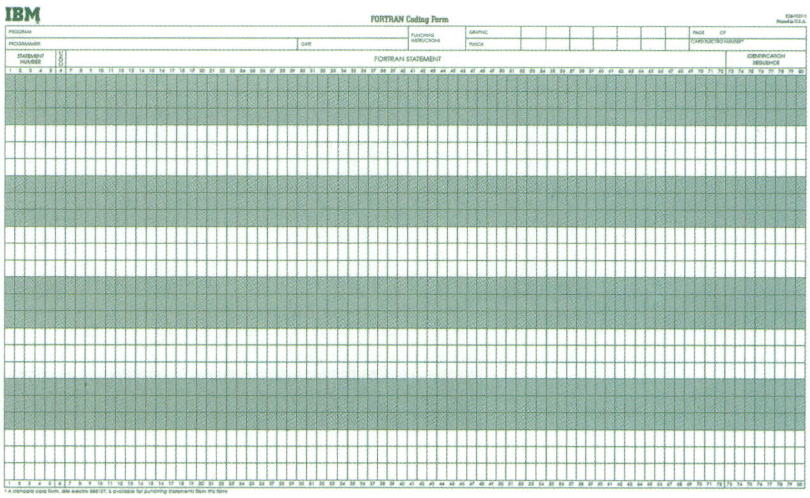

그림 2-39 포트란 언어를 위한 코딩 용지

프로젝트 실행

프로젝트 실행 ctrl + F5

이제 작성한 첫 프로그램을 실행해 보도록 하자. 먼저 컴파일과 링크 과정 없이 바로 실행하도록 한다. ❶ **작성된 소스에는 문제가 없어야 실행에 성공**한다. **실행을 위해서는 메뉴** ❷ **[디버그] →** ❸ **[디버깅하지 않고 시작]을 선택**한다. 소스에 문제가 없다면 ❹ **'출력'에 빌드 과정이 표시**되고, 마지막 줄에 성공 1, 실패 0와 같이 표시된다. 이제 빌드에 성공했다면 바로 실행 결과로 다음과

같이 ❺ **검정색 바탕의 콘솔 화면이 표시**될 것이다. 프로젝트를 생성할 때 '콘솔'을 기억할 것이다. **콘솔 응용 프로그램이란 그 결과가 콘솔 화면에 텍스트 형태로 출력되는 프로그램**을 말한다. 즉 콘솔 프로그램은 윈도우가 아닌 텍스트 기반의 프로그램을 말한다. 콘솔 화면의 결과에는 마지막 줄에 항상 '이 창을 닫으려면 아무 키나 누르세요'라는 문구가 표시된다. 이 문구와 바로 위의 실행 파일이 표시되는 문구는 프로그램 내용과 관계없이 항상 콘솔 화면의 마지막에 표시되는 문구이다.

- 실행의 단축키는 [Ctrl + F5]이다. 현재 프로젝트를 실행하려면 바로 이용하자.

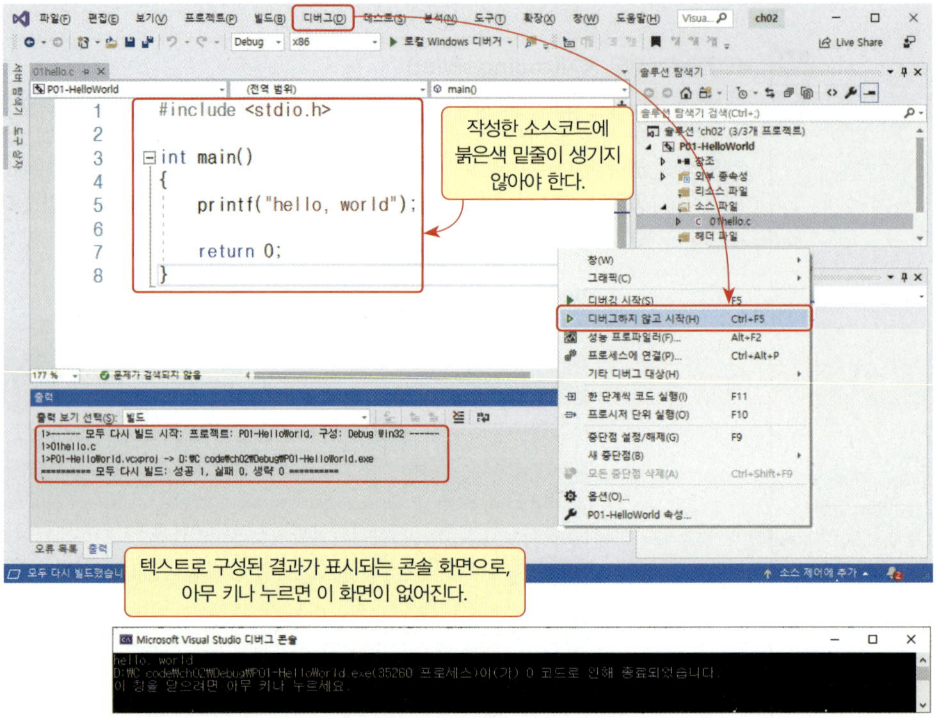

그림 2-40 프로젝트 실행을 위한 메뉴와 실행 과정 그리고 실행 결과

컴파일과 링크

이번에는 빌드 과정을 직접 수행해 보자. 비주얼 스튜디오에서 **컴파일과 링크 과정을 거쳐 실행 파일을 생성하는 과정을 빌드**라 한다. 메뉴 [빌드] → [P01-HelloWorld 빌드]를 선택하면 화면 하단부의 출력 창에 빌드 과정과 그 결과가 표시되는 것을 확인할 수 있다. 또한 **메뉴 [빌드]의 마지막 메뉴 [컴파일(M) ctrl+F7]을 선택하면 컴파일만 수행**할 수 있으며, 컴파일 후 메뉴 [빌드] → [프로젝트만] → [P01-HelloWorld만 링크]를 선택하면 링크만 구분하여 실행할 수도 있다.

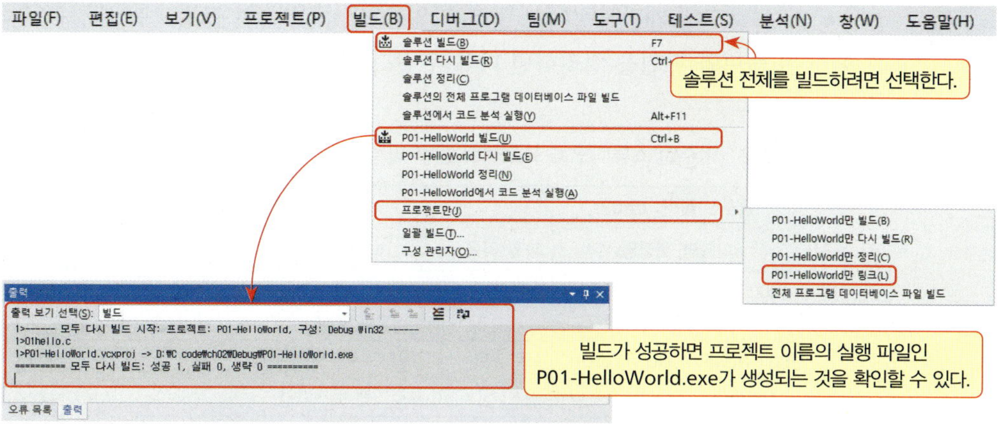

그림 2-41 빌드와 그 결과 화면 '출력'

비주얼 스튜디오 생성 파일

우리는 솔루션 'ch02' 하부에 프로젝트 'P01-HelloWorld'를 만들고, 그 하부에 프로그램 소스 01hello.c를 만들어 첫 C 프로그램을 만들어 보았다. 그렇다면 이러한 과정에서 생성된 폴더와 파일을 알아보자. 다음은 비주얼 스튜디오의 '솔루션 탐색기'와 실제 폴더 구조, 그리고 프로젝트 폴더인 'ch02/P01-HelloWorld'의 하부 파일을 보이고 있다. **폴더 'ch02/P01-HelloWorld' 하부에는 프로젝트 파일 'P01-HelloWorld.vcxproj'과 소스파일 01hello.c**가 대표적이다. 프로젝트 폴더인 'ch02/P01-HelloWorld'의 하부 파일을 보이고 있다. 또한 **솔루션 폴더 하부 'ch02/Debug'에는 프로젝트의 실행파일 'P01-HelloWorld.exe'을 비롯해 프로젝트에서 만들어진 3개의 파일을 확인**할 수 있다.

- 솔루션 'ch02' 하부/프로젝트 'P01-HelloWorld', 그 하부에 프로그램 소스 01hello.c
- 빌드의 결과로 프로젝트이름과 같은 실행파일 'P01-HelloWorld.exe'이 생성

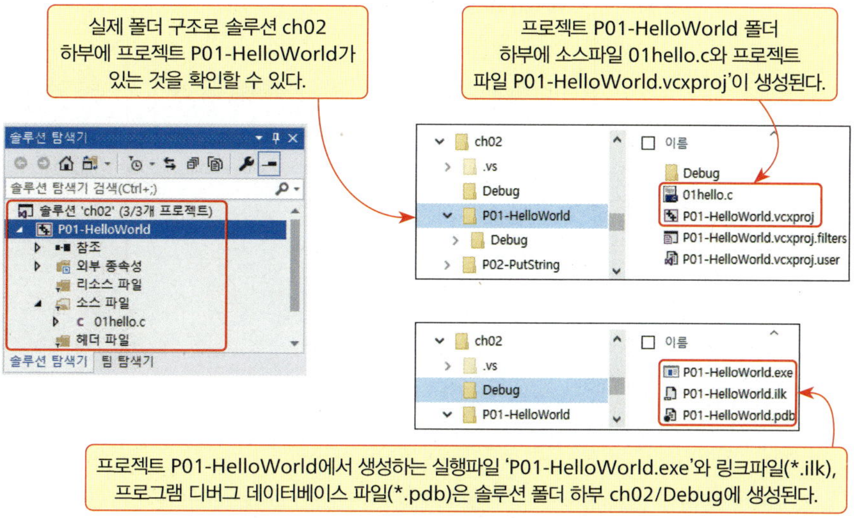

그림 2-42 솔루션 탐색기와 폴더 구조와 파일

C 프로그램 개발과정에서 많은 파일을 생성된다. 첫 프로그램 개발을 위해 진행한 과정에서 생성된 폴더와 파일을 정리하면 다음과 같다.

표 2-2 비주얼 스튜디오 C 프로젝트 관련 파일

솔루션 폴더: ch02	프로젝트 폴더: ch02/P01-HelloWorld		
파일명.확장명	파일 이름	설명	위치
ch02.sln	솔루션	프로젝트, 프로젝트 항목 및 솔루션 항목을 솔루션으로 구성	ch02
P01-HelloWorld.vcxproj	프로젝트	비주얼 C++ 프로젝트 파일	ch02/P01-HelloWorld
01hello.c	소스	C 프로그램 소스파일	
01hello.obj	목적	컴파일되었지만 링크되지 않은 목적 파일	ch02/P01-HelloWorld/Debug
P01-HelloWorld.ilk	링크	목적파일과 사용되는 라이브러리를 합친 링크 파일	ch02/Debug
P01-HelloWorld.exe	실행	실행 가능한 실행 파일	
P01-HelloWorld.pdb	디버그	프로그램 디버깅을 위한 데이터베이스 파일	

솔루션 저장과 생성된 솔루션, 프로젝트 열기

프로젝트를 마치려면 메뉴 [파일] → [모두 저장]을 누른 후 [파일] → [끝내기]를 선택하여 비주얼 스튜디오를 종료한다. 물론 '모두 저장'은 아이콘 메뉴 로도 저장이 가능하다.

이제 비주얼 스튜디오를 다시 실행하면 다음 화면에서 [최근 파일 열기] 목록에 표시되는 기존의 파일을 열 수 있으며, 필요하면 [시작] 표시되는 [프로젝트 또는 솔루션 열기]나 [새 프로젝트 만들기]를 선택할 수 있다.

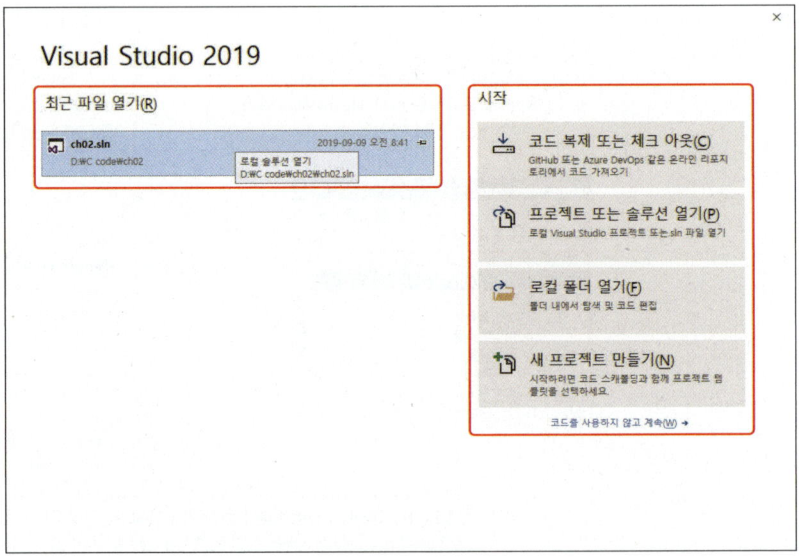

그림 2-43 비주얼 스튜디오 초기 화면

이미 비주얼 스튜디오가 실행된 경우, 이전에 생성한 솔루션을 열려면 메뉴 [파일] → [최근에 사용한 프로젝트 및 솔루션]을 눌러 하부의 원하는 솔루션을 선택한다. 첫 프로그램에서 작성한 솔루션 'ch02.sln'을 선택하면 솔루션 탐색기와 소스 01hello.c이 나타난다. 일반적으로 메뉴 [파일] → [열기] → [프로젝트/솔루션]을 선택하면 원하는 프로젝트나 솔루션을 찾아 열(open) 수 있다. **솔루션 파일은 확장자가 sln이며, 프로젝트 파일은 vcxproj**이다.

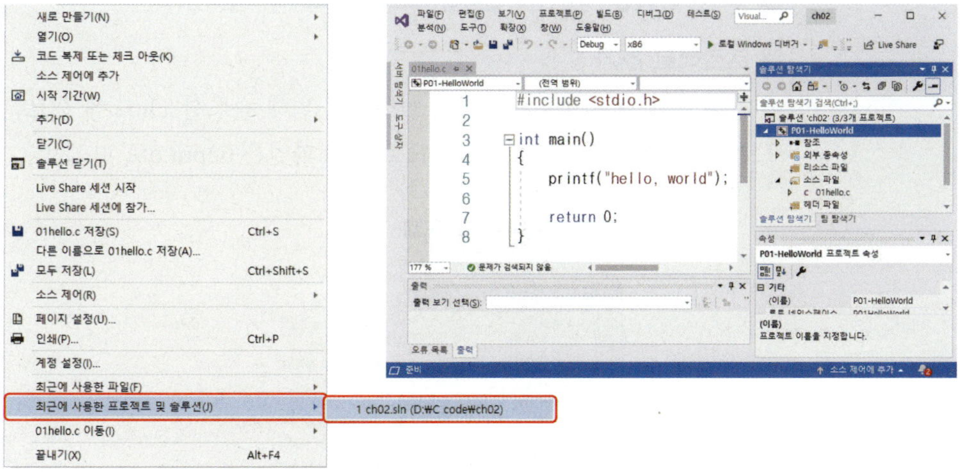

그림 2-44 최근에 사용한 프로젝트 및 솔루션 열기(open)

중간점검

01 컴파일의 결과 파일인 목적파일이 저장되는 폴더는?

02 디버그 모드에서 빌드의 결과인 실행 파일이 저장되는 폴더는?

2.3 C 프로그램 실행 과정의 이해

솔루션 ch01에 두 번째 프로젝트 추가

새 프로젝트 추가

이제 두 번째 프로젝트를 작성해 실행하기 위해 솔루션 'ch02'에 새로운 프로젝트를 추가해 보자. 프로젝트 이름은 'P02-PutString'으로, 소스파일은 02put.c로 편집한다.

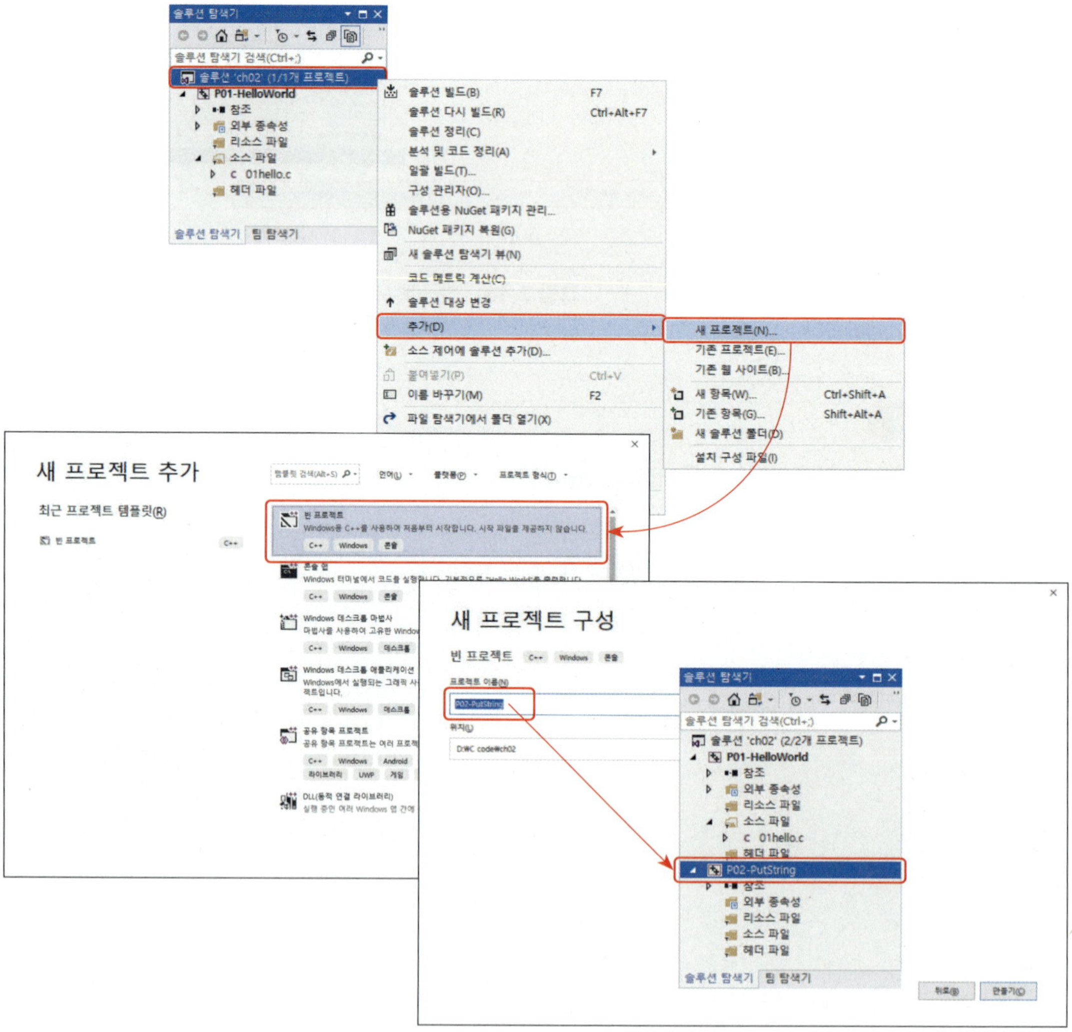

그림 2-45 새 프로젝트 P02-PutString 추가

이미 만든 솔루션 ch02에 프로젝트를 추가하기 위해 메뉴 [파일] → [추가] → [새 프로젝트(N)…]를 순차적으로 선택한다. 또는 다음 그림과 같이 ❶ **솔루션 'ch02'에서 오른쪽 마우스를 클릭해 [추가] → [새 프로젝트(N)…]를 선택**한다. 표시된 [새 프로젝트 추가] 대화상자에서 '빈 프로젝트'를 선택한 후 '다음'으로 진행한다. **[새 프로젝트 구성] 대화상자에서 프로젝트 이름 'P02-PutString'을 입력**하고 위치를 확인한 후 '만들기'를 누른다.

두 번째 소스는 문자열 "hello, world"와 "C 언어, 재미있다!"를 콘솔의 두 줄에 출력하는 프로그램이다. 프로젝트 P02-PutString에 소스파일 02put.c를 추가하자. 이미 배운 대로 **'솔루션 탐색기'의 프로젝트 하부 '소스파일' 폴더에서 마우스 오른쪽을 클릭하여 메뉴 [추가] → [새 항목]을 선택**해 소스파일 02put.c를 추가하여 다음을 코딩한다.

함수 print()와 비슷한 기능을 수행하는 **puts("문자열") 는 문자열을 출력(put string)하는 기능을 수행**한다. 먼저 함수 printf()로 "hello, world"를 출력한 후 함수 puts()로 "C 언어, 재미있다!"를 출력한다. 첫 번째 예제와 다르게 문자열 "hello, world\n"처럼 맨 뒤에 \n이 붙는 것을 알 수 있다. 두 번째 **출력이 다음 줄에 표시되기 위해 '다음 줄(new line)로 이동' 의미인 \n**을 붙여야 한다.

실습예제 2-2	P02-PutString	02put.c	문자열 두 개를 콘솔의 두 줄에 출력	난이도: ★

```c
#include <stdio.h>

int main(void)
{
    printf("hello, world\n");
    puts("C 언어, 재미있다!");

    return 0;
}
```

void는 함수 입력이 없다는 것이며, main 뒤의 괄호 ()는 반드시 필요

문자열 Hello World!는 출력할 문자열이며, \n은 새로운 줄로 이동이라는 new line을 의미하는 문자를 표현하는데, \은 키보드에서는 ₩와 같음

결과

```
hello, world
C 언어, 재미있다!
```

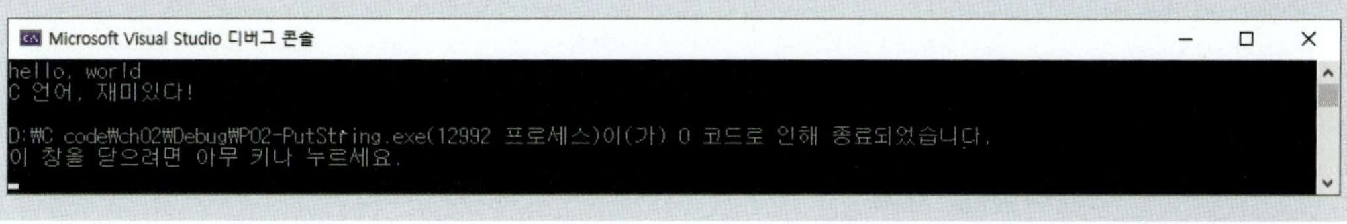

솔루션의 여러 프로젝트 중 시작 프로젝트로 설정한 후 실행

다음 왼쪽 솔루션 탐색기에서 **솔루션 'ch02'의 하부 프로젝트로 'P01-HelloWorld'와 'P02-PutString' 2개가 구성**된 것을 볼 수 있다.

이제 프로젝트 P01-PutString을 실행해 보자. **프로젝트를 실행하기 전에 먼저 'P01-PutString'을**

클릭한 후 메뉴 [프로젝트] → [시작 프로젝트로 설정]을 선택한다. 또는 **솔루션 탐색기에서 프로젝트 P01-PutString을 누르고 우측 버튼 메뉴에서 [시작 프로젝트로 설정]을 눌러 시작 프로젝트로 설정**한다. 솔루션 탐색기에서 시작 프로젝트로 설정되면 다른 프로젝트보다 진하게 보인다. 이제 메뉴 [디버그] →[디버깅 하지 않고 실행] 선택 또는 단축키 ctrl + F5로 두 번째 예제의 실행 결과를 확인할 수 있다.

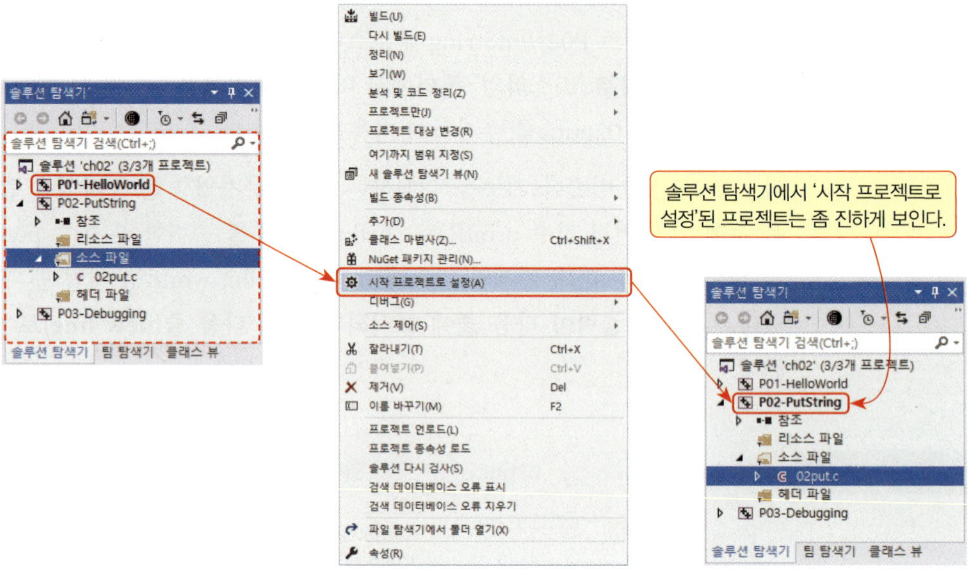

그림 2-46 실행할 프로젝트를 [시작 프로젝트로 설정]으로 활성화

NOTE: 시작 프로젝트로 설정을 하지 않으면?

여러 프로젝트를 생성해 작업하다 보면 '시작 프로젝트로 설정' 선택을 지나치기 쉽다. 만일 실행할 프로젝트가 시작 프로젝트로 설정되지 않으면 다른 설정된 시작 프로젝트가 실행되는 일이 발생한다. 시작 프로젝트로 설정된 다른 프로젝트가 현재 실행하고자 하는 프로젝트와 결과가 비슷하다면 어느 것이 실행됐는지 모르고 지나가는 경우가 종종 발생할 수 있다. 유의하도록 하자.

헤더 파일과 프로그램 실행 과정

헤더 파일 개요

함수 puts()와 printf()를 사용하려면 첫 줄에 #include <stdio.h>를 넣어야 한다. #include는 바로 뒤에 기술하는 헤더 파일[10] stdio.h를 현재 위치에 삽입하라는 명령어이다.

[10] 헤더파일은 프로그램에서 사용되는 여러 상수와 자료형이 정의된 파일로 챕터 4장에서 자세히 알아보자.

명령어로 반드시 #include

이 위치에 삽입되는 파일이 stdio.h임을 표시

함수 puts()를 이용하려면 반드시 #include 명령어로 파일 stdio.h를 삽입

```
#include <stdio.h>

int main(void)
{
    puts("hello, world\n");
    puts("C 언어, 재미있다!");
    ...

    return 0;
}
```

그림 2-47 #include와 헤더 파일

프로그램 실행 과정

C프로그램에서 main() 함수는 자동차에 시동을 켜는 열쇠와 같은 역할을 하므로 반드시 정의되어야 한다. 이러한 함수의 형태는 하나의 사람과 같이 머리와 몸체를 가지게 되는데 함수 머리(function header), 함수 몸체(function body)로 나누어진다.

- 함수 머리(function header): int main(void)와 같이 함수에서 제일 중요한 결과값의 유형, 함수이름, 함수로 값을 전달하는 매개변수인 입력 변수 나열을 각각 표시
- 함수 몸체(function body): 함수 머리 이후 {...}의 구현 부분

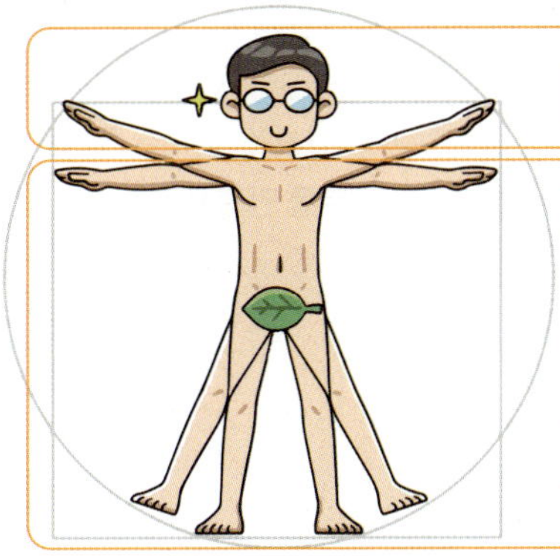

```
int main(void)
{
    printf("hello, world\n");
    puts("C 언어, 재미있다!");

    return 0;
}
```

함수 머리

함수 몸체

그림 2-48 사람과 같은 함수 머리와 함수 몸체

프로그램은 반드시 함수 main()을 정의하는 블록 내부의 문장을 순차적으로 실행하므로, 위 예제에서 printf()를 처음으로 실행한 뒤 puts()를 실행한 후 다음 return 0 문장을 실행하고 종료된다. 함수 헤더에서 괄호 내부의 (void)는 함수 입력이 없다는 뜻이며, 함수 몸체에서 마지막 문장인 return 0는 정수 0 값을 함수가 출력한다는 의미이다.

- 특히 함수 main()은 프로그램 실행 시 가장 먼저 호출되는 특별한 함수로 이를 CRT 시작 함수(C Runtime Startup function)라 한다.

NOTE: **함수의 이해**

C프로그램과 같은 절차지향 프로그램은 함수(function)로 구성된다. 함수는 아래 그림과 같이 'a, b, c...'와 같은 입력(input)을 받아 'y'와 같은 결과(output) 값을 만들어 내는 기계장치와 같다. 전체 프로그램에서 이러한 기계 장치인 함수 하나하나가 프로그램 단위가 된다. C 언어 함수에서 주의할 점은 '입력'은 여러 개 사용될 수 있지만 결과값은 꼭 하나여야 한다는 점이다.

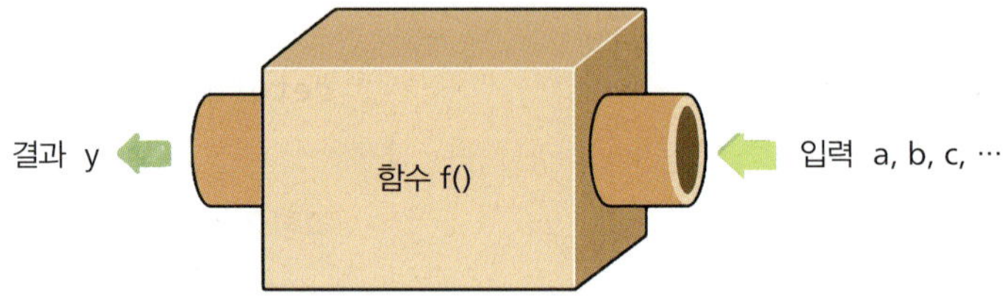

$$y = f(a, b, c, \cdots)$$

그림 2-49 함수는 입력과 출력 기능을 갖는 프로그램 단위

그렇다면 함수는 어떻게 나누어질 수 있을까? 이것은 굉장히 단순한 문제이다. 즉, 프로그래머인 내가 만들 수 있는 함수와 시스템이 미리 만들어 놓아서 내가 수정할 수 없는 함수로 나누어진다. **프로그래머가 직접 만드는 함수를 '사용자 정의 함수(user defined function)'라 하며, 시스템이 미리 만들어 놓은 함수를 '라이브러리 함수(library function)'**라 한다.

중간점검

01 비주얼 스튜디오의 솔루션 탐색기가 다음과 같이 구성되도록 솔루션과 프로젝트를 만드시오.

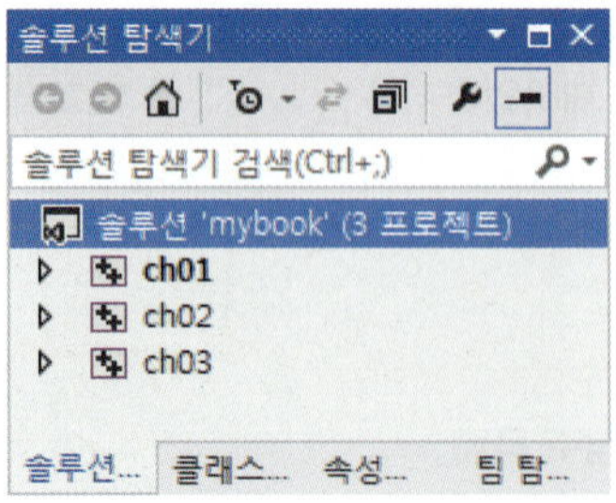

02 비주얼 스튜디오에서 여러 프로젝트 중 하나를 실행하려면 실행 전에 그 프로젝트를 무엇으로 설정해야 하는가?

2.4 오류와 디버깅

구문 오류와 디버깅

구문 오류가 있는 예제

소스를 편집하다 보면 ;나 "", <>, (), {} 등의 구두 문자[11]를 빠뜨리거나 printf나 puts 등의 단어를 잘못 써서 발생하는 구문 오류(syntax error)는 흔하게 발생하게 된다. 이러한 오류를 줄이는 방법은 특별한 것이 없다. 즉 코딩할 때 조금만 더 주의를 기울여서 최대한 오류 없는 소스를 작성하는 습관을 들이는 것이다. 하지만 그럼에도 불구하고 생기는 구문 오류들은 통합개발환경 IDE가 잡아줄 수 있다. 즉 IDE에서 붉은 색 밑줄이 쳐진 오류 발생 부분에 마우스를 이동해 보자. 그러면 바로 오류 풍선이 뜨면서 오류에 대한 원인을 알려주기 때문에 오류 수정에 도움을 받을 수 있으니 잘 활용하자.

함수 printf()를 사용해 원하는 문자열을 출력하는 프로그램을 작성해 보자. 다음과 같이 'ch02' 솔루션에 프로젝트 'P03-Debugging'을 추가하자. 다음 예제는 구문 오류가 발생하도록 의도적으로 소스에 오류를 심어 놓자.

- 솔루션: 기존 솔루션 'ch02'
- 프로젝트: 'P03-Debugging'
- 소스파일: 03debug.c

다음 소스와 같이 오류가 발생하도록 편집한 후, 소스의 컴파일이나 프로젝트 빌드를 하기 전에 '저장'을 하면 오류가 의심되는 소스 부분에 붉은 색 밑줄이 쳐진다. 이 **부분에 마우스를 이동하면 다음과 같이 바로 "닫는 따옴표가 없습니다."라는 정확한 오류 원인이 바로 표시**된다. 이 오류 표시를 활용하면 수정이 매우 간편하다. 만일 수정을 못하고 계속해서 컴파일이나 빌드를 수행하면, 컴파일 오류가 발생하여 오류 목록 창에 다음과 같은 '오류 내용'이 표시된다.

'오류 목록' 창에는 다음처럼 일목요연한 오류 목록을 볼 수 있다. **오류 목록에는 오류 코드, 설명, 프로젝트, 파일, 줄 번호 등**이 자세히 볼 수 있으며, 출력 창에는 지능적인 오류 표시인 IntelliSense 오류 abc를 볼 수 있다. 창의 상단 오른쪽에는 오류 목록에 보이는 오류의 종류를 세 가지로 선택할 수 있는 콤보박스가 보인다.

[11] COBOL 프로그램에서 사용했던 피리어드, 세미콜론, 콤마, 등호, 인용부호, 좌우 괄호 및 스페이스 등을 구두 기호 문자(punctuation character)라 하며, 이후 대부분의 언어에서 사용한다. 구두 문자는 문장의 뜻을 돕거나 문장을 구별하여 읽고 이해하기 쉽도록 쓰여진다.

실습예제 2-3 | P03-Debugging | 03debug.c | 2개의 구문 오류를 발견하고 수정 | 난이도: ★

```c
#include <stdio.h>

int main(void)
{
    printf("컴퓨터공학과 학생이며\n")
    printf("C 프로그래밍 언어를 수강합니다.\n);

    return 0;
}
```

문장 종료를 나타내는 ;이 빠짐

문자열의 종료를 나타내는 "(닫는 큰 따옴표)가 빠짐

닫는 따옴표가 없습니다.
온라인 검색

오류 수정

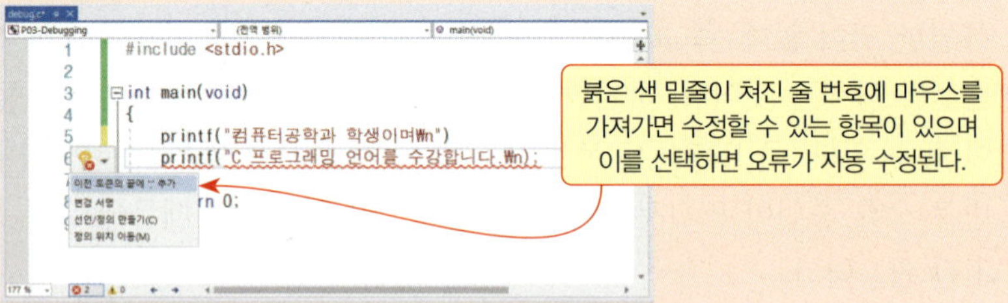

결과

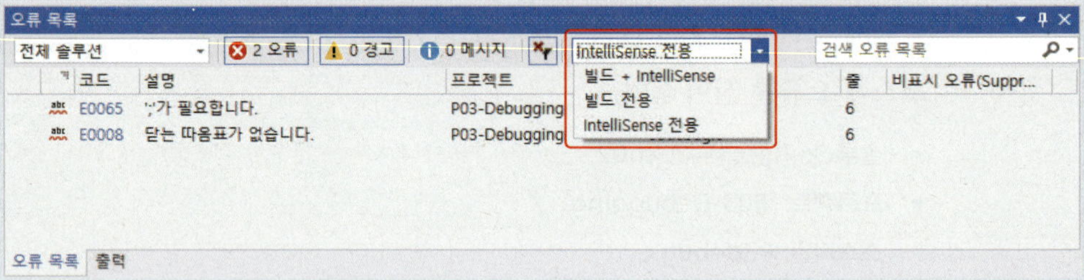

오류 목록 창의 하단 우측의 출력을 누르면 다음과 같이 ❶ **첫 줄에는 빌드를 시작한 프로젝트 이름과 구성이 표시**되며, ❷ **두 번째 줄에는 컴파일한 소스인 03debug.c가 표시**된다. ❸ **세 번째 줄부터 문제가 발생한 원인의 내용이 표시**되는데, 위에서는 3 개가 표시되었다. ❹ **마지막으로 "= 빌드: 성공 0, 실패 1, 최신 0, 생략 0 ="와 같이 최종 빌드 결과가 표시**된다. 오류 목록과 출력을 활용하면 어떠한 구문 오류도 쉽게 수정이 가능하다.

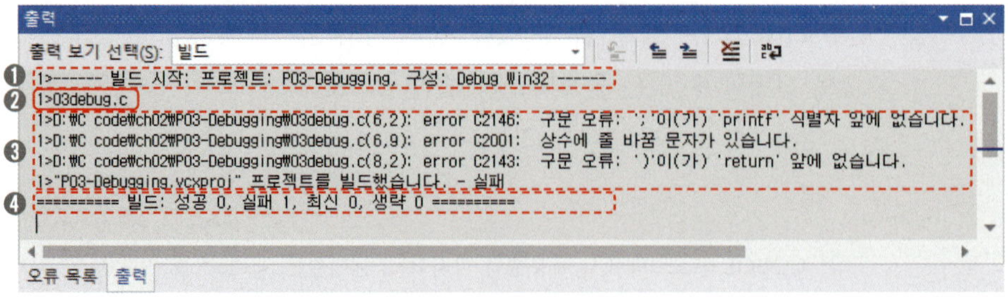

그림 2-50 출력 창

구문 오류 메시지의 이해와 소스 수정

오류 내용은 각각의 오류 내용에 따라 오류발생 파일의 경로를 포함한 전체이름, 추정되는 오류발생 줄과 열 번호, 오류 코드 번호, 오류 원인 메시지 등 4개의 요소가 3개의 콜론(:)으로 구분되어 표시된다.

- 오류가 발생한 파일이름(전체경로): D:\C Code\ch02\P03-Debugging\03debug.c
- 추정되는 오류발생 줄 번호와 열(column) 번호: (6,2)
- 오류 코드 번호: error C2146'
- 오류 원인 메시지: 구문 오류: ';'이(가) 'printf' 식별자 앞에 없습니다.

```
05    printf("컴퓨터공학과 학생이며\n")
06    printf("C 프로그래밍 언어를 수강합니다.\n);
```

문장 마지막에 ;가 빠져 발생하는 오류는 다음과 같은 메시지가 표시됨.

```
... \debugging.c(6,2): error C2146: 구문 오류: ';'이(가) 'printf' 식별자 앞에 없습니다.
```

그림 2-51 문장 마지막에 ;이 빠진 오류 내용

위 내용에서 오류 발생 줄 번호는 ;이 빠진 5가 표시되지 않고 그 다음 줄인 6이 표시되는 것을 알 수 있다. 그러나 에러 메시지는 6줄의 printf() 앞에 ;가 없다고 하니, 이 메시지 내용으로 쉽게 오류를 찾을 수 있다. 출력 창의 오류 메시지 줄 위에서 마우스를 더블 클릭하면 소스의 해당 줄로 이동되며, 다시 소스 5줄로 이동하여 마지막에 ;를 삽입하면, 이 컴파일 오류는 해결할 수 있다.

NOTE: 실제 오류와 IDE 결과 창의 오류 내용의 일치?

IDE는 소스에서 발생한 오류는 정확히 발견하지만, 줄 번호와 오류 원인은 생각보다 정확하지 않은 경우도 많다. 이와 같이 오류 발생 줄 번호는 정확하지 않을 수 있으니 줄 번호뿐 아니라 그 주위를 둘러 봐야 한다. 처음에는 이러한 오류를 발견하는 것이 쉽지 않을 수 있지만 자주 경험하면 오류의 위치와 원인을 쉽게 찾을 수 있을 것이다.

다음 오류는 printf("….) 처럼 함수 printf()의 인자인 출력 문자열에서 문자열의 마지막을 알리는 "가 빠져 생기는 구문 오류이다. 그러므로 \n"와 같이 오류가 발생한 문장 끝에 "을 삽입하면 오류가 제거된다. 그러나 오류 발생 줄 번호는 다음과 같이 6줄과 8줄로 2개가 표시되고 오류 메시지도 쉽게 이해가 되지 않는다. 이런 오류는 여러 번 경험해야 쉽게 그 원인을 찾아 수정할 수 있다. 이 경우는 **소스의 붉은 줄에 표시되는 오류 풍선의 메시지 '닫는 따옴표가 없습니다.'가 훨씬 효과적**이다.

```
06    printf("C 프로그래밍 언어를 수강합니다.\n );
07
08    return 0
```

문자열의 마지막을 알리는 "이 빠져 생기는 컴파일 오류

문자열의 마지막을 알리는 "이 빠져,);도 문자열로 인식하여 아직 printf()가 종료되지 않은 것으로 인식

```
...\03debug.c(6,9): error C2001: 상수에 줄 바꿈 문자가 있습니다.
...\03debug.c(8,2): error C2143: 구문 오류 : ')'이(가) 'return' 앞에 없습니다.
```

그림 2-52 문자열 닫힘 기호 "와)가 없는 경우 발생하는 오류 내용

소스 03debug.c에서 발생한 오류 원인 2개를 수정하기 위해, 5줄에 ;을, 6줄에 "을 삽입하면 컴파일 오류는 사라지고 다음 결과가 출력된다.

```
컴퓨터공학과 학생이며
C 프로그래밍 언어를 수강합니다.
```

그림 2-53 소스 03debug.c 수정 후 콘솔 결과

다양한 구문 오류 수정

다음은 초보자에게 흔하게 발생하는 컴파일 오류의 예와 오류 발생 부분의 밑줄에 마우스를 이동하면 나타나는 오류 풍선 그리고 결과 창의 오류 원인 메시지를 보인 표이다.

표 2-3 다양한 컴파일 오류와 오류 풍선, 오류 원인 메시지

오류	바른 입력	오류 풍선	오류 원인 메시지
#incude	#include	인식할 수 없는 전처리 지시문입니다.	'incude' 전처리기 명령이 잘못되었습니다.
stdi.h	stdio.h	파일 소스를 열 수 없습니다. "stdi.h"	포함 파일을 열 수 없습니다. 'stdi.h': No such file or directory
inte	int	식별자 "inte"가 정의되어 있지 않습니다.	error C2061: 구문 오류 : 식별자 'main' error C2059: 구문 오류 : ';' error C2059: 구문 오류 : '형식'
retun	return	식별자 "retun"이 정의되어 있지 않습니다.	error C2065: 'retun' : 선언되지 않은 식별자입니다. error C2143: 구문 오류 : ';'이(가) '상수' 앞에 없습니다.
{ 빠짐	{	{가 필요합니다.	error C2059: 구문 오류 : ';' error C2059: 구문 오류 : '문자열' error C2143: 구문 오류 : ')'이(가) '문자열' 앞에 없습니다. error C2143: 구문 오류 : '('이(가) '문자열' 앞에 없습니다.
} 빠짐	}	표시되지 않음	왼쪽 중괄호 '{'(위치: '…\03debug.c(4)')이(가) 짝이 되기 전에 파일의 끝이 나타났습니다.

다음 6가지 오류 원인 중에서 오류 풍선은 대부분 정확한 오류 원인을 알려주고 있으나, 오류 원인 메시지는 오류가 발생한 주위 코드에 따라서 여러 개의 오류 원인 메시지가 나오는 등 복잡한 경우가 많다. 그러므로 **컴파일 오류가 발생하면 오류 풍선을 통해 먼저 오류 원인을 알아보고, 그 이후 오류 원인 메시지를 확인하여 문제를 해결하는 습관**을 들이는 것이 좋다.

링크 오류와 디버깅

링크 오류 수정

다음 그림의 자동차 생산과정에서 링크는 '만들어진 부품을 조립하는 과정'이라 할 수 있다. 즉 부품이 함수라면 여러 부품을 조립한 최종 자동차는 최종 프로그램이라 할 수 있다. 이와 같이 **만들어진 부품을 조립하는 링크 과정에서 발생하는 오류가 '링크 오류'**인 것이다. 즉 자동차 생산 과정에서 링크 오류의 예를 들자면, 소나타 자동차 엔진을 장착해야 하는 과정에서 엉뚱하게 그랜져 자동차 엔진이 공급된 것과 같다.

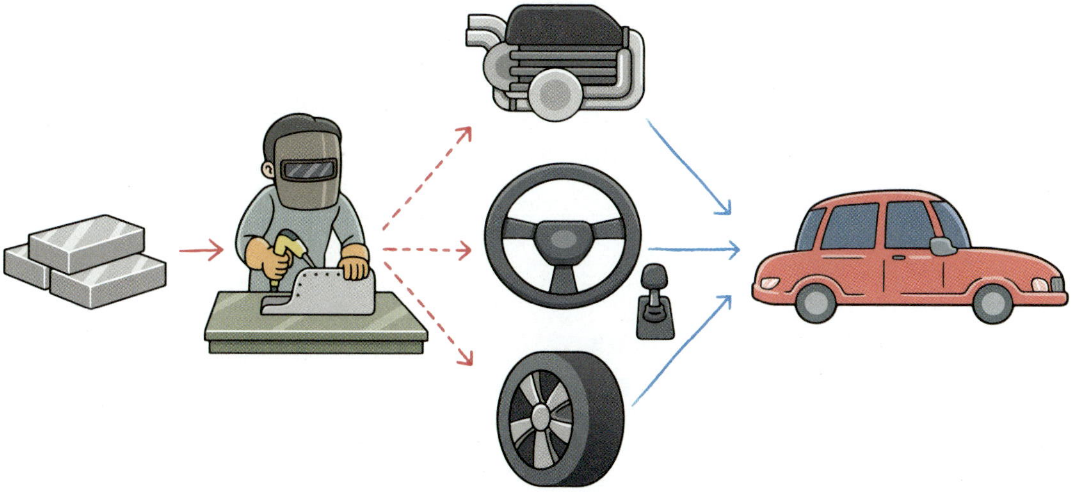

그림 2-54 자동차 생산에서의 링크 과정

대표적인 링크 오류는 라이브러리 함수인 printf()의 철자를 잘못 기술하는 경우이다. 즉 다음 예와 같이 마지막 f를 빼고 print()로 기술해서 빌드하면 경고가 표시되고 링크 오류도 발생한다. 함수 print()의 호출은 컴파일 시간에는 다음과 같은 경고 오류만 표시된다. 링크 과정에서 잘못된 print()로는 라이브러리 함수를 찾을 수 없으니 실행 파일을 못 만들고 결론적으로 실행도 할 수 없게 된다. 다음 경고 문구가 나온다면 바로 print()라는 함수의 철자가 잘못되었다는 것을 알 수 있어야 한다.

- 03debug.c(5,7): warning C4013: "'print'이(가) 정의되지 않았습니다. extern은 int형을 반환하는 것으로 간주합니다."

라이브러리 함수 print()의 문제는 링크 과정에서 다음과 같은 오류 내용이 표시되는데, 함수

printf()로 f만 제대로 기술하면 모든 오류는 제거되고 실행에 아무 문제가 없게 된다.

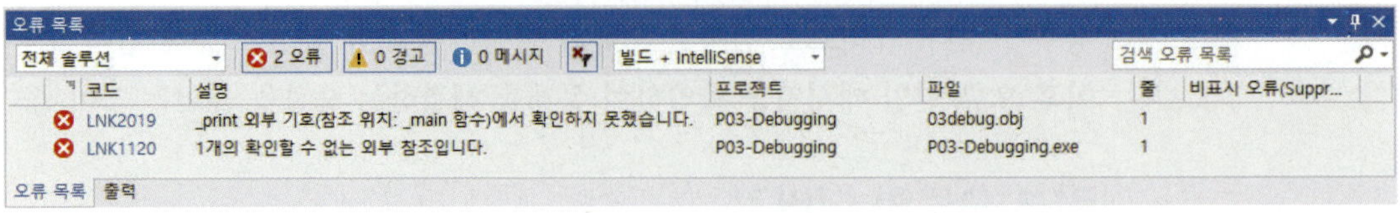

그림 2-55 함수 이름이 잘못된 컴파일 오류의 경고

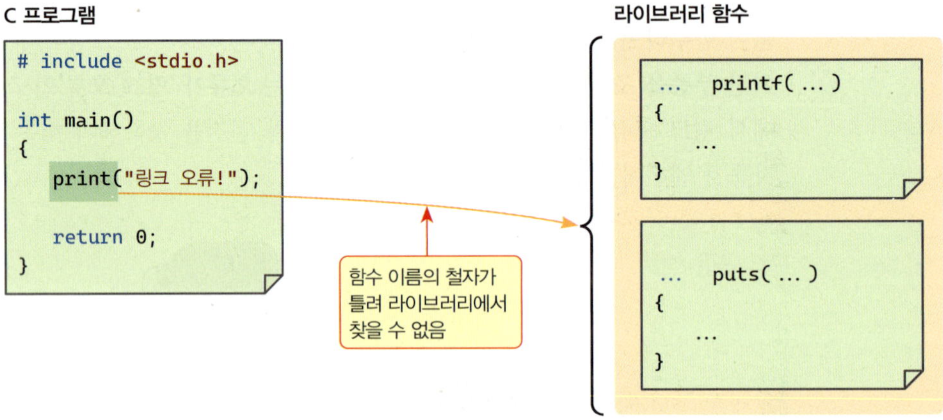

그림 2-56 링크 오류 결과

> **NOTE: 실행 시간 오류**
>
> 컴파일과 링크가 성공해도 실행 시간에 오류가 발생할 수 있다. 일반적으로 메모리관리를 실수하거나 0으로 나누는 식을 사용하는 등 프로그램의 잘못으로 발생하는 경우가 대부분이며, 간혹 기계적 결함으로도 발생할 수 있다.

논리 오류 수정

컴파일과 링크를 성공해 프로그램을 잘 실행시켰으나 원하는 결과가 나오지 않을 수 있다. 즉 한 교과목의 성적을 산출하는 프로그램에서 잘못된 성적 결과가 나왔다면 바로 이것이 논리 오류(logical error)이다. 이러한 논리 오류는 매우 심각한 오류의 예다. 논리 오류는 실행되어 결과가 나왔기 때문에 잘못된 결과라고 인지하지 못하는 경우도 많다. 이런 경우 더 심각하니 주의가 필요하다.

다음 예는 재미있는 논리 오류다. 문제는 프로그램의 실행이 프로그래머의 의도와는 전혀 다른 결과가 나온다는 데 있다.

```c
# include <stdio.h>

int main()
{
    printf("무지 개같은 내 친구!");

    return 0;
}
```

그림 2-57 문자열 출력의 논리 오류 예

위 예에서 나는

"무지개 같은 내 친구!"

라고 출력하고 싶었다. 하지만 결과는

"무지 개같은 내 친구!"

으로 출력되었다. 이와 같이 문자열에서 띄어 쓰기를 잘못한다거나 철자를 잘못 쓰는 것도 작은 논리 오류 중의 하나이다. 논리 오류도 다른 문법 오류와 마찬가지로 소스 코딩을 잘못하여 발생한다.

논리 오류는 생각보다 찾기가 어려우며 심각할 수 있다. 특히 복잡하고 큰 규모의 소프트웨어의 개발에서 다양한 문제로 발생하는 논리 오류는 찾기가 매우 어려운 경우가 많다. 결국 가능한 한 프로그램의 문제해결 절차인 알고리즘을 잘 만든 후, 이를 준수해서 소스를 코딩해야 논리 오류가 적은 프로그램을 완성할 수 있다.

중간점검

01 다음과 같은 출력 창에서 출력 내용인 03debug.c(6, 2)의 의미를 설명하시오.

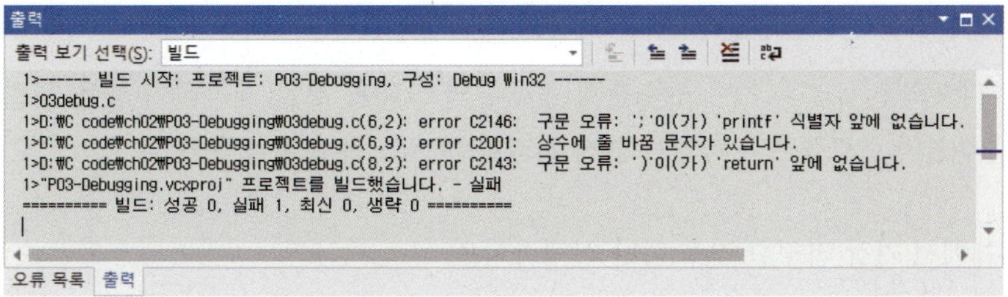

02 다음 문장에서 발생하는 오류를 설명하시오.

```c
print("컴퓨터공학과 학생이며\n")
```

내용점검 연습

01 다음에서 서술한 내용이 맞으면 ○, 틀리면 × 하시오.

❶ 프로그램을 구현하기 위해서는 프로그램 구상, 소스 편집, 컴파일, 링크, 실행의 5단계를 거친다. ( )

❷ 프로그램은 main() 함수의 첫 줄에서 시작하여 거기서부터 차례대로 실행되어 마지막 줄을 실행하고 종료된다. ( )

❸ 비주얼 스튜디오에서 프로젝트는 하나 이상의 솔루션을 저장 · 관리하는 컨테이너 단위이다. ( )

❹ 콘솔 응용 프로그램이란 그 결과가 콘솔화면에 그래픽 형태로 출력되는 프로그램을 말한다. ( )

❺ 비주얼 스튜디오에서 소스파일 test.c를 빌드하면 결과로 'test.exe' 실행파일이 생성된다. ( )

02 다음에서 비어있는 부분을 적당히 채우시오.

❶ 소스파일은 프로그래밍 언어에 따라 고유한 확장자를 갖는데, C 언어는 ( )이며 자바는 .java 그리고 C++는 .cpp이다.

❷ 컴파일러는 고급언어인 프로그래밍 언어로 작성된 소스파일에서 기계어로 작성된 ( )을 만들어내는 프로그램이다.

❸ 비주얼 스튜디오에서는 컴파일과 링크 과정을 하나로 합쳐 ( )라 한다.

❹ 프로그램 개발에 필요한 편집기, 컴파일러, 링커, 디버거 등을 통합하여 편리하고 효율적으로 제공하는 개발환경을 통합개발환경, 영문 약자로 ( )라 한다.

❺ 비주얼 스튜디오의 ( )는 전체 솔루션의 그래픽 뷰를 제공하여 응용 프로그램을 개발할 때 솔루션의 프로젝트와 파일을 쉽게 관리할 수 있도록 도움을 준다.

03 다음 각각의 문제에서 가장 적절한 것을 하나 선택하시오.

❶ 다음 중 프로그램 개발 과정에서 순서대로 나열된 것은? ( )

가) 소스작성 → 컴파일 → 링크 → 실행

나) 소스작성 → 컴파일 → 실행 → 링크

다) 컴파일 → 소스작성 → 링크 → 실행

라) 소스작성 → 링크 → 컴파일 → 실행

❷ 다음 중 가장 다른 성격의 단어는? ( )

가) 소스파일 나) 원시파일

다) 목적코드 라) 소스코드

❸ 다음 중 확장자를 제외하고 빌드 시 생성되는 실행 파일 이름과 같은 것은? ( )

가) 소스파일 이름 나) 솔루션 이름

다) 프로젝트 이름 라) 목적파일 이름

❹ 다음 중에서 비주얼 스튜디오 솔루션 파일의 확장자는? ( )

가) .java 나) .sol

다) .sln 라) .c

❺ 다음 중 함수 printf()의 호출이 바른 것은? ( )

가) print("Hello World!\n"); 나) printf("Hello World!\n");

다) printf("Hello World!\n") 라) printf(Hello World!\n");

04 비주얼 스튜디오에서 다음과 같은 솔루션 탐색기가 되도록 솔루션과 프로젝트를 생성하시오.

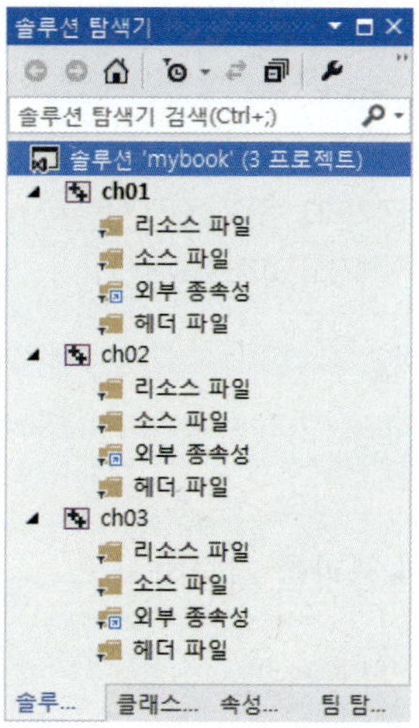

05 다음 솔루션과 프로젝트, 소스파일에서 프로젝트를 실행하였다. 생성된 폴더와 파일을 고려하여 빈 부분을 완성하시오.

- 솔루션 폴더: Chapter
- 프로젝트 폴더: Chapter/CProject
- 소스파일: printstring.c

파일명.확장명	파일 이름	설명	위치
❶ ( )	솔루션	프로젝트, 프로젝트 항목 및 솔루션 항목을 솔루션으로 구성	Chapter
❷ ( )	프로젝트	비주얼 C++ 프로젝트 파일	❸ ( )
printstring.c	소스	C 프로그램 소스파일	
printstring.obj	목적	컴파일되었지만 링크되지 않은 개체 파일	Chapter/CProject/Debug
CProject.ilk	링크	링크 파일	❹ ( )
❺ ( )	실행	실행 파일 또는 동적 연결 라이브러리 파일	
CProject.pdb	디버그	프로그램 디버그를 위한 데이터베이스 파일	

06 다음 프로그램 소스에서 문법 오류 및 링크 오류를 찾아 수정하시오.

❶

```
#include <stdio.h>

int main(void)
{
    puts("C 언어 개발도구");
    printf"Visual Studio 2021\n");

    return 0;
}
```

❷

```
#include <stdio.h>

int main(void)
{
    printf("2021 주요 수강과목\n\n")
    puts("객체지향\n분석설계");

    return 0;
}
```

07 다음 프로그램의 결과를 기술하시오.

❶

```
#include <stdio.h>

int main(void)
{
    puts("서울\n부산\n대구\n인천\n광주");

    return 0;
}
```

❷
```c
#include <stdio.h>

int main(void)
{
    printf("서울 부산 대구\n인천 광주\n");

    return 0;
}
```

❸
```c
#include <stdio.h>

int main(void)
{
    puts("Fortran");
    puts("Algol");
    puts("Cobol");
    printf("BCPL ");
    printf("B ");
    printf("C\n");

    return 0;
}
```

❹
```c
#include <stdio.h>

int main(void)
{
    printf("객체지향 언어\n\n");
    puts("Simula\n");
    puts("C++\n");
    puts("Objective-C\n");
    printf("Python\n\n");
    printf("Java\n");

    return 0;
}
```

프로그래밍 연습

01 문장 printf()를 한 번 사용해 다음과 같은 콘솔 화면이 출력되도록 프로그램을 작성하시오. 난이도: ★

```
Microsoft Visual Studio 디버그 콘솔
C Pascal Java Python Kotlin
```

02 문장 printf()를 한 번 사용해 다음과 같은 콘솔 화면이 출력되도록 프로그램을 작성하시오. 난이도: ★

```
Microsoft Visual Studio 디버그 콘솔
C
Pascal
Java
Python
Kotlin
```

03 문장 puts()를 한 번 사용해 다음과 같은 콘솔 화면이 출력되도록 프로그램을 작성하시오. 난이도: ★

```
Microsoft Visual Studio 디버그 콘솔
데니스 리치, 제임스 고슬링, 귀도 반 로섬
```

04 문장 puts()를 한 번 사용해 다음과 같은 콘솔 화면이 출력되도록 프로그램을 작성하시오. 난이도: ★

```
Microsoft Visual Studio 디버그 콘솔
데니스 리치
제임스 고슬링
귀도 반 로섬
```

05 다음과 같은 콘솔 화면이 출력되도록 프로그램을 작성하시오. 난이도: ★

```
Microsoft Visual Studio 디버그 콘솔
프로그램 개발 과정

1. 프로젝트 작성
2. 소스 작성
3. 빌드
4. 실행
```

06 다음과 같은 콘솔 화면이 출력되도록 프로그램을 작성하시오. 난이도: ★

```
Microsoft Visual Studio 디버그 콘솔
*
**
***
****
```

Perfect **C**

CHAPTER 03

자료형과 변수

학습목표

- **프로그래밍에 필요한 기본 내용을 설명할 수 있다.**
  - C 프로그램의 구조와 실행 순서 과정
  - 키워드와 식별자, 문장과 블록, 그리고 들여쓰기와 주석
- **자료형을 이해하고 변수 선언을 할 수 있다.**
  - 자료형과 변수
  - 변수선언과 초기화
- **기본 자료형을 활용할 수 있다.**
  - 정수형, 문자형, 부동소수형
- **상수의 개념을 이해하고 상수를 활용할 수 있다.**
  - 정수, 문자, 문자열, 실수 등의 리터럴 상수
  - const, 열거형과 매크로를 비롯한 심볼릭 상수

학습목차

3.1 프로그래밍 기초

C 프로그램 구조와 프로그램 실행

프로그램 구조

'C 프로그램'을 전체적으로 살펴보면, C 프로그램은 하나 이상의 여러 함수가 모여 한 프로그램이 구성된다. 우리가 사용할 개발환경인 비주얼 스튜디오에서 솔루션은 여러 개의 프로젝트를 가지며, 다시 프로젝트는 여러 소스파일을 포함한 여러 자원(resource)으로 구성된다. 비주얼 스튜디오의 **한 프로젝트는 단 하나의 함수 main()과 다른 여러 함수로 구현되며, 최종적으로 프로젝트 이름과 같은 하나의 실행 파일이 만들어진다.** 다음은 함수 main()이 구현된 소스의 구조를 요약하고 있다.

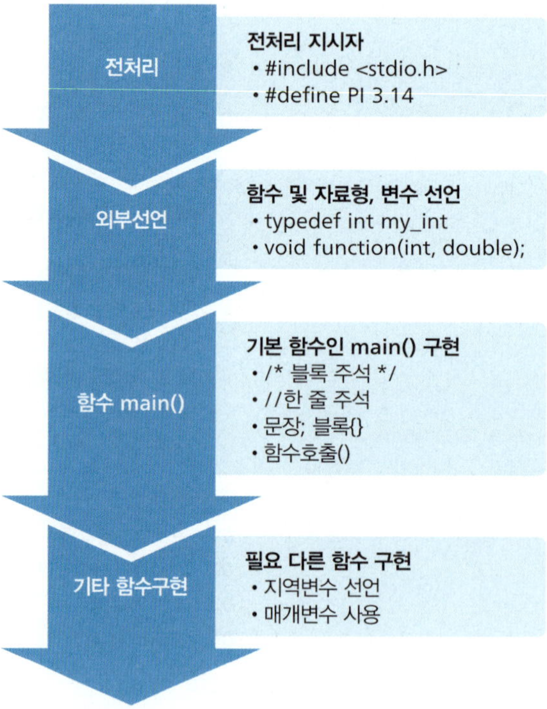

그림 3-1 C 프로그램 소스의 구조

C 프로그램은 적어도 main() 함수 하나는 구현되어야 응용 프로그램으로 실행될 수 있다. 함수의 구현은 여러 문장으로 구성되는데 이러한 문장에서 프로그래머가 만든 사용자정의 함수 또는 시스템이 만든 표준 라이브러리 함수 호출이 실행될 수 있다.

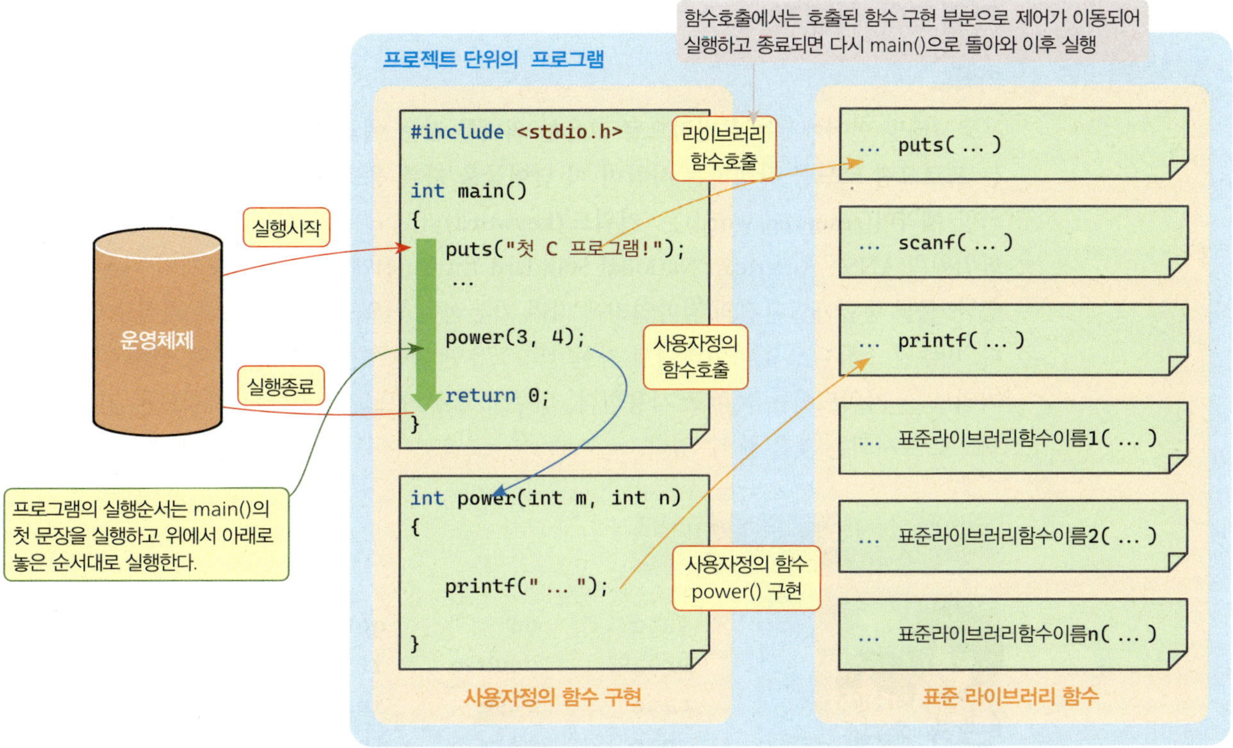

그림 3-2 C 프로그램의 구성과 실행

프로그램 시작과 종료

소설과 같은 책은 당연히 처음부터 순서대로 읽듯이, 여러 함수 중에서 **main() 함수는 프로그램이 실행되면 가장 먼저 시작되는 부분**이다. 프로그램이 시작되면 운영체제는 main() 함수를 호출하여 프로그램을 시작한다. 시작된 함수 main() 내부에서는 **위에서 아래로, 좌에서 우로, 문장이 위치한 순서대로 실행**된다. 중간에 puts(…)와 power(…)처럼 함수가 호출되면 호출된 함수로 이동하여 그 함수를 모두 실행한 후 다시 돌아와 그 이후의 문장을 실행한다. 즉 위 소스라면 main() 함수에서 puts()를 실행하고, 다시 이후 문장들을 실행한 후 power()를 실행하고, 다시 main()으로 돌아와 마지막으로 return 문장을 실행하고 종료된다.

그림 3-3 소설을 읽듯이 C 프로그램을 실행

키워드와 식별자

키워드

프로그래밍 언어에서는 **문법적으로 고유한 의미를 갖는 예약된 단어**가 있다. **'예약'되었다는 의미는 프로그램 코드를 작성하는 사람이 이 단어들을 다른 용도로 사용해서는 안 된다는 뜻**이다. 이러한 **예약어(reserved word)는 '키워드'(keyword)**라고도 부르는데 C 프로그램에서는 미국표준화위원회(ANSI: American National Standard Institute)에서 지정한 32개의 기본적인 단어들이 있다. 물론 통합개발환경의 컴파일러에 따라 기본적인 키워드 이외의 다른 키워드가 추가될 수 있다. 비주얼 스튜디오 컴파일러에서 자신만의 고유한 기능 확장을 위해 주로 선행 밑줄 2개가 있는 키워드 __키워드이름을 주로 사용한다. 비주얼 스튜디오 편집기에서 키워드는 기본적으로 파란색으로 표시되는 것을 볼 수 있다.

이러한 단어가 C에서 사용되는 기본 키워드로 문법적인 고유한 의미가 있다.

```
auto       do       goto      signed    unsigned
break      double   if        sizeof    void
case       else     int       static    volatile
char       enum     long      struct    while
const      extern   register  switch
continue   float    return    typedef
default    for      short     union
```

마이크로소프트 C 컴파일러에서 확장된 키워드

__asm	dllimport	__int8	naked
__based	__except	__int16	__stdcall
__cdecl	__fastcall	__int32	__try
__declspec	__finally	__int64	
dllexport	__inline	__leave	

그림 3-4 고유한 의미의 키워드

식별자

앞서 키워드는 C 프로그램 자체에서 예약된 단어들이라고 했다. 그렇다면 프로그래머가 자기 스스로 정의해 사용하는 단어들은 무엇일까? 그것이 바로 '식별자(identifiers)'이다. 하지만 이러한 식별자에도 나름대로 다음과 같은 사용 규칙들이 있다. 대표적인 식별자로는 미리 정의하여 사용하는 변수 이름 age, year 등과 함수 이름으로 puts, main, printf등이 있다.

- C 프로그램에서의 예약자인 키워드와 비교하여 철자라든지, 대문자, 소문자 등 무엇이라도 달라야 한다.
- 식별자는 영문자(대소문자 알파벳), 숫자(0 ~ 9), 밑줄(_)로 구성되며, 식별자의 첫 문자로 숫자가 나올 수 없다.

- 프로그램 내부의 일정한 영역에서는 서로 구별되어야 한다.
- 키워드는 식별자로 이용할 수 없다.
- 식별자는 대소문자를 모두 구별한다. 예를 들어, 변수 Count, count, COUNT는 모두 다른 변수이다.
- 식별자의 중간에 공백(space)문자가 들어갈 수 없다.

식별자 구성 규칙

1. 숫자는 맨 앞에 올 수 없다.
2. 대소문자는 구별된다.
3. 중간에 공백문자(space)가 들어갈 수 없다.
4. 키워드는 식별자로 사용할 수 없다
5. 알파벳과 _를 제외한 문자는 사용할 수 없다

다음은 식별자의 바른 사용의 예이다.

1. `worldcup2022`
2. `Count, count, COUNT`
3. `number1, number2`
4. `_systemID`
5. `my_name`

다음은 식별자의 잘못된 사용의 예이다.

1. `2020olympic`
2. `C#`
3. `case, if`
4. `employee id`
5. `nx+ny`

그림 3-5 식별자 구성 규칙과 사용 예

TIP C 프로그램에서 사용되는 문자들

C 프로그램의 코드 작성에서 사용될 수 있는 공식적인 문자들은 다음과 같다.

<table>
<tr><th>분류</th><th>문자</th></tr>
<tr><td>52개의 대소문자</td><td>A B C D E F G H I J K L M N O P Q R S T U V W X Y Z
a b c d e f g h I j k l m n o p q r s t u v w x y z</td></tr>
<tr><td>10개의 숫자</td><td>0 1 2 3 4 5 6 7 8 9</td></tr>
<tr><td>29개의 그래픽 문자</td><td>! " # % & ' ( ) * + , - . / : ; < = > ? [\ ] ^ _ { | } ~</td></tr>
<tr><td>기타</td><td>공백(white space) 문자, 수평탭, 수직탭, 줄바꿈(엔터)</td></tr>
</table>

중간점검

01 프로그래밍 언어에서 문법적으로 고유한 의미를 갖는 예약된 단어를 무엇이라 하는가?

02 프로그래머가 스스로 정의해 사용하는 단어를 무엇이라 하는가?

문장과 주석

문장과 블록

영어나 한국어에도 문장[1]이 있듯이 **프로그래밍 언어에서 컴퓨터에게 명령을 내리는 최소 단위를 문장(statement)이라 하며, 문장은 마지막에 세미콜론 ;으로 종료**된다. 한국어나 영어 등의 일반 언어의 문장에도 문법이 있듯이 프로그래밍 언어에도 문법이 있어, 문장 마지막에 ;을 빠뜨리는 등 문법에 맞지 않는 문장은 컴파일을 할 때 문법 오류가 발생한다.

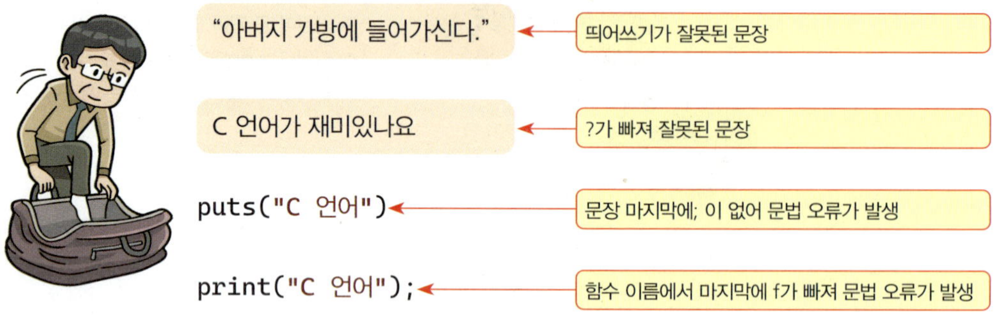

그림 3-6 문장과 문법 오류

일반 언어에서 문장이 여러 개 모이면 단락이듯이, 프로그래밍 언어에서도 **여러 개의 문장을 묶으면 블록(block)**이라고 하며 { 문장1, 문장2, … } 처럼 중괄호(curly brace)로 열고 닫는다. 또한 단락에 들여쓰기가 있듯이 블록에도 **들여쓰기(indentation)**를 하는데, **블록 내부에서 문장들을 탭(tab) 키로 한 스텝만큼 오른쪽으로 들여 쓰는 소스 작성 방식**이다.

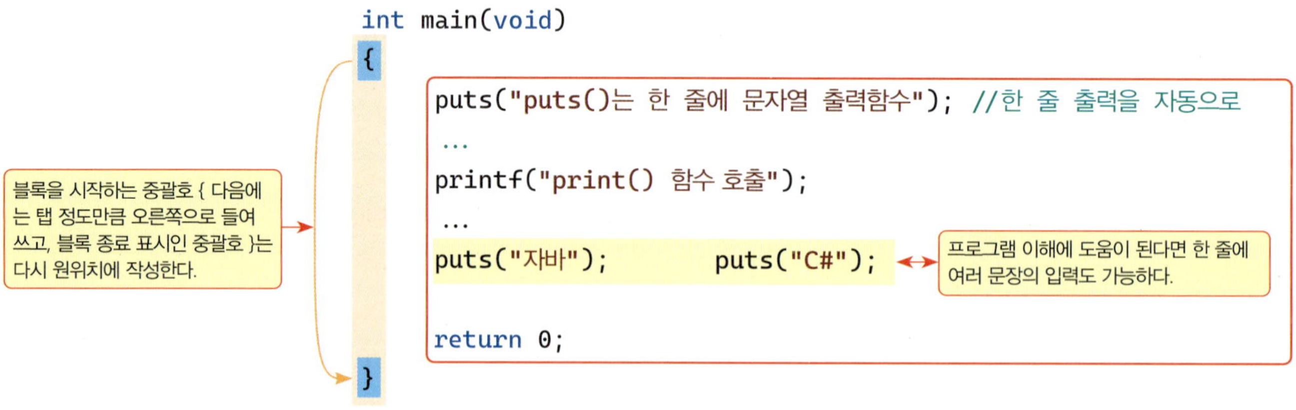

그림 3-7 블록과 들여쓰기의 이해

1 "생각이나 감정을 말로 표현할 때 완결된 내용을 나타내는 최소의 단위로 문장의 끝에 '.', '?', '!' 따위의 마침표를 찍는다."와 같이 정의되는 말이다.

소스에서 줄 구분과 들여쓰기를 하지 않고 프로그램을 작성해도 오류가 발생하지 않는다. 다음 두 프로그램은 모두 오류 없이 "C 언어"를 출력한다. 그러나 오른쪽 소스는 왼쪽 소스에 비해 상대적으로 훨씬 프로그램의 가독성이 떨어진다는 것을 알 수 있다. 그러므로 왼쪽 소스와 같이 **적절한 줄 구분과 빈 줄 삽입, 그리고 들여쓰기는 프로그램의 이해력을 돕는데 매우 중요한 요소이다.**

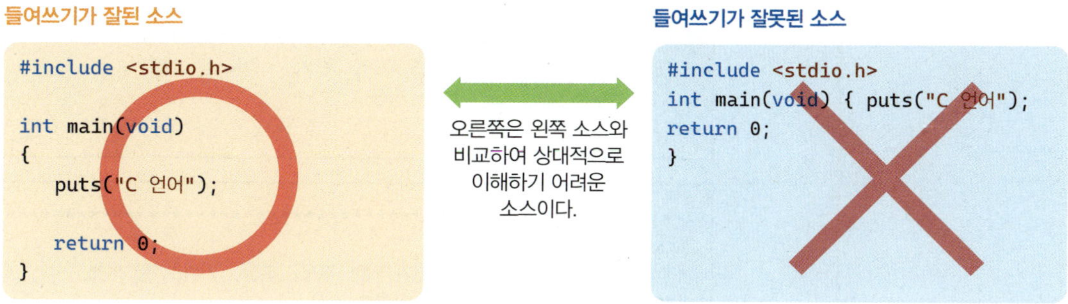

그림 3-8 적절한 줄 구분과 빈 줄의 삽입, 들여쓰기에 의한 소스 작성 방법

주석의 정의와 중요성

일반 문장과 달리 프로그램 내용에는 전혀 영향을 미치지 않는 설명문을 주석(comments)이라 한다. 주석은 프로그램의 실질적인 내용과 결과에는 아무 영향을 미치지 않으므로, 습관화가 되지 않으면 귀찮게 느껴 별로 신경 쓰지 않는 경우가 많으나, 주석을 작성하는 것을 매우 중요한 프로그램의 과정으로 생각해야 한다.

자신이 구현한 소스라도 양이 많거나 시간이 지나서 보면 그 내용이 낯선 경우가 많다. 지금 코딩할 때와는 다르게 조금 시간이 지나면 자신이 직접 코딩한 코드도 전혀 자신이 코딩한 소스라고 믿기지가 않을 정도로 생소한 경우가 많다. 자신의 소스도 이러한데, 다른 사람이 작성한 소스라면 오죽하겠는가? 그러므로 **주석은 타인은 물론이거니와 자신을 위해서라도 반드시 필요하며, 주석에는 자신을 비롯한 이 소스를 보는 모든 사람이 이해할 수 있도록 도움이 되는 설명**을 담고 있어야 한다.

주석은 개발 시에도 필요하지만 개발 이후에 유지보수 기간에는 더욱 더 중요한 역할을 하게 되니, 개인이나 팀, 또는 프로젝트에서 주석처리 형식을 통일성 있게 만들어 꼼꼼히 작성할 필요가 있다. **잘 처리된 주석이란 시각적으로 정돈된 느낌을 주어야 하며, 프로그램의 내용을 적절히 설명**해 주어야 한다. 주석은 프로그램의 설명뿐만 아니라 개발 중에 컴파일에서 제외하고 싶은 부분 소스나 코드 동작 예시를 적어 두는 메모 등 다양한 용도로도 사용될 수 있다.

- 코드에서 잠시 작동시키지 않은 곳을 지정: 프로그램 개발 과정에서 경우에 따라 굳이 동작할 필요가 없는 기능들을 잠시 주석 처리해 두면 훨씬 간편하게 다양한 경우의 결과를 검토할 수 있다.

NOTE: 주석의 습관화와 다양한 주석 스타일

자바의 경우, 주석을 통하여 인터넷 문서를 자동으로 생성되는 방식도 제공한다. 이와 같이 소프트웨어 개발에서 주석은 바로 문서화(documentation) 작업에 활용될 수 있으니 주석을 습관화해야 한다. 주석의 스타일은 다음과 같이 다양하다.

```
/*
솔루션 / 프로젝트 / 소스파일: Ch02 / Prj01 / comments.c
C 프로그램의 기초를 다지기 위한 주석, 문장, 키워드 등 이해
V 1.0 2023. 06. 29 강환수 작성
*/
```

```
/*************************************************************************
소스: comments.c
내용: C 프로그램의 기초를 다지기 위한 주석, 문장, 키워드 등 이해
버전: V 1.0 2023. 06. 29 강환수 작성
*************************************************************************/
```

```
/*************************************************************************/
//  소스: comments.c
//  내용: C 프로그램의 기초를 다지기 위한 주석, 문장, 키워드 등 이해
//  버전: V 1.0 2023. 06. 29 강환수 작성
/*************************************************************************/
```

```
/**
 *  소스: comments.c
 *  내용: C 프로그램의 기초를 다지기 위한 주석, 문장, 키워드 등 이해
 *  버전: V 1.0 2023. 06. 29 강환수 작성
 **/
```

그림 3-9 주석의 예

주석의 2가지 처리 방법

C 언어의 주석은 한 줄 주석 //와 블록 주석 /* … */을 이용한다. **한 줄 주석인 //은 // 이후부터 그 줄의 마지막까지 주석으로 인식**한다. 현재 줄의 처음이나, 문장 뒤부터 중간에서의 주석은 주로 한 줄 주석을 이용한다. **블록 주석 /* … */은 여러 줄에 걸쳐 설명을 사용할 때 이용**하는데, 주석 시작은 /*로 표시하며, 종료는 */로 표시한다.

프로그램의 처음 부분에는 주로 여러 줄에 걸친 블록 주석을 사용하는데, 작성자와 소스의 목적 또는 프로그램의 전체적 구조와 저작권 정보 등 파일 관련 정보를, 함수의 시작 부분에는 프로그램의 기능과 함께 함수에서 사용되는 변수인 매개변수를, 소스의 중간 부분에는 한 줄 주석으로 구현 방법이나 작동 방식을 설명하는 주석으로 처리한다. 주석은 컴파일 과정의 대상이 아니므로 프로그램 실행에는 영향을 미치지 않으며 실행 파일의 속도와 크기에도 전혀 영향을 미치지 않는다.

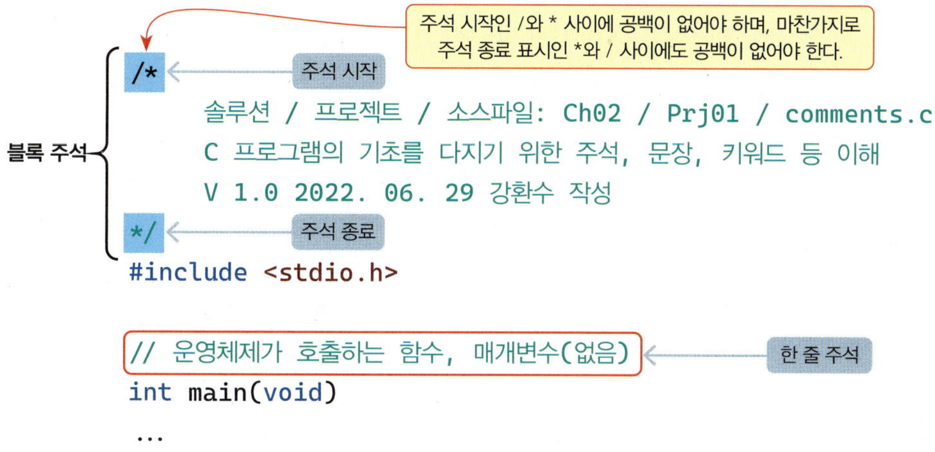

그림 3-10 블록 주석과 한 줄 주석 예

> **NOTE: [문법오류] 중첩된 블록주석**
>
> 블록 주석에서 /* … */ 은 주석 안에 다시 주석을 이용하는 중첩된(nested) 주석은 사용할 수 없으니 주의해야 한다. 다음과 같은 중첩된 블록주석에서 컴파일러는 처음으로 나타난 /*을 블록주석 시작으로 인식하며, 이후 처음으로 표시된 */을 종료로 인식하므로 다시 나타난 */에서 컴파일 시간에 문법 오류가 발생한다.
>
> 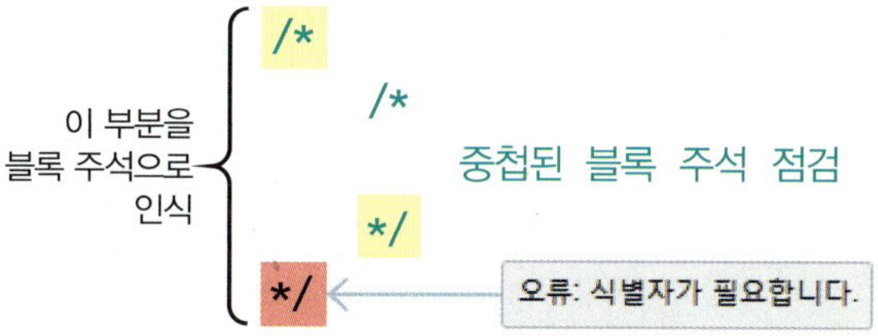
>
>
> **그림 3-11** 다중 블록 주석 오류

다음 예제 01comments.c는 지금까지 설명된 키워드와 식별자 그리고 주석 등을 이해하기 위한 간단한 소스이다. 비주얼 스튜디오에서 다음 솔루션과 프로젝트를 생성하여 프로그램을 실행해보자.

- 솔루션과 프로젝트: ch03 / Prj01
- 소스파일: 01comments.c

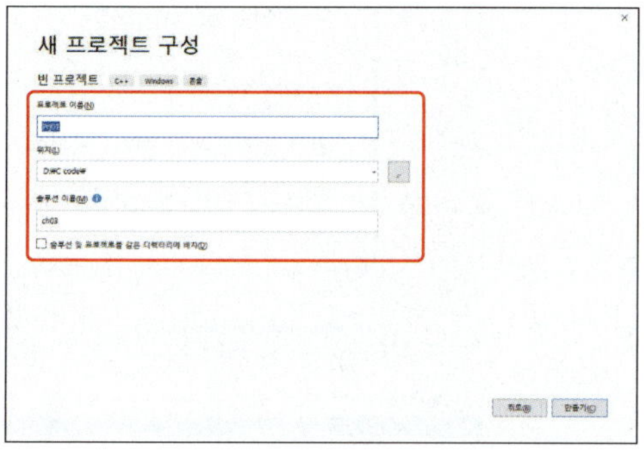

그림 3-12 3장을 위한 솔루션 ch03 하부의 Prj01

한 줄 주석 //에서 시작 표시인 // 이후부터는 어떤 입력도 주석으로 인식하므로, 한 줄 // 주석은 중복되어도 상관없으며, /* 등이 나타나도 아무 문제가 없다. 주석은 문자열 내부에서는 단지 문자열이지 주석으로 인식되지 못한다.

실습예제 3-1 Prj01 01comments.c C 언어 기초를 다지기 위한 주석, 문장, 키워드 등 이해 난이도: ★

```c
/*
   솔루션 / 프로젝트 / 소스파일: ch03 / Prj01 / 01comments.c
   C 프로그램의 기초를 다지기 위한 주석, 문장, 키워드 등 이해
   V 1.0
*/
#include <stdio.h>

// 운영체제가 호출하는 함수, void로 매개변수 없음을 표시
int main(void)
{
   puts("3장 첫 C 프로그램!\n");

   printf("키워드: int void return 등\n");
   printf("식별자: main puts printf 등\n");

   return 0;
}
```

여러 줄에 걸친 블록 주석으로 비주얼 스튜디오에서 주석은 모두 초록색으로 표시

들여쓰기

결과

```
3장 첫 C 프로그램!

키워드: int void return 등
식별자: main puts printf 등
```

다음은 위 소스를 구현한 비주얼 스튜디오 화면이다.

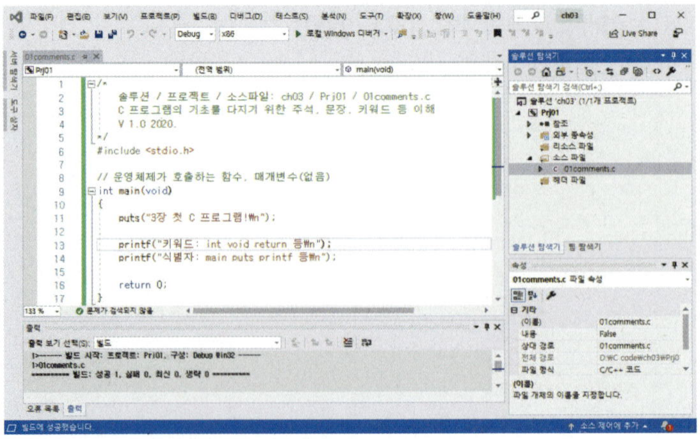

그림 3-13 솔루션 ch03 프로젝트 Prj01의 소스 01comments.c가 구현된 비주얼 스튜디오

NOTE: 출력함수 printf()와 문자열에서의 \n

함수 printf()는 표준 라이브러리 함수로 문자열 및 다양한 정보를 서식화하여 출력할 수 있다. 함수 printf()를 사용하려면 헤더파일 stdio.h를 삽입해야 한다. 함수 printf()도 괄호 사이에 원하는 문자열을 입력하여 출력한다. 함수 printf()는 문자열 출력 후 계속 현재 줄 다음 칸에서 출력을 준비한다. 함수 printf()의 사용 시, 다음 줄로 이동하려면 원하는 위치에 특수문자 '\n'을 삽입한다. 하나의 **특수문자 '\n'은 새로운 줄(new line)로 이동을 지시하는 문자로 문자열 내부에 사용이 가능하다.**

중간점검

01 프로그램에서 프로그램 내용에는 전혀 영향을 미치지 않는 설명문을 무엇이라 하는가?

02 C 언어에서 여러 줄 주석 처리 방법은 무엇인가?

3.2 자료형과 변수선언

자료형과 변수 개요

자료형 분류

이번 절에서 배울 자료형을 이해하기 위해서 우리가 직접 요리를 한다고 생각해 보자. 수많은 식재료는 지금부터 설명하는 여러 자료형과 잘 비교되기 때문이다. 요리를 만들기 위한 다양한 식재료는 채소류, 과일류, 육류, 곡류, 어패류 등으로 구분될 수 있으며, 요리사는 이러한 식재료와 자신만의 요리 방법인 레시피(recipe)로 맛있는 요리를 만들어 낸다.

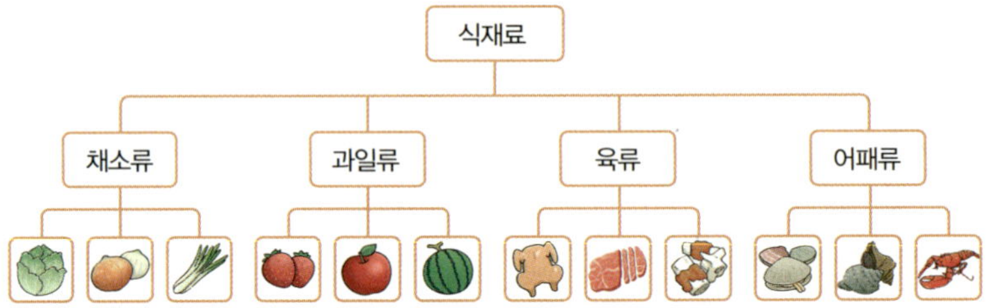

그림 3-14 식재료의 분류

이처럼 **C 프로그래밍 언어에서 다루는 다양한 자료도 기본형(basic types), 유도형(derived types), 사용자 정의형(user defined types)**[2] **등으로 나눌 수 있으며, 기본형은 다시 정수형, 실수형, 문자형, void로 나뉘는데, 프로그래머는 이러한 자료에 적당한 알고리즘을 적용해 프로그램을 작성**한다. 즉 **자료형(data type)**[3]**은 프로그래밍 언어에서 자료를 식별하는 종류**를 말한다.

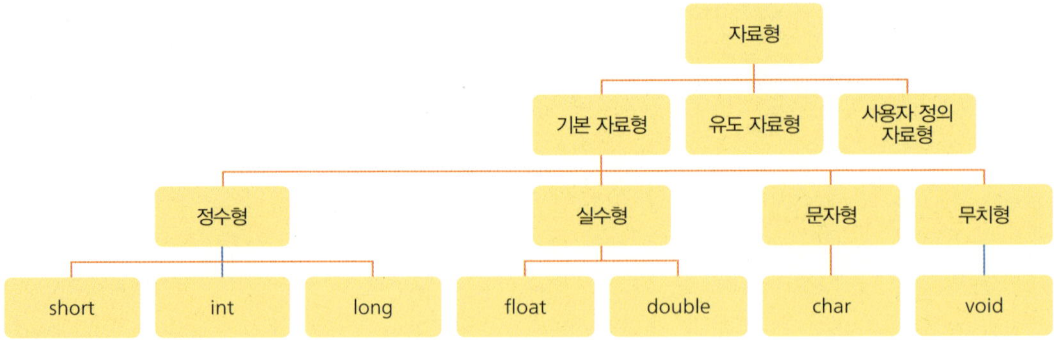

그림 3-15 자료형의 분류

[2] 자료형 구분에서 간혹 유도형과 사용자정의형을 합쳐 파생형으로 구분하기도 한다. 이러한 분류를 적용하면 C의 자료형은 기본형과 파생형으로 나눌 수 있다.

[3] 자료형은 자료유형 또는 형(type)이라고도 부른다.

저장 공간인 변수

이제 식재료가 준비됐다면 이 식재료를 담을 그릇이나 용기가 필요하다. 한번쯤 요리를 해보았다면 알겠지만, 최종적인 요리를 담을 접시도 필요한 반면, 요리 중간중간에 사용할 후라이팬과 조리용 그릇도 꼭 있어야 한다.

요리에서 프라이팬이나 조리용 그릇처럼 프로그래밍에도 정수와 실수, 문자 등의 자료 값을 중간중간에 저장할 공간이 필요하다. 이 **저장 공간을 변수(variables)라 부르는데, 변수에는 고유한 이름이 붙여지며, 물리적으로 기억장치인 메모리에 위치**한다. 변수는 하나의 자료형으로 선언되어야 하며, 변수선언 시 이용되는 자료형 키워드를 살펴보면 정수형을 위한 short, int, long, 실수를 위한 float, double, 문자를 위한 char 등이 있다. **변수는 선언된 자료형에 따라 변수의 저장공간 크기와 저장되는 자료 값의 종류가 결정**된다. 용기에 다양한 식재료를 담듯이 변수에 여러 값을 저장할 수 있고, **저장되는 값에 따라 변수 값은 바뀔 수 있으며 마지막에 저장된 하나의 값만 저장 유지**된다.

그림 3-16 그릇과 변수

변수선언과 초기화

변수선언

요리를 준비하는 과정에서 여러 그릇이 필요하다. 그런데 화학실험실의 약품들을 보면 하나하나 각각의 이름이 적혀 있을 것이다. 이처럼 그릇을 변수라고 한다면, 그릇에 이름을 붙여 준비하는 것을 변수선언이라고 한다. 각각의 변수에 변수선언을 하게 되면 여러 변수가 섞여 있을 때 구분하는 것이 편리해진다. **변수선언은 컴파일러에게 프로그램에서 사용할 저장 공간인 변수를 알리는 역할이며, 프로그래머 자신에게도 선언한 변수를 사용하겠다는 약속의 의미**가 있다.

그림 3-17 변수선언의 의미

변수는 고유한 이름이 있는, 자료 값이 저장되는 영역이다. 프로그램에서 **변수를 사용하려면 원칙적으로 사용 전에 먼저 변수선언(variables declaration) 과정이 반드시 필요하다.**

- 변수선언은 **자료형을 지정한 후 고유한 이름인 변수 이름(variable name)을 나열하여 표시**한다.
- 자료형은 int, double, float와 같이 원하는 자료형 키워드를 사용하며, **변수 이름은 관습적으로 소문자를 이용하며, 사용 목적에 알맞은 이름으로 특정한 영역에서 중복되지 않게 붙이도록** 한다.
- 변수선언도 하나의 문장으로 세미콜론으로 종료한다.
- 변수선언 이후에는 지정한 변수이름으로 값을 저장하거나 값을 참조할 수 있다.

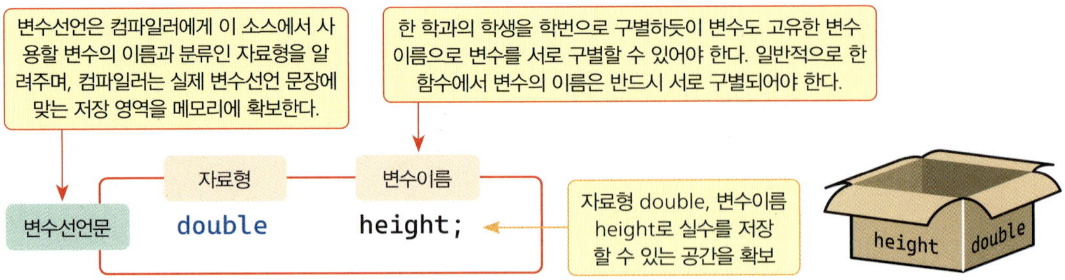

그림 3-18 자료형을 이용한 변수선언

하나의 자료형으로 여러 개 변수를 한번에 선언하려면 자료형 이후에 변수이름을 콤마로 나열한다. 이러한 문장은 여러 변수선언 문장을 한 문장으로 간결하게 선언하는 장점이 있다.

```
int height, weight;      //변수 height, weight 등 모두 int 자료형으로 선언
```

```
int height;          //변수 height를 int 자료형으로 선언
int weight;          //변수 weight를 int 자료형으로 선언
```

그림 3-19 여러 변수를 하나의 문장으로 선언

TIP 변수 이름 작성규칙

변수 이름 작성에 요구되는 규칙을 다시 한번 살펴보자.

- 변수 이름은 대표적인 식별자로 영어 알파벳과 숫자, 그리고 _(밑줄, underscore)로 구성되며, 숫자로는 시작할 수 없다.
- 밑줄인 _은 변수 이름이 여러 단어로 구성될 때 단어와 단어 중간에 삽입하면 긴 변수를 쉽게 알 수 있는 장점이 있다.
- 라이브러리에서 밑줄로 시작하는 변수 이름을 종종 사용하므로 일반적인 변수에는 밑줄로 시작하는 변수 이름을 선언하지 않는 것이 관례이다.
- 변수이름은 누구나 이해할 수 있도록 그 변수에 저장되는 값의 목적에 맞는 이름과 적당한 길이로 정해야 오타를 방지하고 프로그램의 가독성(readability)이 높아진다.

컴파일 오류 발생

```
int math*;              //특별 문자 * 사용 불가
float my height;        //빈 문자(space) 사용 불가
double 2021year;        //첫 글자로 숫자 2 사용 불가
int switch;             //키워드 switch 사용 불가
short year-2022;        //특별 문자 - 사용 불가
```

변수 이름 작성에서 발생하는 문제

관습과 가독성 위배

```
int _my_age;                        //my_age
float WAIST_SIZE;                   //waist_size
double variablenameofinttype;       //var_name
```

그림 3-20 변수 이름 규칙과 관례

변수에 저장 값 대입

요리를 마쳤으면 그릇에 담아야 하는 것처럼, 원하는 자료값을 선언된 변수에 저장하기 위해서는 대입연산자(assignment operator) 기호인 '='를 사용한다. 수학에서는 '=' 기호를 일반적으로 양변이 '같다'라는 의미로 사용해 왔지만 C 프로그램에서는 이제 생각을 달리 해야 한다. 즉, **대입연산자 '='는 '오른쪽에 위치한 값을 이미 선언된 왼쪽 변수에 저장한다'라는 의미의 화살표 ←로 이해**하자. 그리고 이 **대입연산이 있는 문장을 대입문(assignment statement)**이라 한다.

다음은 변수명 age를 int형으로 선언한 후, 변수 age에 20을 저장하는 문장이다.

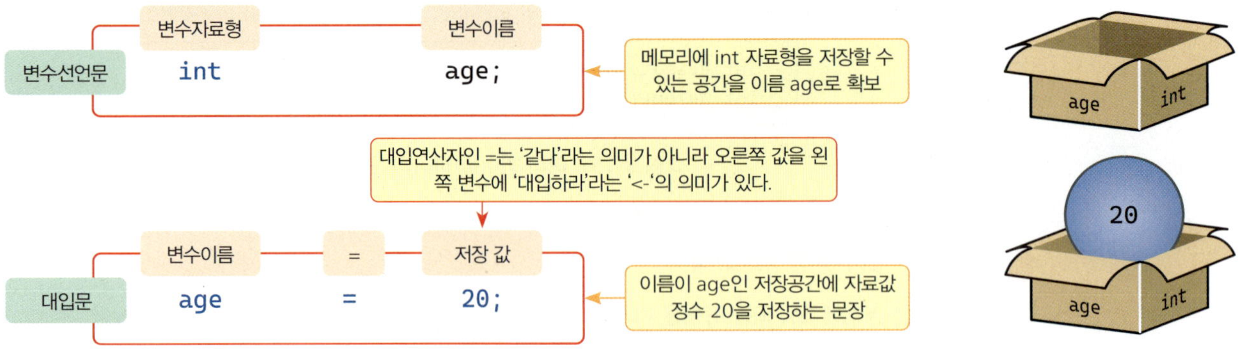

그림 3-21 변수선언과 대입문

프로그램에서 변수는 수시로 값을 저장할 수 있는데, 하나의 값만 저장되며 가장 마지막에 저장된 값만이 남는다. 다음 소스에서 변수 age에는 마지막에 저장된 21만이 저장된다.

그림 3-22 유일한 변수의 저장 값

변수 초기화

변수를 선언만 하고 자료 값에 아무것도 저장하지 않으면 원치 않는 값이 저장되고 오류가 발생할 수 있다. 그러므로 **변수를 선언한 이후에는 반드시 값을 저장**하도록 한다. **이를 변수의 초기화**라 한다. 다음과 같이 변수를 선언하면서 변수명 이후에 대입연산자 =와 수식이나 값이 오면 바로 지정한 값으로 초기 값이 저장된다.

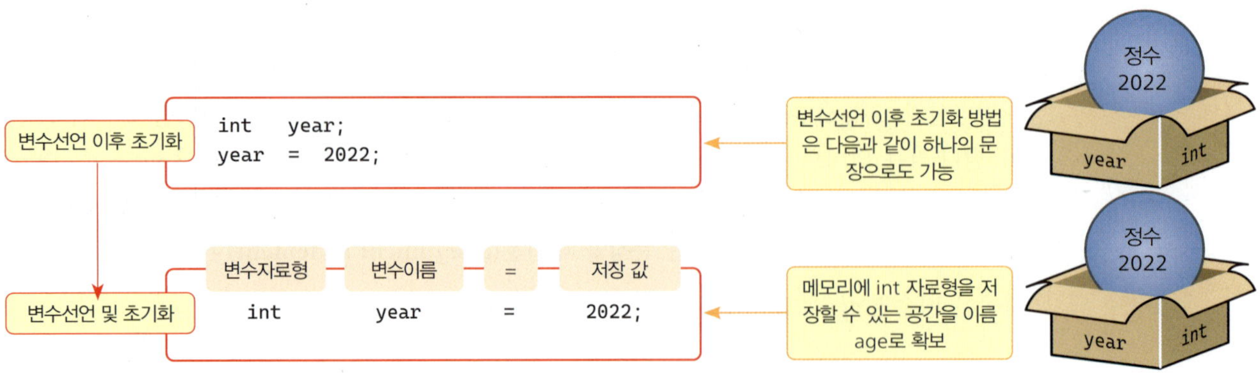

그림 3-23 변수선언과 초기화 방법

하나의 int 자료형으로 여러 변수를 선언하면서 초기화는 다음과 같이 수행할 수 있다.

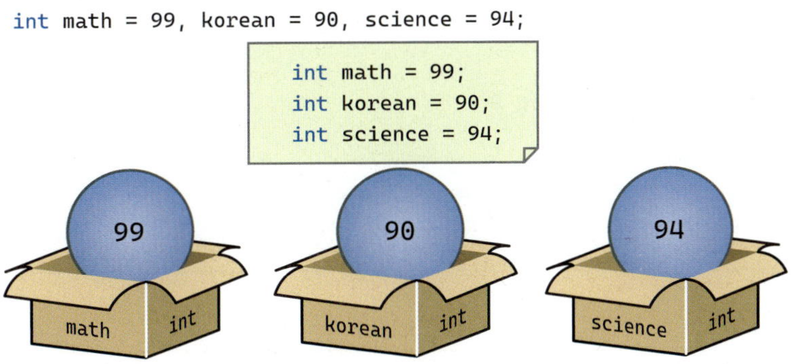

그림 3-24 여러 변수 선언과 초기화

TIP 초기화 되지 않은 지역변수의 저장 값과 오류

함수 내부에서 선언된 변수를 지역 변수(local variables)라 한다. 초기화 되지 않은 지역 변수는 그 저장 값이 정의되지 않으며(소위 쓰레기 값이라는 부르는 의미 없는 값이 저장), 다른 연산에 참조될 수 없다. 그러므로 초기화 되지 않은 지역 변수의 값을 다른 문장에서 참조하면 C4700 컴파일 오류가 발생한다.

```
int math = 99;
int korean = 90;
int science;
                          error C4700: 초기화되지 않은 'science' 지역 변수를 사용했습니다.
int total = math + korean + science;
```

그림 3-25 초기화 되지 않은 지역변수의 사용에서 컴파일 오류

변수 2개에 연도와 이수학점을 저장해 출력하는 프로그램을 작성해 보자.

실습예제 3-2 | Prj02 | 02variables.c | C 언어 기초를 다지기 위한 변수의 선언과 사용 | 난이도: ★

```
/**
 *  소스: 02variables.c
 *  버전: V 1.0
 **/

#include <stdio.h>

int main(void)
{
    int year = 2022;    //선언과 동시에 변수 초기화

    int credits;
    credits = 15;       //선언된 변수에 초기화
```

```
    printf("%d년도\n", year);
    printf("이수학점: %d학점\n", credits);

    return 0;
}
```

결과

```
2022년도
이수학점: 15학점
```

NOTE: ANSI C99 표준: 변수 선언 위치 제한 해제

ANSI C99 이전에는 변수선언은 반드시 블록의 처음에 해야했다. 즉 변수선언의 위치는 선언이 아닌 다른 문장보다 먼저 나와야 하는 제한이 있었으나 ANSI C99에 이르러 이러한 변수선언 위치 제한이 없어졌다. 비주얼 스튜디오도 비주얼 스튜디오 2013 이후에는 이러한 제한이 없어졌다. 그러므로 이제 변수를 사용하기 전에만 변수를 선언하면 된다. 그러므로 위 코드는 다음과 같이 가능하다.

```
#include <stdio.h>

int main(void)
{
   int year = 2022;    //선언과 동시에 변수 초기화
   printf("%d년도\n", year);

   int credits;
   credits = 15;       //선언된 변수에 초기화
   printf("이수학점: %d학점\n", credits);

   return 0;
}
```

그림 3-26 변수선언 위치는 어디에도 가능

TIP 대입에서 l-value와 r-value

대입연산자 =의 왼쪽에 위치하는 변수를 lvalue 또는 l-value라 하며, 오른쪽에 위치하는 변수나 연산결과의 값을 rvalue 또는 r-value라 한다. l-value와 r-value는 각각 left value와 right value를 의미한다. 즉 대입 문장은 다음과 같은 구조를 가지며 l-value는 반드시 값을 저장할 수 있는 변수나 변수를 표현하는 표현식이어야 하며, r-value는 l-value에 저장할 자료 값을 반환하는 표현식이어야 한다. 그러므로 30 = 20 + 10과 같은 문장은 오류가 발생한다.

```
l-value = r-value;

30 = 20 + 10;      //오류 발생
```

오류: 식이 수정할 수 있는 lvalue여야 합니다.

그림 3-27 l-value와 r-value

중간점검

01 C 언어에서 실수형 자료형에는 무엇이 있는가?

02 변수이름 data를 선언하면서 정수 값 100을 저장하는 문장을 작성하시오.

변수의 3요소와 이용

변수의 3요소

변수(variables)에서 주요 정보인 변수 이름, 변수의 자료형, 변수 저장 값을 변수의 3요소라 한다. 즉 변수선언 이후 저장 값이 대입되면 변수의 3요소가 결정된다. 다음과 같은 문장이 수행된 후 변수 num1은 변수 이름, 변수 자료형, 변수 저장 값이 각각 num1, int, 30이라는 특성을 갖는다. 변수선언 이후 변수 3요소 중에서 변수이름과 변수형은 바뀌지 않으나 대입문장에 의해 변수 저장 값은 계속 바뀔 수 있다. **저장 값이 계속 바뀔 수 있으므로 변수**라 하는 것이다.

앞으로 변수를 선언하거나 기존의 변수를 살펴볼 때는 이 변수의 3요소에 대해 생각하는 습관을 기르도록 하자.

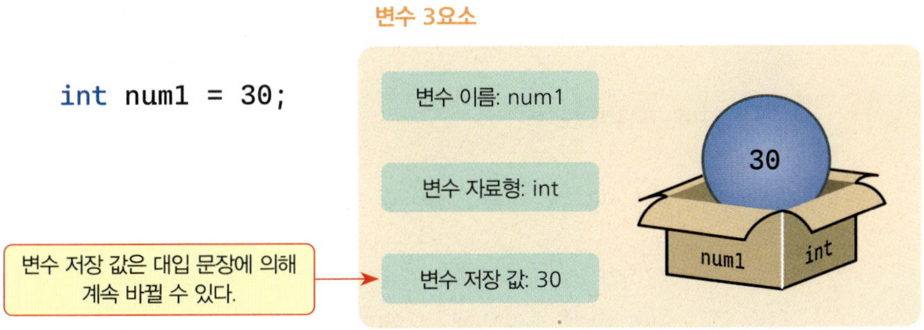

그림 3-28 변수의 3요소

변수의 이용

문장에서 **변수의 의미는 저장공간 자체와 저장공간에 저장된 값으로 나눌 수 있다.** 대입연산자 =의 왼쪽에 위치한 변수는 저장공간 자체의 사용을 의미한다. 그러나 대입연산자 =의 오른쪽에 위치한 변수는 저장공간에 저장된 값의 사용을 의미한다. 이것이 좀 전에 알아보았던 l-value와 r-value의 차이이다. 다음 소스의 문장 difference = num1 − num2;에서 difference는 l-value이므로 변수의 저장 공간으로서의 difference를 의미한다. 변수 num1과 num2는 r-value로 저장 값인 30과 14를 사용하기 위한 변수를 나타낸다. 결국 이 문장은 30 − 14 연산의 결과인 16을 변수 difference에 저장하는 기능을 수행한다.

```c
int num1 = 30, num2 = 14;
int difference;
difference = num1 - num2;
```

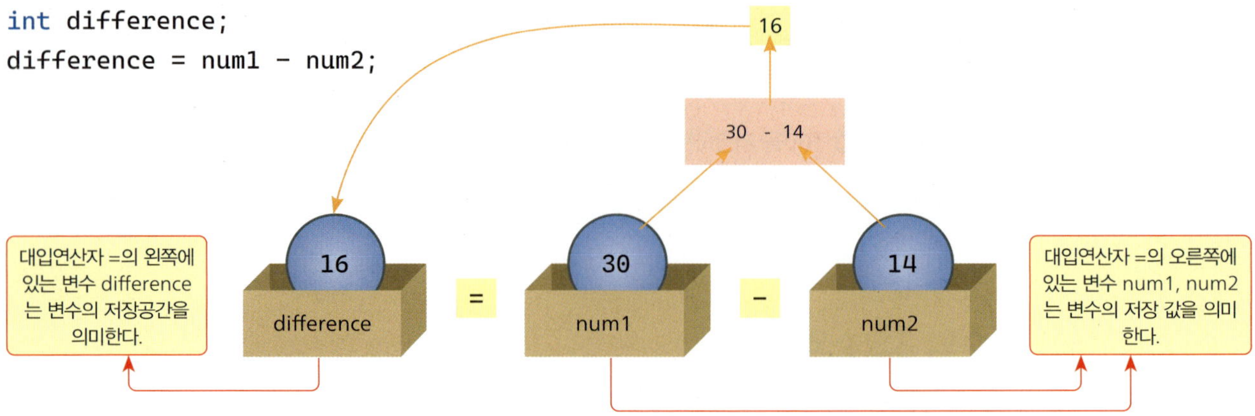

그림 3-29 변수 저장공간과 변수 값의 이용

실습예제 3-3	Prj03	03addsub.c	변수의 l-value와 r-value의 이해와 변수의 값을 더하고 빼기	난이도: ★

```c
/**
 *  소스: 03addsub.c
 *  버전: V 1.0
 **/

#include <stdio.h>

int main(void)
{
    int data1 = 20, data2 = 13;

    //대입 연산자의 왼쪽과 오른쪽에서의 변수의 의미 해석
    int diff = data1 - data2;
    int sum = data1 + data2;

    printf("data1: %d, data2: %d\n", data1, data2);
    printf("차: %d, 합: %d\n", diff, sum);

    return 0;
}
```

변수 diff는 l-value로 변수 자체를 의미하고, data1과 data2는 r-value로 변수에 저장된 값이 연산에 참여

결과

```
data1: 20, data2: 13
차: 7, 합: 33
```

중간점검

01 변수의 3요소는 무엇인가?

02 변수에서 l-value와 r-value를 설명하시오.

3.3 기본 자료형

정수 자료형

정수형 int

C의 자료형은 기본형(basic data types), 유도형(derived data types), 사용자정의형(user defined data types)[4] 등으로 나눌 수 있으며, 기본형은 기본이 되는 자료형으로 다시 정수형, 부동소수형, 문자형, 무치형으로 나뉜다.

- 무치형 자료형인 void는 아무런 자료형도 지정하지 않은 자료형이나 함수의 인자 위치에 놓이면 '인자가 없다'라는 의미로 사용되고, 함수의 반환 값에 놓으면 '반환 값이 없다'라는 의미로 사용된다.

유도형은 기본형에서 나온 자료형으로 배열(array), 포인터(pointer), 함수(function) 등으로 구성된다. 사용자정의형은 기본형과 유도형을 이용하여 프로그래머가 다시 만드는 자료형으로 열거형(enumeration), 구조체(structure), 공용체(union) 등이 있다.

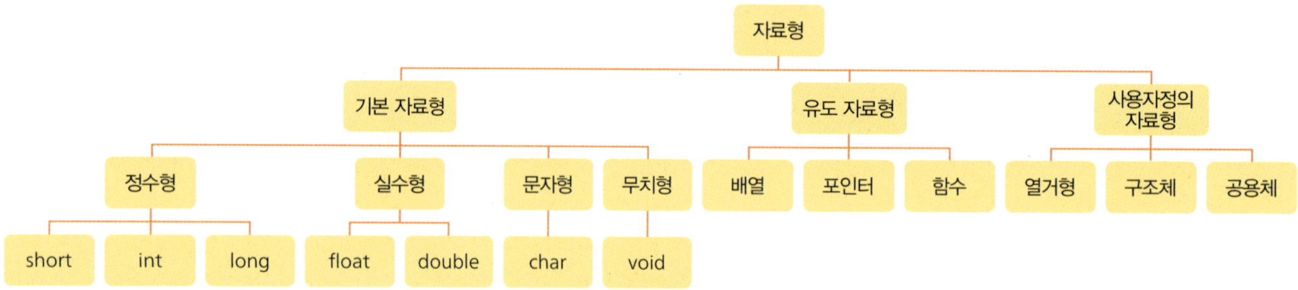

그림 3-30 C 언어의 다양한 자료형

정수형(integer types)의 기본 키워드는 int이다. 즉 int형으로 선언된 변수에는 365, 1024, 030, 0xF3과 같이 10진수, 8진수, 16진수의 정수가 다양하게 저장될 수 있다. 정수형 int에서 파생된 자료형이 short와 long이다. 단어의 뜻처럼 short은 작은 값을, long은 큰 범위의 값을 저장하는데 그 기준이 되는 것은 int이다. 즉 **short은 int보다 작거나 같은 범위의 값을, long은 int보다 크거나 같은 범위의 값을 저장한다**. 즉 다양한 범위의 정수를 저장하기 위해 다양한 정수형 자료형이 존재한다. 채소도 그 크기에 따라 적당한 그릇에 담아야 하듯이, 정수도 그 사용 범위에 따라 적절하게 short와 long 자료형을 선택해야 한다. 만일 short에 너무 큰 값을 저장한다면 아예 저장이 되지 않으며, long에 너무 작은 값을 저장한다면 그만큼 메모리의 낭비가 될 것이다.

[4] 유도형과 사용자정의형은 서로 구분하지 않고 모두 유도형으로 보기도 한다.

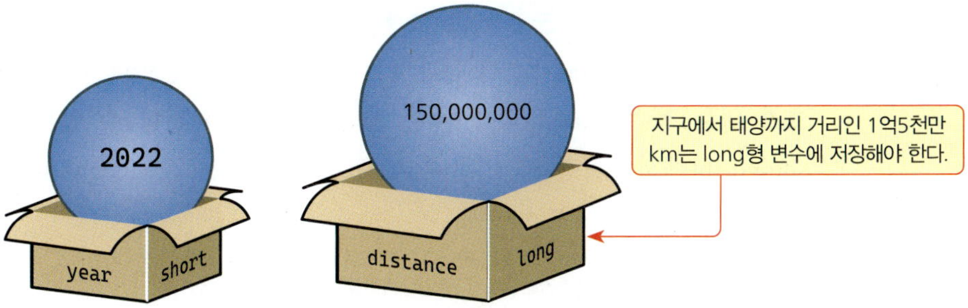

그림 3-31 크기나 사용 범위에 따른 자료형의 선택

음수, 0, 양수를 모두 지원하는 signed 자료형

자료형 short는 short int라고도 하며, long은 long int라고도 한다. 즉 자료형 short int와 long int에서 int는 생략 가능하다. 정수형 short, int, long 모두 양수, 0, 음수를 표현할 수 있다. 그러므로 **[부호가 있는]을 의미하는 signed 키워드는 정수형 자료형 키워드에 앞에 표시**할 수 있다. **물론 이 signed 키워드는 생략될 수 있다.** 즉 **signed int와 int는 같은 자료형**이다.

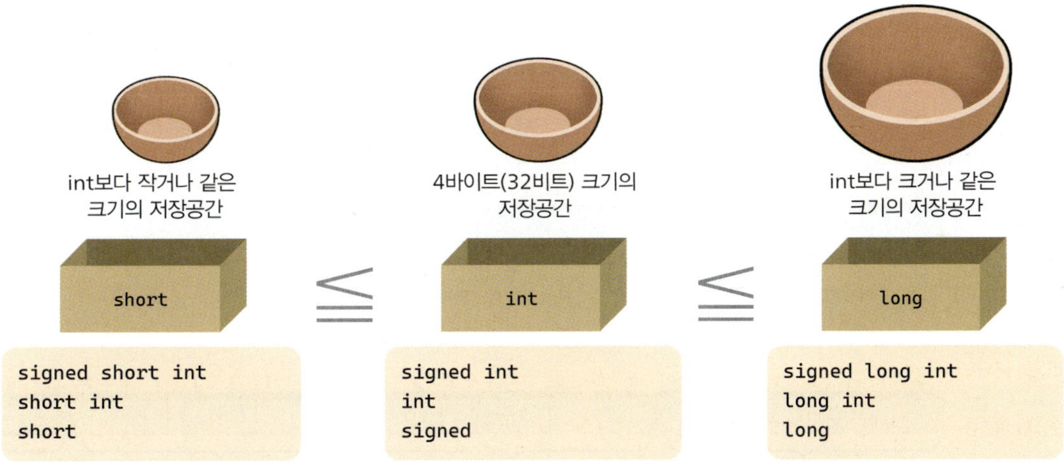

그림 3-32 부호가 있는 signed(음수, 0과 양수) 정수를 위한 자료형 세 종류

TIP 컴파일러에 따라 정수형의 저장공간 크기가 상이

C 언어는 정수형 키워드로 short, int, long 세 가지를 제공하지만 그 저장공간의 크기로 보면 일반적으로 두 가지 종류를 제공한다. 즉 컴파일러에 따라 int는 자료형 short와 같거나 long과 같다. 비주얼 스튜디오에서 자료형 int는 long과 자료형 공간 크기가 4바이트, 즉 32비트로 같다.

0과 양수만을 지원하는 unsigned 자료형

0과 양수만을 나타내는 정수 자료형은 short, int, long 앞에 키워드 unsigned를 표시한다. 즉 **부호가 없는 정수인 unsigned int는 0과 양수만을 저장할 수 있는 정수 자료형**이다. 자료형 unsigned int에서 int는 생략 가능하다. 즉 unsigned int와 unsigned는 같은 자료형이다.

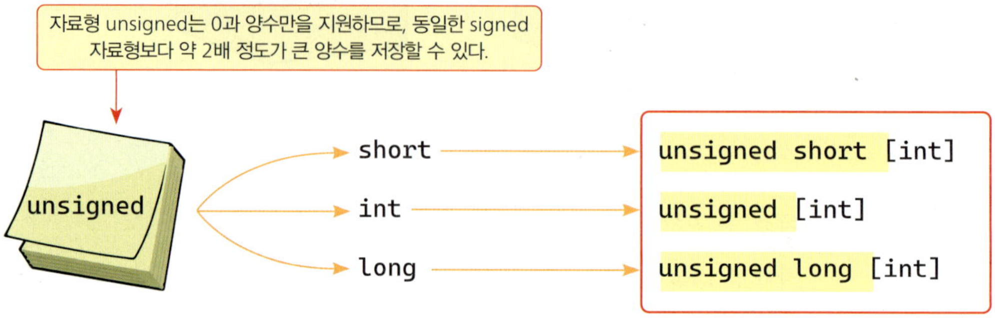

그림 3-33 부호가 없는 [0과 양수] 정수를 위한 자료형 세 종류

정수형 저장공간

저장공간 크기를 살펴보면, 비주얼 스튜디오에서 **short는 2바이트이며, int와 long은 모두 4바이트**이다. 즉 int는 short보다 표현 범위가 넓으며 long과는 같다.

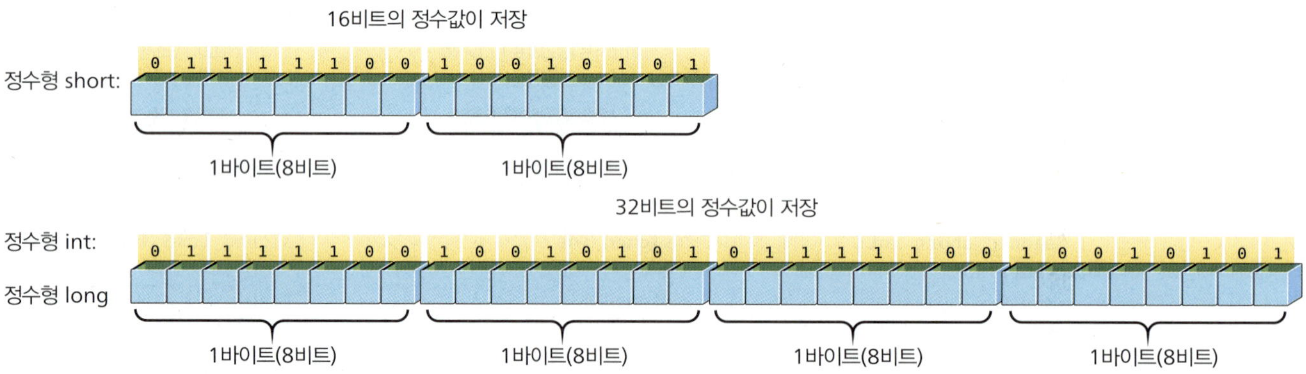

그림 3-34 정수 자료형의 저장공간 크기

저장공간 크기가 n비트인 singed 자료형은 -2^{n-1}에서 $2^{n-1}-1$까지 유효하다. 마찬가지로 저장공간 크기가 n비트인 unsinged 자료형은 0에서 $2^{n}-1$까지 유효하다.

표 3-1 정수 자료형의 표현 범위

음수지원 여부	자료형	크기	표현 범위
부호가 있는 정수형 signed	signed short	2 바이트	$-32,768(-2^{15}) \sim 32,767(2^{15}-1)$
	signed int	4 바이트	$-2,147,483,648(-2^{31}) \sim 2,147,483,647(2^{31}-1)$
	signed long	4 바이트	$-2,147,483,648(-2^{31}) \sim 2,147,483,647(2^{31}-1)$
부호가 없는 정수형 unsigned	unsigned short	2 바이트	$0 \sim 65,535(2^{16}-1)$
	unsigned int	4 바이트	$0 \sim 4,294,967,295(2^{32}-1)$
	unsigned long	4 바이트	$0 \sim 4,294,967,295(2^{32}-1)$

NOTE: ANSI C99 표준: 자료형 long long int

C99 표준에 따르면 정수형을 다음과 같이 5개로 구분하고 있다. 비주얼 스튜디오에서도 저장공간 크기가 64비트인 long long int형을 지원한다. 또한 비주얼 스튜디오에서 8비트에서 64비트에 이르는 다양한 정수 자료형 키워드로 __int8, __int16, __int32, __int64 등도 지원한다.

표 3-2 C99의 규정과 비주얼 스튜디오의 다양한 정수 자료형

C99 자료형	규정	비주얼 스튜디오 지원 자료형	크기
char	8비트 이상	char, __int8	1바이트(8비트)
short	16비트 이상	short [int], __int16	2바이트(16비트)
int	16비트 이상	int	4바이트(32비트)
long int	32비트 이상	long [int], __int32	4바이트(32비트)
long long int	64비트 이상	long long [int], __int64	8바이트(64비트)

하드웨어의 발전으로 64비트 운영체제에서 64비트의 정수형의 지원은 기본이 되었다. **자료형 long long int는 간단히 long long으로 사용할 수 있으며 8바이트 64비트로 $-9,223,372,036,854,775,808(-2^{63})$에서 $+9,223,372,036,854,775,807(2^{63}-1)$까지 지원**한다. 자료형 long long은 약 922경 정도의 수를 음수와 양수로 지원하니 매우 큰 범위를 지원하며, unsigned long long은 0에서 약 1,844경까지 지원한다. 이제 long 자료형으로 불가능한 지구와 천왕성 간 거리, 해왕성과 태양 간 거리 등, 태양계를 비롯한 우주의 행성 간의 거리를 나타내는 변수로 long long 자료형을 이용하면 가능하다. 다만 long long 자료형은 함수 printf("%lld", …) 처럼 **출력형식문자를 %lld로 기술**해야 하며, **unsigned long long 형은 %llu를 사용**한다. **자료형 long long은 하나의 키워드인 __int64 로도 지원**한다.

행성	태양에서 행성까지의 실제 거리
수성	5,800 km
금성	1억 km
지구	1억 5천만 km
화성	2억 3천만 km
목성	7억 8천만 km
토성	14억 3천만 km
천왕성	28억 7천만 km
해왕성	45억 km
명왕성	60억 km
엘로힘행성	지구에서 9조 km

그림 3-35 자료형 long long으로 지원 가능한 우주의 행성 간의 거리

실습예제 3-4 | Prj04 | 04integer.c | 정수 표현을 위한 C 언어의 다양한 자료형 | 난이도: ★

```c
/* 소스: 04integer.c */

#include <stdio.h>

int main(void)
{
    short sVar = 32000;          //-32767에서 32767까지
    int   iVar = -2140000000;    //약 21억 정도까지 저장 가능

    printf("저장 값: %d %d\n", sVar, iVar);

    //C99 이후 추가된 자료형: 64비트의 정수형 지원
    long long dist1 = 2720000000000; //지구와 천왕성 간의 거리(km) 27억 2천
    __int64 dist2 = 4500000000000;    //태양과 해왕성 간의 거리(km) 45억

    printf("지구와 천왕성 간의 거리(km): %lld\n", dist1);
    printf("태양과 해왕성 간의 거리(km): %lld\n", dist2);

    return 0;
}
```

자료형 long long, __int64는 64비트로 약 922경까지 저장 가능

long long과 __int64를 출력할 경우, 형식제어문자를 %lld로 기술

결과

```
저장 값: 32000 -2140000000
지구와 천왕성 간의 거리(km): 2720000000000
태양과 해왕성 간의 거리(km): 4500000000000
```

TIP 정수의 내부 표현

변수의 메모리 내부는 0과 1로 표현되는 비트의 조합으로 저장된다. 자료형 short는 16비트로서 -2^{15}에서부터 $2^{15}-1$까지 표현이 가능하다. 부호가 있는 signed 정수에서 저장 공간의 최상위 비트는 1이면 음수, 0이면 0 또는 양수를 나타내는 부호 비트의 역할을 한다. 그러므로 이 최상위 비트인 MSB(most significant bit)를 부호비트(signed bit)라고 부른다. 다음은 정수 자료형 short의 내부 표현을 살펴본 표이다.

최상위 비트는 부호 비트의 역할을 수행한다.

표 3-3 정수 자료형 short의 내부 표현

수	메모리 내부 비트	상수 및 연산
32767	0 1 1 1 1 1 1 1 1 1 1 1 1 1 1 1	SHRT_MAX $(2^{15}-1)$
32766	0 1 1 1 1 1 1 1 1 1 1 1 1 1 1 0	SHRT_MAX − 1 $(2^{15}-2)$
	…	
1	0 0 0 0 0 0 0 0 0 0 0 0 0 0 0 1	1 − 1 = 1 + [−1]로 연산
0	0 0 0 0 0 0 0 0 0 0 0 0 0 0 0 0	[0000 0000 0000 0001] + [1111 1111 1111 1111] ――――――――― [0000 0000 0000 0000]
-1	1 1 1 1 1 1 1 1 1 1 1 1 1 1 1 1	
	…	
−32767	1 0 0 0 0 0 0 0 0 0 0 0 0 0 0 1	SHRT_MIN + 1 $(-2^{15}+1)$
−32768	1 0 0 0 0 0 0 0 0 0 0 0 0 0 0 0	SHRT_MIN (-2^{15})

TIP 컴퓨터는 음수 표현을 어떻게 할까요?

컴퓨터에서 정수의 음수 표현 방법은 보수를 이용하는 방법을 사용한다. 즉 양수 정수 a에서 음수인 −a의 비트 표현은 2의 보수 표현인 [(a의 1의 보수) + 1]이다. 여기서 a의 1의 보수는 a의 이진수 모든 비트에서 0은 1로, 1은 0으로 바꾼 수이다. 즉 16비트 공간의 1의 보수는 16비트로 [1111 1111 1111 1110]이다. 그러므로 −1은 [1111 1111 1111 1110] + 1로 구하면 [1111 1111 1111 1111]이 된다. 컴퓨터는 빼기의 연산 1-1을 1+(-1)로 계산한다. 즉 1에서 1을 빼는 것이 아니라 1에 (−1)을 더하는 연산을 수행하며, −1은 1의 2의 보수로 구하는 방법을 사용한다. 즉 16비트 연산이라면 1+(−1)은 [0000 0000 0000 0001] + [1111 1111 1111 1111]을 수행하여 결과는 [0000 0000 0000 0000]인 0이되는 것이다. **이러한 2의 보수는 음수의 더하기 연산으로 빼기(−) 연산을 쉽게 수행할 수 있는 장점**이 있다.

TIP 컴퓨터는 왜 이진수를 사용할까요?

그럼 컴퓨터가 왜 이진수로 변환된 데이터만을 취급하는지 알아보자. 컴퓨터의 내부는 IC(Integrated Circuit = 집적회로)로 구성되어 있다. 간단히 말하자면 컴퓨터의 내부를 뜯어보았을 때, 중앙처리장치(CPU)의 양쪽에 여러 개에서 수백 개까지 다리처럼 붙어있는 지네 같은 모양을 IC라고 부른다. 이 IC에 달려있는 지네 다리 모양의 핀들은 보통 직류 전압 0V나 5V중 하나의 전압을 갖게 된다. 따라서 IC의 핀 1개로는 두 가지 상태 밖에 나타낼 수 없다. 이러한 하드웨어의 여건상 컴퓨터는 부득이하게 2진수를 사용하게 되었다. 물론, 더 좋은 IC를 개발할 수 있지만 평이하고 대중화시키기에는 2개의 전압을 갖는 IC를 제작하는 것이 컴퓨터의 가격이나 성능 면에서 결코 떨어지지 않기 때문이었다.

중간점검

01 다음 자료형 중에서 저장 범위가 다른 하나는 무엇인가?

❶ `signed short int`
❷ `short int`
❸ `short`
❹ `int`

02 자료형 unsigned int의 가장 큰 수(지수 표현)는 무엇인가?

부동소수 자료형

부동소수형 3가지

부동소수형은(floating point number data type) 3.14, 3.26567과 같이 실수를 표현하는 자료형이다. **부동소수형을 나타내는 키워드는 float, double, long double 세 가지이다.** ANSI C 표준에서 double형은 float형보다 표현범위가 같거나 보다 정확하며, long double형은 double형보다 표현범위가 같거나 보다 정확해야 한다. 저장공간 크기를 살펴보면, 비주얼 스튜디오에서는 **float는 4바이트이며, double과 long double은 모두 8바이트이다.** 즉 double은 float보다 표현 범위가 넓고 세밀하며, long double과는 같다.

표 3-4 부동소수형의 표현범위

자료형	크기	정수의 유효자릿수	표현범위
float	4 바이트	6~7	1.175494351E−38F에서 3.402823466E+38F까지
double	8 바이트	15~16	2.2250738585072014E−308에서 1.7976931348623158E+308까지
long double	8 바이트	15~16	2.2250738585072014E−308에서 1.7976931348623158E+308까지

일반적으로 소수 3.14와 같은 표현은 모두 자료형 double로 인식하므로, float형 변수에 저장하면 컴파일 경고나 오류가 발생할 수 있다. 그러므로 **float형 변수에 저장하면 꼭 3.14F와 같이 float형 상수로 저장**하도록 해야 한다.

```
float      x = 3.14;      //float x = 3.14;인 경우, 경고 발생
```

```
warning C4305: '초기화 중' : 'double'에서 'float'(으)로 잘립니다.
```

그림 3-36 float 형 변수에 부동소수 상수로 저장한 경우의 경고

실습예제 3-5 Prj05 05floatdouble.c 부동소수형 변수의 선언과 활용 난이도: ★

```c
/* 소스: 05floatdouble.c */

#include <stdio.h>

int main(void)
{
    float        x = 3.14F;      //float x = 3.14;인 경우, 경고 발생
    double       y = -3.141592;  //double 저장공간 크기는 float의 2배
    long double  z = 29.74;      //double과 long double은 저장공간이 모두 64비트

    printf("부동소수 값: %f %f %f\n", x, y, z); //모두 %f로 출력 가능

    return 0;
}
```

float 형 상수에는 3.14와 같이 반드시 F나 f를 붙이도록 한다.

결과

```
부동소수 값: 3.140000 -3.141592 29.740000
```

TIP 부동소수라는 말이 어려워요!

부동소수(浮動小數)점 수(floating point numbers)를 줄인 부동소수는 '소수점(小數點)의 위치가 정해져 있지 않고 떠다닌다(浮動, floating)'라는 의미이다. 부동소수는 실수를 표현할 때 소수점의 위치를 고정하지 않고 그 위치를 나타내는 수를 따로 적는 방법으로, 유효숫자를 나타내는 가수(假數, mantissa)와 소수점의 위치를 풀이하는 지수(指數, exponent)로 나누어 표현한다.

$$314.15 == 3.1415 \times 10^2$$

소수점이 떠다니네요!

부동소수 표현 방법은 한정된 비트의 수로 보다 정밀하고 넓은 범주의 수를 표현할 수 있어 대부분의 언어에서 사용하고 있으며, 연산 속도가 느린 단점도 있다. 한 예로 이진 실수인 101.11을 부동소수로 표현하면 1.0111×2^2으로 소수점 이하의 수인 0111이 가수이며, 밑인 2의 지수승 2가 지수가 된다. 부동소수의 더 자세한 내용은 저자의 다음 책을 참고하길 바란다.

- 인피니티북스 출판사의 "소프트웨어 중심 사회의 컴퓨터 개론"의 3장 102 페이지

문자형 자료형

문자형 char

문자형 자료형은 char, signed char, unsigned char 세 가지 종류가 있다. 여기서 'char'는 영단어 character(문자)의 약자이며, **저장공간 크기는 모두 1바이트**이다. 문자형 자료형은 정수형과 같이 키워드 signed와 unsigned를 함께 이용할 수 있다. 비주얼 스튜디오에서 char는 signed char와 같으나, 컴파일러에 따라 다를 수 있다. 일반적으로 signed char와 unsigned char는 short보다 작은 범주의 정수 자료형으로 이용한다. 문자형 char는 'a'와 같이 문자 상수를 이용하거나, 정수를 직접 저장할 수 있다. 또한 문자코드 값을 '\ddd'와 같이 세 자리의 8진수로, '\xhh'와 같이 두 자리의 16진수로 표현할 수 있다. C 언어에서 1바이트인 char로는 한글 문자를 저장할 수 없으며, 단원 09 에서 학습할 char 배열에서 지원이 가능하다.

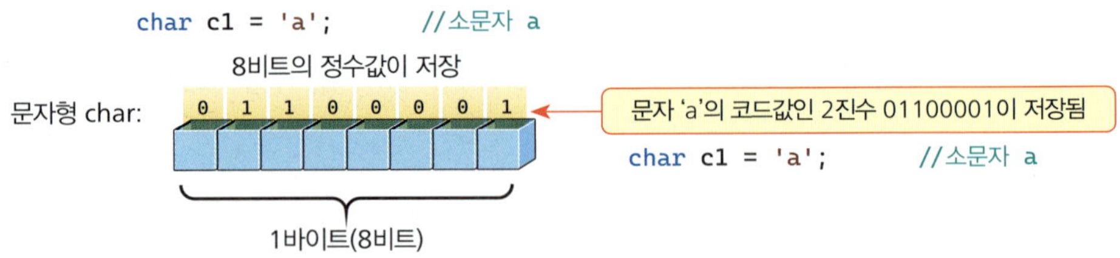

그림 3-37 문자형 자료 값의 표현과 저장공간

표 3-5 문자형의 표현범위

자료형	저장공간 크기	표현범위
char	1 바이트	−128에서 127까지(문자는 실제 0에서 127까지 이용)
signed char	1 바이트	−128에서 127까지
unsigned char	1 바이트	0에서 255까지

아스키코드

C 언어에서 문자형 자료공간에 저장되는 값은 실제로 정수 값이며, 이 정수는 아스키코드 표에 의한 값이다. **아스키코드(ASCII: American Standard Code for Information)는 ANSI(American National Standards Institute)에서 제정한 정보 교환용 표준 코드로 총 127개의 문자로 구성**된다. 아스키코드에서 0부터 31번까지 그리고 마지막 문자인 127번 문자는 인쇄할 수 없는

문자(Nonprinting Characters)이다. 32부터 126번까지의 문자는 인쇄 문자(printing characters)이다. 다음은 아스키코드표로 소문자 'a'는 16진수로 61이며 2진수로는 01100001, 10진수로 97임을 알 수 있다.

표 3-6 아스키코드표

문자	10진	2진	8진	16진	문자	10진	2진	8진	16진	문자	10진	2진	8진	16진	문자	10진	2진	8진	16진
NUL	0	0000 0000	0	0	SPC	32	0010 0000	40	20	@	64	0100 0000	100	40	`	96	0110 0000	140	60
SOH	1	0000 0001	1	1	!	33	0010 0001	41	21	A	65	0100 0001	101	41	a	97	0110 0001	141	61
STX	2	0000 0010	2	2		34	0010 0010	42	22	B	66	0100 0010	102	42	b	98	0110 0010	142	62
ETX	3	0000 0011	3	3	#	35	0010 0011	43	23	C	67	0100 0011	103	43	c	99	0110 0011	143	63
EOT	4	0000 0100	4	4	$	36	0010 0100	44	24	D	68	0100 0100	104	44	d	100	0110 0100	144	64
ENQ	5	0000 0101	5	5	%	37	0010 0101	45	25	E	69	0100 0101	105	45	e	101	0110 0101	145	65
ACK	6	0000 0110	6	6	&	38	0010 0110	46	26	F	70	0100 0110	106	46	f	102	0110 0110	146	66
BEL	7	0000 0111	7	7	'	39	0010 0111	47	27	G	71	0100 0111	107	47	g	103	0110 0111	147	67
BS	8	0000 1000	10	8	(	40	0010 1000	50	28	H	72	0100 1000	110	48	h	104	0110 1000	150	68
HT	9	0000 1001	11	9	)	41	0010 1001	51	29	I	73	0100 1001	111	49	i	105	0110 1001	151	69
LF	10	0000 1010	12	0A	*	42	0010 1010	52	2A	J	74	0100 1010	112	4A	j	106	0110 1010	152	6A
VT	11	0000 1011	13	0B	+	43	0010 1011	53	2B	K	75	0100 1011	113	4B	k	107	0110 1011	153	6B
FF	12	0000 1100	14	0C	,	44	0010 1100	54	2C	L	76	0100 1100	114	4C	l	108	0110 1100	154	6C
CR	13	0000 1101	15	0D	-	45	0010 1101	55	2D	M	77	0100 1101	115	4D	m	109	0110 1101	155	6D
SO	14	0000 1110	16	0E	.	46	0010 1110	56	2E	N	78	0100 1110	116	4E	n	110	0110 1110	156	6E
SI	15	0000 1111	17	0F	/	47	0010 1111	57	2F	O	79	0100 1111	117	4F	o	111	0110 1111	157	6F
DLE	16	0001 0000	20	10	0	48	0011 0000	60	30	P	80	0101 0000	120	50	p	112	0111 0000	160	70
DC1	17	0001 0001	21	11	1	49	0011 0001	61	31	Q	81	0101 0001	121	51	q	113	0111 0001	161	71
DC2	18	0001 0010	22	12	2	50	0011 0010	62	32	R	82	0101 0010	122	52	r	114	0111 0010	162	72
DC3	19	0001 0011	23	13	3	51	0011 0011	63	33	S	83	0101 0011	123	53	s	115	0111 0011	163	73
DC4	20	0001 0100	24	14	4	52	0011 0100	64	34	T	84	0101 0100	124	54	t	116	0111 0100	164	74
NAK	21	0001 0101	25	15	5	53	0011 0101	65	35	U	85	0101 0101	125	55	u	117	0111 0101	165	75
SYN	22	0001 0110	26	16	6	54	0011 0110	66	36	V	86	0101 0110	126	56	v	118	0111 0110	166	76
ETB	23	0001 0111	27	17	7	55	0011 0111	67	37	W	87	0101 0111	127	57	w	119	0111 0111	167	77
CAN	24	0001 1000	30	18	8	56	0011 1000	70	38	X	88	0101 1000	130	58	x	120	0111 1000	170	78
EM	25	0001 1001	31	19	9	57	0011 1001	71	39	Y	89	0101 1001	131	59	y	121	0111 1001	171	79
SUB	26	0001 1010	32	1A	:	58	0011 1010	72	3A	Z	90	0101 1010	132	5A	z	122	0111 1010	172	7A
ESC	27	0001 1011	33	1B	;	59	0011 1011	73	3B	[	91	0101 1011	133	5B	{	123	0111 1011	173	7B
FS	28	0001 1100	34	1C	<	60	0011 1100	74	3C	\	92	0101 1100	134	5C	|	124	0111 1100	174	7C
GS	29	0001 1101	35	1D	=	61	0011 1101	75	3D	]	93	0101 1101	135	5D	}	125	0111 1101	175	7D
RS	30	0001 1110	36	1E	>	62	0011 1110	76	3E	^	94	0101 1110	136	5E	~	126	0111 1110	176	7E
US	31	0001 1111	37	1F	?	63	0011 1111	77	3F	_	95	0101 1111	137	5F	DEL	127	0111 1111	177	7F

제어 문자 공백 문자 구두점 숫자 알파벳

실습예제 3-6 | Prj06 | 06char.c | 문자형 변수의 선언과 이용 | 난이도: ★

```c
/* 소스: 06char.c */

#include <stdio.h>

int main(void)
{
    char c1 = 'a';        //소문자 a
    char c2 = 65;         //대문자 A가 코드 값 65
    char c3 = '\127';     //대문자 W의 8진수 코드 값 127
    char c4 = '\x57';     //대문자 W의 16진수 코드 값 57

    printf("문자 값(문자): %c %c %c %c\n", c1, c2, c3, c4);
    printf("코드 값(번호): %d %d %d %d\n", c1, c2, c3, c4);

    return 0;
}
```

%c는 문자가 출력되며, %d는 문자의 코드 값 10진수가 출력된다.

결과

```
문자 값(문자): a A W W
코드 값(번호): 97 65 87 87
```

중간점검

01 64비트의 정수형 자료형은 무엇인가?

02 문자 'A'의 코드 번호는 무엇인가?(아스키코드표 참고)

자료형의 크기

자료형 14가지 종류와 표현 범위

지금까지 살펴본 기본 자료형은 long long을 포함하면 모두 14가지이다. 그러나 중복되는 자료형도 있기 때문에 표현 범위로 나누어 보면 대략 char, unsigned char, short, int, long long, unsigned short, unsigned, unsinged long long, float, double 10가지 정도이다. 다음은 long long을 포함하여 기본 자료형 14가지의 저장공간의 크기와 표현 범위를 나타낸다.

표 3-7 기본 자료형의 저장공간 크기와 표현범위(자료형에서 []은 생략 가능함)

분류	자료형	크기	표현범위
문자형	char	1 바이트	$+128(+2^7) \sim 127(2^7-1)$
	signed char	1 바이트	$+128(+2^7) \sim 127(2^7-1)$
	unsigned char	1 바이트	$0 \sim 255(2^8-1)$
정수형	[signed] short [int]	2 바이트	$-32,768(-2^{15}) \sim 32,767(2^{15}-1)$
	[signed] [int]	4 바이트	$-2,147,483,648(-2^{31}) \sim 2,147,483,647(2^{31}-1)$
	[signed] long [int]	4 바이트	$-2,147,483,648(-2^{31}) \sim 2,147,483,647(2^{31}-1)$
	[signed] long long [int]	8 바이트	$9,223,372,036,854,775,808(-2^{63}) \sim 9,223,372,036,854,775,807(2^{63}-1)$
	unsigned short [int]	2 바이트	$0 \sim 65,535(2^{16}-1)$
	unsigned [int]	4 바이트	$0 \sim 4,294,967,295(2^{32}-1)$
	unsigned long [int]	4 바이트	$0 \sim 4,294,967,295(2^{32}-1)$
	[unsigned] long long [int]	8 바이트	$0 \sim 18,446,744,073,709,551,615(2^{64}-1)$
부동소수형	float	4 바이트	대략 $10^{-38} \sim 10^{38}$
	double	8 바이트	대략 $10^{-308} \sim 10^{308}$
	long double	8 바이트	대략 $10^{-308} \sim 10^{308}$

연산자 sizeof를 이용하면 자료형, 변수, 상수의 저장공간 크기를 바이트 단위로 알 수 있다. 연산자 sizeof는 다음과 같이 이용하며, 자료형 키워드로 직접 저장공간 크기를 알려면 자료형 키워드에 괄호가 반드시 필요하다.

```
sizeof(char)  // sizeof (자료형키워드), 괄호가 반드시 필요
sizeof 3.14   // sizeof 상수, sizeof (상수) 모두 가능
sizeof n      // sizeof 변수, sizeof (변수) 모두 가능
```

그림 3-38 연산자 sizeof의 사용법

오버플로와 언더플로

자료형의 범주에서 벗어난 값을 저장하면 오버플로(overflow) 또는 언더플로(underflow)가 발생한다. 이것은 그릇에 용량 이상의 내용물을 채우면 넘치는 것과 같은 원리이다. 자료형 unsigned char는 8비트로 0에서 255까지 저장 가능하다. 마찬가지로 만일 256을 저장하면 0으로 저장된다. 이것은 마치 999까지 지원하는 디지털 계기판에서 1이 더 증가하면 다시 처음 0으로 돌아가는 것과 같은 원리이다.

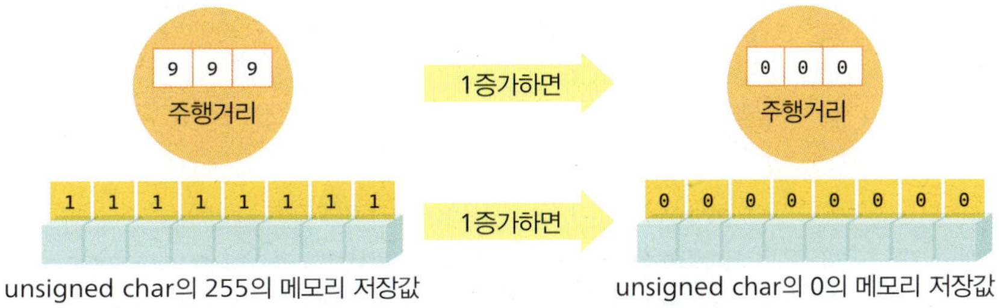

그림 3-39 오버플로 발생 원리

자료형 short는 16비트로 −32,768에서 32,767까지 저장 가능하다. 만일 short 변수에 32,768을 저장하면 오버플로가 발생하여 −32,768이 된다. 반대로 short 자료형의 가장 작은 수인 −32,768에 −1을 수행하면 결과는 32,767이 된다. **정수형 자료형에서 최대값+1은 오버플로로 인해 최소값**이 된다. **마찬가지로 최소값−1은 최대값**이 된다. **이러한 특징을 정수의 순환**이라고 한다. 정수형의 오버플로는 경고 메시지가 발생하지 않는다. 결국 오버플로가 발생하면 의도하지 않은 결과가 발생할 수 있다. 그러므로 수를 다룰 때는 오버플로가 발생하지 않도록 주의해야 한다.

오버플로를 설명하는 정수의 순환을 쉽게 이해할 수 있는 방법은 다음과 같이 정수 값이 적혀 있는 목록에서 현재 값에 1을 오른쪽 방향으로 하나 이동한 값이 결과값이다. 반대로 현재 값에 1을 빼면 왼쪽 방향으로 하나 이동한 값을 결과값으로 이해하면 쉽다. 가장 큰 수에 1을 더하면 오른쪽에는 더 이상 값이 없으므로 가장 왼쪽의 항목으로 이동한 것이 결과값이다. 가장 적은 수에서 1을 빼면 마찬가지로 가장 오른쪽 끝의 가장 큰 정수로 이동한다.

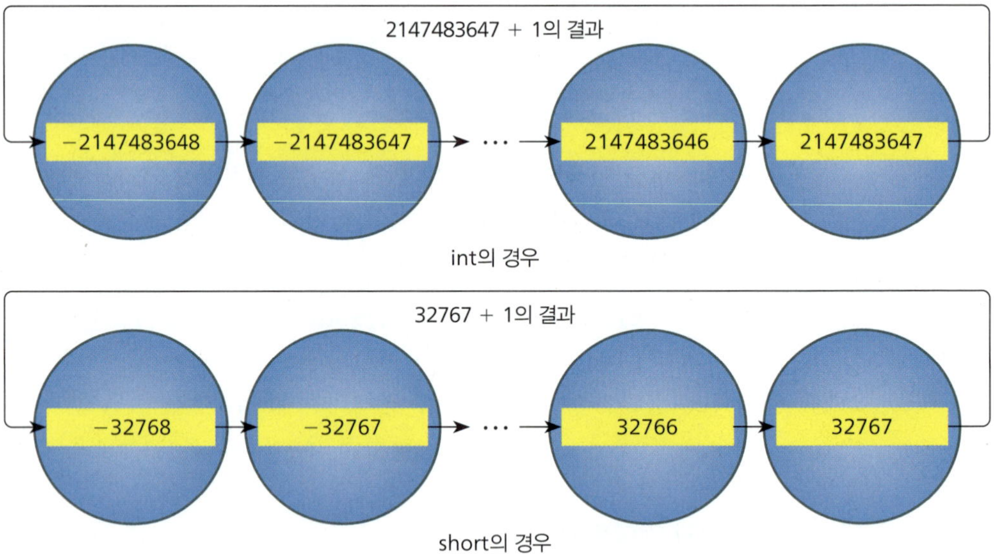

그림 3-40 자료형 short와 int의 정수의 순환

실습예제 3-7 Prj07 07sizeflow.c 변수의 크기와 오버플로 난이도: ★★

```
/* 소스: 07sizeflow.c */

#include <stdio.h>

int main(void)
{
   printf("      자료형 : 크기(바이트)\n");
   printf("       char : %d\n", sizeof(char));
   printf("        int : %d %d\n", sizeof(int), sizeof(200));
```

```c
    printf("  long long : %d %d\n", sizeof(long long), sizeof(900LL));
    printf("      float : %d %d\n", sizeof(float), sizeof 3.14F);
    printf("long double : %d %d\n", sizeof(long double), sizeof 3.24L);

    short s = 32767;
    printf("%d\n", s);
    s = s + 1;
    printf("%d\n", s);    //오버플로 발생

    return 0;
}
```

연산 32767 + 1의 결과는 32768이나
자료형 short에서 32768은 오버플로가 발생하므로 −32768이 저장됨

결과

```
     자료형 : 크기(바이트)
       char : 1
        int : 4 4
  long long : 8 8
      float : 4 4
long double : 8 8
32767
-32768
```

중간점검

01 다음 중 가장 큰 값은?

```c
sizeof(char), sizeof(int), sizeof(long), sizeof(double),
```

02 다음 소스의 결과는 무엇인가?

```c
short s = -32768 - 1;
printf("%d\n", s);      //오버플로 발생
printf("%d\n", 32767 + 1);
```

LAB 문자 '#'과 대한민국 인구, 세계 인구의 출력

Lab에서는 다음 코드의 빈 부분을 작성해 코딩을 완성해보자. 문자 '#'을 변수에 저장하여 문자와 코드 번호를 출력하자. 또한 대한민국의 인구 약 51,800,000 명과 세계 인구 7,716,600,000 명을 변수에 저장하여 출력하는 프로그램을 작성해보자.

- 문자 '#'을 변수 ch에 저장하여 문자와 코드 번호를 출력
- 변수 pop1과 pop2를 적정한 자료형으로 선언하여 인구를 저장하고 출력

```
35
#
51800000 7716600000
```

Lab 3-1 lab1intchar.c 문자 '#'과 대한민국 인구, 세계 인구의 출력 난이도: ★

```
01 #include <stdio.h>
02
03 int main(void)
04 {
05     int ch = '#';
06     printf("%d\n", ch); //십진 코드 값 출력
07     printf("%c\n", □); //문자 출력
08
09     □ pop1 = 51800000;          //대한민국 인구 약 5100만
10     long long pop2 = 7716600000; //전 세계 인구 약 77억
11     printf("%d %lld\n", pop1, pop2);
12
13     return 0;
14 }
```

정답

```
07     printf("%c\n", ch);          //문자 출력
09     int pop1 = 51800000;         //대한민국 인구 약 5100만
```

3.4 상수 표현 방법

상수의 개념과 표현 방법

상수의 종류와 표현 방법

프로그래밍 언어에서 변수는 이름이 붙여져 필요하면 참조하거나 계속 수정할 수 있는 자료라면 **상수(constant)는 이름 없이 있는 그대로 표현한 자료 값이나, 이름이 있으나 정해진 하나의 값만으로 사용되는 자료 값**을 말한다. **전자를 리터럴 상수(literal constant), 후자를 심볼릭 상수(symbolic constant)**[5]라 한다.

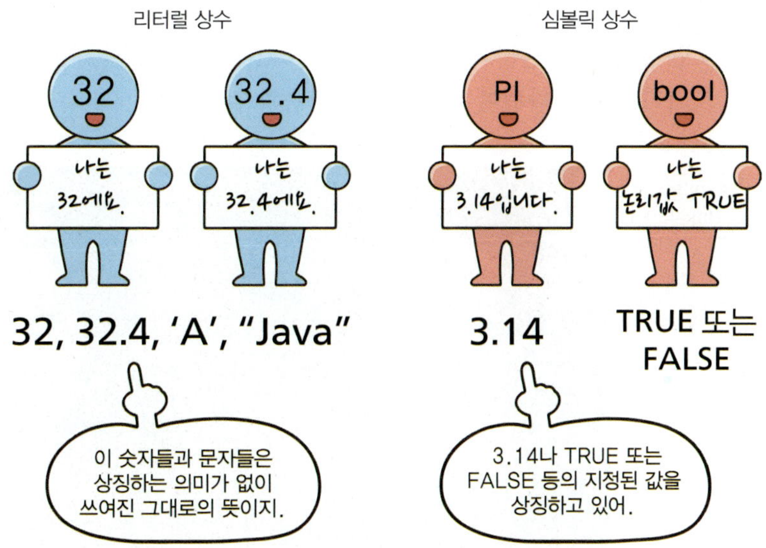

그림 3-41 리터럴 상수와 심볼릭 상수

우린 일상생활에서 숫자 32, 32.4, 문자 *, &, # 그리고 문자열 "Hello World!"등을 사용한다. 이와 같이 **리터럴 상수는 달리 이름이 없이 소스에 그대로 표현해 의미가 전달되는 다양한 자료 값**을 말한다. 즉 10, 24.3과 같은 수, "C는 흥미롭습니다."와 같은 문자열이 그 예이다. **심볼릭 상수는 리터럴 상수와 다르게 변수처럼 이름을 갖는 상수**를 말한다. 수학에서 많이 사용하는 원주율인 3.141592를 이름 PI로 사용한다면, PI가 심볼릭 상수이다. 이러한 **심볼릭 상수를 표현하는 방법은 const 상수(const constant), 매크로 상수(macro constant), 그리고 열거형 상수(enumeration constant)를 이용하는 세 가지 방법**이 있다.

[5] 심볼릭 상수는 기호 상수라고도 부른다. 본서에서는 심볼릭 상수로 기술할 예정이다.

표 3-8 상수의 종류

구분	표현 방법	설명	예
리터럴 상수 (이름이 없는 상수)	정수형 실수형 문자 문자열 상수	다양한 상수를 있는 그대로 기술	32, 025, 0xf3, 10u, 100L, 30LL 3.2F, 3.15E3, 'A', '\n', '\0', '\24', '\x2f' "C 언어", "프로그래밍 언어\n"
심볼릭 상수 (이름이 있는 상수)	const 상수	키워드 const를 이용한 변수 선언과 같으며, 수정할 수 없는 변수 이름으로 상수 정의	const double PI = 3.141592;
	매크로 상수	전처리기 명령어 #define으로 다양한 형태를 정의	#define PI 3.141592
	열거형 상수	정수 상수 목록 정의	enum bool {FALSE, TRUE};

정수와 실수, 문자와 문자열

프로그래밍에서 쓰는 그대로 의미가 있는 이러한 상수를 사용하는데, **프로그램에서 리터럴 상수란 소스에 그대로 표현해 의미가 전달되는 다양한 자료 값**을 말한다. 즉 10, 24.3과 같은 수나 "C는 흥미롭습니다."와 같은 문자열이 그 예이다. 상수는 정수, 실수, 문자, 문자열 상수와 같이 네 가지 부류로 나뉘며 표현 방법은 다음과 같다.

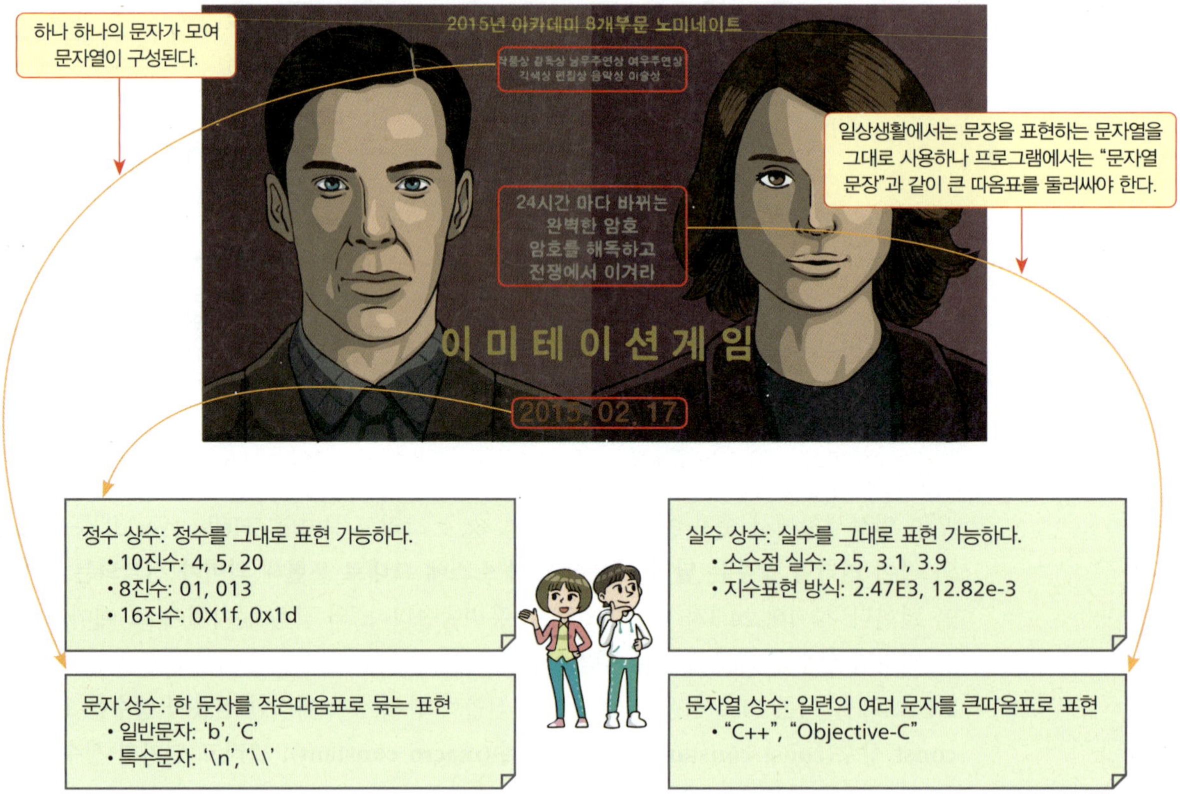

그림 3-42 리터럴 상수의 종류와 표현방법

문자 상수 표현

문자 상수는 문자 하나의 앞 뒤에 작은따옴표(single quote)를 넣어 표현한다. 또 다른 문자 표현 방법으로 \ddd와 같이 문자의 한 자리에서 세 자리까지의 8진수 코드 값을 이용할 수 있다. 또한 \xhh와 같이 \x뒤에 한 자리에서 두 자리까지의 16진수 코드 값을 이용할 수도 있다. 즉 코드 값이 97인 문자 'A' 는 '\141'와 '\x61'로 표현할 수 있다.

함수 printf()에서 문자 상수를 출력하려면 다음과 같이 %c 또는 %C의 형식 제어문자(format control character)가 포함되는 형식 제어 문자열(format control string)을 사용한다. %c의 c는 문자 character를 의미한다.

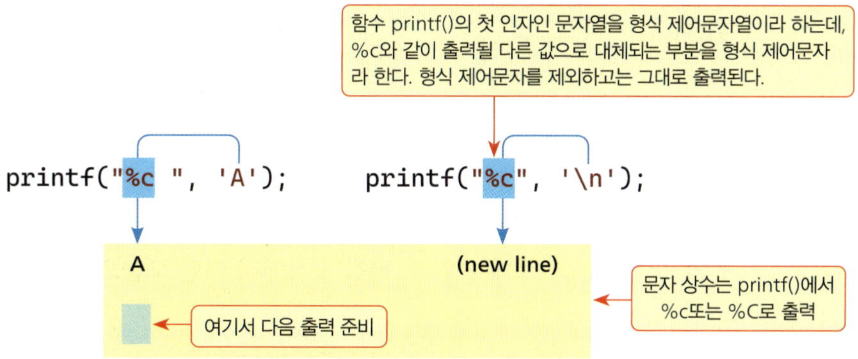

그림 3-43 문자 상수의 표현과 출력

이스케이프 시퀀스

알람(alarm) 소리와 새로운 줄(new line) 등을 의미하는 특수한 문자에 한하여 \n와 같이 **역슬래쉬 \와 문자의 조합으로 표현하는 문자를 이스케이프 시퀀스(escape sequence) 또는 특수 문자**라 한다. 이미 자주 보았던 '\n'이 새로운 줄(new line)을 의미하는 대표적인 특수 문자로 작은따옴표를 둘러싸 표현하며, 문자열에도 사용할 수 있다. 특수 문자는 제어문자, 또는 확장문자라고도 부르며, 주로 커서의 이동과 출력을 제어하는 문자들이다. 예로 수평 탭 문자는 \t로 표현하며, 경고음 문자는 \a로 표현한다.

또한 역슬래쉬 \는 제어문자의 시작 문자로 사용하므로 역슬래쉬 \ 자체는 \\로 표현해야 한다. 또한 큰따옴표 "는 \"으로, 작은따옴표 '는 \'으로 표현할 수 있다. 또한 8진수의 코드 값으로 표현하면 코드 값이 9인 수평 탭 문자 \t는 \011로 표현할 수 있다. 함수 printf()에서 제어문자열 내부에 직접 문자 또는 제어문자를 사용할 수 있다.

표 3-9 이스케이프 문자

제어문자 이름	영문 표현	코드값(10진수)	\ddd(8진수)	제어문자 표현	의미
널문자	NULL	0	\000	\0	아스키코드 0번
경고	BEL(Bell)	7	\007	\a	경고음이 울림
백스페이스	BS(Back Space)	8	\010	\b	커서를 한 문자 뒤로 이동
수평탭	HT(Horizontal Tab)	9	\011	\t	커서를 수평으로 다음 탭만큼 이동
개행문자	LF(Line Feed)	10	\012	\n	커서를 다음 줄로 이동
수직탭	VT(Vertical Tab)	11	\013	\v	수직으로 이동하여 탭만큼 이동
폼피드	FF(Form Feed)	12	\014	\f	새 페이지의 처음으로 이동
캐리지 리턴	CR(Carriage Return)	13	\015	\r	커서를 현재 줄의 처음으로 이동
큰따옴표	Double quote	34	\042	\"	" 문자
작은따옴표	Single quote	39	\047	\'	' 문자
역슬래쉬	Backslash	92	\134	\\	\ 문자

키보드 상에서 이스케이프 시퀀스의 시작 문자인 역슬래쉬 \를 입력하려면 자판 우측 상단 Back-space 바로 밑에 원화 표시인 ₩을 누르면 된다. 현재 사용되는 글꼴에 따라 모양이 역슬래쉬 \와 원화 표시 ₩로 다르게 보인다. 편집기 상에서 어떤 모습으로 보이든지 컴파일에는 상관없다.

실습예제 3-8 | Prj08 | 08charliteral.c | 이스케이프 문자를 비롯해서 다양한 문자 리터럴의 표현 | 난이도: ★

```c
/* 소스: 08charliteral.c */

#include <stdio.h>

int main(void)
{
    printf("%Cava", 'J');

    char sq = '\'';              //작은따옴표
    printf("%c\7\n", '\a');      //알람 문자를 2번 출력하고 공백 줄
    printf("%c자바 언어'\n", sq); //문자열 내부에서는 '(작은따옴표) 그대로 사용 가능

    //문자열 내부에서는 "(큰따옴표) 반드시 \"로 사용
    printf("\"C언어\" 정말 재미있다!\n");

    return 0;
}
```

Java 출력

경고음 소리가 출력되며, 뒤 이은 \7도 \a와 같으므로 경고음이 2번 울린다.

결과

```
Java
'자바 언어'
"C언어" 정말 재미있다!
```

중간점검

01 다음 중 이스케이프 문자가 아닌 것은?

```
❶ '\a'
❷ '\b'
❸ '\t'
❹ '\m'
```

02 다음 문자나 문자열 표현에서 오류를 찾으시오.

```
❶ 'abc'
❷ '''
❸ "\"C언어\" 정말 재미있다!""
```

정수와 실수 리터럴 상수

정수형 리터럴 상수의 다양한 형태 100L, 20U, 5000UL

정수형 상수는 int, unsigned int, long, unsigned long, long long, unsigned long long 등의 자료형으로 나뉜다. 즉 일반 정수는 int 유형이며, 345L처럼 정수 뒤에 l 또는 L을 붙이면 long int를 나타낸다. 그러나 소문자 l은 숫자 1과 혼란을 일으킬 수 있으므로 가급적 대문자 L을 사용한다. 정수 뒤에 u또는 U는 unsigned int를 나타내고, 정수 뒤에 ul또는 UL은 unsigned long을 나타낸다. 마찬가지로 64비트인 long long형은 LL, ll과 ULL, ull을 사용한다.

그림 3-44 정수형 리터럴 상수

2진수와 16진수 표현 방식

일반적으로 상수의 정수 표현은 10진수로 인식되나, **숫자 0을 정수 앞에 놓으면 8진수(octal number)로 인식**한다. 8진수이므로 0뒤에 수는 숫자 0에서 7까지 만으로 구성되어야 한다. 마찬가지로 숫자 0과 알파벳으로 **0x 또는 0X를 숫자 앞에 놓으면 16진수(hexadecimal number)로 인식**한다. 마찬가지로 16진수는 0에서 9까지의 수와 알파벳 a, b, c, d, e, f(대소문자 모두 가능)로 나타낸다. 함수 printf()에서 정수를 출력하려면 다음과 같이 %d의 형식 제어문자를 사용한다. 형식 제어문자 %d의 d는 10진수라는 decimal에서 나온 d이다.

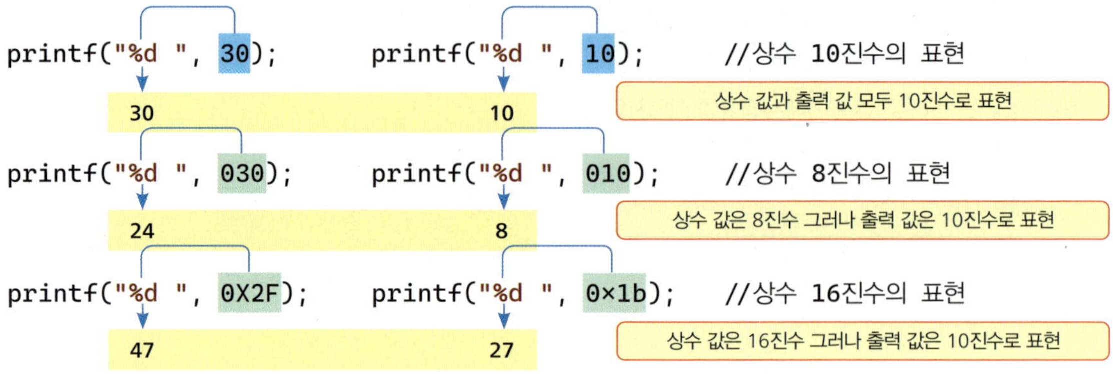

그림 3-45 8진수와 16진수의 상수 표현과 출력

표 3-10 8진수와 16진수의 상수 표현

표현 방법	의미	예
숫자 앞에 0(zero) 표시	8진수	06, 020, 030
숫자 앞에 0(zero)과 문자 x 조합인 0x또는 0X 앞에 표시	16진수	0xA3, 0x4, 0X5D

지수표현 방식

실수는 e 또는 E를 사용하여 10의 지수표현 방식으로 나타낼 수 있다. 즉 3.14E+2는 3.14×10^2을 나타낸다. 함수 printf()에서 지수표현 방식과 함께 일반 실수를 출력하려면 다음과 같이 %f의 형식 제어문자를 사용한다. %f의 f는 실수를 의미하는 float에서 나온 f이다. 형식 제어문자 %f로 출력되는 실수는 소수점 6자리까지 출력된다.

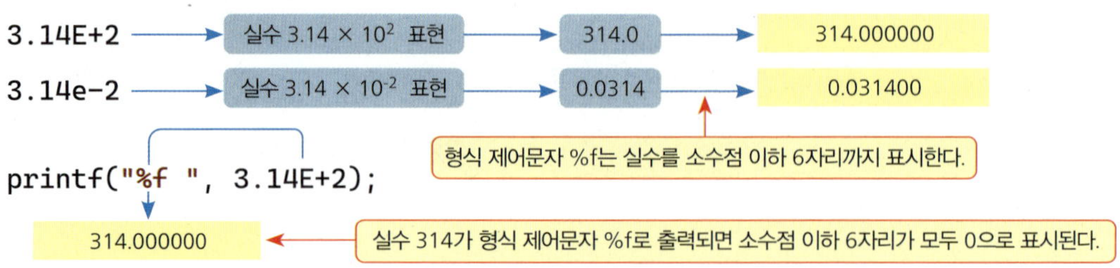

그림 3-46 실수 상수의 지수표현 방식과 출력 방법

실수형 리터럴 상수

실수형 상수도 float, double, long double의 자료형으로 나뉜다. 즉 일반 소수는 double 유형이며, float 상수는 숫자 뒤에 f나 F를 붙인다. long double 상수는 숫자 뒤에 L 또는 l을 붙여 표시한다. 그러나 소문자 l은 숫자1과 구분이 어려우므로 대문자 L을 사용한다.

그림 3-47 실수형 리터럴 상수

다음은 정수형과 실수형 리터럴 상수에서 이용되는 접미어를 정리한 표이다.

표 3-11 리터럴 상수 접미어

구분	표현 방법	접미어	예
정수형 상수	unsinged (int)	u U	1000000u 24563U
	unsigned long	ul UL	87252987ul 10000000UL
	unsigned long long	ull ULL	1000000000000000ull 2450000000000000ULL
	long	l L	−20987l 76528876L
	long long	ll LL	1000000000000000ll −2450000000000000LL
실수형 상수	float	f F	3.14f 3354.9876F
	long double	l L	4356.9876l 5634.984276L

실습예제 3-9 Prj09 09numliteral.c 정수형과 실수형 리터럴 상수의 다양한 표현 난이도: ★

```
/* 소스: 09numliteral.c */

#include <stdio.h>

```

```c
int main(void)
{
    printf("%d, %d\n", 010, 015);       //8진수
    printf("%d, %d\n", 10, 15);         //10진수
    printf("%d, %d\n", 0X1a, 0x15);     //16진수

    printf("%f, ", 2.71828);
    printf("%f, ", 2.71828E+2);
    printf("%f\n", 2.71828e-2);

    return 0;
}
```

부동소수의 10의 지수승 표현으로 부동소수는 printf()에서 %f로 출력

결과

```
8, 13
10, 15
26, 21
2.718280, 271.828000, 0.027183
```

심볼릭 const 상수

키워드 const

심볼릭 상수는 변수처럼 고유한 이름이 있는 상수로서 변수 선언에서 키워드 const를 자료형 앞에 삽입하면 변수로는 선언되지만 일반 변수와는 달리 초기 값을 수정할 수 없으며, 이름이 있는 심볼릭 상수(constant number)가 된다. 즉 일반적으로 **변수 선언 시 자료형 또는 변수 앞에 키워드 const가 놓이면 이 변수는 심볼릭 상수**가 된다. **상수는 변수 선언 시 반드시 초기 값을 지정**해야 한다. 프로그램에서 변수 선언 후 선언된 이름으로 수정 없이 여러 번 이용되는 수를 상수로 정의하여 참조할 수 있다. 상수는 다른 변수와 구별하기 위해 관례적으로 모두 대문자로 선언한다. 다음은 변수 RATE에 이자율을 상수로 선언하는 구문이다.

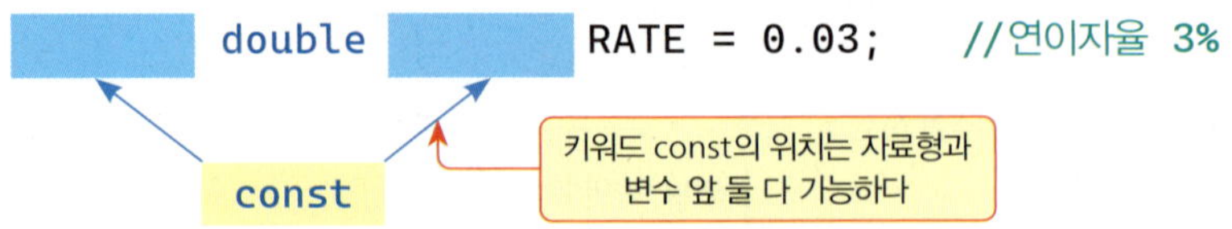

그림 3-48 키워드 const의 위치

이미 상수로 선언된 변수 RATE는 선언 이후 저장 값을 수정한다면, 대입 문장에서 컴파일 오류 C2166이 발생한다. 만일 현재 이자율이 3%에서 3.2%로 수정하려면 const가 있는 선언문에서 직접 0.03을 0.032로 수정해야 한다.

```
//키워드 const로 상수 만들기

const double RATE = 0.03;    //연이자율 3%
int deposit = 800000;
RATE = 0.032;     //수정이 불가능
```

필요하면 이자율을 여기서 직접 수정할 수 있다.

대입 문장의 왼쪽은 수정 가능한 변수이어야 하나 수정이 불가능한 심볼릭 상수이므로 오류가 발생한다.

error C2166: l-value가 const 개체를 지정합니다.

const double RATE = (0.029999999999999999)
연이자율 3%
오류: 식이 수정할 수 있는 lvalue여야 합니다.

그림 3-49 심볼릭 상수 선언과 오류

TIP 문자열을 const 상수에 저장

문자열 리터럴을 변수에 저장하는 방법은 다음과 같이 char* 변수에 저장하는 것이다. 변수 선언에서 처음 보는 *는 포인터(pointer)라는 의미의 문자이다. 다음에서 자료형 char*로 선언되는 변수 str에는 대입한 문자열에서 첫 문자의 주소(address)가 저장되는 변수이다. 만일 다음의 변수 title에서 초기화로 대입된 문자열 "진보된 C 언어"를 다른 문자열로 대체(title에 저장된 주소값이 수정되는 결과)할 수 없도록 상수로 만들려면 반드시 title 앞에 const를 삽입해야 한다. 만일 char* 앞에 const를 삽입하면 문법적으로 다른 의미가 되어, title 변수에 다른 문자열로 대체 수정할 수 있다. 보다 자세한 내용은 포인터에서 학습하자.

```
//문자열을 변수에 저장

char* str = "좋은 C 언어 입문서";      //char *str, char * str 모두 가능
char* const title = "진보된 C 언어";  //title에 다른 문자열 상수 저장 불가
```

변수 title에 다른 문자열로 대체할 수 없도록 하려면 이 위치에 키워드 const를 삽입해야 한다.

그림 3-50 문자열 리터럴 상수의 변수 저장과 심볼릭 상수 정의

실습예제 3-10 Prj10 10const.c 키워드 const를 사용한 상수 선언 난이도: ★

```
/* 소스: 10const.c */

#include <stdio.h>

int main(void)
{
   //키워드 const로 상수 만들기
   double const e = 2.718281;    //오일러 수

```

```
    //e = 2.71828;
    printf("오일러 수 %f\n", e);

    return 0;
}
```

상수는 수정할 수 없으므로 주석을 빼면 컴파일 오류가 발생

결과
```
오일러 수 2.718281
```

중간점검

01 다음 정수가 의미하는 수는 각각 무엇인가?

```
234, 034, 365L, 0×A4, 67543UL
```

02 다음 부분 소스에서 발생하는 오류를 찾으시오.

```
double RATE const = 0.03;       //연이자율 3%
RATE = 0.028;
```

열거형 상수와 매크로 상수

키워드 enum

열거형은 키워드 enum을 사용하여 정수형 상수 목록 집합을 정의하는 자료형이다. 열거형 상수 정의는 enum 다음에 열거형태그명을 기술하고 중괄호를 사용하여 열거형 정수 상수 목록을 쉼표로 분리하여 기술한다. 정의된 열거형은 새로운 자료형으로 사용할 수도 있다. 다음 열거형 상수 enum DAY에서 7개의 열거형 상수 SUN, MON, TUE, WED, THU, FRI, SAT는 각각 0에서 6까지 정수 상수로 정의된다. 즉 **열거형 상수에서 목록 첫 상수의 기본 값이 0이며 다음부터 1씩 증가하는 방식으로 상수 값이 자동으로 부여된다.**

```
//키워드 enum으로 열거형 정수 상수 목록 만들기
enum DAY {SUN, MON, TUE, WED, THU, FRI, SAT};
           0    1    2    3    4    5    6

enum 열거형태그명 {열거형상수1, 열거형상수2, 열거형상수3, ... };
```

열거 상수 목록으로 순서대로 0, 1, 2 등으로 정의된다.

그림 3-51 열거형 상수 목록 선언

상수 목록에서 특정한 정수 지정 가능

다음과 같이 **상수 목록에 특정한 정수 값을 부분적으로 직접 지정할 수도 있다.** 다음 enum SHAPE의 경우, 첫 번째 POINT 상수는 자동으로 0이 지정되며, LINE은 POINT 다음이므로 1, 상수 TRI는 선언에서 직접 지정한 상수 3, RECT는 이전 상수 TRI보다 1 증가한 4, 상수 OCTA는 지정 상수 8, 마지막으로 상수 CIRCLE은 OCTA 다음이므로 9로 정의된다. 즉 열거형 상수에서 **상수 값을 지정한 상수는 그 값으로, 따로 지정되지 않은 첫 번째 상수는 0이며, 중간 상수는 앞의 상수보다 1씩 증가한 상수 값**으로 정의된다. 열거형 상수 선언에서 상수의 이름은 모두 달라야 하나 상수의 정수 값은 같을 수도 있다.

```
enum SHAPE { POINT, LINE, TRI = 3, RECT, OCTA = 8, CIRCLE };
```

정수형 상수 목록

POINT	0	LINE	1	TRI	3	RECT	4	OCTA	8	CIRCLE	9

그림 3-52 직접 정수를 지정하는 열거형 상수 목록

C 언어에는 지원하지 않는 논리형[6]을 다음 enum bool을 정의하여 이용할 수 있으며, 열거형 enum pl 정의에서는 필요한 경우 모든 목록에 필요한 정수 값을 각 상수에 지정할 수 있다.

```
enum boolean  {FALSE, TRUE};
enum city  {SEOUL, INCHEON, DAEGU, PUSAN};
enum OS  {WINDOW, OSX = 3, ANDROID, IOS = 7, LINUX};
enum pl {c = 1972, cpp = 1983, java = 1995, csharp = 2000};
```

그림 3-53 다양한 열거형 상수

실습예제 3-11 Prj11 11enum.c enum의 열거형 상수 난이도: ★★

```
/* 소스: 11enum.c */

#include <stdio.h>

int main(void)
{
   //키워드 enum으로 열거형 정수 상수 목록 만들기
   enum DAY { SUN, MON, TUE, WED, THU, FRI, SAT };
   printf("%d %d\n", SUN, THU); //0 4
```

상수 SUN은 0에서부터 순차적으로 1씩 증가되어 지정되며, 상수 THU은 4로, SAT는 6으로 지정

[6] 프로그래밍 언어에서 참과 거짓을 지원하는 자료형을 논리형이라 한다. 자바 언어는 참은 true, 거짓은 false라는 상수로 논리 값을 지원하며, 이 true와 false 값만을 다루는 자료형을 boolean형이라 한다. C 언어는 논리형이 따로 없으나 논리 개념은 존재한다. 자세한 사항은 5장의 연산자에서 학습하도록 하자.

```
    //상수 목록에서 특정한 정수 지정 가능
    enum SHAPE { POINT, LINE, TRI = 3, RECT, OCTA = 8, CIRCLE };
    printf("LINE: %d, RECT: %d, CIRCLE: %d\n", LINE, RECT, CIRCLE);

    enum pl { c = 1972, cpp = 1983, java = 1995, csharp = 2000 };
    printf("c: %d, cpp: %d, java: %d\n", c, cpp, java);

    return 0;
}
```

결과

```
0 4
LINE: 1, RECT: 4, CIRCLE: 9
c: 1972, cpp: 1983, java: 1995
```

전처리기 지시자 #define

이름이 붙여진 심볼릭 상수의 표현 방법으로 매크로 상수가 있다. **전처리 지시자 #define은 매크로 상수를 정의하는 지시자이다.** 다른 일반 변수와 구분하기 위해 **#define에 의한 심볼릭 상수도 주로 대문자 이름으로 정의하는데, 이를 매크로 상수**(macro constant)라고 부른다. 전처리기(preprocessor)[7]는 소스에서 정의된 매크로 상수를 모두 #define 지시자에서 정의된 문자열로 대체(replace)한다. 다음 지시자 #define은 정수, 실수 또는 문자열 등의 상수를 KPOP, PI 등의 이름으로 정의한다. 다음 소스에서 PI라는 매크로 상수는 전처리 과정에서 모두 3.14라는 실수 값으로 바뀐 소스로 컴파일된다. #define 자세한 내용은 4장 전처리에서 다시 살펴보도록 하자.

```
#define KPOP 50000000          //정수 매크로 상수
#define PI 3.14                //실수 매크로 상수
```

그림 3-54 매크로 상수 KPOP과 PI

매크로 상수는 라이브러리에서도 많이 활용된다. 전처리기에 의해 대체 처리되는 매크로 상수의 예로 기본 자료형의 최대, 최소 값을 들 수 있다. **문자형과 정수형의 최대 최소 상수는 헤더파일 limits.h에 정의되어 있으며, 부동소수형의 최대 최소 상수는 헤더파일 float.h에 정의되어 있다.**

[7] 전처리기는 컴파일 하기 전에 처리하는 작업을 담당하는 프로그램으로, 전처리와 전처리기는 4장에서 자세히 학습할 예정이다.

표 3-12 자료형과 최대 최소 상수([ ] 내부의 자료형은 생략 가능)

분류	헤더파일	자료형	관련 상수이름
문자형	limits.h	char	CHAR_MIM, CHAR_MAX
		signed char	SCHAR_MIM, SCHAR_MAX
		unsigned char	UCHAR_MAX
정수형	limits.h	[signed] short [int]	SHRT_MIM, SHRT_MAX
		[signed] [int]	INT_MIM, INT_MAX
		[signed] long [int]	LONG_MIM, LONG_MAX
		[signed] long long [int]	LLONG_MIM, LLONG_MAX
		unsigned short [int]	USHRT_MAX
		unsigned [int]	UINT_MAX
		unsigned long [int]	ULONG_MAX
		unsigned long long [int]	ULLONG_MAX
부동소수형	float.h	float	FLT_MIM, FLT_MAX
		double	DBL_MIN, DBL_MAX
		long double	LDBL_MIN, LDBL_MAX

헤더파일 limits.h를 살펴보면, 자료형 int의 최대와 최소값 상수인 INT_MAX와 INT_MIN 등, 문자형과 정수형에 대한 다양한 매크로 상수가 다음과 같이 정의되어 있다.

```
#define SHRT_MIN     (-32768)
#define SHRT_MAX       32767
#define USHRT_MAX      0xffff
#define INT_MIN      (-2147483647 - 1)
#define INT_MAX        2147483647
#define UINT_MAX       0xffffffff
#define LONG_MIN     (-2147483647L - 1)
#define LONG_MAX       2147483647L
#define ULONG_MAX      0xffffffffUL
#define LLONG_MAX      9223372036854775807i64
#define LLONG_MIN    (-9223372036854775807i64 - 1)
#define ULLONG_MAX     0xffffffffffffffffui64
```

접미어 i64는 LL과 같이 64비트 정수를 나타낸다.

그림 3-55 헤더파일 limits.h의 주요 매크로 상수

실습예제 3-12 Prj12 12macro.c 정수형 최대 최소 매크로 상수 난이도: ★★

```
/* 소스: 12macro.c */

#include <stdio.h>
#include <limits.h> //문자형, 정수형 상수가 정의된 헤더파일 삽입

```

```
int main(void)
{
    //헤더파일 limits.h에 정의된 각 자료형의 최대 최소 매크로 상수
    printf("%d ~ %d\n", CHAR_MIN, CHAR_MAX);
    printf("%d ~ %u\n", 0, USHRT_MAX);
    printf("%d ~ %d\n", INT_MIN, INT_MAX);
    printf("%lld ~ %lld\n", LLONG_MIN, LLONG_MAX);

    return 0;
}
```

결과

```
-128 ~ 127
0 ~ 65535
-2147483648 ~ 2147483647
-9223372036854775808 ~ 9223372036854775807
```

중간점검

01 다음 매크로 상수 정의에서 오류를 찾으시오.

```
#define  3.14 PI          //실수 매크로 상수
```

02 다음 중에서 헤더파일 limits.h에 정의된 매크로 상수가 아닌 것은?

```
USHRT_MIN     USHRT_MAX     UINT_MAX     ULONG_MAX     INT_MIN
```

LAB

부동소수형 최대 최소 매크로 상수 출력

헤더파일 float.h에 매크로로 정의된 부동소수형의 최대 최소 상수를 다음 결과와 같이 출력해 보는 프로그램을 작성해보자.

- 자료형 float의 최대 최소 매크로 상수: FLT_MIN, FLT_MAX
- 자료형 double의 최대 최소 매크로 상수: DBL_MIN, DBL_MAX
- 위 상수를 참고로 자료형 long double의 최대 최소 매크로 상수 출력
- 출력을 위한 함수 print()에서 %e로 부동소수형 출력

```
float 범위: 1.175494e-38 3.402823e+38
double 범위: 2.225074e-308 1.797693e+308
long double 범위: 2.225074e-308 1.797693e+308
```

Lab 3-2 lab2minmaxfloat.c 부동소수형 최대 최소 매크로 상수 출력 난이도: ★

```
01 #include <stdio.h>
02 #include <float.h>      //부동소수형 상수가 정의된 헤더파일 삽입
03
04 int main(void)
05 {
06    printf("float 범위: %e %e\n", ________, FLT_MAX);
07    printf("double 범위: %e %e\n", DBL_MIN, ________);
08    printf("long double 범위: %e %e\n", LDBL_MIN, LDBL_MAX);
09
10    return 0;
11 }
```

정답

```
06    printf("float 범위: %e %e\n", FLT_MIN, FLT_MAX);
07    printf("double 범위: %e %e\n", DBL_MIN, DBL_MAX);
```

내용점검 연습

01 다음에서 서술 내용이 맞으면 ○, 틀리면 × 하시오.

❶ 프로그램에서 컴퓨터에게 명령을 내리는 최소 단위를 문장(statement)이라 한다. (　)

❷ C 언어에서 변수의 자료유형은 바뀔 수 있다. (　)

❸ 식별자는 영문자(대소문자 알파벳), 숫자(0에서 9), 빼기 기호(-)(_)로 구성된다. (　)

❹ 문자형과 정수형의 최대 최소 상수는 헤더파일 limits.h에 정의되어 있다. (　)

❺ 열거형 enum을 사용하여 정수 열거형 상수를 여러 개 정의하여 활용할 수 있다. (　)

❻ 블록 내부에서 변수선언은 반드시 다른 문장보다 앞서 배치해야 한다. (　)

❼ 변수(variables)에서 변수 이름, 변수 유형, 변수 저장 값을 변수의 3요소라 한다. (　)

02 다음에서 비어있는 부분을 적당히 채우시오.

❶ 문장과 달리 프로그램 내용에는 전혀 영향을 미치지 않는 설명문을 (　　　　　　　)이라 한다.

❷ (　　　　　　　)는 블록 내부에서 문장들을 탭(tab) 정도만큼 오른쪽으로 들여 쓰는 소스작성 방식이다.

❸ 프로그래밍 언어에서 문법적으로 의미 있는 단어로 사용하기 위해 미리 정의해 놓은 단어를 (　　　　　　)라 한다.

❹ 연산자 (　　)를 이용하면 자료형, 변수, 상수의 저장공간 크기를 바이트 단위로 알 수 있다.

❺ 전처리 지시자 (　　)은 매크로 심볼릭 상수를 정의하는 지시자이다.

❻ 변수를 사용하기 위해서는 먼저 (　　　　　　　　　) 과정이 필요하다.

❼ 이스케이프 문자에서 역슬래쉬 \ 자체는 (　)로 표현한다.

03 다음 각각의 문제에서 가장 적절한 것을 하나 선택하시오.

❶ 다음 중에서 키워드가 아닌 것은? (　)

가) int　　나) return

다) main　　라) void

❷ 다음 중에서 식별자로 사용할 수 없는 것은? (　)

가) my_name　　나) employee
다) C#　　라) year2012

❸ 다음 중에서 정수 상수의 표현이 잘못된 것은? (　)

가) 30　　나) 090
다) 0xFF　　라) 011

❹ 다음 문장에서 그 출력 기능이 다른 한 문장은 무엇인가? (　)

가) printf("C Language");　　나) printf("C Language\n");
다) puts("C Language");　　라) printf("C Language%c", '\n');

❺ 다음 문장에서 그 출력 값이 다른 한 문장은 무엇인가? (　)

가) printf("%d", 10);　　나) printf("%d", 012);
다) printf("%d", 0xA);　　라) printf("%d", 010);

❻ 다음 중에서 정수형 자료형이 아닌 것은? (　)

가) long　　나) long double
다) short　　라) unsigned

❼ 다음 중에서 부동소수형 자료형만을 기술한 것은 무엇인가? (　)

가) byte, float, double　　나) float, double, long double
다) long, float, double　　라) short, float, double

❽ 다음 중에서 변수선언 문장으로 잘못된 것은? (　)

가) int n;　　나) short a, b, c;
다) int x = 10;　　라) int num1, short num2 = 3;

❾ 다음 중에서 변수선언 문장으로 잘못된 것은? (　)

가) long int n;　　나) unsigned a, b, c;
다) double x = 10.0;　　라) unsigned float uf;

❿ 다음 중에서 오류가 발생하지 않는 문장은? (　)

가) int alpha = 145;　　나) const PI double = 3.14;
다) int float data = 6.8F;　　라) unsigned float = 2.67F;

04 다음에 있는 단어가 키워드인지 아닌지 구별하시오.

void	include	unsigned	import	print	signed
main	stdio	enum	define	int	long
short	byte	bool	list		

05 다음에 표현한 식별자에 오류가 있다면 수정하시오.

❶ 6six

❷ math score

❸ mail@id

❹ double

❺ init−data

06 다음에 설명에 해당하는 문장을 작성하시오.

❶ 변수 real에 부동소수를 저장할 수 있도록 선언하는 문장

❷ 변수 ch에 문자를 저장할 수 있도록 선언하는 문장

❸ 변수 a, b, c에 정수를 저장할 수 있도록 선언하는 문장

❹ 변수 point를 선언하면서 95를 저장하는 문장

❺ 변수 rate1, rate2를 선언하면서 각각 3.45, 7.87을 저장하는 문장

❻ 변수 x, y, z를 선언하면서 각각 10, 20, 30을 저장하는 문장

❼ 변수 alarm을 선언하면서 알람이 울리는 문자를 저장하는 문장

❽ 변수 value를 선언하면서 2.35×10^3을 저장하는 문장

❾ 변수 data에 unsigned int 형으로 30을 저장하는 문장

❿ 변수 score에 16진수로 3A 값을 저장하는 문장

07 다음 부분 소스에서 오류 또는 경고를 찾아 수정하시오.

❶ `int a b c;`

❷ `char a, int d;`

❸ `float f1, f2 = 3.5;`

❹ `char ch = "c";`

❺ `unsigned char = -5;`

⑥ `char field = 128;`

⑦ `printf("%d\n", sizeof char);`

⑧ `printf("%f\n", 'a');`

⑨ `printf("%d\n", 3.4);`

⑩ `printf("%f\n", 200);`

08 다음은 출력 함수 printf()에 사용되는 형식 제어문자이다. 다음 선언된 변수에 사용되는 적합한 형식제어문자를 선택하시오.

```
%d    %f    %u    %c    %lld    %llu
```

① double area = 28.765;

② char tab = '\t';

③ int average = 92;

④ unsigned uvalue = 200U;

⑤ long long dist1 = −100000000000LL;

⑥ unsigned long long big_uint = 200000000000ULL;

09 다음 프로그램 소스에서 오류를 찾아 수정하시오.

①
```
#include <stdio.h>
int main(void)
{
   int a = 3, b = 8;
   a + b = 11; //a + b는 대입문의 왼쪽이라 오류, a = a + b; 등으로 수정
   printf("%d %d \n", a, b);
   return 0;
}
```

②
```
#include <stdio.h>
int main(void)
{
   int value = 7;
   printf("%d\n", value);
   int year; //초기 값이 없어 오류
   printf("%d\n", year);
   return 0;
}
```

10 다음 프로그램의 결과를 기술하시오.

❶
```
#include <stdio.h>
int main(void)
{
    printf("%c, %d\n", 'A', 13);
    printf("%d, %d\n", 011, 022);
    printf("%d, %d\n", 0xd, 0Xff);
    printf("%f, %f\n", 3.2, 1.234E2);
    return 0;
}
```

❷
```
#include <stdio.h>
#include <limits.h>
int main(void)
{
    short data = SHRT_MAX + 1;
    printf("%d %d %d\n", SHRT_MAX, data, sizeof(short));
    data = SHRT_MIN - 1;
    printf("%d %d %d\n", SHRT_MIN, data, sizeof data);
    return 0;
}
```

프로그래밍 연습

01 함수 printf()를 사용해 8진수 021와 16진수 0x1b 상수를 10진수로 출력하는 프로그램을 작성하시오. 난이도: ★

```
Microsoft Visual Studio 디버그 콘솔
17 27
```

02 변수 point1과 point2를 선언하여 각각 중간과 기말고사의 성적인 88, 92를 저장하고 두 수의 합을 변수 total에 저장하여, 두 수와 합을 출력하는 프로그램을 작성하시오. 난이도: ★

```
Microsoft Visual Studio 디버그 콘솔
중간: 88 기말: 92 합: 180
```

03 10진수 8에서 15까지 8진수, 10진수, 16진수의 상수를 10진수로 출력하는 8개의 문장으로 구성된 프로그램을 작성하시오. 난이도: ★

```
Microsoft Visual Studio 디버그 콘솔
8 8 8
9 9 9
10 10 10
11 11 11
12 12 12
13 13 13
14 14 14
15 15 15
```

```
printf("%d %d %d\n", 8, 010, 0x8);
printf("%d %d %d\n", 9, 011, 0x9);
```

04 함수 printf()를 사용해 다음 여러 상수를 출력하는 프로그램을 작성하시오. 난이도: ★

- 다음 문자 상수를 이용하여 다음 문자를 한 줄에 출력

```
^ * ! # @
```

- 다음 실수 상수를 출력

```
10.63, 2.34567E3, 2.34567E-3
```

- 다음 문자열 상수를 출력

```
"C" 언어는 재미있는 '프로그래밍 언어'이네요.
```

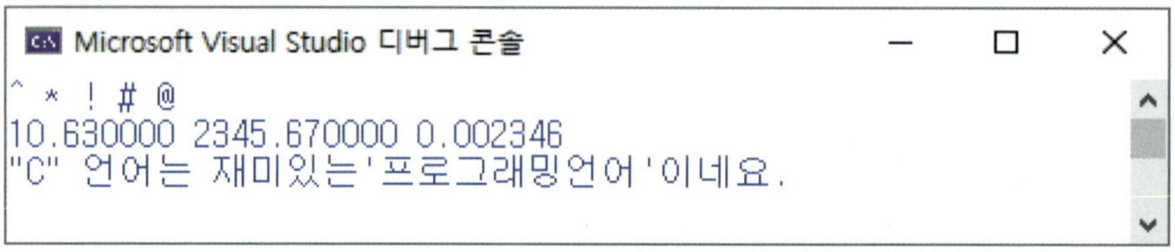

05 반지름이 5.37인 원의 면적과 둘레 길이를 구하는 프로그램을 작성하시오. 난이도: ★

- 매크로 상수로 원주율 PI를 3.14로 정의
- 면적 공식: 반지름 × 반지름 × PI(원주율)
- 둘레 길이 공식: 2 × PI (원주율) × 반지름

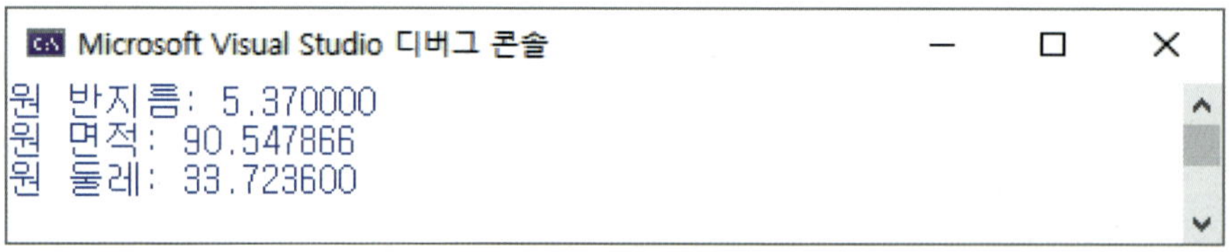

06 컴퓨터에서 경보음이 울리고 문장 "수업 시간입니다."가 출력되는 프로그램을 작성하시오. 난이도: ★

- 경보음 문자 '\a'

07 아스키코드 값이 8진수로 041에서 045까지인 문자를 출력하는 프로그램을 작성하시오. 난이도: ★

```
Microsoft Visual Studio 디버그 콘솔
! " # $ %
```

08 아파트 면적인 18평, 25평을 제곱미터(m^2)의 면적으로 출력하는 프로그램을 작성하시오. 난이도: ★

- 1평은 3.305785제곱미터(m^2)이라는 것을 const 상수로 정의

```
Microsoft Visual Studio 디버그 콘솔
18(평): 59.504(제곱미터)
25(평): 82.645(제곱미터)
```

09 길이 60km, 80km, 100km, 120km를 마일(mile) 단위로 출력하는 프로그램을 작성하시오. 난이도: ★

- 1km는 0.621371마일(mile)이라는 것을 const 상수로 정의

```
Microsoft Visual Studio 디버그 콘솔
 60(km): 37.282(mile)
 80(km): 49.710(mile)
100(km): 62.137(mile)
120(km): 74.565(mile)
```

10 문자의 더하기와 빼기 연산으로 주위의 문자를 출력하는 프로그램을 작성하시오. 난이도: ★

- 문자형 연산 'A' + 2 결과를 문자로 출력
- 문자형 연산 'A' + 5 결과를 문자로 출력
- 문자형 연산 'S' − 1 결과를 문자로 출력
- 문자형 연산 'S' − 3 결과를 문자로 출력

```
Microsoft Visual Studio 디버그 콘솔
C F R P
```

11 다음 정보와 조건으로 화성과 천왕성 간의 거리를 계산하는 프로그램을 작성하시오. 난이도: ★

- 태양과 화성 간의 거리 117,900,000 km를 long long 자료형 변수에 저장
- 태양과 천왕성 간의 거리 2,871,000,000 km를 long long 자료형 변수에 저장

```
Microsoft Visual Studio 디버그 콘솔
화성과 천왕성 간의 거리 = 2753100000 km
```

12 다음 정보로 한화 100만원을 환전하면 받을 수 있는 달러를 계산하는 프로그램을 작성하시오.
난이도: ★

- 미국 US $1는 1120원임을 다음 매크로로 정의

```
#define EXCHANGE_RATE 1120.0
```

- 변수 won에 100만원이 저장되어 있다면 다음으로 연산한 결과를 출력

```
won / EXCHANGE_RATE
```

```
Microsoft Visual Studio 디버그 콘솔
1000000 원 => 892.857143 달러
```

CHAPTER 04

전처리와 입출력

학습목표

▶ **전처리기와 전처리 지시자에 대하여 이해하고 설명할 수 있다.**
- 전처리기 역할
- 전처리 지시자 #define, #include

▶ **함수 printf()를 이용한 출력을 이해하고 프로그래밍 가능하다.**
- 여러 자료형에 따른 형식지정 방식
- 형식 제어문자 및 다양한 출력 방식
- 출력 폭 지정과 다양한 옵션 +, –, #, 0의 사용

▶ **함수 scanf()를 이용한 입력을 이해하고 프로그래밍 가능하다.**
- 여러 자료형에 따른 형식지정 방식
- 형식 제어문자 및 다양한 입력 방식

학습목차

4.1 전처리

전처리 개요

전처리기의 역할

C 언어는 컴파일러(compiler)가 컴파일(compile)하기 전에 전처리기(preprocessor)의 전처리(preprocess) 과정이 필요하다. 전처리 과정은 말 그대로 컴파일 이전에 하는 작업으로, 전처리 지시자인 #include로 헤더파일을 삽입하거나 #define에 의해 정의된 상수를 대체시키는 등, 전처리 결과인 전처리 출력파일을 만들어 컴파일러에게 보내는 작업을 수행한다. 이후 컴파일러는 전처리기가 생성한 소스를 컴파일한다.

- **전처리 과정에서 처리되는 문장을 전처리 지시자(preprocess directives)**라 한다.
- #include, #define과 같은 전처리 지시자는 항상 #으로 시작하고, 마지막에 세미콜론 ; 이 없는 등 일반 C 언어 문장과는 구별된다.
- 단원 16에서 다루게 될 조건 지시자로 #if, #elif, #else, #endif, #ifdef, #ifndef, #undef 등이 있다.

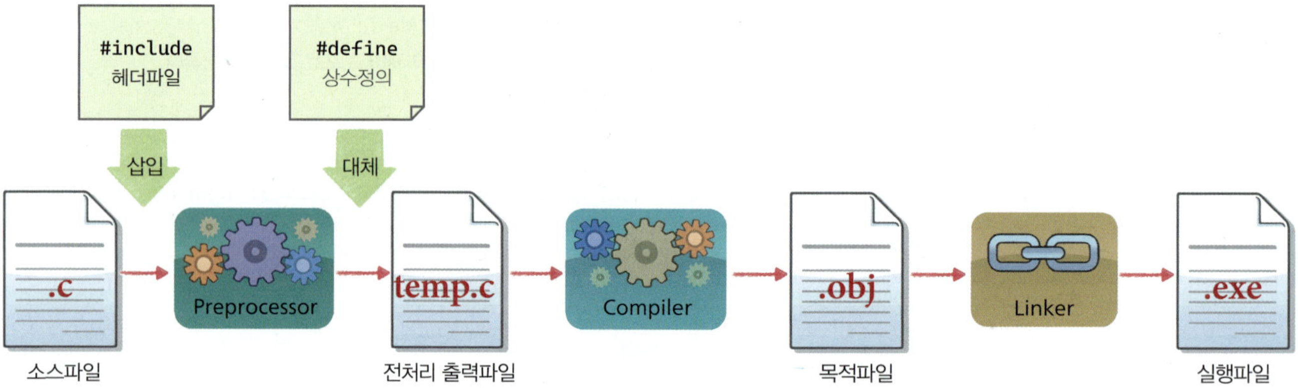

그림 4-1 전처리기와 컴파일러

전처리 지시자 #include

헤더파일

헤더파일을 설명하기에 앞서 소스의 첫 문장으로 사용했던 다음 문장을 살펴보자.

```
#include <stdio.h>
```

위 문장이 전처리 지시자로, 함수 printf()를 사용하는 프로그램이라면 필수적으로 'stdio.h'라는 헤더파일을 사용해야 하기 때문에 항상 이용하는 문장이다.

- 헤더파일(header file)은 전처리 지시자인 #include, #define 등과 앞으로 배울 자료형의 재정의(typedef), 함수원형(prototype) 정의 등의 문장이 있는 텍스트 파일이다.

대표적인 헤더파일인 stdio.h는 printf(), scanf(), putchar(), getchar() 등과 같은 입출력 함수의 정보[1]가 정의된 헤더파일이다. 그러므로 입출력 함수 printf(), scanf()를 사용하는 소스에서 헤더파일 stdio.h가 반드시 필요하다.

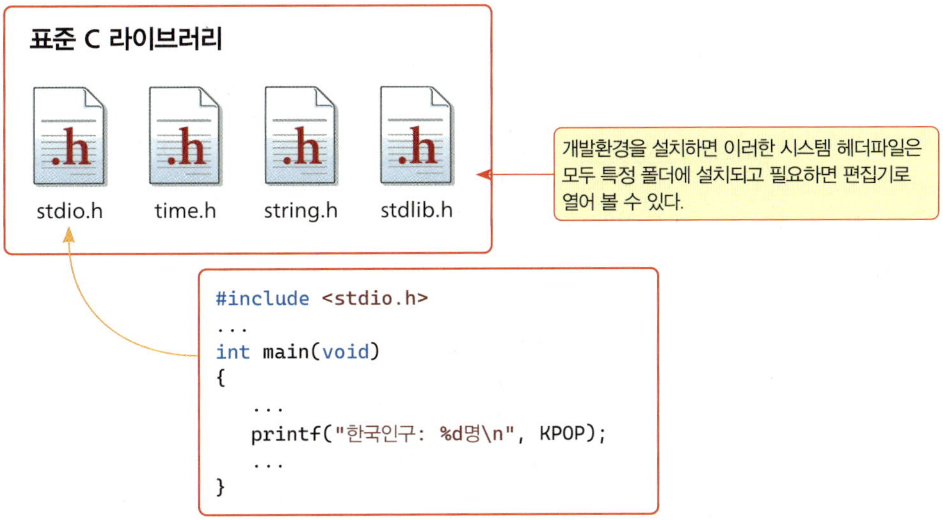

그림 4-2 헤더파일과 #include

표준 입출력에 관한 여러 필요 정보를 저장하고 있는 'stdio.h'와 같은 시스템 헤더파일은 이미 개발환경에 저장되어 있으며 필요하면 볼 수 있다. 다음은 비주얼 스튜디오에서 헤더파일을 보는 방법이다.

- 소스의 <stdio.h>에서 마우스 오른쪽 메뉴를 열어 '<stdio.h> 문서 열기'를 선택하면 편집기에 바로 헤더파일 stdio.h 소스를 볼 수 있다.
- 헤더파일 stdio.h이 있는 위치를 알고 싶다면 소스파일 이름 위에서 마우스 오른쪽 메뉴를 열어 '상위 폴더 열기'를 선택하면 다음과 같이 헤더파일 stdio.h가 보이는 탐색기를 볼 수 있다.

[1] 10장에서 배울 함수원형(prototype)이라는 정보가 저장되어 있다.

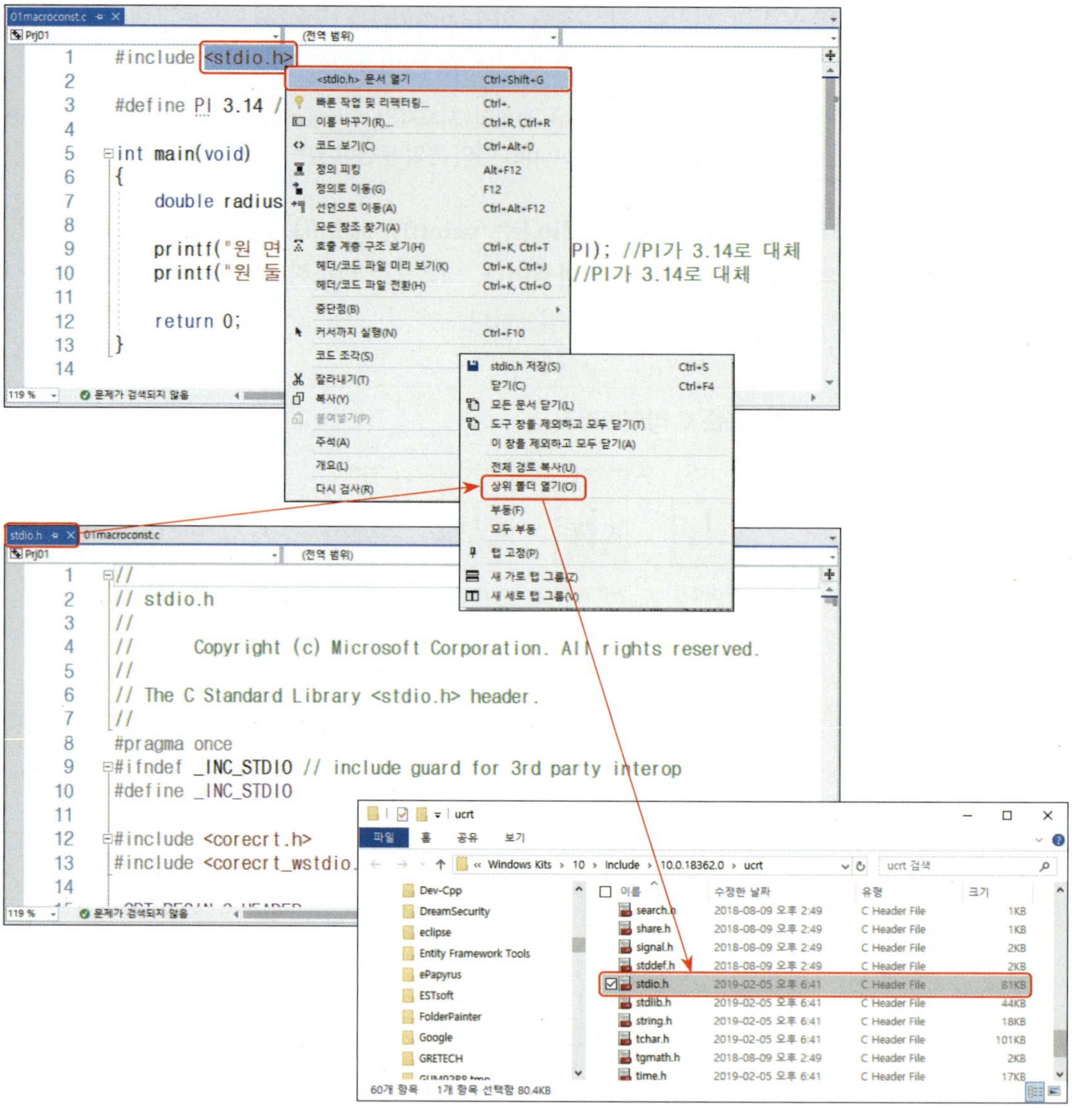

그림 4-3 비주얼 스튜디오에서 헤더파일 열기

다음은 주요 시스템 헤더파일을 요약한 표로 필요한 경우 #include 지시자로 적당한 헤더파일을 삽입해야 한다. **헤더파일(header file)의 확장자는 .h이다.**

표 4-1 주요 헤더파일

헤더파일	파일 이름	파일 내용
stdio.h	STanDard Input Ouput(표준 입출력)	표준 입출력 함수와 상수
stdlib.h	STanDard LIBrary(표준 함수)	주요 메모리 할당 함수와 상수
math.h	math	수학 관련 함수와 상수
string.h	string	문자열 관련 함수와 상수
time.h	time	시간 관련 함수와 상수
ctype.h	Character type	문자 관련 함수와 상수
limits.h	limits	정수 상수 등 여러 상수
float.h	float	부동소수에 관련된 각종 상수

전처리 지시자 #include는 헤더파일을 삽입하는 지시자이다. 다음 지시자 #include 문장은 명시된 헤더파일 stdio.h를 그 위치에 삽입하는 역할을 수행한다.

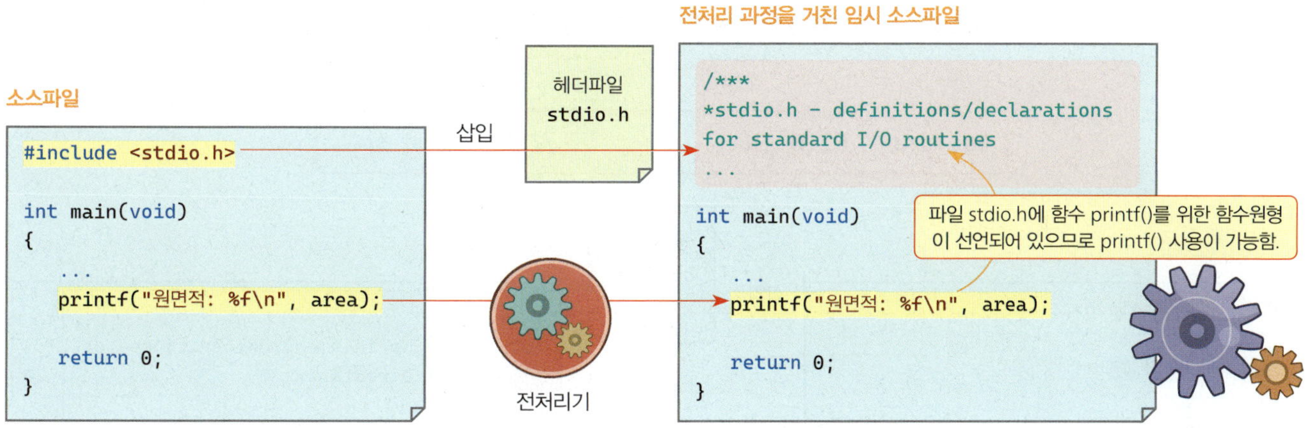

그림 4-4 전처리기와 컴파일러

중간점검

01 C 언어에서 컴파일러가 컴파일하기 전에 전처리 지시자를 처리하는 모듈은 무엇인가?

02 헤더파일을 삽입하는 전처리 지시자는 무엇인가?

전처리 지시자 #define

매크로 상수

이름이 붙여진 심볼릭 상수의 표현 방법으로 매크로 상수가 있다. **전처리 지시자 #define은 매크로 상수를 정의하는 지시자이다.** 다른 일반 변수와 구분하기 위해 **#define에 의한 심볼릭 상수는 주로 대문자 이름으로 정의하는데, 이를 매크로 상수(macro constant)**라고 부른다. 전처리기(preprocessor)는 소스에서 정의된 매크로 상수를 모두 #define 지시자에서 정의된 문자열로 대체(replace)시킨다.

- 다음 #define에 정의된 identifier_name은 전처리기에 의해 모두 value로 대체되어 컴파일된다.

```
#define identifier_name [value]
```

- 다음 지시자 #define은 정수, 실수 또는 문자열 등의 상수를 PI 등의 이름으로 정의한다.
- 다음 소스에서 PI라는 매크로 상수는 전처리 과정에서 모두 3.14라는 실수로 값이 바뀐 소스로 컴파일된다.
- 단 매크로 상수는 문자열 내부 또는 주석 부분에서는 대체되지 않는다.

```
#define   PI 3.14            //실수 매크로 상수
```

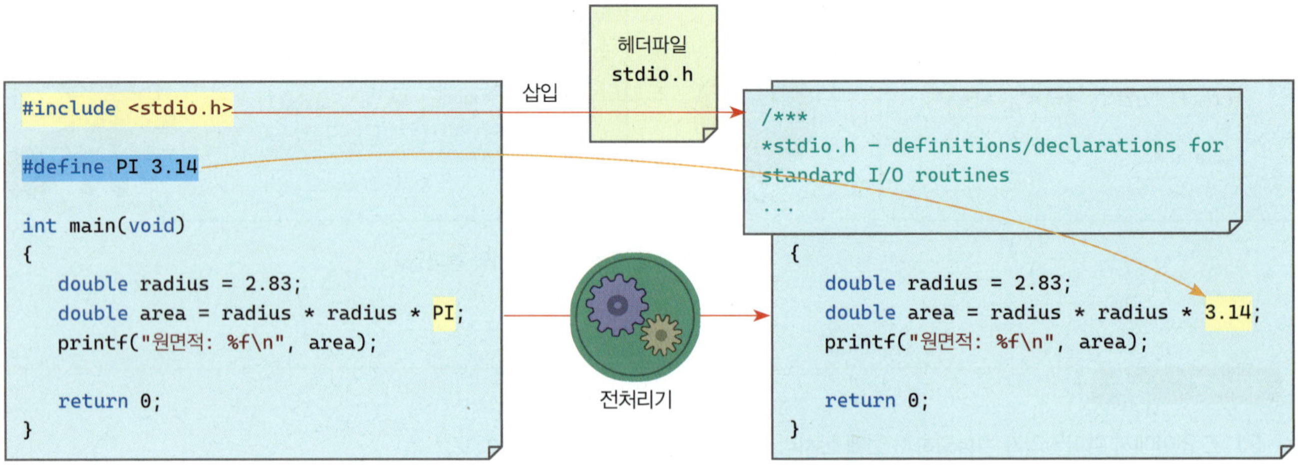

그림 4-5 매크로 상수와 전처리 과정

실습예제 4-1 | Prj01 | 01macroconst.c | #define에 의한 매크로 상수 | 난이도: ★

```
#include <stdio.h>

#define PI 3.14    //실수 매크로 상수

```

```c
int main(void)
{
    double radius = 2.83;

    printf("원 면적: %f\n", radius * radius * PI);   //PI가 3.14로 대체
    printf("원 둘레: %f\n", 2 * radius * PI);        //PI가 3.14로 대체

    return 0;
}
```

전처리 과정을 거친 다음 문장이 컴파일된다.
printf("원 면적: %f\n", radius * radius * 3.14)
printf("원 둘레: %f\n", 2 * radius * 3.14);

곱하기 연산의 기호로 5장에서 학습할 예정

결과

```
원 면적: 25.147946
원 둘레: 17.772400
```

TIP 매크로가 한 줄이 넘어가면 어쩌지요?

만일 지시자 #define에서 치환문자열이 길어 여러 줄에 나누어 써야 한다면 계속되는 줄 끝에 역슬래쉬 \를 넣어 줄이 계속되고 있음을 표시해야 한다. **모든 지시자는 원칙적으로 한 줄에 하나의 지시자를 코딩해야 하므로 여러 줄의 지시자를 입력하기 위해서는 줄 끝에 역슬래쉬 \를 이용**한다.

역슬래쉬 \는 글꼴에 따라 원화 표시인 ₩으로 표시되기도 함

```c
#define MESSAGE "프로그램 언어의 학습은 일반 언어의 학습과₩
                    같이 반복 학습이 중요하다"
```

그림 4-6 지시자에서 역슬래시 \는 계속을 의미

중간점검

01 매크로로 상수를 정의하는 지시자는 무엇인가?

02 매크로 상수 STD_NUM을 30으로 지정하는 전처리 지시자를 기술하시오.

4.2 출력함수 printf()

출력함수 printf()의 형식지정자 개요

출력함수 printf()에서의 다양한 형식지정자

다양한 변수와 상수의 출력에 사용된 printf()는 일련의 문자 및 값으로 서식을 지정하여 표준 출력인 명령 프롬프트 콘솔(console)에 출력하는 함수이다.

함수 printf()[2]의 인자는 크게 형식문자열과 출력할 목록으로 구분되어, **출력 목록의 각 항목을 형식문자열에서 %d, %f와 같이 %로 시작하는 형식지정자 순서대로 서식화하여 그 위치에 출력**한다.

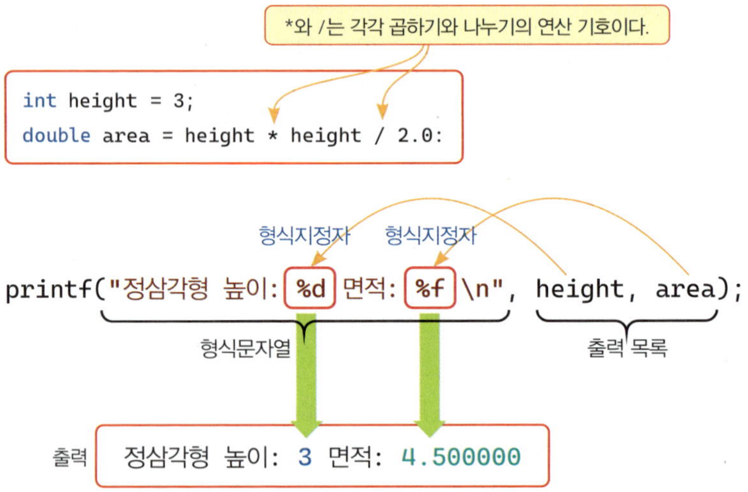

그림 4-7 출력 함수 printf() 이해

함수 printf()의 첫 번째 인자인 형식문자열[3](format string)은 일반 문자와 이스케이프 문자 그리고 형식지정자[4](format specification)로 구성된다.

- %d와 %s와 같이 %로 시작하는 형식지정자는 출력하려는 값의 위치에 배치한다.

콘솔에 출력되는 문자열 내부에서 적당한 정수와 실수 또는 문자열 등의 자료형을 적당한 위치에 출력하기 위해 형식지정자가 필요한 것이다. 함수 printf()에서 형식지정자는 크게 정수, 실수, 문자, 문자열 등에 따라 다르다.

2 이미 배웠듯이 함수 printf()는 '프린트에프'라고 읽으며, f는 '형식화' 또는 '서식화'의 의미인 formatted를 나타낸다.

3 형식인자는 format으로 제어문자열, 형식문자열 등으로도 부른다.

4 형식지정자는 형식제어문자, 서식사양, 변환명세(conversion specification), 변환문자(conversion character) 등 매우 다양하게 부른다.

- **형식지정자는 출력 내용의 자료형에 따라 %d, %i, %c, %s와 같이 %로 시작**한다.
- 형식문자열 뒤에 위치한 출력될 값은 형식지정자 형식에 맞게 콘솔로 출력할 값이 표시된다.
- 형식지정자는 출력 값의 목록과 순서대로 서로 일치해야 한다.

```
printf("%d %i %f %s \n", 3, 16, 3.4, "hello");
```

그림 4-8 출력 값 목록의 순서와 형식지정자의 일치

자료형에 맞는 형식지정자를 살펴보면 다음과 같다.

표 4-2 형식지정자 종류

형식지정자	출력 양식
%d %i %lld	정수 출력, 특히 %lld는 long long 자료형 출력에 사용
%f, %lf	실수 출력
%c, %C	문자 출력
%s	문자열 출력

형식지정자의 출력 폭 지정

출력 값의 가로 길이인 폭(width)도 지정이 가능하다. 모든 형식지정자에서 출력 값의 폭(width)을 지정하려면 %10d와 같이 %와 d 사이에 폭 길이인 10을 기술한다. 출력 폭이 출력 내용의 폭보다 넓으면 빈 공간이 왼쪽에 생기도록 정렬은 기본적으로 오른쪽으로 한다. 만일 출력 폭을 잘못 지정하여 출력 내용보다 좁으면 폭을 무시하고 원래대로 출력한다.

- **형식지정자 %8d는 10진수를 8자리 폭에 출력**한다. **지정한 출력 폭이 출력할 내용보다 넓으면 정렬은 기본적으로 오른쪽**이다. 다음은 정수 7629를 %8d로 출력한 모습이다.

				7	6	2	9

```
printf("%8d\n", 7629);
```

- 형식지정자 %10f는 소수점을 포함한 전체 폭은 10이고 소수점 이하 자릿수는 기본으로 6자릿수로 출력한다.

	3	2	.	3	6	9	0	0	0

```
printf("%10f\n", 32.369);
```

- 형식지정자가 %10.3f이면 소수점을 포함하여 전체 폭은 10, 그 중에서 3은 소수점 이하 자리수로 출력하며, 다음은 정수 32.369를 %10.3f로 출력한 모습으로, 소수점도 전체 폭 10에 해당한다.

				3	2	.	3	6	9

```
printf("%10.3f\n", 32.369);
```

- 형식지정자 %10s로 문자열 "hello"를 출력해도 오른쪽 정렬로 다음과 같이 출력된다.

					H	e	l	l	o

```
printf("%10s\n", "Hello");
```

실습예제 4-2 Prj02 02printfbasic.c printf에서의 다양한 형식지정자 난이도: ★

```c
#include <stdio.h>

int main(void)
{
    double width = 3.424, height = 2.718;
    int shape = 3;    //삼각형 또는 사각형

    printf("가로: %f, 세로: %lf\n", width, height);
    printf("%d각형 %s: %8.2f\n", shape, "면적", (width * height) / 2);
    printf("%d각형 %s: %10.4f\n", shape + 1, "면적", width * height);

    return 0;
}
```

printf()에서 실수는 %f와 %lf 모두 사용 가능하다.

%10.4는 실수 전체의 폭을 10으로 그 중에서 소수점 이하 자릿수를 4로 지정하는 방법이다.

결과

```
가로: 3.424000, 세로: 2.718000
3각형 면적:     4.65
4각형 면적:     9.3064
```

정수의 8진수 16진수 출력

정수를 각각 8진수와 16진수로 출력하려면 %o와 %x를 사용한다. 다만 출력되는 8진수와 16진수를 020과 0x1a처럼 0과 0x 등을 표기하려면 #을 중간에 삽입해 %#o와 %#x을 사용한다.

- 정수를 8진수로 출력하려면 %o를 이용(8진수의 단어 octal에서 알파벳 o를 사용)하며, 앞 부분에 숫자 0이 붙는(leading) 출력을 하려면 #을 삽입하여 %#o를 이용한다.

- 정수를 소문자의 16진수로 출력하려면 %x와 대문자로 출력하려면 %X를 이용(16진수의 단어 heXadecimal에서 알파벳 x를 사용)하며, 출력되는 16진수 앞에 0x또는 0X를 붙여 출력하려면 #을 삽입하여 %#x와 %#X를 이용한다.

다음의 사례와 소스를 참고하여 8진수와 16진수의 출력을 연습하자.

- 형식지정자 %o는 정수를 8진수(octal)로 출력한다. 형식 지정자 %#o은 8진수라는 의미로 숫자 0이 앞에 붙어 출력된다.

2	0		0	2	0		

```
printf("%o %#o\n", 16, 16);  //20 020 8진수 출력
```

- 형식지정자 %#x는 16진수라는 의미로 숫자 0x가 앞에 붙어 출력된다. 16진수의 표기에서 알파벳 a에서 f를 대문자로 출력하고 싶으면 %x 대신 대문자로 %X를 사용한다.

a		0	x	a		0	X	A

```
printf("%x %#x %#X\n", 10, 10, 10);  //a 0xa 0XA 16진수 출력
```

실습예제 4-3 Prj03 03printocthex.c printf()에서 10진수를 바로 8진수와 16진수로 출력 난이도: ★★

```c
#include <stdio.h>

int main(void)
{
    printf("%3o %3d %3x\n", 10, 10, 10);  //10을 8, 10, 16진수로 각각 출력
    printf("%#3o %3d %#3x\n", 12, 12, 12);
    printf("%3o %3i %3X\n", 14, 14, 14);

    return 0;
}
```

#을 사용한 8진수와 16진수의 출력에서 폭을 지정하려면 %#3o와 %#3x처럼 #이후에 폭을 지정

결과

```
 12  10   a
014  12 0xc
 16  14   E
```

상세 출력 폭과 정렬 방법

기본적으로 정수와 실수의 출력 폭은 시스템이 알아서 출력한다. 그러나 프로그래머의 기호에 맞게 출력을 정교하게 하려면 출력의 자릿수인 출력 폭(width)과 정렬(alignment)이 필요하다. 즉

다음은 정수 3567을 출력 폭 10개에 정렬을 오른쪽과 왼쪽으로 달리하여 출력한 모습이다. 일반적으로 **출력 필드 폭이 출력 내용의 폭보다 넓으면 정렬은 기본이 오른쪽이며, 필요하면 폭 앞에 -를 붙여 %-8d로 지정하면 왼쪽으로 지정**할 수 있다.

출력 폭: 10

자릿수 번호	1	2	3	4	5	6	7	8	9	10
출력 폭 10, 오른쪽 정렬(기본)							3	5	6	7
출력 폭 10, 왼쪽 정렬	3	5	6	7						

그림 4-9 출력을 위한 필드 폭과 정렬

형식지정자를 이용하여 출력 값의 필드 폭(width)을 지정하려면 %[폭]d와 같이 기술한다.

- **형식지정자 %8d는 10진수를 8자리 폭에 출력**한다. **지정한 출력 폭이 출력할 내용보다 넓으면 정렬은 기본적으로 오른쪽**이다. 다음은 정수 7629를 %8d로 출력한 모습이다.

				7	6	2	9

```
printf("%8d\n", 7629);
```

- **출력 폭을 지정하며 정렬을 왼쪽**으로 지정하려면 %-8d처럼 폭 앞에 -를 삽입한다.

7	6	2	9				

```
printf("%-8d\n", 7629);
```

부동소수에서 %f로 필드 폭을 지정하지 않으면 정수는 수만큼 출력되고, 소수 이하는 기본(default)으로 반올림해서 6개 자리수로 출력된다. **부동소수에서 소수점 이하 자릿수를 지정하려면 %[전체폭].[소수점이하폭]f와 같이 표시**한다.

- 형식지정자가 %10.3f이면 소수점을 포함하여 전체 폭은 10, 그 중에서 3은 소수점 이하 자리수로 출력하며, 다음은 정수 32.369를 %10.3f로 출력한 모습으로, 소수점도 전체 폭 10에 해당한다.

				3	2	.	3	6	9

```
printf("%10.3f\n", 32.369);
```

- 또한 %10f는 전체 폭은 10이고 소수점 이하 자릿수는 기본으로 6자릿수로 출력한다.

	3	2	.	3	6	9	0	0	0

```
printf("%10f\n", 32.369);
```

- 지정된 전체 폭이 출력 값의 전체 폭보다 작으면, 지정된 작은 폭은 무시하고 원래 출력 값의 폭으로 출력된다.

3	2	.	3	6	9	0	0	0

```
printf("%5f\n", 32.369);
```

- 지정된 폭이 출력 값의 폭보다 넓으면 기본으로 오른쪽 정렬을 하며, 왼쪽 정렬을 하려면 %-10.3f와 같이 폭 앞에 -를 넣는다.

3	2	.	3	6	9				

```
printf("%-10.3f\n", 32.369);
```

- %+10.3f와 같이 폭 앞에 +를 넣으면 양수라도 +부호가 표시된다.

			+	3	2	.	3	6	9

```
printf("%+10.3f\n", 32.369);
```

- **만일 %+-10.3f와 같이 폭 앞에 +와 -를 함께 붙이면(+-와 -+ 모두 가능) 정렬은 왼쪽이며, +부호를 삽입**한다.

+	3	2	.	3	6	9			

```
printf("%+-10.3f\n", 32.369);
```

지금까지 살펴본 출력에서의 필드 폭과 정렬을 정리하면 다음과 같다.

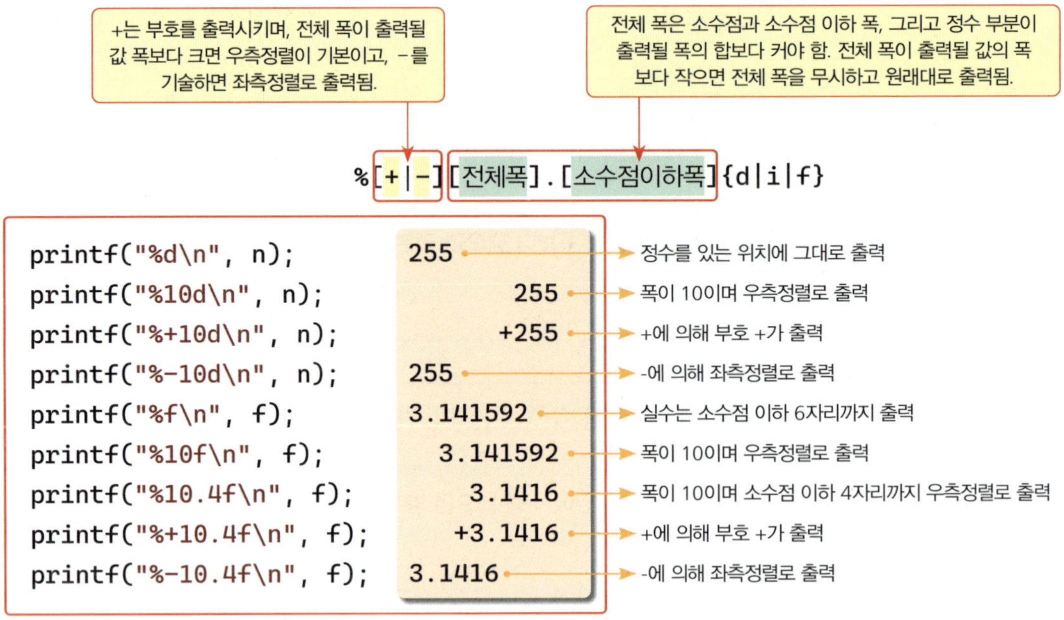

그림 4-10 폭과 정렬을 지정하는 형식지정자

실습예제 4-4 Prj04 04printalign.c printf()에서 정수와 실수의 정렬 난이도: ★★

```c
#include <stdio.h>

int main(void)
{
    printf("    1234567890\n");
    int year = 1999;
    printf("C99 %8d\n", year);
    printf("C99 %+8d\n", year);
    printf("C99 %-8d\n", year);
    printf("C99 %-+8d\n\n", year);

    float f = 3.141592F;
    printf("    1234567890\n");
    printf("PI= %10f\n", f);
    printf("PI= %10.3f\n", f);
    printf("PI= %.3f\n", f);
    printf("PI= %-10.4f\n", f);

    return 0;
}
```

필드 폭 앞에 +- 또는 -+는 정렬은 왼쪽으로 부호는 양수라도 +가 표시되도록 출력

전체 폭 앞에 -는 정수와 실수 출력의 정렬을 왼쪽으로 지정

결과

```
    1234567890
C99     1999
```

```
C99    +1999
C99 1999
C99 +1999

    1234567890
PI=   3.141592
PI=      3.142
PI= 3.142
PI= 3.1416
```

중간점검

01 실수 3.67865를 소수점 이하 3자리까지만 출력하는 문장을 기술하시오.

02 형식지정자에서 옵션인 +의 의미는 무엇인가?

형식지정자 상세 정리

출력 형식지정자 개요

함수 printf()에서의 형식지정자를 좀 더 자세히 알아보자. %로 시작하는 형식지정자는 %와 서식 문자 d 사이에 %[flags][width].[precision]{h|l}d와 같이 여러 종류의 지정자가 올 수 있다.

- 정수를 위한 형식 지정자 d 바로 앞은 short을 의미하는 h와 long을 의미하는 l, 그리고 long long을 의미하는 ll이 올 수 있다.
- 실수를 위한 형식 지정자 f 바로 앞은 double을 의미하는 l이나 lf가 될 수 있다. 그러나 출력에서 %f와 %lf는 차이가 없다.
- 옵션 [flags]로는 정렬, 부호 표시 등을 지정할 수 있다. 또한 옵션 [width].[precision]으로 출력 부분의 전체 폭과 소수점 이하 자릿수 폭을 지정할 수 있다.

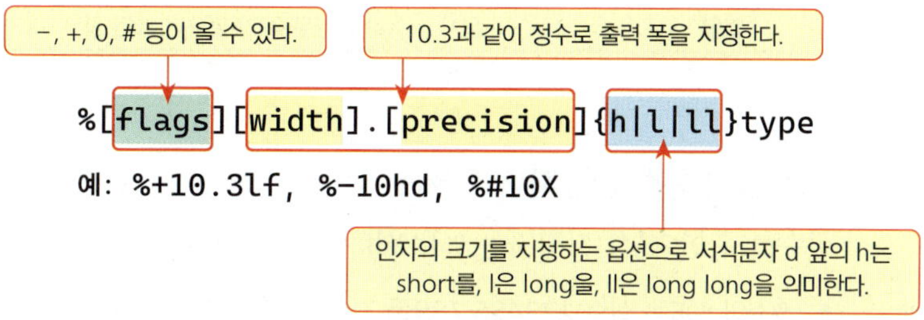

그림 4-11 함수 printf()의 형식 지정자

형식지정자에서 자료형에 따라 %c와 %d처럼 지정하는 서식문자(type field characters)를 다시 한번 정리하면 다음과 같다.

표 4-3 형식문자(type field characters) 종류

서식문자	자료형	출력 양식
c	char, int	문자 출력
d, i	int	부호 있는 정수 출력으로, ld는 long int, lld는 long long int형 출력
o	unsigned int	부호 없는 8진수로 출력
x, X	unsigned int	부호 없는 16진수 출력 x는 3ff와 같이 소문자 16진수로, X는 3FF와 같이 대문자로 출력, 기본으로 앞에 0이나 0x, 0X는 표시되지 않으나 #이 앞에 나오면 출력
u	unsigned int	부호 없는 10진수(unsigned decimal integer)로 출력
e, E	double	기본으로 m.ddddddExxx의 지수 형식 출력(정수 1자리와 소수점 이하 6자리, 지수승 3자리), 즉 123456.7890이라면 1.234568e+005로 출력
f, lf	double	소수 형식 출력으로 m.123456처럼 기본으로 소수점 6자리가 출력되며 정밀도에 의해 지정 가능, lf는 long double 출력
g, G	double	주어진 지수 형식의 실수를 e(E) 형식과 f 형식 중에서 짧은 형태(지수가 주어진 정밀도 이상이거나 -4보다 작으면 e나 E를 사용하고, 아니면 f를 사용)로 출력, G를 사용하면 E가 대문자로 출력
s	char *	문자열에서 '\o'가 나올 때까지 출력되거나 정밀도에 의해 주어진 문자 수만큼 출력
p	void *	주소 값을 16진수 형태로 출력
%	문자 %	%를 출력

형식지정자에서 [flags]에 지정하는 옵션지정 문자를 살펴보면 다음과 같다. 옵션지정 문자는 필요에 따라 여러 개를 지정할 수 있으며 그 순서는 상관없다.

표 4-4 옵션지정 문자(flags) 종류

문자	기본(없으면)	의미	예와 설명
-	우측정렬	수는 지정된 폭에서 좌측정렬	%-10d
+	음수일 때만 - 표시	결과가 부호가 있는 수이면 부호 +, -를 표시	%+10d
0	0을 안 채움	우측정렬인 경우, 폭이 남으면 수 앞을 모두 0으로 채움	%010x %-0처럼 좌측정렬과 0 채움은 함께 기술해도 의미가 없음
#	리딩 문자 0, 0x, 0X가 없음	서식문자가 o(서식문자 octal)인 경우 0이 앞에 붙고, x(서식문자 heXa)인 경우 0x가 붙으며, X인 경우 0X가 앞에 붙음	수에 앞에 붙는 0이나 0x는 0으로 채워지는 앞 부분에 출력

실수 출력 형식 지정자 %f, %e, %g

실수를 위한 형식 지정자는 %f, %lf, %e, %E, %g, %G 등을 사용한다.

- %e와 %E는 실수 123456.789를 지수형태로 1.234568e+005 또는 1.234568E+005로 출력한다.
- 특히 %g는 지수 형식의 실수를 정밀도가 낮으면 %f로 출력하나 정밀도가 높아 소수점 이하 5자리 이상으로

표시하려면 %e로 출력한다. **간단히 %g는 %f나 %e중에서 소수점 자리가 늘어나면 %e로 보기 편한 형식으로 출력**한다고 생각하면 된다.

- 왼쪽정렬은 –, 빈 왼쪽자리 0으로 채움은 0이며, 지정한 폭이 적으면 무시하고 원래의 실수를 출력한다.

실습예제 4-5 | Prj05 | 05printfnote.c | printf()에서 정수와 실수의 다양한 출력 | 난이도: ★★

```c
#include <stdio.h>

int main(void)
{
    printf("%d * %4d = %#5o\n", 2, 2, 2 * 2);
    printf("%d * %04d = %#5o\n", 2, 3, 2 * 3);
    printf("%d * %+04d = %-#5x\n", 2, 4, 2 * 4);
    printf("%d * %+-4d = %+#5X\n", 2, 5, 2 * 5);

    printf("%15.3f\n", 123456.789);
    printf("%e\n", 123456.789);
    printf("%g\n", 12.34e-5);
    printf("%G\n", 12.34e-6);

    return 0;
}
```

+는 + 표시, 0은 0 채움, –는 좌측정렬

%f로 출력해도 될 정도로 정밀도가 낮아 알아서 소수점 형태로 출력

정밀도가 높아 알아서 %E로 출력

결과

```
2 *    2 =    04
2 * 0003 =    06
2 * +004 = 0x8
2 * +5   =   0XA
     123456.789
1.234568e+05
0.0001234
1.234E-05
```

심화학습

문자열 출력에서의 출력폭 지정

문자열 출력을 위한 형식지정자도 이미 배운 수의 형식지정자와 비슷하여 %[-][전체폭].[출력할 문자수]s로 좀 더 자세히 문자열 출력을 조정할 수 있다.

- 형식지정자 %10.3s는 전체폭이 10, 출력할 문자 수는 3개이므로 Hel까지 출력되며, 우측정렬이 기본이다.

							H	e	l

```
printf("%10.3s\n", "Hello!");
```

- 만약 좌측정렬을 하려면 %-10.3s를 하면 된다.

H	e	l							

```
printf("%-10.3s\n", "Hello!");
```

- 형식지정자에서 주의할 것은 지정한 전체폭이 출력할 문자열의 수보다 작으면 무시하고, 원래 문자열의 폭만큼 모두 출력한다는 것이다.

H	e	l	l	o	!

```
printf("%4s\n", "Hello!");
```

- 또한 형식지정자의 전체폭과 정밀도는 형식지정자에 *를 이용한 후, 그에 대응하는 정수를 목록 값으로 지정할 수 있다. 다음은 *이 5으로 대체되어 %10.5s로 문자열 "Hello"를 출력한다.

					H	e	l	l	o

```
printf("%10.*s\n", 5, "Hello!");
```

TIP 35%와 같이 백분율 표시 %는 어떻게 출력하나요?

백분율 35%를 다음처럼 출력한다면 문법적으로 문제가 발생한다. 형식문자열 내부에서 %로 시작하는 부분은 형식지정자로 인식하는데 %이후에 아무 문자가 없으니 '형식 지정자가 잘못 종료되었다'는 메시지의 경고가 발생한다.

```
printf("%d%\n", 35);
   warning C4778: 'printf' : unterminated format string '%\n'
```

백분율 %를 출력하는 방법은 다음 세 가지로 정리된다. 형식문자열 내부에서 %%는 %로 출력된다. 또한 문자 '%'를 형식지정자 %c로 문자열 "%"를 형식지정자 %s로 출력하는 방법도 있다.

```
printf("%d%%\n", 35);
printf("%d%c\n", 35, '%');
printf("%d%s\n", 35, "%");
```

중간점검

01 형식지정자에서 옵션인 '-'의 의미는 무엇인가?

02 16진수로의 출력 형식지정자 %#x에서 #의 의미는 무엇인가?

LAB

정수와 실수, 문자와 문자열의 출력

다음 정보를 이용하여 개인의 성별과 이름, 나이, 성적 등 개인 정보를 출력하는 프로그램을 작성해보자.

- 자료형 int형인 나이와 double형 성적 평균평점 등을 출력
- 성별, 나이, 몸무게, 평균평점을 다음과 같이 출력

```
Microsoft Visual Studio 디버그 콘솔
성별: M
이름: 안 병훈
나이: 20
몸무게: 62.49
평균평점(GPA): 3.880
```

Lab 4-1 lab1basicoutput.c 난이도: ★

```c
01 #include <stdio.h>
02 
03 int main(void)
04 {
05     int age = 20;
06     double gpa = 3.88;
07     char gender = 'M';
08     float weight = 62.489F;
09 
10     printf("성별: %c\n", gender);
11     printf("이름: □\n", "안 병훈");
12     printf("나이: %d\n", age);
13     printf("몸무게: %.2f\n", weight);
14     printf("평균평점(GPA): □\n", gpa);
15 
16     return 0;
17 }
```

정답

```c
11     printf("이름: %s\n", "안 병훈");
14     printf("평균평점(GPA): %.3f\n", gpa);
```

4.3 입력함수 scanf()

함수 scanf()와 정수 입력

함수 scanf()의 이해

콘솔 입력을 위한 함수 scanf()는 printf()를 복습하는 기분으로 보면 된다. printf()가 대표적인 출력 함수라면, scanf()는 대표적인 입력 함수이고 printf()의 %d와 %c, %lf와 비슷한 형식 지정자를 사용하기 때문이다.

'scan'이라는 단어는 주변에 흔히 볼 수 있는 스캐너와 같이 어떠한 자료를 훑어 복사하거나 유심히 살펴본다는 의미인데, 표준 입력으로부터 여러 종류의 자료값을 훑어 변수 목록에 저장한다.

- 함수 scanf()의 형식지정자(format specification)는 %d, %c, %f, %lf와 같이 %로 시작한다.
- 함수 scanf()에서 형식문자열 이후의 변수는 키보드 입력 값이 복사 저장되는 입력변수 목록으로 변수이름 앞에 반드시 주소연산자 &를 붙여 나열한다.

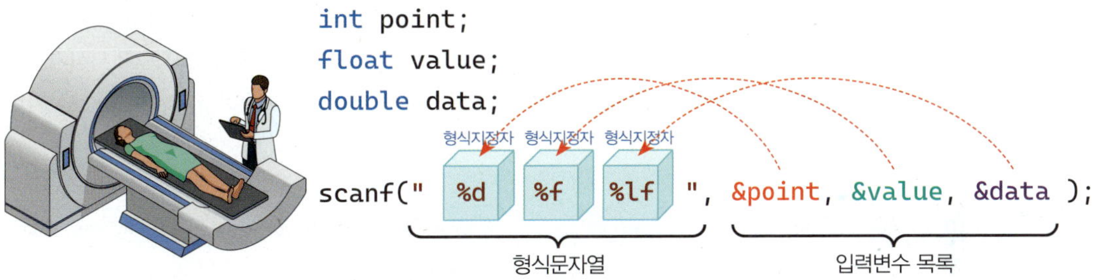

그림 4-12 CT 촬영과 같이 표준입력의 자료를 스캔(scan)하여 주소가 지정된 변수에 저장

함수 scanf()로 int형 변수 year에 키보드 입력 값을 저장하려면, scanf("%d", &year)와 같이 입력 값이 저장되는 변수는 주소연산식인 &year로 사용해야 한다.

> 변수의 위치인 주소(address)를 알 수 있는 연산자이며 자세한 내용은 13장의 포인터에서 더 알아볼 예정이다.

- **주소연산자 &는 뒤에 표시된 피연산자인 변수 주소 값이 연산값**으로, **scanf()의 입력 값이 저장될 변수 목록에는 scanf() 함수 내에서 입력 값이 저장되는 변수의 주소 위치를 찾는다는 의미에서 반드시 변수 앞에 주소를 의미하는 &을 붙여 '&변수이름'으로 사용**되어야 한다.
- **만일 주소 연산자를 빼고 변수 year만으로 기술하면 scanf() 함수 내에서 입력 값이 저장될 주소를 찾지 못해 오류가 발생**한다.
- 함수 scanf()는 실행 시, **지정된 형식지정자에 맞게 적당한 값이 키보드에 입력된 후 [Enter] 키를 누르기 전까지 실행을 멈춰 사용자의 입력을 기다린다.**

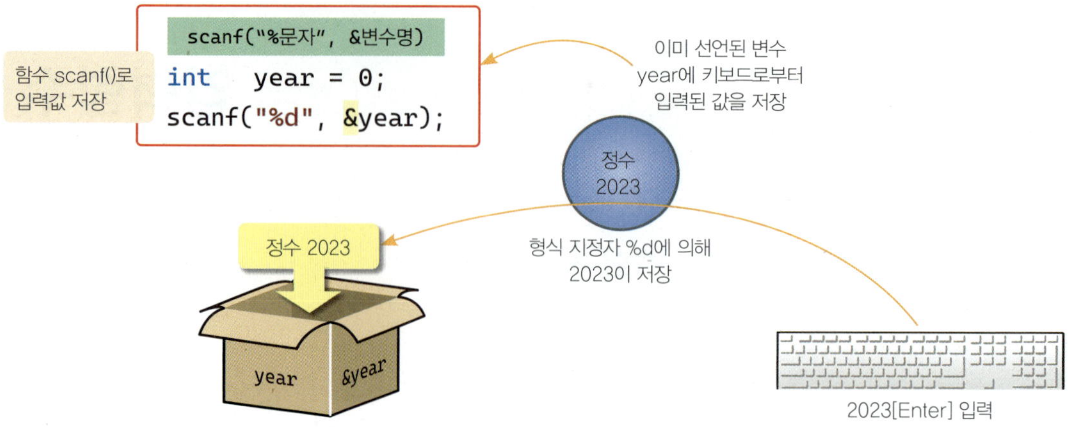

그림 4-13 키보드 입력을 위한 함수 scanf()

함수 scanf()를 이용해서 한 번에 여러 개의 자료 값을 변수에 저장할 수 있다. 정수나 실수를 연속해서 입력 받는 경우, 형식지정자 %d와 %d 사이의 빈 공간은 아무 의미가 없어 "%d%d"와 "%d %d" 모두 이용 가능하며, 입력 시 빈 공간(space)이나 [Enter] 키로 두 입력 값을 구분할 수 있으며, 마지막 입력 값 이후에는 [Enter] 키를 눌러야 프로그램이 진행된다.

- 입력을 위한 scanf() 바로 전에는 일반적으로 입력에 대한 정보를 알리는 문구인 프롬프트 메시지(prompt message)를 출력하는데, 이러한 정보가 출력되지 않으면, 실행 시 커서만 깜박거려 사용자가 진행을 못하는 경우가 발생할 수 있으니 printf()와 같은 출력 문구로 적절한 프롬프트 메시지가 필요하다.
- 실행 시 입력하는 한 행은 [Enter] 키를 누르기 전까지 [Del]이나 [Backspace] 키로 수정이 가능하다.

실습예제 4-6 | Prj06 | 06scanf.c | printf()에서 10진수를 바로 8진수와 16진수로 출력 | 난이도: ★★

```c
#define _CRT_SECURE_NO_WARNINGS //scanf() 오류를 방지하기 위한 상수 정의

#include <stdio.h>

int main(void)
{
    int   month = 0;
    printf("1년은 몇 달? ");
    scanf("%d", &month);
    printf("1년은 %d달\n\n", month);

    int snum, credit;
    printf("당신의 학번과 신청 학점은? ");
    scanf("%d%d", &snum, &credit);
    printf("학번: %d 신청학점: %d\n", snum, credit);

```

간혹 scanf("1년은 몇 달? %d", &month); 문장으로 값을 입력 받으려 하는데, 잘못된 문장으로 scanf()의 형식문자열에 표시된 문자는 꼭 입력이 되어야 하는 형식이며, 콘솔에서 정수를 입력한 후 반드시 [return] 키 입력이 필요하다.

"%d%d"는 "%d %d"처럼 수를 위한 형식지정자 사이의 빈 공백은 아무 의미가 없다.

```c
    return 0;
}
```

결과

```
1년은 몇 달? 12
1년은 12달

당신의 학번과 신청 학점은? 2023 24
학번: 2023 신청학점: 24
```

정수를 입력한 후 [Enter] 키를 눌러야 프로그램이 진행됨

두 정수를 스페이스 또는 [Enter] 키로 구분하여 입력한 후 [Enter] 키를 눌러야 프로그램이 진행됨

TIP scanf() 오류를 방지하기 위한 상수 정의

```c
#define _CRT_SECURE_NO_WARNINGS      //scanf() 오류를 방지하기 위한 상수 정의
```

현재 비주얼 스튜디오 2019에서 함수 scanf() 사용을 추천하지 않아 위 scanf() 오류를 방지를 위한 매크로 상수 지시자를 기술하지 않으면 아래와 같은 error C4996이 발생한다. 일단 위 매크로 지시자로 사용하도록 하자.

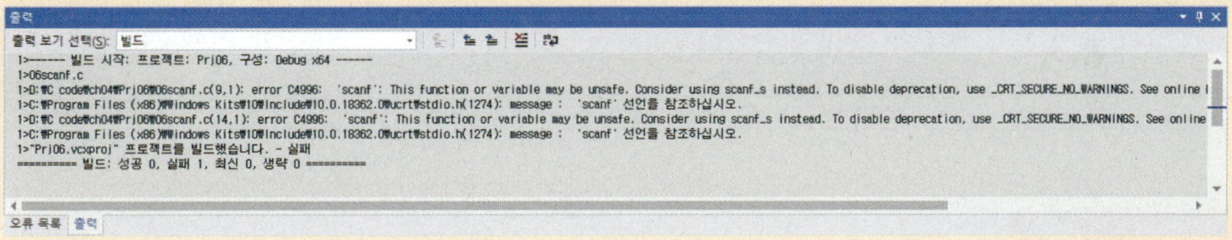

여러 값 입력에서 구분자 문자 사용

만일 년, 월, 일을 2023-4-29과 같이 중간에 -를 넣어 입력 받으려면 함수 scanf("%d - %d - %d", …) 처럼 형식문자열에 입력 형식을 명시할 수 있다. 이와 같이 **여러 입력 값을 구분해주는 구분자(separator)로 -, /, 콤마(,) 등을 사용**할 수 있는데, 입력된 구분자는 형식만 체크하고 저장하지 않는다. 만일 지정된 구분자와 입력 형식이 맞지 않으면 이후의 입력 값은 제대로 저장되지 않으므로 주의가 필요하다.

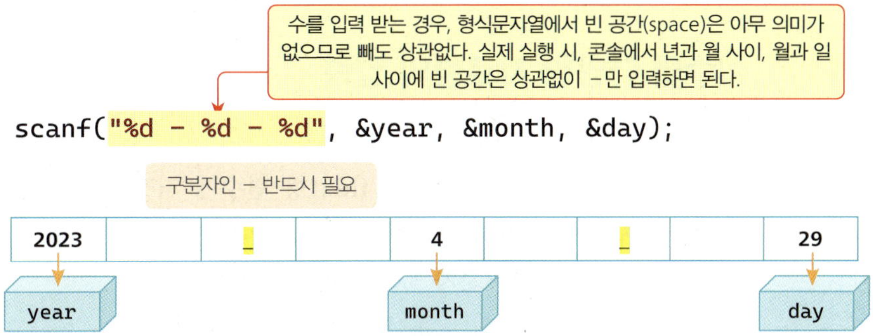

그림 4-14 입력 값 사이에 특정 형식 지정

실습예제 4-7	Prj07	07scanfsep.c	printf()에서 10진수를 바로 8진수와 16진수로 출력	난이도: ★★

```c
#define _CRT_SECURE_NO_WARNINGS //scanf() 오류를 방지하기 위한 상수 정의

#include <stdio.h>

int main(void)
{
    int year, month, day;
    printf("당신의 생년월일은? ");
    scanf("%d - %d - %d", &year, &month, &day);
    printf("생년월일: %d %d %d\n", year, month, day);

    return 0;
}
```

수와 수 사이에 -을 반드시 입력해야 한다.

2005와 4 사이, 4와 3 사이에는 반드시 -를 입력해야 함

결과

정상 입력

```
당신의 생년월일은? 2005-4-3
생년월일: 2005 4 3
```

잘못된 입력

```
당신의 생년월일은? 2015 3 9
생년월일: 2015 -858993460 -858993460
```

중간점검

01 다음 표준입력 문장에서 오류 발생의 원인은 무엇인가?

```c
int     int_var = 0;
scanf("%d\n", int_var);
```

02 다음 표준입력에서 형식문자열의 의미는 무엇인가?

```c
scanf("%d / %d / %d", &year, &month, &day);
```

실수와 다양한 자료형의 입력

제어문자 %f와 %lf, %c

콘솔 입력에서 입력자료를 **실수 float형 변수에 저장하려면 형식지정자 %f를 사용**하며, **실수 double형 변수에 저장하려면 형식 지정자 %lf를 사용**한다. 또한 콘솔 입력 자료를 **문자 char형 변수에 저장하려면 제어문자 %c를 사용**한다.

여기서 하나 주의할 것은 출력 printf()에서 실수의 출력을 위한 형식 지정자로 %f와 %lf를 모두 사용할 수 있으나 **입력 scanf()에서는 저장될 자료형이 float이면 %f를, double이면 %lf로 구분하여 사용**해야 한다.

실습예제 4-8	Prj08	08floatscan.c	printf()에서 10진수를 바로 8진수와 16진수로 출력	난이도: ★

```c
#define _CRT_SECURE_NO_WARNINGS //scanf() 오류를 방지하기 위한 상수 정의

#include <stdio.h>

int main(void)
{
    float mile = 0;
    printf("100 킬로미터(km)는 몇 마일(mile)? "); //0.621
    scanf("%f", &mile);
    printf("80 킬로미터: %.2f 마일\n\n", mile * 80.);

    double liter = 0;
    printf("1 갤론(gallon)은 몇 리터(liter)? "); //3.785
    scanf("%lf", &liter);
    printf("18 갤론: %.2f 리터\n", liter * 18);

    return 0;
}
```

결과

```
100 킬로미터(km)는 몇 마일(mile)? 0.621
80 킬로미터: 49.68 마일

1 갤론(gallon)은 몇 리터(liter)? 3.785
18 갤론: 68.13 리터
```

다양한 형식지정자

함수 scanf()에서 정수의 콘솔 입력 값을 8진수로 인지하려면 %o를 사용한다. **마찬가지로 %x는 16진수로 인지**한다. 다음은 함수 scanf()에서 이용되는 다양한 **형식 지정자**를 나타낸다.

표 4-5 함수 scanf()의 **형식지정자** (변환명세)

형식지정자	콘솔 입력 값의 형태	입력 변수 인자 유형
%d	10진수로 인식	정수형 int 변수에 입력 값 저장
%i	10진수로 인식하며, 단 입력 값에 0이 앞에 붙으면 8진수로 0x가 붙으면 16진수로 인식하여 저장	정수형 int 변수에 입력 값 저장
%u	unsigned int로 인식	정수형 unsigned int 변수에 입력 값 저장
%o	8진수로 인식	정수형 int 변수에 입력 값 저장
%x, %X	16진수로 인식	정수형 int 변수에 입력 값 저장
%f	부동소수로 인식	부동소수형 float 변수에 입력 값 저장
%lf	부동소수로 인식	부동소수형 double 변수에 입력 값 저장
%e, %E	지수 형태의 부동소수로 인식	부동소수형 float 변수에 입력 값 저장

형식지정자	콘솔 입력 값의 형태	입력 변수 인자 유형
%c	문자로 인식	문자형 char 변수에 입력 값 저장
%s	일련의 문자인 문자열(string)로 인식	문자열을 저장할 배열에 입력 값 저장
%p	주소(address) 값으로 인식	정수형 unsigned int 변수에 입력 값 저장

다음은 16진수 정수를 입력 받아 각각 8진수와 10진수, 16진수로 출력하는 예제이다.

실습예제 4-9 Prj09 09scanfhex.c scanf()로 16진수를 입력 받아 8, 10, 16진수로 출력 난이도: ★★

```c
#define _CRT_SECURE_NO_WARNINGS //scanf() 오류를 방지하기 위한 상수 정의

#include <stdio.h>

int main(void)
{
    int hex;
    printf("10진수 정수(1A 등)를 입력하세요 >> ");
    scanf("%x", &hex);
    printf("%o %d %x\n\n", hex, hex, hex);

    printf("10진수 정수(0리딩 표시방식으로 0x1a 등)를 입력하세요 >> ");
    scanf("%i", &hex);
    printf("%#o %d %#x\n\n", hex, hex, hex);

    return 0;
}
```

형식지정자 %i인 경우, 입력 값이 03과 같이 0이 리딩하는 수는 8진수로 인식하며, 0x1f과 같이 0x로 리딩하는 수는 16진수로 인식

결과

```
10진수 정수(1A 등)를 입력하세요 >> 1b
33 27 1b

10진수 정수(0리딩 표시방식으로 0x1a 등)를 입력하세요 >> 0x1B
033 27 0x1b
```

중간점검

01 실수를 입력하는 다음 두 형식지정자의 차이는 무엇인가?

```c
scanf("%f", &pi);            scanf("%lf", &pi);
```

02 다음 표준입력 문장에서 오류 발생의 원인은 무엇인가?

```c
scanf("%d %o %x", &a, &b, &c);
```

```
DE   19   1G
```

문자 입력과 출력 함수 getchar()와 putchar()

문자의 입출력 함수

함수 getchar()는 영문 'get character'의 의미로 문자 하나를 입력하는 함수이고, **putchar()는 'put character'로 반대로 출력하기 위한 함수**이다. **이 함수를 이용하려면 printf()나 scanf()처럼 헤더파일 stdio.h 가 필요**하다.

- 함수 getchar()는 인자 없이 함수를 호출하며 입력된 문자 값을 자료형 char나 정수형으로 선언된 변수에 저장할 수 있다.

```
char ch = getchar();
```

- 함수 호출 putchar('a')는 인자인 'a'를 출력하는 함수로 사용한다.

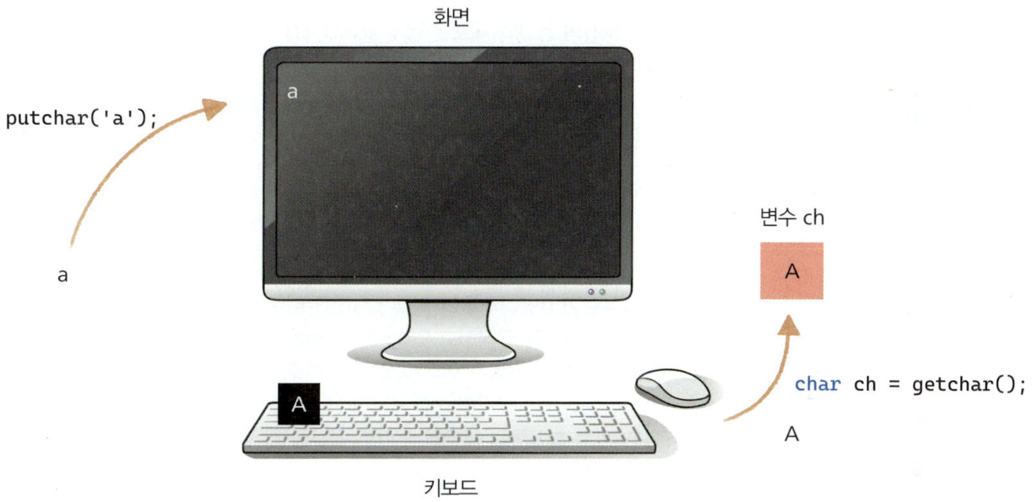

그림 4-15 함수 getchar()와 putchar()

다음은 A+와 A−와 같이 두 개의 연이은 문자를 각각 getchar()와 scanf()로 입력 받아 출력하는 예제이다. 연이은 문자 사이에 공백이 있으면 공백이 두 번째 문자가 되니 주의하자.

실습예제 4-10 | Prj10 | 10inputgrade.c | getchar()와 scanf()로 문자 입력 | 난이도: ★★

```
#define _CRT_SECURE_NO_WARNINGS //scanf() 오류를 방지하기 위한 상수 정의

#include <stdio.h>

int main(void)
{
   char abc, plus;
```

```
    printf("C 프로그래밍 언어의 원하는 학점(A+, A0처럼)을 입력 >> ");
    //문자 두 개를 연이어서 입력 받음
    abc = getchar();
    scanf("%c", &plus);

    printf("학점 %c%c\n", abc, plus);

    return 0;
}
```

함수 getchar()는 인자가 필요 없으며 반환 값으로 입력 값을 저장한다.

scanf()로 두 번째 문자 +를 입력하여 plus에 저장한다.

결과

```
C 프로그래밍 언어의 원하는 학점(A+, A0처럼)을 입력 >> A+
학점 A+
```

NOTE: 함수 scanf()의 경고와 새로운 함수 scanf_s()

함수 scanf()가 있는 예제 소스를 실행하면 경고가 발생하는 것을 보았을 것이다. Visual C++ 2005 이후부터 함수 scanf()는 보안 문제로 더 이상 사용을 권장하지 않고 있으며, 사용 시 다음과 같은 오류가 발생한다.

```
error C4996: 'scanf': This function or variable may be unsafe. Consider
using scanf_s instead. To disable deprecation, use _CRT_SECURE_NO_WARNINGS.
See online help for details.
```

Visual C++ 2005 이후부터 함수 scanf()는 함수 scanf_s()로 대체되고 있다. 즉 보안이 강화된 함수 scanf_s()의 사용을 권장하고 있다. 기존 함수 이름 뒤에 _s()가 추가된 새로운 함수는 오류 처리 방식이 향상되었고 강화된 버퍼 제어로 보안 처리가 향상된 함수이다. 그러나 함수 scanf_s()의 사용 권장은 아직 Visual C++ 컴파일러에만 해당되는 요구사항이다. 그러므로 이 본문에서는 기존의 함수 사용을 원칙으로 설명하고 권장하는 함수를 추가로 간단히 설명하고자 한다.

❶ 함수 scanf()의 경고 메시지가 발생하지 않게 하는 방법: 매크로 상수 직접 정의

#include <stdio.h> 문장 이전에 #define으로 _CRT_SECURE_NO_DEPRECATE 또는 _CRT_SECURE_NO_WARNINGS를 정의하면 경고 메시지는 더 이상 발생하지 않는다. 즉 다음 소스의 맨 처음 #define의 두 문장 중에서 어느 하나만 기술하면 더 이상 경고 메시지가 발생하지 않는다.

```
#define _CRT_SECURE_NO_WARNINGS
#define _CRT_SECURE_NO_DEPRECATE

#include <stdio.h>

int main(void)
{
   float piA;
   double piB;

   printf("원주율(2자리)과 원주율(5자리)를 실수로 입력하세요.\n");
```

```
    scanf("%f %lf", &piA, &piB);
    ...
}
```

❷ 함수 scanf()의 경고 메시지가 발생하지 않게 하는 방법: 프로젝트 속성 수정

프로젝트 속성에서 매크로 _CRT_SECURE_NO_DEPRECATE 또는 _CRT_SECURE_NO_WARNINGS를 정의하면 오류가 발생하지 않는다. 이를 위해 비주얼 스튜디오의 메뉴 [프로젝트-프로젝트 속성…]을 눌러 다음 대화상자를 표시한다. 왼쪽에서 '구성 속성' - 'C/C++' - '전처리기'를 선택한 후, '전처리기 정의' 콤보박스에서 <편집…>을 선택하여 [전처리기 정의] 대화상자를 표시한다. [전처리기 정의] 대화상자에서 상수 _CRT_SECURE_NO_WARNINGS를 삽입하고 '확인'을 누른다.

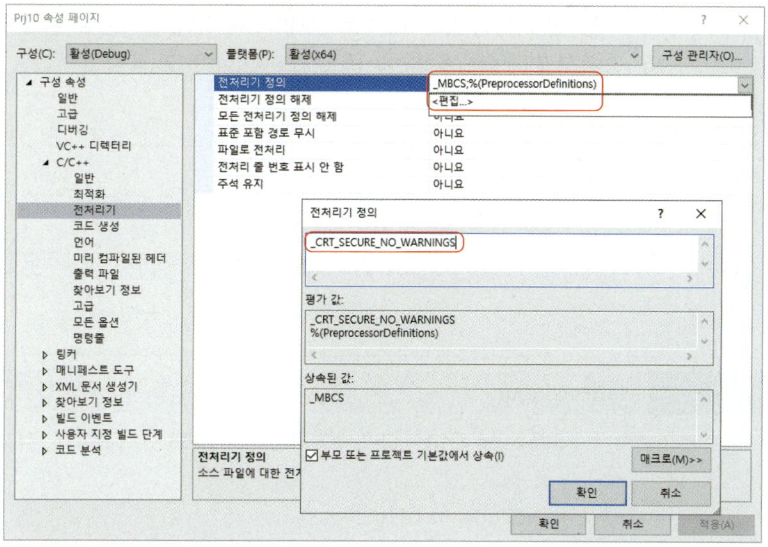

그림 4-16 프로젝트 속성에서 상수 _CRT_SECURE_NO_WARNINGS 추가

❸ 함수 scanf_s()의 사용

함수 scanf()를 함수 scanf_s()로 바꾸어 사용하면 경고 메시지는 더 이상 발생하지 않는다. 그러나 문자열 또는 문자의 입력 시, 함수 scanf_s()의 사용은 약간의 수정이 필요하다. 즉 함수 scanf_s()에서 입력 받을 변수 다음에 입력한 문자의 수가 필요하다. 즉 다음과 같이 변수 ch에는 문자 하나가 저장되므로 인자 1이 더 필요하다.

```
scanf("%c", &ch);
scanf_s("%c", &ch, 1);
```

중간점검

01 char형 변수 ch에 함수 getchar()로 문자 하나를 입력 받는 문장을 작성하시오.

02 함수 putchar()로 문자 '@'를 출력하는 문장을 작성하시오.

LAB 8진수 정수를 입력 받아 8진수와 10진수, 16진수로 출력

다음 정보를 이용하여 8진수 정수를 입력 받아 8진수와 10진수, 16진수로 다음 조건을 만족하도록 적절히 출력되는 프로그램을 작성해보자.

- 8진수 입력을 위한 형식지정자 %o
- 입력은 다음과 같이 8진수로 인지되도록 하며, 출력은 두 줄로 각각 8진수와 10진수, 16진수로 출력되며, 출력 두 번째 줄은 8진수와 16진수는 0이나 0X를 표시

```
Microsoft Visual Studio 디버그 콘솔
8진수 정수 입력 >> 34
34 28 1c
034 28 0X1C
```

Lab 4-2 lab2octinput.c 난이도: ★★

```c
01 #define _CRT_SECURE_NO_WARNINGS //scanf() 오류를 방지하기 위한 상수 정의
02 
03 #include <stdio.h>
04 
05 int main(void)
06 {
07     int oct;
08     printf("8진수 정수 입력 >> ");
09     scanf("[ ]", &oct);
10 
11     //입력 받은 정수를 각각 8, 10, 16진수로 출력
12     printf("%o %d %x\n", oct, oct, oct);
13     printf("[          ]", oct, oct, oct);
14 
15     return 0;
16 }
```

정답

```c
09     scanf("%o", &oct);
13     printf("%#o %i %#X\n", oct, oct, oct);
```

내용점검 연습

01 다음에서 서술 내용이 맞으면 ○, 틀리면 × 하시오.

❶ C 언어는 컴파일러(compiler)가 컴파일(compile)하기 전에 전처리기(preprocessor)의 전처리(preprocess) 과정이 필요하다. (　)

❷ #define에 의한 심볼릭 상수도 주로 대문자 이름으로 정의하는데, 이를 리터럴 상수(literal constant)라고 부른다. (　)

❸ 지시자 #define에서 치환문자열이 길어 여러 줄에 나누어 써야 한다면 계속되는 줄 끝에 역슬래쉬 \를 넣어 줄이 계속되고 있음을 표시해야 한다. (　)

❹ 부동소수에서 %f로 필드 폭을 지정하지 않으면 소수 이하 6개 자리수로 출력된다. (　)

❺ 함수 printf()에서 지정한 출력 폭이 출력할 내용보다 넓으면 정렬은 기본적으로 오른쪽이다. (　)

❻ 콘솔 입력에서 실수 float나 double형 모두 형식지정자 %f를 사용한다. (　)

❼ 버퍼란 입력과 출력과 같은 자료의 흐름에서 바로 처리하지 않고 중간에 임시로 사용하는 저장 공간이다. (　)

02 다음에서 비어있는 부분을 적절히 채우시오.

❶ 전처리 과정에서 처리되는 문장을 (　　　　　　)라 한다.

❷ (　　　　　)은 전처리 지시자인 #include, #define 등과 앞으로 배울 자료형의 재정의(typedef), 함수원형(prototype) 정의 등과 같은 문장이 있는 텍스트 파일이다.

❸ 함수 scanf()에서 입력 값을 저장할 변수명 앞에는 변수의 주소를 의미하는 문자 (　)를 반드시 넣어야 한다.

❹ 함수 printf()에서 콘솔 입력을 실수 float형 변수에 저장하려면 형식지정자 (　)를 사용한다.

❺ 함수 printf()에서 형식지정자가 (　　　　)이면 실수를 소수점을 포함하여 전체 폭은 10, 그 중에서 3은 소수점 이하 자리수로 출력된다.

❻ 함수 (　　　　　)는 문자 하나를 입력하는 매크로 함수이다.

❼ 형식지정자 (　)는 실수 123456.789를 지수형태인 1.234568e+005로 출력한다.

03 다음 각각의 문제에서 가장 적절한 것을 하나 선택하시오.

❶ 문자형 변수나 상수를 출력할 수 없는 형식지정자는 무엇인가? (   )

가) %d　　나) %f
다) %i　　라) %c

❷ 다음 중에서 문장 printf("%#X", 15);로 출력되는 값은 무엇인가? (   )

가) 15　　나) f
다) F　　라) 0XF

❸ 다음 변수선언에서 잘못된 scanf() 문장은? (   )

```
int a = 0, b = 0;
double x = 0, y = 0;
```

가) scanf("%d", a);　　나) scanf("%f", &x);
다) scanf("%d %f", &b, &x);　　라) scanf("%d%d", &a, &b);

❹ 다음 중에서 출력 값이 다른 하나는? ( )

가) printf("%i", 1);　　나) printf("%hd", 1);
다) printf("%d", 1);　　라) printf("%c", 1);

❺ 다음 중에서 함수 printf()를 잘못 사용한 것은? (   )

가) printf("%c", 'A');　　나) printf("%f", 3.4F);
다) printf("%lf", 100);　　라) printf("%i", 200);

❻ 다음과 같은 변수선언과 콘솔입력으로 가장 적합한 scanf() 문장은? (   )

```
int a = 0, b = 0;
double x = 0, y = 0;
```

```
32  /  34.567  /  28
```

가) scanf("%d %f %d", &a, &b, &b);

나) scanf("%d %f %d", &a, &x, &y);

다) scanf("%d – %f – %d", &a, &x, &b);

라) scanf("%d / %f / %d", &a, &x, &b);

❼ 다음 함수 scanf()의 반환 값이 저장된 변수 n의 출력 값은? (   )

```
int a = 0; double x = 0;
int n = scanf("%d %f", &a, &x);
printf("%d", n);
```

가) 1　　나) 2
다) 3　　라) 4

04 다음 세 변수에 대하여 다음 각각의 출력문 printf()의 결과를 쓰시오.

```
int n = 56874;    double pi = 3.141592;    char c = 'A';
```

❶ printf("%i\n", n);

❷ printf("%10d\n", n);

❸ printf("%10.4f\n", pi);

❹ printf("%0+10.5f\n", pi);

❺ printf("%-10.4f\n", pi);

❻ printf("%c\n", c);

❼ printf("%10C\n", c);

05 다음에 설명에 해당하는 문장을 작성하시오.

❶ 10진수 128을 8진수로 출력

❷ 10진수 34를 16진수로 출력

❸ 8진수 23을 10진수 5자리로 출력

❹ 16진수 abc를 10진수 10자리로 0을 리딩하여 출력

❺ 정수 하나를 변수 a에 입력

❻ 8진수 하나를 변수 b에 입력

❼ 16진수 하나를 변수 c에 입력

06 다음과 같은 콘솔 화면 결과가 나오도록 다음 프로그램 소스를 완성하시오.

❶

```
#define _CRT_SECURE_NO_WARNINGS
#include <stdio.h>
int main(void)
{
   double width, height;
   printf("두 실수(가로, 세로) 입력: ");
   scanf("[      ]", &width, &height);
   printf("[        ]", width * height);

   return 0;
}
```

❷

```
#define _CRT_SECURE_NO_WARNINGS
#include <stdio.h>
#define PI 3.14
```

```
int main(void)
{
    double radius = 3.5;
    printf("            ", radius);
    printf("          ", radius * radius * PI);

    return 0;
}
```

07 다음 프로그램의 결과를 기술하시오.

❶
```
#define _CRT_SECURE_NO_WARNINGS
#include <stdio.h>

int main(void)
{
    int n = 12345;
    printf("%d\n", n);
    printf("%10d\n", n);
    printf("%+10d\n", n);
    printf("%-10d\n", n);
    printf("%010d\n", n);
    return 0;
}
```

❷
```
#define _CRT_SECURE_NO_WARNINGS
#include <stdio.h>

int main(void)
{
    int n = 024;
    printf("%10d\n", n);
    printf("%10o\n", n);
    printf("%-#10o\n", n);
    printf("%010x\n", n);
    printf("%0#10x\n", n);
    return 0;
}
```

❸
```
#define _CRT_SECURE_NO_WARNINGS
#include <stdio.h>

int main(void)
{
```

```
    double n = 3.456E2;
    printf("%f\n", n);
    printf("%10.2f\n", n);
    printf("%-10.2f\n", n);
    printf("%+10.2f\n", n);
    printf("%+010.2f\n", n);
    return 0;
}
```


프로그래밍 연습

01 표준입력으로 원의 반지름 값인 실수 하나를 입력 받아 다음 조건을 만족하는 프로그램을 작성하시오. 난이도: ★

- 매크로 상수로 원주율 3.141592 정의
- 원 반지름 출력, 원 면적 출력, 원 둘레 출력

```
Microsoft Visual Studio 디버그 콘솔
원 반지름 입력: 3.876
원 반지름: 3.876000
원 면적: 47.197318
원 둘레: 24.353621
```

02 표준입력으로 화씨온도를 소수로 입력 받아 섭씨온도를 출력하는 프로그램을 작성하시오. 난이도: ★

- 섭씨온도 = 5.0 / 9.0 * (화씨온도 − 32.0)
- 섭씨온도를 소수점 4째 자리까지 출력

```
Microsoft Visual Studio 디버그 콘솔
화씨 온도 입력: 98.23
입력된 화씨 온도: 98.230000
섭씨 온도: 36.7944
```

03 면적의 단위인 평을 정수 표준입력으로 받아 제곱미터(m^2)로 출력하는 프로그램을 작성하시오. 난이도: ★

- 1평은 3.305785제곱미터(m^2)라는 것을 const 상수로 정의

```
Microsoft Visual Studio 디버그 콘솔
평수 입력: 33.3
입력된 평수: 33.300000
제곱미터: 110.082640
```

04 표준입력으로 문자를 하나 입력 받아 다음 조건을 만족하는 프로그램을 작성하시오.

난이도: ★★

- 입력된 문자의 문자, 8진수 코드 값, 10진수 코드 값, 16진수 코드 값 출력

```
Microsoft Visual Studio 디버그 콘솔
문자입력: $
$ 044 36 0x24
```

05 두 실수를 표준입력으로 입력 받아 다음 조건을 만족하는 프로그램을 작성하시오.

난이도: ★★

- 두 실수가 가로, 세로인 사각형의 면적을 전체 폭 12, 소수 이하 3자리, 우측정렬로 출력
- 두 실수가 가로, 세로인 삼각형의 면적을 전체 폭 12, 소수 이하 3자리, 좌측정렬로 출력

```
Microsoft Visual Studio 디버그 콘솔
두 실수 입력: 3.78 9.45
가로: 3.780000 세로: 9.450000
사각형 면적:       35.721
삼각형 면적: 17.860
```

06 표준입력으로 두 정수를 입력 받아 합과 평균을 구하여 출력하는 프로그램을 작성하시오.

난이도: ★

- 합은 정수로, 평균은 실수로 출력

```
Microsoft Visual Studio 디버그 콘솔
두 정수를 입력하시오.
56 87
합  : 56 + 87 = 143
평균: 143 /  2 = 71.500000
```

07 표준입력으로 두 실수를 입력 받아 합과 평균을 구하여 출력하는 프로그램을 작성하시오. 난이도: ★

- 합과 평균 모두 실수로 출력

```
Microsoft Visual Studio 디버그 콘솔
두 실수를 입력하시오.
3.876 25.983
합  : 3.876000 + 25.983000 = 29.859000
평균: 29.859000 /  2 = 14.929500
```

08 함수 getchar()로 문자 하나를 표준 입력 받아 다음 조건을 만족하는 프로그램을 작성하시오. 난이도: ★★

- 함수 putchar()로 입력 문자 그대로 출력
- 함수 printf()로 문자의 코드 값을 10진수, 8진수, 16진수로 출력

```
Microsoft Visual Studio 디버그 콘솔
문자 입력 : *
*
42 052 0x2a
```

CHAPTER 05

연산자와 연산식

학습목표

- **연산자의 기본 개념인 다음 용어를 이해하고 설명할 수 있다.**
    - 연산자, 피연산자, 연산식
    - 단항연산자, 이항연산자, 삼항연산자
- **다음 연산자의 사용 방법과 연산식의 결과를 알 수 있다.**
    - 산술연산자 +, –, *, /, %
    - 대입연산자 =, +=, –=. *=, /=, %=
    - 증감연산자 ++, ––, 조건연산자 ?:
    - 관계연산자 >, <, >=, <=, ==, !=, 논리연산자 &&, ||, !
    - 형변환연산자 (type cast)
    - sizeof 연산자, 콤마연산자
- **연산자 우선순위에 대하여 이해하고 설명할 수 있다.**
    - 괄호, 단항, 이항, 삼항연산자의 순위
    - 산술연산자의 순위
    - 관계와 논리연산자 순위
    - 조건, 대입, 콤마연산자 순위

학습목차

5.1 연산식과 다양한 연산자

연산식과 연산자 분류

연산자와 피연산자, 연산식과 연산값

수학에서 사용하는 (3 + 4 * 5)와 같은 연산 표현을 수식이라고 하듯이, 프로그래밍 언어에서도 덧셈과 뺄셈과 같은 다양한 연산자와 수 그리고 변수를 사용해 수식을 표현할 수 있다. **변수와 다양한 리터럴 상수 그리고 함수의 호출 등으로 구성되는 표현식을 연산식(expression)**이라 한다. **연산식은 항상 하나의 결과값을 갖는다.** 연산식을 구성하는 **연산자(operator)는 덧셈 연산자 + 기호와 같이 이미 정의된 연산을 수행하는 문자 또는 문자조합 기호**를 말한다. 그리고 **연산(operation)에 참여하는 변수나 상수를 피연산자(operand)라 한다.**

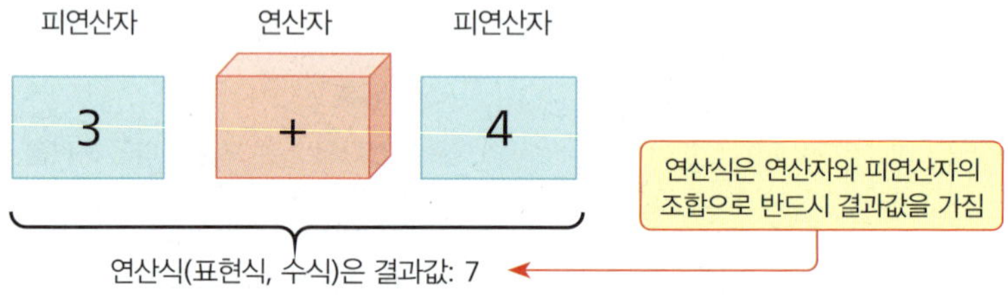

그림 5-1 연산식과 연산식 값(연산식 평가 또는 결과값)

좀 더 쉽게 설명한다면 믹서기와 재료가 있을 때 믹서기는 연산자로, 믹서기 속에 들어가는 재료는 피연산자로 볼 수 있는 것이다. 즉, 오렌지와 딸기를 함께 믹서기에 넣어 가는 것을 의미하는 '오렌지 + 딸기'라는 수식에서 오렌지와 딸기는 피연산자가 되고 '+'는 믹서기가 된다고 이해할 수 있다.

그림 5-2 믹서기(연산자)와 재료(피연산자)

피연산자는 변수나 상수 또는 다른 연산식의 조합으로 표현될 수 있다. 가장 간단한 연산식은 7이나 a와 같이 단일 항목으로 구성되는 표현이다. 이러한 연산식이 연산자와 연결되어 새로운 연산식으로 구성된다. 연산식 3 + 4에서 '+'는 연산자이고, 3과 4는 피연산자에 해당된다. **연산식은 평가(evaluation)하여 항상 하나의 결과값**을 갖는다. 앞으로 **연산식의 결과값을 간단히 '연산값'**이라 부르도록 하자. 즉 3 + 4 라는 연산식은 연산값 7을 갖는다.

다양한 연산자

다양한 재료에 따라 필요한 믹서기도 다양할 수 밖에 없다. 이것은 연산자도 마찬가지인데, **연산자는 연산에 참여하는 피연산자(operand)의 갯수에 따라 단(일)항(unary), 이항(binary), 삼항(ternary) 연산자로 나눌 수 있다.** 즉 부호를 표시하는 +, −는 단항연산자이며 사칙연산의 +, −, *, / 등은 이항연산자의 대표적인 예이다. **삼항연산자는 조건연산자 '? :'가 유일**하다. 단항연산자는 연산자의 위치에 따라 전위와 후위로 나뉜다. 즉 **++a처럼 연산자가 앞에 있으면 전위(prefix) 연산자이며, a++와 같이 연산자가 뒤에 있으면 후위(postfix) 연산자**라고 한다. C언어는 다음과 같이 다양한 연산자를 제공함으로써 복잡한 연산도 간단히 구현할 수 있다.

그림 5-3 단항, 이항, 삼항연산자

산술연산자와 부호연산자

산술연산자 +, −, *, /, %

산술연산자는 +, −, *, /, %로 각각 더하기(addiction), 빼기(subtraction), 곱하기(multiplication), 나누기(division), 나머지(remainder, modulus) 연산자이다. 산술연산자 +, −, *, /의 피연산자는 정수형 또는 실수형이 가능하다. 다만 정수 간의 나누기 연산의 결과는 정수로 연산 10 / 4의 결과는 정수 2이다.

- **정수 간의 나누기 연산 결과는 소수 부분을 버린 정수**이다.
- 실수 간의 연산 10.0 / 4.0의 결과는 정상적으로 2.5이다.

나머지 연산식 a % b의 결과는 a를 b로 나눈 나머지 값이다. 즉 나머지 연산식 10 % 3의 결과는 1이다. 나머지 연산자 %의 피연산자는 반드시 정수이어야 한다. 피연산자가 실수이면 오류가 발생한다.

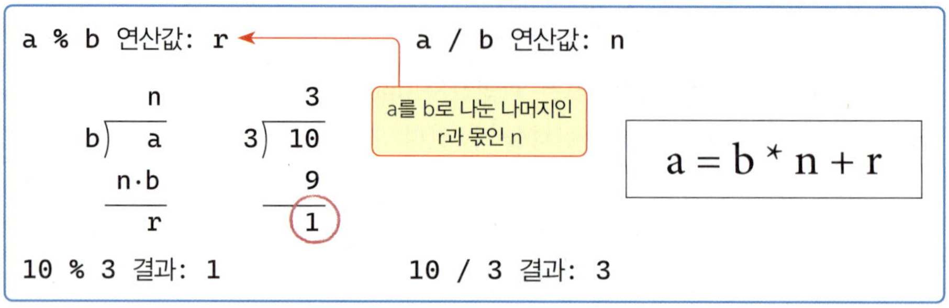

그림 5-4 나누기 연산과 나머지 연산의 이해

곱셈 계열의 연산자 *, /, %는 덧셈 계열의 연산자 +, -보다 먼저 계산된다. 연산식 3 / 2 * 2을 보면 3/2를 먼저 수행하고 그 결과인 1과 2를 곱하므로 연산값은 2이다. 이러한 결합성은 동일한 연산순서에서 어느 순으로 연산할 지를 결정하는 중요 요소이다. 보통 괄호가 없다면 대부분의 연산자는 왼쪽부터 결합하는데 이를 괄호로 묶어 결합 순서를 바꿀 수 있다. 그림 5-5의 오른쪽 그림처럼 연산식 3 / (2 * 2)은 (2 * 2)의 결과가 분모가 되어 3 / 4이므로 결과는 0이다.

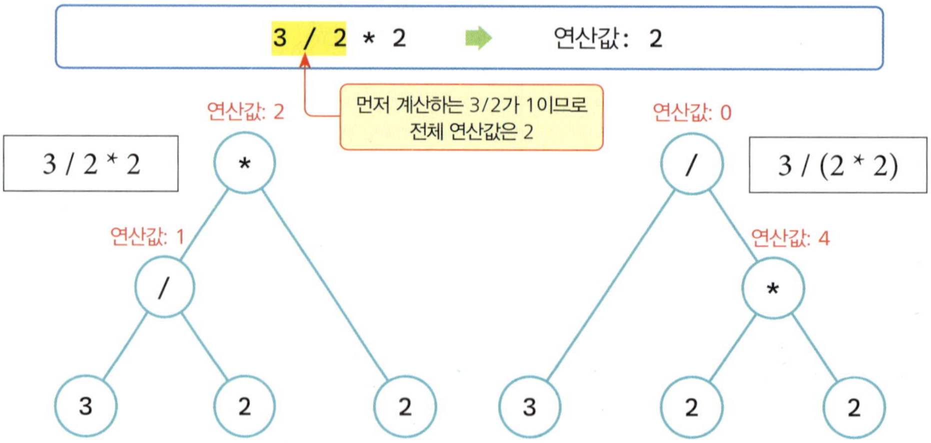

그림 5-5 산술연산에서 결합성

다음은 5개의 산술연산자와 그 사용의 예를 나타낸 그림이다. 여기서 주의할 것은 정수끼리의 연산값은 정수라는 것이다.

```
a=10, b=2인 경우, 다음 각각의 연산 결과는?
   3 + a * b        23
   2 + a - b        10
   4 - a / b        -1
   3.0 + a / 4      5.0
   a % 4 - b        0
```

```
a = b * n + r (a, b는 정수)이라면
   a / b      n
   a % b      r         3 ←── 17 / 5
  10 / 3      3     5 ) 17
  10 % 3      1         15
  17 / 5      3         ──
  17 % 5      2          2 ←── 17 % 5
```

```
산술연산 5가지
   op1 + op2
   op1 - op2
   op1 * op2
   op1 / op2
   op1 % op2
```

```
나머지 연산자 %의 피연산자는 반드시
정수여야 한다. 그러므로 다음은 잘못
된 산술연산식이다.

   3.0 % 4
   5 % 2.0
   5.0 % 3.0
```

그림 5-6 산술연산자의 종류와 사용

실습예제 5-1	Prj01	01arithop.c	곱하기와 나누기, 나머지 연산자 활용	난이도: ★

```c
#include <stdio.h>

int main(void)
{
    int amount = 4000 * 3 + 10000;

    printf(" 총금액 %d 원\n", amount);
    printf("오천원권 %d 개\n", amount / 5000);   // 정수 / 정수는 정수이므로 결과는 4
    printf(" 천원권 %d 개\n", (amount % 5000) / 1000);

    return 0;
}
```

결과

```
 총금액 22000 원
오천원권 4 개
 천원권 2 개
```

부호연산자 +, −

항이 하나인 단항 연산자 +, −는 피연산자의 부호를 나타내는 연산자이다. 연산식 +3, −4.5, −a와 같이 수 또는 변수의 부호를 나타낸다. 즉 연산식 −a는 a의 부호가 바뀐 값이 결과값이다.

부호연산자 +, −는 피연산자 앞에 위치한다는 의미로 전위(prefix) 단항연산자로 분류한다. 변수 a에는 5, b에는 2.5가 저장된 상태에서 다양한 산술연산식의 결과값을 정리한 표이다.

표 5-1 다양한 산술연산식

연산식	설명	연산값	연산식	설명	연산값
-a	부호연산자	-5	-b + 2.5	부호연산자	0.0
2 - a	빼기연산자	-3	a / b + b * 2	(a / b) + (b * 2)	7.0
2 * a + 3	(2 * a) + 3	13	a * 2 / b - a	((a * 2) / b) - a	-1.0
10 - a / 2	10 - (a / 2)	8	a + b * 2 /a	a + ((b * 2) /a)	6.0
10 % a + 10 / a	(10 % a) + (10 / a)	2	a % b	실수는 %에 오류	오류

중간점검

01 C 언어에서 다음 각 연산식의 결과값은 무엇인가?

```
3 * 5    5 / 2    5.0 / 2.0    10 % 2
```

02 C 언어에서 여러 연산자가 포함된 다음 각 연산식의 결과값은 무엇인가?

```
3 + 7 % 2    3 + 7 / 2    (3 + 7) % 2    (3 + 7) * 2
```

대입연산자와 증감연산자, 축약대입연산자

대입연산자 =

대입연산자(assignment operator)[1]는 =으로 연산자 오른쪽 연산식 결과값을 왼쪽 변수에 저장하는 연산자이다. 대입연산자의 왼쪽 부분에는 반드시 하나의 변수만이 올 수 있다. 대입연산자의 왼쪽 변수를 왼쪽을 의미하는 left 단어에서 l-value라 하며 오른쪽에 위치하는 연산식의 값을 오른쪽을 의미하는 right 단어에서 r-value라 한다.

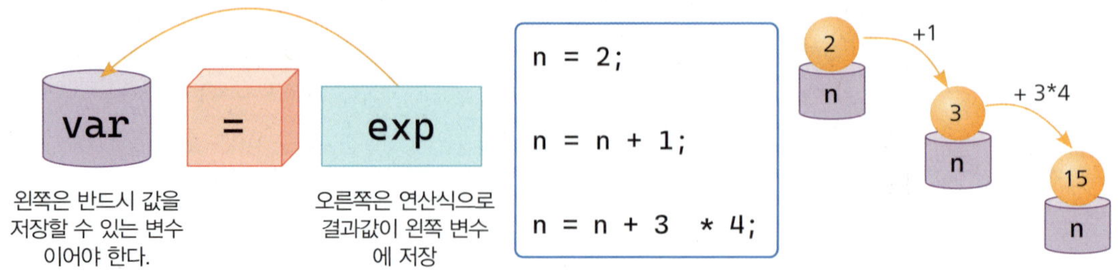

그림 5-7 대입연산자 수행 방법

[1] 대입연산자는 할당 또는 치환연산자라고 한다.

대입연산자가 있는 연산식도 연산 수행 후 결과값이 존재한다. 즉 대입연산자의 연산값은 왼쪽 변수에 저장된 값이다. 대입연산자의 결합은 일반적인 연산자와 다르게 '오른쪽에서 왼쪽(←)'이다. 그러므로 a = b = c = 5와 같은 중첩된 대입문 한 문장으로 여러 변수에 동일한 값을 대입할 수 있다. 즉 변수 a, b, c 모두 5가 저장되는데, 이 연산식의 결과값은 마지막으로 a에 저장된 값인 5이다.

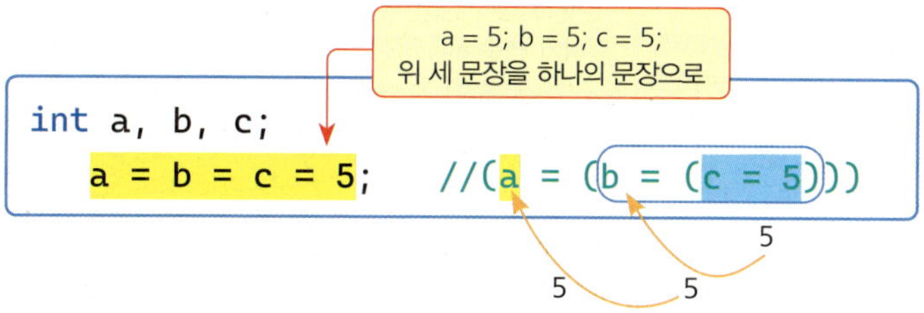

그림 5-8 중첩된 대입문

실습예제 5-2 Prj02 02assignop.c 대입 연산자 활용 난이도: ★

```c
#define _CRT_SECURE_NO_WARNINGS
#include <stdio.h>

int main(void)
{
   int cred2, cred3;

   cred2 = cred3 = 0;

   printf("2학점과 3학점의 수강 과목 수를 각각 입력 >> ");
   scanf("%d %d", &cred2, &cred3);

   cred2 = 2 * cred2;
   printf("2학점 과목 총 학점: %d\n", cred2);
   printf("3학점 과목 총 학점: %d\n", cred3 = 3 * cred3);
   printf("총 학점: %d\n", cred2 + cred3);

   return 0;
}
```

대입 연산식의 연산값은 대입된 저장 값

결과

```
2학점과 3학점의 수강 과목 수를 각각 입력 >> 2 4
2학점 과목 총 학점: 4
3학점 과목 총 학점: 12
총 학점: 16
```

축약 대입연산자

대입연산식 a = a+b는 중복된 a를 생략하고 간결하게 a += b로 쓸 수 있다. 마찬가지로 a = a-b는 간결하게 a -= b로 쓸 수 있다. 이와 같이 산술연산자와 대입연산자를 이어 붙인 연산자 +=, -=, *=, /=, %=을 축약 대입연산자라 한다.

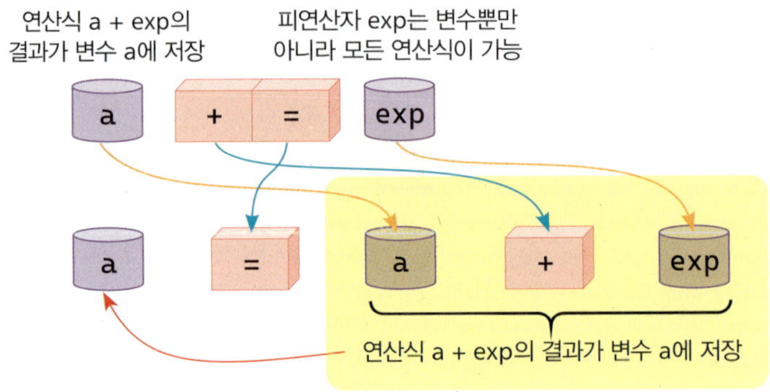

그림 5-9 축약 대입연산자의 연산 방법

다음은 5개의 축약 대입연산자와 그 사용의 예를 나타낸 그림이다.

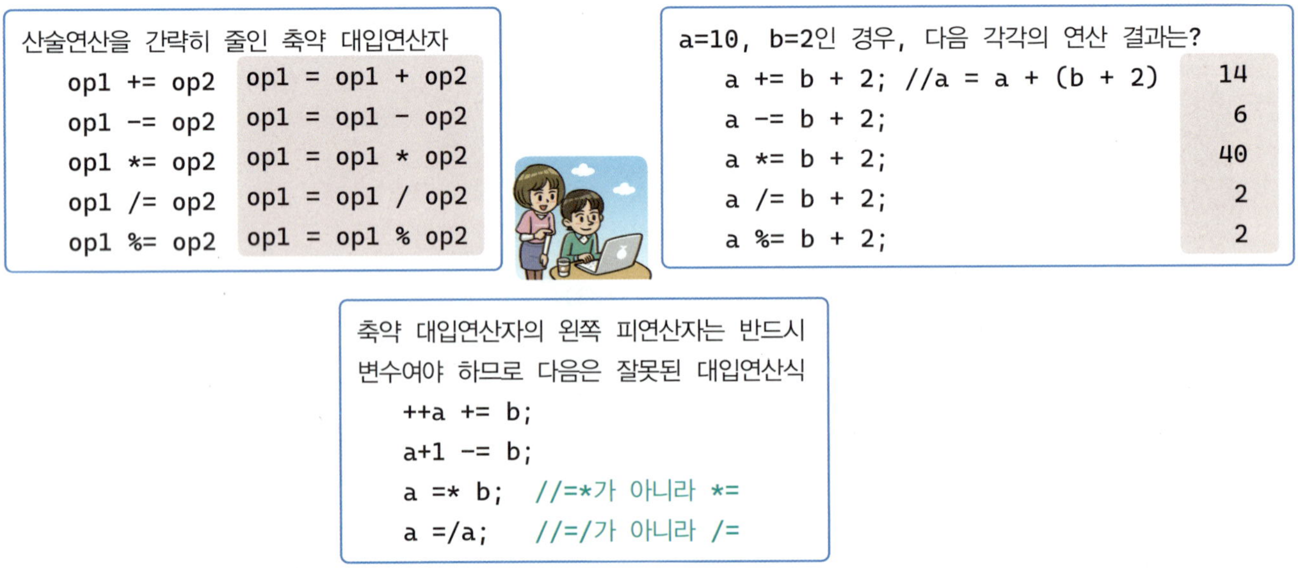

그림 5-10 축약 대입연산자의 종류와 사용

실습예제 5-3 | Prj03 | 03compoundassign.c | 복합 대입연산자 활용 | 난이도: ★

```c
01 #define _CRT_SECURE_NO_WARNINGS //scanf() 오류를 방지하기 위한 상수 정의
02 #include <stdio.h>
03 
04 int main(void)
05 {
06    int x = 0, y = 0;
07 
08    printf("두 정수를 입력 >> ", &x, &y);
09    scanf("%d%d", &x, &y);
10 
11    printf("%d\n", x += y);
12    printf("%d %d\n", x, y);
13    printf("%d\n", x -= y);
14    printf("%d %d\n", x, y);
15 
16    return 0;
17 }
```

11줄의 출력 값과 같은 x의 값

결과

```
두 정수를 입력 >> 10 20
30
30 20
10
10 20
```

증감연산자 ++, --

프로그램에서 많이 사용하는 문장 중의 하나가 변수 값을 1 증가시키거나 1 감소시키는 문장인 n=n+1과 n=n-1이다. 이를 간단히 줄인 **증가연산자 ++와 감소연산자 --는 변수 값을 각각 1 증가시키고, 1 감소시키는 기능을 수행한다.** 즉 n++와 ++n은 모두 n=n+1의 기능을 , n--와 --n은 n=n-1의 기능을 수행한다. 그러나 증가, 감소연산자는 연산자의 위치에 따라 다른 결과값을 가지므로 주의가 필요하다. **n++와 같이 연산자 ++가 피연산자 n보다 뒤에 위치하는 후위(postfix)이면 1 증가되기 전 값이 연산 결과값이다. 반대로 ++n과 같이 전위(prefix)이면 1 증가된 값이 연산 결과값이다. 마찬가지로 n--와 같이 후위이면 1 감소되기 전 값이 연산 결과값이다. 반대로 --n이면 1 감소된 값이 연산 결과값이다.**

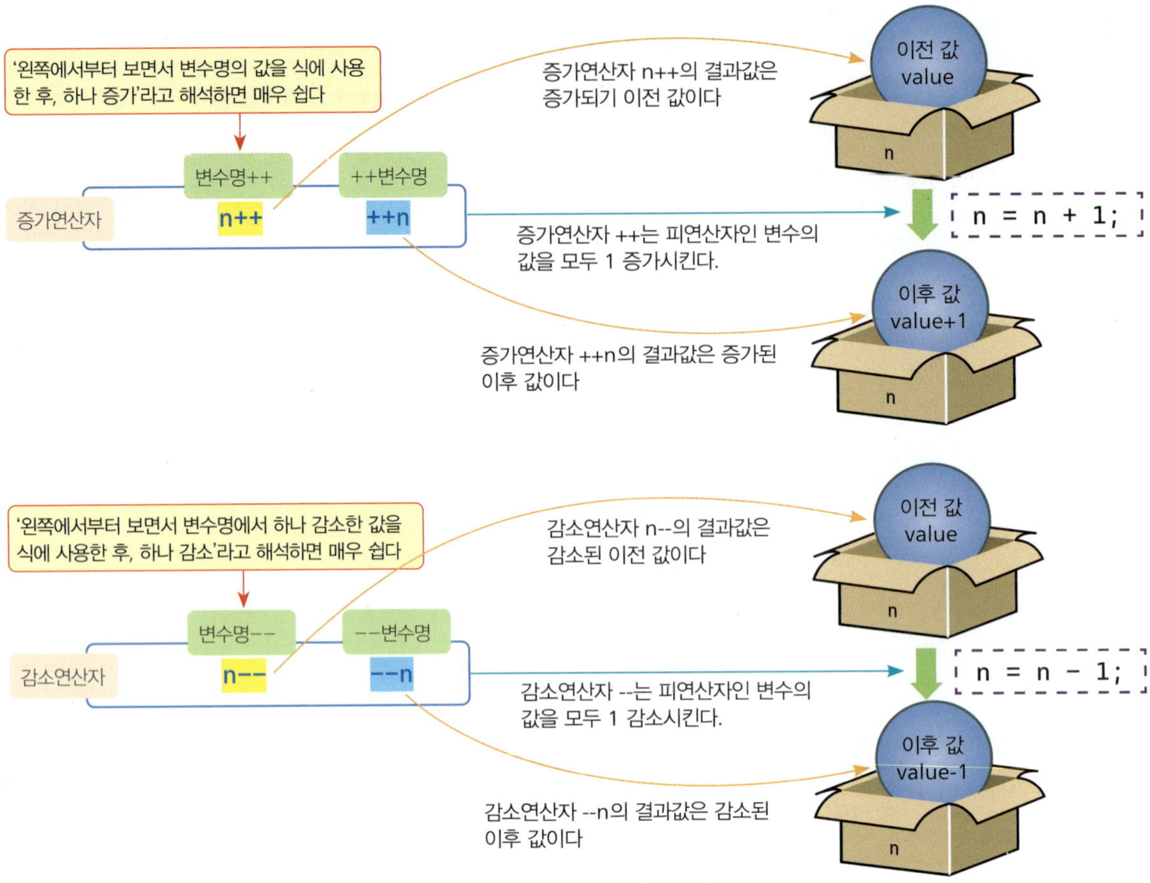

그림 5-11 증가연산자 ++, 감소연산자 --

증감연산자 ++, --는 연산자 기호 중간에 공백이 들어갈 수 없으며, 다른 연산자보다 그 평가를 먼저 해야 한다. **증감연산자는 피연산자를 수정하므로 변수만을 피연산자로 사용할 수 있으며, 상수나 일반 수식을 피연산자로 사용할 수 없다.** 또한 하나의 연산식에서 같은 변수의 증감연산자를 여러 번 이용하면 컴파일러마다 그 결과가 다를 수 있으므로 이러한 연산식은 피하는 것이 좋다.

```c
int n = 10;

printf("%d\n", n++);
printf("%d\n", n);
```

출력
10
11

```c
int n = 10;

printf("%d\n", ++n);
printf("%d\n", n);
```

출력
11
11

```c
int n = 10;

printf("%d\n", n--);
printf("%d\n", n);
```

출력
10
9

```c
int n = 10;

printf("%d\n", --n);
printf("%d\n", n);
```

출력
9
9

잘못된 사용 예

```c
int a = 10;
++300;          //상수에는 증감연산자를 사용할 수 없다.
(a+1)--;        //일반 수식에는 증감연산자를 사용할 수 없다.

//하나의 연산식에 동일한 변수의 증감연산자는 사용하지 말자.
a = ++a * a--;
```

그림 5-12 증감연산자 사용

실습예제 5-4 Prj04 04incdecop.c 증가연산자 ++와 감소연산자 -- 난이도: ★

```c
#include <stdio.h>

int main(void)
{
    int m = 1, n = 5;

    printf("%d %d\n", m++, ++n);//1 6
    printf("%d %d\n", m, n);    //2 6
    printf("%d %d\n", m--, --n);//2 5
    printf("%d %d\n", m, n);    //1 5

    return 0;
}
```

출력 값은 결과값으로 증가되기 이전 값인 1이다.

출력 값은 결과값으로 증가된 값인 6이다.

결과

```
1 6
2 6
2 5
1 5
```

중간점검

01 변수 a와 b가 각각 5, 10이라면 다음 문장이 각각 실행된 이후의 변수 a와 b에 저장된 값은 얼마인가?

```
a += 4; b *= 5; a += b%3; b *= b/2;
```

02 증감연산자가 포함된 다음 코드의 실행 결과값을 기술하시오.

```
int m = 10, n = 20;
printf("%d %d\n", m++, ++n);
printf("%d %d\n", --m, n--);
printf("%d %d\n", m, n);
```

LAB

연산자 /와 %를 사용한 지폐 계산 방법

식당에서 식비를 현금으로 지불한다고 가정하자. 돈은 가장 고액권인 오만원부터 순서대로, 그리고 지폐 수는 가장 적게 지불할 예정이다. 식비 지불 금액이 73,000원이면 오만원권과 만원권, 그리고 오천원 지폐를 몇 개씩 지불하고, 나머지는 얼마를 내면 될까? 현실에선 너무 간단한 이 계산을 직접 구현해 보자. 정수의 나누기 / 연산과 나머지 연산자 %를 활용하면 유용하다. 다음 정보를 이용하여 입력과 결과를 출력하는 프로그램을 작성해보자.

- 총 금액을 변수 amount에 표준입력으로 받아 저장
- amount / 50000의 결과는 오만원권의 수이며, amount % 50000은 오만원권으로 계산한 후에 다시 지불해야 할 나머지 금액

```
Microsoft Visual Studio 디버그 콘솔
총 금액 입력 >> 73000
계산 금액: 73000
오만원권 1개 만원권 2개 오천원권 0개 나머지 3000원
```

Lab 5-1 lab1pay.c 난이도: ★★

```c
#define _CRT_SECURE_NO_WARNINGS
#include <stdio.h>

int main(void)
{
    int amount;
    printf("총 금액 입력 >> ");
    scanf("%d", &amount);
    printf("계산 금액: %d\n", amount);

    int cnt50000 = amount / 50000;
    int changes = amount % 50000;
    printf("오만원권 %d개 ", cnt50000);

    
    changes %= 10000; //changes = changes % 10000;
    printf("만원권 %d개 ", cnt10000);

```

```
19      int cnt5000 = changes / 5000;
20      ____________; //changes = changes % 5000;
21      printf("오천원권 %d개 ", cnt5000);
22      printf("나머지 %d원\n", changes);
23
24      return 0;
25  }
```

정답

```
15      int cnt10000 = changes / 10000;
20      changes %= 5000; //changes = changes % 5000;
```

5.2 관계와 논리, 조건, 비트연산자

관계와 논리연산자

두 피연산자의 크기 비교

관계연산자는 두 피연산자의 크기를 비교하기 위한 연산자이다. 관계연산자의 연산값은 비교 결과가 참이면 0, 거짓이면 1이다. 관계연산자는 다음 표와 같이 모두 6가지로서 두 개의 문자로 구성되는 관계연산자 기호 사이에는 공백문자가 없어야 한다.

관계연산자 !=, >=, <=는 연산자를 구성하는 두 기호 문자의 순서가 명확해야 한다.

또한 관계연산자 ==는 피연산자 두 값이 같은지를 알아보는 연산자로 대입연산자 =와 혼동하지 않도록 주의해야 한다.

관계 연산자에서 피연산자는 정수형, 실수형, 문자형 등이 피연산자가 될 수 있다.

특히 피연산자가 문자인 경우, 문자 코드 값에 대한 비교의 결과이다. 문자 'a'는 코드 값이 97이고 문자 'Z'는 코드 값이 90이므로 연산식 ('Z' < 'a')는 1인 참을 의미한다.

즉 **문자 '0' < '1' < '2' < '3' < … < '9'인 관계가 있으며, 'a' < 'b' < 'c' < … < 'x' < 'y' < 'z' 관계**가 있고, 대문자도 마찬가지이며, 'Z' < 'a'로 소문자는 대문자보다 모두 크다.

표 5-2 관계연산자의 종류와 사용

연산자	연산식	의미	예제	연산(결과)값
>	x > y	x가 y보다 큰가?	3 > 5	0(거짓)
>=	x >= y	x가 y보다 크거나 같은가?	5-4 >= 0	1(참)
<	x < y	x가 y보다 작은가?	'a' < 'b'	1(참)
<=	x <= y	x가 y보다 작거나 같은가?	3.43 <= 5.862	1(참)
!=	x != y	x와 y가 다른가?	5-4 != 3/2	0(거짓)
==	x == y	x가 y가 같은가?	'%' == 'A'	0(거짓)

실습예제 5-5 | Prj05 | 05relationop.c | 관계 연산 활용 | 난이도: ★

```c
#include <stdio.h>

int main(void)
{
    int speed = 80;
    printf("%d ", (60 <= speed));
    printf("%d\n", (60 > speed));

    printf("%d ", ('a' > 'b'));
    printf("%d\n", ('Z' <= 'a'));
    printf("%d ", (4 == 4.0));
    printf("%d\n", (4.0F != 4.0));

    return 0;
}
```

모든 소문자는 대문자보다 코드 값이 크므로 관계 연산도 참을 의미하고 결과는 1

4와 4.0은 같은 것으로 평가

결과

```
1 0
0 1
1 0
```

논리연산자

C 언어는 세 가지의 논리연산자 &&, ||, !을 제공한다. **논리연산자 &&, ||, !은 각각 and, or, not의 논리연산을 의미**하며, **그 결과가 참이면 1 거짓이면 0을 반환**한다. **C 언어에서 참과 거짓의 논리형은 따로 없으므로 0, 0.0, '\0'은 거짓을 의미하며, 0이 아닌 모든 정수와 실수, 그리고 널(null) 문자 '\0'가 아닌 모든 문자와 문자열은 모두 참을 의미**한다.

논리연산자 &&는 두 피연산자가 모두 참(0이 아니어야)이면 결과가 1(참)이며, 나머지 경우는 모두 0(거짓)이다. 논리연산자 ||는 두 피연산자 중에서 하나만 참(0이 아니어야)이면 1이고, 모두 0(거짓)이면 0(거짓)이다. 논리연산자 !는 단항연산자로 피연산자가 0이면 결과는 1이고, 참(0이 아닌 값)이면 결과는 0이다.

x	y	x && y	x || y	!x
0(거짓)	0(거짓)	0	0	1
0(거짓)	0이 아닌 값(참)	0	1	1
0이 아닌 값(참)	0(거짓)	0	1	0
0이 아닌 값(참)	0이 아닌 값(참)	1	1	0

식	결과
`21 && 3`	1
`!2 && 'a'`	0
`3>4 && 4>=2`	0
`1 || '\0'`	1
`2>=1 || 3 <=0`	1
`0.0 || 2-2`	0
`!0`	1

그림 5-13 논리연산자의 연산 결과

실습예제 5-6	Prj06	06logicop.c	논리 연산자 && || !	난이도: ★

```c
#include <stdio.h>

int main(void)
{
    double grade = 4.21;

    printf("%d ", (4.0 < grade) && (grade <= 5)); //1
    printf("%d ", 0.0 || (4.0 > grade)); //0
    printf("%d\n", (4.2 < grade) || !0.0); //1
    printf("%d ", 'a' && 3.5); //1
    printf("%d ", '\0' || "C"); //1
    printf("%d\n", "java" && '\0'); //0

    return 0;
}

```

결과

```
1 0 1
1 1 0
```

단축 평가

논리연산자 &&와 ||는 피연산자 두 개 중에서 왼쪽 피연산자만으로 논리연산 결과가 결정된다면 오른쪽 피연산자는 평가하지 않는다. 이러한 방식을 단축 평가(short circuit evaluation)[2]라 하며 연산의 효율을 높일 수 있다. 예를 들어 (x && y) 연산식에서 x의 값이 0(거짓)이라면 y의 값을 평가하지 않고 연산 (x && y) 결과는 0(거짓)이다. 마찬가지로 (x || y) 수식에서 x가 0이 아니(참)라면 더 이상 y의 값을 평가하지 않고 연산식 (x || y)의 결과는 1(참)로 평가한다.

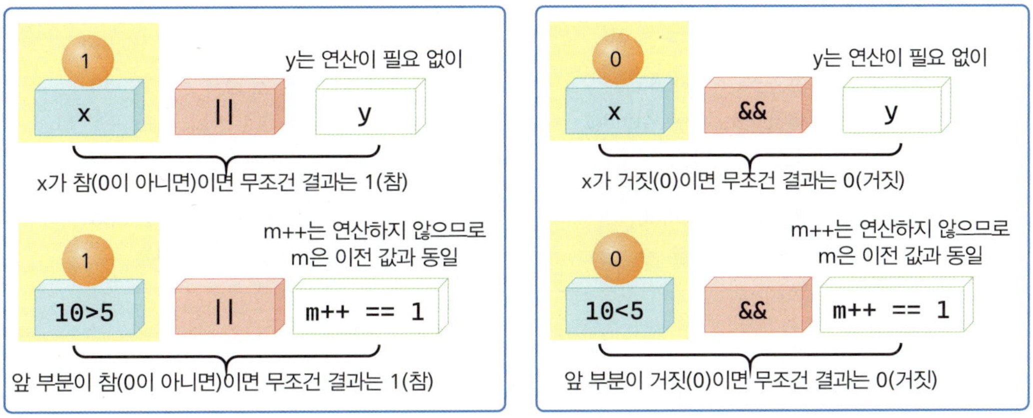

그림 5-14 단축 평가

[2] 단축평가는 단축 계산, 단락 연산 등 여러 용어로도 사용된다.

단축 평가의 예를 실 생활에서 찾아보자.

예를 들어, 특별 할인 기간을 맞이해 구매 금액(amount)이 만원 이상이고 이전 쿠폰 수(coupons)가 10개 이상이면 할인도 되고 특별히 쿠폰도 하나 준다고 가정하자. 이 조건을 다음과 같이 &&의 단축 평가를 활용하면 편리하다.

```
int sale = (amount >= 10000) && (coupons++ >= 10);
```

즉 위 변수 sale에 1이 저장되면 할인 조건이 만족되며 쿠폰도 하나 증가하게 된다. 그러나 구매 금액인 amount가 만원 미만이면 뒤 연산식은 평가하지 않아 쿠폰 수도 증가하지 않으며, sale이 0이되어 할인도 안된다. 이 예를 다음 예제로 코딩해 보자.

실습예제 5-7 Prj07 07shorteval.c && 연산자로 일정액 이상의 구매액에 쿠폰 발행과 할인 계산 난이도: ★★

```
#define _CRT_SECURE_NO_WARNINGS
#include <stdio.h>

int main(void)
{
    int amount = 0;
    int coupons = 10; //각각 10 이상과 10 미만을 입력

    printf("총 금액 >> ");
    scanf("%d", &amount); // 각각 10000원 이상과 미만을 입력

    int sale = (amount >= 10000) && (coupons++ >= 10);
    printf("할인: %d, 쿠폰 수: %d\n", sale, coupons);

    return 0;
}
```

&&의 왼쪽 (amount >= 10000)가 만족되어야 (coupons++ >= 10)를 실행하며, 이것도 만족해야 최종 결과가 1이 되어 할인이 가능하다.

결과

```
int coupons = 10;
```

```
총 금액 >> 9000
할인: 0, 쿠폰 수: 10
```

```
총 금액 >> 10000
할인: 1, 쿠폰 수: 11
```

```
int coupons = 8;
```

```
총 금액 >> 9000
할인: 0, 쿠폰 수: 8
```

```
총 금액 >> 10000
할인: 0, 쿠폰 수: 9
```

조건연산자

연산자 ? :

조건연산자는 조건에 따라 주어진 피연산자가 결과값이 되는 삼항연산자이다. 즉 연산식 (x ? a : b)에서 피연산자는 x, a, b 세 개이며, 첫 번째 피연산자인 x가 참이면(0이 아니면) 결과는 a이며, x가 0이면(거짓) 결과는 b이다.

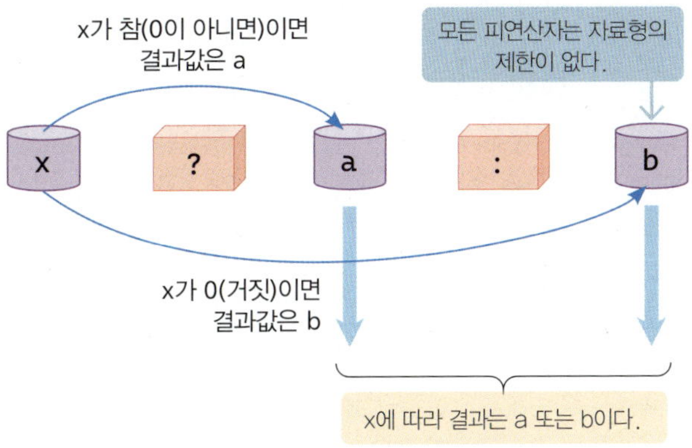

그림 5-15 조건연산자 계산 방법

조건연산자를 이용하면 두 수의 최대값과 최소값을 쉽게 구할 수 있다. 또한 절대값도 다음과 같이 간단히 구할 수 있다.

```
max = (a > b) ? a : b;              //최대값 반환 조건연산
max = (a < b) ? b : a;              //최대값 반환 조건연산
min = (a > b) ? b : a;              //최소값 반환 조건연산
min = (a < b) ? a : b;              //최소값 반환 조건연산
absolute = (a > 0) ? a : -a;        //절대값 반환 조건연산
absolute = (a < 0) ? -a : a;        //절대값 반환 조건연산
```

실습예제 5-8 Prj08 08condop.c 조건 연산자 활용 난이도: ★

```
#define _CRT_SECURE_NO_WARNINGS
#include <stdio.h>

int main(void)
{
   int a = 0, b = 0;

   printf("두 정수 입력 >> ");
   scanf("%d%d", &a, &b);
```

```c

    printf("최대값: %d ", (a > b) ? a : b);
    printf("최소값: %d\n", (a < b) ? a : b);
    printf("절대값: %d ", (a > 0) ? a : -a);
    printf("절대값: %d\n", (b > 0) ? b : -b);

    ((a % 2) == 0) ? printf("짝수 ") : printf("홀수 ");
    printf("%s\n", ((b % 2) == 0) ? "짝수" : "홀수");

    return 0;
}
```

조건 삼항연산자의 두 번째와 세 번째 피연산자는 문장도 가능

조건 삼항연산자의 두 번째와 세 번째 피연산자는 문자열을 비롯하여 모든 자료형도 가능

결과

```
두 정수 입력 >> 8 -9
최대값: 8 최소값: -9
절대값: 8 절대값: 9
짝수 홀수
```

중간점검

01 다음 각각의 관계연산식 결과값은 무엇인가?

```c
'a' < 'r'
'a' < 'R'
'\0' >= '*'
10 <= (2*5)
```

02 단축연산을 고려해 x, y가 각각 3, 10일 때 다음 각각의 문장 이후에 x와 y의 값은?

```c
x = (x > 10) && y++;
x = (x > 10) || y++;
```

03 두 변수 x, y 중에서 변수 max에는 최대값이 min에는 최소값이 저장되도록 빈 부분에 들어갈 연산자는?

```c
int max = x < y ☐ y : x;
int min = x > y ☐ y : x;
```

비트연산자

이미 알고 있듯이 컴퓨터 정보의 최소 단위는 비트로, 모든 정수도 내부 비트 정보를 갖고 있다. C 언어는 비트 단위의 다양한 데이터 처리 방법을 제공하는데, 특히 **정수의 비트 중심(bitwise) 연산자를 제공**한다. 정수형에 대한 비트 중심 연산자로 비트 논리연산자와 이동연산자가 제공된다.

<table>
<tr><th>연산자</th><th>이름</th><th>사용 예</th></tr>
<tr><td>&</td><td>bit AND</td><td>101 & 001 = 001</td></tr>
<tr><td>|</td><td>bit OR</td><td>101 & 001 = 101</td></tr>
<tr><td>^</td><td>bit XOR</td><td>101 ^ 001 = 100</td></tr>
<tr><td>~</td><td>bit complement</td><td>~1 = -2</td></tr>
</table>

연산자	이름	사용 예
>>	bit shift RIGHT	3 >> 1 = 1
<<	bit shift LEFT	3 << 1 = 6

그림 5-16 비트 중심 연산자

비트 논리연산자

비트 논리 연산자는 피연산자 정수 값을 비트 단위로 논리 연산을 수행하는 연산자로, &, |, ^, ~ 4가지이다. 연산자 ~ 는 ~5와 같이 연산자가 피연산자인 앞에 위치하는 전위 단항 연산자이며 나머지는 모두 (3 | 4)처럼 피연산자가 두 개인 이항 연산자이다.

- 비트 논리 연산자에 이용되는 피연산자의 자료형은 정수형에 해당하는 char, int, long, long long 이면 가능하다.
- **비트 연산은 각 피연산자를 int 형으로 변환하여 연산하며 결과도 int 형이다.**

다음은 비트 연산자의 결과를 알 수 있는 연산표이다.

표 5-3 비트 논리 연산자

<table>
<tr><th>연산자</th><th>연산자 이름</th><th>사용</th><th>의미</th></tr>
<tr><td>&</td><td>비트 AND</td><td>op1 & op2</td><td>비트가 모두 1이면 결과는 1, 아니면 0</td></tr>
<tr><td>|</td><td>비트 OR</td><td>op1 | op2</td><td>비트가 적어도 하나 1이면 결과는 1, 아니면 0</td></tr>
<tr><td>^</td><td>비트 배타적 OR(XOR)</td><td>op1 ^ op2</td><td>비트가 서로 다르면 결과는 1, 같으면 0</td></tr>
<tr><td>~</td><td>비트 NOT(Negation) 또는 보수(complement)</td><td>~op1</td><td>비트가 0이면 결과는 1, 0이면 1</td></tr>
</table>

비트 논리 연산은 정수인 두 피연산자의 같은 위치의 두 비트의 연산이다. 두 비트 연산 결과는 다음 표와 같으며 비트의 위치는 피연산자 비트와 같다. 즉 비트 논리 연산에서 비트가 0이면 거짓으로, 1이면 참으로 간주하여 논리 연산을 생각하면 쉽다. **AND 연산자인 &는 두 비트 모두 1이어야 1이며, OR 연산자인 |는 하나만 1이어도 1이고, ^는 서로 다르면 1이고 같으면 0이다. NOT(Negation) 또는 보수(complement) 연산자인 ~은 단항연산자로 0인 비트는 1로, 1인 비트는 0으로 모두 바꾸는 연산자**이다.

표 5-4 각 비트 연산 방법

x(비트1)	y(비트2)	x & y	x | y	x ^ y	~x
0	0	0	0	0	1
0	1	0	1	1	1
1	0	0	1	1	0
1	1	1	1	0	0

다음은 3 & 5를 구하는 예를 그림으로 나타내고 있다. 이 연산은 피연산자인 3과 5를 각각 이진수로 표현하여 각각의 비트를 AND 연산으로 수행한 결과를 정수 값으로 평가한 값이다.

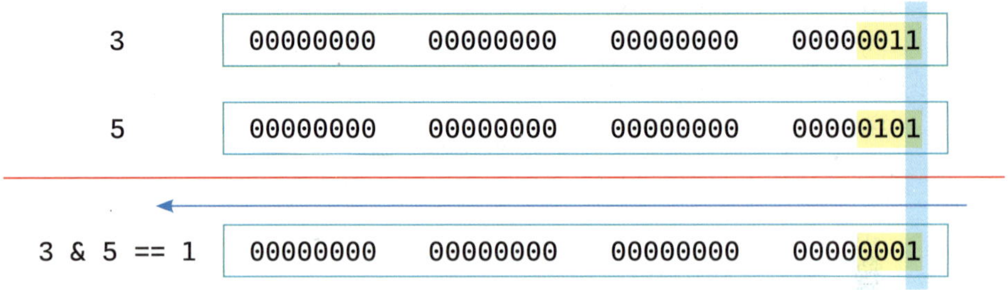

그림 5-17 비트 논리 연산 3 & 5

보수 연산자(bitwise complement operator) ~은 단항연산자로, 각 비트에서 0은 1, 1은 0이 결과이다. 다음과 같이 1이나 4의 보수를 취하면 다음과 같은 결과가 나온다.

표 5-5 보수 연산 예

피연산자		보수 연산	
수	비트표현(2진수)	보수 연산 결과	10진수
1	000000000 000000000 000000000 000000001	11111111 11111111 11111111 11111110	~1 = -2
4	000000000 000000000 000000000 000000100	11111111 11111111 11111111 11111011	~4 = -5

다음은 다양한 비트 논리연산식의 예와 그 결과값을 정리한 표이다.

표 5-6 다양한 비트 논리연산식

연산식	설명	연산값	연산식	설명	연산값
1 & 2	0001 & 0010 0000	0	1 & 3	0001 & 0010 0001	1
3 | 4	0011 | 0100 0111	7	3 | 5	0011 | 0100 0111	7
3 ^ 4	0011 ^ 0100 0111	7	3 ^ 5	0011 ^ 0100 0110	6
~2	-2 == ~2 + 1	-3	~3	-3 == ~3 + 1	-4

TIP 보수와 음수

컴퓨터에서 정수의 음수 표현 방법은 보수를 이용하는 방법인 2의 보수(2's complement)를 사용한다. 양의 정수 a의 음수인 2의 보수는 먼저 비트를 모두 반전시킨 후, 여기에 1을 더한 결과로 −a를 표현한다. 즉 양수 정수 a에서 음수인 −a의 비트 표현은 (~a + 1)이다. 즉 -1은 ((~1)+1)로, 정수 -1을 비트로 표현하면 32비트가 모두 1인 정수이다. 그러므로 비트 논리 연산식 x & -1은 정수 x를 -1로 논리 and연산을 수행하는 식으로 결과는 x이다. 비트 논리 연산식 x | 0은 정수 x를 0으로 논리 or연산을 수행하는 식으로 결과는 x이다.

실습예제 5-9	Prj09	09bitop.c	비트 연산자 & | ^ ~	난이도: ★

```c
#include <stdio.h>

int main(void)
{
    int x = 15; // 1111

    printf("%9x\n", -1);                   // 1111
    printf("%3d\n", 10 & -1);              // 10
    printf("%3d\n\n", 10 | 0);             // 10

    printf("%3d %08x\n", x, x);            // 1111
    printf("%3d %08x\n", 1, x & 1);        // 1111 & 0001
    printf("%3d %08x\n", 15, x | 1);       // 1111 | 0001
    printf("%3d %08x\n", 14, x ^ 1);       // 1111 ^ 0001
    printf("%3d %08x\n", ~x, ~x);          // -16

    return 0;
}
```

정수 15는 이진수로 1111

15 & 1의 결과는 1

결과

```
ffffffff
 10
 10

 15 0000000f
  1 00000001
 15 0000000f
 14 0000000e
-16 fffffff0
```

비트 이동연산자

어릴 적 학교에서 오른쪽 또는 왼쪽으로 줄줄이 자리 이동을 한 경험이 있을 것이다. 바로 **비트**

이동연산자(bit shift operators) >>, <<는 연산자의 방향인 왼쪽이나 오른쪽으로, 비트 단위로 줄줄이 이동시키는 연산자이다. 다음 그림 설명은 8비트로 하였으나 실제 연산에서는 int 형의 크기인 32비트에서 연산을 수행한다.

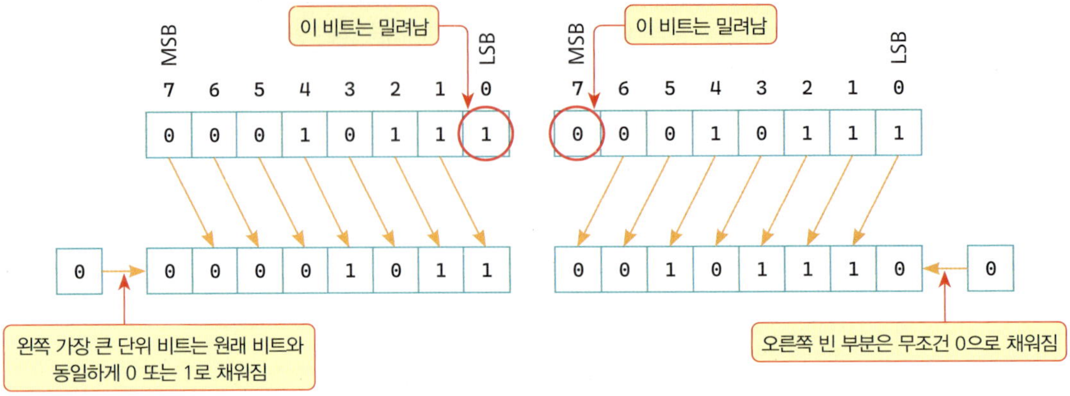

그림 5-18 8비트에서의 비트연산자 수행

위 그림에서 보듯이 비트 연산 <<와 >>은 각각 오른쪽과 왼쪽에 빈 자리가 생기며, **LSB**(Least Significant Bit)로 불리는 오른쪽 빈 자리는 모두 0으로 채워지며, **MSB**(Most Significant Bit)로 불리는 왼쪽 빈 자리는 원래의 부호 비트에 따라 0 또는 1이 채워진다.

표 5-7 비트 이동 연산자

연산자	이름	사용	연산 방법	새로 채워지는 비트
>>	shift left	op1 >> op2	op1을 오른쪽으로 op2 비트만큼 이동	가장 왼쪽 비트인 부호 비트는 원래의 부호 비트로 채움
<<	shift right	op1 << op2	op1을 왼쪽으로 op2 비트만큼 이동	가장 오른쪽 비트를 모두 0으로 채움

왼쪽 비트 이동 연산식 25 << 2를 생각해 보자. 이 연산식은 좌변의 피연산자인 25의 2진수 표기 값을 우변에 지정한 숫자인 2만큼 왼쪽으로 이동하는 연산이다. 다음 그림으로 보듯이 왼쪽으로 한 비트 이동하면 2배씩 커지는 것을 알 수 있으며 연산식 25 << 2의 결과는 100이다. 같은 원리로 연산식 120 >> 3은 3번 오른쪽으로 이동하므로 한번에 2배씩 감소하므로 결과는 15이다.

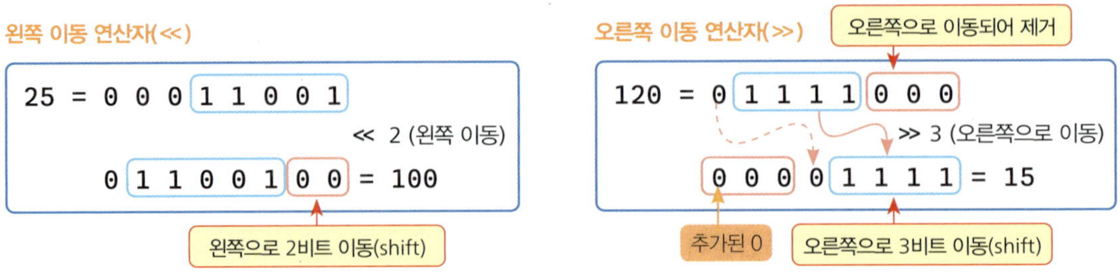

그림 5-19 비트 이동연산자의 예

다음은 32비트로 표현된 정수 x의 비트 이동 연산인 x << 6과 x >> 3의 연산을 설명하고 있다.

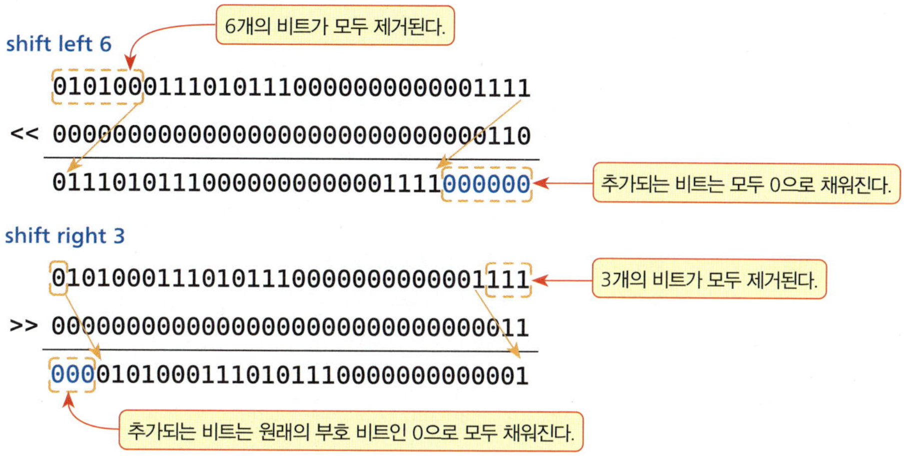

그림 5-20 비트 논리 연산 x << 6과 x >> 3

다음은 비트 이동 연산자 >>와 <<의 연산식 예와 그 결과값을 정리한 표이다. 왼쪽 이동연산자에 의해 최상위 부호 비트가 0에서 1로, 1에서 0으로 바뀔 수 있으므로 왼쪽 이동연산자에 의해 항상 2배씩 커지지는 않는다. 음수 홀수에 대한 오른쪽 이동연산자 >>도 −1을 한 짝수를 2로 나눈 결과이다.

표 5-8 다양한 비트 이동연산식

연산식	설명	연산값	연산식	설명	연산값
15 << 1	0000 1111 << 1 0001 1110	30	15 << 2	0000 1111 << 2 0011 1100	60
0x30000000 << 2	최상위 4비트: 0011 0… << 2 1100 0…	-1073741824 0XC0000000	-30 << 2	음수로 4배 커짐	-120
-30 >> 1	짝수이면 2로 나누기	-15	-30 >> 2	한 비트이동마다 음수 홀수는 −(a+1)한 수를 2로 나누기	-8

실습예제 5-10 Prj10 10shiftop.c 비트 이동 연산자 난이도: ★

```c
#include <stdio.h>

int main(void)
{
   int x = 0xffff; //정수 65535

   printf("%6d %08x\n", x, x);           // 1111(f) 1111(f) 1111(f) 1111(f)
   printf("%6d %08x\n", x >> 1, x >> 1); // 0111(7) 1111(f) 1111(f) 1111(f)
```

```
09      printf("%6d %08x\n", x >> 2, x >> 2); // 0011(3) 1111(f) 1111(f) 1111(f)
10      printf("%6d %08x\n", x >> 3, x >> 3); // 0001(1) 1111(f) 1111(f) 1111(f)
11
12      printf("%6d %08x\n", x << 1, x << 1); // 0001(1) 1111(f) 1111(f) 1111(f) 1110(e)
13      printf("%6d %08x\n", x << 2, x << 2); // 0011(3) 1111(f) 1111(f) 1111(f) 1100(c)
14
15      return 0;
16  }
```

설명

05 정수 65535는 16진수로 0000ffff

08~10 정수 >> n은 정수를 n번 2로 나눈 효과

12~13 정수 << n은 정수를 n번 2로 곱한 효과

결과

```
 65535 0000ffff
 32767 00007fff
 16383 00003fff
  8191 00001fff
131070 0001fffe
262140 0003fffc
```

TIP 비트 연산자를 이용하여 정수에서 오른쪽 n번째 비트 값 알기

임의 정수 x의 비트 연산 x&1의 결과는 0 또는 1이다. 즉 결과는 정수 x의 가장 오른쪽 비트 값이 0이면 0, 1이면 1이된다. 그렇다면 어느 정수에서 오른쪽 n번째 비트 값을 알 수 있는 방법을 생각해 보자. 비트 연산 x >> (n-1)은 x의 오른쪽 n번째 비트를 가장 오른쪽으로 이동시킨다. 그러므로 비트 연산 (x >> (n-1)) & 1의 결과가 바로 정수에서 오른쪽 n번째 비트 값이라는 것이라는 알 수 있다. 이와 같은 비트 연산을 이용하면 정수를 이진수로 표현할 수 있다.

```
int x = 0×2f;

printf("%d", x >> 7 & 1); //8 번째 자리
printf("%d", x >> 6 & 1); //7 번째 자리
printf("%d", x >> 5 & 1); //6 번째 자리
printf("%d", x >> 4 & 1); //5 번째 자리
```

중간점검

01 다음 비트 연산의 결과는?

```
1 & 2    1 | 2    3 ^ ~3    ~~5
```

02 다음 부분 소스의 출력 결과는?

```
printf("%d %d\n", 20 >> 2, 10 << 2);
printf("%d %d\n", 3 ^ 3, ~(3 ^ ~3));
```

LAB 비트 XOR 연산자 ^를 사용한 암호화와 복호화

비트 연산자 ^의 다음 식을 활용하면 ^ 연산으로 간단한 암호화(encryption)에 활용할 수 있다.

- (a ^ b) ^ b == a ^ (b ^ b) == a ^ 0 == a

즉 정수 origin을 key와의 연산식 origin ^ key한 결과를 암호화 결과로 저장한 후, 필요 시 다시 저장된 암호화(encryption) 결과인 origin ^ key 를 사용하여 다시 origin ^ key ^ key 하면 원래 origin 으로 복호화(decryption)할 수 있다.

다음은 ID로 8자리 정수를 입력 받아 ^로 암호화한 후, 다시 입력 받은 ID가 원래 ID인지 검사하기 위해 복호화하여 동일하면 1, 다르면 0을 출력하는 프로그램이다.

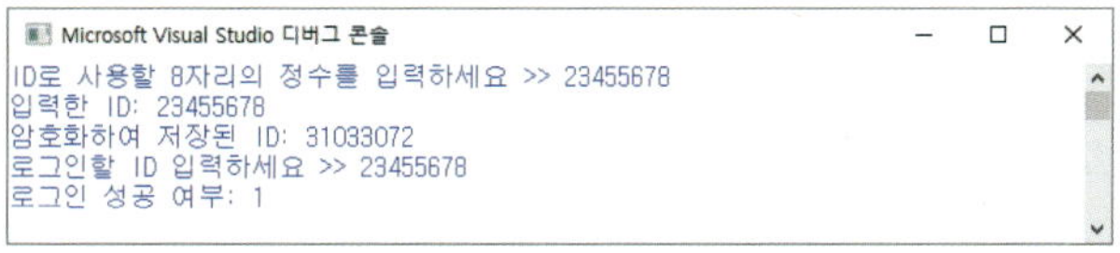

Lab 5-2 lab2encryption.c 난이도: ★★

```c
#define _CRT_SECURE_NO_WARNINGS
#include <stdio.h>

int main(void)
{
   int key = 12345678; //키로 사용할 정수 하나를 저장

   int origin;
   printf("ID로 사용할 8자리의 정수를 입력하세요 >> ");
   scanf("%d", &origin);

   int encode = origin ^ key; //ID를 암호화시켜 저장
   printf("입력한 ID: %d\n", origin);
   printf("암호화하여 저장된 ID: %d\n", ________);

   int input;
   printf("로그인할 ID 입력하세요 >> ");
   scanf("%d", &input);

```

```c
    int result = ________; //키로 암호화된 것을 복호화
    printf("로그인 성공 여부: %d\n", input == result);

    return 0;
}
```

결과

```
ID로 사용할 8자리의 정수를 입력하세요 >>
23455678
입력한 ID: 23455678
암호화하여 저장된 ID: 31033072
로그인할 ID 입력하세요 >> 23455678
로그인 성공 여부: 1
```

```
ID로 사용할 8자리의 정수를 입력하세요 >>
23455678
입력한 ID: 23455678
암호화하여 저장된 ID: 31033072
로그인할 ID 입력하세요 >> 13455675
로그인 성공 여부: 0
```

정답

```c
    printf("암호화하여 저장된 ID: %d\n", encode);
    int result = encode ^ key;
```

5.3 형변환 연산자와 연산자 우선순위

내림변환과 올림변환

자료형 char와 int는 각각 문자와 정수를 표현하고 각각 1바이트와 4바이트로 크기도 다르다. 이러한 char형과 int형 사이에서 필요에 따라 자료의 표현방식을 바꾸는 것을 자료형 변환(type cast, type conversion)이라 한다. 자료형 변환은 자료형 크기의 범주 변화에 따른 구분으로 올림변환과 내림변환으로 나눌 수 있다.

- 올림변환: 작은 범주의 자료형(int)에서 보다 큰 범주인 형(double)으로의 형변환 방식
- 내림변환: 큰 범주의 자료형(double)에서 보다 큰 범주인 형(int)으로의 형변환 방식

또한 자료형 변환 구분 방식으로 명시적 형변환과 묵시적 형변환으로 나눈다.

- 명시적(강제) 형변환: 소스에서 직접 형변환 연산자를 사용하는 방식
- 묵시적(자동) 형변환: 컴파일러가 알아서 자동으로 수행하는 방식

표현식에서 피연산자의 자동 올림변환

산술 연산에서 피연산자의 자료형이 서로 다른 경우, 피연산들은 동일한 자료형으로 자동 변환되어 연산이 수행된다. 즉 7 + 5.2에서 피연산자는 자동으로 모두 double형으로 자동 변환되어 연산식 7.0 + 5.2가 수행된다. 이와 같이 **작은 범주의 int형에서 보다 큰 범주인 double형으로의 형변환을 올림변환(promotion)이라고 한다.** 올림변환은 형 넓히기라고도 부른다. 이러한 **올림변환은 정보의 손실이 없으므로 컴파일러에 의해 자동으로 수행**될 수 있다. 이와 같이 **컴파일러가 자동으로 수행하는 형변환을 묵시적 형변환(implicit type conversion)이라 한다.**

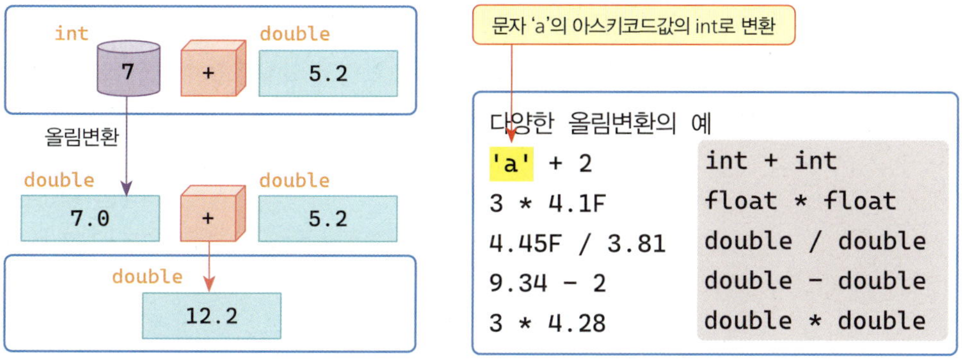

그림 5-21 피연산자의 자동 올림변환

내림변환

올림변환과 반대로 대입연산 int a = 3.4에서는 내림변환이 필요하다. 즉 변수 a는 int형이며 저장하려는 3.4는 double형이므로 바로 대입연산을 수행할 수 없다. 이와 같이 저장되는 변수의 자료형이 저장 값과 자료형이 다르면 변수의 자료형으로 변환되어 저장된다. 즉 3.4는 int형인 3으로 저장된다. 그러나 **컴파일러가 스스로 시행하는 묵시적 내림변환의 경우 정보의 손실이 일어날 수 있으므로 경고를 발생**한다. 그러나 식 double x = 3에서는 int형 3에서 double형 3.0으로 정보 손실 없이 올림변환이 발생하는데, 이 경우 아무 경고 없이 묵시적으로 발생한다.

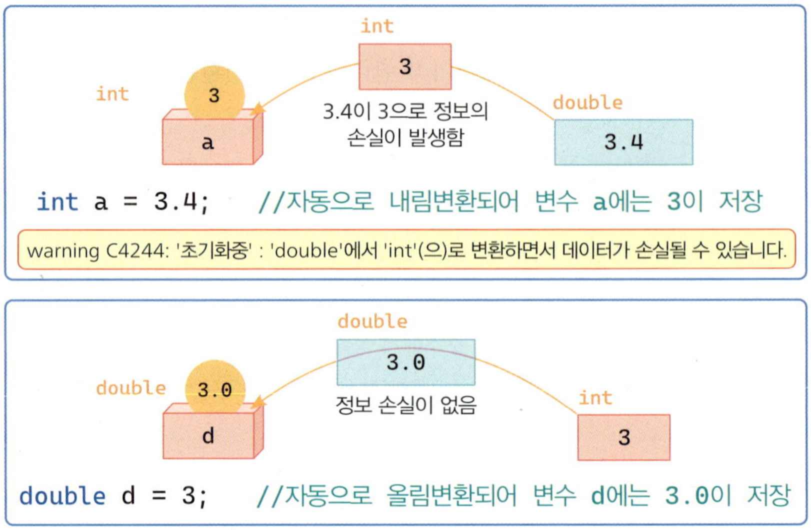

그림 5-22 대입연산에서의 내림변환과 올림변환

형변환 연산자

명시적 형변환

형변환 연산자 '(type) 피연산자'는 뒤에 나오는 피연산자의 값을 괄호에서 지정한 자료형으로 변환하는 연산자이다. 일반적으로 내림변환이 자동으로 발생하면 경고가 발생하며 정보 손실이 있을 수 있다. 그러므로 내림변환에서는 형변환 연산자(type cast)를 사용하여 내림변환을 직접 수행해야 한다. 형변환연산자는 내림변환이나 올림변환 모두 이용 가능하다. 이와 같이 **형변환 연산자를 사용한 방식을 명시적 형변환(explicit type conversion)**이라고 한다.

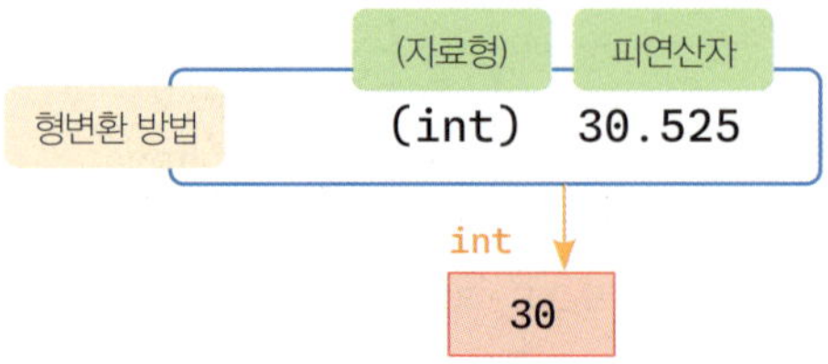

다양한 형변환 연산 예

(int) 'A'	65
(int) 3.14	3
(double) 9	9.0
(double) 3.4F	3.4
(double) 7/2	3.5

그림 5-23 형변환 연산자와 예

정수 값을 갖는 상수나 변수 값을 실수로 변환하려면 올림변환을 사용한다. 반대로 **실수의 소수부분을 없애고 정수로 사용하려면 내림변환을 사용**할 수 있다. 즉 연산식 (double) 7의 결과는 7.0이며, (int) 3.8의 결과는 3이다. **단항연산자인 형변환 연산자는 모든 이항연산자보다 먼저 계산**한다. 그러므로 연산식 (double) 7 / 2는 변환연산 (double) 7을 먼저 수행하여 7.0/2이므로 결과는 double형 3.5가 된다.

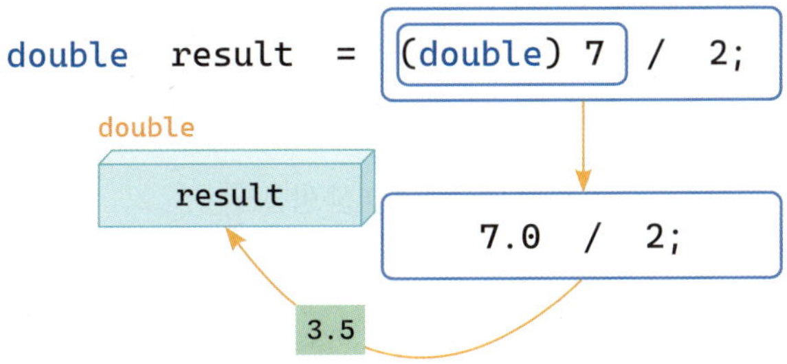

다양한 형변환 연산 예

연산식	결과
(int) 3.8 + 5.7	8.7
3.8 + (int) 5.7	8.8
(int) 3.8 + (int) 5.7	8
(int) (3.8 + 5.7)	9
7 / 2	3
7.0 / 2	3.5
7 / (double) 2	3.5
(double) (7/2)	3.0

그림 5-24 형변환 연산자와 산술연산자의 사용

실습예제 5-11 Prj11 11typecast.c 형변환 연산자 활용 난이도: ★

```c
#include <stdio.h>

int main(void)
{
    int a = 7.8;        //자동으로 내림변환되어 변수 a에는 7.8이 저장
    double b = 5;       //자동으로 올림변환되어 변수 b에는 5.0이 저장

    printf("%d %f ", a, b);
    printf("%d %f ", (int) 3.56, (double) 3);
    printf("%f %d\n ", 3.56 + 7.87, (int)(3.56 + 7.87));

    printf("%d %f %f\n", 5 / 2, (double) 5 / 2, (double) (5 / 2));

    return 0;
}
```

결과는 정수인 2

5를 먼저 double로 변환한 후 5.0 / 2를 연산하므로 결과는 2.5

결과

```
7 5.000000 3 3.000000 11.430000 11
2 2.500000 2.000000
```

sizeof 연산자와 콤마연산자

sizeof 연산자

sizeof 연산자는 연산값 또는 자료형의 저장장소의 크기를 구하는 연산자이다. 연산자 sizeof의 결과값은 바이트 단위의 정수이다. 다음과 같이 sizeof 연산자는 피연산자 앞에 위치하는 전위연산자이다. **연산자 sizeof는 피연산자가 int와 같은 자료형인 경우 반드시 괄호를 사용해야 한다.** 그러나 피연산자가 상수나 변수 또는 연산식이면 괄호는 생략 가능하다.

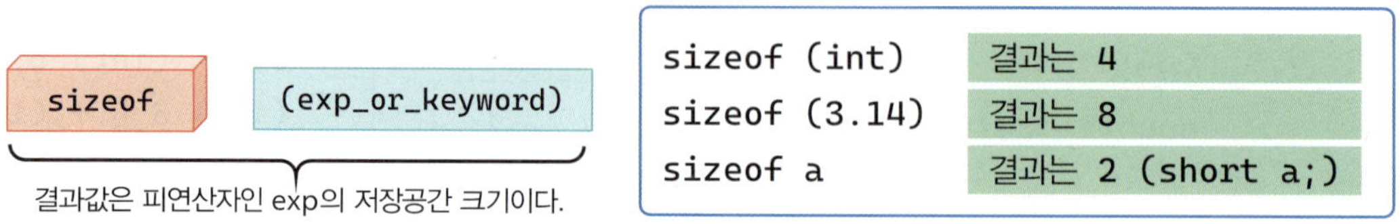

그림 5-25 sizeof 연산자의 연산 방법

연산자 sizeof의 반환 값은 메모리 공간의 크기로 자료형 size_t이며, printf()에서 형식제어문자 %zu로 출력한다. 자료형 size_t는 64비트 시스템에서 unsigned long long과 같으며, 형식제어문자 %zu에서 z는 size를 u는 unsigned를 의미한다.

```
size_t sz = sizeof (short);
printf("%zu\n", sz);
```

헤더파일 vcruntime.h을 살펴보면 윈도우 10의 64비트 시스템에서 자료형 size_t는 unsinged __int64이며, 32비트이면 unsinged int인 것을 확인할 수 있다. 문장 typedef는 기존 자료형을 새로운 자료형 이름으로 정의하는 문장으로 단원 14에서도 다시 학습할 예정이다.

```
// Definitions of common types                vcruntime.h
#ifdef _WIN64
    typedef unsigned __int64  size_t;
    typedef __int64           ptrdiff_t;
    typedef __int64           intptr_t;
#else
    typedef unsigned int      size_t;
    typedef int               ptrdiff_t;
    typedef int               intptr_t;
#endif
```

콤마연산자 ,

콤마연산자 ,는 왼쪽과 오른쪽 연산식을 각각 순차적으로 계산하며 결과값은 가장 오른쪽에서 수행한 연산의 결과이다. 간단히 연산식 2, 4의 결과값은 4이다. 또한 3+4, 2*5의 결과값은 10이다. 콤마연산자가 연속으로 나열된 식에서는 마지막에 수행된 가장 오른쪽 연산식의 결과가 전체 식의 결과값이 된다.

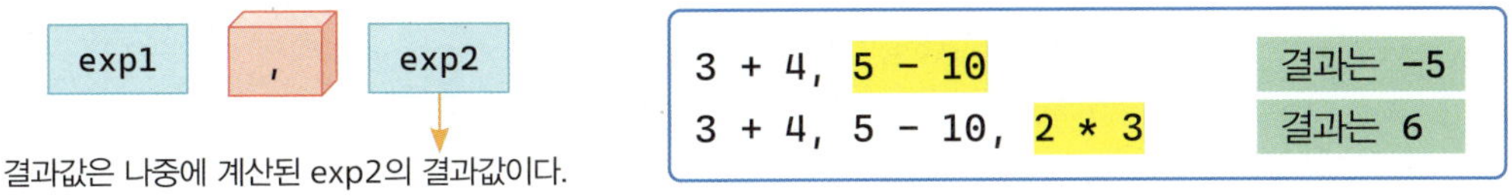

그림 5-26 콤마연산자의 연산방법

콤마 연산자는 연산의 우선순위가 가장 늦어 대입연산자보다 나중에 계산된다. 그러므로 연산식 x = 3 + 4, 2*3은 대입연산자를 먼저 수행하는 (x = 3 + 4), 2*3를 수행하여 콤마연산의 결과값은 6이며, x에는 7이 저장된다. 그러나 괄호를 사용한 연산식 x = (3 + 4, 2*3)에서는 콤마연산자의 결과인 6이 변수 x에 저장된다.

```
x = 3+4, 2*3;      // (x = 3+4), 2*3;
x = (3+4, 2*3);    // x = (3+4, 2*3);
```

실습예제 5-12 Prj12 12sizeofcomma.c 연산자 sizeof와 콤마 연산자의 활용 난이도: ★

```c
#include <stdio.h>

int main(void)
{
   int a, x;
   a = x = 0;

   x = 3 + 4, 2 * 3;     // (x = 3+4), 2*3;
   printf("x = %d ", x);
   x = (3 + 4, 2 * 3);   // x = (3+4, 2*3);
   printf("x = %d\n", x);

   int byte = sizeof (double);
   printf("double 형: %d bytes, %d bits\n", byte, byte * 8);
   int bit = (byte = sizeof a, byte * 8);
   printf("int 형: %d bytes, %d bits\n", byte, bit);

```

연산자 sizeof (자료형)에서 괄호는 필수이며, 결과 자료형은 size_t이나 간단히 int형 자료형에 저장도 가능

변수 bit에 저장되는 것은 나중에 계산된 byte * 8

```
    size_t sz = sizeof (short);
    printf("%zu\n", sz);

    return 0;
}
```

결과

```
x = 7 x = 6
double 형: 8 bytes, 64 bits
int 형: 4 bytes, 32 bits
2
```

중간점검

01 다음 각각의 문장에서 발생하는 묵시적 형변환에 대하여 설명하시오.

```
❶ int data = 3 + 'a';
❷ double value = 3 + 4.0;
```

02 다음 연산식의 결과값과 자료형은 각각 무엇인가?

```
❶ 12 / 3
❷ 12.0 / 3
❸ (double) 12 / 3
❹ 9 / 5
❺ (double) 9 / 5
```

복잡한 표현식의 계산

연산자 우선순위와 결합성

일반적으로 여러 연산자가 사용된 수식의 계산에는 다음과 같은 규칙이 적용되어 계산된다.

- **첫 번째 규칙은 괄호가 있으면 먼저 계산하며,**
- **두 번째 규칙으로 연산의 우선순위(priority)이며,**
- **세 번째 규칙은 동일한 우선순위인 경우, 연산을 결합하는 방법인 결합성(또는 결합규칙)**이다.

그러므로 다음 괄호가 없는 수식 (3 + 8 / 2 * 4)은 우선순위와 결합성 규칙을 적용하면 결과는 쉽게 19를 얻을 수 있다. 만일 곱하기와 나누기의 결합성이 오른쪽에서 왼쪽이라면 결과는 4로 전혀 다른 결과가 나온다. 즉 C 프로그램에서도 지금까지 알아 본 다양한 연산자가 포함된 표현식을 계산하려면 연산자의 우선순위와 결합성을 알아야 한다.

- **괄호 우선 규칙**: '괄호가 있으면 먼저 계산한다'라는 규칙
- **연산자 우선순위 규칙**: 즉 '곱하기와 나누기는 더하기와 빼기보다 먼저 계산한다.'라는 규칙
- **연산자 결합성**: '괄호가 없고 동일한 우선 순위라면, 덧셈과 뺄셈, 곱셈과 나눗셈과 같은 일반적인 연속된 연산은 왼쪽부터 오른쪽으로 차례로 계산한다, 다만 제곱승과 같은 정해진 연산은 오른쪽에서 왼쪽으로 차례로 계산한다'라는 규칙

```
3 + 8 / 2    * 4
```

```
다음 수식 연산 절차와 방법
1. 3 + ①
2. ① = ② * 4, ② = 8 / 2 = 4
3. ① = 4 * 4 = 16
4.  3 + ①  = 3 + 16 ⇒ 1
```

```
다음 수식 연산 절차와 방법
1. 8 / 2 * 4를 먼저 계산해야 하므로 3 + ①
2. ①은 결합성에 따라 8/2를 먼저 계산하여 4
3. 다시 결합성에 따라 위 2의 결과인 4와 다음  4를 곱하면 결과는 16
4. 그러므로 최종 3 + 16이므로 결과는 19
```

```
3 + (  ( 8 / 2 ) * 4  )
```

그림 5-27 다양한 연산자가 있는 연산 방식

C 언어에서 사용되는 연산자의 우선순위(priority)와 동일한 우선순위에서의 결합성를 알아보면 다음 표로 요약된다. **함수호출과 괄호로 사용되는 ( )와 후위 증감연산자 a++와 a-- 등의 단항 연산자는 우선순위가 가장 높아 가장 먼저 계산되며, 이 연산자들이 여러 개 있으면 결합성에 따라 왼쪽에서 오른쪽 순으로 계산**된다. 모든 단항연산자는 우선순위가 1, 2위이며, 전위 증감연산자 ++a와 -a, 주소연산자 &를 비롯한 우선순위 2위인 단항연산자는 오른쪽에서 왼쪽으로 차례로 계산된다. 콤마연산자는 우선순위가 가장 낮아 가장 늦게 계산된다.

표 5-9 C 언어의 연산자 우선순위

우선순위	연산자	설명	분류	결합성(계산방향)
1	( ) [ ] . -> a++ a--	함수 호출 및 우선 지정 인덱스 필드(유니온) 멤버 지정 필드(유니온)포인터 멤버 지정 후위 증가, 후위 감소	단항	-> (좌에서 우로)
2	++a --a ! ~ sizeof - + & *	전위 증가, 전위 감소 논리 NOT, 비트 NOT(보수) 변수, 자료형, 상수의 바이트 단위 크기 음수 부호, 양수 부호 주소 간접, 역참조		<- (우에서 좌로)
3	(형변환)	형변환		
4	* / %	곱하기 나누기 나머지	산술	-> (좌에서 우로)
5	+ -	더하기 빼기		-> (좌에서 우로)
6	<< >>	비트 이동	이동	-> (좌에서 우로)
7	< > <= >=	대소 비교	관계	-> (좌에서 우로)
8	== !=	동등 비교		-> (좌에서 우로)
9	&	비트 AND 또는 논리 AND	비트	-> (좌에서 우로)
10	^	비트 XOR 또는 논리 XOR		-> (좌에서 우로)
11	|	비트 OR 또는 논리 OR		-> (좌에서 우로)
12	&&	논리 AND(단락 계산)	논리	-> (좌에서 우로)
13	||	논리 OR(단락 계산)		-> (좌에서 우로)
14	? :	조건	조건	<- (우에서 좌로)
15	= += -= *= /= %= <<= >>= &= |= ^=	대입	대입	<- (우에서 좌로)
16	,	콤마	콤마	-> (좌에서 우로)

위의 표를 보면 아직 배우지 않은 연산자도 있고 복잡해 보이지만 아래와 같은 기본적인 규칙을 따르고 있으므로 천천히 익혀가길 바란다. 연산자의 우선순위를 알아두면 앞으로 대부분의 표현식을 계산하는데 훨씬 수월하게 될 것이다.

이항연산자

콤마 < 대입 < 조건(삼항) < 논리 < 관계 < 산술 < 단항 < 괄호와 대괄호

- 괄호와 대괄호는 무엇보다도 가장 먼저 계산한다.
- 모든 단항연산자는 어느 이항연산자보다 먼저 계산한다.
- 산술연산자 *, /, %는 +, -보다 먼저 계산한다.
- 산술연산자는 이항연산자 중에서 가장 먼저 계산한다.
- 관계연산자는 논리연산자보다 먼저 계산한다.
- 조건 삼항연산자는 대입연산자보다 먼저 계산하나, 다른 대부분의 연산보다는 늦게 계산한다.
- 조건 > 대입 > 콤마연산자 순으로 나중에 계산한다.

그림 5-28 연산자 우선순위 요약

다음 여러 연산자를 포함한 표현식에 대하여 위에서 살펴본 연산순위를 적용하면 다음과 같은 결과를 얻을 수 있다.

표 5-10 연산 우선순위 예

변수 값	표현식	설명	해석	결과
x = 3 y = 3	x >> 1 + 1 > 1 & y	산술 > 이동 > 관계 > 비트	((x >> (1 + 1)) > 1) & y	0
	x - 3 || y & 2	산술 > 비트 > 논리	(x - 3) || (y & 2)	1
	x & y && y >= 4	관계 > 비트 > 논리	(x & y) && (y >= 4)	0
	x && x | y++	증가 > 비트 > 논리	x && (x | (y++))	1

다음 예제도 정수와 실수, 그리고 다양한 연산자가 포함된 연산식을 출력해 본 예제이다.

실습예제 5-13 Prj13 13oppriority.c 연산자 우선순위에 위한 계산 난이도: ★★

```c
#include <stdio.h>

int main(void)
{
    int speed = 90;
    int x = 1, y = 2, z = 3;

    printf("%d ", 60 <= speed && speed <= 80 + 20); //산술 > 관계 > 논리
    printf("%d ", ( (60 <= speed) && (speed <= (80 + 20)) ));

    printf("%d ", x % 2 == 0 ? y + z : y * z); //산술 > 관계 > 조건
    printf("%d ", (x % 2 == 0) ? (y + z) : (y * z));

    printf("%d ", speed += ++x && y - 2); //단항++ > 산술 > 논리 > 대입
    printf("%d\n", speed += ( (++x) && (y - 2) ));

    return 0;
}
```

결과

```
1 1 6 6 90 90
```

결합성

연산자의 결합성은 대부분 좌에서 우(→)로 수행하나 우선 순위가 2위인 전위의 단항 연산자, 우선 순위 14위인 조건연산자 그리고 우선순위 15위인 대입연산자는 우에서 좌(←)로 수행한다. 그러므로 산술연산식 10 * 3 / 2는 ((10 * 3) / 2) 로 계산하여 결과는 15이다. 그러나 축약 대입연산자로 구성된 연산식 n += m /= 3은 우에서 좌(←)로 먼저 결합하여 식 (n += (m /= 3))을 수행한다.

```c
int n = 10, m = 5;
n += m /= 3;
```

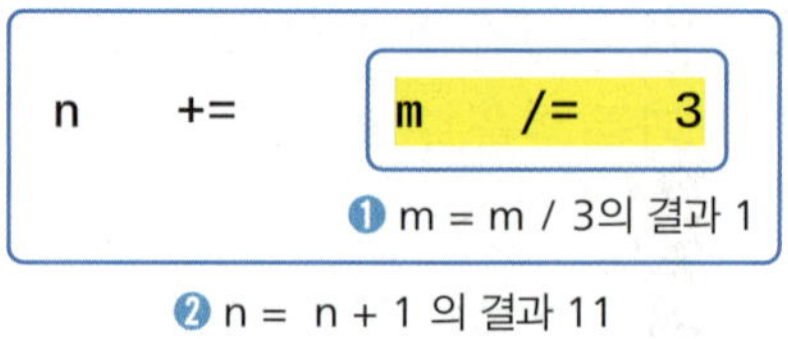

그림 5-29 우에서 좌(←)로 먼저 결합하는 축약 대입연산자

실습예제 5-14 Prj14 14opassociation.c 연산자의 결합성에 따른 계산 순서 확인 난이도: ★★

```c
01 #include <stdio.h>
02 
03 int main(void)
04 {
05     int m = 5, n = 10;
06     printf("%d\n", m += n /= 3); //우측에서 좌측으로 결합, (m += (n /= 3))
07     printf("%d %d\n", m, n); //8, 3
08 
09     //우측에서 좌측으로 결합
10     printf("%d ", 3 > 4 ? 3 - 4 : 3 > 4 ? 3 + 4 : 3 * 4); //12
11     printf("%d\n", 3 > 4 ? 3 - 4 : (3 > 4 ? 3 + 4 : 3 * 4)); //위와 같은 12
12 
13     printf("%d ", 10 * 3 / 2);    //좌측에서 우측으로 결합, 15
14     printf("%d\n", 10 * (3 / 2)); //우측에서 좌측으로 결합, 10
15 
16     return 0;
17 }
```

설명

06	연산식 m += n /= 3은 (m += (n /= 3))이므로 결과값은 m에 대입된 8 출력
10	조건연산자는 결합성이 오른쪽에서 왼쪽으로
13~14	연산식 10 * 3 / 2은 (10 * 3) / 2이므로 10 * (3 / 2)과 결과가 다름

결과

```
8
8 3
12 12
15 10
```

TIP 다양한 연산식

지금까지 살펴본 연산자를 이용하면 C 언어는 수학이나 공학에서의 다양한 수식을 표현할 수 있다. 연산의 우선순위를 고려하여 괄호의 사용이 필요하다. 다음 표의 마지막 행에서 제곱근을 구하는 함수 sqrt()를 활용해 보았다. 이러한 시스템 라이브러리 함수는 함수에서 자세히 학습할 예정이다.

표 5-11 다양한 연산식 표현

수학식	C 연산식
$(a + b)(x + y)^2$	(a + b) * (x + y) * (x + y)
$4x^3 + 3x^2 - 5x + 10$	4*x*x*x + 3*x*x - 5*x + 10
$\frac{a + b}{a - b}$	(a + b) / (a - b)
$\frac{5}{9}(F - 32)$	(5.0 / 9) * (F - 32)
$\frac{9}{5}C + 32$	9.0 / 5 * C + 32
$\frac{1 - x}{x^2}$	(1 - x) / (x * x)
$\frac{-b + \sqrt{b^2 - 4ac}}{2a}$	(-b + sqrt(b*b - 4*a*c)) / 2*a sqrt(x)는 x의 제곱근을 구하는 함수

중간점검

01 다음 우선순위를 고려하여 각각의 연산식의 결과값은 무엇인가?

산술연산자의 우선순위 > 관계연산자의 우선순위
대소비교 관계연산자의 우선순위 > 동등비교 관계연산자의 우선순위

❶ `3 > 7 != 3 < 7`
❷ `1 != 3 > 7 - 6`
❸ `10 % 4 - 2 == 3 > 1`
❹ `3 == 2 - 1 != 3 <= 7`

02 다음 수학에서 사용하는 수식을 C의 연산식으로 쓰시오.

❶ $2pr$
❷ pr^2
❸ $\frac{4}{3}pr^3$
❹ $\frac{x + a}{(a - b)(a - b)}$

LAB 섭씨 온도를 화씨 온도로 변환해 출력

다음 정보를 이용하여 표준입력으로 받은 섭씨(celsius) 온도를 화씨(fahrenheit) 온도로 출력하는 프로그램을 작성해보자.

- 다음과 같은 입력과 출력
- 섭씨(C) 온도를 화씨 온도(F)로 변환하는 식 : $F = \frac{9}{5}C + 32$

```
Microsoft Visual Studio 디버그 콘솔
변환할 섭씨 온도를 입력 >> 38.25654
섭씨 38.26: 화씨 100.86
```

Lab 5-3 lab3celtofah.c 난이도: ★

```c
01 #define _CRT_SECURE_NO_WARNINGS //scanf() 오류를 방지하기 위한 상수 정의
02 #include <stdio.h>
03
04 int main(void)
05 {
06     double celsius, fahrenheit;
07     printf("변환할 섭씨 온도를 입력 >> ");
08     scanf("%lf", &celsius);
09
10     [                    ]
11     printf("섭씨 %.2f: 화씨 %.2f\n", [          ]);
12
13     return 0;
14 }
```

정답

```c
10     fahrenheit = (9.0 / 5.0) * celsius + 32.0;
11     printf("섭씨 %.2f: 화씨 %.2f\n", celsius, fahrenheit);
```

내용점검 연습

01 다음에서 서술 내용이 맞으면 ○, 틀리면 × 하시오.

❶ 연산(operation)에 참여하는 변수나 상수를 연산자라 한다. (　)

❷ 연산식은 평가(evaluation)하여 항상 하나의 결과값을 갖는다. (　)

❸ 논리연산자 &&와 ||는 피연산자 두 개 중에서 왼쪽 피연산자만으로 전체 결과가 결정된다면 오른쪽 피연산자는 평가하지 않는다. (　)

❹ 대입연산식 a = a+b는 간결하게 a =+ b로 쓸 수 있다. (　)

❺ 대입연산자의 왼쪽 부분에는 반드시 하나의 변수만이 올 수 있다. (　)

02 다음에서 비어있는 부분을 적당히 채우시오.

❶ 연산식 ++a처럼 연산자 ++가 앞에 있으면 (　　　　　) 연산자이다.

❷ 나머지 연산식 (　　　)의 결과는 a를 b로 나눈 나머지 값이다.

❸ 연산식 (x && y)에서 x의 값이 0(거짓)이라면 y의 값을 평가하지 않고 연산 (x && y) 결과는 (　)이다.

❹ 연산식 (　　　　)에서 피연산자는 x, a, b 세 개이며, 첫 번째 피연산자인 x가 0이 아니면(참) 결과는 a이며, x가 0이면(거짓) 결과는 b이다.

❺ 관계연산자의 연산값은 비교 결과가 참이면 (　), 거짓이면 (　)이다.

03 다음 각각의 문제에서 가장 적절한 것을 하나 선택하시오.

❶ 다음 중에서 이항연산자가 아닌 것은 무엇인가? (　)

가) %　　　　나) /

다) &&　　　　라) sizeof

❷ 변수 m=3, n=2인 경우, 다음 중에서 연산값이 다른 하나는 무엇인가? (　)

가) ++m - 4　　　　나) m++ - 2

다) --m - n　　　　라) m-- - ++n

❸ 다음 소스의 결과는 무엇인가? (   )

```
int a = 2, b = 1, m = 2;
int result = (a < b) && (++m == 2);
printf("m=%d result=%d\n", m, result);
```

가) m=2 result=1
나) m=4 result=0
다) m=2 result=0
라) m=3 result=0

❹ 다음 중에서 결과값이 다른 하나는 무엇인가? (   )

가) (int) 3.4 + (int) 2.9
나) 17 % 6
다) (double) 11 / 2
라) 17 / 3

❺ 다음은 연산자 우선순위에 대한 설명이다. 다음 중에서 잘못 설명하고 있는 것은 무엇인가? ( )

가) 조건연산자는 대입연산자보다 먼저 계산하다.
나) * / %는 이항연산자 중에 가장 먼저 계산한다.
다) 단항연사자는 모든 이항연산자보다 먼저 계산한다.
라) 대입연산자는 콤마연산자보다 더 나중에 계산한다.

04 다음에 설명에 해당하는 문장이나 연산식을 작성하시오.

❶ 변수 a를 변수 b로 나눈 나머지를 변수 m에 저장

❷ 수학식 $b^2 - 4ac$를 C 언어에서 사용하는 연산식으로 기술

❸ 수학식 5/9(f − 32)를 C 언어에서 사용하는 연산식으로 기술

05 변수 a, b, c 값이 각각 다음과 같을 때 다음 연산식의 연산값을 쓰시오.

```
a + b * c        (a + b) * c        a + b % c        a + b / c
```

❶ 3, 4, 5

❷ 20, 30, 3

❸ 24, 8, 6

06 변수 값이 각각 a=1, b=5, c=10일 때 다음 연산식 결과의 자료형과 값을 쓰시오.

❶ a++

❷ ++a + --c

❸ --c − b--

❹ a += ++c + b

❺ c++ % b

❻ ++c / ++a

❼ (double) c / b

07 변수 값이 각각 x = 3.4, y = 7.9, z = 1.5일 때 다음 연산식 결과의 자료형과 값을 쓰시오.

❶ x + y

❷ (int) x + y

❸ (int) x + (int) y

❹ (int) (x + y)

❺ (int) (x + y + z)

❻ x 〉 y + 2

❼ x 〈= z * 2

❽ x == z + 1.9

❾ x == z − y

❿ x + y 〉= y + z

08 다음 비트연산자가 포함된 연산값을 고려하여 출력 값을 쓰시오.

❶ printf(“%d\n”, 1 & 2);

❷ printf(“%d\n”, 1 | 2);

❸ printf(“%d\n”, 1 ^ 2);

❹ printf(“%d\n”, 23 〉〉 2);

❺ printf(“%d\n”, 3 〈〈 2);

❻ printf(“%d\n”, −23546 〉〉 1 〈 0);

❼ printf(“%d\n”, 1 〉 1 & 2 〈 3);

❽ printf(“%d\n”, 1 != 1 | 3 == 3);

❾ printf(“%d\n”, ~1 + 1);

❿ printf(“%d\n”, ~(−1));

09 다음 프로그램 소스에서 오류를 찾아 수정하시오.

❶

```
#include <stdio.h>
int main(void)
{
   double x=3.8, y=4.9;
   double max = x > y ? x : y;
   double min = x < y ? y : x;

   printf("최대: %f\n", max);
   printf("최소: %f\n", min);

   return 0;
}
```

❷

```
#include <stdio.h>
int main(void)
{
   double data = 5/9 * (100 - 32);
   //double data = 5 / 9.0 * (100 - 32);
   printf("%.2f\n", data);
   return 0;
}
```

10 다음 프로그램의 결과를 기술하시오.

❶

```
#include <stdio.h>
int main(void)
{
   printf("1. %d\n", (int) 7.9);
   printf("2. %f\n", (int) 7.9 + 1.1);
   printf("3. %d\n", (int) (7.9 + 1.1));
   printf("4. %f\n", 7.9 + (int) 1.1);
   printf("5. %d\n", 10 / 3);
   printf("6. %f\n", 11 / 2.0);
   printf("7. %f\n", (double) 3 * 2);
   printf("8. %f\n", sizeof 3 * (double) 4);
   printf("9. %c\n", (char) ('a' + 1));
   printf("10. %c\n", (char) ('Z' - 1));

   return 0;
}
```

❷
```c
#include <stdio.h>
int main(void)
{
    int n = 10, result;
    result = (4 > 5) && (n++ == 10);
    printf("n=%d result=%d\n", n, result);
    result = (10 / 3 > 2) || (--n == 0);
    printf("n=%d result=%d\n", n, result);
    return 0;
}
```

프로그래밍 연습

01 표준입력으로 두 정수를 입력 받아 큰 수를 작은 수로 나눈 몫과 나머지를 각각 출력하는 프로그램을 작성하시오. 난이도: ★

```
Microsoft Visual Studio 디버그 콘솔
임의의 정수 입력1 : 10
임의의 정수 입력2 : 3
몫은 3 이고 나머지는 1 입니다.
```

02 일자(dates)를 정수로 입력 받아 년, 월, 일을 출력하는 프로그램을 작성하시오. 난이도: ★

- 1년은 365일로, 1달은 30일로 계산

```
Microsoft Visual Studio 디버그 콘솔
일자 입력 >> 400
입력한 날짜: 400
1년 1월 5일
```

03 길이의 단위인 센티미터(cm)를 소수로 입력 받아 피트(feet)로 계산하여 소수점 3자리까지 출력하는 프로그램을 작성하시오. 난이도: ★

- 1피트(feet)는 30.48센티미터(cm)

```
Microsoft Visual Studio 디버그 콘솔
길이를 센티미터로 입력 (소수) >> 400.456
400.456000 센티미터: 13.138 피트
```

04 반지름이 8.32인 구의 체적과 표면적을 구하는 프로그램을 작성하시오. 난이도: ★

- 구 체적(V):
- 구 표면적(S):

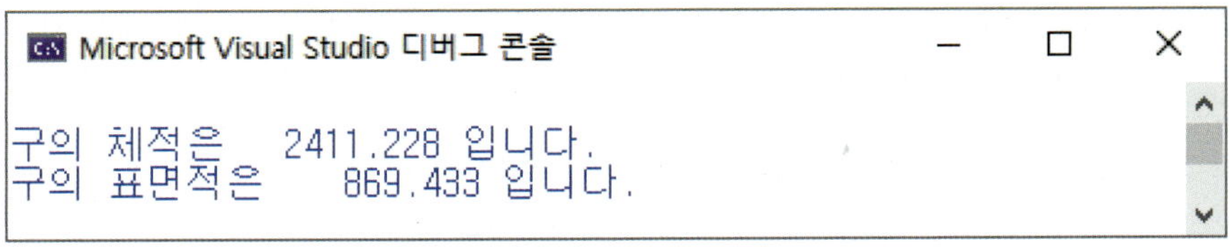

05 세 수를 입력 받아 가장 큰 수를 구하는 프로그램을 조건 연산자를 이용하여 작성하시오. 난이도: ★

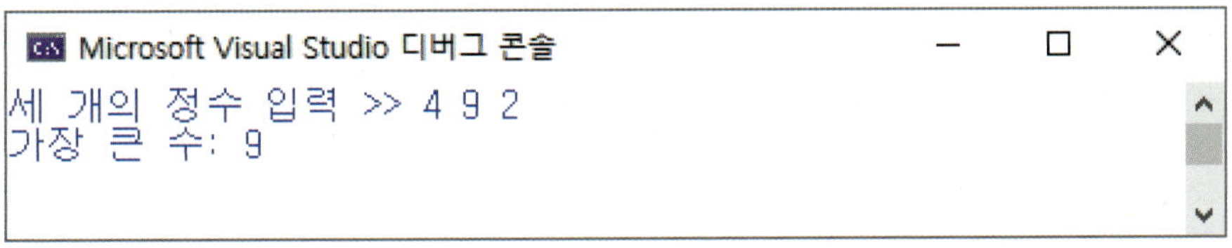

06 표준입력으로 키와 몸무게를 실수로 입력 받아 다음 조건을 이용하여 정상인지, 비만인지 출력하는 프로그램을 작성하시오. 난이도: ★

- (몸무게 <= (키 - 100) * 0.9)이면 정상, 아니면 비만

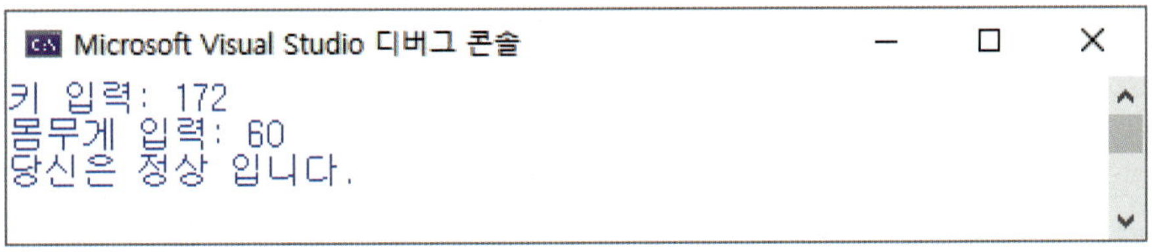

07 원금이 1,000,000인 경우, 예치 기간을 년 단위로 입력 받아 단리 이자 만기 시 총 금액을 출력하는 프로그램을 작성하시오. 난이도: ★

- 연 단위(단리 이자) = 원금 * 이율(4.5%) * 년(예치 기간)
- 만기 시 총 수령액(단리 적용) = 원금(1 + 이율(4.5%) * 년(예치 기간))

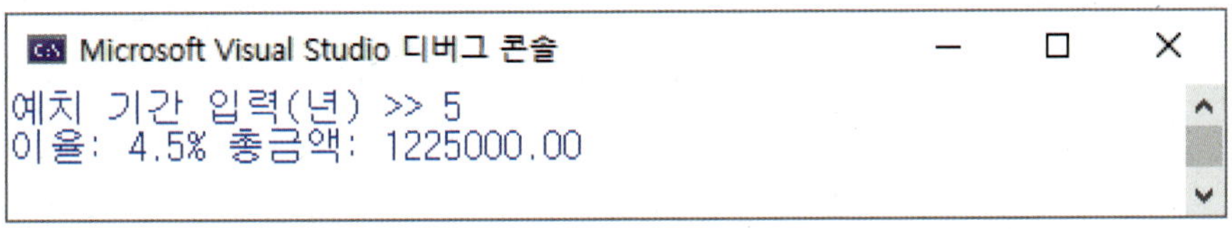

08 원금이 1,000,000인 경우, 예치 기간을 년 단위로 입력 받아 복리 이자 만기 시 총 금액을 출력하는 프로그램을 작성하시오.

난이도: ★★

- 만기 시 총 수령액(복리 적용) = 원금(1 + 이율(4.5%))$^{년(예치기간)}$
- 함수 pow(a, b) = a^b 이용, #include <math.h> 필요

```
Microsoft Visual Studio 디버그 콘솔
예치 기간 입력(년) >> 5
이율: 4.5% 총금액: 1246181.94
```

09 이차원 평면에서 다음 두 점 (3.2, 4.6)와 (−8.3, −2.3)의 중간 지점을 출력하는 프로그램을 작성하시오.

난이도: ★

- (X1, Y1)과 (X2, Y2)의 중간지점 = ((X1 + X2)/2, (Y1 + Y2)/2)

```
Microsoft Visual Studio 디버그 콘솔
(3.20 4.60), (-8.30 -2.30)
중심좌표: (-2.55 1.15)
```

10 이차 방정식 $2x^2 + 3x - 4$에서 해를 구한 후 다시 검증하여 출력하는 프로그램을 작성하시오.

난이도: ★★

- 근의 공식: $ax^2 + bx + c = 0$일 때(단, $a \neq 0$)

$$x = \frac{-b \pm \sqrt{b^2 - 4ac}}{2a}$$

- 제곱근 계산은 #include <math.h>로 함수 sqrt() 사용

```
Microsoft Visual Studio 디버그 콘솔
해1 0.851
검증 계산 0.000
해2 -2.351
검증 계산 0.000
```

CHAPTER 06

조건

학습목표

▶ **제어문에 대하여 다음 용어를 이해하고 설명할 수 있다.**
- 순차적 실행과 제어문의 차이
- 조건 선택, 반복, 분기 처리

▶ **조건에 따른 선택을 구현하는 if 문에 대하여 이해하고 구현할 수 있다.**
- if, if else, if else if, nested if 구문을 이해하고 샘플 소스 구현
- 다양한 조건을 연산자로 구성
- switch 문을 이해하고 성적처리 프로그램 구현

▶ **다양한 선택을 한 눈에 알아볼 수 있는 switch 문에 대하여 이해하고 구현할 수 있다.**

학습목차

6.1 제어문 개요

제어문의 종류

비순차적 실행의 제어문

지금까지 배워 온 프로그램 실행 순서의 원칙은 순차적(sequential) 실행이다. 즉 프로그램은 main 함수 내부에서 배치된 문장이 순차적으로 실행되는 흐름이었다. 그러나 이러한 순차적 실행만으로 프로그램을 모두 작성한다면 매우 비효율적이다. 우리 인생도 대학 진학 선택과 대학 전공 학과 선택, 결혼 등 여러 가지 선택의 기로를 겪으며, 대학 진학을 실패하여 한 두 번 대학입시를 반복하기도 한다. 또한 군대를 가기도 하고 가지 않는 경우도 있다. **프로그램의 실행 흐름에서도 순차적인 실행뿐만 아니라 선택과 반복 등 순차적인 실행을 변형하여 프로그램의 실행 순서를 제어하는 제어문(control statement)이 제공**된다.

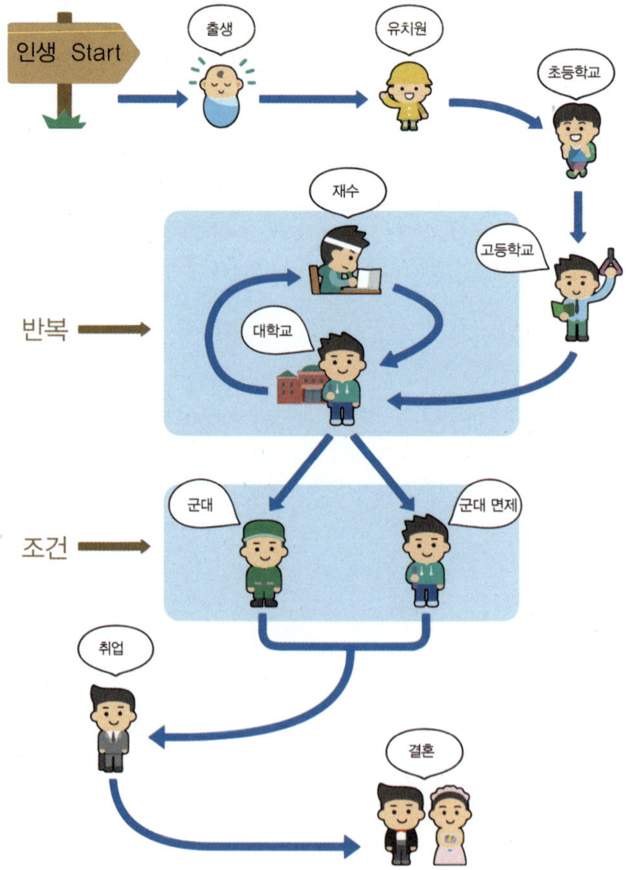

그림 6-1 인생 여정과 프로그램의 실행 흐름

제어문 종류

C 언어에서 제공하는 제어문은 조건 선택과 반복(순환), 분기 처리로 나눌 수 있다. 이러한 조건 선택, 반복, 분기 처리 구문을 이용하여 문장의 실행 순서를 다양화 시킬 수 있다.

- 조건 선택: 두 개 또는 여러 개 중의 하나를 선택하는 구조
- 반복: 반복 몸체인 여러 문장을 여러 번 반복하는 구조
- 분기 처리: 정해진 장소로 이동하는 구조

조건 선택 구문이란 두 개 또는 여러 개 중에서 한 개를 선택하도록 지원하는 구문이다. 우리의 인생도 중요한 선택의 기로에서 여러 길 중에서 하나를 선택하듯이 문제를 해결하는 프로그램에서 여러 개의 사항 중에 하나를 선택하는 조건 선택이 자주 활용된다.

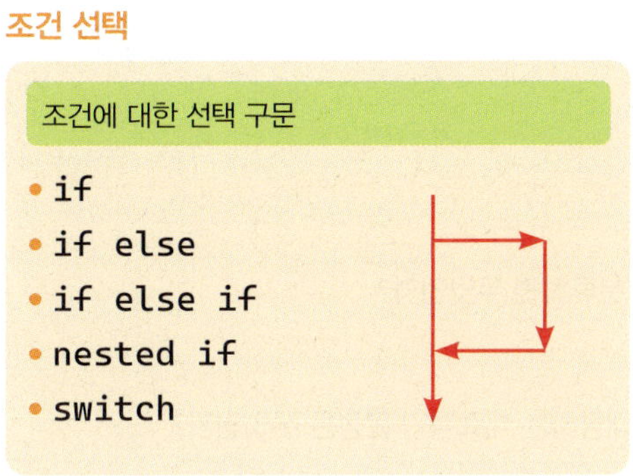

그림 6-2 조건 선택

반복 또는 순환 구문이란 정해진 횟수 또는 조건을 만족하면 정해진 몇 개의 문장을 여러 번 실행하는 구문이다. 우리 삶도 어떻게 보면 동일한 일을 반복하는 경우가 많듯이 실제 프로그램에서도 반복 문장의 비중은 상당히 높아 매우 중요한 구문이다.

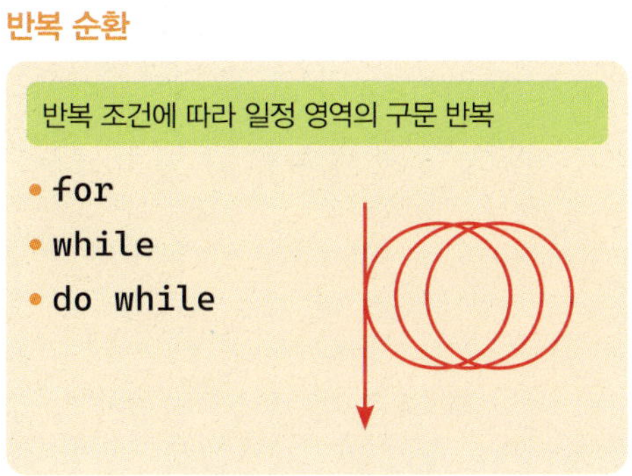

그림 6-3 반복 순환

분기 구문은 작업을 수행하는 도중 조건에 따라 반복이나 선택을 빠져 나가거나(break), 일정 구

문을 실행하지 않고 다음 반복을 실행하거나(continue), 지정된 위치로 이동하거나(goto) 또는 작업 수행을 마치고 이전 위치로 돌아가는(return) 구문이다.

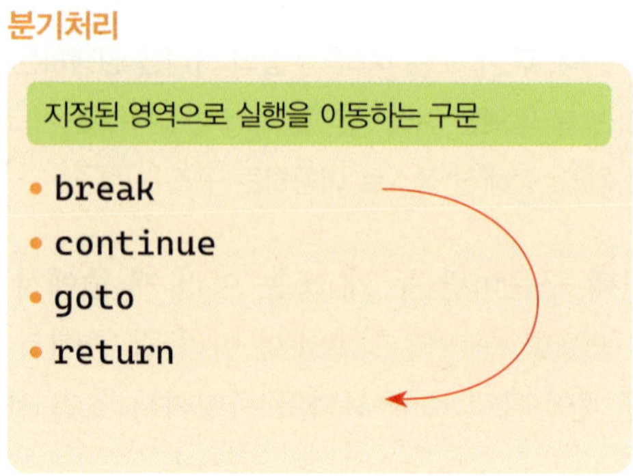

그림 6-4 분기 처리

중간점검

01 제어문을 크게 세 가지로 분류하면 무엇인가?

02 제어문에서 조건 선택에 해당하는 대표적인 문장은 무엇인가?

6.2 조건에 따른 선택 if 문

조건에 따른 선택 개요

조건에 따른 결정

일상생활에서 조건에 따라 해야 할 내용이 결정되는 사례는 매우 많다. 예를 들어 이번 학기에도 여러분은 성적에 따라 장학금을 받을 수도 있고 못 받을 수도 있다. 프로그램에서도 조건에 따라 처리해야 할 문장이 다른 경우가 자주 발생한다.

평균평점 >= 3.5

대학 A는 평균평점이 3.5는 넘어야 장학금을 받을 수 있다.

석차 <= 0.05 * 학생수

대학 B는 학과 석차가 상위 5% 이어야 장학금을 받을 수 있다고 한다.

그림 6-5 조건에 따라 장학금이 결정

다음은 **일상생활에서 조건에 따라 선택이 발생하는 다양한 예**를 나타내고 있다. 다음 표에서 첫 번째 열은 조건 선택의 예를 나타내며, 두 번째 열은 조건 선택의 기준이 되는 자료와 변수 이름을 표시했고, 세 번째 열은 직접 연산식을 만들어 의사코드를 작성해 보았다. 첫 번째 예에서 조건의 기준은 온도이며, 이 온도를 **temperature에 저장한다면 이 변수가 조건의 기준 변수가 되고, 관계식** (temperature >= 32)으로 조건식을 표현할 수 있으며 다음과 같은 의사코드로 조건 선택의 예를 표현할 수 있다.

표 6-1 조건에 따라 선택이 발생하는 일상생활에서의 사례

조건 선택의 예	기준 변수	조건 표현의 의사코드
온도가 30도 이상이면 "폭염 주의"를 출력	온도 temperature	`만일 (temperature >= 30)` `    printf("폭염 주의");`
낮은 혈압이 90이상이면 "고혈압 초기"로 진단	혈압 low_pressure	`만일 (low_pressure >= 90)` `    printf("고혈압 초기");`
속도가 40km와 60km 사이이면 "적정 속도"라고 출력	속도 speed	`만일 (40 <= speed && speed <= 60)` `    printf("적정 속도");`

운전면허 필기시험에서 60점 이상이면 "합격", 아니면 "불합격" 출력	시험 성적
	point
		`만일 (point >= 60)`
		`    printf("면허시험 합격");`
		`아니면`
		`    printf("면허시험 불합격");`

조건 선택의 예	기준 변수	조건 표현의 의사코드

남성일 경우 체력 테스트에서 80점 이상이면 "합격"이고, 아니면 "불합격", 여성이면 70점 이상이면 "합격", 아니면 "불합격"	성별
	type
	
	체력 점수
	point
		만일 남성이면 (type == 1)
		  만일 (point >= 80)
		    printf("남성: 합격");
		  아니면
		    printf("남성: 불합격");
		아니고 만일 여성이면 (type == 2)
		  만일 (point >= 70)
		    printf("여성: 합격");
		  아니면
		    printf("여성: 불합격");

if 문장

조건에 따른 선택 if 문장

문장 if는 위에서 살펴본 조건에 따른 선택을 지원하는 구문이다. 우리의 일상생활은 선택의 연속이라고 봐도 과언이 아닐 정도이다. 아침에는 무슨 옷을 입을까, 점심은 뭐를 먹고, 저녁엔 어느 TV 프로그램을 볼까? 등등 말이다.

- 만일 두 개의 길이 있는데, 하나의 길 A는 구불구불하고 길지만 비가와도 걸을 수 있는 길이고, 다른 길 B는 짧은 길이지만 시냇물이 있는 길이라 비가 오면 갈 수 없다고 가정하자. 바로 길을 걷는 사람은 이 두 개의 갈래 길에서 "비가 온다면"이라는 조건을 생각해야 한다. 만일 "비가 온다면" 개울이 없는 길 A로 갈 것이고, "비가오지 않는다면" 개울이 있지만 지름길인 길 B로 갈 것이다.

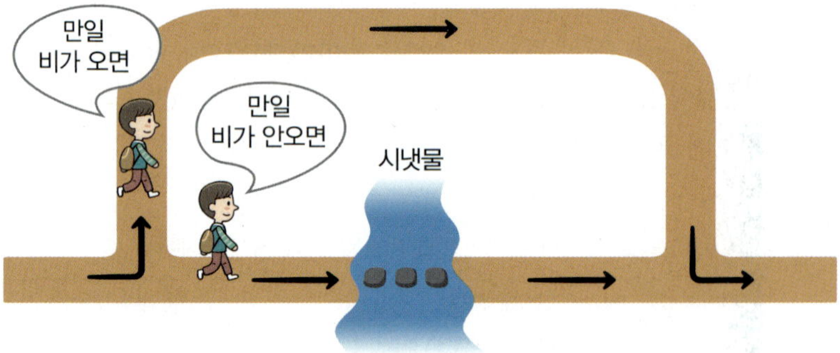

그림 6-6 길의 선택

바로 이러한 조건에 따른 문장이 if 문이며, 가장 간단한 if 문의 **형태는 if (*cond*) *stmt*;이다. if 문에서 조건식 *cond*가 0이 아니면(참) *stmt*를 실행하고, 0이면(거짓) *stmt*를 실행하지 않는다.**

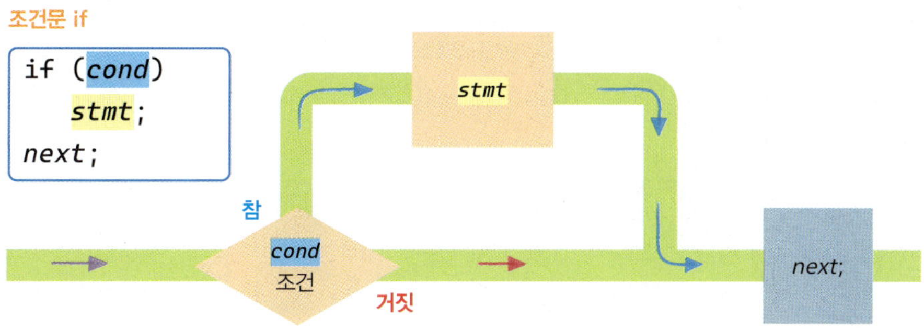

그림 6-7 if 문의 제어흐름

문장 *stmt*는 여러 문장이라면 블록으로 구성돼야 하며, if 문이 종료되면 그 다음 문장이 실행된다. **문장 if의 조건식 (*cond*)는 반드시 괄호가 필요하며, 참이면 실행되는 문장은 반드시 들여쓰기**를 하도록 한다. 아래의 if 문은 만약 학점이 3.2 이상이면 회사에 지원할 수 있고, 졸업 축하 메시지를 출력하나 3.2 미만이면 졸업 축하 메시지만 출력하는 문장이다. 이 if 문은 갈림길에서 참이라는 하나의 길을 선택하면 "회사에 지원할 수 있습니다."를 보고 다시 큰길로 합쳐져 다시 "졸업을 축하합니다."를 볼 수 있으나, 그렇지 않으면 "졸업을 축하합니다."만 볼 수 있는 경우와 같다.

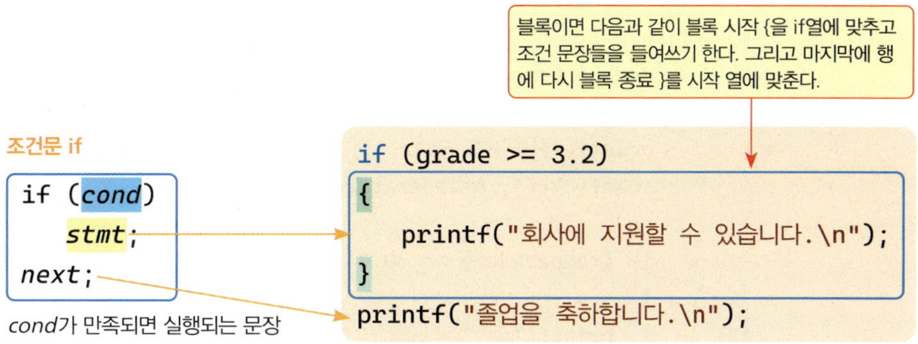

그림 6-8 if 문

TIP 잘못된 if (조건식); 과 if 조건식

처음 if를 사용할 경우, 다음 두 가지 실수를 흔하게 범한다.

- if (*cond*); *stmt*;와 같이 조건식 다음에 세미콜론을 쓰는 경우다.
- if *cond stmt*;와 같이 조건식에 괄호 ()를 빼먹는 경우다.

첫 번째 경우, 문법 오류가 없으며 if 문의 조건으로 인해 실행되는 문장은 하나도 없고, 이후 *stmt*는 무조건 실행된다. 즉 if 조건을 만족하지 않아도 *stmt*;가 항상 실행된다. 실제 코딩 과정에서 문법 오류가 발생하지 않아 논리적인 문제를 찾기 쉽지 않다. 두 번째의 경우는 문법 오류 메시지가 표시되기 때문에 바로 수정할 수 있다.

학점이 3.2 미만이라도 다음 두 문장은 항상 실행되는 결과를 낳는다.

```c
if (grade >= 3.2);
   printf("회사에 지원할 수 있습니다.\n");

printf("졸업을 축하합니다.\n");
```

if 문에서 조건식 grade >= 3.2에는 괄호가 필요하다. 문법 오류가 발생하여 오류 메시지가 출력되기 때문에 쉽게 알 수 있다.

```c
if  grade >= 3.2
   printf("회사에 지원할 수 있습니다.\n");

printf("졸업을 축하합니다.\n");
```

그림 6-9 if 문에서 세미콜론과 조건식 괄호에 주의

다음은 표준입력으로 받은 온도가 30도 이상이면 "폭염 주의보를 발령합니다."와 "건강에 유의하세요."를 출력하며, 온도와 상관없이 항상 현재 온도를 출력하는 프로그램이다.

실습예제 6-1 Prj01 01basicif.c 현재 온도에 따른 폭염 주의 발령 난이도: ★

```c
#define _CRT_SECURE_NO_WARNINGS
#include <stdio.h>

int main(void)
{
   double temperature;

   printf("현재 온도 입력: ");
   scanf("%lf", &temperature);

   if (temperature >= 30.0)
   {
      printf("폭염 주의보를 발령합니다.\n");
      printf("건강에 유의하세요.\n");
   }
   printf("현재 온도는 섭씨 %.2f 입니다.\n", temperature);

   return 0;
}
```

다음과 같이 블록 {의 시작을 조건식 오른쪽에 작성 하기도 함

```c
if (temperature >= 30.0) {
   printf("폭염 주의보를 발령합니다.\n");
   printf("건강에 유의하세요.\n");
}
```

결과

```
현재 온도 입력: 29.3
현재 온도는 섭씨 29.30 입니다.
```

```
현재 온도 입력: 34.678
폭염 주의보를 발령합니다.
건강에 유의하세요.
현재 온도는 섭씨 34.68 입니다.
```

중간점검

01 다음의 조건 선택의 예를 의사코드로 표현하시오.

```
혈당이 120이상이면 '당뇨병 초기'로 진단
```

02 다음에 해당하는 if 문장을 구현하시오.

```
성적이 70 이상이면 PASS, 아니면 FAIL 출력
```

if else 문장

조건 만족 여부에 대한 선택 if else

if 문은 조건이 만족되면 특정한 문장을 실행하는 구문이다. 반대로 조건이 만족되지 않은 경우에 실행할 문장이 있다면 else를 사용한다. 조건문 if에서 키워드 else를 사용하여 조건 연산값이 0(거짓)이면 else 이후의 문장을 실행하는 구문을 만들 수 있다. **조건문 if (*cond*) *stmt*1; else *stmt*2;는 조건 *cond*를 만족하면 *stmt*1을 실행하고, 조건 *cond*를 만족하지 않으면 *stmt*2를 실행하는 문장**이다. 바로 전에 배운 if 문은 if else에서 else가 생략된 문장이다. 조건문 if else는 다음과 같은 제어 흐름을 따른다. 결국 **조건문 if else는 *stmt*1과 *stmt*2 둘 중에 하나를 선택하는 구문**이다.

조건문 if else

```
if (cond)
      stmt1;
else
      stmt2;
next;
```

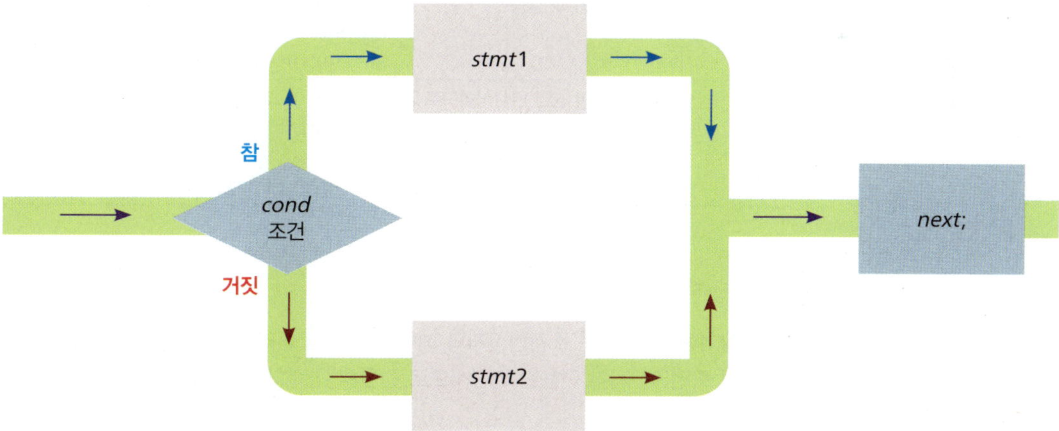

그림 6-10 if else 문의 제어흐름

정수 n이 짝수인지 아니면 홀수인지 판단할 수 있는 조건식으로 (n % 2 == 0) 또는 (n % 2)이 주로 사용될 수 있다. 결국 조건식 (n % 2)는 0이 아니면(참)이면 홀수이고 0이면(거짓)이면 짝수이므로, 연산식 (n % 2 != 0)와 같다. 나머지 연산자 %는 정수 n의 배수를 체크하는 데 사용되는 유용한 연산자이다.

조건문 if else

```
if (cond)
        stmt1;
else
        stmt2;
next;
```

```
if (n % 2 == 0)
   printf("짝수");
else
   printf("홀수");

printf("입니다.\n");
```

```
if (n % 2)
   printf("홀수");
else
   printf("짝수");

printf("입니다.\n");
```

그림 6-11 조건문 if else

조건문 if else에서 주의해야 할 점을 다시 살펴보면 다음과 같다.

- (조건식)은 괄호가 필요하다.
- 조건식에서 등호를 대입으로 잘못 쓰는 것에 주의가 필요하다. 즉 (n == 100)을 (n = 100)로 잘못 쓰면 항상 참으로 인식한다.
- if (조건식); 이나 else; 와 같이 필요 없는 곳에 세미콜론을 넣지 않는다.
- 조건식이 참이면 실행되는 *stmt*1이나 거짓이면 실행되는 *stmt*2 부분이 여러 문장이면 {여러 문장들}의 블록으로 구성한다.

조건 문장 if에서 사용되는 조건식에서 (n != 0)과 (n)은 같은 식이며, 마찬가지로 (n == 0)과 (!n)도 같은 식이므로, 다음과 같이 활용할 수 있다.

표 6-2 if 문에 사용하는 조건식

조건식	설명	예	

(n != 0)
 	
(n)
	n이 0이 아니어야 참인 연산식이므로 연산식 (n)과 같음	`if (n % 2 != 0)`
		`   printf("홀수");`
		`else`
		`   printf("짝수");`
			`if (n % 2)`
			`   printf("홀수");`
			`else`
			`   printf("짝수");`

(n == 0)
 	
(!n)
	n이 0이어야 참인 연산식이므로 연산식 (!n)과 같음	`if (n % 2 == 0)`
		`   printf("짝수");`
		`else`
		`   printf("홀수");`
			`if (!(n % 2))`
			`   printf("짝수");`
			`else`
			`   printf("홀수");`

TIP if와 조건연산자

조건 문장 if는 이미 배운 조건연산자와 매우 유사해서 좀더 편리하게 활용될 수 있다. 즉 다음 오른쪽의 if 문은 좌측의 조건연산자를 이용한 연산식으로 간단히 대체될 수 있다.

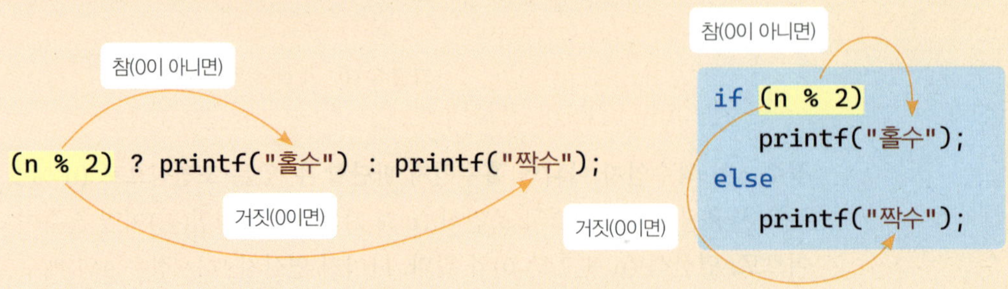

그림 6-12 if 문과 조건연산자

다음은 표준입력으로 받은 정수가 짝수인지 홀수인지를 판별하는 프로그램이다.

실습예제 6-2 Prj02 02evenifelse.c 조건 if else로 짝수와 홀수 판정 난이도: ★

```c
#define _CRT_SECURE_NO_WARNINGS
#include <stdio.h>

int main(void)
{
    int n;
    printf("정수 입력: ");
    scanf("%d", &n);

    if (n % 2) // if (n % 2 != 0)
    {
        printf("홀수\n");
    }
    else
    {
        printf("짝수\n");
    }

    //조건연산자 이용
    (n % 2) ? printf("홀수\n") : printf("짝수\n");

    return 0;
}
```

if else 문에서 조건식에 따른 실행문이 하나이더라도 블록을 구성해도 좋음

```c
if (n % 2 != 0)
    printf("홀수");
else
    printf("짝수");
```

else 앞의 블록에 세미콜론 ; 을 붙이면 문법 오류가 발생하니 주의가 필요하다.

결과

정수 입력: 5 홀수 홀수	정수 입력: 6 짝수 짝수

TIP if else에서 세미콜론 ;의 주의

조건 if else 문에서 if 블록 이후, else 앞에 세미콜론 ;을 붙이면 문법 오류가 발생한다. 또한 else 바로 뒤에 세미콜론 ;을 붙이면 문법 오류는 없으나 논리 오류가 발생해 예상치 못한 결과가 발생하니 주의가 필요하다.

정상 실행 ○

```c
if (n % 2)
{
    printf("홀수\n");
}
else
{
    printf("짝수\n");
}
```

문법 오류 ✕

```c
if (n % 2)
{
    printf("홀수\n");
};
else
{
    printf("짝수\n");
}
```

논리 오류 ✕

```c
if (n % 2)
{
    printf("홀수\n");
}
else ;
{
    printf("짝수\n");
}
```

else 문에 실행할 문장이 없이 종료되고, 이후 블록은 무조건 실행되는 논리 오류가 발생함

반복된 조건에 따른 선택 if else if

조건문 if else 문에서 else 이후에 if else를 반복할 수 있다. 조건문 if else if else의 구문과 제어 흐름은 다음과 같이, ***cond*1 조건식이 참이면 바로 아래의 문장 *stmt*1를 실행하고 종료되며, 거짓이면 다음 조건식 *cond*2로 계속 이어가며, 조건식이 모두 만족되지 않으면 결국 마지막 else 다음 문장 *stmt*4를 실행**한다. 즉 마지막 else 내의 문장 *stmt*4는 위의 모든 연산식이 거짓이면 실행되는 문장으로 필요 없으면 else와 함께 생략될 수 있다. 여기서 ***stmt*1에서 *stmt*4에 이르는 여러 문장 중에서 실행되는 문장은 단 하나**라는 것을 기억하자.

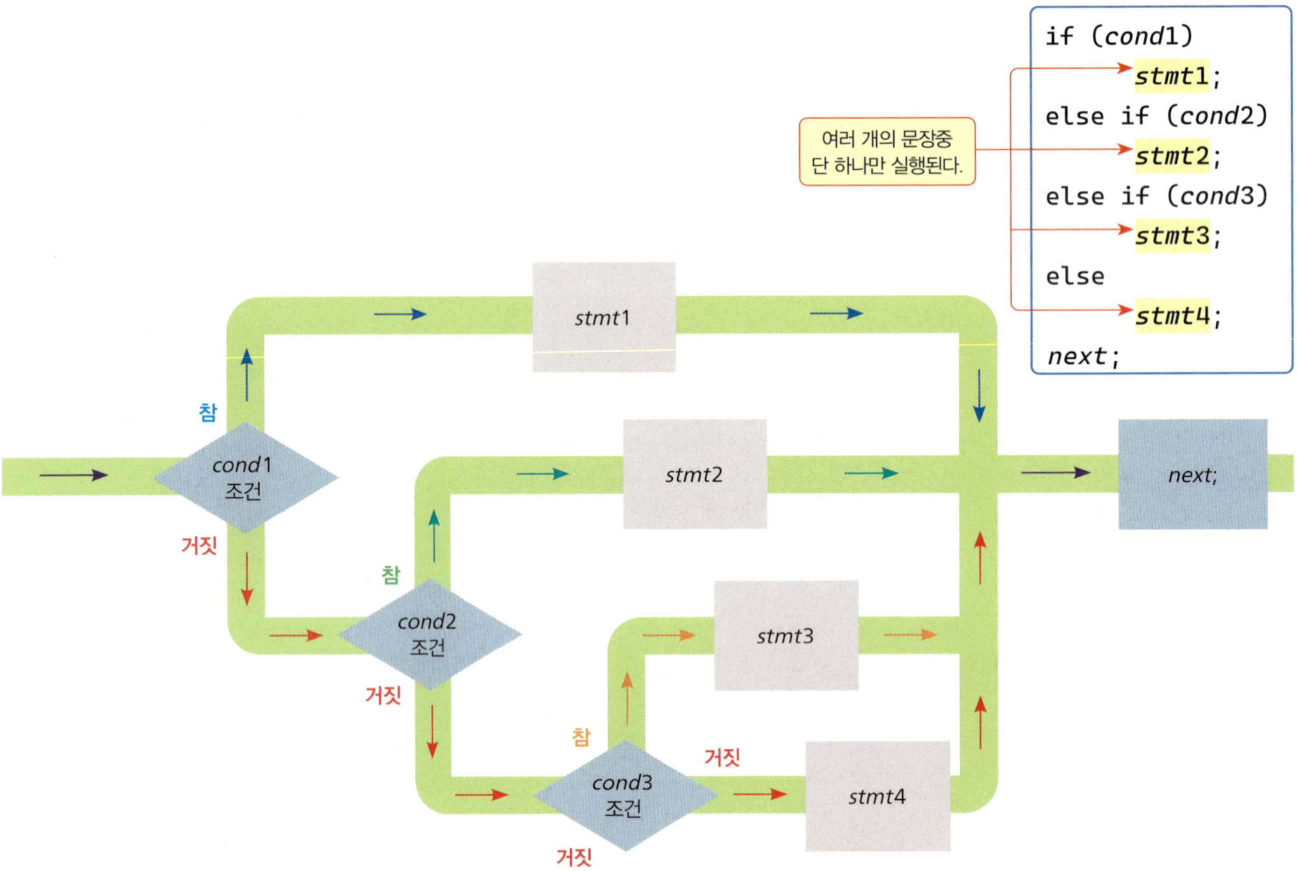

그림 6-13 조건문 if else if 문의 제어흐름

중첩된 조건문 if else의 예로 한 대학의 교과목 성적 처리를 알아보자. 점수가 90이상이면 학점이 A, 80 이상에서 90 미만이면 B, 70 이상에서 80 미만이면 C, 60 이상에서 70 미만이면 D, 마지막으로 60 미만이면 F로 학점을 처리하는 모듈 처리에 반복된 if else를 이용하면 매우 유용하다. 가장 처음의 if는 if (point >= 90)으로 시작한다. 그 다음 if는 else 이후의 if이므로 else if (point >= 80)으로 표현하면 80 이상에서 90 미만인 조건(90>point && point>=80)이 만족된다. 그 다음의 조건식도 마찬가지이다.

이 조건식은 첫 if의 조건식인 (point >= 90)이 만족되지 않고 체크되는 것이므로 결국 (!(point >= 90) && (point >= 80))이므로 80 이상에서 90 미만인 조건 (90>point && point>=80)이 만족된다.

```
if (point >= 90)
   printf("A\n");
else if (point >= 80)
   printf("B\n");
else if (point >= 70)
   printf("C\n");
else if (point >= 60)
   printf("D\n");
else
   printf("F\n");
```

필요하면 이와 같이 블록 사용이 가능하다.

```
if (point >= 90)
{
   printf("A\n");
}
else if (point >= 80)
{
   printf("B\n");
}
else if (point >= 70)
{
   printf("C\n");
}
else if (point >= 60)
{
   printf("D\n");
}
else
{
   printf("F\n");
}
```

그림 6-14 조건문 if else if else를 사용한 성적처리

다음은 평균평점의 점수에 따라 다음과 같이 출력이 달라지는 실습예제이다.

표 6-3 평균평점에 따른 메시지 출력

조건	단독 조건식	출력
평균평점 >= 4.3	gpa >= 4.3	최우등
4.3 > 평균평점 >= 3.8	gpa < 4.3 && gpa >= 3.8	우등
3.8 > 평균평점 >= 3.0	gpa < 3.8 && gpa >= 3.0	우수
3.0 > 평균평점	gpa < 3.0	3.0 미만

실습예제 6-3 Prj03 03gradeif.c 조건 if else 문으로 평균평점에 따른 적정 구문 출력 난이도: ★

```
#define _CRT_SECURE_NO_WARNINGS
#include <stdio.h>

int main(void)
{
   double gpa;

   printf("평균평점 입력: ");
   scanf("%lf", &gpa);

   if (gpa >= 4.3)
```

```
        printf("최우등\n");
    else if (gpa >= 3.8)
        printf("우등\n");
    else if (gpa >= 3.0)
        printf("우수\n");
    else
        printf("3.0 미만\n");

    return 0;
}
```

else if에 의해 if (gpa < 4.3 && gpa >= 3.8)의 의미가 됨

결과

```
평균평점 입력: 4.3
최우등
```

```
평균평점 입력: 3.9
우등
```

```
평균평점 입력: 3.3
우수
```

```
평균평점 입력: 2.7
3.0 미만
```

중간점검

01 다음 각각의 부분 소스의 문제는 무엇인가?

```
if (n % 2 != 0)
   printf("홀수");
else;
   printf("짝수");
```

```
if (n % 2);
   printf("홀수");
else
   printf("짝수");
```

02 다음 부분 소스에서 출력 값을 기술하시오.

```
int data = 2;
if (data > 0)
   printf("양수\n");
else if (data < 0)
   printf("음수\n");
else
   printf("0\n");
```

중첩된 if

if 문 내부의 if

if 문 내부에 if 문이 존재하면 중첩된 if 문이라 한다. 우리나라의 1종 면허 필기시험 최저 합격 점수는 70점이며 2종 면허 필기시험 최저 합격 점수는 60점이라고 한다. 운전면허 종류와 획득 점

수로 합격여부를 판단하려면 다음과 같은 중첩된 if 문이 효과적이다. 즉 다음과 같이 외부 if에서 면허 종류를 먼저 분류하면 그 내부에서 획득 점수로 합격여부를 판단하기는 매우 간단하다. 소스 코드의 가독성을 높이기 위해 외부 if와 else 다음에 블록 {…}을 구성하는 것이 좋다.

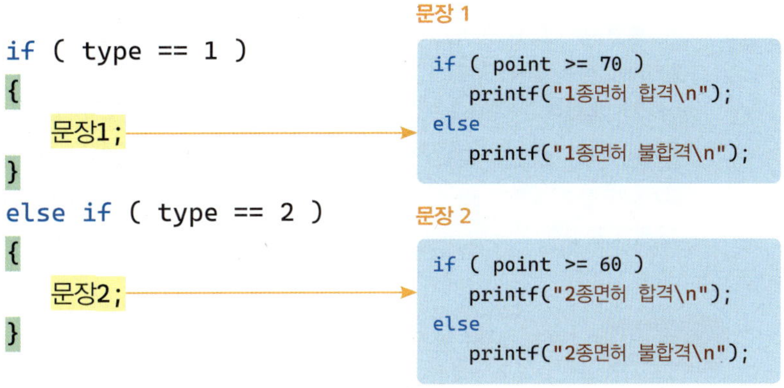

그림 6-15 중첩된 if

실습예제 6-4	Prj04	04nestedif.c	중첩된 if else 문으로 자동차 면허 합격 여부 판정	난이도: ★

```c
#define _CRT_SECURE_NO_WARNINGS
#include <stdio.h>

int main(void)
{
   int type, point;

   printf("번호를 선택: 1(1종면허), 2(2종면허): ");
   scanf("%d", &type);
   printf("필기시험 점수 입력: ");
   scanf("%d", &point);

   if (type == 1)
   {
      if (point >= 70)
         printf("1종면허 합격\n");
      else
         printf("1종면허 불합격\n");
   }
   else if (type == 2)
   {
      if (point >= 60)
         printf("2종면허 합격\n");
      else
         printf("2종면허 불합격\n");
```

```
    }

    return 0;
}
```

결과

```
번호를 선택: 1(1종면허), 2(2종면허): 1
필기시험 점수 입력: 67
1종면허 불합격
```

```
번호를 선택: 1(1종면허), 2(2종면허): 1
필기시험 점수 입력: 77
1종면허 합격
```

```
번호를 선택: 1(1종면허), 2(2종면허): 2
필기시험 점수 입력: 58
2종면허 불합격
```

```
번호를 선택: 1(1종면허), 2(2종면허): 2
필기시험 점수 입력: 63
2종면허 합격
```

TIP [코딩 주의] 조건식에서 등호 연산자 ==를 대입 연산자 =으로 잘못 코딩하는 경우

위 소스에서 다음과 같이 조건식 (type == 1)을 실수로 (type = 1)로 잘못 코딩하면 (type = 1)의 결과는 대입 값인 1이므로 if 조건을 항상 실행하는 논리 오류가 발생하니 주의가 필요하다. 초보자들에게 자주 발생하는 오류이니 조심하자.

```
if (type = 1)
{
    ...
}
else if (type == 2)
{
    ...
}
```

TIP [코딩 주의] 조건식에서 등호 ==를 사용한 연산식에서 실수를 사용하는 경우의 문제

다음 코드의 결과는 '이상해요'가 출력된다. 변수 sum에는 float나 double의 문제로 실제 5.1이 아닌 5.1보다 조금 큰 실수가 저장된다. 그러므로 float나 double과 같은 실수를 관계 연산식이나 특히 등호 ==나 부등호 !=를 사용하는 경우 원하는 않는 결과가 발생할 수 있으니 가급적 사용하지 말자.

```
double a = 4.7, b = 0.4;
double sum = a + b;

if (sum == 5.1)
{
    printf("%s\n", "좋아요.");
}
else
{
    printf("%s\n", "이상해요.");
}
printf("%.20f ", sum);
```

```
이상해요.
5.10000000000000053291
```

블록 표시와 else

다음 소스에서 외부 if 문의 블록 표시는 생략할 수 있다. 그러나 블록이 없는 경우 else 문장이 어느 if 문의 소속인지 정확히 판단해야 한다. **else는 문법적으로 같은 블록 내에서 else가 없는 가장 근접한 상위의 if 문에 소속된 else로 해석**한다. 그러므로 이러한 else의 혼란을 방지하려면 블록을 이용하는 것이 바람직하다.

```
if ( type == 1 )
{
   if ( point >= 70 )
      printf("1종면허 합격\n");
   else
      printf("1종면허 불합격\n");
}
else if ( type == 2 )
{
   if ( point >= 60 )
      printf("2종면허 합격\n");
   else
      printf("2종면허 불합격\n");
}
```

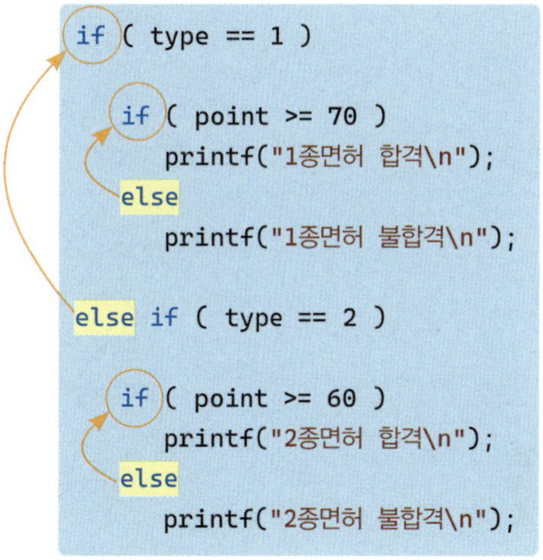

그림 6-16 if에서의 적절한 블록의 사용

다음 부분 소스에서 else는 어느 if의 else인지 알아보자. 다음 소스에서 **들여쓰기는 첫 if의 조건식 (age >= 20)에 else로 되어 있으나 실제 문법적으로 else는 두 번째 if (age >= 65)의 else**이다. 그러므로 이 else는 문법적으로 문제가 없으나 나이가 20 이상 65 미만도 미성년으로 구분되니 논리적으로 잘못되었다. 이를 논리적으로 맞게 하려면 if (age >= 20)의 else로 배치해야 하므로, 조건식 (age >= 20) 이후에 블록을 반드시 사용한 후 else를 배치해야 한다.

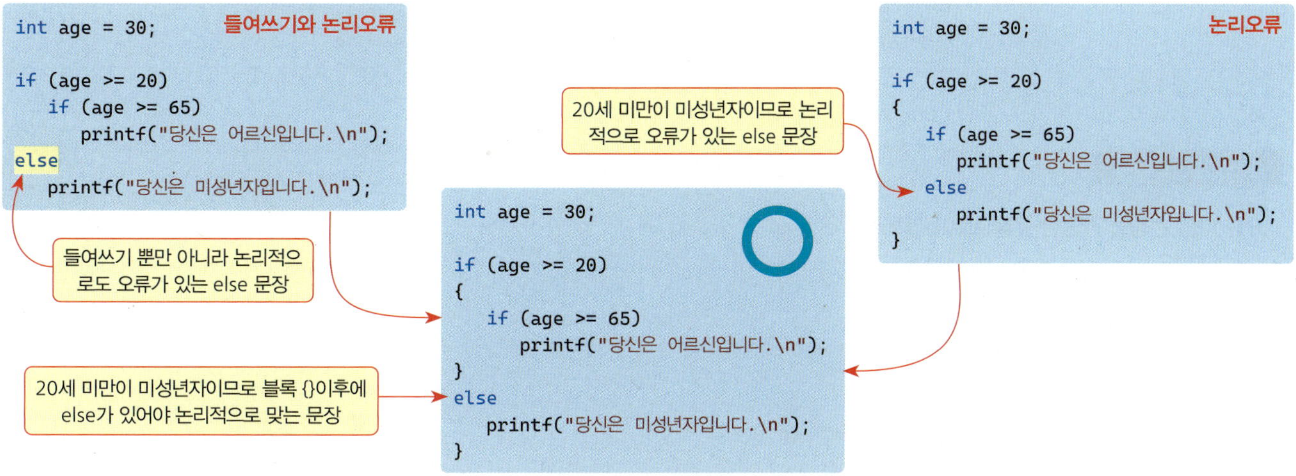

그림 6-17 else 구문의 주의

실습예제 6-5 Prj05 05ageifelse.c else의 if를 적절히 조합하여 나이에 따른 선택 난이도: ★

```c
#define _CRT_SECURE_NO_WARNINGS
#include <stdio.h>

int main(void)
{
   int   age = 0;

   printf("당신의 나이는? ");
   scanf("%d", &age);

   if (age >= 20)
   {
      if (age >= 65)
         printf("당신은 어르신입니다.\n");
      else
         printf("당신은 성인입니다.\n");
   }
   else
   {
      printf("당신은 미성년자입니다.\n");
   }

   return 0;
}
```

블록 {}은 없어도 오류는 없으나 소스의 가독성을 높이기 위해 삽입

블록 종료로 이 else는 조건식 (age>=20)이 거짓인 경우 실행됨

블록 {}은 없어도 오류는 없으나 소스의 가독성을 높이기 위해 삽입

결과

```
당신의 나이는? 18
당신은 미성년자입니다.
```

```
당신의 나이는? 22
당신은 성인입니다.
```

```
당신의 나이는? 66
당신은 어르신입니다.
```

중간점검

01 다음 문장을 간단한 문장으로 수정하시오.

```c
if (a == 10)
{
   if (b == 20)
   {
      printf("a와 b가 모두 10입니다.\n");
   }
}
```

02 변수 a는 15, b는 8일 때, 다음 부분 소스에서 출력 값을 기술하시오.

```
if (a > 10)
   if (b > 10)
      printf("B\n");
else
   printf("C\n");
```

```
if (a > 10)
   if (b > 10)
      printf("B\n");
   else
     printf("C\n");
```

다양한 if 문의 이용과 조건연산자

다양한 if 문

이 단원 처음에 일상생활에서 조건에 따라 해야 할 내용이 결정되는 사례를 살펴보았다. 이제 이러한 사례에 가장 적절한 if 문을 선택해 구현해 보자.

표 6-4 조건에 따라 선택이 발생하는 일상생활에서의 사례와 구현

조건 표현	if 형태	기준변수	다양한 if 문으로 구성
온도가 32도 이상이면 "폭염 주의"를 출력	if	온도 temperature	`if (temperature >= 32)` `   printf("폭염주의");`
속도가 40km와 60km 사이이면 "적정 속도"라고 출력	if	속도 speed	`If (40 <= speed && speed <= 60)` `   printf("적정 속도");`

운전면허 필기시험에서 60점 이상이면 "합격," 아니면 "불합격" 출력	if else	시험성적 point	`If (point >= 60)`
			`   printf("면허시험 합격");`
			`else`
			`   printf("면허시험 불합격");`

속도 speed가 40km와 60km 사이라는 조건식은 (40 <= speed && speed <= 60)라고 표현해야 맞다. 만일 이 조건식을 수학의 수식처럼 (40 <= speed <= 60)[1]로 사용한다면 잘못된 조건식이 된다. C 언어에서 조건식 (40 <= speed <= 60)은 이미 배운 연산자의 결합성에 따라 왼쪽부터 ((40 <= speed) <= 60)로 계산되므로 speed 값에 관계없이 결과값이 항상 1이 되기 때문이다.

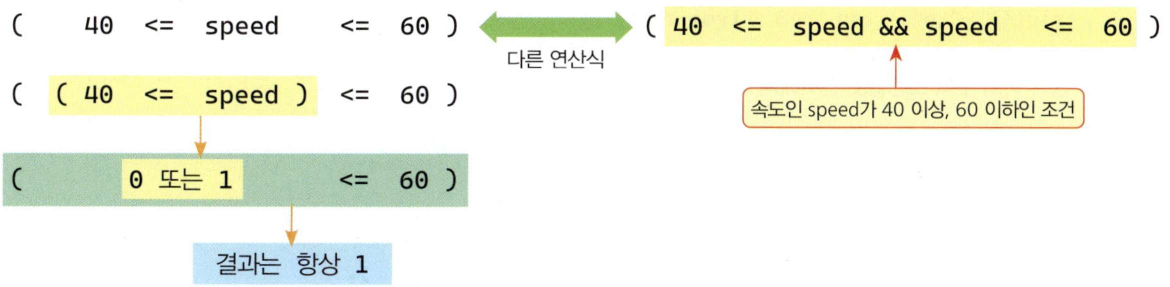

그림 6-18 주의해야 할 조건 연산식

[1] 최근에 각광을 받고 있는 파이썬 언어에서는 수학식 40 <= speed <= 60와 같은 연산식을 지원한다.

if와 조건연산자

조건연산자에서 두 수 중에서 최대값을 구하는 방법을 알아 보았다. 다음 표와 같이 조건연산자의 기능은 if 문으로도 가능하다. 간단히 조건연산자로 구현할 수 있는 기능은 조건연산자를 사용하는 것이 더 효율적이다.

표 6-5 조건연산자와 if

구현 내용	조건연산자	if

두 수의 최대값 구하기	`max = x > y ? x : y;`	`if (x > y)`
		`    max = x;`
		`else`
		`    max = y;`

두 수의 최소값 구하기	`min = x > y ? y : x;`	`if (x > y)`
		`    min = y;`
		`else`
		`    min = x;`

절대값 구하기	`abs = x >= 0 ? x : -x;`	`if (x >= 0)`
		`    abs = x;`
		`else`
		`    abs = -x;`

홀수와 짝수 구하기	`a % 2 ? printf("홀수") : printf("짝수");`	`if (a % 2)`
		`    printf("홀수");`
		`else`
		`    printf("짝수");`

중간점검

01 다음 부분 소스에서 출력 값은 무엇을 의미하는가?

```
int n1, n2, n3;
printf("세 정수 입력: ");
scanf("%d %d %d", &n1, &n2, &n3);

int temp = (n1 > n2) ? n1 : n2;
printf("%d\n", temp > n3 ? temp : n3);
```

02 다음 수학의 수식 조건을 C 언어에서 사용할 수 있는 조건식으로 기술하시오.

```
30 <= x <= 40
```

LAB 표준입력으로 받은 세 정수의 최대값을 출력

표준입력으로 받은 세 정수에서 최대값을 출력되는 프로그램을 작성해보자.

- 먼저 조건식 x > y 이 참이면 x와 z의 최대값, 거짓이면 x와 z의 최대값을 구해 출력

```
Microsoft Visual Studio 디버그 콘솔
세 정수를 입력: 30 15 18
최대 수: 30
```

Lab 6-1 lab1max.c 난이도: ★★

```
01 #define _CRT_SECURE_NO_WARNINGS
02 #include <stdio.h>
03 
04 int main(void)
05 {
06    int x, y, z;
07    printf("세 정수를 입력: ");
08    scanf("%d %d %d", &x, &y, &z);
09 
10    if (x > y)
11    {
12       if (        )
13          printf("최대 수: %d\n", x);
14       else
15          printf("최대 수: %d\n", z);
16    }
17    else
18    {
19       if (        )
20          printf("최대 수: %d\n", y);
21       else
22          printf("최대 수: %d\n", z);
23    }
24 
25    return 0;
26 }
```

Lab 6-1 정답

```
10       if (x > z)
19       if (y > z)
```

6.3 다양한 선택 switch 문

switch 문장 개요

정수 또는 문자 선택

switch 문은 연산식의 결과값에 따라 여러 경로 중에서 하나를 선택하는 선택하는 구문이다. **switch 문은 문장 if else가 여러 번 계속 반복되는 구문을 좀 더 간략하게 구현**할 수 있다. 특히 if의 조건식이 정수와 등호식이라면 보다 간편한 switch 문의 사용이 가능하다. **switch 문은 주어진 연산식이 문자형 또는 정수형이라면 그 값에 따라 case의 상수 값과 일치하는 부분의 문장들을 수행하는 선택 구문**이다.

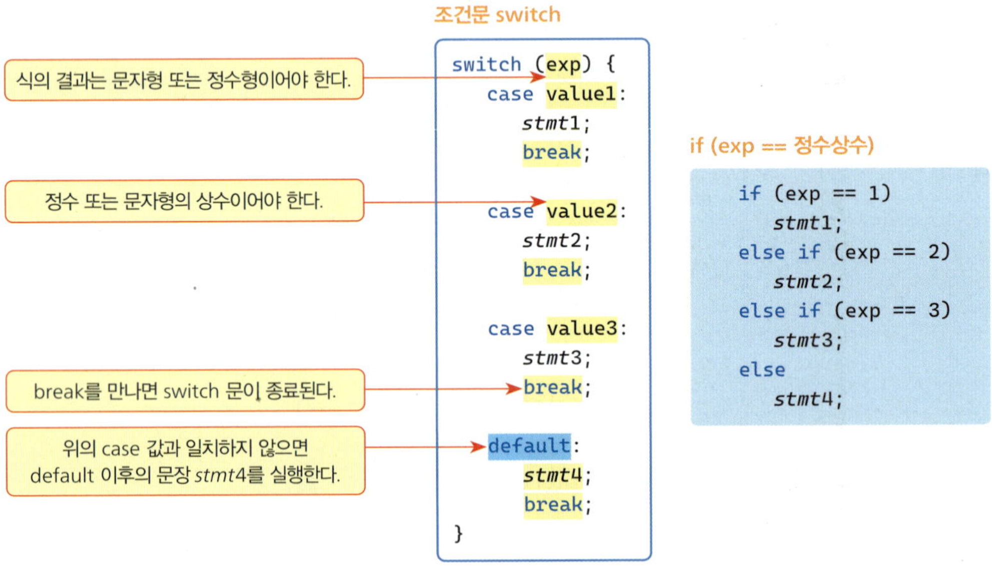

그림 6-19 switch 문 문장구조

switch 다음의 연산식 exp 값이 1, 2, 3 그리고 이외의 값에 따라 처리할 작업이 있다면 위와 같이 if else 또는 switch 문으로 처리할 수 있다. **switch (exp) { … } 문은 표현식 exp 결과값 중에서 case의 값과 일치하는 항목의 문장 *stmti*를 실행한 후 break를 만나 종료**한다. switch 문에서 switch, case, break, default는 키워드이며 **연산식 exp의 결과값은 반드시 문자 또는 정수**여야 한다. 또한 **case 다음의 value 값은 변수가 올 수 없으며 상수식(constant expression)으로 그 결과가 정수 또는 문자 상수여야 하고 중복될 수 없다. default는 선택적이므로 사용하지 않을 수 있다.** switch 문의 제어 흐름은 다음 그림과 같으며 정확한 실행 순서는 다음과 같다.

- 표현식 exp를 평가하여 그 값과 일치하는 상수 값을 갖는 case 값을 찾아 case 내부의 문장을 실행한다. case valuei : 다음에는 블록 구성 없이 여러 문장이 올 수 있다.
- break를 만나면 switch 문을 바로 종료한다.
- case 문의 내부 문장을 실행하고 break 문이 없으면 break 문을 만나기 전까지 다음 case의 내부로 무조건 이동하여 내부 문장을 실행한다.
- 일치된 case 값을 만나지 못하여 default를 만나면 default 내부의 문장을 실행한다. default의 이후에 다른 case가 없으면 break는 생략 가능하다.
- default의 위치는 모든 case 뒤에 오는 것이 일반적이나, 어디에도 위치할 수 있으며 중간에 위치하면서 break 문이 없으면 하부 case 내부 문장을 무조건 실행하므로 주의가 필요하다.

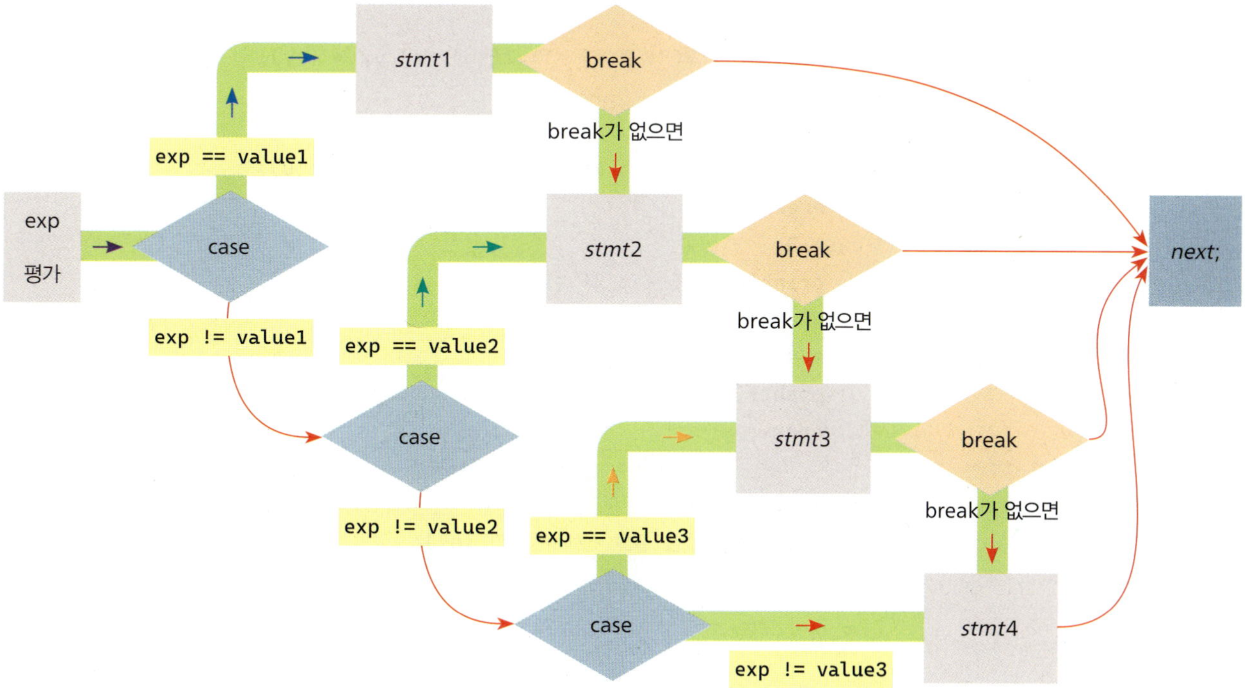

그림 6-20 switch 문의 제어흐름

다음 프로그램은 1에서 4까지 정수 중에서 선택한 번호에 따라 표준입력한 두 실수의 더하기, 빼기, 곱하기 나누기를 실행하는 프로그램이다. 다음 소스에 빼기 연산을 위해 2를 입력한 경우의 실행 흐름을 화살표로 표시했으니 참고하자.

실습예제 6-6 | Prj06 | 06arithswitch.c | switch를 사용하여 두 실수의 사칙연산 수행 | 난이도: ★

```
#define _CRT_SECURE_NO_WARNINGS
#include <stdio.h>

int main(void)
```

```
{
    double x, y, result;
    int op;

    printf("두 실수 입력: ");
    scanf("%lf %lf", &x, &y);
    printf("연산종류 번호선택 1(+), 2(-), 3(*), 4(/): ");
    scanf("%d", &op);

    switch (op)
    {
       case 1:
          printf("%.2f + %.2f = %.2f\n", x, y, x + y);
          break;
       case 2:
          printf("%.2f - %.2f = %.2f\n", x, y, x - y);
          break;
       case 3:
          printf("%.2f * %.2f = %.2f\n", x, y, x * y);
          break;
       case 4:
          printf("%.2f / %.2f = %.2f\n", x, y, x / y);
          break;

       default:
          printf("번호를 잘못 선택했습니다.\n");
          break; //생략 가능
    }

    return 0;
}
```

만일 op가 2라면 case 2: 내부의 문장을 실행하고 종료된다.

case 1, 2, 3, 4 내부의 break 문은 반드시 필요하다.

결과

```
두 실수 입력: 3.765 6.987
연산종류 번호선택 1(+), 2(-), 3(*), 4(/): 1
3.77 + 6.99 = 10.75
```

```
두 실수 입력: 4.82 3.987
연산종류 번호선택 1(+), 2(-), 3(*), 4(/): 2
4.82 - 3.99 = 0.83
```

```
두 실수 입력: 3.986 4.826
연산종류 번호선택 1(+), 2(-), 3(*), 4(/): 3
3.99 * 4.83 = 19.24
```

```
두 실수 입력: 87.354 6.98
연산종류 번호선택 1(+), 2(-), 3(*), 4(/): 4
87.35 / 6.98 = 12.51
```

break의 적절한 사용

switch 문에서 주의할 것 중 하나는 case 이후 정수 상수를 콤마로 구분하여 여러 개 나열할 수 없

다는 것이다. 표준입력으로 1년 중 해당하는 월을 입력 받아 그 달에 맞는 계절을 출력하는 프로그램을 생각해 보자. 입력된 4월, 5월을 봄으로 출력하는 모듈을 switch 문으로 작성해 보자. **case 문 내부에 break 문이 없다면 일치하는 case 문을 실행하고, break 문을 만나기 전까지 다음 case 내부 문장을 실행**한다. 이러한 break 문의 특징을 살려 case 4: case 5: 로 여러 개의 case를 나열한 후 필요한 곳에만 break 문을 배치한다면 서로 다른 여러 값에 대해 동일한 기능을 수행할 수 있다. 그러나 **case 4, 5와 같은 나열은 문법 오류가 발생**하니 주의하자.

```
switch ( month )
{
   case 4 : case 5 :
      printf("%d월은 봄입니다.\n", month);
      break;

   case 6 : case 7 : case 8 :
      printf("%d월은 여름입니다.\n", month);
      break;

   ...

   default :
      printf("월(month)을 잘못 입력하셨습니다.\n");
}
```

```
case 4, 5 : //오류발생
   ...
   break;

case 6, 7, 8 : //오류발생
   ...
   break;
```

그림 6-21 여러 개의 정수 선택에 따른 case 처리 방법

실습예제 6-7 Prj07 07seasonswitch.c 월에 따른 사계절 출력 난이도: ★

```
#define _CRT_SECURE_NO_WARNINGS
#include <stdio.h>

int main(void)
{
   int  month;
   printf("월(month)을 입력: ");
   scanf("%d", &month);

   switch (month)
   {
      case 4: case 5:
         printf("%d월은 봄입니다.\n", month);
         break;
      case 6: case 7: case 8:
         printf("%d월은 여름입니다.\n", month);
         break;
      case 9: case 10: case 11:
```

month가 6, 7, 8이면 이 case로 들어와 여름이 출력된다.

```
            printf("%d월은 가을입니다.\n", month);
            break;
        case 12: case 1: case 2: case 3:
            printf("%d월은 겨울입니다.\n", month);
            break;

        default:
            printf("월(month)을 잘못 입력했습니다.\n");
    }

    return 0;
}
```

결과

```
월(month)을 입력: 11
11월은 가을입니다.
월(month)을 입력: 5
5월은 봄입니다.
```

```
월(month)을 입력: 1
1월은 겨울입니다.
월(month)을 입력: 7
7월은 여름입니다.
```

중간점검

01 문장 switch에서 break의 역할을 기술하시오.

02 문장 switch에서 키워드 swich 다음 연산식 결과값의 자료형 조건은 무엇인가?

연산식 활용과 default 위치

switch 연산식의 활용

성적을 switch 문장으로 처리하는 프로그램을 작성해 보자. 표준 입력된 성적에 따라 성적 'A'에서 'F'까지 부여하는데, 각 학점의 구간은 다음 표와 같다. 정수로 입력된 점수를 switch에서 그대로 사용할 수 없으며, 구간으로 사용할 수도 없으니 **점수를 10으로 나눈 연산식 (score / 10)를 활용하면 switch 문이 가능**하다. 즉 연산값이 10 또는 9이면 'A', 8이면 'B' 등으로 case를 사용한다.

표 6-6 점수에 따른 성적처리를 위한 연산값

점수 예	점수 범위	(score / 10) 연산값	성적처리
100, 98, 95, 90	90 <= 점수 <= 100	9 또는 10	'A' 부여
80, 85, 88, 89	80 <= 점수 < 90	8	'B' 부여
80, 85, 88, 89	70 <= 점수 < 80	7	'C' 부여
80, 85, 88, 89	60 <= 점수 < 70	6	'D' 부여
30, 55, 58, 59	점수 < 60	그 외	'F' 부여

실습예제 6-8 Prj08 08scoreswitch.c 점수에 따른 성적 부여 난이도: ★★

```c
#define _CRT_SECURE_NO_WARNINGS

#include <stdio.h>

int main(void)
{
    int  score;

    printf("점수 입력: ");
    scanf("%d", &score);

    switch (score / 10) {
    case 10: case 9:
        printf("점수가 %d 점으로 성적이 %c 입니다.\n", score, 'A');
        break;
    case 8:
        printf("점수가 %d 점으로 성적이 %c 입니다.\n", score, 'B');
        break;
    case 7:
        printf("점수가 %d 점으로 성적이 %c 입니다.\n", score, 'C');
        break;
    case 6:
        printf("점수가 %d 점으로 성적이 %c 입니다.\n", score, 'D');
        break;

    default:
        printf("점수가 %d 점으로 성적이 %c 입니다.\n", score, 'F');
    }

    return 0;
}
```

정수의 나누기 결과는 정수라는 것을 활용한다.

100점도 있으므로 case 10이 필요하며, 90점 이상이고 100점 사이면 실행되는 case이다.

break를 생략하면 다음 case 내부 문장을 수행하므로 반드시 필요하다.

결과		
	점수 입력: 100 점수가 100 점으로 성적이 A 입니다.	점수 입력: 88 점수가 88 점으로 성적이 B 입니다.
	점수 입력: 75 점수가 75 점으로 성적이 C 입니다.	점수 입력: 62 점수가 62 점으로 성적이 D 입니다.

default의 위치

위 프로그램은 성적이 100 이하여야 한다. 즉 성적 입력이 110, 120과 같이 110이상이면 'F'가 출력된다. 이러한 문제를 보완하기 위해 입력 점수의 허용 범위를 엄밀히 0에서 100으로 한정하면 된다. 점수를 입력 받은 후에 다음과 같은 if 조건문을 삽입하여 점수의 범위를 벗어나면 프로그램을 바로 종료하도록 하자.

```
if (score < 0 || score > 100) {
   printf("점수 입력이 잘못되었습니다.\n:");
   return 0;
}
```

그림 6-22 입력 값의 범위 검사

일반적으로 switch 문에서 default는 생략될 수 있으며 그 위치도 제한이 없다. 다만 다음과 같이 **default를 위치시킨 이후에 다른 case가 있다면 break를 반드시 입력**하도록 한다. 만일 break 문이 제거되면 case 상수 외에도 다시 상수 10과 9에 기술된 내부 문장이 실행되는 논리 오류가 발생하니 주의하길 바란다.

```
switch (score / 10) {
default:
   printf("점수가 %d 점으로 성적이 %c 입니다.\n", score, 'F');
   break; //반드시 필요한 break

case 10: case 9:
   printf("점수가 %d 점으로 성적이 %c 입니다.\n", score, 'A');
   break;
   ...
}
```

그림 6-23 default의 위치에 따른 break의 추가

실습예제 6-9 Prj09 09scoreswitch2.c 잘못된 점수도 고려하여 점수에 따른 성적 부여 난이도: ★★

```c
#define _CRT_SECURE_NO_WARNINGS
#include <stdio.h>

int main(void)
{
   int  score;
   printf("점수(0에서 100사이) 입력: ");
   scanf("%d", &score);
   if (score < 0 || score > 100)
   {
      printf("점수 입력이 잘못되었습니다.\n");
      return 0;
   }

   switch (score / 10)
   {
      default:
         printf("점수가 %d 점으로 성적이 %c 입니다.\n", score, 'F');
         break;

      case 10: case 9:
         printf("점수가 %d 점으로 성적이 %c 입니다.\n", score, 'A');
         break;
      case 8:
         printf("점수가 %d 점으로 성적이 %c 입니다.\n", score, 'B');
         break;
      case 7:
         printf("점수가 %d 점으로 성적이 %c 입니다.\n", score, 'C');
         break;
      case 6:
         printf("점수가 %d 점으로 성적이 %c 입니다.\n", score, 'D');
         break;
   }

   return 0;
}
```

!(0 <= score && score <= 100)와 같으며, 점수가 음수이거나 100을 초과하면 조건을 만족한다.

결과

```
점수(0에서 100사이) 입력: 101
점수 입력이 잘못되었습니다.
```

```
점수(0에서 100사이) 입력: 94
점수가 94 점으로 성적이 A 입니다.
```

```
점수(0에서 100사이) 입력: 65
점수가 65 점으로 성적이 D 입니다.
```

```
점수(0에서 100사이) 입력: 55
점수가 55 점으로 성적이 F 입니다.
```

다음은 다중선택 구문인 switch 문에서의 주의점을 다시 한번 정리해 보았다.

- switch의 연산식 결과는 정수형 또는 문자형이어야 한다.
- 각 case 뒤에 나오는 식은 상수식이어야 하며, 그리고 그 결과는 모두 달라야 한다. 여기서 상수식에는 변수와 const 상수를 절대 사용할 수 없으며, 리터럴 상수와 매크로 상수의 연산식은 사용 가능하다.
- default는 선택적으로 없거나 하나이며 어디에 위치해도 모든 case 처리를 하지 않은 경우 실행되며 다른 case가 뒤에 있다면 break가 필요하다.

중간점검

01 switch 문에서 default 위치의 제한이 있는가?

02 switch 문의 내부에서 다음 코드의 문제를 설명하시오.

```
case 10, 9:
```

LAB 표준입력으로 받은 정수에 대응하는 열거 상수로 switch 문 활용

표준입력으로 받은 정수에 대응하는 열거 상수로 switch 문에서 분기를 처리하는 프로그램을 작성해보자.

- 다각형을 표현하는 열거 상수로 TRIANGLE, RECTANGLE을 각각 1, 2로 정의
- 삼각형[1], 사각형[2] 중의 번호 하나를 선택하고, 실수로 가로와 세로를 입력
- 결과로 입력 받은 가로와 세로, 선택된 모양의 다각형 면적을 출력

```
Microsoft Visual Studio 디버그 콘솔
삼각형[1], 사각형[2] 중의 번호 하나를 선택 >> 1
넓이와 높이를 입력 >> 3.47 8.21
가로: 3.47 세로: 8.21
삼각형 면적: 14.24
```

Lab 6-2 lab2shapeswitch.c 난이도: ★★

```c
#define _CRT_SECURE_NO_WARNINGS
#include <stdio.h>

int main(void)
{
    enum shape {TRIANGLE = 1, RECTANGLE};
    int input;
    double width, height;

    printf("삼각형[1], 사각형[2] 중의 번호 하나를 선택 >> ");
    scanf("%d", &input);
    printf("넓이와 높이를 입력 >> ");
    scanf("%lf %lf", &width, &height);
    printf("가로: %.2lf 세로: %.2lf \n", width, height);

    switch (input)
    {
        case [          ]:
            printf("삼각형 면적: %.2lf\n", width * height / 2);
            break;
        case RECTANGLE:
            printf("사각형 면적: %.2lf\n", [              ]);
```

```
23            break;
24
25        default:
26            printf("잘못된 입력\n");
27    }
28
29    return 0;
30 }
```

정답

```
18        case TRIANGLE:
22            printf("사각형 면적: %.2lf\n", width * height);
```

내용점검 연습

01 다음에서 서술 내용이 맞으면 ○, 틀리면 × 하시오.

❶ if 문의 else는 문법적으로 같은 블록 내에서 else가 없는 가장 근접한 상위의 if 문에 소속된 else로 해석한다. ( )

❷ switch 문은 주어진 연산식이 문자형 또는 정수형이라면 그 값에 따라 case의 상수 값과 일치하는 부분의 문장들을 수행하는 선택 구문이다. ( )

❸ switch 문에서 case 문 내부에 break 문이 없다면 일치하는 case 문을 실행하고 break 문을 만나기 전까지 다음 case 내부 문장을 실행한다. ( )

❹ switch 문에서 case 4, 5와 같은 표현이 가능하다. ( )

❺ 일반적으로 switch 문에서 default는 생략될 수 있으며 그 위치도 제한이 없다. ( )

02 다음 각각의 문제에서 가장 적절한 것을 하나 선택하시오.

❶ 다음 중에서 가장 문법과 논리적으로 가장 적절한 조건선택 문장은 무엇인가? ( )

가)
```
if (temperature >= 32)
   printf("폭염 주의");
```
나)
```
if (low_pressure = 100)
   printf("고혈압 초기");
```
다)
```
if (40 <= speed <= 60)
   printf("적정 속도");
```
라)
```
if (speed > 80) ;
   printf("초과 속도");
```

❷ 다음 부분 소스의 출력은 무엇인가? ( )

```
int a = 10, b = 100;
if (a == 10)
   if (b == 10)
      printf("%d %d\n", a, b);
   else
      printf("%d %d\n", a+1, b+1);
```

가) 10 10　　　나) 문법 오류

다) 출력 없음　　　라) 11 101

❸ 다음은 switch에 대한 설명이다. 다음 중에서 잘못된 것은 무엇인가? ( )

가) break는 필요하면 생략할 수 있다.

나) case 다음에 값으로 문자열을 사용할 수 있다.

다) case 다음에 값으로 문자를 사용할 수 있다.

라) case 다음에 값으로 정수를 사용할 수 있다.

❹ 다음 중에서 switch 문에서 사용되는 키워드가 아닌 것은 무엇인가? ( )

가) default　　나) case

다) expression　　라) switch

❺ 다음은 switch에 대한 설명이다. 다음 중에서 잘못된 것은 무엇인가? ( )

가) case 이후 값은 중복될 수 없다.

나) default의 위치는 어디든 상관 없다.

다) case 이후에 정수형 변수도 가능하다.

라) switch 다음의 연산식은 반드시 괄호가 필요하다.

03 다음 조건선택에 대한 부분 소스를 작성하시오.

❶ IQ가 148이상이면 멘사에 가입할 수 있다.

❷ 나이가 19세 이상이면 성인이다.

❸ 나이가 13세 이상 18 미만이면 청소년이다.

❹ 토익점수가 600점 이상이면 회사에 지원할 수 있다.

❺ 토익점수가 600점 이상이고, 평균평점이 3.0 이상이면 대학원에 지원할 수 있다.

❻ 각도가 90도이면 직각이고, 아니면 직각이 아니다.

❼ 고과 점수가 90점 이상이면 보너스가 연봉의 20%이고 아니면 10%이다.

❽ 대출기간에 따라 다음 이자율을 적용한다.
1년 이하: 5%, 2년 이하: 4%, 3년 이하: 3%, 4년 이하: 2%

❾ 입력문자가 'w'이면 여자이고, 'm'이면 남자이며, 둘 다 아니면 "잘못 입력"한 것이다.

❿ 카드 고객은 VIP회원과 일반회원으로 구분되며, VIP회원 중에서 현재 포인트가 1000점 이상이면 대출 이율은 6%, 아니면 7%이고, 일반회원 중에서 현재 포인트가 2000점 이상이면 대출 이율은 8%, 아니면 9%이다.

04 다음 부분 소스에서 문법 오류 또는 논리 오류를 찾아 수정하시오.

❶
```
if (grade >= 4.0);
   printf("성적이 우수합니다.\n");
```

❷
```
if (30 <= age < 50)
   printf("중년입니다.\n");
```

❸
```
if (type = 'v')
   printf("VIP 회원입니다.\n");
```

❹
```
if (type == 'm')
      printf("남자입니다.\n");
   else (type == 'w')
      printf("여자입니다.\n");
```

❺
```
if (point >= 80)
   if (point < 90)
      printf("점수가 80 이상이고 90 미만이다.\n");
   else
      printf("점수가 80 미만이다\n");
```

05 다음 프로그램의 결과를 기술하시오.

❶
```
#include <stdio.h>

int main(void)
{
   int point = 7;

   if (point >= 10)
      printf("A\n");
   else if (point >= 8)
      printf("B\n");
   else if (point >= 6)
      printf("C\n");
   else if (point >= 4)
      printf("D\n");
   else
      printf("F\n");

   return 0;
}
```

❷
```c
#include <stdio.h>

int main(void)
{
    int op = 3, n = 0, i = 5;

    switch (op) {
    case 1:
        i++;
    case 2:
        n++;
    case 3:
        i++;
    case 4:
        n++;
    default:
        i++;
        n++;
    }
    printf("%d %d\n", i, n);

    return 0;
}
```

프로그래밍 연습

01 조건 if 문을 사용하여 표준입력으로 받은 두 실수의 사칙 연산을 수행하는 프로그램을 작성하시오.

난이도: ★

- 두 실수를 '3.57+8.73'처럼 붙여서 표준입력

```
Microsoft Visual Studio 디버그 콘솔
3.4+4.5와 같이 두 실수와 연산자를 붙여서 입력 >> 3.57*8.73
3.57 * 8.73 = 31.17
```

02 2차 평면에서 좌표 (x, y)를 표준입력으로 받아 평면의 사분면을 출력하는 프로그램을 작성하시오.

난이도: ★

- 다만 x, y는 양수와 음수만으로 구분하며, 0은 입력이 없는 것으로 가정

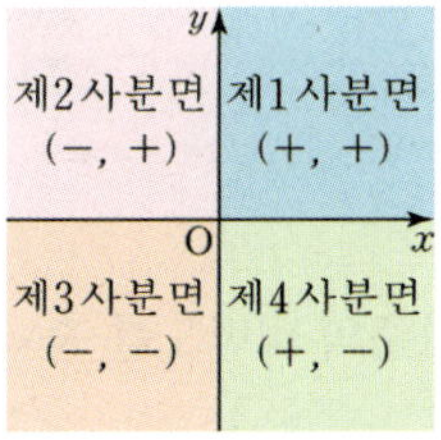


```
Microsoft Visual Studio 디버그 콘솔
좌표 x, y 입력 >> 3.56 -5.78
좌표 (3.56, -5.78): 4사분면

D:₩(2020  C 언어 집필 Perfect C)₩연습문제 정답 프로젝트₩Ch06
₩Debug₩prg02.exe(19044 프로세스)이(가) 0 코드로 인해 종료되
었습니다.
이 창을 닫으려면 아무 키나 누르세요.
```

03 표준입력으로 받은 두 실수 x, y의 다음 조건에 연산을 수행하여 출력하는 프로그램을 작성하시오.

난이도: ★

x	y	연산
양수	양수	x + y
양수	0 또는 음수	x − y
0 또는 음수	양수	−x + y
0 또는 음수	0 또는 음수	−x − y

```
Microsoft Visual Studio 디버그 콘솔
두 실수 입력 >> 3.56 -7.98
결과값: 11.540000
```

04 표준입력으로 받은 신장(센티미터)과 몸무게(kg)를 이용하여 BMI 비만 정도를 출력하는 프로그램을 작성하시오.

난이도: ★

- BMI(Body Mass Index) 계산법
- BMI 지수 = 몸무게(kg) ÷ (신장(m) × 신장(m))

기준	판정	판정 수식
40 이상	고도 비만	40 <= bmi
35 ~ 40 미만	중등도 비만	35 <= bmi < 40
30 ~ 35 미만	비만	30 <= bmi < 35
25 ~ 30 미만	과체중	25 <= bmi < 30
18.5 ~ 25 미만	정상	18.5 <= bmi < 25
18.5 미만	저체중	bmi < 18.5

```
Microsoft Visual Studio 디버그 콘솔
신장(cm)과 몸무게(kg)를 입력하세요: 171 67
신장: 171.00, 몸무게: 67.00, BMI지수: 22.91 정상
```

05 표준입력으로 받은 성별, 신장(키), 몸무게를 이용하여 다음 기준의 비만도를 출력하는 프로그램을 작성하시오.

난이도: ★

- (현재 체중/표준 체중)×100(%)을 비만 지수라고 하며,
- 비만도는 다음으로 측정
- -10% 미만: 저체중, ±10%: 정상, 10~20%: 체중 과다, 20% 초과: 비만
- 표준 체중을 계산하는 방법은 다음과 같다.
- 남자: 신장(m) × 신장(m) × 22
- 여자: 신장(m) × 신장(m) × 21

```
Microsoft Visual Studio 디버그 콘솔
성별을 먼저 입력하세요. 1(남자), 2(여자): 1
신장(cm)과 몸무게(kg)를 입력하세요: 172 75
현재 신장: 172.00, 체중: 75.00, 표준 체중: 65.08
비만지수: 115.23, 판정: 체중 과다
```

06 표준입력으로 받은 종합소득 금액에 따른 다음 기준의 세율을 출력하는 프로그램을 작성하시오.

난이도: ★

- 종합소득 과세표준

종합소득 과세표준	소득세율
1,200만원 이하	6%
1,200만원 초과 ~ 4,600만원 이하	15%
4,600만원 초과 ~ 8,800만원 이하	24%
8,800만원 초과 ~ 1억5천만원 이하	35%
1억5천만원 초과 ~ 3억원 이하	38%
3억원 초과 ~ 5억원 이하	40%
5억원 초과	42%

```
Microsoft Visual Studio 디버그 콘솔
소득 입력 >> 190000000
현재 종합소득: 190000000, 세율: 38%
```

07 표준입력으로 받은 월(month)에 해당하는 분기를 출력하는 프로그램을 if 문을 사용하여 작성하시오.

난이도: ★

- 1사분기: 1, 2, 3월, 2사분기: 4, 5, 6월, 3사분기: 7, 8, 9월, 4사분기: 10, 11, 12월

```
Microsoft Visual Studio 디버그 콘솔
년도의 월(month)을 입력하세요. >> 7
7월(month)은 3분기입니다.
```

08 표준입력으로 받은 연도의 윤년을 판단하는 프로그램을 if 문을 사용하여 작성하시오.

난이도: ★

- 4로 나누어지나 100으로 나누어 떨어지는 않는 해는 윤년
- 또는 400으로 나누어 떨어지는 해는 윤년

```
Microsoft Visual Studio 디버그 콘솔
년도입력: 2020
2020 년은 윤년입니다.
```

09 표준입력으로 받은 연도와 달을 이용하여 월의 말일을 출력하는 프로그램을 switch 문을 사용하여 작성하시오. 난이도: ★

```
Microsoft Visual Studio 디버그 콘솔
년과 월을 다음과 같이 입력하면 그 달의 말일을 알려드립니다.
2003 2 : 입력 >> 2020 2
2020년 2월의 말일은 29일입니다.
```

10 문자 하나와 온도를 실수형으로 입력 받아, 문자가 F나 f이면 입력 받은 값을 화씨로 간주하여 섭씨로 바꾸고, 입력 받은 문자가 C나 c이면 입력 받은 값을 섭씨로 간주하여 화씨로 바꾸어 결과를 출력하는 프로그램을 작성하시오. 난이도: ★

- F = (9.0 / 5.0)*C + 32
- C = (5.0 / 9.0)*(F - 32)

```
Microsoft Visual Studio 디버그 콘솔
입력한 온도를 변환합니다.
문자를 F나 f를 입력하면 섭씨로,
문자를 C나 c를 입력하면 화씨로 변환합니다.

문자 입력 >> : F
온도 입력 >> 100

화씨온도 100.00는 섭씨온도로 37.78입니다.
```

CHAPTER 07

반복

학습목표

▶ **반복문에 대하여 이해하고 구현할 수 있다.**

- while 문의 구조를 이해하고 필요한 반복의 구현이 가능
- do while 문의 구조를 이해하고 필요한 반복의 구현이 가능
- for 문의 구조를 이해하고 필요한 반복의 구현이 가능
- 반복문 내부에서의 break와 continue의 기능
- 의도적인 무한반복과 반복의 종료

▶ **중첩된 반복에 대하여 다음을 이해하고 구현할 수 있다.**

- 외부 제어변수와 내부 제어변수 변화를 이해
- 구구단 구현
- 입력의 종료를 알리는 방식과 구현

학습목차

7.1 반복 개요와 while 문

반복 개요

반복의 개념과 구문 종류

우리의 주위에는 생각보다 반복되는 현상이나 작업이 많다. **반복(repetition)은 말 그대로 같거나 비슷한 일을 여러 번 수행하는 작업**이다. 프로그램에서도 같거나 규칙적인 문장들이 반복되는 구문은 매우 자주 발생하며, 반복이 없는 프로그램은 상상도 할 수 없을 정도이다. **반복과 같은 의미로 순환 또는 루프(loop)라는 표현도 함께 사용**하는데, 롤러코스터의 원형 궤도처럼 원래 고리 또는 순환이라는 의미가 루프(loop)이다.

그림 7-1 스포츠와 일상에서의 반복과 순환

C 언어는 while, do while, for 세 가지 종류의 반복 구문을 제공한다. **반복 조건을 만족하면 일정하게 반복되는 블록을 반복몸체(repetition body)**라 한다.

반복문 while은 반복 구문을 실행하기 전에 조건을 검사하는 반복문으로, 조건식이 반복몸체 앞에 위치한다.

조건이 참(0이 아닌 값)이어야
반복몸체를 실행

```
while ( <반복조건> )
{
    //반복몸체(loop body);
    <해야할 일>;
}
```

그림 7-2 while 반복

제일 나중에 반복 조건 검사하여 반복을 수행하는 do while 구문은 while 구문과 반대로 조건식이 반복몸체 뒤에 위치한다. 따라서 무조건 한 번 실행한 후 조건을 검사하고 이후 조건식이 참(0이 아니면)이면 반복을 다시 실행한다.

```
do
{
    //반복몸체(loop body);
    <해야할 일>;
} while ( <반복조건> );
```

조건이 참(0이 아닌 값)이어야
반복몸체를 다시 실행

그림 7-3 do while 반복

반복문 for 구문은 초기화와 반복 조건, 그리고 증감 연산의 세 부분으로 나누어 일정한 횟수의 반복에 적합한 반복 구문이다. for 구문은 명시적으로 반복 횟수를 정해 놓은 반복에 주로 사용한다.

```
for ( <초기화>; <반복조건>; <증감> )
{
    //반복몸체(loop body);
    <해야할 일>;
}
```

그림 7-4 for 반복

반복 구문의 필요성

C 프로그래밍을 하면서 단순한 문장의 반복을 코딩한 경험이 있을 것이다. 즉 동일하거나 또는 약간 다른 출력을 위해 함수 printf() 호출을 여러 번 반복하는 작업을 하면서 다른 대안이 있을 것이라고 생각했을 것이다. 완전 동일한 문장을 여러 줄에 출력하거나 1에서부터 1씩 증가되는 값을 출력하는 작업 등이 그 예이다.

```
C 언어 재미있네요!
C 언어 재미있네요!
C 언어 재미있네요!
```

```
1
2
3
4
5
```

그림 7-5 단순 반복의 출력

연산자에서 배운 섭씨 온도와 화씨 온도의 관계인 다음 식을 활용하여, 여러 섭씨 온도에 해당하는 화씨 온도를 다음과 같이 출력해 보자. 다음 소스와 같이 함수 printf()를 3번 반복 호출하면서, 섭씨 온도는 12.46도에서 10씩 2번 증가하면 각각의 화씨 온도를 출력할 수 있다. 이러한 소스도 뭔가 반복을 지원하는 간편한 구문이 있으면 훨씬 손쉽게 해결될 것으로 보인다.

$$F(\text{화씨온도}) = \frac{9}{5}C(\text{섭씨온도}) + 32$$

9/5로 쓰면 이 결과가 1이므로 부정확한 결과가 나온다.

```
double celsius = 12.46;

printf("%8.2lf %8.2lf\n", celsius, 9.0 / 5 * celsius + 32);
celsius += 10;
printf("%8.2lf %8.2lf\n", celsius, 9.0 / 5 * celsius + 32);
celsius += 10;
printf("%8.2lf %8.2lf\n", celsius, 9.0 / 5 * celsius + 32);
```

```
  섭씨(C)    화씨(F)
--------------------
  12.46     54.43
  22.46     72.43
  32.46     90.43
```

그림 7-6 여러 섭씨 온도를 화씨 온도로 바꾸는 반복

실습예제 7-1 | Prj01 | 01cel2far3.c | 3개의 섭씨 온도를 화씨 온도로 변환 | 난이도: ★

```c
#include <stdio.h>

int main(void)
{
    double celsius = 12.46;

    printf("  섭씨(C)  화씨(F)\n");
    printf("%8.2lf %8.2lf\n", celsius, 9.0 / 5 * celsius + 32);
    celsius += 10;
    printf("%8.2lf %8.2lf\n", celsius, 9.0 / 5 * celsius + 32);
    celsius += 10;
    printf("%8.2lf %8.2lf\n", celsius, 9.0 / 5 * celsius + 32);

    return 0;
}
```

섭씨 온도 celsius와 변환식으로 화씨 온도 출력, 변환식에서 9.0으로 해야 나누기 연산의 결과가 실수로 나오니 주의를 요함

결과

```
섭씨(C)  화씨(F)
12.46    54.43
22.46    72.43
32.46    90.43
```

반복이 필요한 다른 예를 알아보자. 비트 AND 연산자인 &를 이용하면 한 정수의 n번째 비트 값을 알 수 있다.

- 즉 하나의 정수와 1의 & 값인 연산식 (정수 & 1)의 결과값은 0 아니면 1로 정수의 LSB(LSB: Least Significant Bit)인 오른쪽 첫 비트 값이다.
- 1의 비트 값은 오른쪽 첫 비트만 1이고 나머지 모든 비트는 0이기 때문이다. 그리고 (정수 >> n-1)은 정수의 오른쪽 n 번째 비트를 가장 오른쪽으로 이동시키는 연산이므로, 비트 연산식 ((정수 >> n-1) & 1)의 결과값은 결국 정수의 오른쪽 n 번째 비트 값이다.

그러므로 다음은 정수 13의 오른쪽 첫 번째 비트 값을 출력하는 문장이다.

```
  0000 1101 == 13
& 0000 0001 ==  1
-----------------
  0000 0001 ==  1
```

마지막 오른쪽 첫 비트 값이 1이면 결과는 1이고 0이면 결과는 0이 된다.

```c
printf("%d", 13 & 1);    //오른쪽 첫 비트 값 출력
```

그림 7-7 정수 13의 오른쪽 첫 비트(LSB) 출력

따라서 비트 AND 연산자 &를 사용하면 정수의 32비트 모두를 알 수 있으며, 효율성은 떨어지지만 32번의 printf() 출력으로 정수의 내부 비트 값을 표현할 수 있다. 만일 정수의 오른쪽 8비트만

알고 싶다면 다음과 같이 printf()를 8번 반복하면 된다. 이러한 반복에서 모든 문장이 동일하지는 않지만 일정한 규칙을 가지고 조금씩 바뀌는 것을 알 수 있다.

```
printf("%d", 13 >> 7 & 1);    //오른쪽 8번째 비트 값 출력
...
printf("%d", 13 >> 1 & 1);
printf("%d", 13 >> 0 & 1);    //오른쪽 첫 비트 값 출력
```

그림 7-8 정수 13의 오른쪽 8개의 비트 모두 출력

실습예제 7-2 Prj02 02bitpos.c 정수 오른쪽 8개의 비트 출력 난이도: ★★

```
01 #include <stdio.h>
02
03 int main(void)
04 {
05     int num = 13;
06     printf("정수 %d의 오른쪽 8비트 내부 값:\n", num);
07
08     printf("%d", (num >> 7) & 1);    //오른쪽 8번째 비트 값 출력
09     printf("%d", num >> 6 & 1);      //오른쪽 7번째 비트 값 출력
10     printf("%d", num >> 5 & 1);
11     printf("%d ", num >> 4 & 1);
12     printf("%d", num >> 3 & 1);
13     printf("%d", num >> 2 & 1);
14     printf("%d", num >> 1 & 1);
15     printf("%d\n", num >> 0 & 1);    //오른쪽 첫 비트 값 출력
16
17     return 0;
18 }
```

위 출력 값 바로 오른쪽에 7번째 비트 값 0 또는 1을 그대로 출력, 연산식 num >> 6 & 1은 (num >> 6) & 1과 동일

8번 줄에서 15번 줄까지 일정한 규칙을 가지는 문장을 간단히 처리할 방법이 필요

결과

```
정수 13의 오른쪽 8비트 내부 값:
0000 1101
```

중간점검

01 C 언어에서 지원하는 반복 구문은 무엇인가?

02 정수 37의 오른쪽 5번째 비트를 출력하는 문장은 무엇인가?

while 문장

while 문 구조와 제어 흐름

while 문은 단순한 숫자의 반복이 아니라 반복할 때마다 조건을 따지는 반복문이다. 주의할 것은 조건식이 반복몸체 앞에 있다는 것이다. 즉, 단순한 반복이 아니라 조건식을 만족할 때 반복이 실행된다는 것이다. 아래의 그림을 보면 **문장 while (cond) stmt;는 반복 조건인 cond를 평가하여 0이 아니면(참) 반복몸체인 stmt**[1]**를 실행하고 다시 반복 조건 cond를 평가하여 while 문 종료 시까지 반복**한다.

- 이 반복은 cond가 0(거짓)이 될 때 계속된다.
- **반복이 실행되는 stmt를 반복몸체(repetition body)라 부르며, 필요하면 블록으로 구성**될 수 있다.
- while 문은 for나 do while 반복 구문보다 간단하며 모든 반복 기능을 수행할 수 있다.

반복문 while의 제어 흐름을 살펴보면 다음과 같다.

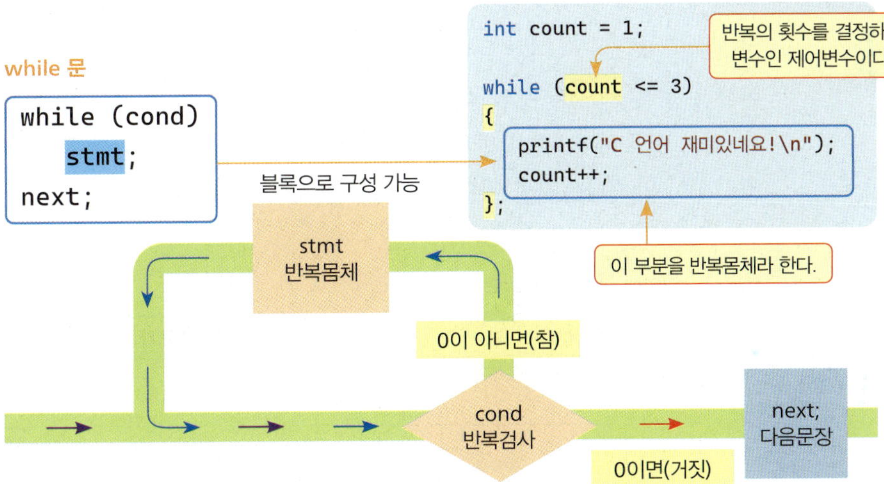

그림 7-9 반복 while 문과 제어흐름

자 그럼, 반복 개요에서 살펴본 동일한 printf() 출력이 3번 반복되는 작업을 while 문으로 구현해 보자. 가장 먼저 반복횟수를 제어하는 변수가 하나 필요한데, 이를 count라 하고 초기값으로 1을 저장하자. 반복구문에서 이와 같이 **반복횟수를 제어하는 변수를 제어 변수**라 한다. 조건식 (count <=3)으로 while의 조건을 구성하고 반복몸체를 위한 블록으로 출력문 printf("C 언어 재미있네요!\n");와 count++;를 삽입한다. **조건식 (count <=3)에서 상수 3은 최대 반복횟수를 지정하는 상수**인 셈이다. **반복몸체에서 제어 변수 count 횟수만큼 반복을 위해 count를 1 증가시키는 count++ 문장이 반드시 필요**하다.

[1] cond는 조건식 condition을 나타내고, stmt는 문장인 statement를 표현한다.

```c
printf("C 언어 재미있네요!\n");
printf("C 언어 재미있네요!\n");
printf("C 언어 재미있네요!\n");
```

```c
int count = 1;

while (count <= 3)
{
   printf("C 언어 재미있네요!\n");
   count++;
};
```

그림 7-10 동일 출력문 3개를 위한 while

위 while 문의 실행과정을 찬찬히 살펴보면 다음과 같다. 처음 반복에서는 count 변수가 1이고 while (1 <= 3) 이 만족하므로 반복몸체가 실행된다. 이때 count++에 의해 제어 변수 count가 2가 되고 다시 2회의 반복 구문을 시작하게 되며, 같은 과정으로 2회와 3회의 반복이 실행된다. 3회의 반복에서 conut는 4가 되고, 다시 while (4 <= 3)를 실행하는데 조건식이 0(거짓)이 되므로 반복몸체는 실행되지 못하고 while 문은 종료된다. 그러므로 반복몸체인 printf("C 언어 재미있네요!\n") 문은 3번 실행된다. 그러나 **조건식 (count <= 3)은 4번 실행되며, 제어 변수 count는 4**이다.

반복을 처음 배우는 경우, 아래와 같이 반복 횟수에 따른 제어 변수의 값과 조건식의 결과를 살피는 것이 필요하며, 특히 반복의 초기 상황과 반복이 종료되는 1~2회 이전의 상황을 잘 파악하여 조건식이 만족되는지를 정확히 파악하는 것이 중요하다.

표 7-1 while 문의 실행 과정

반복횟수	변수 count 값	조건식	조건식 평가	반복몸체
1	1	conut <= 3 1 <= 3	while (1)	printf("C 언어 재미있네요!\n"); count++;
2	2	conut <= 3 2 <= 3	while (1)	printf("C 언어 재미있네요!\n"); count++;
3	3	conut <= 3 3 <= 3	while (1)	printf("C 언어 재미있네요!\n"); count++;
4	4	conut <= 3 4 <= 3	while (0) while 종료	실행되지 못함

TIP while에서의 무한 반복과 주의 사항

다음 프로그램에서 반복몸체에 만일 count++ 문장이 없다면, count는 항상 1이므로 조건식 (count <= 3)의 결과값은 항상 1(참)이 되므로 반복이 무한히 계속된다. 이렇게 무한히 반복되면 다음 그림과 같이 출력이 계속되는데, 이러한 상황을 **무한 반복(indefinite loop)**이라 한다. 이런 경우 콘솔 창을 닫거나, **Ctrl + C로 무한 반복을 종료**할 수 있다.

```c
int count = 1;
while (count <= 3)
{
   printf("C 언어 재미있네요!\n");
   //count++;
}
```

```
Microsoft Visual Studio 디버그 콘솔
C 언어 재미있네요!
C 언어 재미있네요!
C 언어 재미있네요!

D:₩C code₩ch07₩x64₩Debug₩Prj06.exe(34696 프로세스)이(가) -1073741510 코드로 인해 종료되었습니다.
```

그림 7-11 무한 반복을 종료하는 Ctrl + C

또한 초보자가 간혹 실수하는 것이 반복 while (조건); 처럼 조건 괄호 이후에 바로 세미콜론을 쓰는 경우다. 반복 while 조건 이후에 바로 세미콜론이 오면 문법 오류는 발생하지 않고 반복몸체가 없는 while 문으로 계속 조건만을 검사하는 반복이 되고, 이 경우 조건이 계속 참이되 출력도 없는 무한 반복이 계속 실행되므로 주의가 필요하다. 위와 같이 **Ctrl + C로 무한 반복을 종료**할 수 있다.

실습예제 7-3 | Prj03 | 03whilebasic.c | 특정 문자열을 여러 번 반복해 출력 | 난이도: ★

```c
#include <stdio.h>

int main(void)
{
    int count = 1;

    while (count <= 3)
    {
        printf("반복, 재미있네요!\n");
        count++;
    };
    printf("\n제어 변수 count => %d\n", count);

    return 0;
}
```

- while 반복몸체가 두 문장이므로 반드시 블록이 필요하며, 실수로 블록이 빠지면 논리 오류가 발생하여 무한 반복이 발생한다.
- 반복몸체로 제어변수 count를 1 증가시키는데, 결괏값이 연산에 참여하지 않으므로 ++count도 가능하고, 결국 count += 1도 가능
- while 문이 종료된 이후의 count 값은 3이 아니라 4라는 사실에 주의, 그러므로 출력 값은 4

결과

```
반복, 재미있네요!
반복, 재미있네요!
반복, 재미있네요!

제어 변수 count => 4
```

TIP while에서 여러 문장으로 구성되는 반복몸체

다음 부분 소스는 문법 오류는 없으나 의도와는 다르게 논리 오류가 발생하여 무한 반복이 실행된다. 다음 소스에서 while의 반복몸체는 printf() 하나이며, 변수 count는 계속 1이므로 반복이 무한히 계속된다. 다만 count++ 문장의 들여쓰기를 while의 반복몸체로 하였으나 블록이 없어 반복몸체가 아니므로 하단부의 소스와 동일하다. 이러한 문제는 printf()와 count++를 하나의 블록으로 묶어 while의 반복몸체로 처리하면 해결된다.

논리 오류로 무한 반복 발생

```
int count = 1;
while (count <= 3)
    printf("C 언어 재미있네요!\n");
count++;
```

==

논리 오류로 무한 반복 발생

```
int count = 1;
while (count <= 3)
    printf("C 언어 재미있네요!\n");
    count++;
```

블록 처리로 원하는 구문 처리

```
int count = 1;
while (count <= 3)
{
    printf("C 언어 재미있네요!\n");
    count++;
}
```

그림 7-12 while 블록의 중요성

이제 while 문을 이용하여 표준입력으로 받은 실수를 계속 더하는 프로그램을 작성해 보자. 물론 무한히 더할 수는 없고 표준입력 값이 0.0이면 이전까지의 합을 출력한다. 표준입력으로 받은 실수를 변수 number에 저장한 다음 while 구문으로 표준입력 값이 0.0이 아니면 계속 입력 값을 더하며, 0.0이면 while 문장이 종료된다.

```
while (number != 0.0)
{
    printf("실수 입력 >> ");
    scanf("%lf", &number);
    sum += number;
}
```

변수 number가 0이면 반복이 종료되는 조건

그림 7-13 표준입력으로 받은 실수가 0이 아니면 계속 더하는 while 문장

실습예제 7-4 Prj04 04whilesum.c while 반복으로 표준입력 실수를 모두 더하기 난이도: ★

```
#define _CRT_SECURE_NO_WARNINGS
#include <stdio.h>

int main()
{
    double number = 1, sum = 0;
    while (number != 0.0)
    {
        printf("실수 입력 >> ");
        scanf("%lf", &number);
        sum += number;
```

초기 값은 1이지만 첫 while 조건을 통과하면서 새 표준입력으로 값이 대입됨

표준입력 값이 0이면 while 문을 종료

표준입력 값이 저장된 number를 계속 더하기

```
    }

    printf("합 = %.2f\n", sum);

    return 0;
}
```

결과

```
실수 입력 >> 5.9
실수 입력 >> -3.4
실수 입력 >> 5
실수 입력 >> 0
합 = 7.50
```

중간점검

01 다음 while 문은 컴파일 오류는 발생하지 않으나 문제가 발생한다. 잘못된 것을 찾아 수정하시오.

```
while (3 >= 1);
   printf("%s\n", "Hello World!\n");
```

02 다음 부분 소스에서 왼쪽과 오른쪽의 출력 값을 기술하시오.

```
int n = 1;
while (n < 10)
   printf("%d ", n++)
```

```
int n = 1;
while (n < 10)
   printf("%d ", ++n)
```

LAB 놀이 공원에서 키가 130 센티미터 이하인 정원 채우기

반복 while 문을 사용하여 키가 130센티미터 이하인 어린이 정원을 채우는 프로그램을 작성해보자. 정원은 매크로 상수 MAX로 정하고 표준입력으로 어린이의 키를 입력 받아 조건에 만족하면 입장할 수 있는 정원의 수를 하나씩 증가시킨다. 정해진 정원이 모두 차면 정원을 출력하고 프로그램을 종료한다.

- 다음은 MAX를 4로 구현한 입력과 출력이다.

```
키 입력 >> 119.3
키 입력 >> 136.2
키 입력 >> 129
키 입력 >> 128
키 입력 >> 120
정원 4명 완료!
```

조건인 130보다 크므로 입장을 불허하며 정원 수에 포함되지 않는다.

Lab 7-1 lab1max.c 난이도: ★

```c
01 #define _CRT_SECURE_NO_WARNINGS
02 #include <stdio.h>
03 #define MAX 4
04
05 int main()
06 {
07     int num = 0;
08     double height = 0;
09     while (          )
10     {
11         printf("키 입력 >> ");
12         scanf("%lf", &height);
13         if (height <= 130)
14             [     ];
15     }
16
17     printf("정원 %d명 완료!\n", num);
18
19     return 0;
20 }
```

정원을 매크로 상수로 정의

정답

```c
09     while (num < MAX)
14             num++;
```

7.2 do while 문과 for 문

do while 문

do while 문 구조와 제어흐름

while 문은 반복 전에 반복 조건을 평가한다. 이와 다르게 **do while 문은 반복몸체 수행 후에 반복 조건을 검사한다.** 그러므로 do while 문은 반복 조건을 나중에 검사해야 하는 반복에 적합하다. **문장 do stmt; while (cond);는 가장 먼저 stmt를 실행한 이후 반복조건인 cond를 평가하여 0이 아니면(참) 다시 반복몸체인 stmt;를 실행하고, 0이면(거짓) do while 문을 종료**한다.

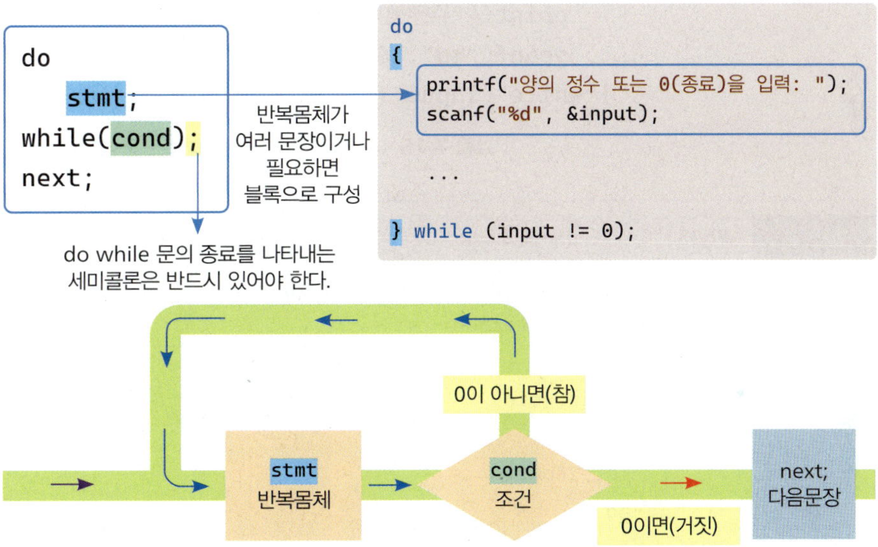

그림 7-14 반복 do while 문의 제어 흐름

특히 **반복 횟수가 정해지지 않고 입력 받은 자료 값에 따라 반복 수행의 여부를 결정하는 구문에 유용**하다. **반복몸체에 특별히 분기 구문이 없는 경우, do while의 몸체는 적어도 한 번은 실행되는 특징이 있다.** 코딩 시 주의할 것은 do {…} while;과 같이 **while 이후의 세미콜론은 반드시 필요**하다는 것이다. 다음은 do while 문의 구문과 제어 흐름을 나타낸다.

센티널 값 검사에 유용

표준입력으로 받은 정수가 양수 또는 음수이면 계속 입력을 반복하고, 입력한 수가 0이면 프로그램이 종료되는 프로그램을 작성해 보자. 이 프로그램은 **입력 후에 반복 검사를 진행하는 처리 과정으로 do while 문으로 구현이 적합**하다. 즉 이와 같은 프로그램은 반복횟수를 미리 알 수 없으며 특수한 자료 값에 따라 반복이 종료될 수 있다. 이와 같이 **반복의 종료를 알리는 특정한 자료 값을 센티널 값(sentinel value)**이라 한다. 즉 미리 센티널 값을 정한 후 프로그램에서 표준입력되는 자료 값이 센티널 값과 같으면 반복을 종료하는 것이다. 센티널 값은 가능한 한 처리를 하는 자료 값과 다르게 잘 발생하지 않는 값으로 정하는 것이 좋다. 특히 **do while 반복문은 이러한 센티널 값 검사에 유용하게 사용**된다.

반복 do while 문도 반복몸체가 여러 문장이면 다음과 같이 블록을 구성하며, 표준입력을 위한 프롬프트(prompt)인 메시지를 먼저 출력하고, 이어 표준입력을 위한 scanf()로 변수 input에 입력 값을 저장한다. while의 조건식으로 (input != 0)을 사용하여 입력 값이 0이 아니면 계속 반복하여 입력을 받도록 한다. 입력 값 input이 0이면 반복을 종료한다. 조건식 (input != 0)은 0이 아니어야 참이므로 간단히 (input)과 같다. 처음에는 (input != 0)이 익숙할지 모르나 (input)이 간편하다.

```
do
{
    printf("[0]종료 [1]아메리카노 [2]카페라떼 [3]카푸치노 \n");
    printf("주문할 커피 또는 종료(0)를 입력 >> ");
    scanf("%d", &input);
} while (input != 0); //while (input);
```

그림 7-15 프롬프트와 표준입력으로 구성된 do while 몸체

실습예제 7-5 | Prj05 | 05dowhile.c | 메뉴 주문 반복 | 난이도: ★

```
01 #define _CRT_SECURE_NO_WARNINGS
02 #include <stdio.h>
03
04 int main(void)
05 {
06     int input;
07     do
08     {
09         printf("[0]종료 [1]아메리카노 [2]카페라떼 [3]카푸치노 \n");
10         printf("주문할 커피 또는 종료(0)를 입력 >> ");
11         scanf("%d", &input);
12     } while (input != 0); //while (input);
13
14     return 0;
15 }
```

조건식 (input != 0)을 사용하므로 0이 아니어야 9번 줄로 이동하여 반복하며, 0이면 반복을 종료하고, 조건식 (input != 0)는 (input)과 같음

결과

```
[0]종료 [1]아메리카노 [2]카페라떼 [3]카푸치노
주문할 커피 또는 종료(0)를 입력 >> 2
[0]종료 [1]아메리카노 [2]카페라떼 [3]카푸치노
주문할 커피 또는 종료(0)를 입력 >> 3
[0]종료 [1]아메리카노 [2]카페라떼 [3]카푸치노
주문할 커피 또는 종료(0)를 입력 >> 0
```

중간점검

01 다음 부분 do while 소스에서 왼쪽과 오른쪽의 출력 값을 기술하시오.

```
int n = 1;
do
{
} while (n++ <= 5);
printf("%d\n", n);
```

```
int n = 1;
do
{
} while (++n <= 5);
printf("%d\n", n);
```

02 센티널 값의 의미는 무엇인가?

for 문

for 문 구조와 제어 흐름

지금까지 살펴 본 while과 do while 구문은 단순하게 조건식에 따라 반복을 구현한다면 for 반복문은 반복에 대한 제어변수의 초기화와 증감을 일정한 영역에서 코딩하도록 지원한다. **반복문 for (init; cond; inc) stmt;에서 init에서는 주로 초기화(initialization)가 이루어지며, cond에서는 반복 조건을 검사하고, inc에서는 주로 반복을 결정하는 제어 변수의 증감(increment)을 수행**한다. 반복문 for의 구문 구조와 제어 흐름을 살펴보면 다음과 같다.

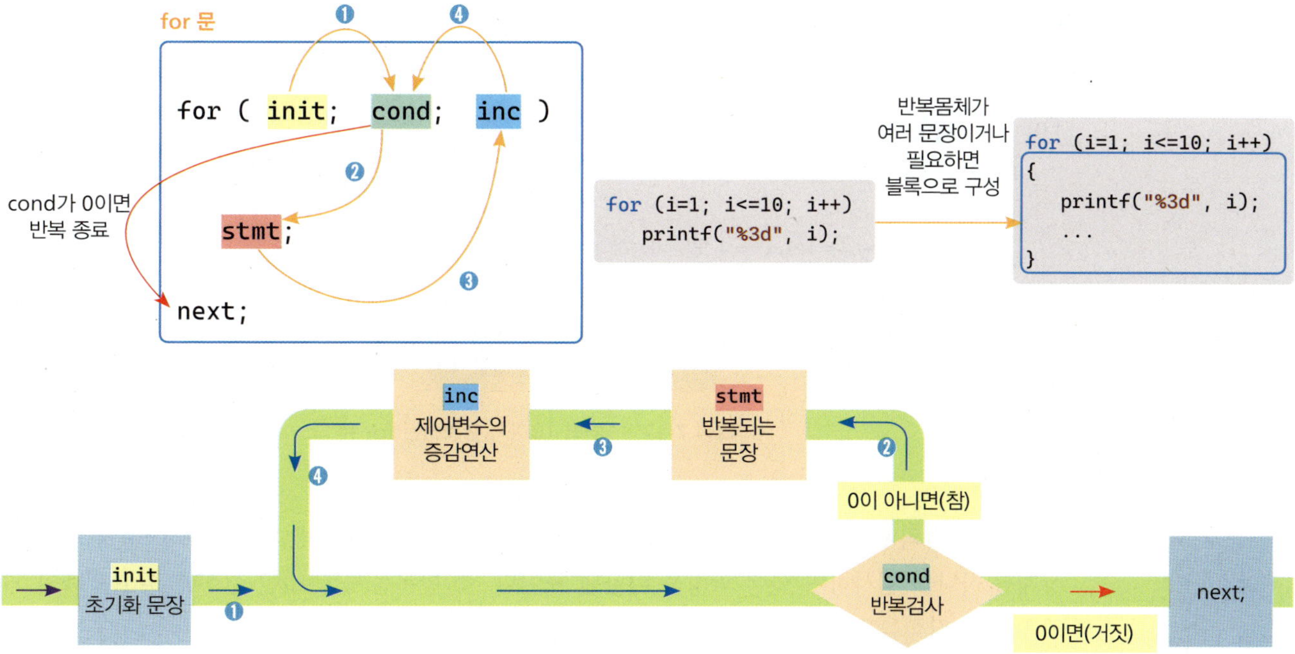

그림 7-16 반복 for 문의 제어흐름

for(; ;)의 괄호 내부에서 세미콜론으로 구분되는 항목은 모두 생략될 수 있다. 그러나 **2개의 세미콜론은 반드시 필요**하다. **반복조건 cond를 아예 제거하면 반복은 무한히 계속**된다. 반복할 문장인 반복몸체 stmt가 여러 개라면 반드시 블록으로 묶어야 한다.

문장 for (i=1; i<=10; i++) printf("%3d", i);은 1부터 10까지 출력하는 for 문으로, for 문의 실행 순서를 자세히 살펴보면 다음과 같다.

❶ 초기화를 위한 init를 실행한다. 이 init는 단 한번만 수행된다.

❷ 반복 조건 검사 cond를 평가해 0이 아닌 결과값(참)이면 반복문의 몸체에 해당하는 문장 stmt를 실행한다. 그러나 조건 검사 cond가 결과값이 0(거짓)이면 for 문을 종료하고 다음 문장 next를 실행한다.

❸ 반복몸체인 stmt를 실행한 후 증감 연산 inc를 실행한다.

❹ 다시 반복 조건인 cond를 검사하여 반복한다.

다음 그림의 부분 소스는 for 문을 이용하여 1에서 10까지 출력하는 프로그램이다. 반복 횟수를 제어하는 제어 변수 i를 1로 초기화하고 조건 검사 i<=10를 이용하여 변수 i를 출력한다. **변수 i와 같이 반복의 횟수를 제어하는 변수를 제어 변수**라 한다.

처음에는 대부분 for 문이 익숙하지 않다. 이런 경우, 다음 그림과 같이 제어 변수 i의 초기 값인 변수 i가 1일 때 반복 조건을 통과하여 출력 값은 1이되고, 이후 i가 2, 3인 경우도 각각 2, 3이 출력된다는 것을 검사한 후, 중간을 간단히 예측한 후 마지막 부분으로 이동하여 i가 9일 때 9를 출력, 10일 때도 10을 출력하고, 다음 11일 때는 조건식이 거짓이므로 for 문이 종료된다는 방법으로 for 문을 평가하도록 한다.

다음 그림에서 보듯이 다음 for 문은 오른쪽의 while 문과 같은 기능을 수행한다.

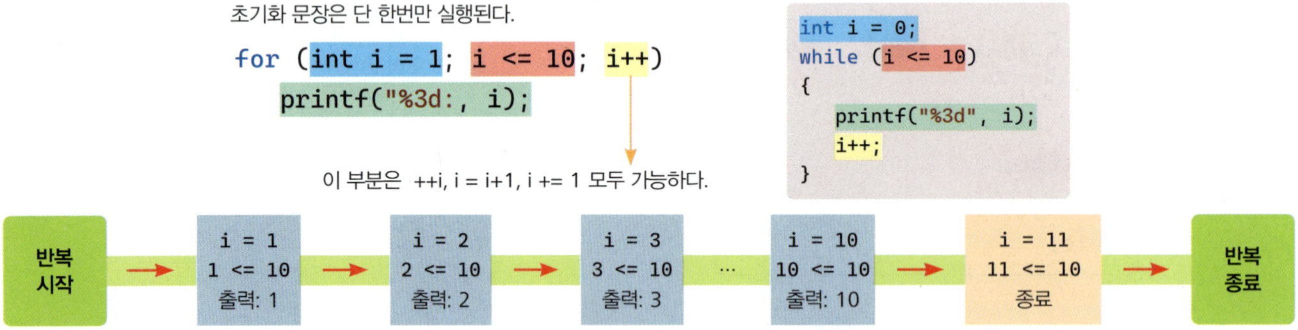

그림 7-17 1부터 10까지 출력하는 for 문

다음 표는 위의 for 문 소스에서 실행순서인 초기화, 조건식, 반복몸체, 증감으로 나누어 그 내부 상태를 하나씩 검사하여 실행 과정을 나타낸 표이다. 즉 반복몸체를 10번 실행한 후 i는 11이 되고 다시 조건식을 검사한 후 0(거짓)이 되어 반복을 종료한다.

표 7-2 반복문의 실행 순서

반복횟수	⓪ 초기화	① 조건식			② 반복몸체		③ 증감 연산이후
	int i = 1;	i	i < = 10	결과	`printf("%3d", i);`	출력	i++ 이후 i 값
1	int i = 1;	1	1 < = 10	1(참)	`printf("%3d", i);`	1	2
2	X	2	2 < = 10	1(참)	`printf("%3d", i);`	2	3
...					...		
9	X	9	2 < = 10	1(참)	`printf("%3d", i);`	9	10
10	X	10	10 < = 10	1(참)	`printf("%3d", i);`	10	11
11	X	11	11 < = 10	0(거짓)	실행 못함		

다음은 for 문을 이용한 첫 예제로, 제어 변수 i를 사용해 1에서 5까지 출력하고 for 문 종료 이후에 제어 변수 i를 출력하는 프로그램이다.

실습예제 7-6 Prj06 06forbasic.c for 구문으로 일정 횟수 반복 난이도: ★

```c
01 #include <stdio.h>
02 #define MAX 5
03
04 int main(void)
05 {
06     int i;
07     for (i = 1; i <= MAX; i++)
08         printf("반복 %d\n", i);
09
10     printf("\nfor 종료 이후 i => %d\n", i);
11
12     return 0;
13 }
```

조건식 i <= MAX는 전처리 수행 후, MAX가 5로 대체되어 i <= 5 가 되며, i가 5보다 큰 6인 경우 조건식이 거짓이 되어 반복을 종료

증감의 i++ 는 반복몸체인 8번 줄의 문장이 실행된 이후 실행

결과

```
반복 1
반복 2
반복 3
반복 4
반복 5

for 종료 이후 i => 6
```

다양한 for 문

다음은 반복의 필요성에서 살펴본 10도씩 증가하는 3개의 섭씨 온도 celsius를 화씨 온도로 출력하는 기능의 for 문 소스이다. 다음 for 문에서 사용하는 변수는 제어 변수 i와 섭씨 온도인 celsius 2개이다. 다음 for 문의 특징은 초기화에서 제어 변수를 선언하고 초기 값을 저장한 것과 증감에 2개의 문장이 콤마로 나열되어 있다는 것이다. 초기화에서 선언된 제어 변수 i는 for 문에서만

사용할 수 있는 변수[2]이다. 증감에서는 제어 변수인 i를 증가시키는 i++와 섭씨 온도를 10 증가시키는 celsius += 10이다. 아래의 소스가 반복의 필요성에서 구현해 본 반복 구문을 사용하지 않은 부분 소스이다.

10도씩 증가하는 3개의 섭씨온도를 화씨온도로 변환하여 출력하는 소스

```
printf("%8.2lf %8.2lf\n", celsius, 9.0 / 5 * celsius + 32);
celsius += 10;
printf("%8.2lf %8.2lf\n", celsius, 9.0 / 5 * celsius + 32);
celsius += 10;
printf("%8.2lf %8.2lf\n", celsius, 9.0 / 5 * celsius + 32);
celsius += 10;
```

for 문 내부에서만 사용할 변수로 i를 선언

```
for (int i = 1; i <= 3; i++, celsius += 10)
{
   printf("%8.2lf %8.2lf\n", celsius, 9.0 / 5 * celsius + 32);
}
```

필요한 여러 문장을 콤마로 구분하여 기술 가능

그림 7-18 여러 개의 섭씨 온도를 화씨 온도로 변환

다음 예제는 섭씨와 화씨 온도를 출력할 반복 횟수는 매크로 상수 MAX로 정의하고, 섭씨 온도의 증가 값은 매크로 상수 INCREMENT로 정의하여, 섭씨 온도 celsius를 12.46으로 시작하여 3개의 화씨 온도를 각각 출력하는 for 문이다.

실습예제 7-7 Prj07 07forcel2far3.c for 문으로 3개의 섭씨 온도를 화씨 온도로 변환 난이도: ★

```
#include <stdio.h>
#define MAX 3
#define INCREMENT 10

int main(void)
{
   double celsius = 12.46;

   printf("  섭씨(C)   화씨(F)\n");
   for (int i = 1; i <= MAX; i++, celsius += INCREMENT)
   {
      printf("%8.2f %8.2f\n", celsius, 9.0 / 5 * celsius + 32);
   }

   return 0;
}
```

매크로 상수 3을 정의, MAX는 반복 횟수 값으로 지정

for 문 초기화는 int i=1과 같이 변수 선언과 초기화도 가능, 변수 i는 for 문 내부에서만 사용 가능한 변수

이 부분은 여러 문장을 콤마로 나열이 가능하며, 제어변수도 1 증가시키고, 섭씨 온도도 증가분인 INCREMENT(10)만큼 증가시킴

결과

```
섭씨(C)   화씨(F)
12.46     54.43
22.46     72.43
32.46     90.43
```

2 일정 지역에서 사용할 수 있는 변수를 지역변수(local variable)라고 한다.

TIP 반복 조건에서의 주의

반복 조건에서 등호나 부등호의 ==나 != 또는 대입연산자 =의 사용은 주의를 필요로 한다. 비교연산자 ==와 !=에서 피연산자로 실수는 가급적 사용하지 않도록 하자. 예를 한 가지 들자면, 다음과 같이 0.0에서 0.1씩 증가시켜 1.0까지 10회를 반복하고자 하는 경우, 반복 조건을 d != 1.0으로 하면 실수 연산의 오차로 인해 조건식 d != 1.0이 항상 참인 결과로 반복이 무한히 계속될 수 있다. 다음의 왼쪽 소스는 무한히 반복되나 오른쪽과 같이 d <= 1.0으로 조건을 검사하면 0, 0.1, 0.2, …, 1.0까지 출력된다.

```
for (double d = 0.0; d != 1.0; d += 0.1)
   printf("%f ", d);
```

```
for (double d = 0.0 d <= 1.0: d += 0.1)
   printf("%f ", d);
```

그림 7-19 실수의 연산에서 != 또는 ==의 문제

또한 대입연산자 =과 등호 연산 ==도 서로 혼동되지 않도록 유의하자. 다음 왼쪽 소스는 1 2 3 4 5가 출력되나 오른쪽 소스는 대입연산자인 =으로 잘못 사용하여 출력되는 것이 하나도 없다.

```
int i = 1;
while (!(i == 6))
{
   printf("%d ", i++);
}
```

```
int i = 1;
while (!(i = 6))
{
   printf("%d ", i++);
}
```

그림 7-20 ==를 =로 잘못 사용

다음은 반복의 필요성에서 살펴본 비트 AND 연산자 &를 사용하여 정수의 오른쪽 8비트를 출력하는 for 문이다. 반복 구문을 사용하지 않으면 원래 8개의 출력문이 필요하지만 for 문을 사용하면 다음과 같이 간단히 두 줄로 나타낼 수 있다. 여기에서는 제어 변수 i가 7에서 시작하여 1씩 감소해야 하므로, 증감에 i--로 1씩 감소하도록 하며, 조건식도 i >= 0으로 7에서 6, 4, 3, 2, 1, 0까지 연산값이 참으로 반복몸체를 실행하고 -1이 되면 거짓으로 for 문을 종료한다. 그러므로 정수의 8비트가 출력된다.

```
for (int i = 7; i >= 0; i--)
   printf("%d", 13 >> i & 1);
```

```
printf("%d", 13 >> 7 & 1); //오른쪽 8번째 비트값 출력
printf("%d", 13 >> 6 & 1);
...
printf("%d", 13 >> 2 & 1);
printf("%d", 13 >> 1 & 1);
printf("%d\n", 13 >> 0 & 1); //오른쪽 첫 비트값 출력
```

그림 7-21 정수의 8비트를 출력하는 for 문

이제 int형 정수의 32비트 모두를 출력하는 프로그램을 작성해 보자.

- 출력할 비트의 수를 TOTAL_BIT 매크로 상수로 정의

실습예제 7-8	Prj08	08forintbit.c	정수의 32비트 이진수 출력	난이도: ★

```c
#include <stdio.h>
#define TOTAL_BIT 32

int main(void)
{
    int num = 13;
    printf("%d의 %d비트 내부 값:\n", num, TOTAL_BIT);

    for (int i = TOTAL_BIT - 1; i >= 0; i--)
        printf("%d", num >> i & 1);
    printf("\n");

    return 0;
}
```

for 문 초기화로 변수 i는 31로 시작함(상수 TOTAL_BIT는 전처리 수행 후 32로 대체되므로)

반복몸체인 printf()에서 각 비트를 출력, 첫 출력은 num >> 31 & 1 로 최상위 비트를 출력하며, 다음은 num >> 30 & 1 으로 진행되며, 마지막은 num >> 0 & 1으로 최하위 비트를 출력

결과

```
정수 13의 32비트 내부 값:
00000000000000000000000000001101
```

중간점검

01 다음 for 문 구조에서 init, cond, inc, stmt 각각의 기능과 실행순서를 설명하시오.

```c
for (init; cond; inc)
    stmt;
```

02 다음 부분 for 소스에서 출력 값을 기술하시오.

```c
for (int i = 1; i <= 5; i++)
    printf("%3d", i);
```

for 문 활용

for 문의 합 구하기

for 문을 이용하여 1에서 10까지 합을 구하는 모듈을 작성해 보자. 이미 배웠듯이 제어 변수 i를 이용하여 1부터 10까지 순회하는 방법을 이용하자. **순회하는 제어 변수 i 값을 계속 합하여 변수 sum에 누적**시킨다. 초기화 부분에서 제어 변수 i와 합을 저장하는 변수 sum의 초기 값 지정이 필요하다. 즉 i를 1로 설정하고, sum을 0으로 초기화하는 문장을 **for (i=1, sum=0; i<10; i++)와 같이 초기화 부분에 콤마 연산자를 이용하여 나열**할 수 있다.

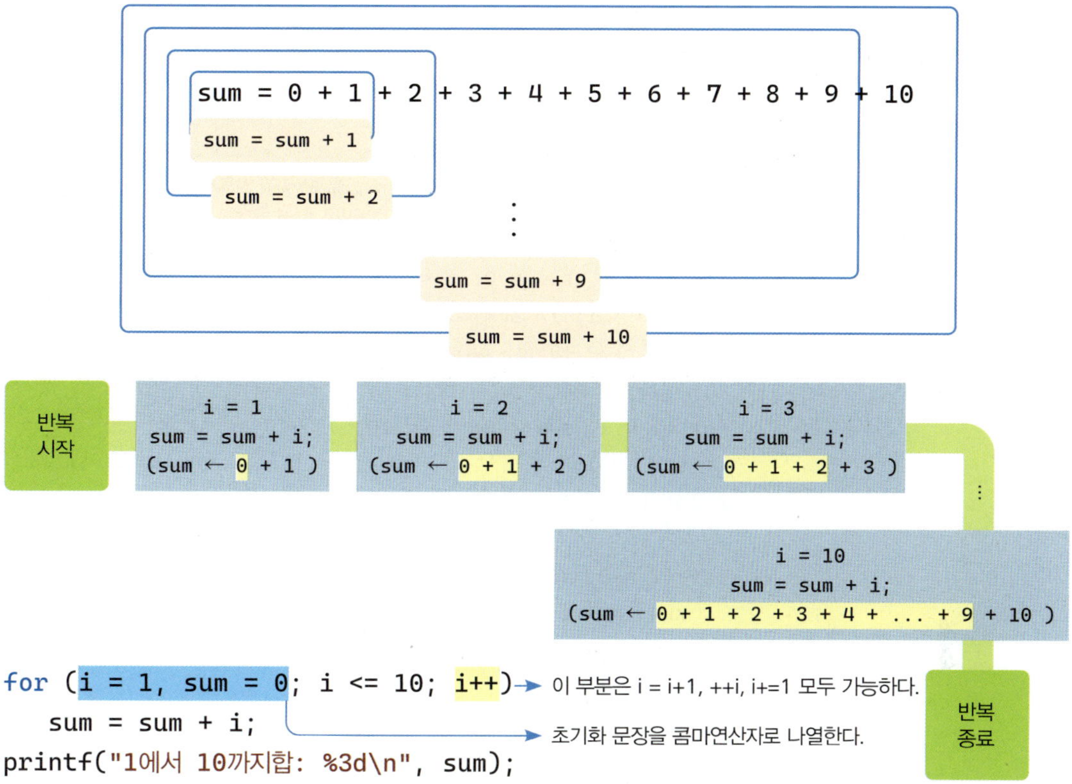

그림 7-22 1부터 10까지 합을 구하는 for 문

반복몸체의 문장 sum = sum + i; 는 축약대입연산자 +=를 이용하여 sum += i로 가능하다. 만일 sum += i++로 증가연산자를 이용한다면 for 문의 증감 부분은 생략될 수 있다. 그러나 sum += ++i로 증가연산자를 이용한다면 제어 변수 i를 0에서 9까지 반복해야 1에서 10까지 합을 구할 수 있다. 또한 반복몸체에 있던 문장 sum += i++를 for () 내부의 증감 부분으로 이동한 후, for 문 바로 뒤에 반복문을 종료하는 세미콜론 넣으면 같은 결과를 얻을 수 있다.

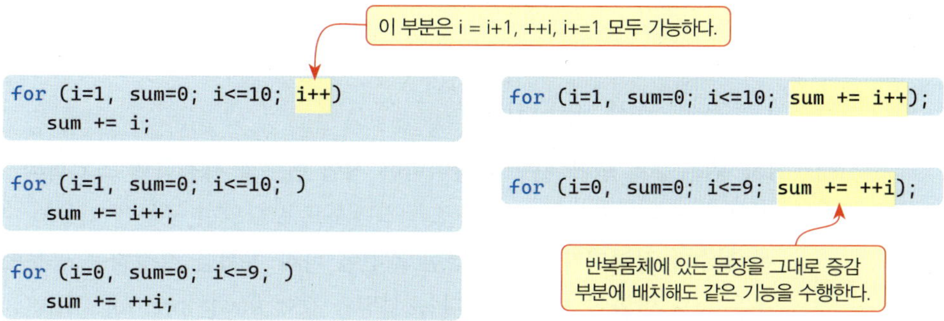

그림 7-23 1부터 10까지 합을 구하는 다양한 for 문

실습예제 7-9 | Prj09 | 09forsum.c | 1에서 10까지의 합을 구하는 다양한 for 구문 | 난이도: ★

```c
#include <stdio.h>

int main(void)
{
    int i, sum;
    for (i = 1, sum = 0; i <= 10; i++) //++i도 가능
        sum += i; // sum = sum + i;
    printf("1 ~ 10 합: %d\n", sum);

    for (i = 1, sum = 0; i <= 10; )
        sum += i++;
    printf("1 ~ 10 합: %d\n", sum);

    for (i = 0, sum = 0; i <= 9; )
        sum += ++i;
    printf("1 ~ 10 합: %d\n", sum);

    for (i = 1, sum = 0; i <= 10; sum += i++);  //반복몸체가 없는 for 문
    printf("1 ~ 10 합: %d\n", sum);
    for (i = 0, sum = 0; i <= 9; sum += ++i);   //반복몸체가 없는 for 문
    printf("1 ~ 10 합: %d\n", sum);

    return 0;
}
```

반복몸체인 sum += i는 들여쓰기가 반드시 필요하며, sum = sum + i의 축약

증감부분이 비어 있어도, 앞에 세미콜론은 반드시 필요

덧셈에 참여하는 값은 반복 조건을 통과한 값보다 1이 큰 정수이다.

for 문의 반복몸체는 따로 없으므로, 뒤에 for 문을 종료하는 세미콜론 ;이 반드시 필요하다.

결과

```
1 ~ 10 합: 55
1 ~ 10 합: 55
1 ~ 10 합: 55
1 ~ 10 합: 55
1 ~ 10 합: 55
```

for 문과 while 문의 비교

for 문은 주로 반복 횟수를 제어하는 제어 변수를 사용하며 초기화와 증감 부분이 있는 반복문에 적합하다. while 문은 문장 구조가 간단하므로 다양한 구문에 이용될 수 있다. 특히 **while 문은 반복 횟수가 정해지지 않고 특정한 조건에 따라 반복을 결정하는 구문에 적합**하다. for 문과 while 문은 서로 변환이 가능하다. 다음 설명과 같이 for 문 pre; for (A;B;C) body;는 pre; A; while(B) {body; C;}로 변환이 가능하다. 간단한 예로 1에서 n까지 합을 구하는 모듈도 다음과 같이 간단히 서로 변환이 가능하다.

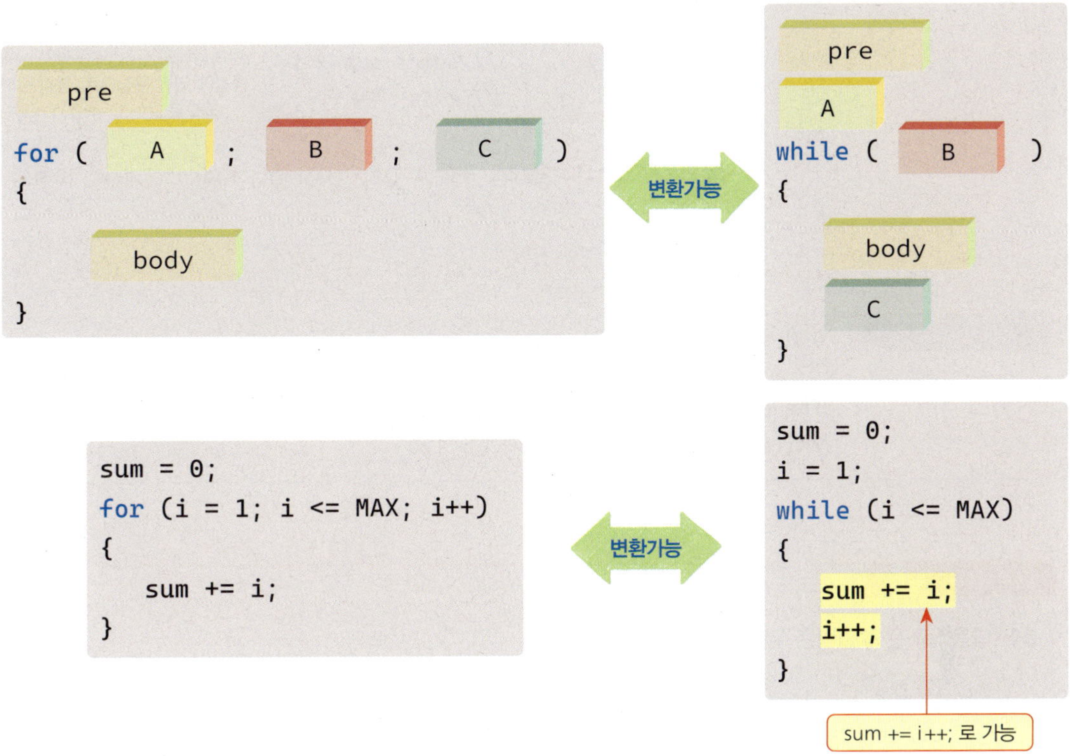

그림 7-24 반복문 for와 while 간의 변환

다음은 1에서부터 표준입력으로 받은 양의 정수까지의 합을 for와 while로 각각 구한 프로그램이다.

실습예제 7-10	Prj10	10inputsum.c	1에서부터 표준입력한 양수까지의 합을 구하는 for와 while	난이도: ★

```
#define _CRT_SECURE_NO_WARNINGS
#include <stdio.h>

int main(void)
{
   int i, sum, max;
   printf("양의 정수 입력 >> ");
   scanf("%d", &max);

   for (i = 1, sum = 0; i <= max; i++)    //++i도 가능
      sum += i; // sum = sum + i;
   printf("\nfor 문으로 구한 1에서 %d까지 합: %3d\n", max, sum);

   i = 1, sum = 0;
   while (i <= max)
```

조건식 i <= max로, 증감은 i++로, 증감은 1만 증가 시키면 되므로, ++i, i += 1, i = i + 1 도 가능

```
    {
        sum += i;       // sum = sum + i;
        i++;            // ++i도 가능
    }
    printf("while 문으로 구한 1에서 %d까지 합: %3d\n", max, sum);

    return 0;
}
```

반복몸체의 두 번째 문장인 i++는 for 문에서 증감에 있던 문장으로, 증감은 1만 증가시키면 되므로, ++i, i += 1, i = i + 1 도 가능

결과

```
양의 정수 입력 >> 15

for 문으로 구한 1에서 15까지 합: 120
while 문으로 구한 1에서 15까지 합: 120
```

중간점검

01 다음 for 문의 출력은 무엇인가?

```
for (int i = 1; i < 15; i *= 2)
    printf("%d ", i);
```

02 다음 for 문의 출력은 무엇인가?

```
for (int i = 10; i >= 1; i /= 2)
    printf("%d ", i);
```

LAB 백 단위 정수의 세 개의 각 자릿수 출력

반복 do while 문을 사용하여 백 단위의 양의 정수를 입력 받아 각각 100단위, 10단위, 1단위 값을 출력하는 프로그램을 작성해보자.

- 정수는 100에서 999 사이의 정수를 입력하며, 나누기 연산자 /와 나머지 연산자 %를 잘 활용하여 다음과 같이 출력
- 정수의 나누기 연산자 /의 결과는 정수 몫으로, 853 / 100은 8이며 이를 출력
- 정수의 나머지 연산자 %의 결과는 나머지 값으로, 853 % 100은 53이며 이 값을 계속 다음에 사용

```
양의 정수[100~999] 입력 : 853
100단위 출력: 8
10단위 출력: 5
1단위 출력: 3
```

Lab 7-2 lab2digit.c 난이도: ★

```
01 #define _CRT_SECURE_NO_WARNINGS
02 #include <stdio.h>
03 
04 int main(void)
05 {
06    int input = 0, result = 0, digit = 0;
07    int devider = 100;
08 
09    printf("양의 정수[100~999] 입력 : ");
10    scanf("%d", &input);
11    result = input;
12    do
13    {
14       digit = ____________;
15       result %= devider;
16       printf("%3d단위 출력: %d\n", devider, digit);
17       ____________;
18    } while (devider >= 1);
19 
20    return 0;
21 }
```

정답

```
14       digit = result / devider;
17       devider /= 10;
```

7.3 분기문

분기문은 정해진 부분으로 바로 실행을 이동(jump)하는 기능을 수행한다. C가 지원하는 분기문으로는 break, continue, goto, return 문이 있다. 특정 구문의 실행을 종료하는 break는 반복이나 switch 문에서 사용되며, continue 문은 반복에서 사용되어 다음 반복으로 이동하여 실행된다. 특정 레이블이 있는 위치로 실행을 이동하는 goto 문은 어디에서나 사용이 가능하다. 자신이 속한 함수의 실행을 종료하는 return 문은 함수에서 알아보도록 하자.

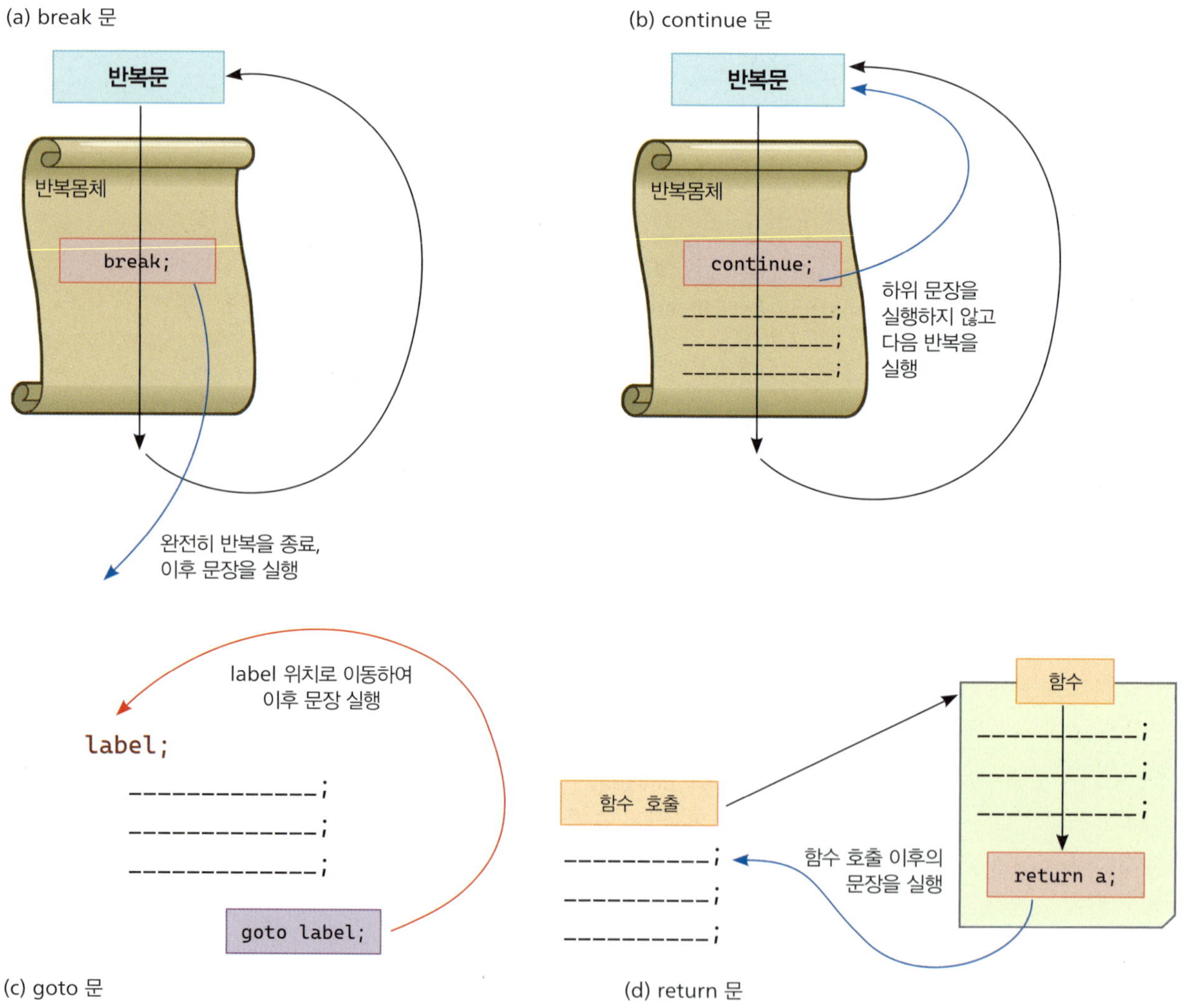

그림 7-25 여러 분기문의 개념

break와 continue 문

반복의 중단 break

반복 내부에서 반복을 종료하려면 break 문장을 사용한다. 만일 반복이 중첩되어 있다면 break를 포함하는 가장 근접한 내부 반복을 종료하고 반복문 다음 문장을 실행한다. switch에서 보았듯이 break는 반복의 종료뿐만 아니라 switch 문의 종료에도 이용된다.

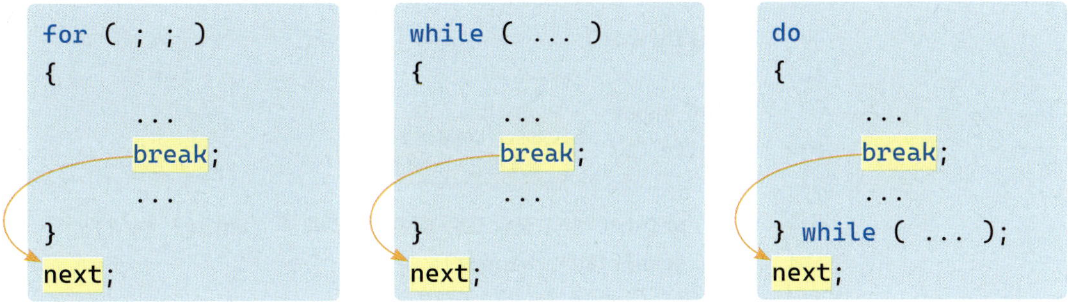

그림 7-26 반복 내부에서의 break

중첩된 반복에서의 break는 자신이 속한 가장 근접한 반복에서 반복을 종료한다. 즉 다음 그림에서 내부 for 문의 ❶ break는 for 반복을 종료하며, 외부 while에서의 ❷ break는 while 반복을 종료하고 그 다음 문장을 실행한다.

그림 7-27 중첩된 반복의 break

다음 예제는 무한 반복인 while(1)으로 정수를 입력 받아 출력하는데, 0이 입력되면 break로

while 문을 빠져 나와 프로그램이 종료된다. while(1)과 같이 조건식을 항상 참인 연산식으로 지정하면 무한 반복이 실행되며, break 문으로 반복을 빠져 나오도록 한다.

실습예제 7-11 Prj11 11break.c 반복된 정수의 16진수 변환과 break로 종료 난이도: ★

```c
#define _CRT_SECURE_NO_WARNINGS
#include <stdio.h>

int main(void)
{
    int input;
    while (1)
    {
        printf("양의 정수 또는 0[종료] 입력 후 [Enter] >> ");
        scanf("%d", &input);
        if (input == 0)
            break;
        printf("입력한 정수 %d: 16진수 %#x\n", input, input);
    }
    puts("종료");

    return 0;
}
```

while (1) 에서 조건식 1이 항상 참이므로 무한반복

결과

```
양의 정수 또는 0[종료] 입력 후 [Enter] >> 15
입력한 정수 15: 16진수 0xf
양의 정수 또는 0[종료] 입력 후 [Enter] >> 16
입력한 정수 16: 16진수 0x10
양의 정수 또는 0[종료] 입력 후 [Enter] >> 0
종료
```

반복의 계속 continue

continue 문은 continue 문이 위치한 이후의 반복몸체의 나머지 부분을 실행하지 않고 다음 반복을 계속 유지하는 문장이다. 3개의 각기 다른 반복문에서 continue 문으로 이동되는 위치가 다른데, **반복 while과 do while 반복 내부에서 continue를 만나면 조건 검사로 이동하여 실행**한다. **반복 for 문에서 continue 문을 만나면 증감 부분으로 이동하여 다음 반복 실행을 계속**한다.

- 다시 한번 정리하면 while 문은 앞쪽 조건문으로, do while 문은 뒤쪽 조건문으로, for 문은 증감부분으로 이동한다.
- 또한 다시 기억해야 할 것은 다음 그림과 같이 continue **이후의 문장은 실행되지 않고 뛰어 넘어간다**는 것이다.

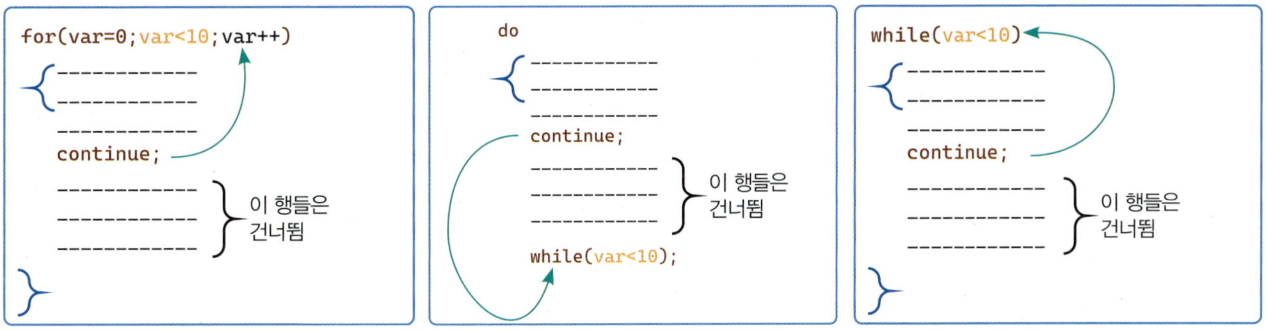

그림 7-28 다양한 continue 문 이후의 실행 순서

중첩된 반복에서 continue는 자신이 속한 가장 근접한 반복에서 다음 반복을 실행한다. 즉 다음 그림에서 내부 for 문에서 ❶ continue는 inc 증감 부분으로 이동하여 반복하며, 외부 while에서의 ❷ continue는 하부 for 문을 뛰어 넘어 반복 조건 cond1으로 이동하여 반복한다.

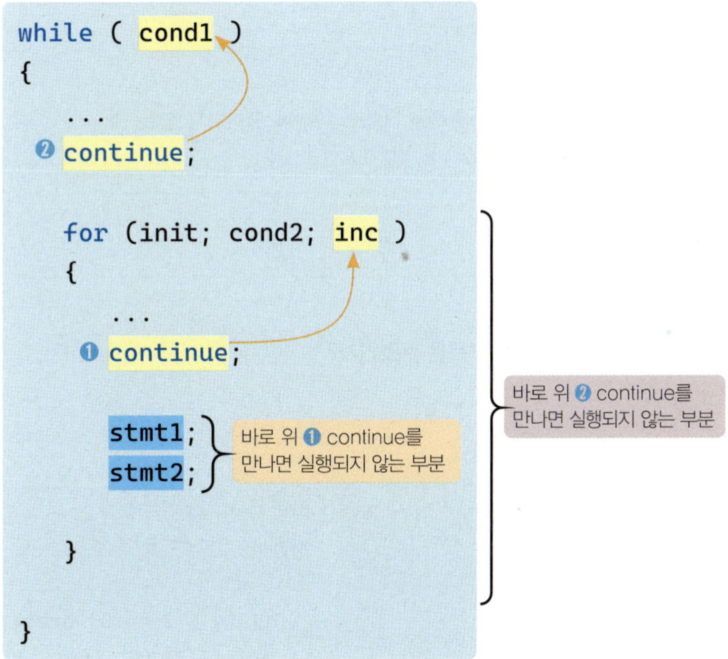

그림 7-29 중첩된 반복에서의 continue

다음 예제는 continue 문을 이용하여 1에서 15까지 정수 중에서 3으로 나누어 떨어지지 않는 수를 출력하는 프로그램이다.

실습예제 7-12 Prj12 12continue.c 3으로 나누어지지 않는 정수 출력 난이도: ★

```c
#include <stdio.h>

int main(void)
{
    const int MAX = 15;

    printf("1에서 %d까지 정수 중에서 3으로 나누어 떨어지지 않는 수\n", MAX);
    for (int i = 1; i <= MAX; i++)
    {
        if (i % 3 == 0) // (!(i % 3))
            continue;
        printf("%3d", i);
    }
    puts("");

    return 0;
}
```

continue를 만나면 실행되지 않고 다음 반복을 위해 i++로 이동

조건식 (i % 3 == 0)은 3으로 나누어 떨어지면 참, 떨어지지 않으면 거짓으로, (!(i % 3))으로도 가능

continue를 만나지 않으면 이 출력문이 실행

결과

```
1에서 15까지 정수 중에서 3으로 나누어 떨어지지 않는 수
  1  2  4  5  7  8 10 11 13 14
```

중간점검

01 반복문 내부에서 반복문을 종료하는 구문은 무엇인가?

02 다음 두 소스의 출력 값을 기술하시오.

```c
for (int i = 1; i <= 5; i++)
{
   if (i % 3) continue;
   printf("%d", i);
}
```

```c
int j = 1;
while (j <= 5)
{
   if (j % 2 == 0) break;
   printf("%d", j++);
}
```

goto와 무한 반복

goto 문

goto 문은 레이블(label)이 위치한 다음 문장으로 실행 순서를 이동하는 문장이다. 레이블은 식별자와 콜론(:)을 이용하여 지정한다. goto 문을 적절히 이용하면 반복문처럼 이용할 수 있으나 goto 문은 프로그램을 흐름을 어렵고 복잡하게 만들 수 있으므로 사용하지 않는 것이 바람직하다. 다음 예제는 goto 문을 이용해 1에서 10까지 출력하는 프로그램이다.

실습예제 7-13 Prj13 13goto.c goto를 사용해 1에서 10까지의 정수 출력 난이도: ★

```
01  #include <stdio.h>
02
03  int main(void)
04  {
05     int count = 1;
06
07  loop:
08     printf("%3d", count);
09     if (++count <= 10)
10        goto loop;
11
12     printf("\n종료\n");
13
14     return 0;
15  }
```

문장 goto 문은 무조건 label이 있는 곳으로 이동하여 실행

goto 이후에 이동할 레이블을 기술, 변수 count가 11이 되면 if의 조건식이 거짓이 되어 12번 줄로 이동

결과

```
1  2  3  4  5  6  7  8  9 10
종료
```

무한 반복

반복문에서 무한히 반복이 계속되는 것을 무한 반복이라 한다. 개발자가 의도하지 않은 무한 반복은 프로그램이 종료되지 않는 결과가 발생한다. 이런 경우 ctrl+C를 누르면 프로그램이 종료된다. 그러나 의도적으로 무한 반복을 만들려면 반복 조건에 1(0이 아닌 값)을 써 준다. **while과 do while은 반복 조건이 아예 없으면 오류가 발생하니 주의하도록 하자.** 그러나 for 문에서는 for (init ; ; inc)와 같이 반복 조건에 아무것도 없으면 오류 없이 무한 반복이 실행된다.

무한반복

```
for ( ; ; )
{
    ...
}
```

무한반복

```
for ( ; 1 ; )
{
    ...
}
```

무한반복

```
while ( 1 )
{
    ...
}
```

무한반복

```
do
{
    ...
} while ( 1 )
```

오류

```
while (  )
{
    ...
}
```

오류

```
do
{
    ...
} while (  )
```

그림 7-30 반복문의 무한 반복

다음은 양의 정수를 입력하면 입력된 정수와 함께 8진수와 16진수 형태를 출력하고 다시 다음 입력을 받아 출력이 반복되며, 0 또는 음수인 0 이하의 정수를 입력하면 종료되는 프로그램이다.

실습예제 7-14 | Prj14 | 14octhex.c | 반복된 정수의 8진수와 16진수 변환과 break로 종료 | 난이도: ★

```
#define _CRT_SECURE_NO_WARNINGS
#include <stdio.h>

int main(void)
{
    int input;
    do
    {
        printf("양의 정수 또는 음수나 0[종료] 입력 후 [Enter] >> ");
        scanf("%d", &input);
        if (input <= 0)
            break;
        printf("정수 %d: 8진수 %#o  16진수 %#x\n", input, input, input);
    } while (1);

    return 0;
}
```

break는 while 문을 종료

조건식에 1이나 참을 의미하는 값을 넣으면 무한 반복

결과

```
양의 정수 또는 음수나 0[종료] 입력 후 [Enter] >> 8
정수 8: 8진수 010  16진수 0x8
양의 정수 또는 음수나 0[종료] 입력 후 [Enter] >> 16
정수 16: 8진수 020  16진수 0x10
양의 정수 또는 음수나 0[종료] 입력 후 [Enter] >> -1
```

LAB 양의 정수의 소수 여부를 판단해 출력

반복 for 문 내부에서 분기문 continue 문을 사용하여 표준입력된 정수가 소수(prime number)인지를 출력하는 프로그램을 작성해보자.

- 소수는 2부터 자기 자신 이전의 정수로 나누어지지 않는 수이다.
- 반복 for 문으로 2부터 자기 자신 이전의 정수로 나누어 떨어지면 break로 for 문을 빠져 나와 나눈 수가 자기 자신이면 소수이다.
- 입력과 출력은 다음과 같이 수행한다.

```
2 이상 양의 정수 입력 >> 17
17 소수이다.
```

Lab 7-3 lab3primebreak.c 난이도: ★

```
01 #define _CRT_SECURE_NO_WARNINGS
02 #include <stdio.h>
03
04 int main()
05 {
06    int num, j;
07    printf("2 이상 양의 정수 입력 >> ");
08    scanf("%d", &num);
09
10    for (j = 2; j < num; j++)
11       if (____________)
12          break;
13
14    if (_________)
15       printf("%d 소수이다.\n", num);
16    else
17       printf("%d 소수가 아니다.\n", num);
18
19    return 0;
20 }
```

정답

```
11       if (num % j == 0)
14    if (j == num)
```

7.4 중첩된 반복문

중첩된 for 문

외부 반복과 내부 반복

반복 내부에 반복이 또 있는 구문을 중첩된 반복(nested loop)이라 한다. 다음 왼쪽은 for 내부에 다시 for로 구구단을 구현한 중첩 반복이다. 다음 오른쪽도 for 내부에 다시 while로 구현한 구구단이다.

```c
int m, n;

for (m = 2; m <= 9; m++)
{
   for (n = 1; n <= 9; n++)
      printf("%d * %d = %d ", m, n, m * n);
   puts("");
}
```

```c
for (m = 2; m <= 9; m++)
{
   n = 1;
   while (n <= 9)
   {
      printf("%d * %d = %d ", m, n, m * n);
      n++;
   }
   puts("");
}
```

그림 7-31 중첩된 반복

다음 그림은 for 문 내부에 for 문이 있는 중첩된 반복문의 설명이다. 외부 for 문의 제어 변수는 m이며, 내부 for 문의 제어 변수는 n이다. 외부 반복에서 m은 1에서 4까지 반복한다. m 값이 1인 경우, 다시 내부 반복에서 n이 1에서 3까지 반복된다. 마찬가지로 m 값이 2인 경우도 n은 1에서 3까지 반복된다. 즉 m의 모든 값에서 n은 1에서 3까지 동일한 반복을 실행한다.

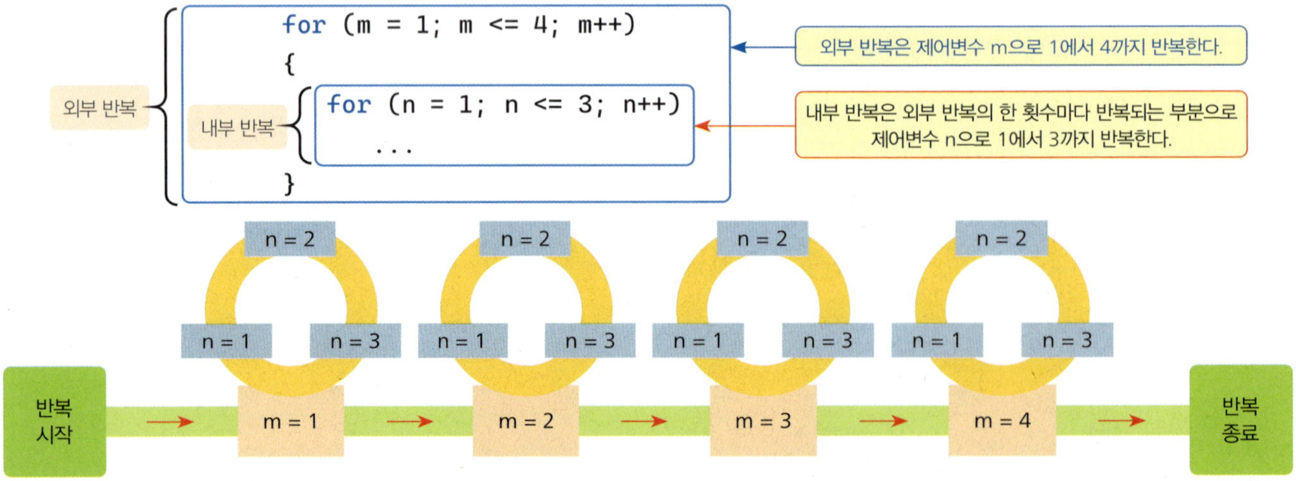

그림 7-32 중첩된 for 문에서 제어 변수의 변화(외부 반복 제어 변수: m, 내부 반복 제어 변수: n)

다음은 외부 반복에서 1에서 5까지, 내부 반복에서 1에서 7까지 반복하면서 각각의 변수 값을 출력하는 예제 프로그램이다. 내부 반복에서 출력되는 변수 n은 1에서 7까지 한 행에 출력되도록 구현하였다.

실습예제 7-15 | Prj15 | 15nestedloop.c | 내부 반복과 외부 반복에서 각각의 변수 값의 변화를 이해 | 난이도: ★

```c
#include <stdio.h>

int main(void)
{
    int m, n;
    for (m = 1; m <= 5; m++)
    {
        printf("m = %-2d\n", m);
        for (n = 1; n <= 7; n++)
            printf("n = %-3d", n);
        puts("");
    }

    return 0;
}
```

외부 반복의 for 문으로 1에서 5까지 반복

내부 반복의 for 문으로 1에서 7까지 반복

결과

```
m = 1
n = 1  n = 2  n = 3  n = 4  n = 5  n = 6  n = 7
m = 2
n = 1  n = 2  n = 3  n = 4  n = 5  n = 6  n = 7
m = 3
n = 1  n = 2  n = 3  n = 4  n = 5  n = 6  n = 7
m = 4
n = 1  n = 2  n = 3  n = 4  n = 5  n = 6  n = 7
m = 5
n = 1  n = 2  n = 3  n = 4  n = 5  n = 6  n = 7
```

내부 반복이 외부 반복에 의존

다음 소스는 *을 삼각형 모양으로 출력하는 소스이다. 소스를 살펴보면 **외부 반복에서 변수 i는 1에서 5까지 반복**한다. **내부 반복에서 제어 변수 j는 1에서 외부 반복의 제어 변수 i까지 반복**하도록 한다. 즉 변수 i가 1이면 내부 반복은 1회만 실행하여 *를 출력한다. 다음 변수 i가 2이면 내부 반복은 1에서 2까지 2번 실행하면서 *을 출력하므로 결과는 동일한 행에 **이 출력된다. 마지막으로 변수 i가 5이면 내부 반복은 1에서 5까지 5번 실행하면서 동일한 행에 *****을 출력한다.

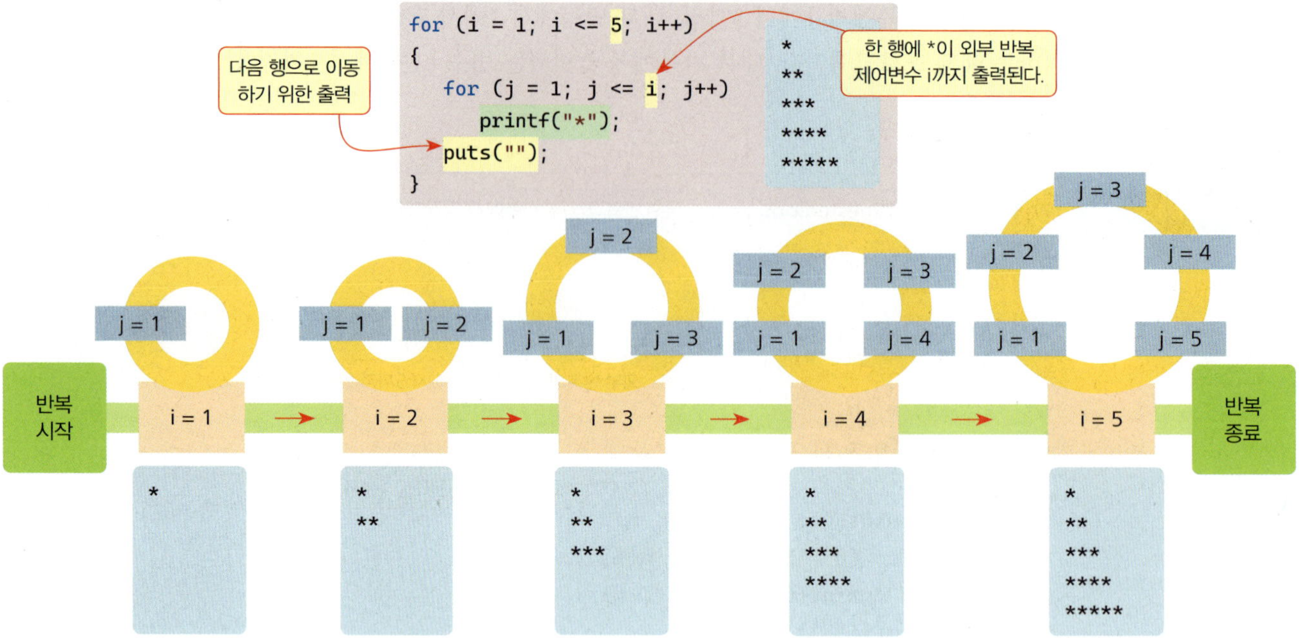

그림 7-33 중첩된 for 문에서의 변수의 변화(외부 반복 변수: i, 내부 반복 변수: j)

실습예제 7-16 Prj16 16triangle.c 별을 삼각형 모양으로 출력 난이도: ★★

```c
#include <stdio.h>

int main(void)
{
   const int MAX = 5;
   int i, j;

   for (i = 1; i <= MAX; i++)
   {
      for (j = 1; j <= i; j++)
         printf("*");
      puts("");
   }

   return 0;
}
```

내부 반복의 for 문으로 1에서 i(외부 반복의 제어변수)까지 반복, i는 반복에 따라 1에서 5까지 변화

결과

```
*
**
***
****
*****
```

다중 중첩 반복

삼중 중첩 반복

다음 모듈의 외부 반복은 1에서 입력 값 input까지 제어 변수 i로 반복한다. 내부 반복은 제어 변수 j를 사용하여 1에서 i까지 반복한다. 변수 sum은 1에서 i까지 합을 저장한다. 출력되는 콘솔 한 행에 1에서 j까지 합을 1+2+⋯+j = sum으로 출력한다. 이를 위하여 조건 연산자 j == i ? printf(" = ") : printf(" + ")를 이용한다. 즉 출력 값이 중간이면 +를 출력하고 마지막이면 =를 출력하고 내부 for 반복을 종료한 후, 바로 그 때까지의 합인 sum을 출력한다. 그러므로 한 행에 1 + 2 + 3 + 4 + 5 = 15 형태의 출력이 가능하다.

```
for (i = 1; i <= input; i++) {
   for (j = 1, sum = 0; j <= i; j++)
   {
      printf("%d", j);
      j == i ? printf(" = ") : printf(" + ");
      sum += j;
   }
   printf("%d\n", sum);
}
```

```
양의 정수 또는 0(종료)을 입력: 5
1 = 1
1 + 2 = 3
1 + 2 + 3 = 6
1 + 2 + 3 + 4 = 10
1 + 2 + 3 + 4 + 5 = 15
```

그림 7-34 1에서 n까지 합에서 모든 과정이 보이도록 하는 모듈

다음 예제는 양의 정수를 입력 받아 합을 출력하고, 0 또는 음수를 입력할 때까지 계속 수행하는 프로그램이다. 위와 같이 합의 출력은 그 과정이 모두 보이도록 하며, 센티널 값인 0 또는 음수를 입력하면 프로그램이 종료된다. 입력을 계속할 수 있도록 외부에 while (1) { ⋯ }의 무한 반복을 수행하도록 한다.

실습예제 7-17 | Prj17 | 17loopsum.c | 1에서 입력된 정수까지의 합 구하기 | 난이도: ★★

```c
#define _CRT_SECURE_NO_WARNINGS
#include <stdio.h>

int main(void)
{
   int input, sum, i, j;
   do
   {
      printf("양의 정수 또는 0(종료)을 입력: ");
      scanf("%d", &input);

      for (i = 1; i <= input; i++)
      {
```

```c
            for (j = 1, sum = 0; j <= i; j++)
            {
                printf("%d", j);
                j == i ? printf(" = ") : printf(" + ");
                sum += j;
            }
            printf("%d\n", sum);
        }
    } while (input > 0);

    puts("종료합니다.");

    return 0;
}
```

연산식 (j == i)는 j가 마지막이면 참, 반복의 중간이면 거짓임. 중간이면 j 값을 한 줄에 출력한 이후에 + 연산자 출력, 마지막이면 = 를 출력

입력 정수가 양수이면 반복하여 계속 실행하고, 0이나 음수이면 종료

결과

```
양의 정수 또는 0(종료)을 입력: 7
1 = 1
1 + 2 = 3
1 + 2 + 3 = 6
1 + 2 + 3 + 4 = 10
1 + 2 + 3 + 4 + 5 = 15
1 + 2 + 3 + 4 + 5 + 6 = 21
1 + 2 + 3 + 4 + 5 + 6 + 7 = 28
양의 정수 또는 0(종료)을 입력: 3
1 = 1
1 + 2 = 3
1 + 2 + 3 = 6
양의 정수 또는 0(종료)을 입력: 0
종료합니다.
```

중간점검

01 다음 프로그램의 결과를 기술하시오.

```c
for (int i = 1; i <= 5; i++)
{
    for (int j = 5; j >= i; j--)
        printf("%d", j);
    puts("");
}
```

02 다음 프로그램의 결과를 기술하시오.

```
for (int i = 1; i <= 10; i += 2)
{
   for (int j = 1; j <= i; j++)
      printf("*");
   puts("");
}
```

LAB

구구단 출력

중첩된 반복 for 문을 사용하여 2단부터 9단까지의 구구단을 출력하는 프로그램을 작성해보자.

- 다음과 같이 출력

```
=== 구구단 출력 ===
  2단 출력
2*2 = 4 2*3 = 6 2*4 = 8 2*5 = 10 2*6 = 12 2*7 = 14 2*8 = 16 2*9 = 18
  3단 출력
3*2 = 6 3*3 = 9 3*4 = 12 3*5 = 15 3*6 = 18 3*7 = 21 3*8 = 24 3*9 = 27
  4단 출력
4*2 = 8 4*3 = 12 4*4 = 16 4*5 = 20 4*6 = 24 4*7 = 28 4*8 = 32 4*9 = 36
  5단 출력
5*2 = 10 5*3 = 15 5*4 = 20 5*5 = 25 5*6 = 30 5*7 = 35 5*8 = 40 5*9 = 45
  6단 출력
6*2 = 12 6*3 = 18 6*4 = 24 6*5 = 30 6*6 = 36 6*7 = 42 6*8 = 48 6*9 = 54
  7단 출력
7*2 = 14 7*3 = 21 7*4 = 28 7*5 = 35 7*6 = 42 7*7 = 49 7*8 = 56 7*9 = 63
  8단 출력
8*2 = 16 8*3 = 24 8*4 = 32 8*5 = 40 8*6 = 48 8*7 = 56 8*8 = 64 8*9 = 72
  9단 출력
9*2 = 18 9*3 = 27 9*4 = 36 9*5 = 45 9*6 = 54 9*7 = 63 9*8 = 72 9*9 = 81
```

Lab 7-4 lab4mtable.c 난이도: ★

```
01 #include <stdio.h>
02 #define MAX 9
03
04 int main(void)
05 {
06     for (int i = 2; i <= MAX; i++)
07     {
08         printf("%5d단 출력\n", i);
09         for (int j = 2; j <= MAX; j++)
10             printf(                              );
11         printf(       );
12     }
13
14     return 0;
15 }
```

정답

```
10             printf("%d*%d = %2d ", i, j, i * j);
11         printf("\n");
```

내용점검 연습

01 다음에서 서술 내용이 맞으면 ○, 틀리면 × 하시오.

❶ C가 지원하는 분기문으로는 break, continue, goto, return 문이 있다. (　)

❷ 반복문 for (init; cond; inc) stmt;에서 cond에서는 주로 초기화(initialization)가 이루어진다. (　)

❸ for (; ;)의 괄호 내부에서 세미콜론으로 구분되는 항목은 모두 생략할 수 있다. (　)

❹ 반복몸체에 특별히 분기 구문이 없는 경우, do while 의 몸체는 적어도 한 번은 실행되는 특징이 있다. (　)

❺ while ( ) 또는 do while ( )과 같이 반복조건 부분이 아예 없으면 무한반복을 실행한다. (　)

02 다음에서 비어있는 부분을 적당히 채우시오.

❶ C 언어는 3 개의 반복문 (　　　　,　　　　,　　　　)를 지원한다.

❷ 초기화와 반복조건, 그리고 증감 연산의 세 부분으로 나누어 일정한 횟수의 반복에 적합한 구문은 (　) 구문이다.

❸ for 문 pre; for (A;B;C) body;는 pre; A; while(B) { (　　　　) }로 변환이 가능하다.

❹ 반복 내부에서 반복을 종료하려면 (　　　) 문장을 사용한다.

❺ 반복의 종료를 알리는 특정한 자료 값을 (　　　　)이라 한다.

❻ (　　　　) 문은 이 문장이 위치한 이후의 반목몸체의 나머지 부분을 실행하지 않고 다음 반복을 계속 유지하는 문장이다.

❼ 반복문 while과 do while 반복 내부에서 continue를 만나면 (　　　　)로 이동하여 실행한다.

03 다음 각각의 문제에서 가장 적절한 것을 하나 선택하시오.

❶ 다음 중에서 C 언어가 지원하는 분기문이 아닌 것은 무엇인가? (　)

가) if　　　나) return

다) switch　　　라) break

❷ 다음 중에서 무한반복이 발생하지 않는 소스는 무엇인가? (　)

가) for (; ;) { }　　　나) while (1) { }

다) do { } while (1);　　　라) for (1) { }

❸ 다음 중에서 결과값이 다른 하나는 무엇인가? (   )

가) for (i=1; i<=10; i++) printf("%d ", i);

나) for (i=1; i<=10; ++i) printf("%d ", i);

다) for (i=1; i<=10;) printf("%d ", ++i);

라) for (i=1; i<=10;) printf("%d ", i++);

❹ 다음 부분 소스에 대한 설명으로 잘못된 것은 무엇인가? (   )

```
int count = 1;
while (count <= 3)
{
   count++;
}
```

가) count를 제어 변수라 한다.

나) while 다음의 조건은 반드시 괄호가 필요하다.

다) 반복몸체를 위한 블록은 반드시 필요하다.

라) count++는 ++count도 가능하다.

❺ 다음 부분 소스의 출력 값은 무엇인가? (   )

```
int count = 1;
while (count <= 3)
{
  count++;
};
printf("%d\n", count);
```

가) 2

나) 3

다) 4

라) 5

❻ 다음 부분 소스의 출력 값은 무엇인가? (   )

```
int count = 1;
while (count <= 3)
   count++;
   printf("%d ", count);
```

가) 2 3 4

나) 3

다) 4

라) 1 2 3

❼ 다음 for 문 부분 소스에 대한 설명으로 잘못된 것은 무엇인가? (　)

```
for (int i = 1; i <= 10; i++)
  printf("%3d", i);
```

가) 초기화에서 선언된 i는 for 문 내부에서만 사용 가능하다.

나) 반복 조건 연산값이 0이 아니면 i++를 실행한 후 반복몸체를 실행한다.

다) 처음으로 출력되는 값은 1이다.

라) i++는 ++i도 가능하다.

❽ 다음 부분 소스에서 sum에 저장된 값은 무엇인가? (　)

```
for (i = 1, sum = 0; i <= 15; i++)
   sum += i;
```

가) 1에서 15까지의 합　　나) 1에서 14까지의 합

다) 1에서 16까지의 합　　라) 무한반복 발생

❾ 다음 부분 소스에서 출력 값은 무엇인가?(참고로 1에서 10까지의 합은 55) (　)

```
int sum = 0, i = 1;
while (i < 10) {
   i++;
   if (i == 5)
      continue;
   sum += i;
}
printf("%d", sum);
```

가) 55　　나) 54

다) 50　　라) 49

❿ 다음 부분 소스에서 출력 값이 아닌 것은 무엇인가? (　)

```
int a = 15;
while (a < 20)
{
   printf("%d\n", a);
   if (a > 16)
      break;
   a++;
}
```

가) 15　　나) 16

다) 17　　라) 18

04 다음 반복에 대한 부분 소스를 작성하시오.

❶ while 문을 사용하여 2에서 10까지의 짝수를 출력

❷ do while 문을 사용하여 5개의 실수를 입력과 출력

❸ for 문을 사용하여 1부터 10까지의 곱을 출력

❹ for 문을 사용하여 1부터 10까지의 합을 구하다가 합이 20을 넘으면 break를 이용하여 종료

❺ continue 문을 사용하여 1부터 10까지 3 또는 4의 배수가 아닌 수를 출력

05 다음 반복에서 출력 값을 기술하시오.

❶
```
for (i = 1; i <= 10; i++);
    printf("%d\n", i);
```

❷
```
for (i = 1; i <= 10; i += 2);
    printf("%d\n", i);
```

❸
```
for (i = 1; i <= 10; i += 3);
    printf("%d\n", i);
```

❹
```
for (i = 10; i > 5; --i);
    printf("%d\n", i);
```

❺
```
for (i = 2; i <= 10; i++)
    if (i % 5)
        continue;
printf("%d\n", i);
```

06 다음 부분 소스에서 문법 오류 및 논리 오류를 찾아 수정하시오.

❶
```
int i = 1;
do
    i += 2;
while (i < 10)
```

❷
```
int j = 1, sum = 0;
while (j <= 10)
    sum += j++;
do
```

❸
```
while (int m = 10, m >= 5)
    printf("%d ", m++);
```

❹
```
for (int i = 1, sum = 0; i <= 5; i++);
    sum += i;
```

❺
```c
for (double data = 0.1; data != 1.0; data += 0.5)
    printf("%f\n", data);
```

07 다음 부분 소스에서 프로그램 실행 결과를 기술하시오.

❶
```c
for (i=1, sum=0; i<=10;)
    sum += i++;
printf("%d, %d\n", i, sum);
```

❷
```c
for (i=0, sum=0; i<=9; )
    sum += ++i;
printf("%d, %d\n", i, sum);
```

❸
```c
for (i=1, sum=0; i<=10; sum += i++);
printf("%d, %d\n", i, sum);
```

❹
```c
i = 1; sum = 0;
do
{
    sum += i++;
} while (i <= 10);
printf("%d, %d\n", i, sum);
```

❺
```c
i = 1; sum = 0;
while (i <= 10)
    sum += ++i;
printf("%d, %d\n", i, sum);
```

❻
```c
i = 1;
while (i < 3) i += 2;
printf("%d\n", i);
```

❼
```c
i = 1;
do
    i += 2;
while (i < 10);
printf("%d\n", i);
```

08 다음 프로그램의 결과를 기술하시오.

❶
```c
#include <stdio.h>
int main(void)
{
    int i = 5;
    printf("   i    제곱  세제곱\n");
```

```
    printf("---------------------\n");
    while (i <= 10) {
        printf("%4d %5d %7d\n", i, i*i, i*i*i);
        i++;
    }
    return 0;
}
```

❷
```
#include <stdio.h>
int main(void)
{
    int i, count=1;
    for (i=1; i<=20; i++)
    {
        if (i%3)
            continue;
        printf("%3d ", i);
        count++ % 4 ? printf("") : puts("");
    }
    puts("");

    return 0;
}
```

❸
```
#include <stdio.h>
int main(void)
{
    int n = 10, mult, i, j;
    for (i = 1; i <= n; i++) {
        for (j = 1, mult = 1; j <= i; j++)
        {
            printf("%d", j);
            j == i ? printf(" = ") : printf(" * ");
            mult *= j;
        }
        printf("%d\n", mult);
    }
    return 0;
}
```

프로그래밍 연습

01 반복 for 문을 사용해 1에서부터 표준입력으로 받은 양의 정수까지의 합을 출력하는 프로그램을 작성하시오. 난이도: ★

```
Microsoft Visual Studio 디버그 콘솔
양의 정수 입력: 11
1에서 11까지 합: 66
```

02 다음 수식과 내용을 참고로 해당하는 x와 y 값을 출력하는 프로그램을 작성하시오. 난이도: ★

- $y = 3x^3 + 2x^2 + x + 5$, x는 5에서 10사이 0.5씩 증가하도록

```
Microsoft Visual Studio 디버그 콘솔
x = 5.00 y = 435.00
x = 5.50 y = 570.13
x = 6.00 y = 731.00
x = 6.50 y = 919.88
x = 7.00 y = 1139.00
x = 7.50 y = 1390.63
x = 8.00 y = 1677.00
x = 8.50 y = 2000.38
x = 9.00 y = 2363.00
x = 9.50 y = 2767.13
x = 10.00 y = 3215.00
```

03 1에서 100까지의 정수 중에서 2, 3, 5, 7의 배수를 제외한 수를 한 행에 10개씩 출력하는 프로그램을 작성하시오. 난이도: ★

```
Microsoft Visual Studio 디버그 콘솔
  1  11  13  17  19  23  29  31  37  41
 43  47  53  59  61  67  71  73  79  83
 89  97
```

04 다음 식을 참고로 섭씨 온도(C)를 화씨 온도(F)로 변환하는 프로그램을 다음과 같은 출력이 나오도록 작성하시오. 난이도: ★

- $F = (9.0 \div 5.0) \times C + 32$
- 섭씨 온도가 −60부터 140까지 20씩 증가하는데 이 때의 화씨 온도를 구하여 출력하며 온도는 모두 정수 형태로 출력

```
Microsoft Visual Studio 디버그 콘솔
섭씨온도: -60 = 화씨온도: -76
섭씨온도: -40 = 화씨온도: -40
섭씨온도: -20 = 화씨온도:  -4
섭씨온도:   0 = 화씨온도:  32
```

05 표준입력으로 받은 9 이하의 정수로 구구단을 출력하는 프로그램을 작성하시오. 난이도: ★

```
Microsoft Visual Studio 디버그 콘솔
출력할 구구단 2 ~ 9 사이의 정수 입력 >> 8
8*1=8 8*2=16 8*3=24 8*4=32 8*5=40 8*6=48 8*7=56 8*8=64 8*9=72
```

06 표준입력으로 입력한 정수에서 각각의 자리에 해당하는 수를 반대로 출력하는 프로그램을 do while 문을 이용하여 작성하시오. 난이도: ★★

```
Microsoft Visual Studio 디버그 콘솔
정수 입력 >> 97542

 입력한 수를 반대로 출력 >>> 24579
```

07 1부터 n까지의 합 중에서 10000을 넘지 않는 가장 큰 합과 그 때의 n을 구하는 프로그램을 작성하시오. 난이도: ★★

```
Microsoft Visual Studio 디버그 콘솔
1부터 n까지의 합 중에서 10000를 넘지 않는 가장 큰 합은?
1부터 140까지의 합이 9870입니다.
```

08 1부터 n까지의 곱 중에서 10000을 넘지 않는 가장 큰 곱과 그 때의 n을 구하는 프로그램을 작성하시오.

난이도: ★★

```
1부터 n까지의 곱 중에서 10000를 넘지 않는 가장 큰 곱은?
1부터 7까지의 곱이 5040입니다.
```

09 반복적으로 정수를 입력 받아 0이면 종료하고 0이 아니면 32비트의 비트 정보를 모두 출력하는 프로그램을 작성하시오.

난이도: ★★

```
정수 또는 0(종료)을 입력 >> 3
정수 3의 32비트 내부 값:
00000000000000000000000000000011
정수 또는 0(종료)을 입력 >> 5
정수 5의 32비트 내부 값:
00000000000000000000000000000101
정수 또는 0(종료)을 입력 >> 0
정수 0의 32비트 내부 값:
00000000000000000000000000000000
종료합니다.
```

10 1부터 100까지 정수 중에서 소수(prime number)를 출력하는 프로그램을 작성하시오. 난이도: ★★★

- 소수는 약수가 1과 자신뿐인 수
- 2에서부터 자기 자신까지 수로 나누어 떨어지지 않는 수

```
2부터 100까지의 소수
  2   3   5   7  11  13  17  19  23  29
 31  37  41  43  47  53  59  61  67  71
 73  79  83  89  97
```

11 원금이 1,000,000원인 경우, 예치 기간을 1년에서 10년까지 매년 말에 받을 총 금액을 출력하는 프로그램을 작성하시오.

난이도: ★★

- 연 단위 단리 이자 = 원금 × 이율(4.5%) × 년(예치 기간)
- 만기 시 총 수령액(단리 적용) = 원금 × (1 + 이율(4.5%) × 년(예치 기간))

```
Microsoft Visual Studio 디버그 콘솔
1년 총금액: 1045000.00
2년 총금액: 1090000.00
3년 총금액: 1135000.00
4년 총금액: 1180000.00
5년 총금액: 1225000.00
6년 총금액: 1270000.00
7년 총금액: 1315000.00
8년 총금액: 1360000.00
9년 총금액: 1405000.00
10년 총금액: 1450000.00
```

12 위 프로그램에서 복리를 적용하여 원금이 1,000,000원인 경우, 예치 기간을 1년에서 10년까지 매년 말에 받을 총 금액을 출력하는 프로그램으로 수정하여 작성하시오. 난이도: ★★

- 만기 시 총 수령액(복리 적용) = 원금 × (1 + 이율(4.5%))$^{\text{년(예치기간)}}$
- 함수 pow(a, b) = a^b 이용, #include 〈math.h〉 필요

```
Microsoft Visual Studio 디버그 콘솔
1년 총금액: 1045000.00
2년 총금액: 1092025.00
3년 총금액: 1141166.12
4년 총금액: 1192518.60
5년 총금액: 1246181.94
6년 총금액: 1302260.12
7년 총금액: 1360861.83
8년 총금액: 1422100.61
9년 총금액: 1486095.14
10년 총금액: 1552969.42
```

13 for 문을 이용하여 다음을 출력하는 프로그램을 작성하시오. 난이도: ★★

```
Microsoft Visual Studio 디버그 콘솔
    1
   21
  321
 4321
54321
```

14 for 문을 이용하여 다음을 출력하는 프로그램을 작성하시오. 난이도: ★★

```
Microsoft Visual Studio 디버그 콘솔
54321
5432
543
54
5
```

15 중첩된 for 문을 이용하여 다음을 출력하는 프로그램을 작성하시오. 난이도: ★★

- 필요하면 절대값을 구하는 함수 abs() 사용, #include 〈math.h〉 필요

```
Microsoft Visual Studio 디버그 콘솔
       0
      101
     21012
    3210123
   432101234
  54321012345
 6543210123456
765432101234567
```

Perfect **C**

CHAPTER 08

배열

학습목표

- **배열의 개요와 배열 선언 구문에 대하여 이해하고 설명할 수 있다.**
  - 여러 자료의 처리에 필요한 자료구조
  - 자료형, 배열이름, 배열크기를 이용한 배열 선언
  - 생성된 배열에서 원하는 원소를 참조
  - 배열 선언 시 동시에 초기값 지정 방법
  - 배열 선언 초기값 설정에서 배열크기 관계
  - 배열에서의 기본값과 쓰레기 값
- **다차원 배열에 대하여 다음을 이해하고 설명할 수 있다.**
  - 2차원 배열의 개념과 선언 방법
  - 2차원 배열의 배열 선언 초기값 설정
  - 3차원 배열의 개념과 배열 선언과 초기값 설정

학습목차

8.1 배열 선언과 초기화

배열의 필요성과 정의

배열의 필요성

지금까지 하나의 프로그램에서 사용한 변수는 많아야 10개를 넘지 않았다. 만일 값을 저장할 변수가 많이 필요하다면 어떻게 할 것인가? 이런 일은 흔히 발생한다. 만일 40명 학생 성적을 변수에 저장하려면 40개의 변수를 선언해야 한다. 이는 변수이름도 걱정이지만 변수이름을 score1, score2, . . . , score40과 같이 선언한다고 해도 매우 번거로운 일이다. 배열은 이러한 상황에서 유용하게 사용되는 자료구조(data structure)[1]다.

- **배열(array)은 여러 변수들이 같은 배열이름으로 일정한 크기의 연속된 메모리에 저장되는 구조이다.**
- **배열을 이용하면 변수를 일일이 선언하는 번거로움이 없어지고, 배열을 구성하는 각각의 변수를 반복 구문으로 쉽게 참조**할 수 있다.

사람이 사는 집을 변수라 생각하면, 일반 변수는 단독주택에 비유할 수 있고 배열은 아파트라고 생각할 수 있다.

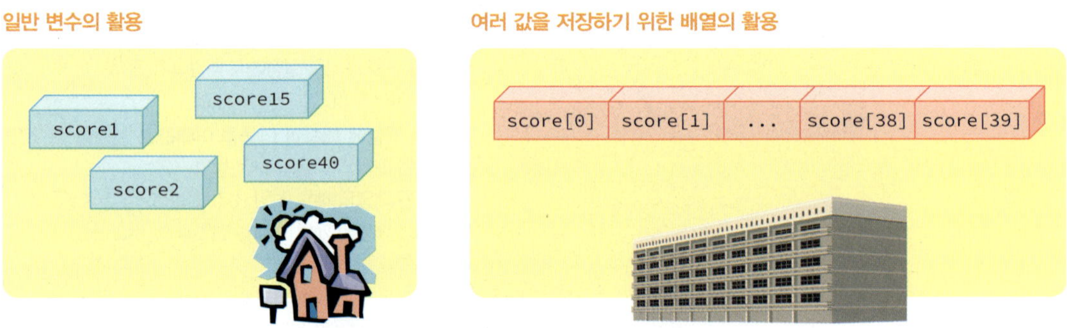

그림 8-1 배열의 필요성과 개념

배열 정의

배열은 동일한 자료유형이 여러 개 필요한 경우에 유용하다. 즉 **배열은 한 자료유형의 저장공간인 원소를 동일한 크기로 지정된 배열크기만큼 확보한 연속된 저장공간이다.** 배열은 변수이므로 배열마다 고유한 배열이름을 갖는다. **배열을 구성하는 각각의 항목을 배열의 원소(elements)라 한다.** 그러므로 **배열에서 중요한 요소는 배열이름, 원소 자료유형, 배열크기이다. 배열원소는 첨자**

---

1 자료구조란 관련된 여러 자료를 효율적으로 저장하기 위한 구조를 말한다.

(index)라는 숫자를 이용해 쉽게 접근할 수 있다.** 이것은 아파트를 호수로 쉽게 찾을 수 있는 것과 같은 개념이라고 볼 수 있다.

배열 선언과 원소 참조

배열 선언 구문

배열도 변수이므로 반드시 사용 전에 선언을 해야 한다. **배열 선언은 int data[10];과 같이 원소자료유형 배열이름[배열크기];**로 한다. **배열 선언 시 초기값 지정이 없다면 반드시 배열크기는 양의 정수로 명시**되어야 한다.

배열 선언

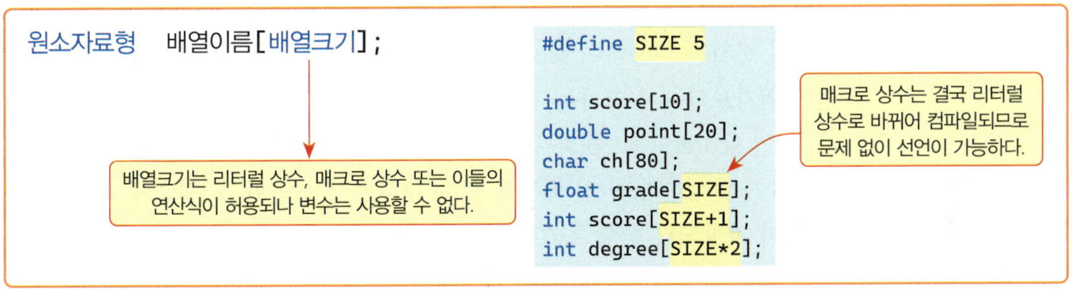

그림 8-2 배열 선언 구문

- 배열크기는 대괄호(bracket) 사이에 [배열크기]와 같이 기술한다.
- **배열의 크기를 지정하는 부분에는 양수 정수로 리터럴 상수와 매크로 상수 또는 이들의 연산식이 올 수 있다.** 그러나 **변수와 const 상수로는 배열의 크기를 지정할 수 없다.**
- 원소 자료형으로는 모든 자료형이 올 수 있으며, 배열이름은 식별자 생성 규칙에 따른다.

TIP 배열 선언 문법 오류

다음은 오류가 발생하는 배열 선언 문장이다. 변수와 const 상수는 배열크기로 사용할 수 없다.

표 8-1 배열 선언 시 오류 발생과 원인

변수와 배열 선언 문장	설명 및 오류 원인
`int n = 5;` `const int size = 6;`	변수 n과 const 상수 size 선언
`int score[n];`	변수 n은 배열크기로 사용 불가

`double point[-3];`
`char ch[0];`
`float grade[3.2];`
	음수는 배열크기로 사용 불가
	0은 배열크기로 사용 불가
	실수는 배열크기로 사용 불가

`int score[n + 2];` `int degree[n * 2];`	변수 n의 연산식은 배열크기로 사용 불가
`int cpoint[size];` `double width[size + 4];`	상수 변수 size의 연산식은 배열크기로 사용 불가

배열원소 접근

배열 선언 후 배열원소에 접근하려면 배열이름 뒤에 대괄호 사이 첨자(index)를 이용한다. 첫 번째 배열원소를 참조하는 첨자 값은 0, 다음 두 번째 원소는 1이다. 그리고 그 다음 원소를 접근하려면 순차적으로 1씩 증가시킨다.

- **선언된 배열에서 유효한 첨자의 범위는 0부터 (배열크기−1)까지이며, 첨자의 유효 범위를 벗어나 원소를 참조하면 문법오류가 발생한다.** 항상 배열 첨자의 사용에 주의해야 한다.
- 배열 선언 시 대괄호 안의 수는 배열크기이다. 그러나 선언 이후 대괄호 안의 수는 원소를 참조하는 번호인 첨자라는 것을 명심하자.

다음과 같이 int score[5];로 배열을 선언하면 배열크기는 5이다. 자료형 int 하나가 4바이트라면 배열의 총 저장공간의 크기가 20바이트인 배열 score가 생성된다. 두 번째 배열원소에 값을 저장하려면 첨자를 이용하여 score[1] =97;와 같이 수행할 수 있다. **첨자의 시작이 0이므로 배열의 순번은 첨자보다 1이 크다는 것을 명심하자. 또한 배열크기가 5이므로 첨자는 0에서 4까지 유효하다.** 만일 score[5] = 50;과 같이 첨자의 유효 범위를 벗어나므로 문법오류는 발생하지 않으나 실행오류가 발생한다. 만일 **배열을 함수 내부에서 선언한 후 원소에 초기값을 저장하지 않으면 쓰레기 값이 저장되니 항상 초기값을 저장하도록 한다.**

```
int score[5];

//배열 원소에 값 저장
score[0] = 78;
score[1] = 97;
score[2] = 85;
//배열 4번째 원소에 값 저장하지 않아 쓰레기값 저장
score[4] = 91;
score[5] = 50; //문법오류 발생
```

C4789 버퍼 'score'(크기: 20바이트)이(가) 오버런됩니다. 4바이트가 오프셋 20부터 쓰입니다.

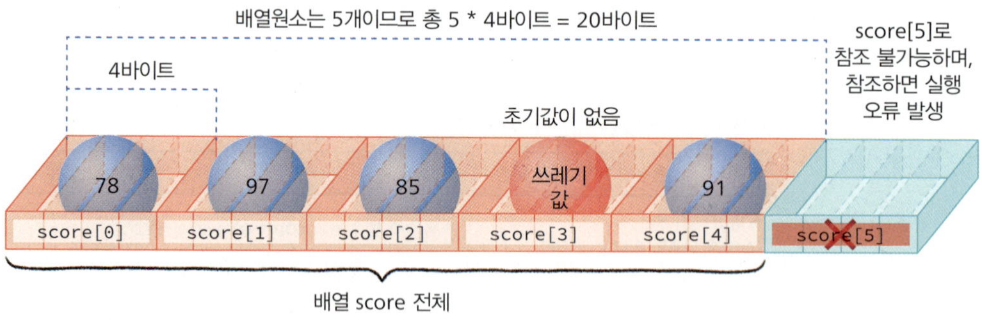

그림 8-3 배열 선언과 원소 참조

배열원소 일괄 출력

C 언어에서 배열원소 값을 한번에 출력하는 방법은 제공되지 않으므로 배열원소 값을 출력하려면 주로 반복 for 문을 사용한다. **반복 for 문의 제어변수를 0에서 시작하여 배열크기보다 작을**

때까지 출력을 반복한다. 반복 출력 구문에서는 참조하려는 배열 원소의 첨자로 제어변수를 이용한다.

```
//배열원소 출력
for (i = 0; i < SIZE; i++)
   printf("%d  ", score[i]);
```

첨자가 0에서 SIZE-1까지 순회해야 하므로 이 조건을 이용함

그림 8-4 배열원소 출력을 위한 반복 구문

다음 예제는 정수형의 크기 5인 배열 선언 후 배열원소에 값을 저장하고 순차적으로 출력하는 예제이다. 배열원소 score[3]에는 초기값을 저장하지 않고 출력하면 쓰레기 값이 출력되는 것을 확인할 수 있다. 만일 20행의 주석을 제거하면 첨자 유효 범위를 초과한 5를 참조하므로 문법오류가 발생한다.

실습예제 8-1 Prj01 01decarray.c 배열 선언 후 배열원소에 값을 저장하고 순차적으로 출력 난이도: ★

```
01 #include <stdio.h>
02 
03 #define SIZE 5
04 
05 int main(void)
06 {
07    //배열 선언
08    int score[SIZE];//int score[5];
09 
10    //배열 원소에 값 저장
11    score[0] = 78; //첨자를 사용해 배열원소에 저장
12    score[1] = 97;
13    score[2] = 85;
14    //배열 4번째 원소에 값을 대입하지 않아 쓰레기 값 저장
15    score[4] = 91;
16    //score[5] = 50; //문법오류 발생
17 
18    //배열원소 출력
19    for (int i = 0; i < SIZE; i++)
20       printf("%d  ", score[i]);
21    printf("\n");
22 
23    return 0;
24 }
```

SIZE는 리터럴 상수 또는 매크로 상수로 양의 정수여야 함

첨자가 0에서 4를 벗어나면 문법오류가 발생

초기값을 저장하지 않아 쓰레기 값이 출력됨

결과

```
78  97  85  -858993460  91
```

중간점검

01 다음과 같이 3개의 정수를 저장할 배열을 선언하시오.

```
77 68 99
```

02 위에서 선언된 배열에 3개의 정수를 모두 저장하는 3개의 문장을 작성하시오.

배열 초기화

배열 선언 초기화

배열크기가 크면 원소 값을 일일이 저장하는 일은 번거롭다. 그래서 C 언어와 대부분의 언어는 **배열을 선언하면서 동시에 원소 값을 손쉽게 저장하는 배열 선언 초기화(initialization) 방법을 제공**한다. **배열 선언 초기화 구문은 배열 선언을 하면서 대입연산자를 이용하며 중괄호 사이에 여러 원소 값을 쉼표로 구분하여 기술하는 방법**이다.

배열 선언 초기화

```
원소자료형   배열이름[배열크기] = {원소값1, 원소값2, 원소값3, 원소값4, 원소값5, ... } ;
```

배열크기는 생략 가능하며, 생략 시 원소값의 수가 배열크기가 된다.

```
int grade[4] = {98, 88, 92, 95};
double output[] = {78.4, 90.2, 32.3, 44.6, 59.7, 98.9};
int cpoint[] = {99, 76, 84, 76, 68};
```

그림 8-5 배열 초기화 구문

- 중괄호 사이에는 명시된 배열크기를 넘지 않게 원소 값을 나열할 수 있다.
- 일반 배열 선언과 다르게 **배열크기는 생략할 수 있으며, 생략하면 자동으로 중괄호 사이에 기술된 원소 수가 배열크기가 된다.**
- **원소 값을 나열하기 위해 콤마(,)를 사용하고 전체를 중괄호 {...}로 묶는다**

다음은 배열크기가 지정되고 배열크기만큼 초기값이 지정된 배열의 구조를 보이고 있다.

```
int grade[4] = {98, 88, 92, 95};
```

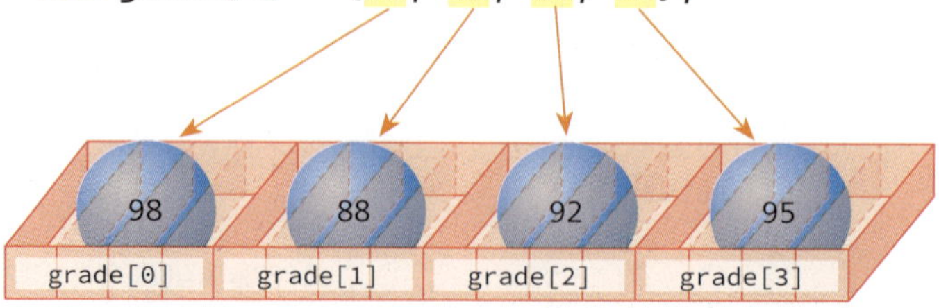

그림 8-6 배열크기가 지정된 경우의 배열원소 초기값 지정

다음은 배열크기가 지정되지 않고 초기값이 지정된 배열의 구조를 보이고 있다.

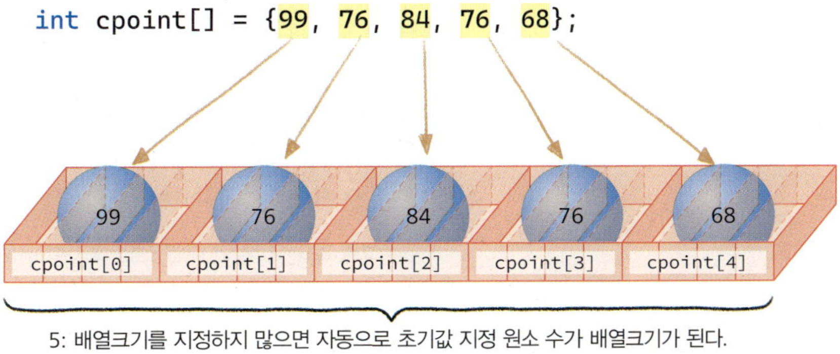

그림 8-7 배열크기가 없는 경우 배열크기는 자동으로 지정

만일 배열크기가 초기값 원소 수보다 크면 지정하지 않은 원소의 초기값은 자동으로 모두 기본값이 저장된다. 기본값이란 자료형에 맞는 0을 말하는데, **즉 정수형은 0, 실수형은 0.0 그리고 문자형은 '\0'인 널문자(문자 코드 변화가 0인 문자)가 자동으로 채워진다.** 그러므로 다음과 같은 배열 선언 초기화 문장에서 dist[3]과 dist[4]는 모두 0이 자동으로 채워진다. 반대로 **배열크기가 초기값 원소 수보다 작으면 배열 저장공간을 벗어나므로 "이니셜라이저가 너무 많습니다."라는 문법 오류가 발생한다.** 다음 마지막 문장과 같이 원소 중 하나만 0으로 초기화하면 나머지 모두 0으로 채워지므로 배열의 모든 원소 값을 0으로 초기화가 가능하다.

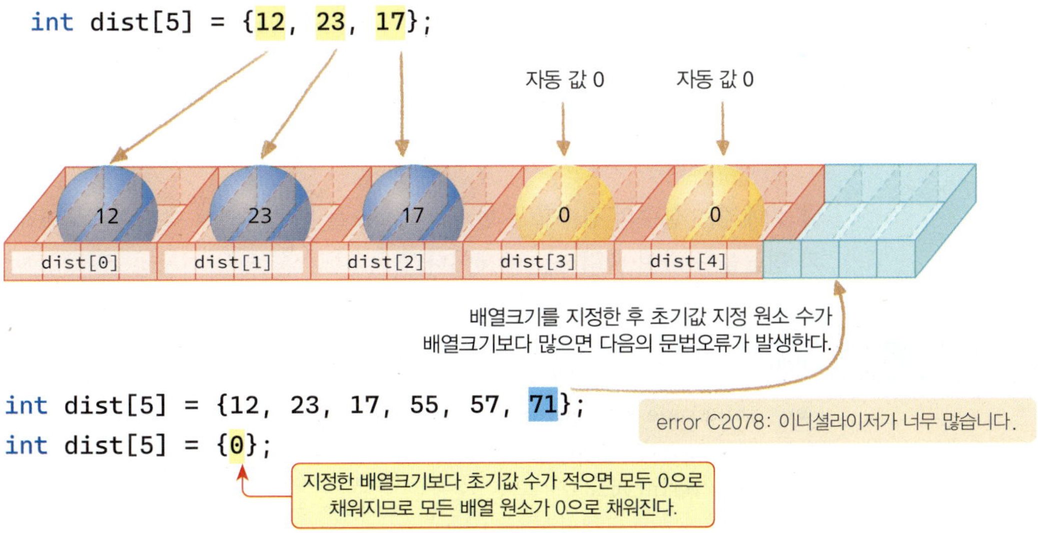

그림 8-8 배열크기가 지정된 경우의 초기값 수

다음은 바른 다양한 배열 선언 초기화 구문이다.

올바른 초기화 문장

```c
#define SIZE 3

int grade[4] = {98, 88, 92, 95};
double output[SIZE] = {8.4, 0.2, 2.3, 44.6};
int cpoint[] = {99, 76, 84, 76, 68, 93};
char ch[] = {'a', 'b', 'c'};
double width[4] = {23.5, 32.1};
```

그림 8-9 다양한 배열 선언 초기화 구문

TIP 배열 선언 초기화에서 주의점

다음은 오류가 발생하는 배열 선언 초기화 문장이다. 초기화에서도 변수와 const 상수는 배열크기로 사용할 수 없다. 마지막 문장은 초보자가 자주 실수하는 문장으로, 중괄호를 사용한 **초기화 방법은 반드시 배열 선언 시에만 이용이 가능하며 배열 선언 이후에는 사용할 수 없으니 주의하자.**

표 8-2 배열 선언 초기화 시 오류 발생과 원인

변수와 배열 선언 문장	설명 및 오류 원인
`int n = 5;` `const int size = 6;`	변수 n과 const 상수 size 선언
`int score[n] = {89, 92, 91};` `int cpoint[size] = {3, 5, 7};`	변수 n은 배열크기로 사용 불가 상수 변수 size는 배열크기로 사용 불가
`int grade[3] = {98, 88, 92, 95};`	원소 수 4가 배열크기 3보다 큼
`int cpoint[] = {99 76 84 76 68 93};`	원소값을 구분하는 콤마(,)가 빠짐
`char ch[] = {a, b, c};`	원소값인 a, b, c가 문자여야 함
`double width[4];` `width = {23.5, 32.1};`	배열 선언 이후에는 중괄호를 사용한 초기화를 사용할 수 없으며, 배열 선언 시 double width[4] = {23.5, 32.1};로는 가능

다음 예제는 실수의 점수를 위한 배열 score를 선언하면서 초기값으로 6개의 점수를 저장한 후 합과 평균을 구하여 출력하는 예제이다.

실습예제 8-2 Prj02 02initarray.c 배열 선언 초기화를 이용한 합과 평균 출력 난이도: ★

```c
#include <stdio.h>
#define SIZE 6
int main(void)
{
    //배열 score의 선언과 초기화
    double score[] = { 89.3, 79.2, 84.83, 76.8, 92.52, 97.4 };
    double sum = 0;

    //for 문을 이용하여 합을 구함
```

배열 선언과 초기화는 두 문장을 나누어 할 수 없으므로, 다음은 컴파일 오류 발생

```c
double score[6];
score = { 89.3, 79.2, 84.83, 76.8, 92.52, 97.4 };
```

```
    for (int i = 0; i < SIZE; i++)
    {
        sum += score[i];
        printf("score[%d] = %.2f\n", i, score[i]);
    }
    printf("성적의 합은 %.2f이고 평균은 %.2f이다.\n", sum, sum/SIZE);

    return 0;
}
```

SIZE는 배열크기인 매크로 상수로 양의 정수인 6으로 정의

제어문자 i의 첨자는 0에서 5까지 반복

결과

```
score[0] = 89.30
score[1] = 79.20
score[2] = 84.83
score[3] = 76.80
score[4] = 92.52
score[5] = 97.40
성적의 합은 520.05이고 평균은 86.67이다.
```

NOTE: **C99: 배열의 첨자 초기화(designated initializers)**

배열의 초기화 방법이 다음과 같이 첨자를 사용해 부분적으로 초기값을 지정할 수 있다. 배열의 크기가 지정된 배열 a에서 지정한 첨자에 대해서는 초기값이, 그 외의 원소는 0으로 지정된다. 배열의 크기가 지정되지 않은 배열 b에서 지정한 첨자에 대해서는 초기값이, 그 외의 원소는 0으로 지정되며, 가장 큰 첨자가 마지막 원소가 되어 배열의 크기가 결정된다. 일반적인 배열 초기화 방법인 배열 c에서 순서대로 초기값이 저장되며 지정한 첨자에 대해서는 초기값이, 그 외의 원소는 0으로 저장된다.

```
int a[8] = { [1] = 10, [3] = 30, [5] = 50 };  // 0 10 0 30 0 50 0 0 저장
int b[] = { [1] = 10, [3] = 30, [5] = 50 };   // 0 10 0 30 0 50 저장
int c[] = { 1, 2, [2] = 10, [5] = 50 };       // 1 2 10 0 0 50 저장
```

중간점검

01 다음 각각의 배열 초기화 문장에서 문법오류를 찾아 수정하시오.

```
int data[] = { 1.2 2.3 3.6 };
int point[3] = { 78, 68, 82, 99 };
double[]value = { 98.9, 77.4, 83.2, 78.5 };
```

02 다음 부분 소스 이후 배열 data 원소에 저장된 값은 각각 무엇인가?

```
int value[5] = { 1, 2, 3 };
data[1] = 20;
data[4] = 50;
```

LAB 정수형(int) 배열에 표준입력으로 받은 정수를 저장하여 출력

자료형 int로 배열 input을 선언한다. 표준입력으로 받은 여러 정수를 순서대로 배열 input에 저장하여 출력하는 프로그램을 작성해보자. 배열 input을 선언하면서 초기화로 모두 0을 저장하며, 표준입력으로 받은 정수는 0이 입력될 때까지 저장하도록 한다.

- 입력된 배열은 while 문을 사용하여 마지막 0 값 이전까지 다음 결과와 같이 출력한다.

```
Microsoft Visual Studio 디버그 콘솔
배열에 저장할 정수를 여러 개 입력하시오. 0을 입력하면 입력을 종료합니다.
30 26 65 39 87 76 0
30 26 65 39 87 76
```

Lab 8-1 lab1inputarray.c 난이도: ★

```
01 #define _CRT_SECURE_NO_WARNINGS
02 #include <stdio.h>
03
04 int main(void)
05 {
06    //초기화로 모든 원소에 0을 저장
07    int input[20] = [          ] ;
08
09    printf("배열에 저장할 정수를 여러 개 입력하시오.");
10    printf("0을 입력하면 입력을 종료합니다.\n");
11    int i = 0;
12    do {
13       scanf("%d", [          ] );
14    } while (input[i++] != 0);
15
16    i = 0;
17    while (input[i] != 0) {
18       printf("%d ", input[i++]);
19    }
20    puts("");
21
22    return 0;
23 }
```

정답

```
07    int input[20] = { 0 };
13       scanf("%d", &input[i]);
```

8.2 2차원과 3차원 배열

2차원 배열 선언과 사용

2차원 배열 개요

스프레드시트인 엑셀을 살펴보면, 테이블 구조에 각종 자료를 입력할 수 있다. 만일 이번 학기 주요 수강 과목의 성적을 엑셀에 저장한다면 다음과 같이 이용할 것이다. 이러한 자료에서 점수 값을 변수에 저장하려면 정수형의 배열이 두 개인 2차원 배열이 필요하다. **2차원 배열은 테이블 형태의 구조를 나타내도록 행(row)과 열(column)의 구조로 표현할 수 있다.** 즉 다음 성적을 저장하려면 4행 2열(4 × 2)의 2차원 배열이 필요하다. 즉 총 배열원소는 8개이다.

	중간고사	기말고사
C프로그래밍	95	85
자료구조	90	88
데이터베이스	86	90
운영체제	88	78

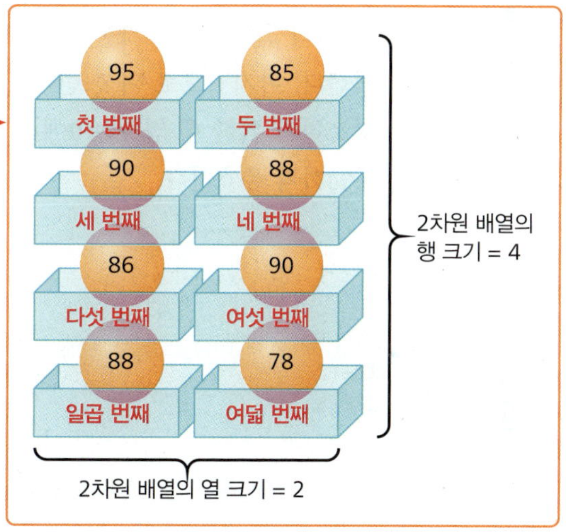

그림 8-10 2차원 배열의 구조

2차원 배열 선언

이제 2차원 배열 선언 방법을 알아보자. **2차원 배열 선언은 2개의 대괄호가 필요하다. 첫 번째 대괄호에는 배열의 행 크기, 두 번째는 배열의 열 크기를 지정한다. 배열 선언 시 초기값을 저장하지 않으면 반드시 행과 열의 크기는 명시되어야 한다.**

2차원 배열 선언

원소자료형 배열이름[배열행크기][배열열크기];

배열 선언 시 배열크기는 생략할 수 없으며 배열크기는 리터럴 상수, 매크로 상수 또는 그들의 연산식이 허용된다.

```
#define RSIZE 5
#define CSIZE 2

int score[RSIZE][CSIZE];

double point[2][3];
char ch[5][80];
float grade[7][CSIZE];
```

그림 8-11 2차원 배열 선언 구문

2차원 배열 구조

2차원 배열에서 각 원소를 참조하기 위해서는 2개의 첨자가 필요하다. 배열 선언 int td[2][3];으로 선언된 배열 td에서 td[0][0]으로 첫 번째 원소를 참조한다. 이어서 두 번째 원소는 td[0][1]로 열의 첨자가 1 증가한다. 두 번째 행의 첫 항목인 네 번째 원소는 td[1][0]으로 행 첨자가 1 증가한다. 마지막으로 여섯 번째 원소는 td[1][2]로 참조한다. **1차원 배열과 같이 2차원 배열원소를 참조하기 위한 행 첨자는 0에서 (행 크기−1)까지 유효하다. 마찬가지로 열 첨자는 0에서 (열크기−1)까지 유효하다.**

```
#define ROWSIZE 2
#define COLSIZE 3

// 2차원 배열 선언
int td[ROWSIZE][COLSIZE];

// 2차원 배열 원소에 값 저장
td[0][0] = 1; td[0][1] = 2; td[0][2] = 3;
td[1][0] = 4; td[1][1] = 5; td[1][2] = 6;
```

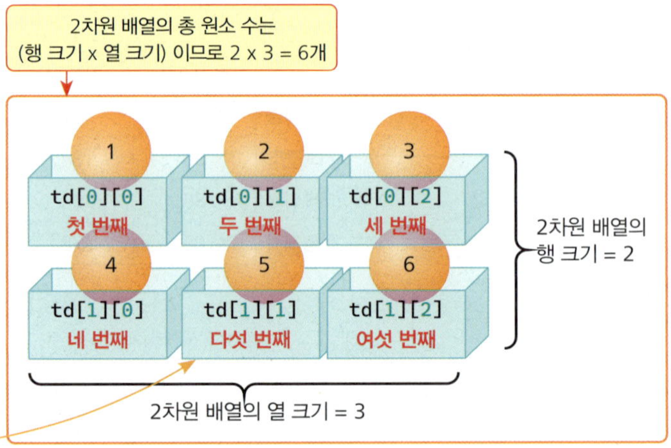

그림 8-12 2차원 배열 선언과 구조

2차원 배열의 구조를 행과 열의 개념으로 보는 것은 우리가 좀 더 쉽게 배열을 이해하기 위한 방법이다. 실제로 2차원 배열이 메모리에 저장되는 모습은 행과 열의 개념이 아니라 1차원과 같은 연속적인 메모리 공간에 저장된다. **2차원 배열은 첫 번째 행의 모든 원소가 메모리에 할당된 이후에 두 번째 행의 원소가 순차적으로 할당된다. C 언어와 같이 행을 먼저 배치하는 특징을 행 우선(row major) 배열이라 한다.**

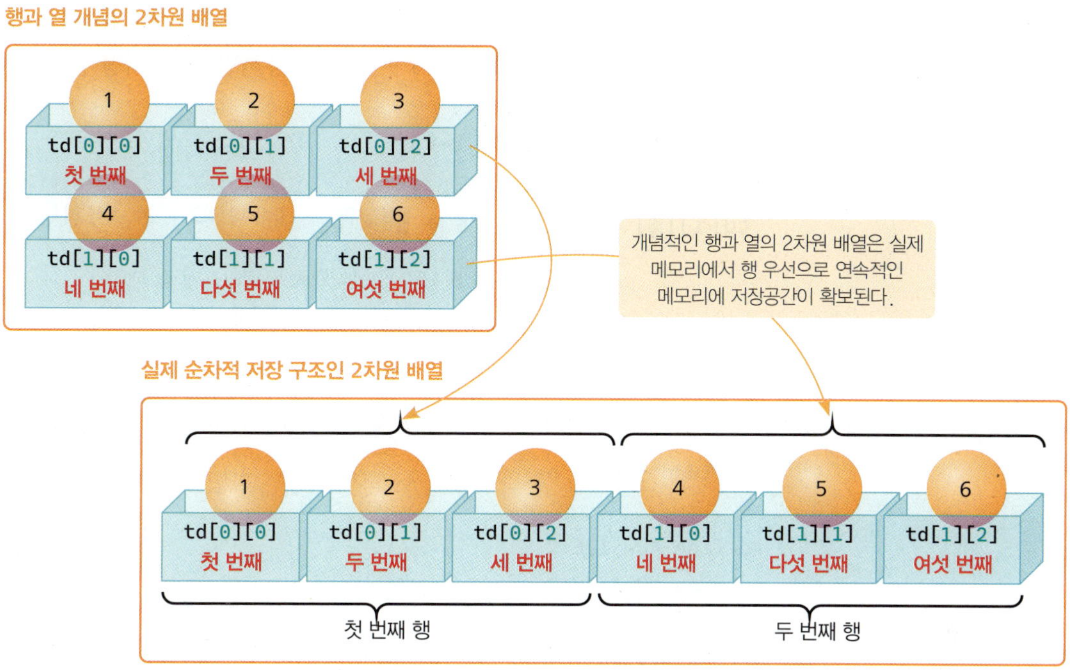

그림 8-13 2차원 배열의 메모리 내부 구조

2차원 배열 원소 참조

다음은 2행 3열의 배열 td의 원소를 출력하는 소스이다. 2차원 배열의 모든 원소를 참조하려면 하나의 행 내부에서 열을 순차적으로 참조하는 과정을 모든 행에 대하여 순차적으로 반복한다.

다음 코드에서 **외부 반복 제어변수 i는 행을 0에서 (행의 수−1)까지 순차적으로 참조하며, 내부 반복 제어변수 j는 0에서 (열의 수−1)까지 열을 순차적으로 참조한다.**

외부 반복 제어변수 i는 행을 순차적으로 참조

```
for (i = 0; i < ROWSIZE; i++)
{
   for (j = 0; j < COLSIZE; j++)
      printf("%d ", td[i][j]);
   puts("");
}
```

내부 반복 제어변수 j는 한 행에서 열을 순차적으로 참조

그림 8-14 2차원 배열에서 배열원소 순차적으로 출력

다음 예제는 1에서 6까지 값을 순차적으로 배열원소에 일일이 저장하였다. 만일 **배열원소의 저장값이 행과 열의 관계식으로 만들 수 있다면 출력과 같이 중복된 반복문을 사용하여 값을 저장**할

수 있다. 이 예에서는 1에서부터 배열원소 수까지 순차적으로 저장하므로 행과 열을 나타내는 제어변수 i와 j의 연산식 (i*COLSIZE + j + 1)을 이용하면 쉽게 저장 값을 대입할 수 있다.

```
for (i = 0; i < ROWSIZE; i++)
   for (j = 0; j < COLSIZE; j++)
      td[i][j] = i*COLSIZE + j + 1;
```

```
// 2차원 배열원소에 값 저장
td[0][0] = 1; td[0][1] = 2; td[0][2] = 3;
td[1][0] = 4; td[1][1] = 5; td[1][2] = 6;
```

그림 8-15 연산식으로 배열원소에 값 대입

실습예제 8-3	Prj03	03tdarray.c	2차원 배열 선언과 원소 하나하나에 직접 초기값 저장 후 출력	난이도: ★

```c
#include <stdio.h>

#define ROWSIZE 2
#define COLSIZE 3

int main(void)
{
   // 2차원 배열 선언
   int td[ROWSIZE][COLSIZE];

   // 2차원 배열원소에 값 저장
   td[0][0] = 1; td[0][1] = 2; td[0][2] = 3;
   td[1][0] = 4; td[1][1] = 5; td[1][2] = 6;

   printf("반목문 for를 이용하여 출력\n");
   for (int i = 0; i < ROWSIZE; i++)
   {
      for (int j = 0; j < COLSIZE; j++)
         printf("td[%d][%d] == %d ", i, j, td[i][j]);
      printf("\n"); //행마다 한 줄 출력 후 다음 줄로 이동
   }

   return 0;
}
```

```
for (i = 0; i < ROWZIZE; i++)
   for (j = 0; j < COLZIZE; j++)
      td[i][j] = i*COLZIZE + j + 1;
```

위 반복문으로 대체 가능함.

ROWSIZE는 2차원 배열 행 크기인 매크로 상수로 양의 정수인 2로 정의

COLSIZE는 2차원 배열 열 크기인 매크로 상수로 양의 정수인 3으로 정의

결과

```
반목문 for를 이용하여 출력
td[0][0] == 1 td[0][1] == 2 td[0][2] == 3
td[1][0] == 4 td[1][1] == 5 td[1][2] == 6
```

중간점검

01 2행 3열의 정수를 저장할 2차원 배열 value를 선언하시오.

02 위에서 저장한 배열 value에서 5번째 원소에 100을 저장하는 문장을 작성하시오.

2차원 배열 초기화

2차원 배열 선언 초기화

2차원 배열을 선언하면서 초기값을 지정하는 첫 번째 방법은 중괄호를 중첩되게 이용하는 방법이다. 중괄호 내부에 행에 속하는 값을 다시 중괄호로 묶고, 중괄호와 중괄호 사이에는 쉼표로 분리한다. 행인 중괄호 내부의 초기값들은 쉼표로 분리한다. 이 방법은 2차원 구조를 행과 열로 표현할 수 있는 장점이 있다.

```
int score[2][3] = {{30, 44, 67}, {87, 43, 56}};
```

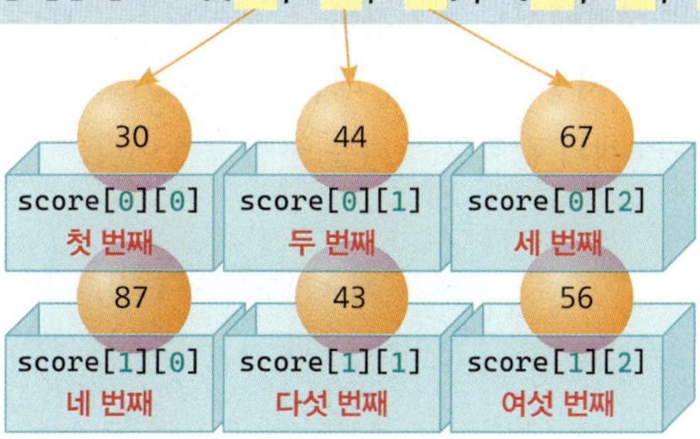

그림 8-16 2차원 배열 선언 초기화

위 2차원 배열 초기화 문장은 다음처럼 2차원 구조를 명확히 표현하기 위해 여러 줄에 걸쳐 코딩할 수 있다. 중괄호 사이에 쉼표 ,가 빠지지 않도록 주의하자.

```
int score[2][3] = {
                      {30, 44, 67},
                      {87, 43, 56}
                  };
```

2차원 배열 선언 초기값 지정의 다른 방법으로는 1차원 배열과 같이 하나의 중괄호로 모든 초기값을 쉼표로 분리하는 방법이다.

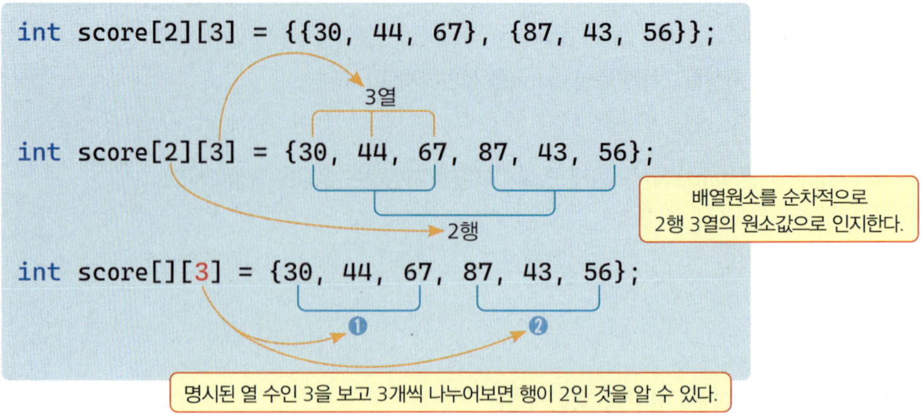

그림 8-17 2차원 배열 선언 초기화

2차원 배열 선언 초기값 지정에서도 첫 번째 대괄호 내부의 행의 크기는 명시하지 않을 수 있다. 그러나 **두 번째 대괄호 내부의 열의 크기는 반드시 명시해야 한다.** 만일 행 크기는 명시하지 않고 열 크기만 명시한다면 명시된 배열원소 수와 열 크기를 이용하여 행의 크기를 자동으로 산정한다.

- 즉 ((배열원소 수) ÷ (열 수)) 결과값에서 소수점인 경우 무조건 올림 하면 행의 수이다.

2차원 배열에서도 초기값이 총 배열원소 수보다 적게 주어지면 나머지는 모두 기본값인 0, 0.0 또는 '\0'이 저장된다. 다음 배열 선언 초기화는 모두 2차원 배열에 순차적으로 10, 30, 40, 50, 1, 3, 0, 0인 8개의 값이 저장되는 선언 문장이다.

```
int a[2][4] = {10, 30, 40, 50, 1, 3, 0, 0};
int a[2][4] = {10, 30, 40, 50, 1, 3};
int a[][4] = {10, 30, 40, 50, 1, 3};
int a[2][4] = { {10, 30, 40, 50}, {1, 3} };
int a[][4] = { {10, 30, 40, 50}, {1, 3} };
```

그림 8-18 2차원 배열 2행 4열에 순차적으로 10, 30, 40, 50, 1, 3, 0, 0이 저장된 초기화 문장

TIP 2차원 배열 선언에서의 오류

다음 왼쪽 초기화 문장은 잘못된 문장이며 오른쪽은 이를 수정한 문장이다. 2차원 배열 선언 초기화에서 첫 번째 열 크기는 생략할 수 있어도, 두 번째 행 크기는 절대 생략할 수 없다는 것에 주의하자.

```
int data[2][2] = {1, 2, 3, 4, 5};  //원소 수 초과
int data[2][2] = {{1, 2}  {3, 4}}; //쉼표 , 빠짐
int data[2][] = {1, 2, 3, 4};      //행 크기만 기술
int data[][] = {1, 2, 3, 4}; //행, 열 크기 모두 없음
```

오류 수정

```
int data[2][2] = {1, 2, 3, 4};
int data[2][2] = {{1, 2}, {3, 4}};
int data[][2] = {1, 2, 3, 4};
int data[][3] = {1, 2, 3, 4};
```

그림 8-19 잘못된 2차원 배열 선언 초기화 문장과 수정

실습예제 8-4 | Prj04 | 04inittdary.c | 2차원 배열 초기화와 원소 출력 | 난이도: ★

```c
#include <stdio.h>

#define ROWSIZE 2
#define COLSIZE 3

int main(void)
{
   // 2차원 배열 초기화
   int td[][3] = { { 1 }, { 1, 2, 3 } };

   printf("반복문 for를 이용하여 출력\n");
   for (int i = 0; i < ROWSIZE; i++)
   {
      for (int j = 0; j < COLSIZE; j++)
         printf("%d ", td[i][j]);
      printf("\n");
   }

   return 0;
}
```

배열 td를 3열의 2차원 배열로 선언하면서 초기값을 저장, 초기값 { { 1 }, { 1, 2, 3 } }을 통하여 2행임을 알 수 있으며, 1행의 각 원소를 1, 0, 0으로 저장, 2행의 각 원소를 1, 2, 3으로 저장

한 행을 모두 출력한 이후에 다음 줄로 이동하기 위한 출력으로 들여쓰기에 주의

결과

```
반복문 for를 이용하여 출력
1 0 0
1 2 3
```

2차원 배열을 이용한 성적 처리

2차원 배열 처음에 설명한 성적을 2차원 배열에 저장한 후 중간고사와 기말고사별로 평균을 출력해 보자. 또한 전체 성적의 합과 평균도 출력해 보자. 변수 midsum은 중간고사의 합을 저장한 변수이며, 변수 finalsum은 기말고사의 합을 저장한 변수이다. 또한, 전체 성적의 합은 변수 sum에 저장한다. 평균은 소수로 출력되도록 계산시 합을 (double)로 형변환 하도록 한다.

실습예제 8-5 | Prj05 | 05tdscore.c | 2차원 배열 초기화를 이용한 성적 처리 | 난이도: ★

```c
#include <stdio.h>
#define ROWSIZE 4
#define COLSIZE 2

int main(void)
{
   int sum = 0, midsum = 0, finalsum = 0;
```

```
08
09     // 2차원 배열 초기화
10     int score[][COLSIZE] = { 95, 85, 90, 88, 86, 90, 88, 78 };
11
12     printf("        중간        기말\n");
13     printf("    --------------------\n");
14     for (int i = 0; i < ROWSIZE; i++)
15     {
16         for (int j = 0; j < COLSIZE; j++)
17         {
18             printf("%10d ", score[i][j]);
19             sum += score[i][j];
20             if (j == 0)
21                 midsum += score[i][j];
22             else
23                 finalsum += score[i][j];
24         }
25         puts("");
26     }
27
28     printf("    --------------------\n");
29     printf("평균: %6.2f %10.2f\n", (double)midsum /
30                                 ROWSIZE, (double)finalsum / ROWSIZE);
31     printf("\n성적의 합은 %d이고 ", sum);
32     printf("평균은 %.2f이다.\n", (double)sum / (ROWSIZE * COLSIZE));
33
34     return 0;
35 }
```

제어문자 i를 첨자로 사용하여 0에서 3까지 반복하며, 이 반복은 내부 반복 for와 puts()의 두 문장으로 구성되므로 15행과 26행의 중괄호는 반드시 필요

제어문자 j를 첨자로 사용하여 0에서 1까지 반복하며, 이 반복은 18행에서 23행까지의 여러 문장으로 구성되므로 중괄호는 반드시 필요

결과

```
          중간        기말
--------------------------
          95          85
          90          88
          86          90
          88          78
--------------------------
평균:   89.75      85.25

성적의 합은 700이고 평균은 87.50이다.
```

중간점검

01 다음 2차원 배열에 관한 2개의 문장 이후에 배열 내부에 저장된 값은 각각 무엇인가?

```
int point[][3] = { {1}, {10, 20, 30} };
point[0][2] = 3;
```

02 다음 문장에서 문법오류를 찾아 수정하시오.

```
int point[3][] = {1, 2, 3, 4, 5, 6};
```

3차원 배열

3차원 배열 구조

C 언어는 다차원 배열을 지원한다. 2차원 배열을 확장하면 3차원, 4차원, 5차원 배열도 생각할 수 있다. 다음은 **1차원, 2차원, 3차원 배열을 위한 선언과 그 구조**를 나타낸다.

```
int a[3];

int b[2][3];

int c[2][2][3]
```

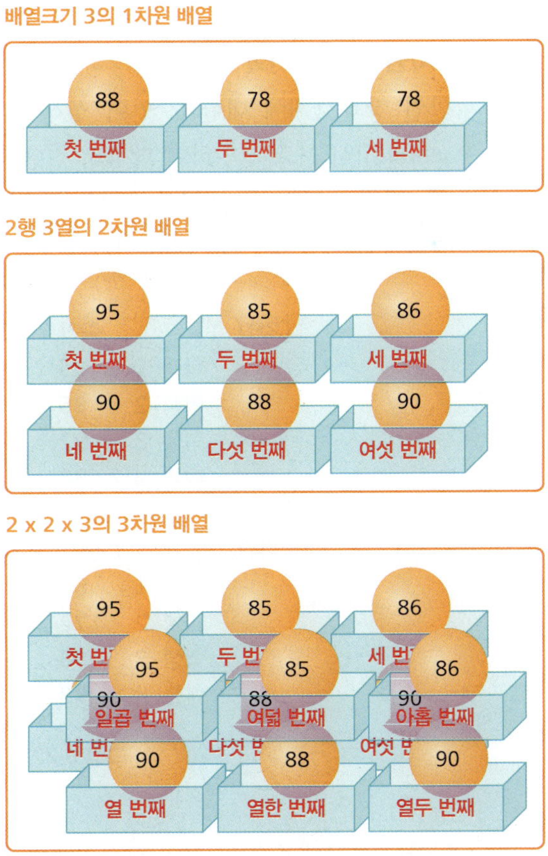

그림 8-20 1차원, 2차원, 3차원 배열의 구조

3차원 배열 선언

배열 선언 int threed[2][2][3];은 3차원 배열의 선언 문장이다. 배열 threed는 총 2×2×3 = 12개의 배열원소로 구성된다. 배열 선언 시 대괄호 내부 세 개의 크기는 모두 필요하다. 또한 3차원 배열의 각 원소를 참조하기 위해 세 개의 첨자가 필요하다. 배열 threed에서 첫 번째 원소는 threed[0][0][0]이며, 두 번째 원소는 threed[0][0][1]이다. 배열 threed에서 마지막 원소는 threed[1][1][2]이다. 그러므로 모든 첨자는 0에서 크기 -1까지 유효하다.

```
int threed[2][2][3]; //총 2*2*3 = 12개 원소의 3차원 배열

threed[0][0][0] = 1; // 첫 번째 원소
threed[0][0][1] = 1; // 두 번째 원소
threed[0][0][2] = 1; // 세 번째 원소
threed[0][1][0] = 1; // 네 번째 원소
    ... (중간생략)
threed[1][1][2] = 1; // 열두 번째(마지막) 원소
```

그림 8-21 3차원 배열의 선언과 원소 참조

3차원 배열 초기화

만일 강좌 2개에 대한 C 언어 성적 저장을 위한 배열을 만든다면 다음과 같이 3차원 배열 score[2][4][2]로 선언하여 학생의 점수를 초기값으로 저장할 수 있다. 순서대로 첫 번째 상수인 2는 강좌 수이며, 두 번째 상수 4는 각 반의 학생 수이며, 마지막 세 번째 상수 2는 중간고사와 기말고사인 시험 횟수를 나타낸다.

[강좌 1]	중간	기말
학생 1	95	85
학생 2	85	83
학생 3	92	75
학생 4	90	88
[강좌 2]	중간	기말
학생 1	88	77
학생 2	72	95
학생 3	88	92
학생 4	93	83

```
int score[2][4][2] = {
  { { 95, 85 },
    { 85, 83 },
    { 92, 75 },
    { 90, 88 } },
  { { 88, 77 },
    { 72, 95 },
    { 88, 92 },
    { 93, 83 } }
};
```

그림 8-22 3차원 배열의 예와 초기화 방법

다음 프로그램은 위와 같이 강좌 2개의 각 반 4명에 대한 중간고사와 기말고사 성적을 초기화하여 출력하는 프로그램이다.

실습예제 8-6 Prj06 06thdary.c 3차원 배열 초기화를 이용한 성적 점수 출력 난이도: ★

```c
01 #include <stdio.h>
02 #define ROWSIZE 4
03 #define COLSIZE 2
04 
05 int main(void)
06 {
07    // 3차원 배열 초기화, 첫 번째 크기는 지정하지 않을 수 있음
08    int score[][ROWSIZE][COLSIZE] =
09 {
10       { { 95, 85 },
11         { 85, 83 },
12         { 92, 75 },
13         { 90, 88 } },
14       { { 88, 77 },
15         { 72, 95 },
16         { 88, 92 },
17         { 93, 83 } }
18    };
19 
20    for (int i = 0; i < 2; i++)
21    {
22       if (i == 0)
23          printf("[강좌 1]");
24       else
25          printf("[강좌 2]");
26       printf("%11s%7s\n", "중간", "기말");
27 
28       for (int j = 0; j < ROWSIZE; j++)
29       {
30          printf("%10s%2d", "학생", j+1);
31          for (int k = 0; k < COLSIZE; k++)
32             printf("%6d ", score[i][j][k]);
33          printf("\n");
34       }
35       printf("\n");
36    }
37 
38    return 0;
39 }
```

3차원 배열 int score[][4][2]를 선언하면서 초기값 지정, 배열 score의 초기화에서 학생 수는 4로 지정하고 2개의 점수를 직접 기술하므로 세 번째 크기는 2가 지정되며, 비어있는 첫 번째 크기는 자동으로 2가 지정됨

제어문자 k를 첨자로 사용하여 0에서 1까지 반복하며, 이 반복은 32행의 printf() 하나이므로 중괄호는 필요 없으며, 각 학생의 중간고사(score[i][j][0])와 기말고사 성적(score[i][j][1])이 출력

결과

```
[강좌 1]        중간     기말
        학생 1    95      85
```

```
        학생 2    85      83
        학생 3    92      75
        학생 4    90      88

[강좌 2]         중간     기말
        학생 1    88      77
        학생 2    72      95
        학생 3    88      92
        학생 4    93      83
```

중간점검

01 다음 3차원 배열 선언 문장에서 정수를 저장할 공간은 몇 개인가?

```
int data[2][3][2];
```

02 다음 3차원 배열 선언 문장에서 문법오류를 찾아 수정하시오.

```
int a[2][][3] = { 1, 2, 3, 4, 5, 6, 7, 8, 9, 10 };
```

배열크기 연산

배열크기 계산방법

배열에서 원소 수인 배열크기를 계산할 수 있다. 저장공간의 크기를 바이트 수로 반환하는 연산자 sizeof를 이용하면 쉽게 배열크기를 알 수 있다. 즉 **연산자 sizeof를 이용한 식 (sizeof(배열이름) / sizeof(배열원소))이 배열크기이다.**

- sizeof(배열이름)은 배열의 전체 공간의 바이트 수이다.
- sizeof(배열원소)는 배열원소 하나의 바이트 수이다.

```
int data[] = {12, 23, 17, 32, 55};
```

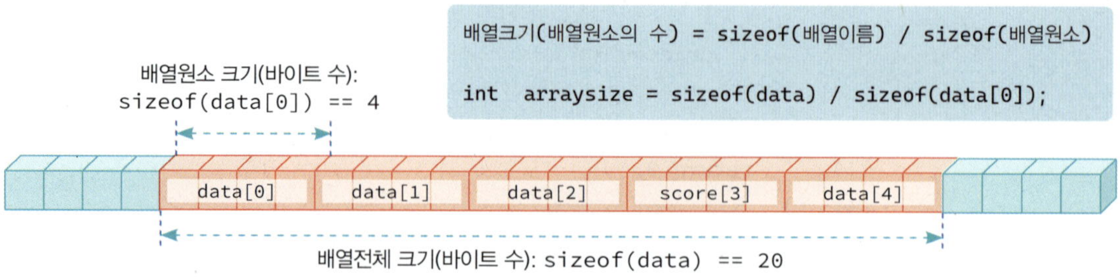

그림 8-23 배열크기인 배열원소 수 구하기

2차원 배열크기 계산방법

2차원 배열을 포함해 모든 다차원 배열도 배열의 전체 공간의 바이트 수는 sizeof(배열이름)이다. 2차원 배열 x[][]에서 **2차원 배열의 행의 수는 (sizeof(x) / sizeof(x[0]))로 계산할 수 있다. 또한 2차원 배열의 열의 수는 다음과 같이 (sizeof(x[0]) / sizeof(x[0][0]))로 계산할 수 있다.**

- 여기서 sizeof(x)는 배열 전체의 바이트 수이다
- sizeof(x[0])는 첫 행의 바이트 수이며, sizeof(x[0][0])은 첫 번째 원소의 바이트 수를 나타낸다.

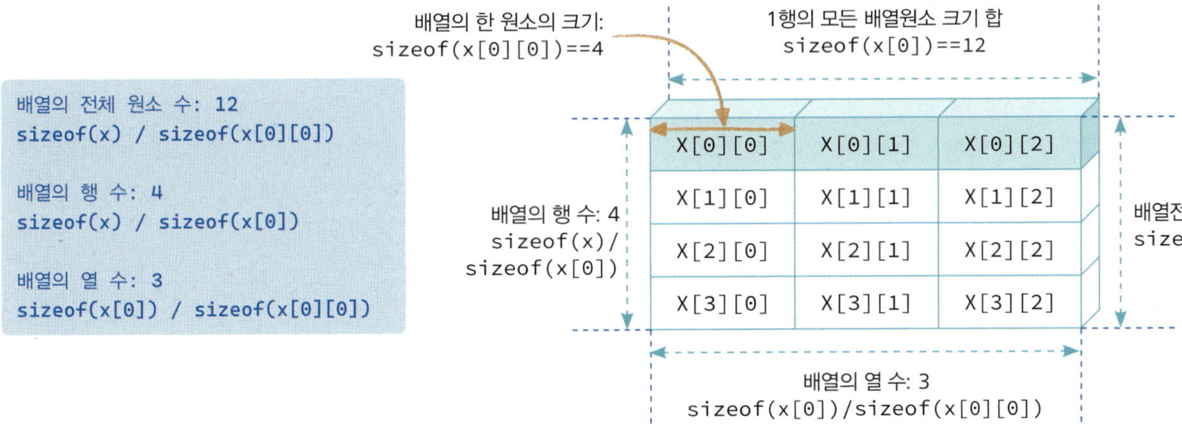

그림 8-24 2차원 배열에서의 행과 열의 수와 전체 배열원소 수 계산

실습예제 8-7 | Prj07 | 07arysize.c | 1차원과 2차원 배열에서 배열 전체 및 원소의 크기 | 난이도: ★★

```c
#include <stdio.h>

int main(void)
{
    int data[] = { 3, 4, 5, 7, 9 };

    printf("%d %d\n", (int) sizeof(data), (int) sizeof(data[0]));
    printf("배열 data 크기 == %d\n", (int) (sizeof(data) / sizeof(data[0])));

    //4 x 3 행렬
    double x[][2] = {
        { 1.2, 2.3},
        { 7.3, 8.9}
    };

    printf("%d %d ", (int) sizeof(x), (int) sizeof(x[0]));
                                                //전체 크기와 첫 행의 크기
```

연산자 size의 반환값이 size_t 유형이라 (int)로 변환함. 변환하지 않아도 실행은 되나 경고 메시지가 나와 형변환 (int)를 수행함.

1차원 배열의 원소 수인 배열 크기는 연산식 sizeof(data) / sizeof(data[0])으로 계산

```c
    printf("%d %d\n", (int) sizeof(x[1]), (int) sizeof(x[0][0]));
    int rowsize = sizeof(x) / sizeof(x[0]);
    int colsize = sizeof(x[0]) / sizeof(x[0][0]);
    printf("2차원 배열 x: 행수 = %d  열수 = %d\n", rowsize, colsize);
    printf("2차원 배열 x: 전체 원소 수 = %d\n", (int) (sizeof(x) /
                                                    sizeof(x[0][0])));

    return 0;
}
```

원소 하나의 크기

2차원 배열의 전체 원소 수

결과

```
20 4
배열 data 크기 == 5
32 16 16 8
2차원 배열 x: 행수 = 2  열수 = 2
2차원 배열 x: 전체 원소 수 = 4
```

중간점검

01 다음 부분 소스에서 출력 값을 기술하시오.

```c
double data[] = { 5.3, 7.2, 8.9, 2.7, 4.1 };
printf("%zu\n", sizeof(data));
printf("%zu\n", sizeof(data) / sizeof(data[0]));
```

02 다음 부분 소스에서 출력 값을 기술하시오.

```c
short n[][3] = { 1, 2, 3, 4, 5, 6 };
printf("%zu\n", sizeof(n));
printf("%zu\n", sizeof(n[0]));
printf("%zu\n", sizeof(n) / sizeof(n[0][0]));
```

LAB 2차원 배열에서 원소 참조 방법과 저장 값을 출력

자료형 int로 선언된 2차원 배열 a에서 초기화로 값을 저장하고 배열의 모든 원소를 순서대로 원소 참조 방법과 저장 값을 출력하는 프로그램을 작성해보자.

- 2차원 배열 구조와 저장 값은 다음과 같으며 초기화는 원소를 콤마로 구분한다.
- 배열 원소의 저장 값은 a[i][j]로 참조할 수 있다.

1	2	7	3
a[0][0]	a[0][1]	a[0][2]	a[0][3]
5	6	3	4
a[1][0]	a[1][1]	a[1][2]	a[1][3]
9	7	1	8
a[2][0]	a[2][1]	a[2][2]	a[2][3]

그림 8-25 2차원 배열과 구조

```
Microsoft Visual Studio 디버그 콘솔
  원소  값    원소  값    원소  값    원소  값
-----------------------------------------------
a[0][0] 1  a[0][1] 2  a[0][2] 7  a[0][3] 3
a[1][0] 5  a[1][1] 6  a[1][2] 3  a[1][3] 4
a[2][0] 9  a[2][1] 7  a[2][2] 1  a[2][3] 8
```

Lab 8-2 lab2aryprint.c 난이도: ★

```c
#include <stdio.h>

int main()
{
    int a[3][4] =
    {
        { 1, 2, 7, 3 },   /* initializers for row indexed by 0 */
        [          ],     /* initializers for row indexed by 1 */
        { 9, 7, 1, 8 }    /* initializers for row indexed by 2 */
    };

    printf("%6s %3s  ", "원소", "값");
    printf("%6s %3s  ", "원소", "값");
    printf("%6s %3s  ", "원소", "값");
    printf("%6s %3s\n", "원소", "값");
```

```
16     printf("------------------------");
17     printf("------------------------\n");
18 
19     for (int i = 0; i < 3; i++)
20     {
21        for (int j = 0; j < 4; j++)
22           printf(" a[%d][%d] %d  ", __________);
23        puts("");
24     }
25 
26     return 0;
27 }
```

정답

```
07        { 5, 6, 3, 4 },   /*  initializers for row indexed by 1  */
22           printf(" a[%d][%d] %d  ", i, j, a[i][j]);
```

내용점검 연습

01 다음에서 서술 내용이 맞으면 ○, 틀리면 × 하시오.

❶ 배열 선언 시 초기값 지정이 없더라도 배열크기는 명시되지 않을 수 있다. (　)

❷ 배열의 크기를 지정하는 부분에는 변수, 양수의 정수 상수와 기호 상수 또는 이들의 연산식이 올 수 있다. (　)

❸ 첫 번째 배열원소를 접근하는 첨자 값은 1이다. 다음 두 번째 원소는 2이다. (　)

❹ 배열 선언 후 배열원소를 접근하려면 배열이름 뒤에 대괄호 사이 첨자(index)를 이용한다. (　)

❺ 배열에서 첨자의 유효 범위를 벗어나 원소를 참조하면 실행오류가 발생한다. (　)

❻ 배열 선언 초기화 구문에서 배열크기는 생략할 수 있는데, 생략하면 중괄호 사이에 기술된 원소 수가 배열크기가 된다. (　)

❼ 2차원 배열 선언 시 초기값을 저장하지 않아도 행의 크기는 생략할 수 있다. (　)

02 다음에서 비어있는 부분을 적당히 채우시오.

❶ (　　)은 한 자료유형의 저장공간인 원소를 동일한 크기로 지정된 배열크기만큼 확보한 연속된 저장공간이다.

❷ 배열을 구성하는 각각의 항목을 배열의 (　　　　)라 한다.

❸ 2차원 배열은 테이블 형태의 구조를 나타낼 수 있으므로 (　　　)과 (　　　　)의 구조로 표현할 수 있다.

❹ 2차원 배열 선언 int num[3][4];으로 할당되는 배열원소 수는 (　)개이다.

❺ 2차원 배열의 행과 열에서 첫 번째 행의 모든 원소가 메모리에 할당된 이후에 순차적으로 연속된 메모리에 두 번째 행의 원소가 할당된다. C 언어와 같은 배열의 이러한 특징을 (　) 우선 배열이라 한다.

❻ 2차원 배열 선언 초기값 지정에서 첫 번째 대괄호 내부의 (　　　)는 명시하지 않을 수 있다.

❼ 2차원 배열 x[][]에서 2차원 배열의 행의 수는 (　　　　　　　　)로 계산할 수 있다.

03 다음 각각의 문제에서 가장 적절한 것을 하나 선택하시오.

❶ 다음은 배열에 대한 설명이다. 다음 중에서 잘못 설명하고 있는 것은 무엇인가? ( )

가) 배열크기로 변수는 사용할 수 없다.

나) 배열원소의 자료형으로 모든 기본 자료형을 사용할 수 있다.

다) 배열은 다차원 배열을 사용할 수 있다.

라) 배열크기로 const 상수를 사용할 수 있다.

❷ 다음은 배열 선언 문장이다. 다음 중에서 잘못된 문장은 무엇인가? ( )

가) double ouput[3, 4]; 나) int height[20];

다) short weight[5][4][3]; 라) char ch[3];

❸ 다음 배열 선언 이후 출력 값이 다른 것은 무엇인가? ( )

```
int m[] = { 3, 2, 1 };
```

가) printf("%d\n", m); 나) printf("%d\n", sizeof(m[0]) − 1);

다) printf("%d\n", m[0]); 라) printf("%d\n", ++m[1]);

❹ 다음 배열 선언 이후 출력 값이 다른 것은 무엇인가? ( )

```
int a[][3] = {1, 2, 3, 4, 5, 6};
```

가) printf("%d\n", a+1); 나) printf("%d\n", a[1]);

다) printf("%d\n", *(a+1)); 라) printf("%d\n", a[1][0]);

❺ 다음 중에서 잘못된 문장은 무엇인가? ( )

가) double sum[4] = {3.4, 5.6, 6.2}; 나) int sum[] = {2, 3, 4, 5, 6};

다) double sum[][3] = {1, 2, 3, 4, 5, 6}; 라) double sum[][] = {3.2, 2.3, 5.2, 5.9, 4.8};

❻ 다음 문장 이후 각각의 출력 값이 다른 것은 무엇인가? ( )

```
int n[][3] = { 3, 4, 5, 6, 9, 6, 4, 3, 5, 4 };
```

가) printf("%d\n", m[0][1]);

나) printf("%d\n", sizeof(n[1][1]));

다) printf("%d\n", sizeof(n) / sizeof(n[1]));

라) printf("%d\n", sizeof(n[1]));

❼ 다음 문장 이후에 이어질 바른 문장은 무엇인가? ( )

```
const int size = 3;
int data[] = { 1, 2, 3 };
```

가) int count[size] = { 3, 4, 5 };

나) data[size − 1] = 5;

다) data[3] = 8;

라) data = 5;

❽ 다음 문장의 출력 값은 무엇인가? ( )

```
short s[][3] = { 3, 8, 7, 2, 5, 1, 4};
printf("%d\n", sizeof(s) + sizeof(s[0]) + sizeof(s[1][1]));
```

가) 24

나) 26

다) 28

라) 30

04 다음 설명에 대한 배열 선언 문장을 작성하시오.

❶ 12개의 int형 배열

❷ 배열이름 month를 선언하면서 초기값으로 말일을 저장(단 2월은 28로 저장)

❸ 3행 4열의 double형 2차원 배열

❹ 2행 3열의 int형 2차원 배열을 선언하면서 초기값으로 13, 56, 69, 36, 72, 6을 저장

❺ 5개의 int형 배열을 선언하면서 초기값을 모두 0으로 저장

05 다음 2차원 배열 선언 문장에 대하여 다음 각각의 연산식 결과를 기술하시오.

```
int score[][3] = {3, 5, 6, 9, 2, 5, 7, 8, 9, 1}
```

❶ sizeof (int)

❷ sizeof (score)

❸ sizeof (score[1])

❹ sizeof (score[0][0])

❺ sizeof (score[0][1])

❻ sizeof (score) / sizeof (score[0])

❼ sizeof (score[0]) / sizeof (score[0][0])

❽ sizeof (score) / sizeof (score[0][0])

06 다음 문장에서 문법오류 및 실행오류를 찾아 수정하시오.

❶ int temperature[];

❷ int input(3);

❸ int score[4] = {3.1, 4.5};

❹ double[3] eval[4];

❺ double unit[2][3] = {1.1 2.3 3.4};

❻ double price[3][4] = {{1.1, 2.3, 3.4, 5.6, 2.1}};

❼ double amount[][3] = {{3.1, 5.4, 7.3} {4.3}};

❽ double time[2][] = {{6.1, 7.2}, {3.4, 5.6}, {3.9}};

07 다음에서 설명하는 문장을 작성하시오.

❶ double형 배열 real을 선언하면서 값 2.13, 5.71, 2.87, 7.89를 초기화하는 문장

❷ int형 2차원 배열 two[3][4]을 선언하는 문장과 메모리 순서로 6번째에 20을 저장하는 문장

❸ int형 배열 cnt에서 원소 20개를 0으로 초기화하는 문장

❹ int형 2차원 배열 matrixA에서 다음을 행렬을 초기화하는 분장

$$\begin{pmatrix} 12 & 23 \\ 3 & 73 \\ 43 & 2 \end{pmatrix}$$

❺ int형 2차원 배열 matrixB에서 다음을 행렬을 초기화하는 문장

$$\begin{pmatrix} 2 & 16 \\ 5 & 2 \\ 7 & 34 \end{pmatrix}$$

❻ int형 3차원 배열 matrix에서 위 두 행렬을 초기화하는 문장

$$\begin{pmatrix} 12 & 23 \\ 3 & 73 \\ 43 & 2 \end{pmatrix} \quad \begin{pmatrix} 2 & 16 \\ 5 & 2 \\ 7 & 34 \end{pmatrix}$$

❼ int형 3차원 배열 three[2][2][3]을 선언하는 문장과 메모리 순서로 7번째에 6을 저장하는 문장

08 다음 프로그램에서 문법오류 및 실행오류를 찾아 수정하시오.

❶

```
#include <stdio.h>
int main(void)
{
   int price[3] = {1000, 5000, 10000, 50000};
   double rates[];
   rates[] = { 32.3, 28.3, 89.1 };
   int matrixA[][3] = { 3, 4, 5, 7, 8, 9 };
   printf("%d %.1f %d\n", price[3], rates[3], matrixA[2][2]);
   return 0;
}
```

❷
```c
#include <stdio.h>
#include <stdio.h>
int main(void)
{
   int data[] = { 3, 5, 6, 9, 2 };
   for (int i = 0; i <= 5; i++)
      printf("%d ", data[i]);
   puts("");
   return 0;
}
```

09 다음 프로그램의 결과를 기술하시오.

❶
```c
#include <stdio.h>
int main(void)
{
   int year[] = { 2016, 2018, 2020, 2022, 2024 };
   printf("%d\n", year[2]);
   for (int i = 0; i < 5; i++)
      year[i] += i * 10;
   printf("%d\n", year[2]);
   return 0;
}
```

❷
```c
#include <stdio.h>
int main(void)
{
   int i[][3] = {
      2, 5, 3,
      8, 4
   };
   printf("%d %d\n", i[1][1], i[1][2]);
   printf("%d %d\n", (int) sizeof(i), (int)sizeof(i[0]));
   return 0;
}
```

프로그래밍 연습

01 배열의 크기는 5로 선언해 정수 입력 값 4개를 저장하고 마지막 원소에는 앞 4개의 합을 저장 한 후, 배열의 모든 원소를 출력하는 프로그램을 작성하시오. 난이도: ★

```
Microsoft Visual Studio 디버그 콘솔
4 개의 정수 입력 >> 2 5 4 7
2 5 4 7 18
```

02 다음을 참고로 배열을 초기화하고 반복문을 사용하여 배열의 모든 원소를 출력하는 프로그램을 작성하시오. 난이도: ★

- 배열 double degree[] = {−5.34, 3.67, 19.76, 28.76, 35.63};
- 배열의 크기를 계산하여 변수 size에 저장해 반복문에서 사용

```
Microsoft Visual Studio 디버그 콘솔
배열 원소 값을 출력
-5.34 3.67 19.76 28.76 35.63
```

03 다음을 참고로 배열에서 모든 원소의 값을 모두 10씩 증가시키는 프로그램을 작성하시오. 난이도: ★

- 배열 int data[] = {3, 21, 35, 57, 24, 82, 8};
- 모든 원소에서 10씩 증가시키기 위해서 data[i]와 반복문을 사용

```
Microsoft Visual Studio 디버그 콘솔
배열 원소 값을 출력
13, 31, 45, 67, 34, 92, 18
```

04 다음을 참고로 두 배열을 서로 연결하는 프로그램을 작성하시오. 난이도: ★★

- 배열 int a[] = {32, 56, 7, 8, 24};

- 배열 int b[] = {3, 21, 35, 57, 24, 82, 8};
- 변수 두 개에 배열 a와 b의 원소 수를 각각 연산하여 저장
- 배열 int c[]는 배열 a와 원소를 먼저 저장하고 계속해서 뒤이어 배열 b의 원소를 모두 저장
- 배열 c의 모든 원소를 출력

```
Microsoft Visual Studio 디버그 콘솔
두 배열을 연결한 배열의 원소 값을 출력
32 56 7 8 24 3 21 35 57 24 82 8
```

05 다음과 같이 1차원 배열을 복사하여 결과를 알아보는 프로그램을 작성하시오. 난이도: ★

- int a[] = { 4, 7, 9, 3, 6 };
- int b[] = { 10, 20, 30, 40, 50, 60 };
- 배열 a의 첫 번째 원소부터 n번째 원소까지 같은 순서대로 배열 b로 값을 복사
- 결과인 배열 b를 모두 출력

```
Microsoft Visual Studio 디버그 콘솔
b[] = 4 7 9 3 6 60
```

06 배열을 사용하여 98.56, 78.62, 78.69, 89.32, 95.29를 초기화하여 출력하고 배열의 총합과 평균을 구하여 출력하는 프로그램을 작성하시오. 난이도: ★

```
Microsoft Visual Studio 디버그 콘솔
98.56 78.62 78.69 89.32 95.29
배열의 합은 440.480이며 평균은 88.096입니다.
```

07 0에서 9까지의 정수 중에서 20개의 수를 입력 받아 가장 많이 입력 받은 빈도 수는 무엇이고, 몇 번인지 출력하는 프로그램을 작성하시오. 난이도: ★★

```
Microsoft Visual Studio 디버그 콘솔
0에서 9까지의 정수를 입력하시오.
1 2 3 4 5 6 7 8 9 0 1 1 1 4 5 6 7 8 9 9

0 ~ 9 중 가장 많이 나온 수는 1이고, 4번 나왔습니다.
```

08 달의 말일을 배열 month에 저장하고 연도와 월을 표준입력으로 받아 그 해 그 달의 말일을 출력하는 프로그램을 작성하시오. 난이도: ★

```
Microsoft Visual Studio 디버그 콘솔
년과 월을 다음과 같이 입력하면 그 달의 말일을 알려드립니다.
2024 2 : 입력 >> 2021 2
2021년 2월의 말일은 28일입니다.
```

09 반복문을 이용하여 다음과 같은 수를 배열 10개에 순서대로 저장하고 이 값을 출력하는 프로그램을 작성하시오. 난이도: ★

- 1/(2*3), 1/(3*4), 1/(4*5), …, 1/(11*12)

```
Microsoft Visual Studio 디버그 콘솔
data[0] = 0.167
data[1] = 0.083
data[2] = 0.050
data[3] = 0.033
data[4] = 0.024
data[5] = 0.018
data[6] = 0.014
data[7] = 0.011
data[8] = 0.009
data[9] = 0.008
```

10 다음 [C 프로그래밍] 점수를 2차원 배열에 저장하고, 각 학생의 합과 평균을 구하여 출력하는 프로그램을 작성하시오. 난이도: ★

	중간1	중간2	기말1	기말2
이현수	97	90	88	95
김기수	76	89	75	83
김범용	60	70	88	82
장기태	83	89	92	85
이명수	75	73	72	78

```
Microsoft Visual Studio 디버그 콘솔
     이름    중간  중간  기말  기말
==================================================
    이현수    97    90    88    95     370   92.50
    김기수    76    89    75    83     323   80.75
    김범용    60    70    88    82     300   75.00
    장기태    83    89    92    85     349   87.25
    이명수    75    73    72    78     298   74.50
```

11 다음 표의 가로 합과 세로 합, 그리고 모든 수의 합을 구하는 프로그램을 작성하시오. 난이도: ★★

78	48	78	98
99	92	83	29
29	64	83	89
34	78	92	56

```
Microsoft Visual Studio 디버그 콘솔
다음표의 세로와 가로합, 그리고 모든합을 구합니다.

---------------------------------
|  78 |  48 |  78 |  98 |
|  99 |  92 |  83 |  29 |
|  29 |  64 |  83 |  89 |
|  34 |  78 |  92 |  56 |
---------------------------------

위 표의 세로와 가로합, 그리고 모든합을
각각 행과 열의 마지막에 구합니다.

---------------------------------
|  78 |  48 |  78 |  98 | 302 |
|  99 |  92 |  83 |  29 | 303 |
|  29 |  64 |  83 |  89 | 265 |
|  34 |  78 |  92 |  56 | 260 |
| 240 | 282 | 336 | 272 |1130 |
---------------------------------
```

12 다음 4 x 3의 행렬에서 두 행렬의 합과 차를 구하는 프로그램을 작성하시오. 난이도: ★★

- 배열에서 같은 첨자의 행과 열에 대응하는 원소의 합과 차를 구하는 연산

46	79	78
35	57	28
43	68	76
56	78	98

78	35	99
85	82	34
58	69	29
34	59	35

```
Microsoft Visual Studio 디버그 콘솔

위의 두 행렬 합의 결과값입니다.
-----------------
|  124|  114|  177|
|  120|  139|   62|
|  101|  137|  105|
|   90|  137|  133|
-----------------

위의 두 행렬 차의 결과값입니다.
-----------------
|  -32|   44|  -21|
|  -50|  -25|   -6|
|  -15|   -1|   47|
|   22|   19|   63|
-----------------
```

Perfect **C**

CHAPTER 09

함수 기초

학습목표

▶ **함수에 대해 이해하고 설명할 수 있다.**
- 함수의 개념, 함수의 입력과 반환
- 라이브러리와 사용자 정의 함수

▶ **함수를 사용하기 위한 함수 정의, 함수 호출, 함수원형을 이해하고 설명할 수 있다.**
- 함수 정의에서의 함수머리와 함수몸체
- 함수 호출 방법 및 실행 순서
- 함수원형 구문과 필요성

▶ **재귀함수의 정의와 구현방법을 이해하고 설명할 수 있다.**
- n!에서 재귀 특성을 파악하여 구현
- 재귀함수의 실행과 장단점

▶ **라이브러리 함수를 이해하고 기본적인 라이브러리를 사용할 수 있다.**
- 난수를 위한 함수 rand()의 이용과 시드 값을 위한 srand()의 사용
- 문자와 수학 관련 함수의 이용

학습목차

9.1 함수 정의와 호출

함수의 이해

함수 개념

프로그래밍을 하다 보면 매번 되풀이하는 일정한 작업을 반복적으로 처리하는 일이 흔히 발생한다. 프로그램에서 **이러한 특정한 작업을 처리하도록 작성한 프로그램 단위를 함수(function)**라고 한다. **함수[1]는 필요한 입력을 받아 원하는 어떤 기능을 수행한 후 결과를 반환(return)하는 프로그램 단위이다.** 즉 함수는 프로그램에서 원하는 특정한 작업을 수행하도록 설계된 독립된 프로그램 단위이다. 결국 C 프로그램이란 여러 함수로 구성되는 프로그램이다. 즉 함수 main()도 이미 이름이 지정된 함수로서 프로그램의 실행이 시작되는 특수한 함수이다. 그러므로 **C 프로그램은 최소한 main() 함수와 필요한 다른 함수로 구성되는 프로그램이다.**

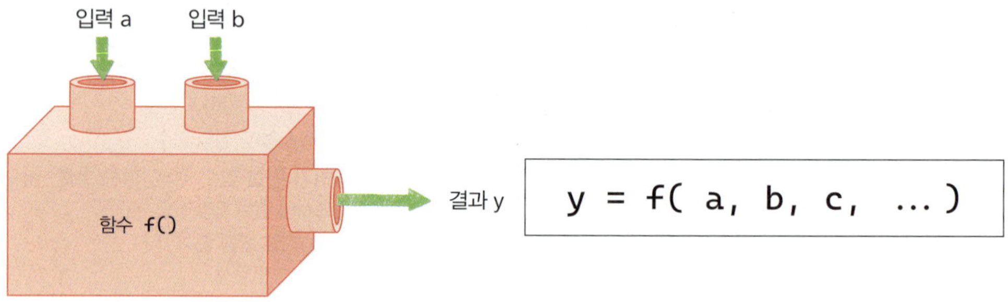

그림 9-1 함수 개념

라이브러리와 사용자 정의 함수

함수는 라이브러리 함수(library function)와 사용자 정의 함수(user defined function)로 구분할 수 있다. 라이브러리 함수는 간단히 라이브러리(library) 또는 표준 함수(standard function)라고도 부른다. 사용자 정의 함수는 필요에 의해서 개발자가 직접 개발하는 함수를 말한다. 라이브러리는 printf()나 scanf()와 같이 이미 개발환경에 포함되어 있는 함수이다. 라이브러리처럼 적절히 구현된 함수는 함수 내부 구현 방법은 전혀 몰라도 입력과 반환 값만 이해하면 쉽게 사용할 수 있다. 우리는 필요한 라이브러리 함수를 이용하여 원하는 프로그램을 개발할 수 있다. 라이브러리 함수의 이용은 원하는 책을 도서관에서 대출 받아 이용하는 방식과 같다고 볼 수 있다. 하나의 프로그램이란 라이브러리와 개발자가 만든 여러 함수로 구성된다.

---

[1] 공학에서 어떤 입력에 의하여 적절한 출력을 주는 장치를 블랙박스(black box)라 하는데 함수도 소프트웨어에서 다루는 하나의 블랙박스라 할 수 있다.

함수 정의와 호출

C 프로그램은 main() 함수의 첫 줄에서 시작하여 마지막 줄을 마지막으로 실행한 후 종료한다. **사용자가 직접 개발한 함수를 사용하기 위해서는 함수 선언(function declaration)과 함수 호출(function call), 함수 정의(function definition)가 필요하다.** 하나의 응용 프로그램은 하나의 main() 함수와 여러 개의 다른 함수로 구성되며 필요에 따라 여러 소스파일로 나누어 프로그래밍할 수 있다.

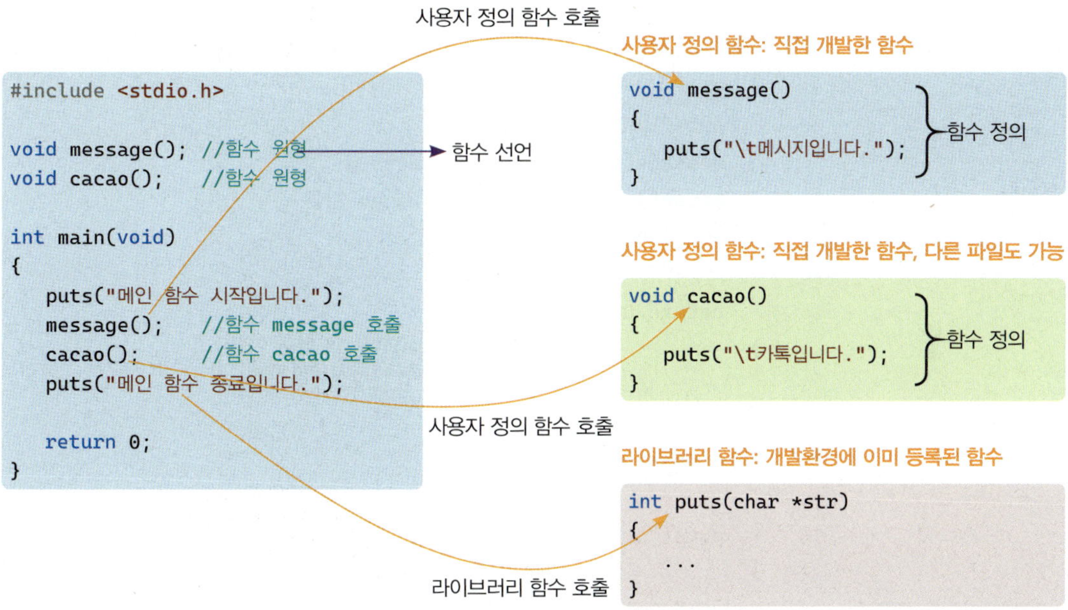

그림 9-2 함수 선언과 함수 호출, 함수 정의

위 그림은 사용자 정의 함수 message()와 cacao() 2개를 구현하여 호출하고 있는 프로그램을 설명하고 있다. 다음 예제는 위 그림의 함수를 2개의 파일로 구현하고 있는 프로젝트다. 함수 구현은 프로젝트에 추가된 어느 파일에서도 가능하다. 함수 message()는 함수 main()이 구현된 동일한 파일 01basefunc.c에서 구현되었고, 함수 cacao()는 다른 파일인 01catalk.c에서 구현되었다. 변수의 선언처럼 함수원형은 함수 호출 이전에 명시되어야 한다. 다음 소스에서는 3, 4줄에서 함수원형이 배치되었고 9, 10줄에서 함수 호출이 구현되었다.

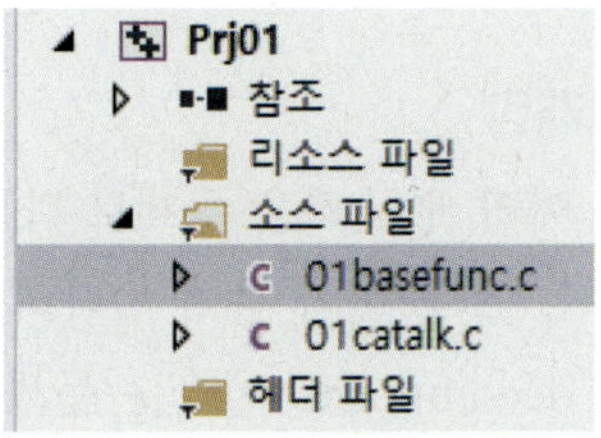

그림 9-3 프로젝트 Prj01의 두 소스파일

실습예제 9-1	Prj01	01basefunc.c 01catalk.c	함수 정의와 호출	난이도: ★

소스파일 01basefunc.c

```c
#include <stdio.h>

void message();        //함수원형
void cacao();          //함수원형

int main(void)
{
   puts("메인 함수 시작입니다.");
   message();          //함수 message 호출
   cacao();            //함수 cacao 호출
   puts("메인 함수 종료입니다.");

   return 0;
}

//함수 message 구현
void message()
{
   puts("\t메시지입니다.");
}
```

함수원형은 함수 호출이 되는 파일의 상단에 배치.

함수 message()의 구현도 다른 01catalk.c나 다른 파일에서 구현 가능

소스파일 01catalk.c

```c
// 함수 main()과 다른 파일에 함수 구현 가능
void cacao()
{
   puts("\t카톡입니다.");
}
```

결과

```
메인 함수 시작입니다.
        메시지입니다.
        카톡입니다.
메인 함수 종료입니다.
```

절차적 프로그래밍

주어진 문제를 여러 개의 작은 문제로 나누어 해결하듯이, 하나의 프로그램은 여러 함수로 나누어 프로그래밍할 수 있다. 이와 같이 하나의 프로그램을 작은 단위의 여러 함수로 나누는 것은 문제 분해(problem decomposition)라는 문제 해결의 한 방법이다. 나뉘어진 각각의 함수[2] 단위로 구

[2] 프로시저(procedure)와 서브루틴(subroutine) 모두 함수(function)와 같은 의미이다.

현하면 대규모 프로그램도 개발하기 쉽다. **적절한 함수로 잘 구성된 프로그램을 모듈화 프로그램(modular program) 또는 구조화된 프로그램(structured program)이라 한다. 한번 정의된 함수는 여러 번 호출이 가능하므로 소스의 중복을 최소화하여 프로그램의 양을 줄이는 효과를 가져온다.** 또한 잘 구현된 함수는 라이브러리와 같이 여러 프로그램에서 손쉽게 이용이 가능하며 유지관리도 쉽다. **이러한 함수 중심의 프로그래밍 방식을 절차적 프로그래밍[3](procedural programming) 방식이라 한다.**

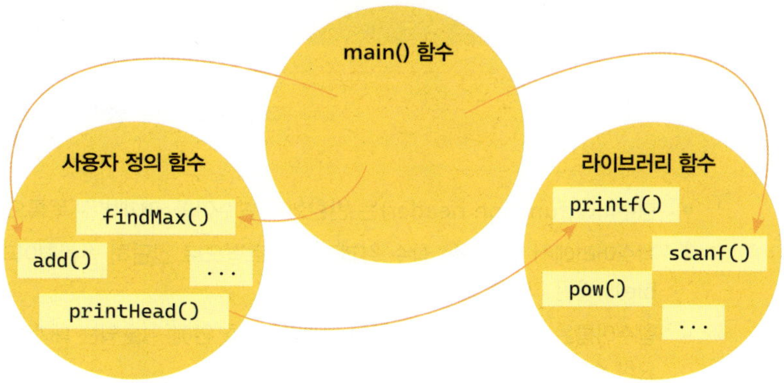

그림 9-4 절차적 프로그래밍

중간점검

01 함수를 설명하시오.

02 라이브러리와 사용자 정의 함수를 구분하여 설명하시오.

03 절차적 프로그래밍 방식이 아닌 다른 방식을 하나 설명하시오.

함수 정의

함수 정의 구문

함수 정의(function definition)는 함수머리(function header)와 함수몸체(function body)로 구성된다. 지금까지 살펴본 예제 프로그램이 바로 main() 함수 정의를 구현한 프로그램이다. 즉 main() 함수 자체가 함수머리이며 함수몸체에서 프로그램을 구현한 것이다.

[3] 참고로 객체지향 프로그래밍 방식은 객체 위주의 프로그래밍 방식으로 C++, 자바(java), 파이썬(python) 언어 등이 대표적인 객체지향 프로그래밍 언어이다.

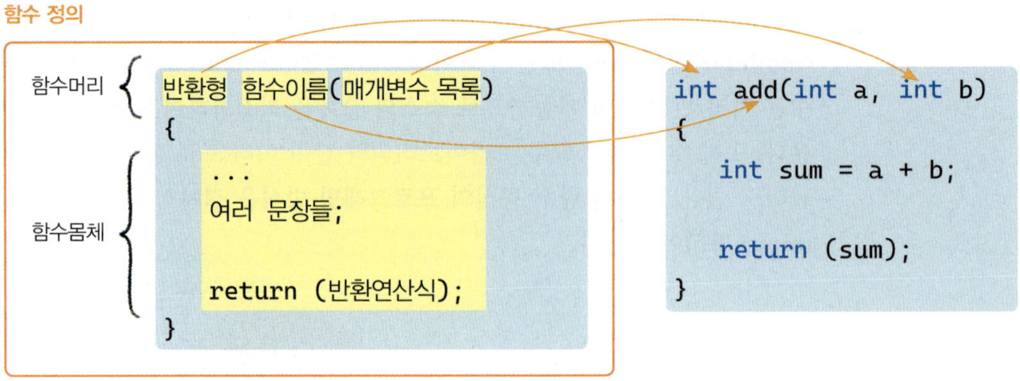

그림 9-5 함수 정의 구문

- 함수머리(function header)는 반환형과 함수이름, 매개변수 목록으로 구성된다.
- 함수머리에서 반환형은 함수 결과값의 자료형으로 간단히 반환형이라 부른다. 이 반환형은 int, float, double과 같은 다양한 자료형이 올 수 있다.
- 함수이름은 식별자의 생성규칙을 따른다. 괄호 안에 기술되는 매개변수 목록은 '자료형 변수이름'의 쌍으로 필요한 수만큼 콤마로 구분하여 기술된다.
- 함수몸체(function body)는 {…}와 같이 중괄호로 시작하여 중괄호로 종료된다.
- **함수몸체는 함수가 수행해야 할 문장들로 구성된다.** 함수몸체의 마지막은 대부분 결과값을 반환하는 return 문장으로 종료된다. 결과값이 없다면 생략 가능하다.

이름 add로 두 정수의 합을 구하는 함수를 정의해 보자.

- 함수머리는 int add(int a, int b)로 쓸 수 있으며, 함수몸체는 { int sum = a + b; return (sum); }으로 구현할 수 있다.
- 함수이름에 이어 나오는 (int a, int b)를 매개변수(parameter variable)라 한다.
- 매개변수가 정수이므로 반환형은 int로 하고, 함수이름은 add, 매개변수 목록은 2개이므로 int a, int b로 구성한다.
- 함수몸체에서는 매개변수 이름이 a, b이므로 이들의 합을 구하여 반환한다. 물론 간단히 return (a+b);의 한 문장으로도 가능하다.
- 마찬가지 방법으로 이름 findMax로 매개변수인 두 정수의 최대값을 구하는 함수를 정의하면 다음과 같다.

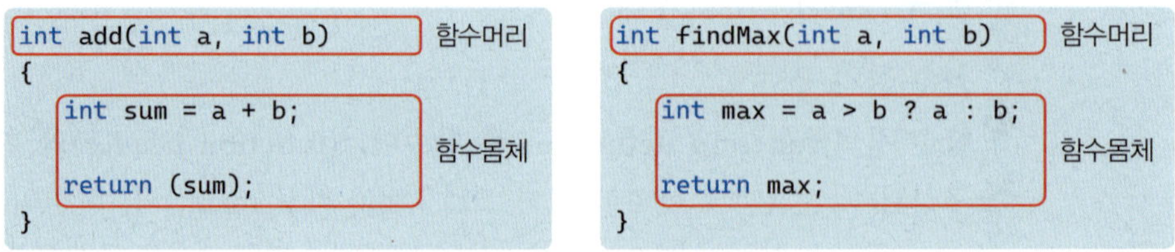

그림 9-6 함수 정의 예

반환형과 return

C 언어 자료형 char, short, int, long, float, double 등은 반환형이나 다음 절에서 배울 매개변수의 자료형으로도 이용 가능하다. 만일 **함수가 반환값이 없다면 반환형으로 void를 기술한다.** 반환형을 아예 생략하면 반환형을 int라고 인식하므로 반환형을 생략하는 것은 적절하지 못하며 반드시 기술하도록 하자.

```
int findMin(int x, int y)
{
    int min = x < y ? x : y;

    return (min);
}
```

```
void printMin(int a, int b)
{
    int min = a < b ? a : b;
    printf("%n", min);

    return;        //생략 가능
}
```

그림 9-7 반환형과 return 문장

return 문장은 함수에서 반환값을 전달하는 목적과 함께 함수의 작업 종료를 알리는 문장이다. 함수몸체에서 결과값을 반환하려면 문장 return (반환연산식); 을 이용한다. 반환연산식은 반환형과 같은 유형의 결과값이 나오는 연산식이다. 반환연산식의 괄호는 생략 가능하다. 함수의 반환형이 void라면 return 문을 사용하지 않거나 또는 (반환연산식) 없이 return만 쓸 수 있다.

return 문장

```
return (반환연산식);
```

```
return 0;
return (a + b);
return 2 * PI * r;
return ;
```

그림 9-8 return 문의 구문과 예

중간점검

01 다음 함수 정의에서 잘못된 부분을 찾아 수정하시오.

```
int add(int a, int b);
{
    int sum = a + b;

    return (sum);
}
```

02 다음 함수머리에서 잘못된 부분을 찾아 수정하시오.

```
void printMin(int a int b)
```

함수 선언과 함수 호출

함수 실행

정의된 함수를 실행하려면 함수 호출(function call)이 필요하다. 즉 함수는 정의만 되었다고 실행되는 것은 아니다. 함수 main() 내부에서 위에서 정의한 함수 add()와 findMax() 등의 함수를 호출해 보자.

- 함수를 호출하려면 함수이름과 함께 괄호 안에 적절한 매개변수가 필요하다. 즉 findMax(a, b), add(a, b), printMin(3, 5)와 같이 호출한다.
- 다만 함수 add(a, b) 또는 findMax(a, b)와 같이 반환값이 있는 함수는 반환된 값을 저장하기 위해 왼쪽에 변수(l-value)가 위치하는 대입연산자가 필요하다.
- 즉 문장 sum = add(5, 7);은 함수 반환값 12를 변수 sum에 저장하는 기능을 수행한다.

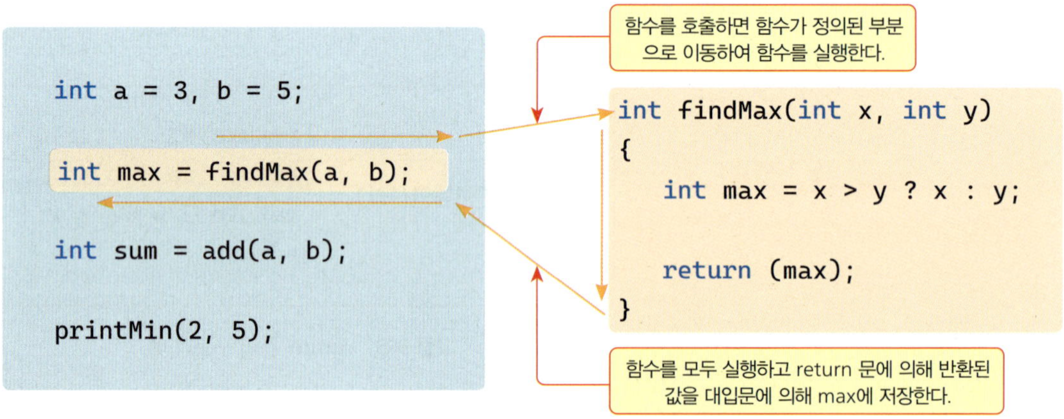

그림 9-9 함수의 호출과 반환값 저장

함수원형

변수를 사용하기 전에 변수를 선언한다. 마찬가지로 함수도 정의된 함수를 호출하기 이전에 함수를 선언하는 함수원형(function prototype)이 필요하다. **함수원형은 함수를 선언하는 문장이다.** 즉 함수원형 구문은 함수머리에 세미콜론을 넣은 문장이라고 볼 수 있다. 즉 위에서 정의한 함수 add의 함수원형은 int add(int a, int b);이다.

- **함수원형 구문에서 매개변수의 변수이름은 아예 생략할 수 있다.** 즉 int add(int, int);도 가능하다.
- 함수원형의 매개변수 정보는 자료형과 개수 그리고 그 순서가 중요하므로 변수이름은 생략할 수 있다.

함수원형

반환형 함수이름(매개변수 목록);

함수원형은 문장이므로 마지막에 세미콜론 ;이 반드시 필요하다.

```
int add(int a, int b);
int add(int, int);
int findMin(int x, int y);
int findMin(int, int);
```

그림 9-10 함수원형 구문

함수 선언은 함수의 사용을 미리 컴파일러에게 알리며 또한 프로그램을 이해하기 쉽게 도와주는 역할을 한다. 함수원형 구현은 함수머리 부분만을 복사하여 main() 함수 위에 붙인 후 세미콜론 ;을 마지막에 삽입하면 간단하다. 함수원형의 위치는 다음과 같이 함수가 호출되는 main() 함수 위에 배치하거나 변수 선언 부분에 배치할 수 있다. 일반적으로 헤더파일 삽입 구문과 main() 함수 사이에 기술하는 것을 선호한다. 위에서 구현한 함수 add()의 함수 정의는 main() 함수 정의 이후에 배치할 수 있다.

함수원형을 함수 main() 위에 배치

```
#include <stdio.h>

int add(int a, int b);           // 함수 선언
//int add(int, int)도 가능

int main(void)
{
   int a = 3, b = 5;

   int sum = add(a, b);          // 함수 호출
   ...

   return 0;
}
int add(int a, int b)            // 함수 정의
{
   int sum = a + b;
   return (sum);
}
```

함수원형을 함수 main() 내부에 배치

```
#include <stdio.h>

int main(void)
{
   int add(int a, int b);        // 함수 선언
   //int add(int, int)도 가능

   int a = 3, b = 5;

   int sum = add(a, b);          // 함수 호출
   ...

   return 0;
}
int add(int a, int b)            // 함수 정의
{
   int sum = a + b;
   return (sum);
}
```

그림 9-11 함수원형 구문과 위치

다음 예제는 함수 add()와 findMin()를 구현한 예제이다. 함수 add()는 함수 호출에 의해 그 실행 결과를 확인할 수 있다.

- 그러나 함수 findMin()는 함수 정의는 구현되었지만 함수 호출이 없어 실행되지 않는다는 것을 알 수 있다. 만일 함수 findMin()을 실행하려면 main() 함수 내부에서 findMin()을 호출해야 한다.

실습예제 9-2	Prj02	02funcadd.c	함수의 정의와 호출	난이도: ★

```c
#include <stdio.h>

//int add(int a, int b);    //이 위치도 가능

int main(void)
{
   int a = 3, b = 5;
   int add(int a, int b);    //int add(int, int)도 가능

   //위 함수원형이 없으면 함수 호출에서 경고 발생
   int sum = add(a, b);
   printf("합: %d\n", sum);

   return 0;
}

//함수 add의 함수 구현 또는 함수 정의 부분
int add(int a, int b)
{
   int sum = a + b;

   return (sum); //괄호는 생략 가능
}

//위 main() 함수에서 호출이 없으므로 이 함수 구현은 실행되지 않음
int findMin(int x, int y)
{
   int min = x < y ? x : y;

   return (min);
}
```

> 변수 sum의 값을 반환하는 return 문장으로 괄호는 생략 가능하며, 함수 호출한 곳으로 매개변수는 a+b의 결과를 반환

결과

```
합: 8
```

중간점검

01 다음 함수원형에서 잘못된 하나는 무엇인가?

```c
int add(int a, int b);
int add(int, int);
int add2(double, double);
int add2(double a double b);
```

02 다음 함수 구현 프로그램에서 잘못된 부분을 찾고 올바르게 수정하시오.

```
#include <stdio.h>

int main(void)
{
   printf("라이브러리 함수\n");
   myprint();
   void myprint(void);

   return 0;
}

void myprint(void)
{
   printf("내가 정의한 함수\n");
}
```

LAB 표준입력으로 받은 두 양의 정수로 거듭제곱을 구하는 함수 intpow()

함수 intpow(int m, int n)는 m의 n제곱승인 m^n을 구하는 함수이다. 표준입력으로 받은 양의 정수 m, n을 사용하여 구현한 intpow(m, n)을 적절히 호출하여 그 결과값을 출력하는 프로그램을 작성해보자.

- 함수 intpow()을 구현

```
정수 m을 n번 제곱합니다.
정수 m n을 계속 입력 >>> 3 4

3의 4 제곱은 81입니다.
```

Lab 9-1 lab1intpower.c 난이도: ★★

```
#define _CRT_SECURE_NO_WARNINGS
#include <stdio.h>

____________________;

int main(void)
{
   int m, n;

   printf("정수 m을 n번 제곱합니다.\n");
   printf("정수 m n을 계속 입력 >>> ");
   scanf("%d %d", &m, &n);

   //함수 호출
   printf("\n%d의 %d 제곱은 %d입니다.\n", m, n, ____________________);

   return 0;
}

int intpow(int m, int n)
{
   int mult = 1, i = 1;

   for (i = 1; i <= n; i++) {
```

```
25            [          ];
26       }
27
28       return mult;
29   }
```

정답

```
04   int intpow(int m, int n);
15       printf("\n%d의 %d 제곱은 %d입니다.\n", m, n, intpow(m, n));
25           mult *= m;
```

9.2 함수의 매개변수 활용

매개변수와 인자

매개변수 정의

함수 매개변수(parameter)는 함수를 호출하는 부분에서 함수몸체로 값을 전달할 목적으로 이용된다. 함수 정의에서 매개변수는 필요한 경우 자료형과 변수명의 목록으로 나타내며 필요 없으면 키워드 void[4]를 기술한다. 함수 매개변수와 반대로 함수를 호출하는 부분에서 함수가 작업을 수행한 후, 다시 함수를 호출한 영역으로 결과값을 전달할 때는 반환 값을 이용한다. 다만 함수 매개변수는 여러 개를 사용할 수 있으나 반환 값은 하나만 이용할 수 있는 제약이 있다.

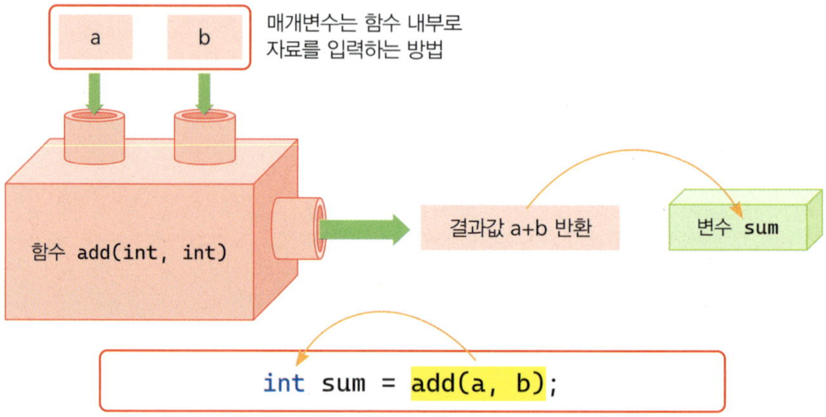

그림 9-12 매개변수와 함수 호출

형식매개변수와 실매개변수

함수 정의에서 기술되는 매개변수 목록의 변수를 형식매개변수(formal parameters)라 한다. 한편 함수를 호출할 때 기술되는 변수 또는 값을 실매개변수(real parameters)와 실인자(real argument)[5]라고 부르며, 간단히 인자(argument)라고도 한다.

- 실인자를 기술할 때는 함수머리에 정의된 자료유형과 순서가 일치하도록 해야 한다. 만일 실인자의 수와 자료형이 다르면 문법오류가 발생한다. 즉 실인자는 상수와 변수, 함수 호출, 그리고 수식도 가능하다.

---

4 간혹 매개변수 목록 부분에 아무것도 기술하지 않는 경우가 있는데 매개변수가 없더라도 void를 기술하도록 하자.

5 함수 머리에 기술되는 매개변수와 구분하여 실제 함수 호출에 기술하는 값이나 변수를 인자(argument)라고 구분하기도 한다. 그러므로 실매개변수는 인자라는 용어로 사용되기도 한다. 우리 책은 형식매개변수와 실매개변수로 구분하였으나 매개변수(parameter)와 인자(argument)로 구분하기도 한다. 또한 인자는 인수라고도 사용된다.

- 형식인자의 변수는 그 함수가 호출되는 경우에 메모리에 할당(allocation)되고 그 함수가 종료되면 메모리에서 자동으로 제거(free, deallocation)된다. 그러므로 **형식매개변수는 함수 내부에서만 사용될 수 있는 변수이다.**

다음 그림의 함수 호출 findMax(a, b)에서 이용되는 실인자 a, b는 함수 정의 int findMax(int a, int b)에서 이용되는 형식인자 a, b와는 전혀 다른 변수이다. 함수가 호출되는 경우 실인자의 값이 형식인자의 변수에 각각 복사된 후 함수가 실행된다. 이를 **값에 의한 호출(call by value)**이라 한다.

- 그러므로 **값에 의한 호출(call by value)의 함수에서 매개변수의 값을 수정하더라도 함수를 호출한 곳에서의 실제 변수의 값은 변화되지 않는 특징**을 갖는다.

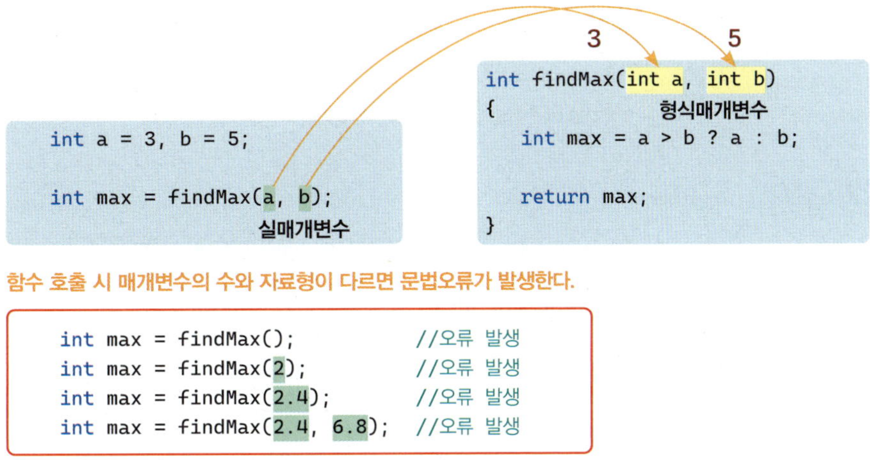

그림 9-13 형식매개변수와 실매개변수

다음 프로젝트는 위에서 설명한 함수를 두 소스 03functioncall.c, 03others.c로 나누어 구현하고 있다.

실습예제 9-3	Prj03	03functioncall.c 03others.c	함수의 정의와 호출	난이도: ★
소스파일	03functioncall.c			

```c
#include <stdio.h>

int add(int a, int b);          //int add(int, int)도 가능
int findMax(int, int);          //int findMax(int a, int b)도 가능
void printMin(int, int);        //int printMin(int a, int b)도 가능

int main(void)
{
```

```c
    int a = 10, b = 15;

    int max = findMax(a, b);
    printf("최대: %d\n", max);
    printf("합: %d\n", add(a, b));

    //반환값이 없는 함수 호출은 일반문장처럼 사용
    printMin(a, b);

    return 0;
}

void printMin(int a, int b)
{
    int min = a < b ? a : b;
    printf("최소: %d\n", min);
}
```

함수 printMin()을 호출하여 a와 b 중에서 작은 값을 함수 정의에서 바로 출력하는데, printMin()은 반환값이 없으므로 대입문의 오른쪽에 r-value로 사용할 수 없음

소스파일 03others.c

```c
//함수 add, findMax, findMin, printMin 구현
int add(int a, int b)
{
    int sum = a + b;

    return (sum);
}

int findMax(int a, int b)
{
    int max = a > b ? a : b;

    return max;
}

int findMin(int x, int y)
{
    int min = x < y ? x : y;

    return (min);
}
```

결과

```
최대: 15
합: 25
최소: 10
```

TIP 함수 선언인 함수원형과 함수 구현에서 주의점

함수 내부와 같은 범주에서 변수가 동일한 이름으로 여러 개 선언할 수 없듯이 함수도 동일한 이름으로 여러 개의 함수를 사용할 수 없다. 마찬가지로 하나의 함수에서 매개변수 이름도 같을 수 없다. 다음은 함수 구현에서 주의해야 할 내용이다.

- 같은 범주에서 동일한 함수 이름을 여러 개 사용할 수 없다.
- 하나의 함수에서 매개변수 이름은 모두 달라야 한다.
- 함수 내부에서 return 문은 여러 개 사용될 수 있으며, return 문은 함수를 종료한다.
- 함수 호출 시 형식매개변수는 실매개변수의 유형과 개수가 일치해야 한다.

중간점검

01 형식매개변수와 실매개변수를 구분하여 설명하시오.

02 함수의 반환값이나 형식매개변수가 없는 경우 사용하는 키워드는 무엇인가?

매개변수로 배열 사용

배열이름으로 전달

함수의 매개변수로 배열을 전달한다면 한 번에 여러 개의 변수를 전달하는 효과를 가져온다. 다음과 같이 배열을 매개변수로 하는 함수 sum()을 생각해보자. **함수 sum()은 실수형 배열의 모든 원소의 합을 구하여 반환하는 함수**이다.

- 함수 sum()의 형식매개변수는 실수형 배열 double ary[]와 배열크기 int n으로 한다.
- 첫 번째 형식매개변수에서 배열 자체에 배열크기를 기술하는 것은 아무 의미가 없다. 그러므로 double ary[5]보다는 double ary[]라고 기술하는 것을 권장한다.
- 실제로 함수 내부에서 실인자로 전달되는 배열크기를 알 수 없다. 그러므로 배열크기를 두 번째 인자로 사용한다.

만일 배열크기를 인자로 사용하지 않는다면 정해진 상수를 함수 정의 내부에서 사용해야 할 것이다. 그러나 이런 방법은 배열크기가 변하면 소스를 수정해야 하므로 비효율적이다. 배열크기에 관계없이 배열 원소의 합을 구하는 함수를 만들려면 배열크기도 하나의 인자로 사용해야 한다.

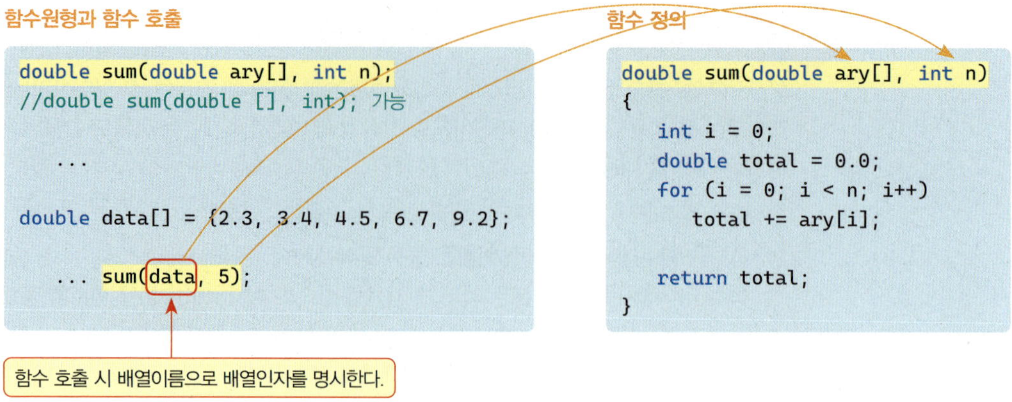

그림 9-14 함수에서 배열 전달을 위한 함수원형과 함수 호출 그리고 함수 정의

함수에서의 배열 전달

함수머리에 배열을 매개변수로 사용하는 방법에 대해 알아보자. **함수머리에 배열을 매개변수로 전달하려면 함수크기를 제외한 int ary[]로 기술한다.** 함수 내부에서는 매개변수로 전달된 배열의 크기를 알 수 없으므로 배열의 크기도 매개변수로 함께 전달해야 한다. 함수를 호출하는 곳에서는 함수이름인 point 또는 &point[0]를 사용한다.

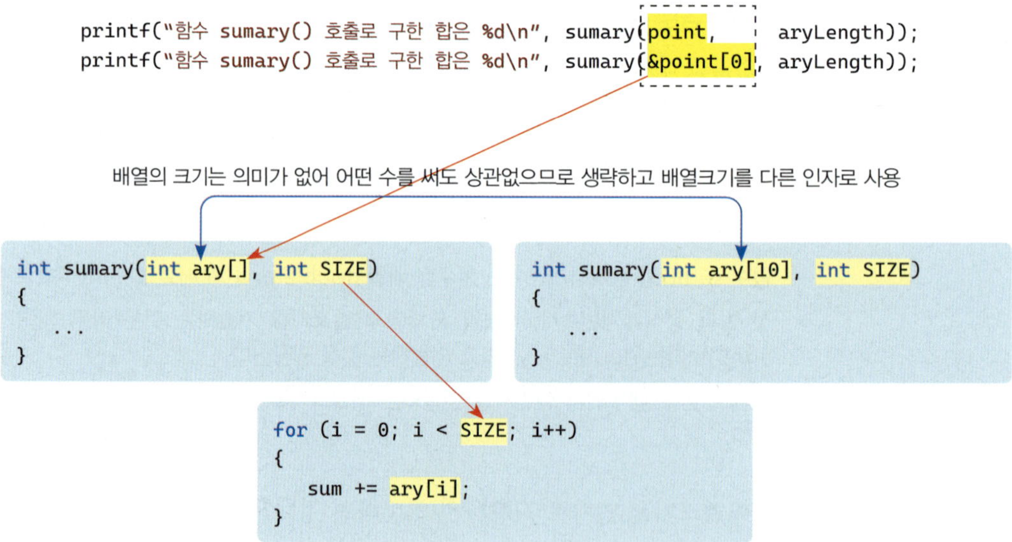

그림 9-15 함수머리의 배열인자와 함수 정의에서 배열원소의 참조 방법

함수 내부에서 배열 매개변수인 ary의 모든 원소의 합을 구하려면 ary[i]로 각각의 배열 원소를 참조할 수 있다. 함수 내부에서 매개변수로 받은 배열을 sizeof 연산자를 사용하더라도 함수 호출하는 곳에서의 배열 전체 크기를 알 수 없다. 그러므로 배열 크기도 매개변수로 전달하도록 한다.

실습예제 9-4 | Prj04 | 04aryparam.c | 함수에서 배열인자를 사용 | 난이도: ★

```c
#include <stdio.h>

int sumary(int ary[], int SIZE);

int main(void)
{
    int point[] = { 95, 88, 76, 54, 85, 33, 65, 78, 99, 82 };

    int arySize = sizeof(point);
    printf("메인에서 배열 전체크기: %d\n", arySize);
    int aryLength = arySize / sizeof(int);

    int sum = 0;
    for (int i = 0; i < aryLength; i++)
        sum += point[i];

    printf("메인에서 구한 합은 %d\n", sum);
    printf("함수 sumary() 호출로 구한 합은 %d\n", sumary(point, aryLength));
    printf("함수 sumary() 호출로 구한 합은 %d\n", sumary(&point[0], aryLength));

    return 0;
}

int sumary(int ary[], int SIZE)
{
    int sum = 0;
    printf("함수에서 배열 전체크기: %d\n", (int) sizeof(ary));
    for (int i = 0; i < SIZE; i++)
    {
        sum += ary[i];
    }

    return sum;
}
```

배열의 실매개변수 사용은 point와 &point[0]로도 가능

함수의 매개변수에 배열을 사용하더라도 배열의 첫 원소 주소만이 전달되므로 배열의 크기를 전달해야 배열에 관한 처리가 가능함. 이것은 배열 크기를 구하는 문장으로, 변수 aryLangth에는 배열크기가 저장됨

이 곳에서는 함수를 호출한 곳에서의 배열 전체 크기를 알 수 없음

결과

```
메인에서 배열 전체크기: 40
메인에서 구한 합은 755
함수에서 배열 전체크기: 8
함수 sumary() 호출로 구한 합은 755
함수에서 배열 전체크기: 8
함수 sumary() 호출로 구한 합은 755
```

2차원 배열이름으로 전달

2차원 배열을 함수 인자로 이용하는 방법을 알아보기 위해, 2차원 배열에서 모든 원소의 합을 구하는 함수를 구현해 보자. **다차원 배열을 인자로 이용하는 경우, 함수원형과 함수 정의의 헤더에서 첫 번째 대괄호 내부의 크기를 제외한 다른 모든 크기는 반드시 기술되어야 한다.** 그러므로 2차원 배열의 행의 수를 인자로 이용하면 보다 일반화된 함수를 구현할 수 있다. 함수 sum()은 인자인 2차원 배열 값을 모두 더하는 함수이며, 함수 printarray()는 인자인 2차원 배열 값을 모두 출력하는 함수이다.

함수원형과 함수 호출

```
...
//2차원 배열값을 모두 더하는 함수원형
double sum(double data[][3], int, int);
//2차원 배열값을 모두 출력하는 함수원형
void printarray(double data[][3], int, int);

...
double x[][3] = { {11, 12}, {21, 22},
{31, 32} };

int rowsize = sizeof(x) / sizeof(x[0]);
int colsize = sizeof(x[0]) / sizeof(x[0][0]);

printarray(x, rowsize, colsize);

... sum(x, rowsize, colsize) ...

...
```

함수 정의

```
//2차원 배열값을 모두 출력하는 함수
void printarray(double data[][3], int rowsize, int colsize)
{

...

}

//2차원 배열값을 모두 더하는 함수
double sum(double data[][3], int rowsize, int colsize)
{
...
    for (i = 0; i < rowsize; i++)
        for (j = 0; j < colsize; j++)
            total += data[i][j];
    return total;
}
```

그림 9-16 배열이 함수인자인 함수원형과 함수 호출 그리고 함수 정의

함수 sum()을 호출하려면 배열이름과 함께 행과 열의 수가 필요하다. **2차원 배열의 행의 수는 다음과 같이 (sizeof(x) / sizeof(x[0]))로 계산할 수 있다. 또한 2차원 배열의 열의 수는 다음과 같이 (sizeof(x[0]) / sizeof(x[0][0]))로 계산할 수 있다. 여기서 sizeof(x)는 배열 전체의 바이트 수를 나타내며 sizeof(x[0])는 1행의 바이트 수, sizeof(x[0][0])은 첫 번째 원소의 바이트 수를 나타낸다.**

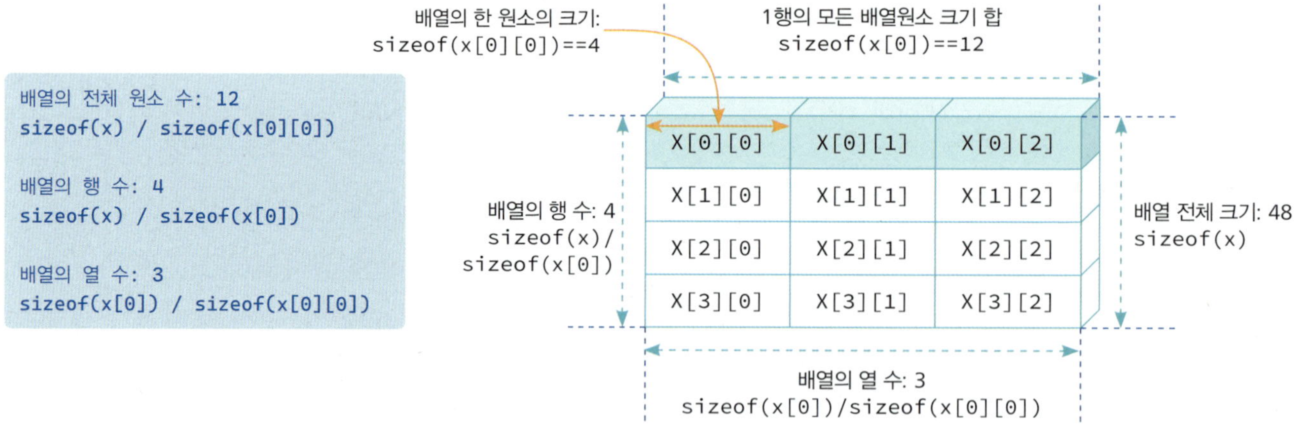

그림 9-17 2차원 배열에서의 행과 열의 수와 전체 배열원소 수 계산

실습예제 9-5 Prj05 05twodaryfunc.c 2차원 배열을 인자로 하는 함수의 정의와 호출 난이도: ★★

```c
#include <stdio.h>

double sum(double data[][2], int, int);    //2차원 배열값을 모두 더하는 함수원형
void printarray(double data[][2], int, int); //2차원 배열값을 모두 출력하는 함수원형

int main(void)
{
   //3 x 2 행렬을 위한 2차원 배열 선언 및 초기화
   double x[][2] = { { 11, 12 }, { 21, 22 }, { 31, 32 } };

   int rowsize = sizeof(x) / sizeof(x[0]);
   int colsize = sizeof(x[0]) / sizeof(x[0][0]);
   printf("2차원 배열의 자료값은 다음과 같습니다.\n");
   printarray(x, rowsize, colsize);
   printf("2차원 배열 원소합은 %.3lf 입니다.\n", sum(x, rowsize, colsize));

   return 0;
}

//배열값을 모두 더하는 함수
double sum(double data[][2], int rowsize, int colsize)
{
   double total = 0;
   for (int i = 0; i < rowsize; i++)
      for (int j = 0; j < colsize; j++)
         total += data[i][j];

   return total;
}

//배열값을 모두 출력하는 함수
void printarray(double data[][2], int rowsize, int colsize)
{
   for (int i = 0; i < rowsize; i++)
   {
      printf("% d행원소: ", i + 1);
      for (int j = 0; j < colsize; j++)
         printf("x[%d][%d] = %5.2lf   ", i, j, data[i][j]);
      printf("\n");
   }
   printf("\n");
}
```

열의 크기는 명시되어야 함

결과	2차원 배열의 자료값은 다음과 같습니다. 1행원소: x[0][0] = 11.00 x[0][1] = 12.00 2행원소: x[1][0] = 21.00 x[1][1] = 22.00 3행원소: x[2][0] = 31.00 x[2][1] = 32.00 2차원 배열 원소합은 129.000 입니다.

중간점검

01 다음 함수는 매개변수인 1차원 배열 ary의 모든 원소를 출력하는 프로그램이다. 잘못된 것을 설명하시오.

```
void printarray(int ary[])
{
   int size = sizeof(ary) / sizeof(ary[0]);
   for (int i = 0; i < size; i++)
      printf("%d ", ary[i]);
}
```

02 다음 함수는 2차원 배열을 매개변수로 받아 처리하는 프로그램이다. 잘못된 것을 설명하시오.

```
void printarray(int ary[][])
{
   ...
}
```

LAB 배열의 모든 원소를 지정한 수만큼 증가시키는 함수 increment()

함수 increment(int ary[], int n, int SIZE)는 배열크기가 SIZE인 배열 ary의 모든 원소를 n만큼 증가시키는 함수이다. 초기화로 선언한 배열 data를 사용하여 모든 원소를 3만큼 증가시키는 함수를 적절히 호출하여 그 결과값을 출력하는 프로그램을 작성해보자.

- 변수 aryLength는 배열의 크기를 저장
- 함수 printary(int data[], int SIZE)는 배열크기가 SIZE인 배열 ary의 모든 원소를 출력하는 함수

```
4 7 2 3 5
배열 원소에 각각 3을 더한 결과:
7 10 5 6 8
```

Lab 9-2 Lab2increment.c 난이도: ★★

```c
#include <stdio.h>

                                          ; //함수 increment의 함수원형
void printary(int data[], int SIZE); //함수 printary의 함수원형

int main(void)
{
   int data[] = { 4, 7, 2, 3, 5 };
   int aryLength = sizeof(data) / sizeof(int);
   int inc = 3;

   printary(data, aryLength); //배열 출력을 위해 printary() 함수 호출
   //배열 원소를 모두 3씩 증가시키기 위해 increment() 함수 호출
                                   
   printf("배열 원소에 각각 %d의 더한 결과: \n", inc);
   printary(data, aryLength); //결과를 알아 보기 printary() 함수 호출

   return 0;
}

//배열크기가 SIZE인 배열 ary의 모든 원소를 n만큼 증가시키는 함수
void increment(int ary[], int n, int SIZE)
{
```

```
24        for (int i = 0; i < SIZE; i++)
25           [          ]
26     }
27
28     //배열크기가 SIZE인 배열 ary의 모든 원소를 출력하는 함수
29     void printary(int data[], int SIZE)
30     {
31        for (int i = 0; i < SIZE; i++)
32           printf("%2d ", data[i]);
33        printf("\n");
34     }
```

정답

```
03     void increment(int ary[], int n, int SIZE);
14        increment(data, inc, aryLength);
25           ary[i] += n;
```

9.3 재귀와 라이브러리 함수

재귀와 함수 구현

재귀 특성

함수 구현에서 자신의 함수를 호출하는 함수를 재귀함수(recursive function)라 한다. 재귀적 특성을 표현하는 알고리즘[6]에서 재귀함수를 이용하면 문제를 쉽게 해결할 수 있고 이해하기도 쉽다. 자주 이용하는 수학 수식에서 재귀적 특성을 살펴보자.

- n의 계승(n factorial)을 나타내는 수식 n! 은 1 * 2 * 3 * . . . * (n-2) * (n-1) * n을 의미하는 수식이다. 즉 n!의 정의에서 보듯 계승은 n!을 정의하는 데 (n-1)!을 사용하는 재귀적 특성을 갖는다.

$$n! \begin{cases} 0! = 1 \\ n! = n * (n-1)! \quad \text{for } (n >= 1) \end{cases}$$

그림 9-18 n! 수식의 정의와 재귀 특성

n!을 구하기 위해서 (n-1)!을 먼저 구한다면 쉽게 n!을 구할 수 있다. (n-1)!을 구하기 위해서는 다시 (n-2)!이 필요하다. 바로 이러한 특성이 재귀적 특성이다. n!을 함수 factorial(n)로 구현한다면 함수 factorial(n) 구현에서 다시 factorial(n-1)을 호출하여 그 결과를 이용할 수 있다. 재귀함수 구현에서 필요한 것은 재귀호출이 종료되는 조건을 파악하는 일이다. 재귀호출의 종료 조건이 없다면 무한 호출이 되어 문제가 발생할 수 있다. 따라서 1!=1을 이용하여 함수 factorial(n)에서 결국 n이 1보다 작거나 같으면 1을 반환하고 종료하도록 구현한다.

먼저 n!을 구하는 알고리즘을 간단히 조건식으로 표현해 보고 이를 바탕으로 함수 factorial()을 구현해 보면 다음과 같다.

```
if  (n <= 1)
     n! = 1
else
     n! = n * (n-1)!
```

```c
int factorial(int num)
{
   if (num <= 1)
      return 1;
   else
      return (num * factorial(num - 1));
}
```

그림 9-19 n! 수식을 위한 함수 factorial()

[6] 알고리즘이란 주어진 문제를 풀기 위한 절차나 방법을 말한다. 즉 알고리즘은 프로그램에서 문장의 실행 순서를 정의하는 방법이라 할 수 있다.

다음 예제는 재귀함수 factorial()을 이용하여 1!에서 10!까지 결과를 출력하는 예제이다.

실습예제 9-6 Prj06 06factorial.c n!을 구현한 재귀함수 난이도: ★

```c
#include <stdio.h>

int factorial(int); //함수원형

int main(void)
{
    for (int i = 1; i <= 10; i++)
        printf("%2d! = %d\n", i, factorial(i));

    return 0;
}

// n! 구하는 재귀함수
int factorial(int number)
{
    if (number <= 1)
        return 1;
    else
        return (number * factorial(number - 1));
}
```

조건식을 만족하면 더 이상 자기 자신인 함수 factorial()을 호출하지 않는다.

결과

```
 1! = 1
 2! = 2
 3! = 6
 4! = 24
 5! = 120
 6! = 720
 7! = 5040
 8! = 40320
 9! = 362880
10! = 3628800
```

재귀 함수의 실행

함수 factorial(n)에서 factorial(3)을 호출한 경우 실행과정을 살펴보자. factorial(3)을 호출하면 함수 factorial(3) 내부에서 다시 factorial(2)를 호출한다. factorial(2)에서는 다시 factorial(1)을 호출한다. 결국 factorial(1) 내부에서 return 1을 실행하면 다시 factorial(2)로 돌아와 반환 값 1을 이용하여 return (2*1)을 실행한다. 계속해서 factorial(3)으로 돌아와 factorial(2)의 결과값인 2를 이용하여 return (3*2)를 실행하면 결국 6을 반환한다. 즉 3!의 결과 6을 얻을 수 있다. 3!을 구하기 위해 내부적으로 2번의 함수 호출이 되었다는 것을 알 수 있다.

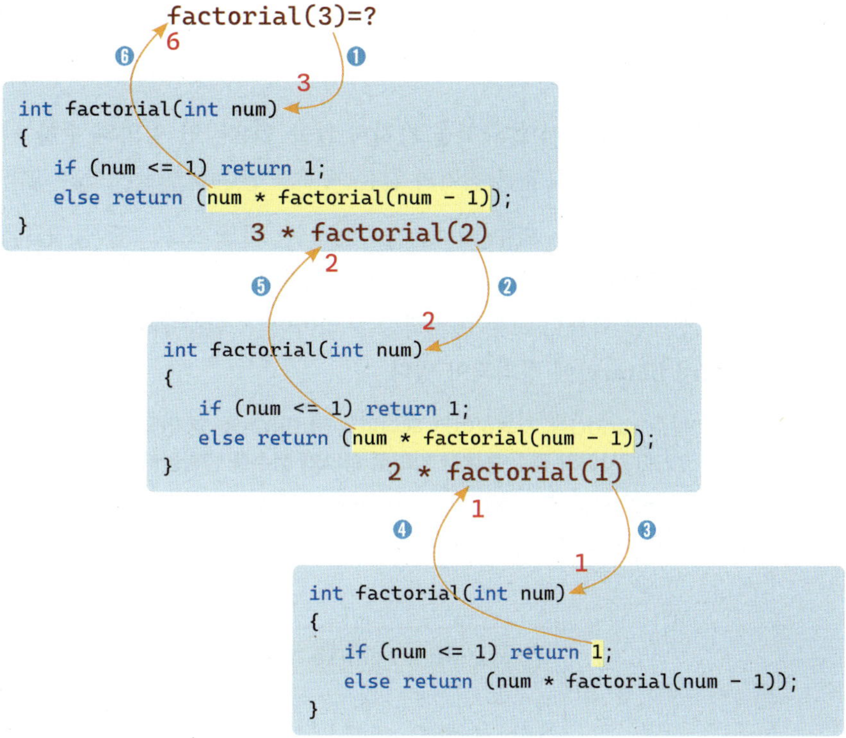

그림 9-20 재귀함수의 실행

재귀함수 장단점

재귀 방법으로 구현한 함수는 대부분 반복구문으로 구현이 가능하다. 그렇다면 재귀 방법과 반복 방법 중 어느 것을 사용하는 것이 좋을까? 일반적으로 **재귀함수는 함수의 호출이 계속되면 시간도 오래 걸리고 메모리의 사용도 많다는 단점**이 있다. 그러므로 속도나 메모리 측면에서 재귀함수의 이용은 효율적이지 않고, 반복 구문으로 비슷한 난이도로 구현이 가능하다면 반복문을 이용하는 것이 바람직하다. 실제 응용 프로그램에서 재귀함수의 이용은 신중히 고려해야 한다. 그러나 문제에 따라 재귀방법이 반복방법보다 훨씬 쉽게 구현할 수 있다. 이런 경우는 재귀방법을 사용할 필요가 있다.

중간점검

01 'n+'를 1부터 n까지의 합이라고 하자. 이 n+를 구하는 방법을 재귀 특성으로 표현해 보시오.

02 위에서 n+를 구하는 함수 nplus()를 구현하시오.

03 위에서 구현한 함수 nplus()를 사용하여 1부터 10까지의 n+를 출력하는 프로그램을 작성하시오.

난수 라이브러리 함수

함수 rand()

특정한 나열 순서나 규칙을 가지지 않는 연속적인 임의의 수를 난수(random number)라 한다. 주사위나 로또 복권 당첨기와 같은 기구가 난수를 발생시키는 장치이다.

난수를 생성하는 함수 rand()를 이용하면 로또 프로그램 등 임의의 수가 필요로 하는 다양한 프로그래밍에 활용할 수 있다. 여기서 임의의 수란 어느 수가 반환될 지 예측할 수 없으며 어느 수가 선택될 확률이 모두 동일하다는 의미이다. **함수 rand()의 함수원형은 헤더파일 stdlib.h(standard library)에 정의되어 있다.**

- 함수 rand()를 사용하려면 헤더파일 stdlib.h를 추가해야 한다. Visual C++에서 **함수 rand()는 0에서 32767사이의 정수 중에서 임의로 하나의 정수를 반환한다.**
- 비주얼 스튜디오의 헤더 파일 stdlib.h 파일에는 함수 rand()의 최대값으로 기호 상수 RAND_MAX를 16진수 0x7fff로 정의하고 있다.

```c
#include <stdlib.h> //rand() 위한 헤더파일 포함

int main(void)
{

   ...
    printf("%5d ", rand());

}
```

함수 rand()를 사용하려면 헤더 파일 stdlib.h를 삽입해야 한다.

함수 rand()는 0에서 32767까지의 정수 중에서 하나를 반환한다

그림 9-21 함수 rand()의 활용

실습예제 9-7 Prj07 07rand.c 난수를 위한 함수 rand()의 이용 난이도: ★

```c
#include <stdio.h>
#include <stdlib.h> //rand()를 위한 헤더파일 포함

int main(void)
{
   printf("0 ~ %5d 사이의 난수 8개: rand()\n", RAND_MAX);
   for (int i = 0; i < 8; i++)
      printf("%5d ", rand());
   puts("");

   return 0;
}
```

기호 상수 RAND_MAX를 16진수 0x7fff로 정의

결과

```
0 ~ 32767 사이의 난수 8개: rand()
   41 18467  6334 26500 19169 15724 11478 29358
```

여러 번 실행에도 항상 같은 수가 출력

함수 srand()

함수 rand()는 함수 호출 순서에 따라 항상 일정한 수가 반환되는 것을 알 수 있다. 즉 위 프로그램은 항상 41, 18467, 6334, 26500, 19169 등의 값들이 출력된다. 이와 다르게 매번 난수를 다르게 생성하려면 시드(seed) 값을 이용해야 한다. 여기서 시드 값이란 난수를 다르게 만들기 위해 처음에 지정하는 수로서 시드 값이 다르면 난수가 달라진다. 먼저 서로 다른 시드 값인 seed를 이용하여 함수 srand(seed)를 호출한다. 이후 함수 rand()에서 호출하면 서로 다른 난수가 생성된다. 항상 서로 다른 seed 값을 지정하기 위해 현재 시간의 함수 time()을 이용한다. **함수 time(NULL)은 1970년 1월 1일 이후 현재까지 경과된 시간을 초 단위로 반환하는 함수이다.** 여기서 NULL은 나중에 배울 포인터로서 0번지의 주소 값을 나타내는 상수이다. 함수 time()을 이용하려면 헤더 파일 time.h를 삽입해야 한다. 난수에 시드를 지정하기 위해 함수 srand((long) time(NULL))을 호출한다. 이 이후부터 함수 rand()로 난수를 생성하면 서로 다른 난수를 만들 수 있다. 즉 함수 rand()에서 시드 값이 생성되는 난수 값을 결정하기 때문이다. 다음과 같은 순서로 난수 발생을 프로그래밍한다.

- 함수 time()을 이용하기 위해 헤더 파일 time.h를 삽입한다.
- 난수에 시드를 지정하기 위해 함수 srand((long) time(NULL))을 호출한다.
- **1에서 n까지의 난수를 발생시키려면 함수 rand()를 이용하여 수식 rand() % n + 1을 이용한다.**
- 이를 일반화시켜 a에서 b까지의 난수를 발생시키려면 함수 rand()를 이용한 수식 rand() % (b - a + 1) + a을 이용한다.

```
#include <stdlib.h> //rand(), srand()를 위한 헤더파일 포함
#include <time.h>   //time()을 위한 헤더파일 포함

#define MAX 100

int main(void)
{
   ...
   srand((long) time(NULL));
   ...
      number = rand()%MAX + 1;
   ...
}
```

time(NULL) 값을 인자로 srand()를 호출한다.

1에서 MAX까지 하나의 난수가 생성된다.

그림 9-22 1에서 100사이의 난수 생성 모듈

실습예제 9-8 Prj08 08srand.c srand()로 시드 값을 먼저 지정한 후 1에서 100 사이의 난수를 생성 난이도: ★

```c
#include <stdio.h>

#include <stdlib.h> //rand(), srand()를 위한 헤더파일 포함
#include <time.h>   //time()을 위한 헤더파일 포함

#define MAX 100

int main(void)
{
   long seconds = (long) time(NULL);
   srand(seconds);

   printf("1 ~ %5d 사이의 난수 8개:\n", MAX);
   for (int i = 0; i < 8; i++)
      printf("%5d ", rand() % MAX + 1);
   puts("");

   return 0;
}
```

함수 rand() 호출로 1에서 MAX 사이의 난수 출력

결과

```
1 ~   100 사이의 난수 8개:
   59    47    43    94    40    63    54    4
```

실행 시마다 다른 결과값이 출력

중간점검

01 헤더 파일 stdlib.h에 정의되어 있는 함수 rand()의 최대값인 기호 상수는 무엇인가?

02 다음은 시드 값을 지정하는 문장이다. 문장을 완성하시오.

```
_________( (long) time(NULL) );
```

수학과 문자 라이브러리 함수

math.h

수학 관련 함수를 사용하려면 헤더파일 math.h을 삽입한다. 다음 표는 헤더파일 math.h에 선언되어 있는 수학 관련 함수이다. 함수이름과 인자 유형을 살펴보고 이용하도록 하자.

표 9-1 수학 관련 함수

함수	처리 작업
double sin(double x)	삼각함수 sin
double cos(double x)	삼각함수 cos
double tan(double x)	삼각함수 tan
double sqrt(double x)	제곱근, square root(x)
double exp(double x)	e^x
double log(double x)	$\log_e(x)$
double log10(double x)	$\log_{10}(x)$
double pow(double x, double y)	x^y
double ceil(double x)	x보다 작지 않은 가장 작은 정수(천정 값)
double floor(double x)	x보다 크지 않은 가장 큰 정수(바닥 값)
int abs(int x)	정수 x의 절대 값
double fabs(double x)	실수 x의 절대 값

실습예제 9-9 Prj09 09math.c 다양한 수학 관련 함수 난이도: ★

```c
#include <stdio.h>
#include <math.h> //수학 관련 다양한 함수머리 포함 헤더파일

int main(void)
{
   printf("  i   i제곱   i세제곱  제곱근(sqrt)\n");
   printf("------------------------------------\n");
   for (int i = 3; i < 7; i++)
      printf("%3d %7.1f %9.1f %9.1f\n", i, pow(i, 2), pow(i, 3), sqrt(i));
   printf("\n");

   printf("%5.2f, ", exp(1.0));
   printf("%5.2f, ", pow(3.14, 1.0));
   printf("%5.2f\n", sqrt(81));
   printf("%5.2f, ", ceil(3.6));
   printf("%5.2f, ", floor(5.8));
   printf("%5.2f\n, ", fabs(-10.2));

   return 0;
}
```

함수 sqrt(81)는 $\sqrt{81}$ 반환

함수 ceil(3.6)은 3.6의 천정 값인 4.0을 반환하는데, 천정 값 ceil(x)이란 x보다 작지 않은 가장 작은 정수를 뜻함

floor(5.8)은 5.8의 바닥 값인 5.0을 반환하는데, 바닥 값 floor(x)이란 x보다 크지 않은 가장 큰 정수를 뜻함

결과

```
  i    i제곱     i세제곱    제곱근(sqrt)
------------------------------------
  3     9.0      27.0       1.7
  4    16.0      64.0       2.0
  5    25.0     125.0       2.2
```

```
6    36.0     216.0       2.4

2.72,  3.14,  9.00
4.00,  5.00, 10.20
```

헤더파일 ctype.h

C 언어에서 **문자 관련 함수는 헤더파일 ctype.h에 매크로로 정의되어 있다.** 그러므로 문자 관련 함수를 사용하려면 헤더파일 ctype.h를 삽입해야 한다. 문자 관련 함수는 문자를 검사하거나 문자를 변환하는 기능을 수행한다. 일반적으로 검사 함수는 is○○○(char)로, 변환 함수는 to○○○(char)로 명명된다. 검사 함수는 0(false)과 0이 아닌 정수 값(true)을 반환하며, 변환 함수는 변환된 문자를 반환한다. 다음 표는 헤더파일 ctype.h에 있는 주요 함수의 설명이다. 함수 toupper(c)는 c가 영문 소문자일 때 영문 대문자로 변환하고, c가 소문자가 아니면 원래 c를 반환한다. 마찬가지로 tolower(c)는 각각 c가 영문 대문자일 때 영문 소문자로 변환하고, c가 대문자가 아니면 원래 c를 반환한다.

표 9-2 헤더파일 ctype.h의 주요 문자 관련 함수 매크로

함수원형	기능
isalpha(char)	영문자 검사
isupper(char)	영문 대문자 검사
islower(char)	영문 소문자 검사
isdigit(char)	숫자(0~9) 검사
isxdigit(char)	16진수 숫자(0~9, A~F, a~f) 검사
isspace(char)	공백(' ','\n','\t','\f','\v','\r') 문자 검사
ispunct(char)	구두(빈칸이나 알파뉴메릭(alphanumeric)을 제외한 출력문자) 문자 검사
isalnum(char)	영문과 숫자(alphanumeric)(0~9, A~Z, a~z) 검사
isprint(char)	출력 가능 검사
isgraph(char)	그래픽 문자 검사
iscntrl(char)	제어문자('\a', '\b', \n', \t','\f','\v','\r') 검사
toupper(char)	영문 소문자를 대문자로 변환
tolower(char)	영문 대문자를 소문자로 변환
toascii(char)	아스키코드로 변환
_tolower(char)	무조건 영문 소문자로 변환
_toupper(char)	무조건 영문 대문자로 변환

다음 예제는 문자를 입력 받아 알파벳 문자이면 입력한 문자와 대소문자를 변환한 문자를 출력하는 프로그램이다. 문자 입력은 계속 받으며 종료 값인 센티널(sentinel) 값으로 문자 x를 입력 받으면 결과를 출력하고 프로그램을 종료한다. 알파벳이 아닌 다른 문자를 입력 받으면 그대로 문자를 출력한다.

실습예제 9-10 Prj10 10char.c **다양한 문자 관련 함수** 난이도: ★

```c
#define _CRT_SECURE_NO_WARNINGS
#include <stdio.h>
#include <ctype.h> //문자 관련 함수는 헤더파일 ctype.h에 매크로로 정의

void print2char(char);

int main(void)
{
   char ch;

   printf("알파벳(종료x) 또는 다른 문자 입력하세요.\n");
   do
   {
      printf("문자 입력 후 Enter: ");
      scanf("%c", &ch);
      getchar();                        //enter 키 입력 받음
      if (isalpha(ch))
         print2char(ch);
      else
         printf("입력: %c\n", ch);
   } while (ch != 'x' && ch != 'X');   //입력이 x 또는 X이면 종료

   return 0;
}

void print2char(char ch)
{
   if (isupper(ch))
      printf("입력: %c, 변환: %c\n", ch, tolower(ch));
   else
      printf("입력: %c, 변환: %c\n", ch, toupper(ch));

   return;
}
```

- getchar(): 문자 하나를 입력한 후 enter키를 반드시 누르도록 해 이 enter키를 하나 받아 들여 버리는 기능
- isalpha(ch): 입력 문자 ch가 영문자 알파벳 여부 검사
- printf("입력: %c\n", ch): 입력 문자가 영문자 알파벳이 아니면 바로 문자 그대로 출력
- tolower(ch): ch가 대문자이면 함수 tolower(ch)를 호출하여 소문자로 변환하여 출력

결과

```
알파벳(종료x) 또는 다른 문자 입력하세요.
문자 입력 후 Enter: w
입력: w, 변환: W
문자 입력 후 Enter: t
입력: t, 변환: T
문자 입력 후 Enter: @
입력: @
문자 입력 후 Enter: x
입력: x, 변환: X
```

다양한 헤더파일

C 언어는 다양한 라이브러리 함수를 제공한다. 여러 라이브러리 함수를 위한 함수원형과 상수, 그리고 매크로가 여러 헤더파일에 나뉘어 있다. 다음과 같이 처리 작업에 따라 여러 헤더파일이 제공된다.

표 9-3 여러 라이브러리를 위한 헤더파일

헤더파일	처리 작업
stdio.h	표준 입출력 작업
math.h	수학 관련 작업
string.h	문자열 작업
time.h	시간 작업
ctype.h	문자 관련 작업
stdlib.h	여러 유틸리티(텍스트를 수로 변환, 난수, 메모리 할당 등) 함수

중간점검

01 다음 함수를 사용하기 위해 필요한 헤더파일을 기술하시오.

```
time(NULL)            ceil(2.5)            toupper('a')
```

02 다음 함수 호출의 결과를 기술하시오.

```
printf("%.1f\n", floor(3.8));
printf("%.1f\n", fabs(-3.7));
printf("%d\n", isalpha('@'));
printf("%c\n", tolower('G'));
```

LAB

1에서 100사이의 난수 알아 맞히기

1에서 100 사이의 한 난수를 미리 저장하여, 이 정수를 알아 맞히는 프로그램을 작성해 보자. 가장 먼저 난수를 생성시켜 변수 guess에 저장한다. 정수를 입력 받아 변수 input에 저장한 후 저장된 guess와 비교하여 틀렸으면 사용자에게 다음 입력을 위한 정보를 제공하고 다시 반복한다. 입력한 정수 input과 guess가 같으면 "정답입니다"를 출력하고 종료한다.

- 함수 time()을 이용하기 위해 헤더 파일 time.h를 삽입한다.
- 난수에 시드를 지정하기 위해 함수 srand((long) time(NULL))을 호출한다.
- 1에서 n까지의 난수를 발생시키려면 함수 rand()를 이용하여 수식 rand() % n + 1을 이용한다.

```
1에서 100 사이에서 한 정수가 결정되었습니다.
이 정수는 무엇일까요? 입력해 보세요. : 50
입력한 수 50보다 큽니다. 다시 입력하세요. : 75
입력한 수 75보다 작습니다. 다시 입력하세요. : 62
입력한 수 62보다 큽니다. 다시 입력하세요. : 69
입력한 수 69보다 작습니다. 다시 입력하세요. : 66
입력한 수 66보다 작습니다. 다시 입력하세요. : 64
정답입니다.
```

Lab 9-3 lab3numguess.c 난이도: ★★

```c
#define _CRT_SECURE_NO_WARNINGS
#include <stdio.h>
#include <stdlib.h> //rand(), srand()를 위한 헤더파일 포함
#include <time.h>   //time()을 위한 헤더파일 포함

#define MAX 100

int main(void)
{
   int guess, input;

   srand((long)time(NULL));
   [                    ]

   printf("1에서 %d 사이에서 한 정수가 결정되었습니다.\n", MAX);
   printf("이 정수는 무엇일까요? 입력해 보세요. : ");

   while (scanf("%d", &input)) {
```

```
19          if (input > guess)
20              printf("입력한 수 %d보다 작습니다. 다시 입력하세요. : ", input);
21          else if (input < guess)
22              printf("입력한 수 %d보다 큽니다. 다시 입력하세요. : ", input);
23          else
24          {
25              puts("정답입니다.");
26              [          ]
27          }
28      }
29
30      return 0;
31  }
```

정답

```
13      guess = rand() % MAX + 1 ;
26              break;
```

내용점검 연습

01 다음에서 서술 내용이 맞으면 ○, 틀리면 × 하시오.

❶ 객체 중심의 프로그래밍 방식을 절차적 프로그래밍(procedural programming) 방식이라 한다. (　)

❷ 함수몸체(function body)는 (…)와 같이 소괄호로 시작하여 소괄호로 종료된다. (　)

❸ 하나의 응용 프로그램은 하나의 main() 함수와 여러 개의 다른 함수로 구성되며 필요에 따라 여러 소스파일로 나누어 프로그래밍할 수 있다. (　)

❹ return 문장은 함수에서 반환값을 전달하는 목적과 함께 함수의 작업 종료를 알리는 문장이다. (　)

❺ 함수원형 구문에서 매개변수의 변수이름은 생략할 수 없다. (　)

❻ 특정한 나열 순서나 규칙을 가지지 않는 연속적인 임의의 수를 난수(random number)라 한다. (　)

❼ 함수 rand()의 함수원형은 헤더파일 stdarg.h에 정의되어 있다. (　)

02 다음에서 비어있는 부분을 적당히 채우시오.

❶ 프로그램에서 (　　)는 원하는 특정한 작업을 수행하도록 설계된 독립된 프로그램 단위이다.

❷ 변수를 사용하기 전에 변수를 선언하듯이 정의된 함수를 호출하기 이전에 함수를 선언하는 (　　　)이 필요하다.

❸ 함수머리는 (　　　)과 함수 이름, 매개변수 목록으로 구성된다.

❹ 함수 구현에서 자기 자신 함수의 호출을 이용하는 함수를 (　　　　)라 한다.

❺ 함수 rand()의 함수원형은 헤더파일 (　　　)에 정의되어 있다.

❻ 함수 정의에서 매개변수는 필요한 경우 자료형과 변수명의 목록으로 나타내며 필요 없으면 키워드 (　　)를 기술한다.

❼ 함수 (　　　　　)은 1970년 1월 1일 이후 현재까지 경과된 시간을 초 단위로 반환하는 함수이다.

03 다음 각각의 문제에서 가장 적절한 것을 하나 선택하시오.

❶ 다음은 함수 정의에서 함수머리이다. 다음 중에서 잘못된 것은 무엇인가? (　)

가) int add(int a, int b, int c)

나) double mult(double a, double b)

다) void print(void)

라) int subtract(int, int)

❷ 다음은 함수와 프로그램에 대한 설명이다. 다음 중에서 잘못된 것은 무엇인가? (   )

가) 하나의 프로젝트는 여러 개의 소스파일로 구성될 수 있다.

나) 하나의 소스파일은 하나의 함수만 구현할 수 있다.

다) 간단한 함수는 main() 함수 구현에 이어 함수 정의를 배치할 수 있다.

라) C 프로그램은 여러 함수의 집합이다.

❸ 다음은 함수와 프로그램에 대한 설명이다. 다음 중에서 잘못된 것은 무엇인가? (   )

가) C 언어에서 하나의 프로젝트에는 동일한 이름의 함수가 중복될 수 있다.

나) 반환값이 없어도 return 문을 사용할 수 있다.

다) 함수 정의에서 다른 함수도 호출할 수 있다.

라) 한 함수머리에서 형식매개변수 이름은 중복될 수 없다.

❹ 다음은 함수 선언인 함수원형이다. 다음 중에서 잘못된 것은 무엇인가? (   )

가) int factorial(int n);

나) double price(int type, double yield);

다) double total(int amount, rate);

라) void convert(void);

❺ 다음과 같은 함수 구현에서 myprint(5) 호출 결과가 바른 것은 무엇인가? (   )

```
void myprint(int number)
{
   if (number <= 1)
      printf("%d\n", number);
   else
   {
      printf("%d ", number);
      myprint(number - 1);
   }
}
```

가) 5 4 3 2 1

나) 1 2 3 4 5

다) 0 1 2 3 4

라) 0 1 2 3 4 5

04 다음 함수의 함수원형을 기술하시오.

❶ 함수 valid()는 첫 번째 매개변수는 int이고 두 번째 매개변수는 double이며 반환값은 없음

❷ 함수 absolute()는 실수 하나를 받아들여 절대값을 반환하는 함수

❸ 실수의 인자 x와 y 2개를 입력 받아 x의 y번 제곱을 구하는 함수

❹ 정수인 인자 3개에서 최대값을 반환하는 함수

❺ 1에서 100까지 중에서 소수를 출력하는 함수로, 인자도 없고 반환값도 없음

❻ 1차원 배열 원소를 모두 출력하기 위한 함수로, 매개변수는 배열과 배열크기이며 반환값은 없음

❼ 열 크기가 3인 2차원 배열 원소를 모두 출력하기 위한 함수로, 매개변수는 배열과 행 크기(길이)와 열 크기(길이)이며 반환 값은 없음

05 다음 함수원형에서 문법오류를 찾아 수정하시오.

❶
```
int max(double x, y);
```

❷
```
int min(int a; int b);
```

❸
```
void sort((double) a, (double) b);
```

❹
```
double power(x, y);
```

❺
```
double sum(double a, double b = 3);
```

❻
```
double mult(double [], row);
```

❼
```
double process(double ary[][], int row, int col);
```

06 다음 함수 정의에서 문법오류를 찾아 수정하시오.

❶
```
double area(int, r)
{
    return (2 * 3.14 * r);
}
```

❷
```
double sum3(double a, double b, double c)
{
    sum3 = a + b + c;
}
```

❸
```
void print
{
    printf("C 언어의 출력test 입니다.");
}
```

❹
```
int mult{float a, float b}
(
    return (a*b);
)
```

❺
```
int sum(float a, b)
{
   return (a+b);
}
```

❻
```
int multifly(int, int)
{
   return int * int;
}
```

07 다음 프로그램에서 경고, 문법오류 및 실행오류를 찾아 수정하시오.

❶
```
#include <stdio.h>
int main(void)
{
   int sum = add(3, 4, 5);
   printf("%d\n", sum);
   return 0;
}
int add(int a, int b, int c)
{
   return a + b + c;
}
```

❷
```
#include <stdio.h>
double div(int, int);
int main(void)
{
   printf("%d\n", div(4, 3));
   return 0;
}
double div(int a, int b)
{
   return (double)a / b;
}
```

❸
```
#include <stdio.h>
int printarray(double [], int);
int main(void)
{
   int i = 0;
   int data[4];
   int arraysize = sizeof(data) / sizeof(data[0]);
   data[0] = 3; data[1] = 4; data[2] = -3; data[3] = -30;
```

```
    data[4] = 5;
    printarray(data[4], arraysize);
    return 0;
}
void printarray(int data[], int n)
{
    int i;
    for (i = 0; i < n; i++)
        printf("data[%d] = %d   ", i, data[i]);
    printf("\n");
    return;
}
```

08 다음 프로그램의 결과를 기술하시오.

❶
```
#include <stdio.h>
int max(int a, int b, int c);
int main(void)
{
    printf("%d\n", max(9, 4, 19));
    return 0;
}
int max(int a, int b, int c)
{
    int max = a;
    int max2 = (b > c) ? b : c;
    if ( a >= max2)
        return a;
    else
        return max2;
}
```

❷
```
#include <stdio.h>
void func1(double);
void func2(int);
int main(void)
{
    func1(3.2);
    return 0;
}
void func1(double x)
{
    func2( (int) (x + 2) );
```

```
    printf("%.2f\n", 2*x);
}
void func2(int x)
{
    printf("%d\n", 2*x);
}
```

❸
```
#include <stdio.h>
double add(int a, int b, int c, int d, int e);
double average(int n, int sum);
int main(void)
{
    printf("%.2f\n", add(3, 6, 8, 9, 2));
    printf("%.2f\n", average(3, add(3, 6, 8, 9, 2)));
    return 0;
}
double add(int a, int b, int c, int d, int e)
{
    int sum;
    sum = a + b + c + d + e;
    return (sum);
}
double average(int n, int sum)
{
    return ((double)sum / n);
}
```

❹
```
#include <stdio.h>
int rfunc(int);
int main(void)
{
    printf("%d\n", rfunc(10));
    return 0;
}
int rfunc(int n)
{
    if (n == 1)
        return 1;
    else
        return (n + rfunc(n-1));
}
```

프로그래밍 연습

01 인치(inch)를 센티미터(cm)로 바꾸는 함수를 작성하여, 표준입력으로 받은 인치를 센티미터로 출력하는 프로그램을 작성하시오. 난이도: ★

- 1inch = 2.54 cm

```
Microsoft Visual Studio 디버그 콘솔
거리를 인치로 입력하세요. -> 35.4
입력한 35.400000인치는 89.916000센티미터이다.
```

02 표준입력으로 받은 양의 정수를 매개변수로 하는 함수 getsum(int max)을 구현해 1부터 max까지의 합을 출력하는 프로그램을 작성하시오. 난이도: ★

```
Microsoft Visual Studio 디버그 콘솔
1에서 n까지의 합을 구할 n을 입력하시오. >> 12
1에서 12까지의 합: 78
```

03 다음 식과 내용을 참고로 섭씨온도(C)를 화씨온도(F)로 변환하는 함수를 작성하여 그 결과를 출력하는 프로그램을 작성하시오. 난이도: ★

- 섭씨온도(C)와 화씨온도(F)의 관계식 : C = (5/9)(F − 32)
- 섭씨온도가 0부터 100까지 0.5씩 증가하도록 하며, 이 때의 화씨온도를 구하여 출력(단 온도는 모두 소수점 2자리까지 출력)

```
Microsoft Visual Studio 디버그 콘솔
섭씨온도 0.5씩 증가값에 대한 화씨온도 출력

섭씨온도= 10.00    화씨온도= 50.00
섭씨온도= 10.50    화씨온도= 50.90
섭씨온도= 11.00    화씨온도= 51.80
```

04 세 개의 임의 정수를 입력 받아 가장 큰 수를 출력하는 프로그램을 함수를 구현하여 그 결과를 알아보는 프로그램을 작성하시오. 난이도: ★

```
Microsoft Visual Studio 디버그 콘솔
세 개의 정수 중 가장 큰 정수를 출력합니다.
정수 3개 입력 >>> 10 20 30

입력한 세 개 정수 10, 20, 30 중에서 가장 큰 정수는 30입니다.
```

05 다음을 참고하여 임의의 수의 제곱을 구하는 함수 square()와 세제곱을 구하는 함수 cube()를 구현하고 임의의 수를 입력 받아 다섯제곱을 구하는 프로그램을 작성하시오. 난이도: ★

- cube() 구현 시 square()를 함수 호출하여 이용

```
Microsoft Visual Studio 디버그 콘솔
정수 입력 >>> 3
3의 다섯 제곱은 243입니다.
```

06 다음을 참고하여 실수 r을 입력 받아 이 값을 반지름으로 하는 원의 면적과 둘레의 길이를 구하는 프로그램을 작성하시오. 난이도: ★

- 면적을 구하는 함수의 이름은 area()로, 원의 둘레를 구하는 함수의 이름은 circumference()로 하고, 원주율은 3.14로 매크로로 정의
- 원의 면적을 구하는 식은 원주율(3.14)*r*r며 원의 둘레는 2*원주율(3.14)*r

```
Microsoft Visual Studio 디버그 콘솔
원 반지름 입력 >>> 3.89

반지름이 3.89인 원의 면적은 47.515입니다.
반지름이 3.89인 원의 길이는 24.429입니다.
```

07 다음 이자 계산 방식을 참고로 각각에 해당하는 함수를 만들어 표준입력으로 원금, 이자율, 기간(년)을 입력하면 총액이 각각 출력되는 프로그램을 작성하시오. 난이도: ★★

- 단리 계산 공식: S = a(1 + r * N), S(총액), a(원금), N(년), r(이율)
- 복리 계산 공식: S = a(1 + r)N, S(총액), a(원금), N(년), r(이율)

```
Microsoft Visual Studio 디버그 콘솔
이자를 계산할 다음 세 항목을 입력하세요.
1. 원금 -> 1000000
2. 년   -> 5
3. 이율(%) -> 3.3
단리 계산 총액은 1165000.000입니다.
복리 계산 총액은 1176255.339입니다.
```

08 이 단원 Lab에서 구현한 난수 알아 맞히기 문제를 다음 조건에 맞게 수정하여 다시 작성하시오.

난이도: ★★

- 사용자가 맞힐 기회를 최대 7번만 주도록 하고, 7번의 기회에도 맞추지 못하면 "모든 기회를 쓰셨습니다."를 출력하고 종료하도록 한다.

```
Microsoft Visual Studio 디버그 콘솔
1에서 100 사이에서 한수가 결정되었습니다.
기회는 최대 7 번입니다.
이 정수는 무엇일까요? 입력해보세요. : 50
입력한 수보다 큽니다. 다시 입력하세요. : 90
입력한 수보다 작습니다. 다시 입력하세요. : 80
입력한 수보다 작습니다. 다시 입력하세요. : 70
입력한 수보다 작습니다. 다시 입력하세요. : 60
입력한 수보다 큽니다. 다시 입력하세요. : 61
정답입니다.
```

```
Microsoft Visual Studio 디버그 콘솔
1에서 100 사이에서 한수가 결정되었습니다.
기회는 최대 7 번입니다.
이 정수는 무엇일까요? 입력해보세요. : 10
입력한 수보다 큽니다. 다시 입력하세요. : 20
입력한 수보다 큽니다. 다시 입력하세요. : 30
입력한 수보다 큽니다. 다시 입력하세요. : 40
입력한 수보다 작습니다. 다시 입력하세요. : 38
입력한 수보다 작습니다. 다시 입력하세요. : 36
입력한 수보다 작습니다. 다시 입력하세요. : 34
모든 기회를 쓰셨습니다.
```

09 1부터 n까지의 합을 구하는 함수를 재귀함수로 작성하여, 10을 실인자로 구현한 재귀함수를 한 번 호출하여 1부터 10까지 각각의 합이 출력되도록 프로그램을 작성하시오.

난이도: ★★

```
Microsoft Visual Studio 디버그 콘솔
1부터 20까지 각각의 합을 구하는 프로그램입니다.

1부터  1까지 합:   1
1부터  2까지 합:   3
1부터  3까지 합:   6
1부터  4까지 합:  10
1부터  5까지 합:  15
1부터  6까지 합:  21
1부터  7까지 합:  28
1부터  8까지 합:  36
1부터  9까지 합:  45
1부터 10까지 합:  55
```

10 x의 y승을 구하는 함수를 재귀적으로 만들고, 6의 0승에서 10승까지 출력하는 프로그램을 작성하시오. 난이도: ★

```
Microsoft Visual Studio 디버그 콘솔
6의 0승부터 10승까지 구하는 프로그램입니다

6의  0승:        1
6의  1승:        6
6의  2승:       36
6의  3승:      216
6의  4승:     1296
6의  5승:     7776
6의  6승:    46656
6의  7승:   279936
6의  8승:  1679616
6의  9승: 10077696
6의 10승: 60466176
```

11 재귀함수를 이용하여 입력 받은 정수를 16진수로 출력하는 프로그램을 작성하시오. 난이도: ★★★

```
Microsoft Visual Studio 디버그 콘솔
10진수를 입력하면 16진수를 출력합니다.
정수 입력 >>> 27
27의 16진수는? 1B
```

12 다음과 같이 1차원 배열을 복사하는 함수를 작성하여 결과를 알아보는 프로그램을 작성하시오. 난이도: ★★

- void copyarray(int from[], int to[], int n /* 배열 원소 수 */)
- 배열 from의 첫 번째 원소부터 (n−1)번째 원소까지 같은 순서대로 배열 to로 값을 복사하는 함수

```
Microsoft Visual Studio 디버그 콘솔
a[] = 4 7 9 3 6
b[] = 10 20 30 40 50 60

배열 복사 후
b[] = 4 7 9 3 6 60
```

13 다음과 같이 1차원 배열의 동등함을 검사하는 함수를 작성하여 결과를 알아보는 프로그램을 작성하시오.

- int isequalarray(int a[], int b[], int n /* 배열 원소 수 */)
- 배열 a와 b의 배열크기가 모두 n이며 순차적으로 원소 값이 모두 같으면 1을 반환, 아니면 0을 반환하는 함수

```
Microsoft Visual Studio 디버그 콘솔
4 7 9 3 6
4 7 9 3 6
두 배열은 같다.
```

```
Microsoft Visual Studio 디버그 콘솔
4 7 9 3 6
10 20 30 40 50
두 배열은 다르다.
```

14 다음 조건이 만족되도록 로또 모의 당첨 프로그램을 작성하시오. 난이도: ★★★

- 1에서 45까지의 수에서 6개의 난수를 만들어 중복되지 않도록 중복을 검사하는 함수 duplicate()를 사용, cnt개의 수가 이미 저장된 배열 lotto[]에 수 num이 존재하는지 검사하여 0과 1을 반환

```
int duplicate(int num, int lotto[], int cnt);
```

```
Microsoft Visual Studio 디버그 콘솔
로또 당첨 번호: 23 12 31 26 21 20
```

Perfect **C**

CHAPTER 10

변수 유효범위

학습목표

▶ **변수 유효범위를 이해하고 설명할 수 있다.**
- 지역변수, 자동변수를 선언하고 사용
- 전역변수를 선언하고 사용
- 키워드 extern의 필요성과 사용 방법

▶ **정적 변수와 레지스터 변수를 이해하고 설명할 수 있다.**
- 기억 부류 auto, static, register, extern
- 지역 정적 변수와 전역 정적 변수의 필요성과 사용

학습목차

10.1 전역변수와 지역변수

변수 범위와 지역변수

변수 범위(scope)

선언된 **변수가 사용될 수 있는 범위를 변수의 유효 범위(scope)**라 한다. C 언어에서 변수의 유효 범위는 크게 **지역 유효 범위(local scope)와 전역 유효 범위(global scope)**로 나눌 수 있다.

- 함수 또는 블록 내부에서 선언된 변수는 선언된 이후의 함수나 블록에서 사용될 수 있는데 이러한 변수의 유효 범위를 지역 유효 범위라 한다.
- 프로젝트나 파일에서 사용 가능한 범위를 전역 유효 범위라 한다. 하나의 파일에서만 변수의 참조가 가능할 수 있으며 또는 프로젝트를 구성하는 모든 파일에서 변수의 참조가 가능할 수도 있다.

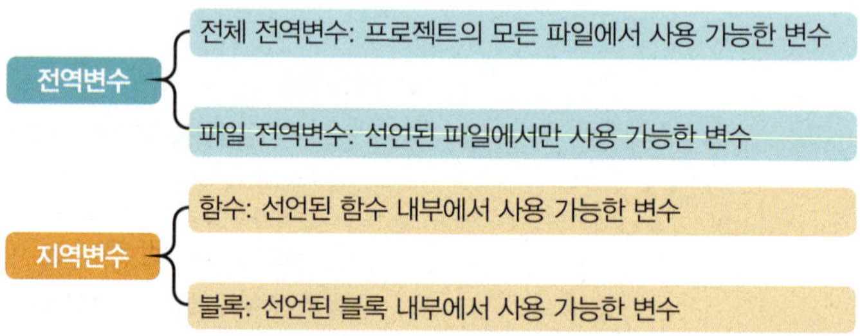

그림 10-1 변수의 유효 범위

지역과 전역

하나의 프로젝트는 여러 파일로 구성될 수 있다. 다음 프로젝트는 파일 main.c, 그리고 파일 sub1.c와 sub2.c, 3개의 소스파일로 구성되는 프로그램이다. 이 프로그램에서 변수 유효 범위에 대해 알아보자.

- 파일 main.c의 함수 asub()에서 선언된 변수 n은 함수 내부에서만 사용될 수 있는 지역변수이다. 모든 함수 내부에서 선언된 변수는 모두 지역변수이다.
- 파일 main.c의 상단에 선언된 gdata는 프로젝트 전체 파일에서 사용될 수 있는 전체 전역변수이다.
- 파일 main.c의 상단에 선언된 gdata를 파일 sub1.c에서 사용하려면 먼저 extern int gdata로 선언이 필요하다.
- 파일 sub2.c의 상단에 선언된 정적 전역변수라 불리는 svar는 파일 sub2.c에서만 사용될 수 있는 파일 전역변수이다.

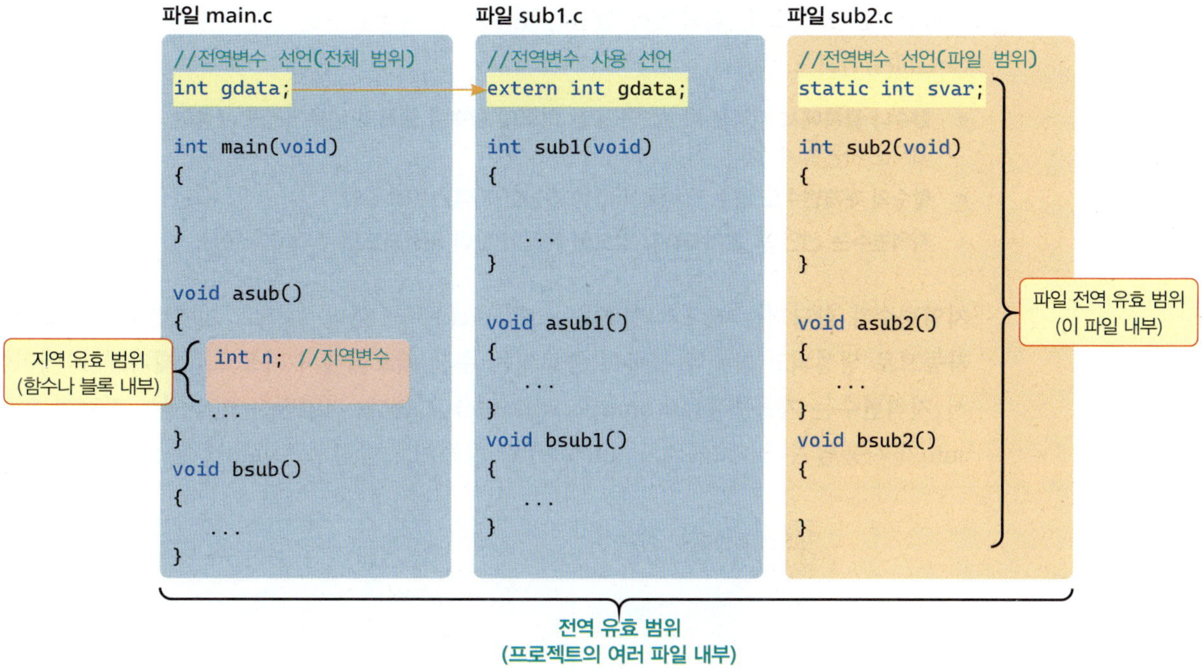

그림 10-2 변수의 유효 범위(전체 전역, 파일 전역, 지역)

지역변수

지금까지 우리가 사용한 대부분의 변수는 함수나 블록 내부에서 선언되어 사용한 지역변수이다. 신용카드를 예로 들자면, 한국에서만 사용되는 카드와 세계 전역에서 사용되는 카드가 있을 수 있다. **국내 전용 카드가 지역변수라면 국내외 사용 카드는 전역변수**라 할 수 있다.

그림 10-3 전역변수와 지역변수

지역변수는 함수 또는 블록에서 선언된 변수이다. 지역변수는 내부변수 또는 자동변수(automatic variables)라고도 부른다.

- **함수나 블록에서 지역변수는 선언 문장 이후에 함수나 블록의 내부에서만 사용이 가능**하다. 다른 함수나 블록에서는 사용될 수 없다.
- **함수의 매개변수도 함수 전체에서 사용 가능한 지역변수와 같다.**
- **지역변수는 선언 후 초기화하지 않으면 쓰레기 값이 저장되므로 주의해야 한다.**

지역변수가 할당되는 메모리 영역을 스택(stack)이라 한다. 그리고 **지역변수는 선언된 부분에서 자동으로 생성되고 함수나 블록이 종료되는 순간 메모리에서 자동으로 제거**된다. 이러한 이유에서 **지역변수는 자동변수(automatic variable)**라 한다. 지역변수 선언에서 자료형 앞에 키워드 auto가 사용될 수 있다. 키워드 auto는 생략 가능해 일반적으로 auto가 없는 경우가 대부분이다.

```
int main(void)
{
    //지역변수 선언
    int n = 10;

    printf("%d\n", n);

    //m, sum은 for 문 내부의 블록 지역변수
    for (int m = 0, sum = 0; m < 3; m++)
    {
        sum += m;
        printf("%d %d\n", m, sum);
    }

    printf("%d %d\n", n, sum);

    return 0;
}
```

지역변수 n의 영역 유효 범위

지역변수 sum 영역 유효 범위

오류 발생: error C2065: 'sum' : 선언되지 않은 식별자입니다.

그림 10-4 지역변수 선언과 유효 범위(scope)

다음 예제 프로그램에서 for 문 블록에서 선언된 지역변수 m과 sum은 for 문 블록에서만 사용이 가능하다. 지역변수 m과 sum은 블록 외부에서 참조가 불가능하다. 함수 sub(int param)에서와 같이 매개변수 param은 함수 sub() 내부에서 모두 사용 가능한 지역변수이다.

실습예제 10-1 Prj01 01localvar.c 지역변수 선언과 사용 난이도: ★

```
#include <stdio.h>

void sub(int param); //함수 원형

int main(void)
{
   auto int n = 10; //지역변수 선언
   printf("%d\n", n);

   //m, sum은 for 문 내부의 블록 지역변수
   for (int m = 0, sum = 0; m < 3; m++)
   {
      sum += m;
      printf("\t%d %d\n", m, sum);
   }

   printf("%d\n", n); //n 참조 가능
   //printf("%d %d\n", m, sum); //m, sum 참조 불가능

   sub(20); //함수호출

   return 0;
}

void sub(int param) //매개변수인 param도 지역변수로 사용
{
   auto int local = 100; //지역변수 local
   printf("\t%d %d\n", param, local); //param과 local 참조 가능
   //printf("%d\n", n); //n 참조 불가능
}
```

지역변수 n은 함수 main 내부에서만 사용 가능한 지역변수

지역변수 m, sum은 for 문 내부에서만 사용 가능한 블록 지역변수

매개변수 param과 지역변수 local 모두 함수 sub 내부에서만 사용 가능

결과

```
10
	0 0
	1 1
	2 3
10
	20 100
```

중간점검

01 다음 빈 부분을 채우시오.

선언된 변수가 사용될 수 있는 범위를 변수의 (   )라 한다. C 언어에서 변수의 유효 범위는 크게 (   ) 유효 범위(local scope)와 (   ) 유효 범위(global scope)로 나눌 수 있다.

02 지역변수가 초기값이 설정되지 않는 경우 기본값을 설명하시오.

전역변수와 extern

전역변수

전역변수(global variable)**는 함수 외부에서 선언되는 변수이다. 전역변수는 외부변수라고도 부른다. 전역변수는 일반적으로 프로젝트의 모든 함수나 블록에서 참조할 수 있다.**

- 전역변수는 선언되면 자동으로 초기값이 자료형에 맞는 0으로 지정된다. 즉 정수형은 0, 문자형은 null 문자인 '\0', 실수형은 0.0, 포인터 형은 NULL 값이 저장된다.
- 함수나 블록에서 전역변수와 같은 이름으로 지역변수를 선언할 수 있다. 이런 경우, 함수 내부나 블록에서 그 이름을 참조하면 지역변수로 인식한다. 그러므로 지역변수와 동일한 이름의 전역변수는 참조할 수 없게 되므로 가능한 사용하지 말도록 하자.
- 전역변수는 프로젝트의 다른 파일에서도 참조가 가능하다. 다만 다른 파일에서 선언된 전역변수를 참조하려면 키워드 extern을 사용하여 이미 다른 파일에서 선언된 전역변수임을 선언해야 한다.

extern을 사용한 참조 선언 구문은 변수 선언 문장 맨 앞에 extern을 넣는 구조이다. extern 참조 선언 구문에서 자료형 double 등은 생략할 수 있다. 키워드 extern을 사용한 변수 선언은 새로운 변수를 선언하는 것이 아니며, 단지 이미 존재하는 전역변수의 유효 범위를 확장하는 것이다.

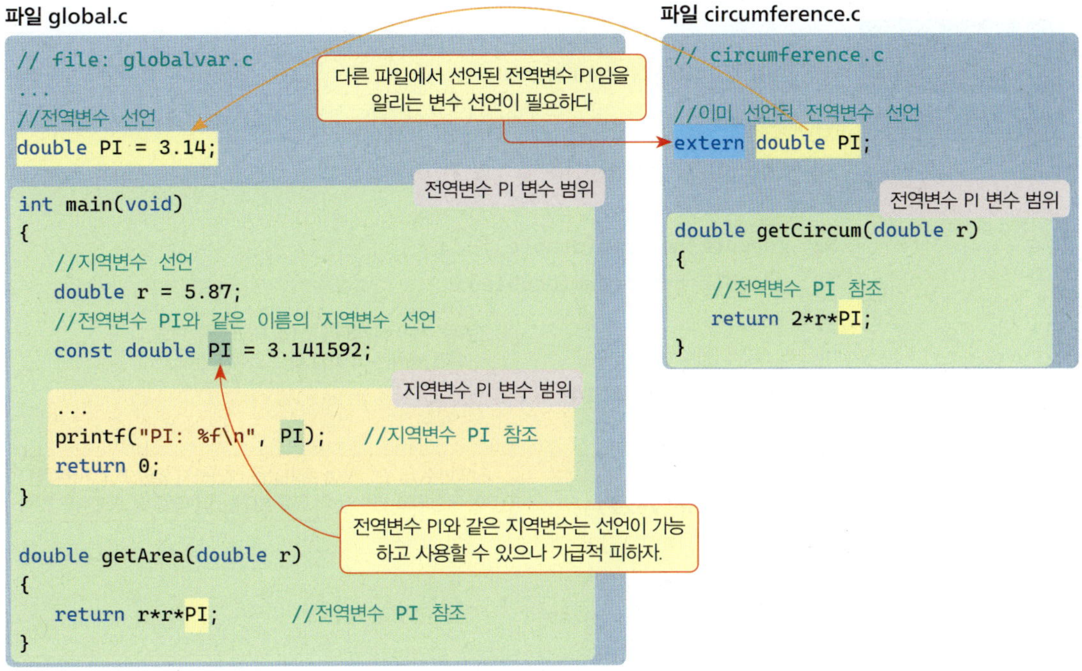

그림 10-5 전역변수 선언과 유효 범위

다음 프로젝트는 위 그림에서 설명된 프로그램으로 파일 02-1global.c와 02-2circumference.c로 구성된 예제이다.

- 함수 getArea()와 getCircum()에서 파일 global.c에서 선언된 전역변수 PI를 사용하고 있다.
- 함수 getCircum()이 구현된 파일은 circumference.c로 전역변수 PI가 선언된 파일과 다르다. 그러므로 파일 02-2circumference.c에서 전역변수 PI를 사용하려면 문장 extern double PI;로 외부에서 이미 선언된 변수임을 알리는 선언을 다시 해 주어야 한다.
- 함수 main()에서 전역변수와 같은 이름의 지역변수 PI를 선언하고 있다. 이와 같이 전역변수와 동일한 이름의 지역변수 선언은 더 이상 함수 main()에서 전역변수 PI를 다시 참조할 수 없게 만든다.
- 전역변수 gi는 선언 후 초기값을 저장하지 않아도 자동으로 기본값(default value)인 0이 저장된다.
- 키워드 extern을 이용한 전역변수 선언은 함수 내부에서도 가능하다. 이런 경우, 변수 PI의 유효 범위는 파일 전체가 아니라 함수 내부에서만 참조 가능하다.

실습예제 10-2	Prj02	02-1global.c 02-2circumference.c	전역변수와 지역변수의 선언과 사용	난이도: ★

소스코드 02-1global.c

```
#include <stdio.h>

double getArea(double);
double getCircum(double);

//전역변수 선언
double PI = 3.14;
int gi;

int main(void)
{
    //지역변수 선언
    double r = 5.87;
    //전역변수 PI와 같은 이름의 지역변수 선언
    const double PI = 3.141592;

    printf("면적: %.2f\n", getArea(r));
    printf("둘레1: %.2f\n", 2 * PI * r);
    printf("둘레2: %.2f\n", getCircum(r));
    printf("PI: %f\n", PI);    //지역변수 PI 참조
    printf("gi: %d\n", gi);    //전역변수 gi 기본값

    return 0;
}

double getArea(double r)
{
    return r * r * PI;      //전역변수 PI 참조
}
```

전역변수 PI 선언하여 3.14 저장, 변수 PI의 유효 범위는 이 파일 및 프로젝트 전체

전역변수 gi 선언하여 초기값을 대입하지 않았으나 기본값인 0이 저장되고 변수 gi의 유효 범위는 이 파일 및 프로젝트 전체

지역변수 PI 선언, 그러나 이 변수는 전역변수 PI와 이름이 충돌, 함수 내부에서 지역변수가 우선하므로 전역변수는 참조가 불가능

소스코드 02-2circumference.c

```
//이미 외부에서 선언된 전역변수임을 알리는 선언
extern double PI;

double getCircum(double r)
{
    //extern double PI;     //함수 내부에서만 참조 가능
    return 2 * r * PI;    //전역변수 PI 참조
}
```

외부 파일에서 선언된 전역변수 PI를 사용하려는 문장

r은 매개변수이며, PI는 외부 파일에서 선언된 전역변수

결과

```
면적: 108.19
둘레1: 36.88
둘레2: 36.86
PI: 3.141592
gi: 0
```

전역변수 gi는 초기값이 저장되지 않았으나 자동으로 0이 저장됨.

전역변수 장단점

동일한 파일에서도 extern을 사용해야 하는 경우가 발생할 수 있다. 전역변수의 선언 위치가 변수를 사용하려는 위치보다 뒤에 있는 경우, 전역변수를 사용하기 위해서는 extern을 사용한 참조선언이 필요하다. 그러나 다음과 같이 소스파일 중간이나 하단에 전역변수를 배치하는 방법은 바람직하지 않다.

```
...
int main(void)
{
   //하부에 선언한 전역변수를 위한 참조 선언
   extern int gi;
   //extern gi;                    //자료형이 없는 문장도 가능
   ...
   printf("gi: %d\n", gi);      //전역변수 gi 기본값
   return 0;
}

//전역변수 선언
int gi;
```

그림 10-6 동일한 파일에서의 extern의 사용

전역변수는 어디에서든 수정할 수 있으므로 사용이 편한 장점이 있다. 그러나 **전역변수에 예상하지 못한 값이 저장된다면 프로그램 어느 부분에서 수정되었는지 알기 어려운 단점**이 있다. 이러한 문제로 전역변수는 가능한 제한적으로 사용하는 것이 바람직하다.

중간점검

01 다음 전역변수 선언에서 저장되는 초기값은 무엇인가?

```
int data;
```

02 위에서 선언된 전역변수를 프로젝트 내의 다른 파일에서 사용하기 위한 문장을 기술하시오.

LAB 1에서 100 사이의 난수 알아 맞히기를 두 파일로 구현

함수에서 구현해 본 1에서 100 사이의 난수 알아 맞히기를 두 파일로 나누고, 적절히 지역변수와 전역변수를 사용해 구현해 보자. 함수 main()이 구현된 파일 lab1-1numguess.c에서 전역변수 guess와 지역변수 input을 선언해 사용한다. 함수 testNum(int input)에서 사용자가 입력한 input이 매개변수로 전달되며 정답인 guess와 맞는지 검사하는 함수로 파일 lab1-2testnum.c에 구현된다.

- 전역변수 guess: 시스템이 정한 정답이 저장되는 전역변수로 파일 lab1-1numguess.c에서 선언되어 파일 lab1-2testnum.c에서도 사용
- 지역변수 input: 사용자가 입력한 정수가 저장되는 함수 main()의 지역변수

```
1에서 100 사이에서 한 정수가 결정되었습니다.
이 정수는 무엇일까요? 입력해 보세요. : 50
입력한 수보다 작습니다. 다시 입력하세요. : 25
입력한 수보다 작습니다. 다시 입력하세요. : 13
입력한 수보다 큽니다. 다시 입력하세요. : 19
입력한 수보다 큽니다. 다시 입력하세요. : 22
입력한 수보다 큽니다. 다시 입력하세요. : 23
정답입니다.
```

Lab 10-1	lab1-1numguess.c lab1-2testnum.c	난이도: ★★
소스코드	lab1-1numguess.c	

```c
#define _CRT_SECURE_NO_WARNINGS
#include <stdio.h>

#include <stdlib.h> //rand(), srand()를 위한 헤더파일 포함
#include <time.h>   //time()을 위한 헤더파일 포함

#define MAX 100

int guess; //정답인 전역변수 선언

int main(void)
{
              //지역변수 선언
```

```
14
15      srand((long)time(NULL));
16      guess = rand() % MAX + 1; //정답 지정
17
18      printf("1에서 %d 사이에서 한 정수가 결정되었습니다.\n", MAX);
19      printf("이 정수는 무엇일까요? 입력해 보세요. : ");
20
21      while (scanf("%d", &input)) {
22         switch (testNum(input))
23         {
24         [          ]
25            puts("정답입니다.");
26            break;
27         case -1:
28            printf("입력한 수보다 작습니다. 다시 입력하세요. : ");
29            break;
30         case 1:
31            printf("입력한 수보다 큽니다. 다시 입력하세요. : ");
32            break;
33         }
34      }
35
36      return 0;
37   }
```

소스코드 lab1-2testnum.c

```
01   int testNum(int input)
02   {
03      [                ] //전역변수 선언
04
05      int result = 0;
06      if (input > guess)
07         result = -1;
08      else if (input < guess)
09         result = 1;
10      else
11         result = 0;
12
13      return result;
14   }
```

다른 파일에서 선언된 전역변수 guess를 선언하여 사용

정답

```
13      int input; //지역변수 선언
24         case 0:
03      extern guess; //전역변수 선언
```

10.2 정적 변수와 레지스터 변수

기억 부류와 레지스터 변수

auto, register, static, extern

변수 선언의 위치에 따라 변수는 전역과 지역으로 나뉜다. 마찬가지로 변수는 **4가지의 기억 부류(storage class)인 auto, register, static, extern 에 따라 할당되는 메모리 영역이 결정되고 메모리의 할당과 제거 시기가 결정**된다.

- 전역과 지역은 변수의 선언 위치에 따라 결정되나 기억 부류는 키워드 auto, register, static, extern에 의해 구분되므로 훨씬 구분하기는 쉽다.
- 다만 자동변수인 auto는 일반 지역변수로 생략될 수 있으므로 주의가 필요하다.
- 모든 기억 부류는 전역변수 또는 지역변수이다.

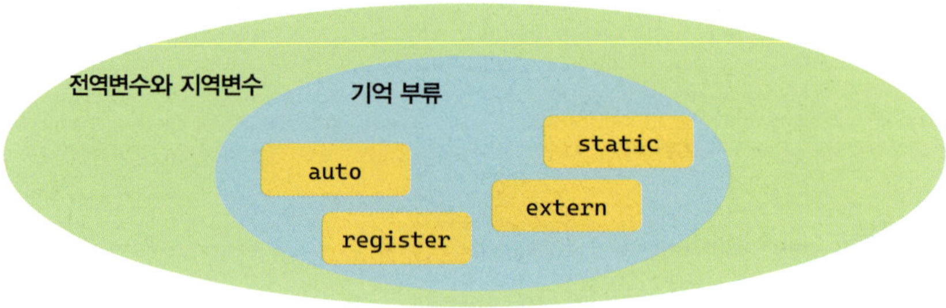

그림 10-7 전역과 지역, 다양한 기억 부류

기억 부류 auto와 register는 지역변수에만 이용이 가능하고 static은 지역과 전역 모든 변수에 이용 가능하다. 그리고 **extern은 전역변수에만 사용이 가능**하다. 기억 부류 auto, register, static은 새로운 변수의 선언에 사용되는 키워드이다. 그러나 extern은 컴파일러에게 변수가 이미 어딘가(주로 다른 파일)에 존재하고 여기에서 사용하겠다는 것을 알리는 구문에 사용되는 키워드이다. 다만 extern이 선언되는 위치에 따라 이 변수의 사용의 범위는 전역 또는 지역으로 한정될 수 있다.

표 10-1 기억 부류 종류와 유효 범위

기억 부류 종류	전역	지역
auto	X	O
register	X	O
static	O	O
extern	O	X

기억 부류 사용 구문은 변수 선언 문장에서 자료형 앞에 하나의 키워드를 넣는 방식이다. **키워드 extern을 제외하고 나머지 3개의 기억 부류의 변수 선언에서 초기값을 저장**할 수 있다. 이미 지역변수에서 다룬 것처럼 키워드 auto는 지역변수 선언에 사용되며 생략 가능하다. 즉 지금까지 함수에 선언된 모든 변수가 auto가 생략된 자동변수이다.

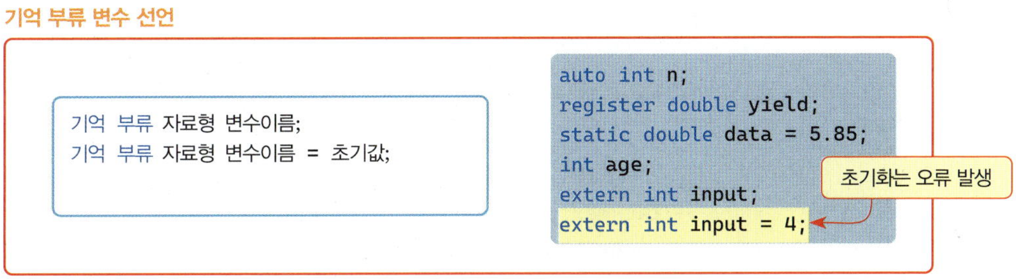

그림 10-8 기억 부류를 사용한 변수 선언 구문

키워드 register

일반적으로 변수는 메모리에 할당된다. 이 변수를 연산에 참여시키려면 다시 CPU 내부 레지스터에 불러들여 연산을 수행한다. **레지스터 변수는 변수의 저장공간이 일반 메모리가 아니라 CPU 내부의 레지스터(register)에 할당되는 변수**이다.

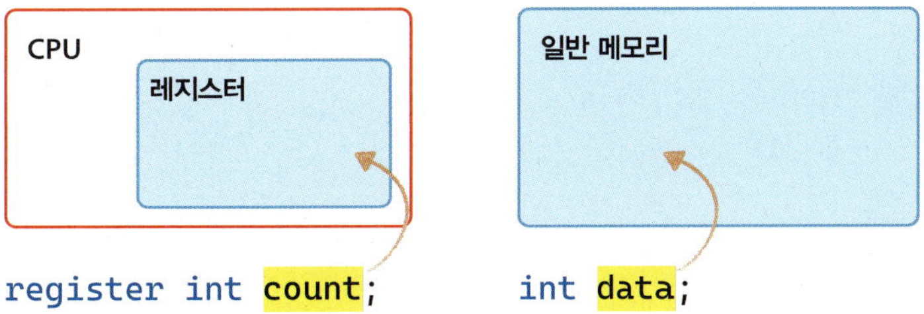

- **레지스터 변수는 키워드 register를 자료형 앞에 넣어 선언한다.**
- 레지스터 변수는 지역변수에만 이용이 가능하다. 즉 레지스터 변수도 지역변수로서 함수나 블록이 시작되면서 CPU의 내부 레지스터에 값이 저장되고, 함수나 블록을 빠져나오면서 소멸되는 특성을 갖는다.
- 레지스터는 CPU 내부에 있는 기억 장소이므로 일반 메모리보다 빠르게 참조될 수 있다. 그러므로 레지스터 변수는 처리 속도가 빠른 장점이 있다.

- **레지스터 변수는 일반 메모리에 할당되는 변수가 아니므로 주소연산자 &를 사용할 수 없다.** 그러므로 레지스터 변수에 주소연산자 &를 사용하면 문법오류가 발생한다.

시스템의 레지스터는 그 수가 한정되어 있다. 그러므로 레지스터 변수로 선언하더라도 레지스터가 모자라면 일반 지역변수로 할당된다. **주로 레지스터 변수는 처리 속도를 증가시키려는 변수에 이용한다. 특히 반복문의 횟수를 제어하는 제어변수에 이용하면 효과적이다.** 레지스터 변수도 일반 지역변수와 같이 초기값이 저장되지 않으면 쓰레기 값이 저장된다.

실습예제 10-3	Prj03	03regvar.c	레지스터 변수의 선언과 사용	난이도: ★

```c
#define _CRT_SECURE_NO_WARNINGS
#include <stdio.h>

int main(void)
{
    //레지스터 지역변수 선언
    register int sum = 0;

    //메모리에 저장되는 일반 지역변수 선언
    int max;
    printf("양의 정수 입력 >> ");
    scanf("%d", &max);

    //레지스터 블록 지역변수 선언
    for (register int count = 1; count <= max; count++)
        sum += count;

    printf("합: %d\n", sum);

    return 0;
}
```

레지스터 변수 sum 선언하면서 초기값으로 0 저장, 초기값이 없으면 쓰레기 값 저장

레지스터 블록 지역변수 count 선언하면서 초기값으로 1 저장, count는 max까지 반복하면서 함수 몸체인 sum += count를 실행

결과

```
양의 정수 입력 >> 8
합: 36
```

중간점검

01 변수의 4가지 기억 부류 중 지역과 전역에 모두 사용할 수 있는 것은 무엇인가?

02 다음 문장에서 오류를 설명하시오.

```c
extern double PI = 3.14;
```

정적 변수

키워드 static

변수 선언에서 자료형 앞에 키워드 static을 넣어 정적 변수(static variable)를 선언할 수 있다. 정적 변수는 정적 지역변수(static global variable)와 정적 전역변수(static local variable)로 나눌 수 있다.

- 정적 변수는 초기 생성된 이후 메모리에서 제거되지 않으므로 지속적으로 저장 값을 유지하거나 수정할 수 있는 특성이 있다.
- 정적 변수는 프로그램이 시작되면 메모리에 할당되고, 프로그램이 종료되면 메모리에서 제거된다.
- **정적 변수는 초기값을 지정하지 않으면 자동으로 자료형에 따라 0이나 '\0' 또는 NULL 값이 저장된다.**
- 정적 변수의 초기화는 단 한번만 수행된다. 그러므로 한번 초기화된 정적 변수는 프로그램 실행 중간에 더 이상 초기화되지 않는 특성을 갖는다. 주의할 점은 초기화는 상수로만 가능하다는 것이다.

```
static int svar = 1;    //정적 변수
```

- 전역변수 선언 시 키워드 static을 가장 앞에 붙이면 정적 전역변수가 된다.
  - 정적 전역변수의 참조범위는 선언된 파일에만 한정되며 변수의 할당과 제거는 전역변수 특징을 갖는다.
- 지역변수 선언 시 키워드 static을 가장 앞에 붙이면 정적 지역변수가 된다.
  - 정적 지역변수의 참조범위는 지역변수이면서 변수의 할당과 제거는 전역변수 특징을 갖는다.

그림 10-9 정적 변수의 특징

정적 지역변수

함수나 블록에서 정적으로 선언되는 변수가 정적 지역변수이다. 정적 지역변수의 유효 범위는 선언된 블록 내부에서만 참조 가능하다. **정적 지역변수는 함수나 블록을 종료해도 메모리에서 제거되지 않고 계속 메모리에 유지 관리되는 특성**이 있다.

- 변수 유효 범위(scope)는 지역변수와 같으나 할당된 저장공간은 프로그램이 종료되어야 메모리에서 제거되는 전역변수의 특징을 갖는다.
- 즉 함수에서 이전에 호출되어 저장된 값을 유지하여 이번 호출에 사용될 수 있다.

다음 예제에서 정적 지역변수인 s는 함수가 종료되어도 메모리에 계속 변수 값이 남아 있어 함수 count()가 호출될 때마다 그 값이 1씩 증가한다. 그러므로 변수 s에는 함수 count()가 호출된 횟수가 저장된다. 즉 정적 지역변수는 함수가 종료되더라도 그 값이 제거되지 않고 계속 남아 있어 그 다음의 함수 호출에서 이용될 수 있다. 그러나 자동 지역변수인 n은 함수 reset()이 호출될 때마다 다시 새롭게 메모리에 할당되고, 함수가 종료되면 메모리에서 제거된다. 그러므로 n은 항상 1이 출력된다.

실습예제 10-4 | Prj04 | 04slocal.c | 정적 지역변수와 자동 지역변수의 차이 | 난이도: ★

```c
#include <stdio.h>

void reset(void);           //함수원형
void count(void);           //함수원형

int main(void)
{
                            //자동 지역변수
   for (int i = 1; i <= 5; i++)
   {
      reset();
      count();
   }
}

void reset(void)                  //매번 1을 지정
{
   auto int n = 1;                //자동 지역변수
   printf("자동 지역변수 n: %2d\n", n);
   n++;
}

void count(void)                  //이전 값을 계속 누적
{
   static int s = 10;             //정적 지역변수
   printf("\t정적 지역변수 s: %2d\n", s);
   s++;
}
```

자동 지역변수 n을 선언하면서 초기값으로 1 저장, 함수가 호출되어 실행될 때마다 다시 선언되고 초기값으로 n에 1이 저장되며, 함수가 종료되면 이 변수는 메모리에서 사라지므로, 호출될 때마다 1만 사용됨

정적 지역변수 s를 선언하면서 초기값으로 10 저장, 첫 번째 호출되어 실행될 때 초기값으로 s에 10이 저장되고 함수가 종료되어도 그 변수는 계속 유지되는 특성

결과

```
자동 지역변수 n:  1
        정적 지역변수 s: 10
자동 지역변수 n:  1
        정적 지역변수 s: 11
자동 지역변수 n:  1
        정적 지역변수 s: 12
자동 지역변수 n:  1
        정적 지역변수 s: 13
자동 지역변수 n:  1
        정적 지역변수 s: 14
```

정적 전역변수

함수 외부에서 정적으로 선언되는 변수가 정적 전역변수이다. 일반 전역변수는 파일 소스가 다르더라도 extern을 사용하여 참조가 가능하다. 그러나 **정적 전역변수는 선언된 파일 내부에서만 참조가 가능한 변수이다.** 즉 정적 전역변수는 extern에 의해 다른 파일에서 참조가 불가능하다.

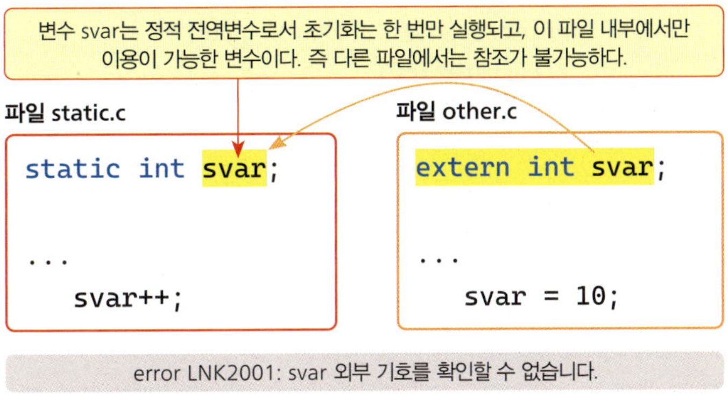

그림 10-10 정적 전역변수의 참조 범위

전역변수의 사용은 모든 함수에서 공유할 수 있는 저장공간을 이용할 수 있는 장점이 있으나 어느 한 함수에서 잘못 다루면 모든 함수에 영향을 미치는 단점도 있다. 특히 여러 소스파일로 구성된 **프로그램이라면 전역변수의 사용으로 원하지 않는 전역변수의 수정과 같은 부작용(side effect)의 위험성이 항상 존재한다.** 그러므로 가급적이면 전역변수의 사용을 자제하는 것이 좋으며, 부득이 전역변수를 이용하는 경우에는 동일 파일에서만 전역변수로 이용할 수 있는 정적 전역변수를 이용하는 것이 바람직하다.

실습예제 10-5	Prj05	05-1sgvar.c 05-2gfun.c	정적 전역변수 선언과 사용	난이도: ★

소스코드 05-1sgvar.c

```c
#include <stdio.h>

//정적 전역변수 선언
static int svar;
//전역변수 선언
int gvar;

//함수 원형
void increment();
void setgvar(int);
//void teststatic();

int main(void)
```

키워드 static을 사용하여 정적 전역변수 svar 선언하므로 이 파일에서만 사용 가능하며, 초기값이 없어도 기본값인 0으로 저장

키워드 static이 없이 전역변수 gvar 선언하므로 이 프로젝트의 모든 파일에서 사용 가능하며, 초기값이 없어도 기본값인 0으로 저장

```c
{
    for (int count = 1; count <= 5; count++)
        increment();
    printf("함수 increment()가 총 %d번 호출되었습니다.\n", svar);

    setgvar(30);
    printf("전역변수: %d\n", gvar);
    //teststatic();
}

//함수 구현
void increment()
{
    svar++;
}
```

이 소스파일에서 선언된 정적 전역변수 svar를 수정

소스코드 05-2gfun.c

```c
void setgvar(int n)
{
    //전역변수는 선언 및 사용 가능
    extern gvar;
    gvar = n;
}

void teststatic()
{
    //정적 전역변수는 선언 및 사용 불가능
    //extern svar;
    //svar = 5;
}
```

다른 파일에 정의된 전역변수 gvar는 이 파일에서 extern을 사용해 선언한 후 사용 가능

정적 전역변수 svar는 다른 파일에서 사용 불가하여 실행 시 오류 발생

결과

```
함수 increment()가 총 5번 호출되었습니다.
전역변수: 30
```

TIP 정적 변수의 초기화

정적 변수의 초기화는 반드시 상수로만 가능하다. 왼쪽 소스에서 정적 변수의 초기값에 변수를 대입하게 되면 초기화 문법 오류가 발생하므로 오른쪽과 같이 상수를 대입해야 한다.

```
#include <stdio.h>

int a = 1;
static s = a; //오류

int main(void)
{
   int data = 10;
   static value = data; //오류

   return 0;
}
```

```
#include <stdio.h>

int a = 1;
static s = 1;

int main(void)
{
   int data = 10;
   static value = 10;

   return 0;
}
```

그림 10-11 정적 변수의 초기화 주의

중간점검

01 다음 문장에서 오류를 찾고 설명하시오.

```
int data = 3;
static int value = data;
```

02 정적 전역변수와 전역변수를 비교하시오.

LAB 지역변수와 정적 변수의 사용

함수 main()에서 함수 process()를 세 번 호출한다. 함수 process()에는 지역변수와 정적 지역변수가 선언되고, 간단한 연산과 함께 출력해 보도록 한다. 다음 소스를 보고 출력 결과를 예상해 보자.

- 함수 process()의 지역변수 x, 정적 지역변수 sx

출력 결과

Lab 10-2 Lab2svar.c 난이도: ★★

```c
#include <stdio.h>

void process();

int main()
{
    process();
    process();
    process();

    return 0;
}

void process()
{
    //정적 변수
    static int sx;
    //지역변수
    int x = 1;

```

```c
    printf("%d %d\n", x, sx);

    x += 3;
    sx += x + 3;
}
```

정답

```
1 0
1 5
1 10
```

10.3 메모리 영역과 변수 이용

메모리 영역

데이터, 스택, 힙 영역

메인 메모리의 영역은 프로그램 실행 과정에서 데이터(data) 영역, 힙(heap) 영역, 스택(stack) 영역 세 부분으로 나뉜다. 이러한 **메모리 영역은 변수의 유효범위(scope)와 생존기간(life time)에 결정적 역할**을 하며, 변수는 기억 부류(storage class)에 따라 할당되는 메모리 공간이 달라진다.

- 기억 부류는 변수의 유효범위(scope)와 생존기간(life time)을 결정한다.
- 기억 부류는 변수의 저장공간의 위치가 데이터(data) 영역, 힙(heap) 영역, 스택(stack) 영역인지 결정하며, 초기값도 결정한다.

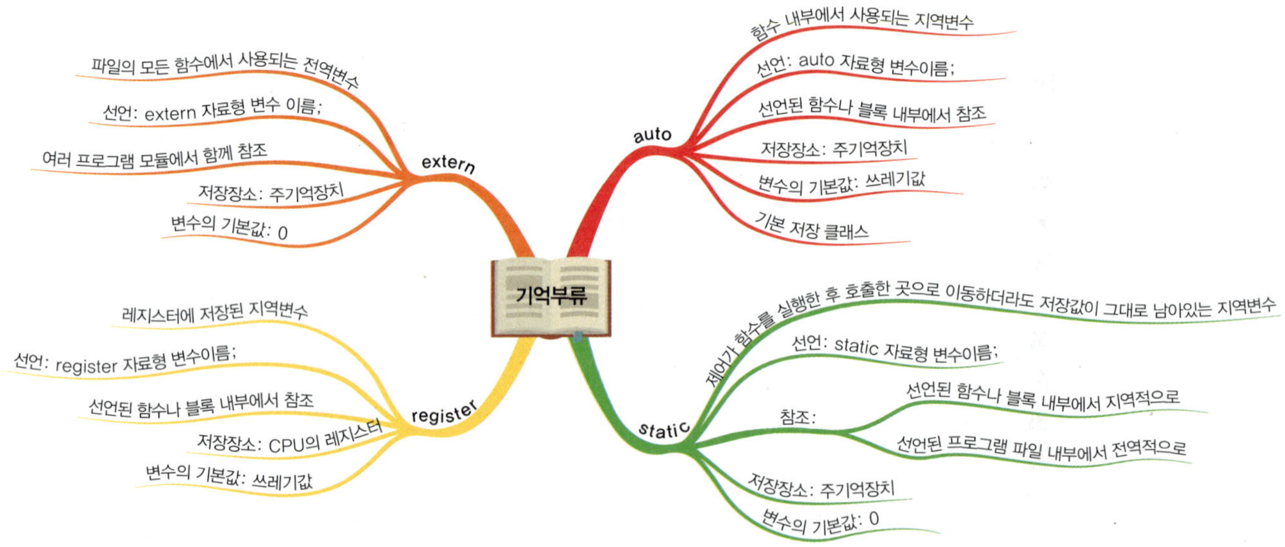

그림 10-12 기억 부류

- 데이터 영역은 전역변수와 정적 변수가 할당되는 저장공간이다.
- **힙 영역은 동적 할당(dynamic allocation)**[1]**되는 변수가 할당되는 저장공간**이다.
- 마지막으로 **스택 영역은 함수 호출에 의한 형식 매개변수 그리고 함수 내부의 지역변수가 할당되는 저장공간이다.**

[1] 프로그램 수행 중에 메모리를 할당하는 것을 동적 메모리 할당이라고 하며 16장에서 학습할 예정이다.

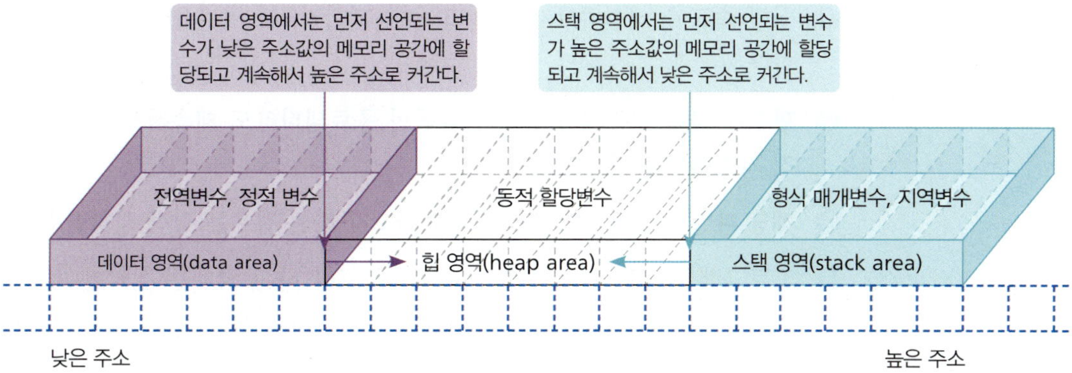

그림 10-13 메모리 영역

데이터 영역은 메모리 주소가 낮은 값에서 높은 값으로 저장 장소가 할당된다. 데이터 영역은 프로그램이 시작되는 시점에 정해진 크기대로 고정된 메모리 영역이 확보된다. 그러나 힙 영역과 스택 영역은 프로그램이 실행되면서 영역 크기가 계속적으로 변할 수 있다.

- **스택 영역은 메모리 주소가 큰 값에서 작은 값으로 저장 장소가 할당**된다. **그러므로 함수호출과 종료에 따라 큰 주소에서 작은 주소로 메모리가 할당되었다가 다시 제거되는 작업이 반복**된다.
- 힙 영역은 데이터 영역과 스택 영역에서 사이에 위치한다. 힙 영역은 메모리가 동적으로 할당된다.

중간점검

01 메모리 영역의 세 종류는 무엇인가?

02 다음 빈 부분을 완성하시오.

메모리 영역	변수의 종류
데이터 영역	전역변수, 정적 변수
	동적 할당
스택 영역	

변수의 이용

이용 기준

일반적으로 전역변수의 사용을 자제하고 지역변수를 주로 이용한다. 그러나 다음의 경우에는 그 특성에 맞는 변수를 이용한다.

❶ 실행 속도를 개선하고자 하는 경우에 제한적으로 특수한 지역변수인 레지스터 변수를 이용한다.

❷ **함수나 블록 내부에서 함수나 블록이 종료되더라도 계속적으로 값을 저장하고 싶을 때는 정적 지역변수를 이용한다.**

❸ **해당 파일 내부에서만 변수를 공유하고자 하는 경우는 정적 전역변수를 이용한다.**

❹ 프로그램의 모든 영역에서 값을 공유하고자 하는 경우는 전역변수를 이용한다. 가능하면 전역변수의 사용을 줄이는 것이 프로그램의 이해를 높일 수 있으며 발생할 수 있는 프로그램 문제를 줄일 수 있다.

변수가 정의되는 위치에 따라 전역변수와 지역변수를 정리하면 다음과 같다.

- 변수가 할당되는 메모리 영역에 따라 변수의 할당과 제거의 시기가 결정된다. 즉 데이터 영역에 할당되는 전역변수와 정적 변수는 프로그램 시작 시 메모리가 할당되고, 프로그램 종료 시 메모리에서 제거된다.
- 스택 영역과 레지스터에 할당되는 자동 지역변수와 레지스터 변수는 함수 또는 블록 시작 시 메모리가 할당되고, 함수 또는 블록 종료 시 메모리에서 제거된다.

표 10-2 변수의 종류

<table>
<tr><th>선언 위치</th><th>상세 종류</th><th colspan="2">키워드</th><th>유효 범위</th><th>기억 장소</th><th>생존 기간</th></tr>
<tr><td rowspan="2">전역</td><td>전역변수</td><td>참조선언</td><td>extern</td><td>프로그램 전역</td><td rowspan="3">메모리
(데이터 영역)</td><td rowspan="3">프로그램
실행 시간</td></tr>
<tr><td>정적 전역변수</td><td colspan="2">static</td><td>파일 내부</td></tr>
<tr><td rowspan="3">지역</td><td>정적 지역변수</td><td colspan="2">static</td><td rowspan="3">함수나
블록 내부</td></tr>
<tr><td>레지스터 변수</td><td colspan="2">register</td><td>레지스터</td><td rowspan="2">함수 또는 블록
실행 시간</td></tr>
<tr><td>자동 지역변수</td><td colspan="2">auto(생략가능)</td><td>메모리
(스택 영역)</td></tr>
</table>

변수의 종류에 따른 생존 기간과 유효 범위를 정리하면 다음과 같다.

- 전역변수와 정적 변수는 모두 생존 기간이 프로그램 시작 시에 생성되어 프로그램 종료 시에 제거된다.
- 다만 자동 지역변수와 레지스터 변수는 함수가 시작되는 시점에서 생성되어 함수가 종료되는 시점에서 제거된다.

다음 표에서 변수의 유효 범위는 O, X로 구분하여 그 지역에서 참조 가능하면 O, 아니면 X로 구분한다.

표 10-3 변수의 유효 범위

구분	종류	메모리 할당 시기	동일 파일 외부 함수에서의 이용	다른 파일 외부 함수에서의 이용	메모리 제거 시기
전역	전역변수	프로그램 시작	O	O	프로그램 종료
	정적 전역변수	프로그램 시작	O	X	프로그램 종료
지역	정적 지역변수	프로그램 시작	X	X	프로그램 종료
	레지스터 변수	함수(블록) 시작	X	X	함수(블록) 종료
	자동 지역변수	함수(블록) 시작	X	X	함수(블록) 종료

변수의 종류에 따라 초기값 저장 문장의 실행 시점과 초기값이 명시적으로 지정되지 않을 경우 자동으로 지정되는 기본 초기값은 다음과 같다.

표 10-4 변수의 초기값

구분	종류	자동 저장되는 기본 초기값	초기값 저장
전역	전역변수	자료형에 따라 0이나 '\0' 또는 NULL 값이 저장	프로그램 시작 시
	정적 전역변수		
지역	정적 지역변수		
	레지스터 변수	쓰레기 값이 저장	함수나 블록이 실행될 때마다
	자동 지역변수		

다음 예제는 06-1sclass.c와 06-2out.c로 구성되는 프로그램이다. 이 예제는 전역변수 g, sg 그리고 지역변수 fa, fs의 선언과 사용을 알아보는 프로그램이다. 특히 sg은 정적 전역변수이므로 외부 파일에서는 참조할 수 없으며, 정적 지역변수인 fs는 함수가 종료되더라도 그전에 저장된 값이 계속 유지된다는 것을 알 수 있다.

실습예제 10-6	Prj06	06-1sclass.c 06-2out.c	전역변수와 지역변수의 선언과 참조	난이도: ★

소스코드 06-1sclass.c

```c
#include <stdio.h>

void in(void);
void out(void);

/* 전역변수 */
int g = 10;
/* 정적 전역변수 */
static int sg = 20;

int main(void)
{
   auto int a = 100;    /* main() 함수의 자동 지역변수 */

   printf("%d %d %d\n", g, sg, a);
   in(); out();
   in(); out();
   in(); out();
   printf("%d %d %d\n", g, sg, a);

   return 0;
```

전역변수 g를 선언하면서 10으로 초기화, 전역변수는 프로젝트 어디에서나 사용 가능하나 다른 파일에서 사용하려면 extern int g; 선언이 필요

```c
}

void in(void)
{
    /* in() 함수의 자동 지역변수 */
    auto int fa = 1;
    /* in() 함수의 정적 지역변수 */
    static int fs;

    printf("\t%d %d %d %d\n", ++g, ++sg, ++fa, ++fs);
}
```

변수 fs는 정적 지역변수로, 첫 번째 호출에서 초기화가 없으므로 기본값인 0이 저장되며, 이후에는 함수가 종료돼도 제거되지 않고 값이 계속 유지되며 함수 in()에서만 사용 가능

소스코드 06-2out.c

```c
#include <stdio.h>

void out()
{
    extern int g, sg;

    printf("\t\t\t%d\n", ++g);

    //외부 파일에 선언된 정적 전역변수이므로 실행 시 오류
    //printf("%d\n", ++sg);
}
```

다른 파일 06-1sclass.c에 선언된 전역변수 g와 sg를 사용하려는 선언

결과

```
10 20 100
        11 21 2 1
                        12
        13 22 2 2
                        14
        15 23 2 3
                        16
16 23 100
```

탭 이후에 출력되는 행은 함수 in()에서 출력되는 부분

이 열에 출력되는 행은 함수 out()에서 출력되는 부분

중간점검

01 다음 중에서 변수가 메모리에서 제거되는 시점이 같은 변수는 무엇인가?
전역변수, 정적 전역변수, 정적 지역변수, 레지스터 변수, 자동 지역변수

02 다음 프로그램의 출력 값은 무엇인가?.

```
#include <stdio.h>
int sfun()
{
   static int data = 10;
   data += 5;
   return data;
}

int main(void)
{
   sfun();
   sfun();
   int n = sfun();
   printf("%d\n", n);

   return 0;
}
```

LAB

은행계좌의 입출금 구현

은행 계좌의 입출금을 구현하기 위해 전역변수 total과 두 함수 save()와 withdraw()의 정적 지역변수 amount를 사용하여 몇 개의 입출금에 대해 다음 그림과 같이 출력해 보도록 한다.

- 전역변수 total에는 초기 금액과 계좌 잔고가 저장
- 함수 save()와 withdraw()는 각각 매개변수 금액의 입출금을 구현하는데, 정적 지역변수 amount를 사용하여 총입금액과 총출금액을 관리하여 출력

```
 입금액    출금액     총입금액     총출금액      잔고
===============================================
                                           10000
 50000              50000                  60000
        30000                     30000    30000
 60000             110000                  90000
        20000                     50000    70000
===============================================
```

Lab 10-3 | Lab3bank.c | 난이도: ★★

```c
#include <stdio.h>

//전역변수


//입금 함수원형
void save(int);
//출금 함수원형
void withdraw(int);

int main(void)
{
    printf(" 입금액   출금액    총입금액    총출금액      잔고\n");
    printf("=======================================\n");
    printf("%46d\n", total);

    withdraw(30000);
    save(60000);
    withdraw(20000);
    printf("=======================================\n");
```

```
21
22     return 0;
23 }
24
25 //입금액을 매개변수로 사용
26 void save(int money)
27 {
28     //총입금액이 저장되는 정적 지역변수
29     [            ]
30     total += money;
31     amount += money;
32     printf("%7d %17d %20d\n", money, amount, total);
33 }
34
35 //출금액을 매개변수로 사용
36 void withdraw(int money)
37 {
38     //총출금액이 저장되는 정적 지역변수
39     static int amount;
40     [            ]
41     amount += money;
42     printf("%15d %20d %9d\n", money, amount, total);
43 }
```

정답

```
04 int total = 10000 ;
16     save(50000);
29     static int amount;
40     total -= money;
```

내용점검 연습

01 다음에서 서술 내용이 맞으면 ○, 틀리면 × 하시오.

❶ 지역변수는 선언 후 초기화하지 않으면 쓰레기 값이 저장된다. (　)

❷ 전역변수는 선언되면 자동으로 초기값이 자료형에 맞는 0으로 지정된다. (　)

❸ 함수나 블록에서 전역변수와 이름이 같은 지역변수를 선언할 수 있다. 이런 경우, 함수 내부나 블록에서 그 이름을 참조하면 지역변수로 인식한다. (　)

❹ 정적 변수는 extern 키워드를 사용한다. (　)

❺ 주로 레지스터 변수는 처리 속도를 증가시키려는 변수에 이용하며, 특히 반복문의 횟수를 제어하는 제어변수에 이용하면 효과적이다. (　)

❻ 다른 파일에 선언된 전역변수를 사용하기 위한 extern 구문에서 초기값을 저장할 수 있다. (　)

❼ 전역변수의 사용은 모든 함수에서 공유할 수 있는 저장공간을 이용할 수 있는 장점이 있으나, 어느 한 함수에서 잘못 다루면 모든 함수에 영향을 미치는 단점도 있다. (　)

02 다음에서 비어있는 부분을 적당히 채우시오.

❶ 변수의 참조가 유효한 범위를 변수의 (　　　)라 한다.

❷ 키워드 (　　　)을 사용한 변수 선언은 새로운 변수를 선언하는 것이 아니라 단지 이미 존재하는 전역변수의 유효 범위를 확장한다.

❸ 변수 선언에서 자료형 앞에 키워드 (　　　)을 넣어 정적 변수를 선언할 수 있다.

❹ 함수나 블록에서 정적으로 선언되는 변수는 (　　　　　　)이다.

❺ (　) 영역은 동적 할당(dynamic allocation)되는 변수가 할당되는 저장공간이다.

❻ 해당 파일 내부에서만 변수를 공유하려면 (　　　　)변수를 이용한다.

❼ (　　　　)변수는 함수나 블록을 종료해도 메모리에서 제거되지 않고 계속 메모리에 유지 관리되는 특성이 있다.

03 다음 각각의 문제에서 가장 적절한 것을 하나 선택하시오.

❶ 다음은 변수 유효 범위에 대한 설명이다. 다음 중에서 잘못 설명하고 있는 것은 무엇인가? (　)

가) 변수의 참조가 유효한 범위를 변수의 유효 범위(scope)라 한다.

나) 변수의 유효 범위는 크게 지역 유효 범위(local scope)와 전역 유효 범위(global scope)로 나눌 수 있다.

다) 지역 유효 범위는 하나의 파일에서 변수의 참조가 가능한 범위이다.

라) 변수의 유효 범위는 영어로 변수의 scope라 한다.

❷ 다음은 정적 변수에 대한 설명이다. 다음 중에서 잘못 설명하고 있는 것은 무엇인가? (   )

가) 변수 선언에서 자료형 앞에 키워드 static을 넣어 정적 변수(static variable)를 선언할 수 있다.

나) 정적 변수는 정적 지역변수(static global variable)와 정적 전역변수(static local variable)로 나눌 수 있다.

다) 정적 변수는 프로그램이 시작되면 메모리에 할당되고, 프로그램이 종료되면 메모리에서 제거된다.

라) 정적 변수의 초기화는 여러 번 수행될 수 있다.

❸ 다음 중 지역변수가 아닌 것은 무엇인가? (   )

가) 내부 변수　　나) 정적 전역변수

다) 레지스터 변수　　라) 자동 변수

❹ 다음은 전역변수 선언 문장이다. 다음 중에서 잘못된 문장은 무엇인가? ( )

가) double units;　　나) static int count;

다) auto char ch;　　라) float real;

❺ 다음 함수를 3번째 호출할 때 출력되는 값은 무엇인가? ( )

```
void process()
{
   static int sx = 10;
   printf("%d\n", sx);
   sx += 5;
}
```

가) 5　　나) 10

다) 15　　라) 20

❻ 다음 소스에서 출력 값은 무엇인가? (   )

```
#include <stdio.h>
int data = 1;
int main()
```

```
{
    int data = 10;
    {
        int data = 100;
        printf("%d\n", data);
    }
    return 0;
}
```

가) 오류
나) 1
다) 10
라) 100

04 다음은 변수 선언 문장이다. 다음 문장에서 문법오류가 있는 문장을 찾아 수정하시오.

❶ 전역변수: register double yield;

❷ 전역변수: global static double data;

❸ 지역변수: automatic char ch;

❹ 지역변수: static auto int b;

❺ 지역변수: double extern rate;

05 다음 상황에서 사용해야 할 변수의 종류를 고르시오.

```
전역변수, 정적 전역변수, 지역변수, 정적 지역변수
```

❶ 하나의 파일 내부 범위에서 값을 유지하며 사용

❷ 함수나 블록 내부에서만 사용

❸ 함수에서 값을 지속적으로 유지하며 사용

❹ 프로젝트 내부 어느 파일에서나 사용

06 다음 프로그램에서 문법오류 및 실행오류를 찾아 수정하시오.

❶

```
#include <stdio.h>
int main(void)
{
    int value;
    static int sdata = value;
    printf("%d %d\n", value, sdata);
    return 0;
}
```

❷
```c
#include <stdio.h>
auto double PI = 3.14;
register int radius = 5;
int main(void)
{
   printf("%d %f\n", radius, PI);
   return 0;
}
```

07 다음 프로그램의 결과를 기술하시오.

❶
```c
#include <stdio.h>
int g = 100;
void myfun()
{
   g++;
   printf("%d\n", g);
}
int main(void)
{
   int g = 200;
   myfun();
   g++;
   printf("%d\n", g);
   return 0;
}
```

❷
```c
#include <stdio.h>
int save(int money)
{
    static int amount = 100;
    return amount += money;
}
int main(void)
{
    printf("%d ", save(10));
    printf("%d ", save(20));
    printf("%d\n", save(30));
    return 0;
}
```

프로그래밍 연습

01 다음과 같이 외부 변수를 선언하면서 초기값을 지정하는 것이 가능한지 알아보는 프로그램을 작성하시오. 만일 문제가 있다면 해결 방법을 제시하시오. 난이도: ★

- extern int x = 10;

02 다음을 만족하도록 후입선출(Last In First Out)의 스택(stack)을 구현하여 그 결과를 알아보는 프로그램을 작성하시오. 난이도: ★★

- 전역변수로 배열 stack을 선언해 사용

```
#define MAXSIZE 3
int stack[MAXSIZE];
```

- 배열 stack에 가장 최근에 저장한 값이 있는 첨자를 저장하는 변수 top을 전역변수로 저장해 사용하며, 초기값은 −1(스택에 저장된 값이 없음을 표시)

```
int top = -1;
```

- 함수 isfull() 구현: 스택에 MAXSIZE만큼 자료가 차 있는지는 반환
- 함수 push() 구현: 스택에 파라미터의 정수 값을 저장하는 함수로 다음과 같은 main() 함수 소스에서의 결과

```
int main()
{
    push(3);
    push(5);
    push(9);
    push(1);

    return 0;
}
```

03 위에서 구현한 스택(stack)에서 다음 기능을 추가해 그 결과를 알아보는 프로그램을 작성하시오. 난이도: ★★★

- 함수 isempty() 구현: 전역변수 top이 −1이면 스택이 빈 상태를 반환

- 함수 pop() 구현: 스택이 비어있지 않으면 top에 있는 스택 자료를 반환

- 다음과 같은 main() 함수 소스에서의 결과

```
int main()
{
    push(3);
    push(5);
    pop();
    push(9);
    push(1);
    push(7);

    return 0;
}
```

```
Microsoft Visual Studio 디버그 콘솔
스택 첨자 0에 3를 저장합니다.
스택 첨자 1에 5를 저장합니다.
스택 첨자 1에서 5를 제거합니다.
스택 첨자 1에 9를 저장합니다.
스택 첨자 2에 1를 저장합니다.
모두 찬 스택입니다.
```

04 다음을 만족하도록 1부터 n까지의 합을 구하는 재귀함수를 구현하여 그 결과를 알아보는 프로그램을 작성하시오. 난이도: ★★

- 양의 정수 n은 표준입력으로

- 재귀함수의 총 호출 횟수를 출력하도록 정적 지역변수 사용

```
Microsoft Visual Studio 디버그 콘솔
양의 정수를 입력 >> 3
1번 호출
2번 호출
3번 호출
sum = 6
```

05 다음 입출력 인터페이스를 참고하여 사용자와 프로그램이 가위, 바위, 보 게임을 시뮬레이션하는 프로그램을 작성하시오. 난이도: ★★

```
Microsoft Visual Studio 디버그 콘솔
가위(0) 바위(1) 보(2) 중에서 하나 입력 -> 0
당신은 가위이고, 시스템은 보입니다.

컴퓨터의 승리입니다.
```

06 동일한 변수 이름을 하나의 파일에서는 전역변수로, 다른 파일에서는 정적 전역변수로 이용이 가능한지 예제 프로그램을 작성하여 확인하시오. 난이도: ★

07 다음 조건을 만족하도록 1에서 100까지의 하나의 난수를 저장하여 사용자가 이 값을 맞추는 프로그램을 작성하시오. 난이도: ★★

- 함수 setNumber()에서 1에서 100까지의 하나의 난수를 발생하여 전역변수 number에 저장
- 시스템이 정한 number를 사용자가 맞출 때까지 계속 진행
- 사용자가 정답을 맞추지 못하는 경우는 다음과 같이 힌트를 주도록
- 힌트를 주기 위하여 변수 min, max를 이용하며, 이 변수는 정적 외부변수로 선언
- 함수는 main()과 함수 setNumber(), printHead(), printHigher(), printLower(), printAnswer()로 구성

```
Microsoft Visual Studio 디버그 콘솔
1 에서 100까지의 하나의 정수가 결정되었습니다.
이 정수를 맞추어 보세요? > 50

 맞추어야 할 정수가 입력한 정수 50보다 큽니다.
51에서 100사이의 정수를 다시 입력하세요. > 75

 맞추어야 할 정수가 입력한 정수 75보다 큽니다.
76에서 100사이의 정수를 다시 입력하세요. > 83

 맞추어야 할 정수가 입력한 정수 83보다 큽니다.
84에서 100사이의 정수를 다시 입력하세요. > 90

 맞추어야 할 정수가 입력한 정수 90보다 큽니다.
91에서 100사이의 정수를 다시 입력하세요. > 95

 맞추어야 할 정수가 입력한 정수 95보다 작습니다.
91에서 94사이의 정수를 다시 입력하세요. > 92

 축하합니다! 정답은 92입니다.
```

08 위 프로그램에서 다음 조건을 추가하여 프로그램을 작성하시오. 난이도: ★★★

- 사용자가 정답을 맞추기 위하여 시도한 횟수를 저장하는 변수 count를 이용하여, 매번 이 값이 출력되도록
- 사용자가 정답을 맞추기 위한 시도 횟수를 최대 5로 지정하도록

```
Microsoft Visual Studio 디버그 콘솔
1에서 100까지의 한 정수가 결정되었습니다.
이 정수를 맞추어 보세요? > 50

맞추어야 할 정수가 입력한 정수 50보다 큽니다. (시도횟수: 1번)
51에서 100사이의 정수를 다시 입력하세요. > 75

맞추어야 할 정수가 입력한 정수 75보다 작습니다.(시도횟수: 2번)
51에서 74사이의 정수를 다시 입력하세요. > 65

맞추어야 할 정수가 입력한 정수 65보다 작습니다.(시도횟수: 3번)
51에서 64사이의 정수를 다시 입력하세요. > 60

맞추어야 할 정수가 입력한 정수 60보다 작습니다.(시도횟수: 4번)
51에서 59사이의 정수를 다시 입력하세요. > 55

맞추어야 할 정수가 입력한 정수 55보다 작습니다.(시도횟수: 5번)
        최대 시도 횟수인 5회 동안 맞추지 못하였습니다. 종료됩니다.
```

CHAPTER 11

포인터 기초

학습목표

- **포인터 변수를 이해하고 설명할 수 있다.**
  - 메모리와 주소, 주소연산자 &
  - *를 사용한 포인터 변수 선언과 간접참조 방법
  - 포인터 변수의 연산과 형변환
- **다중 포인터와 배열 포인터를 이해하고 설명할 수 있다.**
  - 이중 포인터의 필요성과 선언 및 사용 방법
  - 증감연산자와 포인터와의 표현식
  - 포인터 상수
- **배열과 포인터 관계에 대하여 이해하고 설명할 수 있다.**
  - 배열이름은 포인터 상수이며 포인터 변수로도 참조
  - 1차원과 2차원 배열의 배열 포인터 활용
  - 포인터 배열

학습목차

11.1 포인터 변수와 선언

메모리 주소와 주소연산자 &

주소 개념

메모리 공간은 8비트인 1바이트마다 고유한 주소(address)가 있다. 마치 일상의 주소처럼 도로에 있는 건물에 고유 번호가 있는 것이나 아파트의 호수와 같다. 충절로 6과 같이 도로 이름과 건물 번호로 집을 찾듯이 메모리 주소 12 등을 이용하여 변수의 위치를 파악하는 것이다.

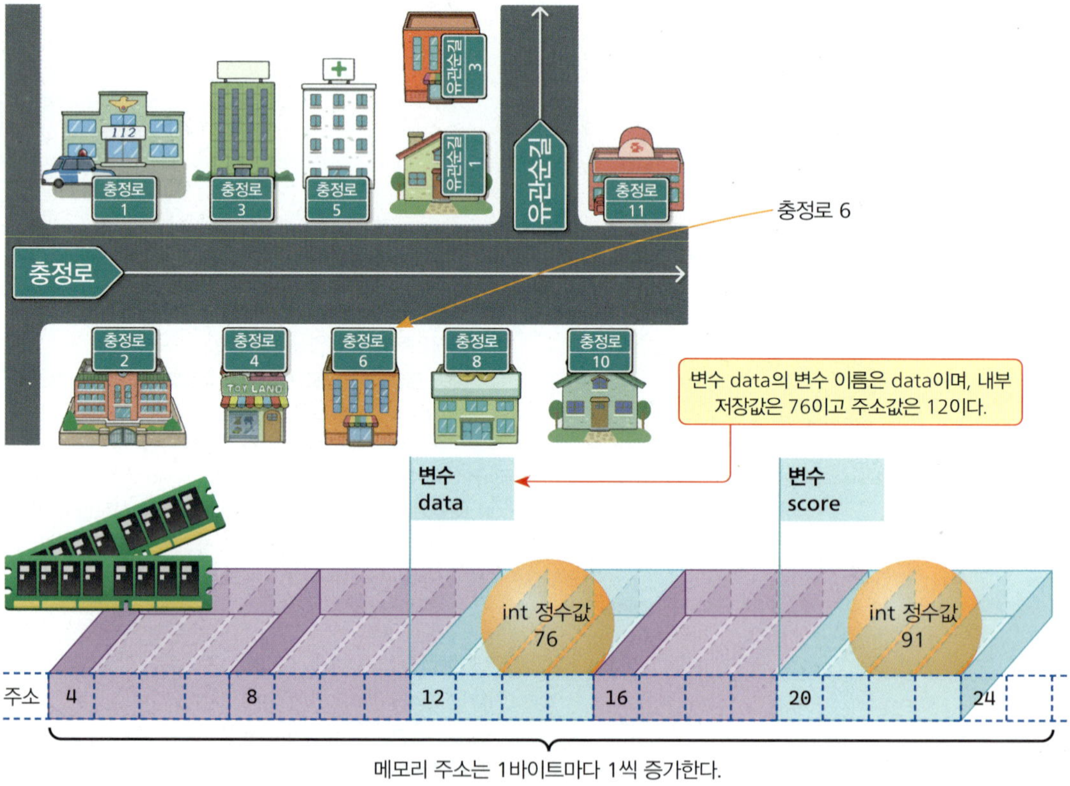

그림 11-1 메모리 주소

메모리 주소는 0부터 바이트마다 1씩 증가한다. 메모리 주소는 저장 장소인 변수이름과 함께 기억장소를 참조하는 또 다른 방법이다. 마치 예전 주소인 '렉슬 아파트'와 같이 아파트 이름이 변수 이름이라면 '선릉로 888'과 같이 도로명과 건물 번호가 메모리 주소라고 할 수 있다. 물론 메모리 주소는 주기억장치라는 이름이 있으므로 도로명은 따로 없어 도로 주소 체계보다도 간편하다고 볼 수 있다.

TIP 메모리 주소가 왜 필요하지요?

이 **메모리 주소값을 이용하면 보다 편리하고 융통성 있는 프로그램이 가능**하다. 그러나 메모리 주소를 잘못 다루면 시스템에 심각한 문제를 일으킬 수 있다. 그리고 메모리 주소를 처음 학습하는 초보자에겐 좀 어렵다는 단점이 있다. 그러나 걱정하지 말자. 이 단원을 차근차근 알아가면 메모리 주소도 어렵지 않다는 것을 이해할 것이다.

- 주소 정보를 이용하여 주소가 가리키는 변수의 값을 참조할 수 있다.
- 주소 정보의 이전 또는 이후의 이웃한 저장 공간의 값도 쉽게 참조할 수 있다.

주소연산자 &

주소는 변수이름과 같이 저장장소를 참조하는 하나의 방법이다. 지금까지 함수 scanf()를 사용하면서 입력 자료의 값을 저장하기 위해 인자를 '&변수이름'으로 사용하였다. 바로 **&(ampersand)가 피연산자인 변수의 메모리 주소를 반환하는 주소연산자이다.**

- 즉 함수 scanf()에서 입력 값을 저장하는 변수의 주소값이 인자의 자료형이다.
- 그러므로 함수 scanf()에서 일반 변수 앞에는 주소연산자 &를 사용해야 한다.

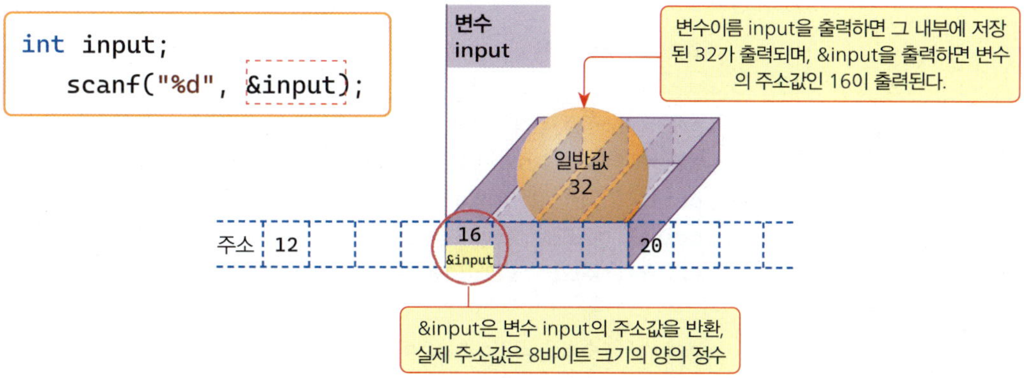

그림 11-2 주소연산자 & 이해

변수의 주소값은 형식제어문자 %p로 직접 출력할 수 있다. 윈도우 10의 64비트 시스템에서 주소값은 8바이트(64비트)로 16진수의 16개 자릿수로 출력된다. 변수의 주소값을 10진수로 보려면 비주얼 스튜디오에서 제공하는 자료형 uintptr_t로 변환해 형식제어문자 %llu로 출력한다. 형식제어문자 %llu는 long long unsigned를 의미하며, 64비트의 0과 양수의 정수형을 위한 형식제어문자이다. 자료형 uintptr_t는 헤더파일 vadefs.h에 unsigned __int64와 동일한 자료형으로 정의되어 있다. 문장 typedef는 기존 자료형을 새로운 자료형 이름으로 정의하는 문장으로 14장에서도 다시 학습할 예정이다. 자료형에서 알아 보았듯이 __int64는 long long int와 같이 64비트 정수 자료형이다.

```
typedef unsigned __int64 uintptr_t;
```

윈도우 10과 같은 64비트 시스템은 &에 의한 주소값도 64비트(8바이트)이다. 연산자 sizeof(&input)의 반환 값은 자료형 size_t 유형의 주소의 크기이며 형식제어문자 %zu로 출력한다. 자료형 size_t는 unsigned long long과 같으며, 형식제어문자 %zu에서 z는 size를 u는 unsigned를 의미한다. 또한 연산자 sizeof의 반환 값은 %zd로도 가능하다.

주소연산자 &는 다음 사용에 주의가 필요하다.

- & 연산자는 '&변수'와 같이 피연산자 앞에 위치하는 전위연산자로 변수에만 사용할 수 있다.
- '&32'나 '&(3+4)'와 같이 상수나 표현식에는 사용할 수 없다.

실습예제 11-1 | Prj01 | 01address.c | 메모리 주소연산자와 주소 출력 | 난이도: ★

```c
#define _CRT_SECURE_NO_WARNINGS
#include <stdio.h>

int main(void)
{
    int input;

    printf("정수 입력: ");
    scanf("%d", &input);
    printf("입력 값: %d\n", input);
    printf("주소값: %p(16진수)\n", &input);
    printf("주소값: %llu(10진수)\n", (uintptr_t)&input);

    printf("주소값 크기: %zu\n", sizeof(&input)); //%zd도 가능

    return 0;
}
```

64비트 시스템에서 16개의 16진수 주소값이 출력

주소값을 10진수로 출력하기 위해 uintptr_t로 변환해 출력

결과

```
정수 입력: 100
입력 값: 100
주소값: 000000B8DA52FC34(16진수)
주소값: 793936854068(10진수)
주소값 크기: 8
```

64비트 시스템에서 주소값은 8바이트(64비트)

중간점검

01 다음 소스의 문제는 무엇인가?

```
int input;
scanf("%d", input);
```

02 윈도우 10 64비트 시스템에서 주소값의 sizeof() 연산 결과값은?

포인터 변수 개념과 선언

메모리 주소 저장 변수인 포인터 변수

우리가 친구의 주소를 스마트폰의 주소록에 저장하듯이 어느 **변수의 주소도 포인터 변수에 저장**할 수 있다. 어느 변수의 주소도 일반 정수 값이라고 볼 수 있으나 일반 변수에 저장하면 주소값이라는 의미가 없어지므로 **변수의 주소값은 반드시 포인터 변수에 저장**해야 한다. 즉 **포인터 변수는 주소값을 저장하는 변수로 일반 변수와 구별되며 선언 방법이 다르니** 이에 대해 자세히 알아보자. 주소연산자를 이용한 연산식 &data의 결과값은 바로 포인터 변수(pointer variable)에 저장하여 사용할 수 있다.

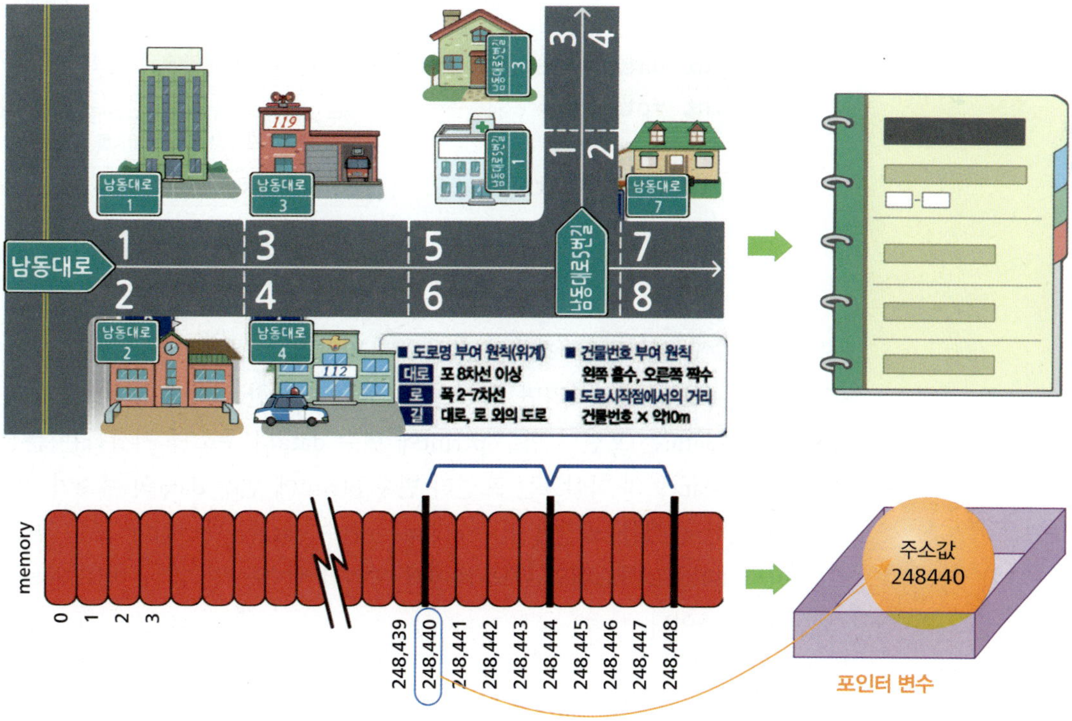

그림 11-3 메모리 주소를 저장하는 포인터 변수

포인터 변수 선언

포인터 변수는 일반 변수와 선언 방법이 다르다. 그렇다고 변수 선언이 복잡한 것은 아니고 **포인터 변수 선언에서 자료형과 포인터 변수 이름 사이에 연산자 *(asterisk)를 삽입**한다. 즉 다음 변수 선언에서 ptrint, ptrshort, ptrchar, ptrdouble은 모두 **포인터 변수이며 간단히 포인터**라고도 부른다. 예로 'int *ptrint' 선언은 'int 포인터 ptrint'라고 읽는다.

포인터 변수 선언

```
자료형 *변수이름 ;

int *ptrint;
short*ptrshort;
char * ptrchar;
double *ptrdouble;
```

그림 11-4 포인터 변수 선언 구문

위 포인터 변수 선언에서 보듯이 변수 자료형이 다르면 그 변수의 주소를 저장하는 포인터의 자료형도 달라야 한다. 즉 int형 변수의 주소를 저장하는 포인터는 int *이고, double형 변수의 주소를 저장하는 포인터는 double *이어야 한다. 즉 **어느 변수의 주소값을 저장하려면 반드시 그 변수의 자료유형과 동일한 포인터 변수에 저장해야 한다. 포인터 변수 선언에서 포인터를 의미하는 *는 자료형과 변수이름 사이에만 위치**하면 된다. 일반적으로 변수이름 앞에 *를 붙이는 방식을 가장 선호한다.

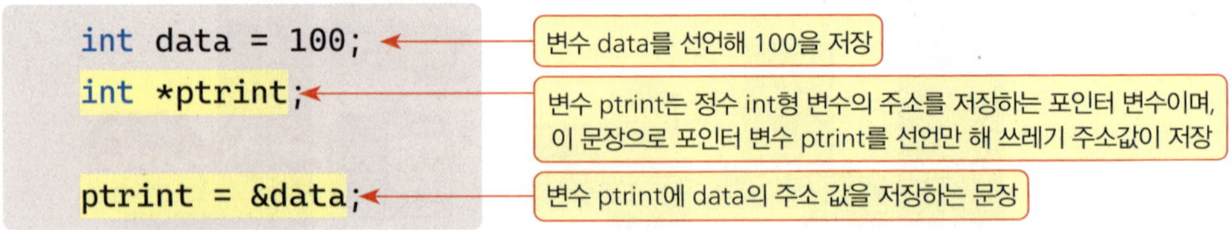

그림 11-5 포인터 변수와 일반 변수의 주소 저장

포인터 변수도 선언된 후 초기값이 없으면 의미 없는 쓰레기(garbage) 값이 저장된다. 포인터 변수에 data 주소를 대입하려면 주소연산자 &를 사용한 연산식 &data를 이용한다. 그러므로 문장 ptrint = &data;는 포인터 변수 ptrint에 변수 data의 주소를 저장하는 문장이다. 다음 그림에서 ptrint에서 data로의 화살표는 포인터 변수 ptrint에 변수 data의 주소가 저장되었다는 것을 나타낸다. 이러한 관계를 '포인터 변수 ptrint는 변수 data를 가리킨다' 또는 '참조(reference)한다'라고 표현한다. 64비트 시스템인 윈도 10에서 포인터 변수는 가리키는 변수의 종류에 관계없이 크기가 모두 8바이트이다.

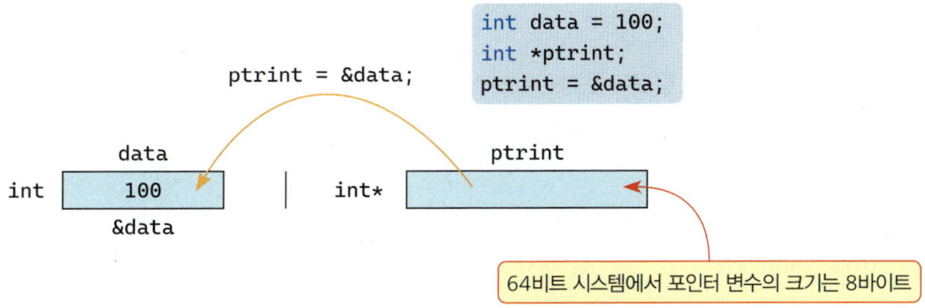

그림 11-6 포인터 변수 선언과 주소의 대입

실습예제 11-2	Prj02	02pointer.c	포인터 변수 선언과 주소값 대입	난이도: ★

```c
#include <stdio.h>
int main(void)
{
    int data = 100;
    int* ptrint;
    ptrint = &data;
    printf("변수명   주소값                 저장값\n");
    printf("-------------------------------------\n");
    printf("  data   %p   %d\n", &data, data);
    printf("ptrint   %p   %p\n", &ptrint, ptrint);
    printf("%zu\n", sizeof(ptrint));
    return 0;
}
```

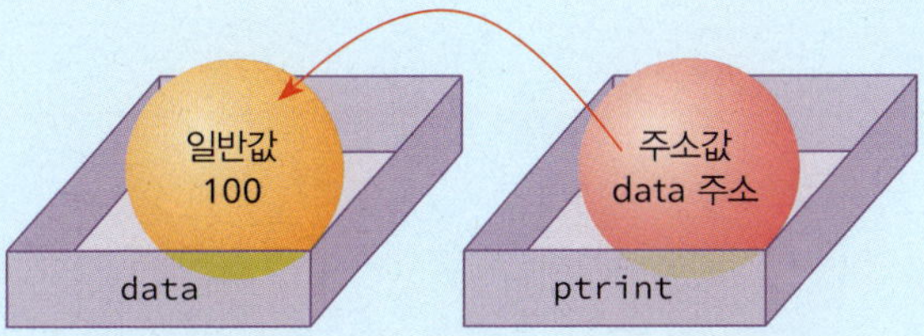

포인터 변수 ptrint의 저장 값과 &data는 모두 data의 주소로 같은 값

&ptrint도 포인터 변수의 ptrint의 주소값

결과

```
변수명     주소값              저장값
--------------------------------------------
  data   0000001C091BF8F4   100
ptrint   0000001C091BF918   0000001C091BF8F4
8
```

주소값은 %p로 출력하면 16개의 16진수로 출력

중간점검

01 다음 각각의 부분 소스에서 잘못된 문장은 무엇인가?

```
int data = 100;
int ptrint;

ptrint = &data;
```

```
int data = 100;
double *ptr;

ptr = &data;
```

02 다음 부분 소스에서 출력되는 값은 무엇을 의미하는가?

```
double data = 100.345;
double *p = &data;
printf("%f\n", *p);
```

LAB

다양한 자료형 포인터 변수 선언에 의한 주소값 출력

자료형 char, int, double의 변수를 각각 선언하여 적당한 값을 저장하고, 다시 그 변수의 주소를 저장하기 위해 자료형 char, int, double의 포인터 변수를 각각 선언해 그 주소값을 저장한 후, 주소값과 저장값을 출력하는 프로그램을 작성해보자.

- char 포인터 변수 선언: char *pc
- int 포인터 변수 선언: int *pm
- double 포인터 변수 선언: double *px

```
Microsoft Visual Studio 디버그 콘솔
변수명  주소값              저장값
-----------------------------------
  c     000000F844EFF8F4         @
  m     000000F844EFF934       100
  x     000000F844EFF978  5.830000
```

Lab 11-1 lab1basicptr.c 난이도: ★

```c
#include <stdio.h>

int main(void)
{
    char c = '@';

    int m = 100;

    double x = 5.83;


    printf("변수명   주소값              저장값\n");
    printf("-----------------------------------\n");




    return 0;
}
```

정답

```
char *pc = &c;
int *pm = &m;
double *px = &x;
printf("%3s %12p %9c\n", "c", pc, c);
printf("%3s %12p %9d\n", "m", pm, m);
printf("%3s %12p %9f\n", "x", px, x);
```

11.2 간접연산자 *와 포인터 연산

다양한 포인터 변수 선언과 간접연산자 *

여러 포인터 변수 선언

여러 개의 포인터 변수를 한 번에 선언하기 위해서는 다음과 같이 콤마 이후에 변수마다 *를 앞에 기술해야 한다. 다음 첫 번째 문장에 의해 ptr1, ptr2, ptr3은 int형 포인터(int *)의 변수가 된 것이다.

```
int *ptr1, *ptr2, *ptr3; //ptr1, ptr2, ptr3 모두 int형 포인터임
int *ptr1, ptr2, ptr3;   //ptr1은 int형 포인터이나 ptr2와 ptr3는 int형 변수임
```

그림 11-7 포인터 변수 여러 개 선언과 주의 사항

위 두 번째 선언은 ptr1은 int형 포인터를 의미하나 ptr2와 ptr3은 단순히 int형을 나타내므로 주의가 필요하다. 포인터 변수도 다른 일반변수와 같이 지역변수[1]로 선언하는 경우, **초기값을 대입하지 않으면 쓰레기 값이 들어가므로 포인터 변수에 지정할 특별한 초기값이 없는 경우에 0번 주소값인 NULL로 초기값을 저장**한다.

```
int *ptr = NULL;
```

이 NULL은 헤더파일 stdio.h에 다음과 같이 정의되어 있는 포인터 상수로서 0번지의 주소값을 의미한다. 그러므로 ptr을 출력하면 실제로 0이 출력된다. 여기서 **(void *)는 아직 결정되지 않은 자료형의 주소를 나타낸다.** 그러므로 NULL이 저장된 포인터 변수는 아무 변수도 가리키고 있지 않다는 의미로서 이용된다. 또한 **자료유형 (void *)는 아직 유보된 포인터이므로 모든 유형의 포인터 값을 저장할 수 있는 포인터형**이다.

```
#define NULL ((void *)0)
```

다음 소스와 같이 초기값을 지정하지 않은 포인터 변수 p3와 초기값을 지정하지 않은 변수 data2를 출력하면 "error C4700: 초기화되지 않은 'p3' 지역 변수를 사용했습니다."와 "error C4700: 초기화되지 않은 'data2' 지역 변수를 사용했습니다."라는 컴파일 오류가 발생한다.

```
int *p3, data2;
printf("%p\n", p3); //int * 형의 쓰레기 값으로 오류
printf("%d\n", data2); //int형의 쓰레기 값으로 오류
```

---

1 지역변수(local variable)는 함수 내부에서 선언되어 사용되는 변수를 말한다.

실습예제 11-3	Prj03	03nullptr.c	한 번에 여러 포인터 변수 선언과 NULL 주소값 대입	난이도: ★

```c
#include <stdio.h>

int main(void)
{
    int data = 10;
    int *p1 = NULL, *p2 = &data;

    printf("%d\n", data);
    printf("%p %p\n", p1, p2);

    //int *p3, data2;
    //printf("%p\n", p3); //int * 형의 쓰레기 값으로 오류
    //printf("%d\n", data2); //int형의 쓰레기 값으로 오류

    return 0;
}
```

결과

```
10
0000000000000000 0000008A77AFFBB4
```

간접연산자 *

포인터는 변수를 참조할 수 있는 또 다른 방법을 제공한다. 즉 **포인터 변수가 갖는 주소로 그 주소의 원래 변수를 참조**할 수 있다. 이를 역참조라고도 부른다. **포인터 변수가 가리키고 있는 변수를 참조하려면 간접연산자[2](indirection operator) *를 사용한다.** 단항연산자인 간접연산자 *는 전위연산자로 피연산자는 포인터여야 한다. 간접연산자를 이용한 *p는 피연산자인 p가 가리키는 변수 자체를 반환한다. 다음 소스에서 포인터 p는 data의 주소값을 가지므로 *p는 data와 같다.

```c
int data = 100;
int *p = &data;
printf("간접참조 출력: %d \n", *p);
```

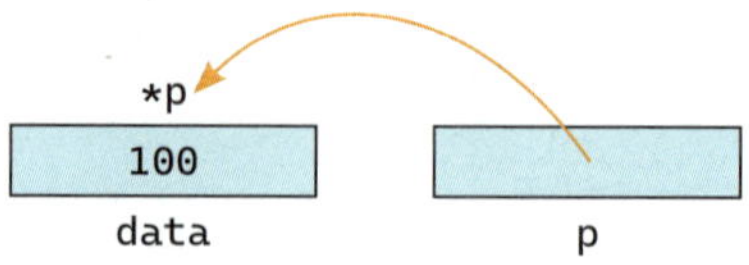

그림 11-8 간접연산자 *와 간접참조

포인터 p가 가리키는 변수가 data라면 *p은 변수 data 를 의미한다. 이제 *p로 data 변수 저장 장소인 l-value와 참조 값인 r-value로 참조할 수 있다. 그러므로 변수 data로 가능한 작업은 *p로도 가능하다. 문장 *p = 200;으로 변수 data 의 저장 값을 200으로 수정할 수 있다.

[2] 간접연산자는 역참조 연산자(dereference operator)라고도 부른다.

```
*p = 200; //data = 200과 동일
```

TIP 주소연산자 &와 간접연산자 *

주소연산자 &와 간접연산자 *, 모두 전위 연산자로 **주소 연산 '&변수'는 변수의 주소값이 결과값**이며, **간접 연산 '*포인터변수'는 포인터 변수가 가리키는 변수 자체가 결과값**이다.

```
int n = 100;
int *p = &n;    // 이제 *p와 n은 같은 변수
n = *p + 1;     // n = n + 1;과 같음
*p = *p + 1;    // *p는 l-value와 r-value 어느 위치에도 사용 가능
&n = 3;         // 컴파일 오류 발생: &n은 l-value로는 사용할 수 없으므로
```

- '*포인터변수'는 l-value와 r-value로 모두 사용이 가능하나, 주소값인 '&변수'는 r-value로만 사용이 가능하다.
- '*포인터변수'와 같이 간접연산자는 포인터 변수에만 사용이 가능하나, 주소연산자는 '&변수'와 같이 모든 변수에 사용이 가능하다.

실습예제 11-4 Prj04 04dereference.c 포인터 변수와 간접연산자 *를 이용한 간접참조 난이도: ★

```c
#include <stdio.h>

int main(void)
{
    int i = 100;
    char c = 'A';

    int *pi = &i;
    char *pc = &c;
    printf("간접참조 출력: %d %c\n", *pi, *pc);

    *pi = 200; //변수 i를 *pi로 간접참조하여 그 내용을 수정
    *pc = 'B'; //변수 c를 *pc로 간접참조하여 그 내용을 수정
    printf("직접참조 출력: %d %c\n", i, c);

    return 0;
}
```

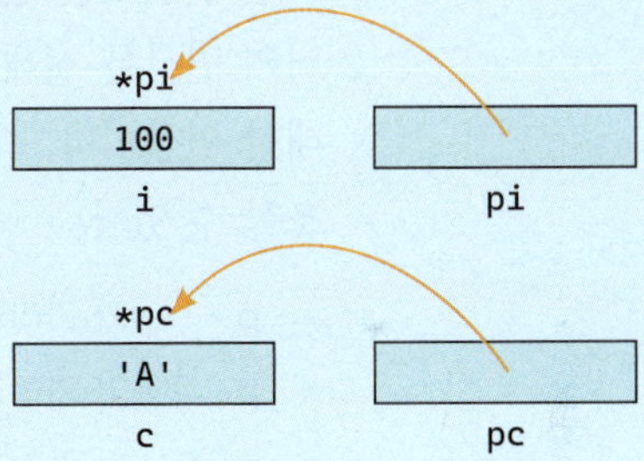

결과

```
간접참조 출력: 100 A
직접참조 출력: 200 B
```

중간점검

01 다음 부분 소스에서 경고 발생 이유를 설명하시오.

```c
int data = 100;
double* p = &data;
```

02 다음 프로그램의 출력을 기술하시오.

```c
int a = 10, b = 20;
int* p = &a;
printf("%d\n", *p);
p = &b;
printf("%d\n", *p);
```

포인터 변수의 연산

주소 연산

포인터 변수는 간단한 더하기와 뺄셈 연산으로 이웃한 변수의 주소 연산을 수행할 수 있다. 포인터의 연산은 절대적인 주소의 계산이 아니며, 포인터가 가리키는 변수 자료형의 상대적인 위치에 대한 연산이다. 즉 **포인터에 저장된 주소값의 연산으로 이웃한 이전 또는 이후의 다른 변수를 참조**할 수 있다.

- p+1: p가 가리키는 자료형의 다음 주소로 실제 주소값은 p + [자료형크기(바이트)]
- p+2: p가 가리키는 자료형의 다다음 주소로 실제 주소값은 p + [자료형크기(바이트)]*2
- p+i: p가 가리키는 자료형의 다음 i번째 주소로 실제 주소값은 p + [자료형크기(바이트)]*i

절대 주소	100	101	102	103	104	105	106	107	108	109	110	111	112	113	114	115
char형	*p	*(p+1)	*(p+2)	*(p+3)	*(p+4)	*(p+5)	*(p+6)	*(p+7)	*(p+8)	*(p+9)	*(p+10)	*(p+11)	*(p+12)	*(p+13)	*(p+14)	*(p+15)
	p	p+1	p+2	p+3	p+4	p+5	p+6	p+7	p+8	p+9	p+10	p+11	p+12	p+13	p+14	p+15
short형	*p		*(p+1)		*(p+2)		*(p+3)		*(p+4)		*(p+5)		*(p+6)		*(p+7)	
	p		p+1		p+2		p+3		p+4		p+5		p+6		p+7	
int형	*p				*(p+1)				*(p+2)				*(p+3)			
	p				p+1				p+2				p+3			
double형	*p								*(p+1)							
	p								p+1							

그림 11-9 자료형에 따른 주소의 연산을 이용한 이웃한 변수의 참조

위 그림과 같이 포인터 p에 저장된 주소값이 100이라고 가정하자. 포인터 연산식 (p+1)은 p가 가리키는 자료형과 같은 다음 자료의 주소를 의미한다. 즉 p가 가리키는 자료형 char라면 p+1은 실제 주소값은 101이다. 그러므로 간접연산식 *(p+1)은 주소 101에 저장된 문자를 나타낸다. 마찬가지로 p가 가리키는 자료형이 int라면 p+1의 실제 주소값은 104이며, 간접연산식 *(p+1)은 주소 104에 저장된 4바이트의 정수를 나타낸다. 이러한 주소의 연산은 빼기도 가능하며 *(p-1)은 int형 크기인 4만큼 감소한 96에서 저장된 int형 자료를 말한다. 그렇다면 크기가 8바이트인 double형 포인터 p의 주소값이 100이라면, (p+1)은 108이며, pd-1은 92가 된다. 즉 포인터 연산에 더하기와 빼기 연산이 가능하다. 그러나 곱하기와 나누기는 불가능하며 문법 오류가 발생한다.

TIP 포인터에는 변수의 주소값만을 저장

다음 문장과 같이 포인터 pd에 정수 100을 직접 저장하면 경고가 발생한다. 포인터 변수에 주소값이 아닌 일반 정수를 저장하므로 경고가 발생하는 것이다.

warning C4047: '=': 'double *'의 간접 참조 수준이 'int'과(와) 다릅니다.

```
double* pd = 100;             // double 포인터에 100으로 저장하면 경고 발생
double* pd = (double*)100;    // 100을 주소값으로 변환해 저장
```

double형 포인터에 100이라는 주소값을 저장하려면 포인터 자료형으로 100을 변환하는 연산식 (double *) 100을 사용해 저장한다. 그러나 이와 같이 포인터에 메모리의 실제 주소값을 대입하는 것은 흔한 문장은 아니다. 주소값 100에 무엇이 있을 지 모르는 상황에서 포인터 변수를 사용한 간접참조는 시스템에 심각한 문제를 일으킬 수 있기 때문이다. 주소값을 16진수로 출력한다면 printf의 제어 문자열에서 %p를 사용하며, (long long)의 10진수 정수로 출력하려면 %lld를, (unsigned long long)이나 (unsigned __int64)의 10진수로 출력하려면 %llu를 사용한다.

실습예제 11-5 Prj05 05arithptr.c 포인터 변수의 간단한 덧셈 뺄셈 연산 난이도: ★

```
#include <stdio.h>

int main(void)
{
    char* pc = (char*) 100;         // 100을 주소값으로 변환해 저장
    int* pi = (int*) 100;           // 100을 주소값으로 변환해 저장
    double* pd = (double*) 100;     // 100을 주소값으로 변환해 저장
    //pd = 100;                     // double 포인터에 100으로 저장하면 경고 발생

    printf("%lld  %lld  %lld\n", (long long)(pc - 1),
                  (long long)(pc + 1));
    printf("%llu  %llu  %llu\n", (unsigned __int64)(pi - 1),
                  (unsigned __int64)pi, (unsigned __int64)(pi + 1));
```

```c
    printf("%llu  %llu  %llu\n", (unsigned long long)(pd - 1),
                        (unsigned long long)pd, (unsigned long long)(pd + 1));

    return 0;
}
```

double 형 포인터 변수 pd에 저장된 값 100과 비교하여 pd-1과 pd+1을 출력, double의 크기가 8이므로 각각 8만큼의 차이가 나므로 92 100 108 출력

결과

```
99  100  101
96  100  104
92  100  108
```

char형 포인터 변수 pc에 저장된 값 100과 비교하여 pc-1과 pc+1을 출력, char의 크기가 1이므로 각각 1만큼의 차이가 나므로 99 100 101 출력

중간점검

01 다음 부분 소스에서 출력 값을 기술하시오.

```c
double* p = (double*)1000;
printf("%llu %llu\n", (unsigned long long)(p - 1), (unsigned long long)(p + 1));
```

02 다음 부분 소스에서 출력 값을 기술하시오.

```c
double x = 1.23;
double* p = &x;
double* q = p + 1;
printf("%lld", (long long)q - (long long)p);
```

LAB 포인터를 이용하여 두 수의 값을 교환하는 프로그램

정수 int 자료형 두 변수 x, y에 저장된 두 값을 서로 교환하는 프로그램을 작성해보자. 제한 사항은 임시변수인 dummy를 포함해 일반변수는 사용하지 않고, 모두 포인터 변수인 px, py, pd만을 사용하도록 한다.

- 포인터 변수인 px, py, pd는 다음 문장으로 각각 x, y, dummy를 참조 가능

```
int *px = &x, *py = &y, *pd = &dummy;
```

Microsoft Visual Studio 디버그 콘솔

```
500 700
700 500
```

Lab 11-2 lab2swap.c 난이도: ★

```
01 #include <stdio.h>
02 
03 int main(void)
04 {
05    int x = 500, y = 700, dummy;
06    printf("%d %d\n", x, y);
07 
08    int *px = &x, *py = &y, *pd = &dummy;
09 
10    // 변수 x과 y, dummy를 사용하지 않고 *px, *py, *pd를 사용해 두 변수를 서로 교환
11    ____________     // 변수 dummy에 x를 저장
12    *px = *py;    // 변수 m에 n을 저장
13    ____________     // 변수 n에 dummy를 저장
14 
15    printf("%d %d\n", x, y);
16 
17    return 0;
18 }
```

정답

```
11    *pd = *px;   // 변수 dummy에 x를 저장
13    *py = *pd;   // 변수 n에 dummy를 저장
```

11.3 포인터 형변환과 다중 포인터

변수의 내부 저장 표현과 포인터 변수의 형변환

변수의 내부 저장 표현

변수 value에 16진수 0x61626364를 저장해 보자. 만일 변수 value의 주소가 100번지라면 100번지 1바이트 내부에 16진수 64가 저장되고, 다음 주소 101번지에는 63이 저장되고, 다음에 각각 62, 61이 저장된다. 즉 자연스럽게 0x61626364의 수가 큰 주소값에서 작은 주소값으로 저장되며 반환 주소값은 가장 작은 주소값에 해당한다. 다음은 소스와 메모리의 모습을 간단히 그린 것이다.

```
int value = 0x61626364; // 정수의 일부분인 코드 61은 문자 'a'
int *pi = &value;

printf("%#x %d\n", value, value);
```

다음이 출력으로 10진수 값은 16진수 0x61626364에 해당하는 10진수 0x61626364 1633837924

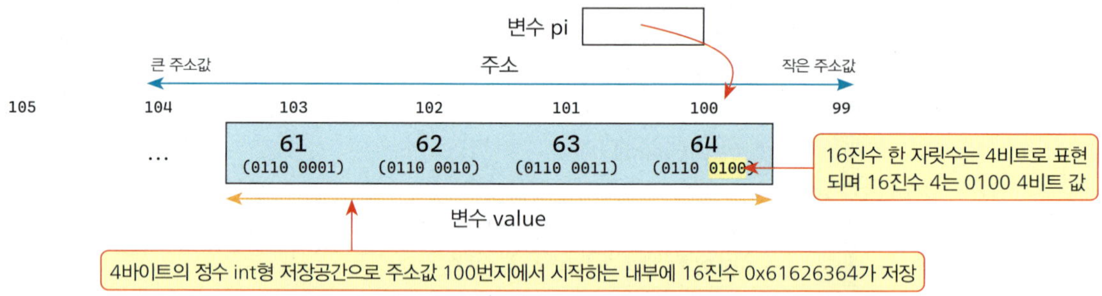

그림 11-10 4바이트의 int형 변수가 선언된 메모리 내부 모습

> **TIP 리틀 엔디안과 빅 엔디안**
>
> 만일 변수 num에 100이 저장되었다면, 변수 num의 내부를 자세히 살펴보면 **주소값이 큰 위치에서 작은 위치로 메모리 각각의 비트 값이 채워져 100(32비트의 이진수로 00000000 00000000 00000000 01100100)이 저장**되는 것을 알 수 있다. 이러한 **저장 방법을 리틀 엔디안(little endian)**이라 한다. 즉 리틀 엔디안 방식에서는 시작 주소값에서 저장 값의 하위 바이트부터 저장하는 방식이다. 우리가 주로 사용하는 윈도는 리틀 엔디안 방식을 따른다.
>
> 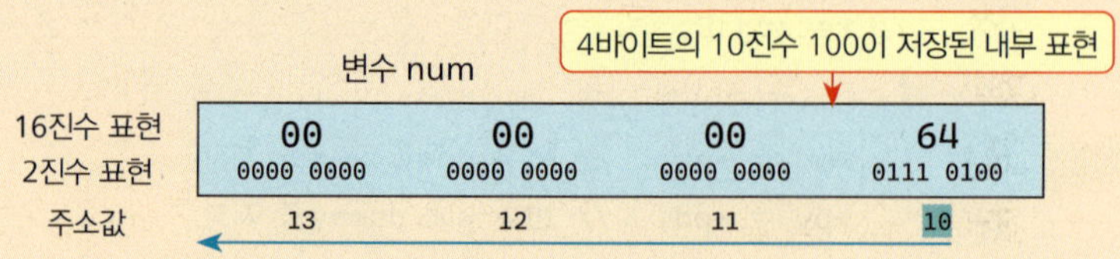
>
>
> **그림 11-11** 주소값이 10일 때, 정수 int형의 저장 값 100(8진수로 00000064)을 리틀 엔디안 방식으로 저장한 메모리

리틀 엔디안 방식과 반대로 **시작 주소값에서 저장 값의 상위 바이트부터 저장하는 방식을 빅 엔디안(big endian)**이라 한다. 시스템에 따라 저장방식이 다른데 리틀 엔디안은 인텔의 80x86계열과 DEC 의 CPU를 이용하는 시스템에서 이용하며, 빅 엔디안은 IBM370과 모토로라의 68000 계열의 CPU를 이용하는 시스템에서 이용한다.

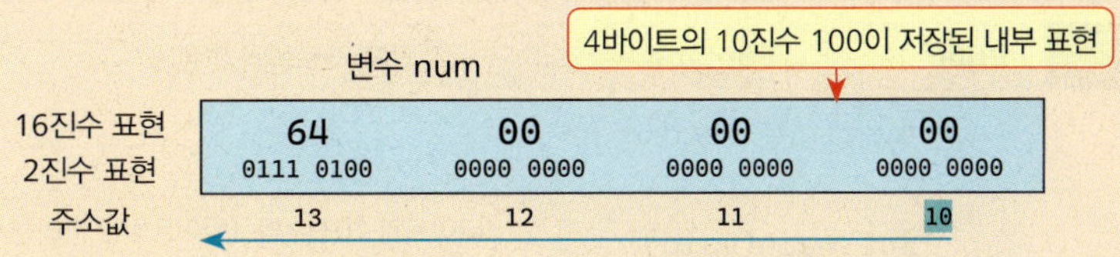

그림 11-12 주소값이 10일 때, 정수 int형의 저장 값 100(00000064)을 빅 엔디안 방식으로 저장한 메모리

명시적 형변환

포인터 변수는 동일한 자료형끼리만 대입이 가능하다. 만일 대입문에서 포인터의 자료형이 다르면 경고가 발생한다. 포인터 변수는 자동으로 형변환(type cast)이 불가능하며 필요하면 명시적으로 형변환을 수행할 수 있다.

```
int value = 0x44434241; // 정수의 일부분인 코드 41은 문자 'A'
int *pi = &value;
char *pc = &value;
```

warning C4133: '초기화중' : 'int *'과(와) 'char *' 사이의 형식이 호환되지 않습니다.

그림 11-13 포인터의 형변환 경고

다음 소스와 같이 자료형 (int *)를 (char *)로 변환하여 (char *)형 변수 pc에 저장하는 것은 가능하다. 이제 ***pc로 수행하는 간접참조는 pc가 가리키는 주소에서부터 1바이트 크기의 char형 자료를 참조한다는 것을 의미**한다. *pi 는 4바이트인 정수 0x44434241을 참조하며, *pc는 1바이트인 문자코드 0x41을 참조한다. 다음과 같이 변환된 포인터 변수는 지정된 주소값으로 시작하여 그 변수 자료형의 크기만큼 저장공간을 참조한다. 결과적으로 동일한 메모리의 내용과 주소로부터 참조하는 값이 포인터의 자료형에 따라 달라진다는 것을 알 수 있다.

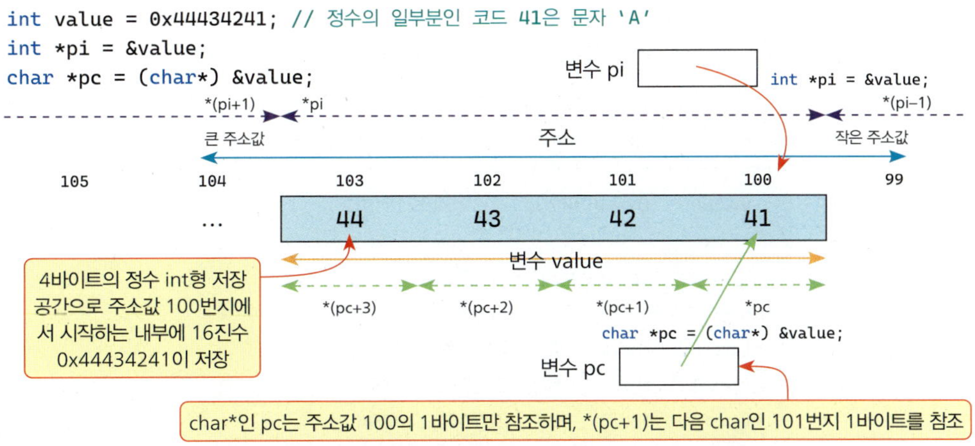

그림 11-14 동일한 메모리의 내용이 포인터의 자료형에 따라 참조 단위가 달라짐

위 그림에서 포인터 pc를 이용하여 간접연산자를 활용하면, 각각 *(pc + 1), *(pc + 2), *(pc + 3)으로 pc의 다음, 다음, 다음의 1바이트의 문자를 각각 참조할 수 있다. 다음 예제에서 이를 for 반복문을 이용하여 구현하고 있다.

실습예제 11-6 Prj06 06ptypecast.c 포인터 자료형의 변환 난이도: ★

```c
#include <stdio.h>

int main(void)
{
    //int value = 0x61626364;     // 정수의 일부분인 코드 61은 문자 'a'
    int value = 0x44434241;       // 정수의 일부분인 코드 41은 문자 'A'
    printf("저장 값: %#x(16진수) %d(10진수)\n\n", value, value);

    int *pi = &value;
    char *pc = (char*) &value;

    printf("변수명    저장값        주소값\n");
    printf("----------------------\n");
    printf(" value  %#x  %llu\n\n", value, (uintptr_t)pi); // 정수 int형 출력

    printf("간접참조 코드 문자   주소값\n");
    printf("----------------------\n");
    //문자 포인터로 정수 내부의 문자 출력 모듈
    for (int i = 0; i <= 3; i++)
    {
        char ch = *(pc + i);
        printf(" *(pc+%d) %#x %3c %llu\n", i, ch, ch, (uintptr_t)(pc + i));
    }

    return 0;
}
```

4바이트인 10진수를 1바이트씩만 분리해서 출력한다면 16진수 44는 문자 'D'에 해당

char 포인터 pc를 선언하여 int 변수 value의 주소를 char 포인터로 형변환하여 저장, 이제 pc는 char 포인터이므로 1바이트씩 이동 가능

주소값을 10진수로 출력하려면 (uintptr_t)로 변환해 출력

char 변수 ch에 (pc+i)가 가리키는 문자를 저장하며, i가 0에서 3까지 반복되므로 pc가 가리키는 문자에서부터 이웃한 3개, 총 4개 문자를 순서로 대입

결과

```
저장 값: 0x44434241(16진수) 1145258561(10진수)

  변수명       저장값        주소값
---------------------------------
  value    0x44434241   287588219092

  간접참조    코드   문자        주소값
---------------------------------
 *(pc+0)  0x41    A    287588219092
 *(pc+1)  0x42    B    287588219093
 *(pc+2)  0x43    C    287588219094
 *(pc+3)  0x44    D    287588219095
```

중간점검

01 다음 부분 소스에서 출력 값을 기술하시오.

```
short value = 0x4847; // 정수의 일부분인 16진수 코드 47은 문자 'G'
char* p = (char*) &value;
printf("%c %c\n", *p, *(p+1));
```

02 다음 부분 소스에서 출력 값을 기술하시오.

```
int value = 0x00110012; // 16진수 코드 0012는 10진수로 18
short* p = (short*) &value;
printf("%hd %hd\n", *(p+1), *p);
```

다중 포인터와 증감연산자의 활용

이중 포인터

포인터 변수의 주소값을 갖는 변수를 이중 포인터라 한다. 다시 이중 포인터의 주소값을 갖는 변수는 삼중 포인터라고 할 수 있다. 이러한 **포인터의 포인터를 모두 다중 포인터**라고 하며 변수 선언에서 *를 여러 번 이용하여 다중 포인터 변수를 선언한다. 다음 소스에서 **pi는 포인터이며, 포인터 변수 pi의 주소값을 저장하는 변수 dpi는 이중 포인터**이다.

```
int i = 20;
int *pi = &i;
int **dpi = &pi;
```

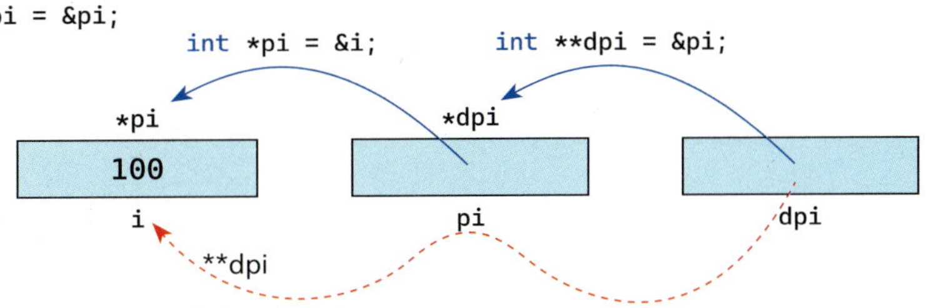


```
*pi = i + 2;        // i = i + 2;
**dpi = *pi + 2;    // i = i + 2;
```

그림 11-15 이중 포인터의 메모리와 변수

다중 포인터 변수를 이용하여 일반 변수를 참조하려면 가리킨 횟수만큼 간접연산자를 이용한다. 즉 **이중 포인터 변수 dpi는 **dpi가 바로 변수 i이다.** 그러므로 문장 *pi = i + 2;는 변수 i를 2 증가시키는 문장이다. 이미 배웠듯이 포인터 변수 pi에서 *pi도 변수 i이다. 그러므로 *pi, **dpi를 이용하여 모두 변수 i를 참조할 수 있다. 문장 **dpi = *pi + 2;는 변수 i를 2 증가시키는 문장이다.

실습예제 11-7 Prj07 07multptr.c 이중 포인터를 이용한 변수의 참조 난이도: ★

```c
#include <stdio.h>

int main(void)
{
    int i = 100;
    int *pi = &i;   // 포인터 선언
    int **dpi = &pi;// 이중 포인터 선언

    printf("%p %p %p\n", &i, pi, *dpi);

    *pi = i + 30;   // i = i + 30;
    printf("%d %d %d\n", i, *pi, **dpi);

    **dpi = *pi + 30;// i = i + 30;
    printf("%d %d %d\n", i, *pi, **dpi);

    return 0;
}
```

- &i, pi, *dpi: 모두 변수 i의 주소값을 참조하는 방식
- i, *pi, **dpi: 모두 변수 i 자체를 참조하는 방식

결과

```
00000066683CF664 00000066683CF664 00000066683CF664
130 130 130
160 160 160
```

간접연산자와 증감연산자 활용

간접연산자 *는 증감연산자 ++, --와 함께 사용하는 경우가 흔하다. 간접연산자 *는 전위 연산자로 연산자 우선순위가 2위이며, 증감연산자 ++, --는 전위이면 2위이고, 후위이면 1위이다. 다음은 단항연산자 *, &, ++, --의 우선순위를 정리한 표이다.

표 11-1 연산자 우선순위

우선순위	단항연산자	설명	결합성(계산 방향)
1	a++ a--	후위 증가, 후위 감소	-> (좌에서 우로)
2	++a --a & *	전위 증가, 전위 감소 주소 간접 또는 역참조	<- (우에서 좌로)

포인터 변수 p에서 p 자체는 저장된 주소값이며 *p는 p가 가리키는 변수를 의미한다. 연산자 *와 ++가 조합된 연산식은 다음과 같이 정리할 수 있다.

- *p++는 *(p++)으로 (*p)++와 다르다.

- ++*p와 ++(*p)는 같다.
- *++p는 *(++p)는 같다.

포인터 변수 *p의 값이 10인 다음 메모리 구조에서 여러 연산식을 정리하면 다음 표와 같다.

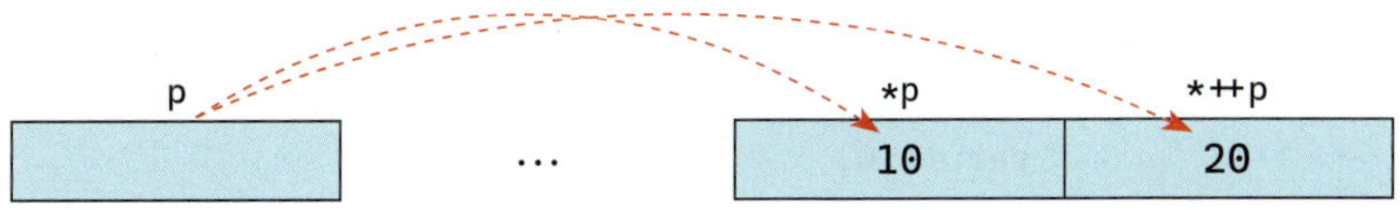

표 11-2 증가연산자 ++와 간접연산자 *의 사용 사례

연산식		결과값		연산 후	
				주소값 p 이동	*p
*p++	*(p++)	10	*p : p의 간접참조 값	p + 1 : p 다음 주소	20
*++p	*(++p)	20	*(p + 1) : (p + 1) 간접참조 값	p + 1 : p 다음 주소	20
(*p)++		10	*p : p의 간접참조 값	p : 변화 없음	11
++*p	++(*p)	11	*p + 1 : *p에 1 더하기	p : 변화 없음	11

다음 예제에서 위 표의 내용을 확인할 수 있도록 하자.

실습예제 11-8 Prj08 08varptrop.c 포인터 변수에 대한 다양한 연산 난이도: ★★

```c
#include <stdio.h>

int main(void)
{
   int a[] = {10, 20};
   int *p = &a[0];    // 배열의 첫 번째 원소 포인터 선언
   printf("%p %d %p %d\n\n", p, *p, p+1, *(p+1));

   printf("%d\n", *p++); // *(p++) 동일
   printf("%p %d\n", p, *p);

   p = &a[0];       // 다시 배열의 첫 번째 원소 주소값 대입
   printf("%d\n", *++p); // *(++p) 동일
   printf("%p %d\n\n", p, *p);

   p = &a[0];       // 다시 배열의 첫 번째 원소 주소값 대입
   printf("%d\n", (*p)++);
```

```c
    printf("%p %d\n", p, *p);

    a[0] = 10;       // 다시 배열의 첫 번째 원소에 10 저장
    p = &a[0];       // 다시 배열의 첫 번째 원소 주소값 대입
    printf("%d\n", ++*p); // ++(*p) 동일
    printf("%p %d\n\n", p, *p);

    return 0;
}
```

결과

```
0000002F9CDBF6D8 10 0000002F9CDBF6DC 20

10
0000002F9CDBF6DC 20
20
0000002F9CDBF6DC 20

10
0000002F9CDBF6D8 11
11
0000002F9CDBF6D8 11
```

중간점검

01 다음 부분 프로그램의 결과를 기술하시오.

```c
double d = 3.15;
double* p = &d;
double** dp = &p;
printf("%.2f %.2f %.2f\n", d, *p, **dp);
```

02 다음 부분 프로그램의 결과를 기술하시오.

```c
int a[] = {10, 20, 30, 40};
int *p = a + 1;
int *q = p + 2;

printf("%d %d\n", *++p, --*q);
```

포인터 상수

대입연산자의 l-value사용 제한

변수 선언에서 키워드 const를 사용하듯이 포인터 변수도 const를 사용해 포인터 상수를 만들 수 있다. 포인터 변수 선언에서 키워드 const를 삽입하는 방법은 다음과 같이 3종류가 있지만 첫 번째와 두 번째는 같은 의미이므로 두 가지 방식이 있다고 볼 수 있다.

```
  int i = 10, j = 20;
❶ const int *p = &i;
```

```
*p = 20; //오류 발생
```

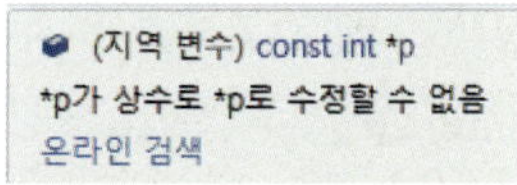


```
❷ int const *p = &i;
```

```
*p = 20; //오류 발생
```

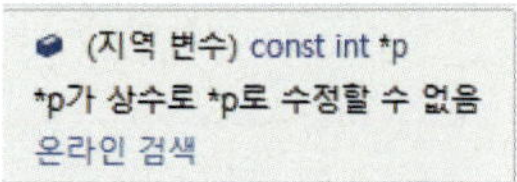


```
❸ int* const p = &i;
```

```
p = &j; //오류 발생
```

❶ 키워드 const가 가장 먼저 나오는 선언은 *p를 사용해 포인터 p가 가리키는 변수인 i를 수정할 수 없도록 하는 상수 선언 방법이다. 즉 간접 연산식 *p를 상수로 만들면 *p를 l-value로 사용할 수 없다.

❷ 키워드 const가 중간에 나오는 선언은 1번과 동일한 문장으로 간접 연산식 *p를 상수로 만드는 방법이다.

❸ 키워드 const가 int*와 변수 p 사이에 나오는 선언은 포인터 p에 저장되는 초기 주소값을 더 이상 수정할 수 없도록 하는 상수 선언 방법이다. 즉 이 문장은 포인터 변수 p 자체를 상수로 만드는 방법으로, 선언 이후 p를 l-value로 사용할 수 없다.

실습예제 11-9	Prj09	09constptr.c	포인터와 포인터 간접참조를 상수로 선언	난이도: ★★

```c
#include <stdio.h>

int main()
{
    int i = 10, j = 20;
    const int* p = &i; //*p가 상수로 *p로 수정할 수 없음
    //*p = 20; //오류 발생
    printf("%d ", *p);
    p = &j;
```

```c
    printf("%d\n", *p);

    double d = 7.8, e = 2.7;
    double* const pd = &d;
    //pd = &e; //pd가 상수로 다른 주소값을 저장할 수 없음
    printf("%f ", *pd);
    *pd = 4.4;
    printf("%f\n", *pd);

    return 0;
}
```

결과

```
10 20
7.800000 4.400000
```

중간점검

01 다음 소스의 오류 원인을 찾아보고 바르게 수정하시오.

```c
char c = 'A';
char * const p;
p = &c;
```

02 다음 소스의 오류 원인을 찾아보고 바르게 수정하시오.

```c
float f = 3.14f;
float const * p;
p = &f;
*p = 5.62;
```

LAB

표준입력으로 받은 두 실수의 덧셈을 포인터 변수를 사용해 수행하고 출력

자료형 double로 선언된 두 변수 x와 y에 표준입력으로 실수를 입력 받아 두 실수의 덧셈 결과를 출력하는 프로그램을 작성해보자. 제한 사항은 두 변수 x와 y는 선언만 수행하며, 포인터 변수인 px와 py만을 사용하여 모든 과정을 코딩하도록 한다.

- double 포인터 변수 px 선언: double *px = &x;
- double 포인터 변수 py 선언: double *py = &y;

Microsoft Visual Studio 디버그 콘솔

```
두 실수 입력: 3.76 4.89
3.76 + 4.89 = 8.65
```

Lab 11-3 lab3ptrsum.c 난이도: ★

```c
01 #define _CRT_SECURE_NO_WARNINGS
02 #include <stdio.h>
03 
04 int main(void)
05 {
06     double x, y;
07     double* px = &x;
08     double* py = &y;
09 
10     // 포인터 변수 px와 py를 사용
11     printf("두 실수 입력: ");
12     scanf("%lf %lf", ______);
13     // 합 출력
14     printf("%.2f + %.2f = %.2f\n", ______);
15 
16     return 0;
17 }
```

정답

```c
12     scanf("%lf %lf", px, py);
14     printf("%.2f + %.2f = %.2f\n", *px, *py, *px + *py);
```

11.4 포인터를 사용한 배열 활용

1차원 배열과 포인터

배열이름을 이용한 참조

배열은 포인터와 연관성이 매우 밀접하다. 다음 **배열 score에서 배열이름 score 자체가 배열 첫 원소의 주소값인 상수이다.** 배열이름 score를 이용하여 모든 배열 원소의 주소와 저장 값을 참조할 수 있다. 즉 연산식 (score + 1)은 배열의 두 번째 원소의 주소값이며, 일반화하면 (score + i)는 배열의 (i+1)번째 원소 주소이다. 그렇다면 간접연산자로 사용한 *(score + i)는 배열의 (i+1)번째 원소값으로 score[i]와 같다.

```
int score[] = {10, 20, 30};
```

주소값 참조	&score[0] score	&score[1] score+1	&score[2] score+2
배열 score	5	10	15
저장 값 참조	score[0] *score	score[1] *(score+1)	score[2] *(score+2)

- 배열의 주소값(배열 첫 번째 원소의 주소값): score, &score[0]
- 배열 첫 번째 원소 저장 값: *score, score[0]
- 배열 (i+1)번째 원소 주소값: (score + i), &score[i]
- 배열 (i+1)번째 원소 저장 값: *(score + i), score[i]

주소값 (score + 1)은 score 주소 다음 int형 자료의 주소로 실제 주소로는 int형 저장 장소 크기인 4를 더한 주소값이다. 간접연산자를 사용한 연산식 *(score+1)은 (*score + 1)과 다르므로 주의가 필요하다.

- (*score + 1)은 배열 첫 번째 원소에 1을 더하는 연산식

다음은 지금까지 살펴본 1차원 배열에서 배열원소와 주소값을 참조하는 다양한 방식을 정리한 표이다.

표 11-3 배열원소의 주소와 내용 값의 다양한 접근 방법

배열 초기화 문장		int score[] = {10, 20, 30};		
원소 값		10	20	30
배열원소 접근 방법	score[i]	score[0]	score[1]	score[2]
	*(score+i)	*score	*(score+1)	*(score+2)
주소값(첫 주소 + 배열원소 크기*i)		100	104 (100 + 1*4)	108 (100 + 2*4)
주소값 접근 방법	&score[i]	&score[0]	&score[1]	&score[2]
	score+i	score	score+1	score+2

포인터 변수를 이용한 배열의 원소 참조

새로운 포인터 변수를 이용해 주소값을 이동하면서 배열 원소를 순차적으로 참조하는 방법을 알아 보자. 즉 배열 첫 원소의 주소를 포인터에 저장한 후 이 주소를 1씩 증가시키면 각각의 원소를 참조할 수 있다.

```
int a[3] = {5, 10, 15};
int* p = a; //a == &a[0]

//포인터 변수 p 사용, 배열 원소 값 참조
printf("%d %d %d\n", *(p), *(p + 1), *(p + 2));
//위 포인터 변수 p에서 배열처럼 첨자를 사용 가능
printf("%d %d %d\n", p[0], p[1], p[2]);
```

- 포인터 p에 &a[0]를 저장하면 연산식 *(p+i)로 배열원소를 참조할 수 있다.
- 특히 포인터 p로도 배열처럼 첨자를 이용해 p[i]로 배열원소를 참조할 수 있다.

포인터 변수와 증감연산자 활용

포인터 변수는 주소값을 수정할 수 있으므로 p++, --p처럼 p가 가리키는 변수의 주소에서 다음이나 이전 저장 공간의 주소로 수정할 수 있다. 다음 코드와 같이 배열 a의 주소를 갖는 포인터 p에서 연산식 *p++의 결과값은 p가 원래 가리키는 값인 첫 번째 배열의 저장 값이다. 이후 증가연산자 p++에 의해 p는 다음 주소값으로 저장된다. 즉 연산식 *p++는 *(p++)를 의미하며, 포인터 p가 가리키는 변수를 먼저 참조하고 이후에 p의 주소를 그 다음의 int형 자료를 가리키도록 증가시킨다.

```
int a[3] = {5, 10, 15};
//포인터 변수 p를 선언해 배열 a의 주소를 저장
int* p = a; //a == &a[0]

//a[0]을 출력 후, p 다음 주소로 증가
printf("%d ", *p++);   //*(p++), 5 출력 후, p 다음 주소로 증가
//a[1]을 출력
printf("%d\n\n", *p);  //10 출력
```

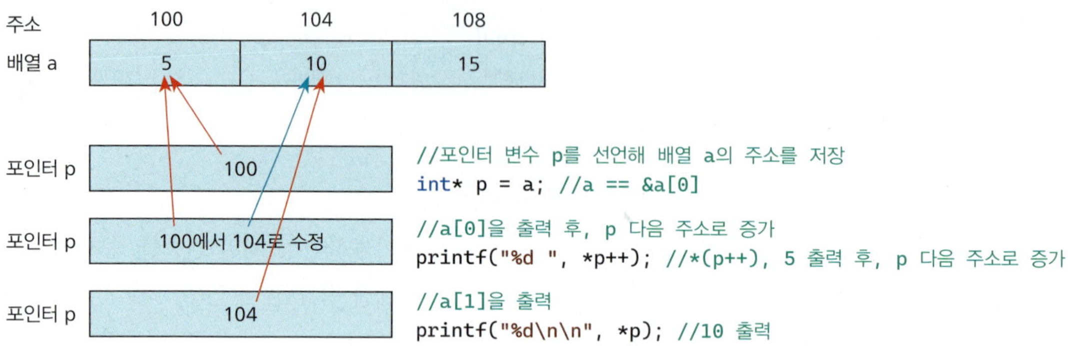

그림 11-16 연산식 *p++의 이해

실습예제 11-10	Prj10	10ptrary.c	1차원 배열에서 배열이름과 포인터를 사용해 원소와 주소값의 참조	난이도: ★★

```c
#include <stdio.h>

int main(void)
{
   int score[] = {10, 20, 30};
   printf("%p %p\n", score, (score + 1));
   printf("%d %d\n\n", *score, *(score + 1));

   int a[3] = {5, 10, 15};
   //포인터 변수 p를 선언해 배열 a의 주소를 저장
   int* p = a; //a == &a[0]

   //포인터 변수 p 사용, 배열 원소 값 참조
   printf("%d %d %d\n", *(p), *(p + 1), *(p + 2));
   //포인터 변수 p에서 배열처럼 첨자를 사용 가능
   printf("%d %d %d\n", p[0], p[1], p[2]);
   //a[0]을 출력 후, p 다음 주소로 증가
   printf("%d ", *p++); //*(p++), 5 출력 후, p 다음 주소로 증가
   //a[1]을 출력
   printf("%d\n\n", *p); //10 출력

   p = &a[2]; // &a[2] == a + 2
```

*p--는 다르며, 현재 p가 가리키는 저장 값을 참조하고 p의 주소를 이전 주소로 수정

```
    //a[2]를 출력 후, p 이전 주소로 감소
    printf("%d ", *p--); // *(p--), 15 출력 후, p 이전 주소로 감소
    //a[1]를 출력하고 하나 감소
    printf("%d\n", (*p)--); // 10 출력 후, 1 감소해 9 저장
    //현재 포인터 변수 p는 a[1]를 가리키고 있으며 다음으로 배열 모두 출력
    printf("%d %d %d\n", *(p - 1), *p, *(p + 1)); // 5 9 15
    //p와 첨자를 사용 가능, 상대적인 음수도 가능
    printf("%d %d %d\n", p[-1], p[0], p[1]); // 5 9 15

    return 0;
}
```

결과

```
000000247F2FF688 000000247F2FF68C
10 20

5 10 15
5 10 15
5 10

15 10
5 9 15
5 9 15
```

NOTE: **버전 C99 추가 기능**

포인터 변수에 형변환 연산자를 사용해 직접 배열 초기화 형태의 원소 초기값을 저장할 수 있다.

```
int *p = (int[]) { 3, 0, 3, 1, 4 };
```

포인터 변수 p를 사용해 배열 형태의 저장 값을 모두 출력할 수 있다.

```
for (int i = 0; i < 5; i++) {
   printf("%d ", *p++);
}
```

중간점검

01 다음 부분 소스에서 출력 값을 기술하시오.

```
int a[] = { 1, 2, 3, 4, 5 };
int* p = a + 2;
printf("%d %d\n", p[-1], p[1]);
```

02 다음 부분 소스에서 출력 값을 기술하시오.

```
int a[] = { 10, 20, 30, 40, 50 };
int* p = a + 1;
printf("%d %d\n", *(a+2), ++*p);
printf("%d\n", *p);
printf("%d\n", *p++);
```

2차원 배열과 간접연산자, 배열 포인터를 활용한 다양한 접근

배열이름과 간접연산자로 참조

2차원 배열에서 배열이름인 td는 배열을 대표하며 상수 td[0]을 가리키는 포인터 상수이다. 그러면 td[0]는 무엇일까? 포인터 상수 td[0]은 배열의 첫 행을 대표하며 첫 번째 원소 td[0][0]의 주소값 &td[0][0]을 갖는 포인터 상수이다. 그러므로 배열이름인 td는 포인터의 포인터인 이중 포인터이다. td+1은 두 번째 행을 대표하는 주소값이다.

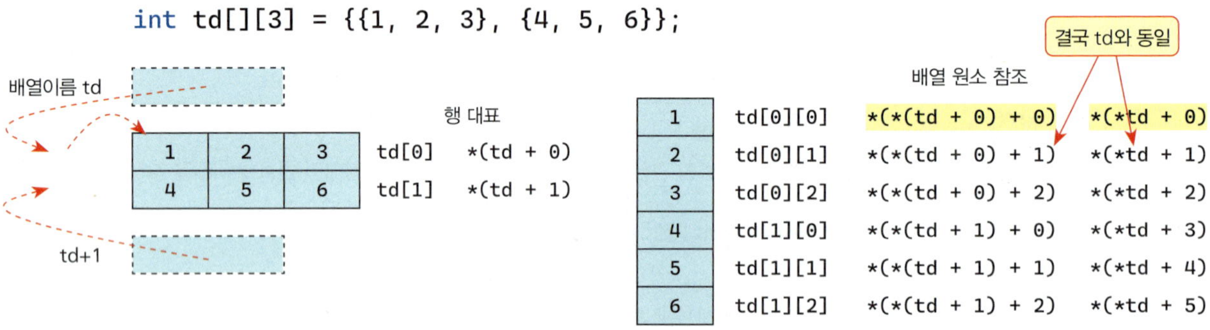

그림 11-17 2차원 배열과 배열 이름

- 2차원 배열을 대표하는 td에서 sizeof(td)는 배열 전체의 바이트 크기를 반환한다.
- td[i]는 (i+1)번째 행을 대표하며, (i+1)번째 행의 처음을 가리키는 포인터 상수이다. 그리고 sizeof(td[0])와 sizeof(td[1])은 각각 첫 번째 행과 두 번째 행의 바이트 크기를 반환한다.
- 마찬가지로 td[1]은 두 번째 행의 첫 원소의 주소이므로 *td[1]로 td[1][0]를 참조할 수 있다.
- *td는 td[0]으로 첫 번째 행의 1차원 배열을 의미하며, *td+1은 그 다음 원소의 주소값이다. 그러므로 *td+i는 배열의 (i+1)번째 원소의 주소값이며, *(*td + i)는 원소의 저장 값이다.
- 배열이름 td를 이용하여 첫 번째 원소 td[0][0]의 값을 10으로 수정하려면 **td = 10; 문장을 이용할 수 있다. td가 이중 포인터이고, *(*td + 0)으로 간접연산자 *이 2개 필요하다.

실습예제 11-11 | Prj11 | 11tdary.c | 2차원 배열에서 배열이름과 포인터를 사용한 원소와 주소값의 참조 | 난이도: ★★

```c
#include <stdio.h>

#define ROW 2
#define COL 3

int main(void)
{
   int td[][COL] = { { 1, 2, 3 }, { 4, 5, 6 } };
   printf("%zd\n", sizeof(td));
   printf("%zd %zd\n", sizeof(td[0]), sizeof(td[1]));
   printf("%zd %zd\n", sizeof(*td), sizeof(*(td+1)));
   printf("%p %p\n", td, td + 1);
   printf("%p %p\n", *td, *(td + 1));

   for (int i = 0, cnt = 0; i < ROW; i++)
   {
      printf("%p %p ", td[i], *(td + i));
      for (int j = 0; j < COL; j++, cnt++)
         printf("%d %d %d ", *(*td + cnt), *(td[i] + j), *(*(td + i) + j));
      printf("\n");
   }

   **td = 10; //td[0][0] = 10;
   *(*td + 4) = 20; //td[1][1] = 20;
   *(*(td + 1) + 2) = 30;    //td[1][2] = 30;
   printf("%d %d %d\n", td[0][0], td[1][1], td[1][2]);

   return 0;
}
```

(*td + 4)는 &td[1][1]로 다섯 번째 원소의 주소값

(*(td + 1) + 2)는 &td[1][2]로 여섯 번째 원소의 주소값

결과

```
24
12 12
12 12
0000007CE3CFFC38 0000007CE3CFFC44
0000007CE3CFFC38 0000007CE3CFFC44
0000007CE3CFFC38 0000007CE3CFFC38 1 1 1 2 2 2 3 3 3
0000007CE3CFFC44 0000007CE3CFFC44 4 4 4 5 5 5 6 6 6
10 20 30
```

배열의 첫 번째의 주소와 두 번째의 주소

2차원 배열 포인터

2차원 배열 포인터 선언

자료형 int인 1차원 배열 int a[]의 주소는 (int *)인 포인터 변수에 저장할 수 있다. **열이 4인 2차원 배열 ary[][4]의 주소를 저장하려면 배열 포인터(pointer to array) 변수 ptr을 문장 int (*ptr)[4];로 선언해야 한다.** 여기서 대괄호 사이의 4는 포인터가 가리키는 2차원 배열에서의 열 크기이다. 즉 2차원 배열의 주소를 저장하는 포인터 변수는 열 크기에 따라 변수 선언이 달라진다.

```
원소자료형 *변수이름;
변수이름 = 배열이름;
또는
원소자료형 *변수이름 = 배열이름;
```

```
int a[] = {8, 2, 8, 1, 3};
int *p = a;
```

```
원소자료형 (*변수이름)[ 배열열크기];
변수이름 = 배열이름;
또는
원소자료형 (*변수이름)[ 배열열크기] = 배열이름;
```

```
int ary[][4] = {5, 7, 6, 2, 7, 8, 1, 3};
int (*p)[4] = ary;   //열이 4인 배열을 가리키는 포인터
//int *p[4] = ary;   //포인터 배열
```

그림 11-18 배열 포인터의 변수 선언 구문

2차원 배열 포인터 선언에서 주의할 점은 선언 문장 int (*p)[4];에서 괄호 (*p)은 반드시 필요하다는 것이다.

- **괄호가 없는 int *p[4];은 다음에 배울 int형 포인터 변수 4개를 선언하는 포인터 배열 선언 문장**이다.

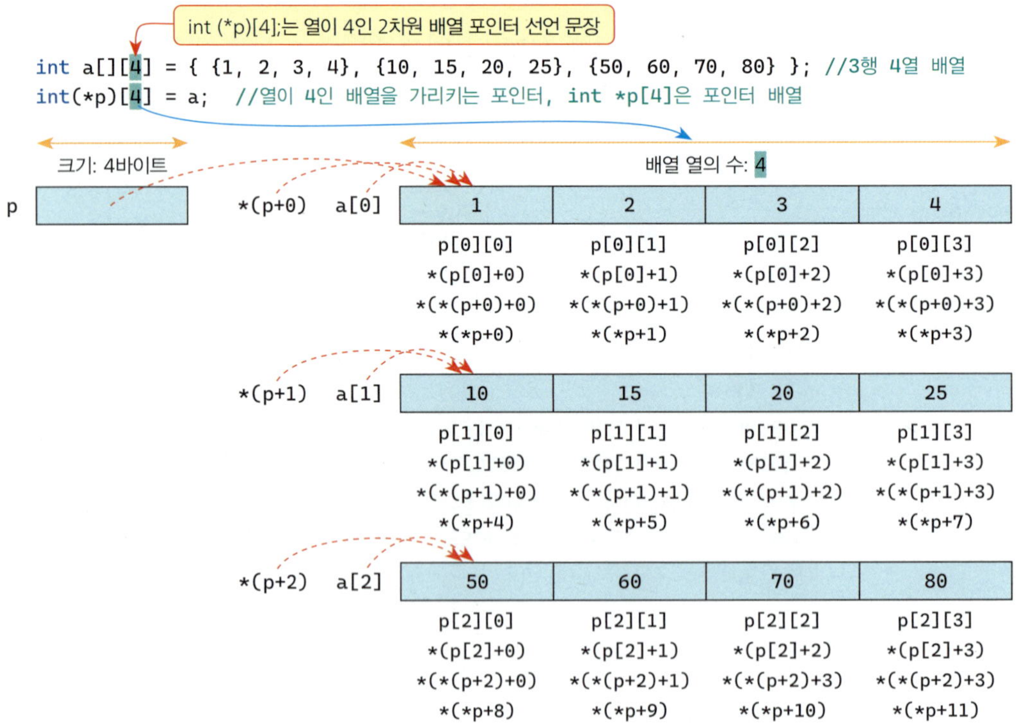

그림 11-19 배열 포인터와 다양한 배열 원소 참조 방법

위 2차원 배열 포인터 선언에서 열이 4인 2차원 배열 포인터 p는 배열 첫 원소의 주소값을 갖는다. 배열 첫 원소를 참조하려면 **p를 이용할 수 있다. 2차원 배열에서도 배열이름과 배열 포인터의 연산자 sizeof 결과값은 서로 다르다. 즉 sizeof(a)는 배열의 총 크기인 48 = (4*3*4)이며, sizeof(p)는 단순히 포인터의 크기인 8(64비트 시스템인 경우)이다.

- 연산식 *(p[i] + j)는 모두 (i+1)행, (j+1)열의 원소를 참조한다.
- 연산식 *(*(p + i) + j)는 모두 (i+1)행, (j+1)열의 원소를 참조한다.
- 연산식 **p++는 연산 우선순위에 따라 **(p++)와 같으며 현재 포인터가 가리키는 원소를 참조하고 p을 하나 증가시켜 다음 행의 첫 원소를 가리키게 하는 연산식이다.

실습예제 11-12 Prj12 12tdaryptr.c 2차원 배열을 가리키는 배열 포인터의 선언과 이용 난이도: ★★

```c
#include <stdio.h>

int main(void)
{
    int ary[][4] = { {10, 20, 30, 40}, {50, 60, 70, 80} }; //2행 4열 배열
    int(*ptr)[4] = ary;     //열이 4인 배열을 가리키는 포인터, int *ptr[4]은 포인터 배열

    printf("%zd %zd\n", sizeof(ary), sizeof(ptr));
    printf("%zd %zd\n\n", sizeof(ary[0]), sizeof(ptr[0]));

    printf("%2d %2d\n", **ary, **ptr); //첫 번째 원소, 10
    printf("%2d %2d\n", **(ary + 1), *ary[1]); //두 번째 해의 첫 원소, 50
    printf("%2d %2d\n", **(ptr + 1), *ptr[1]); //두 번째 해의 첫 원소, 50
    printf("%2d %2d\n", *(ary[1] + 1), *(ptr[1] + 1)); //2행 2열, 60
    printf("%2d %2d\n\n", *(*(ary + 1) + 3), *(*(ptr + 1) + 3)); //2행 4열, 80

    printf("%2d ", **ptr++); //배열의 첫 원소 10 참조 후, ptr의 다음 행으로 주소 수정
    printf("%2d\n", **ptr); //두 번째 행의 첫 원소 50 참조

    return 0;
}
```

포인터의 크기는 8바이트

결과

```
32 8
16 16

10 10
50 50
50 50
60 60
80 80

10 50
```

중간점검

01 다음 부분 소스에서 출력 값을 기술하시오.

```
double a[] = { 3.4, 6.7, 2.5 };
double *p = a;

printf("%.1f, %.1f\n", *(p + 2), p[1]);
printf("%d, %d\n", sizeof(a), sizeof(p));
```

02 다음 부분 소스에서 출력 값을 기술하시오.

```
char c[][2] = { '@', '#', '$', '^', '&', '*'};
char (*pc)[2] = c;

printf("%c, %c\n", *(*(pc + 1) + 1), *(*pc + 4));
printf("%d, %d\n", sizeof(c), sizeof(pc));
```

포인터 배열

포인터 배열 개요와 선언

일반 변수의 배열처럼 **포인터 배열(array of pointer)이란 주소값을 저장하는 포인터를 배열원소로 하는 배열이다.** 일반 배열 선언에서 변수이름 앞에 *를 붙이면 포인터 배열 변수 선언이 된다. 다음 pa는 배열크기가 3인 포인터 배열로, pa[0]는 변수 a의 주소를 저장하며, pa[0]는 변수 b의 주소를 저장하고, pa[0]는 변수 c의 주소를 저장한다.

```
int a = 5, b = 7, c = 9;

int *pa[3];

pa[0] = &a;     pa[1] = &b;    pa[2] = &c;
```

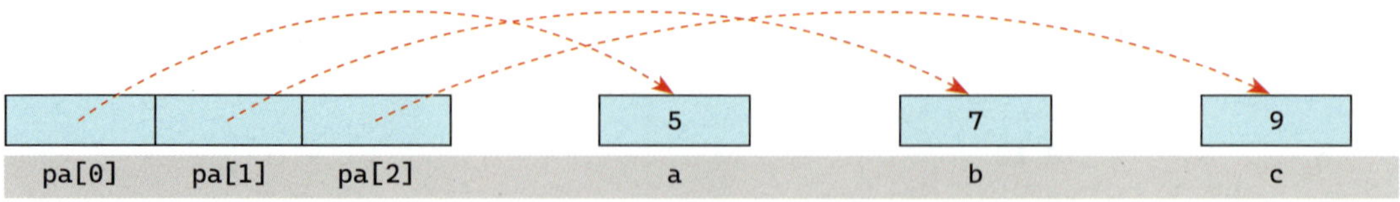

그림 11-20 포인터 배열 pa의 선언과 이해

포인터 배열도 배열 선언 시 초기값을 지정할 수 있다. 문장 double *dary[5] = {NULL};과 같이 NULL 주소를 하나 지정하면 나머지 모든 배열원소에 NULL 주소가 지정된다. 문장 float *ptr[3] = {&a, &b, &c};와 같이 변수 주소를 하나하나 직접 지정하여 저장할 수도 있다.

포인터 배열 변수 선언

```
자료형 *변수이름[배열크기] ;
```

```
int *pary[5];
char *ptr[4];
float a, b, c;
double *dary[5] = {NULL};
float *ptr[3] = {&a, &b, &c};
```

그림 11-21 포인터 배열의 변수 선언 구문

다음 실습예제에서 포인터 배열 pary를 이용해 표준입력을 받아 다시 포인터 배열 원소들이 가리키는 변수 a, b, c로 출력한다. 반복문 내부 scanf()에서 표준입력 값이 저장되는 실인자로 pary[i]를 사용하는 것에 주의하자. 일반변수라면 주소연산자 &가 앞에 붙어야 하나 pary[i]가 저장할 주소이므로 그대로 사용된다.

실습예제 11-13 Prj13 13aryptr .c 2차원 배열을 가리키는 배열 포인터의 선언과 이용 난이도: ★★

```c
#define _CRT_SECURE_NO_WARNINGS //scanf() 오류를 방지하기 위한 상수 정의
#include <stdio.h>

#define SIZE 3

int main(void)
{
   //포인터 배열 변수 선언
   int* pary[SIZE] = { NULL };
   int a = 10, b = 20, c = 30;

   pary[0] = &a;
   pary[1] = &b;
   pary[2] = &c;
   for (int i = 0; i < SIZE; i++)
      printf("*pary[%d] = %d\n", i, *pary[i]);

   for (int i = 0; i < SIZE; i++)
   {
      scanf("%d", pary[i]);
      printf("%d, %d, %d\n", a, b, c);
   }
```

정수를 입력하고 엔터 키를 누르면 진행

```
    return 0;
}
```

결과

```
*pary[0] = 10
*pary[1] = 20
*pary[2] = 30
1
1, 20, 30
2
1, 2, 30
3
1, 2, 3
```

정수를 입력하고 엔터 키를 누르면 진행

중간점검

01 다음 부분 소스에서 문법오류를 찾아 수정하시오.

```
int a = 1, b = 2, c = 3;
int (*pa)[3];
pa[0] = &a;     pa[1] = &b;     pa[2] = &c;
```

02 다음 부분 소스에서 출력 값을 기술하시오.

```
double d1 = 3.4, d2 = 6.2, d3 = 9.7;
double *p[] = {&d1, &d2, &d3};
printf("%.1f\n", *p[1]);
```

LAB 2차원 배열과 배열 포인터 활용

배열 a는 열이 3인 2차원 배열이다. 열이 3인 2차원 배열 포인터를 선언해 a를 대입해 사용하고, 배열 포인터 p를 선언해 2차원 배열 a의 2행을 대입하자. 포인터 dp와 p를 사용해 배열 a의 2행의 원소를 모두 출력하자.

- 다음 코드에서 dp는 2차원 배열 포인터로 배열 a를 가리키며, p는 2차원 배열 2행을 가리키는 1차원 배열이다.
- p는 1차원 배열로 p, p+1, p+2가 2행의 3개 원소, 각각의 주소이며, 2차원 배열 dp로는 dp[1][0], dp[1][1], dp[1][2]가 2행의 3개 원소 값이다.

```
int a[][3] = { {1, 2, 3}, {10, 20, 30}, {50, 60, 70} };

int (*dp)[3] = a;
int* p = a[1];
```

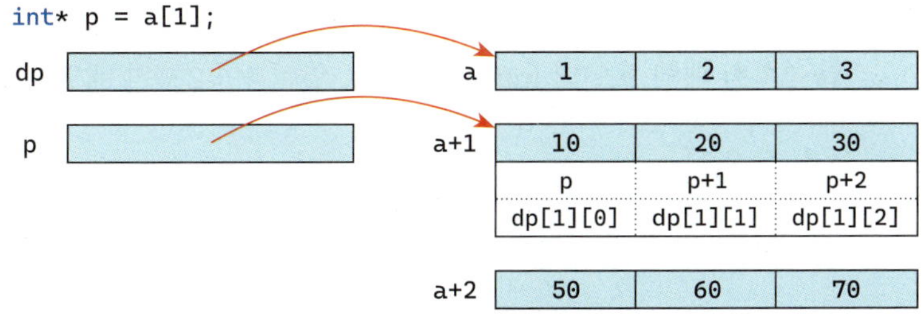

그림 11-22 2차원 배열과 포인터

Lab 11-4 lab4ptrs.c 난이도: ★★

```
01 #include <stdio.h>
02 
03 int main(void)
04 {
05     int a[][3] = { {1, 2, 3}, {10, 20, 30}, {50, 60, 70} };
06 
07     int(*dp)[3] = a;
08     int* p = [          ]
09 
10     printf("%d %d %d\n", [                    ]);
11     printf("%d %d %d\n", dp[1][0], dp[1][1], dp[1][2]);
12 
13     return 0;
14 }
```

정답

```
08     int* p = a[1];
10     printf("%d %d %d\n", *p, *(p+1), *(p+2));
```

내용점검 연습

01 다음에서 서술 내용이 맞으면 ○, 틀리면 × 하시오.

❶ *는 피연산자인 변수의 메모리 주소를 반환하는 주소연산자이다. (   )

❷ int형 포인터 pi에 저장된 주소값이 100이라면 (pi+1)은 101이다. (   )

❸ 포인터 변수는 자료 유형에 따라 그 크기가 다르다. (   )

❹ 연산식 ++*p는 ++(*p)으로 포인터 p가 가리키는 값을 1 증가시킨 후 참조한다. (   )

❺ 변수의 주소값은 형식제어문자 %u 또는 %d로 직접 출력할 수 있다. (   )

❻ '*포인터변수'는 l-value와 r-value로 모두 사용이 가능하나, 주소값인 '&변수'는 r-value로만 사용이 가능하다. (   )

❼ 2차원 배열 포인터 int(*p)[4]으로 열이 4인 2차원 배열 주소를 저장할 수 있다. (   )

02 다음에서 비어있는 부분을 적당히 채우시오.

❶ 메모리 공간은 바이트마다 고유한 (   )가 있다.

❷ (   )는 피연산자인 변수의 메모리 주소를 반환하는 주소연산자이다.

❸ 포인터 변수 선언에서 자료형과 포인터 변수 이름 사이에 연산자 (   )를 삽입한다.

❹ 포인터 변수가 가리키고 있는 변수를 참조하려면 간접연산자(indirection operator) (   )를 사용한다.

❺ 포인터 변수에 data 주소를 대입하려면 주소연산자 &를 사용한 연산식 (   )를 이용한다.

❻ int형 이중 포인터 변수 dpi는 문장 (   )로 선언된다.

❼ 포인터 변수의 주소값을 갖는 변수를 (   )라 한다.

03 다음 각각의 문제에서 가장 적절한 것을 하나 선택하시오.

❶ 다음은 주소와 포인터에 대한 설명이다. 다음 중에서 잘못 설명하고 있는 것은 무엇인가? (   )

가) 포인터는 주소를 저장할 수 있는 변수이다.

나) 포인터의 자료형도 명시적으로 형변환이 가능하다.

다) 주소연산자는 &으로 전위연산자이다.

라) 간접연산자는 *으로 후위연산자이다.

❷ 다음 코드가 수행된 후 이어질 문장으로 바른 것은 무엇인가? (   )

```
int i = 10;
```

가) int *p = i;
나) int *p = *i;
다) int *p = &i;
라) int *p = @i;

❸ 다음 코드가 수행된 후 이어질 문장으로 바르지 못한 것은 무엇인가? ( )

```
int data1 = 100, data2;
int *p;
```

가) p = data1;
나) p = &data2;
다) data2 = 20;
라) data2 = data1;

❹ 다음과 같은 문장이 수행된 후 변수 i에 저장된 값은 무엇인가? ( )

```
int i = 10;
int *p = &i;
(*p)++;
```

가) 8
나) 9
다) 10
라) 11

❺ 다음 코드가 수행된 후 이어질 문장으로 바르지 못한 것은 무엇인가? ( )

```
int i = 10; int *pi;
double d = 3.7; double *pd;
```

가) pi = pd;
나) pd = &d;
다) pi = &i;
라) *pd = 5.8;

❻ 다음 코드가 수행된 후 이어질 문장으로 바르지 못한 것은 무엇인가? ( )

```
int i = 10;
const int *p;
```

가) p = &i;
나) *p = 20;
다) i = 30;
라) printf("%d\n", *p);

❼ 다음 문장이 수행된 이후 바르지 못한 문장은 무엇인가? ( )

```
int i = 10;
int *p;
int **pp;
```

가) pp = &i;
나) p = &i;
다) *p = 20;
라) **pp = 30;

04 다음 소스코드에서 두 부분의 출력 결과는 무엇인가?

```
char c = 0x57;            // 16진수 코드 57은 문자 'W'
int value = 0x5758595A;

char *pc = &c;
printf("%c\n", *pc);      // ❶
pc = (char*) &value;
printf("%c\n", *pc);      // ❷
```

05 다음 소스코드에서 표시된 출력 결과가 나오도록 빈 부분을 완성하시오.

```
int a[][3] = { {5, 10, 15}, {55, 65, 77}, {70, 80, 90} };
int* p = a[1] [          ]; // ❶
int(*dp)[3] = a [          ]; // ❷
printf("%d %d %d\n", *p, *(p + 1), *(p + 2));
printf("%d %d %d\n", dp[1][0], dp[1][1], dp[1][2]);
```

```
Microsoft Visual Studio 디버그 콘솔
55 65 77
55 65 77
```

06 다음 프로그램에서 문법오류 및 실행오류를 찾아 수정하시오.

❶

```
#include <stdio.h>
int main(void)
{
    int *p = 100;
    int input = 20;
    p = input;    //input의 주소를 p에 저장
    p = 50;       //data를 50으로 수정
    printf("%d %d\n", *p, input);
    return 0;
}
```

❷

```
#include <stdio.h>
int main(void)
{
    int a = 20;
    double p = &a;
    printf("%d\n", *p);
    return 0;
}
```

③
```
#include <stdio.h>
int main()
{
   char ch = '@';
   char *p = &ch;
   char *pp = &p;
   printf("%c\n", *p);
   printf("%c\n", *pp);
   return 0;
}
```

07 다음 프로그램의 결과를 기술하시오.

①
```
#include <stdio.h>
int main(void)
{
   int value = 20;
   printf("%d %d\n", value, *&value);
   return 0;
}
```

②
```
#include <stdio.h>
int main(void)
{
   double x = 3.92;
   double *p = &x;
   *p = 5.27;
   printf("%.2f %.2f\n", x, *p);
   printf("%d\n", p == &x);
   return 0;
}
```

③
```
#include <stdio.h>
int main(void)
{
   int a = 5, b = 7;
   int *p = &a, *q = &b;
   printf("%d %d\n", ++a, b--);
   printf("%d %d\n", ++*p, --*q);
   printf("%d %d\n", (*p)++, (*q)--);
   return 0;
}
```

프로그래밍 연습

01 int형 변수 data에 100을 저장하고 변수 data의 주소와 저장 값을 출력하는 프로그램을 작성하시오. 난이도: ★

```
Microsoft Visual Studio 디버그 콘솔
100 0000005ACB15F764
```

02 배열 a와 포인터 p에서 포인터 p를 사용해 배열 원소 모두를 출력하는 프로그램을 작성하시오. 난이도: ★

```
int a[5] = { 1, 2, 3, 4, 5 };
int* p;

p = &a[2];
```

```
선택 Microsoft Visual Studio 디버그 콘솔
1 2 3 4 5
```

03 1차원 배열 a에서 다음 내용을 만족하도록 a에서의 최소값과 첨자를 출력하는 프로그램을 작성하시오. 난이도: ★

- 자료형 double *인 p를 사용해 배열 a를 이동하면서 최소값을 검색
- 변수 size에는 배열 a의 원소 수를 직접 계산

```
Microsoft Visual Studio 디버그 콘솔
최소 값, 첨자: 2 값: 1.5
```

04 다음과 같이 int형 변수 value에 0x000000FF를 저장한 후, int * 변수 pi를 선언하고, pi 변수를 이용하여 value의 저장 값을 출력하고, short *ps를 선언해 다음 조건을 만족하는 프로그램을 작성하시오. 난이도: ★★

```c
int value = 0x000000FF;
```

- short *ps를 선언해 변수 value의 앞 뒤의 2바이트 중에서 앞 2바이트에 0x000F를 저장해 각각의 short를 출력하도록

int형	00	00	00	FF	value
short 형	*(ps + 1)		*ps		ps

```
Microsoft Visual Studio 디버그 콘솔
255
255 15
```

05 3행 4열의 2차원 배열 arr을 2차원 배열 포인터 p를 활용해 다음과 같이 출력하는 프로그램을 작성하시오.

난이도: ★★

```c
int arr[3][4] = { {11,22,33,44},
                  {55,66,77,88},
                  {11,66,77,44} };
```

```
Microsoft Visual Studio 디버그 콘솔
arr[0][0] = 11  arr[0][1] = 22  arr[0][2] = 33  arr[0][3] = 44
arr[1][0] = 55  arr[1][1] = 66  arr[1][2] = 77  arr[1][3] = 88
arr[2][0] = 11  arr[2][1] = 66  arr[2][2] = 77  arr[2][3] = 44
```

06 3행 5열의 2차원 배열 a를 다음과 같은 포인터 배열 p를 활용해 다음과 같이 출력하는 프로그램을 작성하시오.

난이도: ★★

```c
int* p[3]
```

```
Microsoft Visual Studio 디버그 콘솔
a[0][0] =   1  a[0][1] =   2  a[0][2] =   3  a[0][3] =   4  a[0][4] =   5
a[1][0] =  10  a[1][1] =  20  a[1][2] =  30  a[1][3] =  40  a[1][4] =  50
a[2][0] = 100  a[2][1] = 200  a[2][2] = 300  a[2][3] = 400  a[2][4] = 500

D:₩(0 데이터)₩(2020 C 언어 집필 Perfect C)₩2020 연습문제 정답 프로젝트₩Ch11₩x64
```

07 다음을 참고로 표준입력으로 받은 int형의 두 정수의 사칙연산을 수행하는 프로그램을 작성하시오.

난이도: ★★

- double형 변수의 8바이트 저장 구조를 각각 4바이트의 저장 구조로 생각해서 표준입력으로 받은 두 정수를 저장

- 두 정수에 대하여 사칙연산을 수행

```
Microsoft Visual Studio 디버그 콘솔
두 정수 입력: 27 4
27 + 4 = 31
27 - 4 = 23
27 * 4 = 108
27 % 4 = 3
```

08 다음 2차원 배열 a에서 포인터 p와 q를 선언해 각각 배열의 가장 앞과 뒤의 주소를 저장한 후, 배열 a의 순서를 역으로 바꾸어 출력하는 프로그램을 작성하시오. 난이도: ★★★

```
int a[] = { 11, 22, 33, 44, 55, 66 };
```

```
Microsoft Visual Studio 디버그 콘솔
66 55 44 33 22 11
```

CHAPTER 12

문자와 문자열

학습목표

- ▶ **문자와 문자열을 이해하고 설명할 수 있다.**
  - 문자와 문자열의 표현과 저장 방법
- ▶ **문자와 문자열 입출력을 이해하고 설명할 수 있다.**
  - scanf(), printf(), getchar(), putchar(), getche(), getch(), putch()를 사용하여 문자 입출력
  - scanf(), printf(), gets(), puts()를 사용하여 문자열 입출력
- ▶ **문자열 관련 함수를 이해하고 설명할 수 있다.**
  - 문자열 비교 함수 strcmp(), strncmp()를 사용하여 문자열 비교
  - 문자열 연결 함수 strcat(), strncat()를 사용하여 문자열 연결
  - 문자열 토큰 추출 함수 strtok()를 사용하여 문자열에서 토큰 추출
  - 문자열 관련 함수 strlen(), strspn(), strcspn()의 사용 방법 이해
  - 문자열 관련 함수 strlwr(), strupr()의 사용 방법 이해
  - 문자열 관련 함수 strstr(), strchr()의 사용 방법 이해
- ▶ **여러 개의 문자열을 처리 방법에 대해 이해하고 설명할 수 있다.**
  - 문자 포인터 배열 방법과 2차원 문자 배열 방법의 차이
  - 명령행 인자의 필요성과 구현 방법 이해

학습목차

12.1 문자와 문자열

문자와 문자열 선언

문자와 문자열의 개념

프로그램에서 다루는 자료는 대부분이 수 또는 문자와 문자열이다. **문자는 영어의 알파벳이나 한글의 한 글자를 작은따옴표(Single quote)로 둘러싸서 'A'와 같이 표기**하며, C 언어에서 저장공간 크기 1바이트인 자료형 char로 지원한다. **작은따옴표에 의해 표기된 문자를 문자 상수**라 한다.

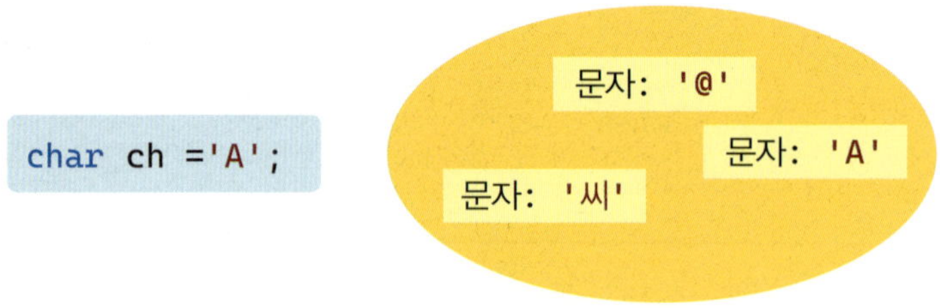

그림 12-1 문자 상수와 선언

문자의 모임인 일련의 문자를 문자열(string)이라 한다. 이러한 **문자열은 일련의 문자 앞 뒤로 큰따옴표(double quote)로 둘러싸서 "java"로 표기**한다. 이와 같이 큰따옴표에 의해 표기된 문자열을 문자열 상수라 한다. "A"처럼 문자 하나도 큰따옴표로 둘러싸면 문자열 상수이다. 그러나 **문자의 나열인 문자열은 'ABC'처럼 작은따옴표로 둘러싸도 문자가 될 수 없으며 오류가 발생**한다.

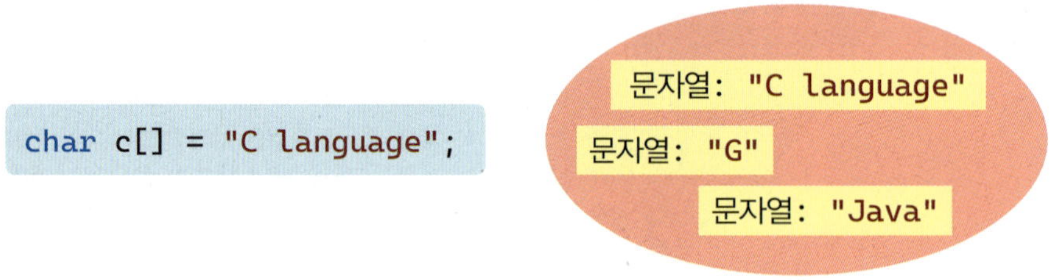

그림 12-2 문자열 상수와 선언

문자와 문자열의 선언

C 언어에서 **char형 변수에 문자를 저장한다.** 그러나 C 언어는 문자열을 저장하기 위한 자료형을 따로 제공하지 않는다. **문자열을 저장하려면 문자의 모임인 '문자 배열'을 사용한다.** 문자 배열을 선언하여 각각의 원소에 문자를 저장할 수 있다. 여기서 주의할 점은 다음과 같다.

- **문자열은 문자열의 마지막을 의미하는 NULL 문자(코드 번호 0번 문자) '\0'가 마지막에 저장되어야 한다.** 그러므로 **문자열이 저장되는 배열크기는 반드시 저장될 문자 수보다 1이 커야 한다.**

C 언어는 항상 널(NULL) 문자를 문자열의 마지막으로 인식한다. 그러므로 문자열의 마지막에 널(NULL) 문자가 없다면 출력과 같은 문자열 처리에 문제가 발생한다. 다음 소스와 같이 배열 csharp의 크기를 3으로 선언한 후 배열 csharp에 문자열 "C#"을 저장하려면 마지막 원소인 csharp[2]에 '\0'을 저장해야 한다.

```c
char ch ='A';

char csharp[3];
csharp[0] = 'C'; csharp[1] = '#'; csharp[2] = '\0';
```

그림 12-3 문자와 문자열 저장

배열 선언 시 초기화 방법을 이용하면 문자열을 쉽게 저장할 수 있다. 여기서 주의할 점은 중괄호를 사용하게 되며, 문자 하나하나를 쉼표로 구분하여 입력하고 마지막 문자로 널(NULL)인 '\0'을 삽입해야 한다는 것이다.

```c
//문자 하나하나 저장 시 마지막에 '\0' 문자 저장
char java[] = {'J','A','V','A', '\0'};
```

마지막에 '\0'을 빼면, 대입 시에는 문제가 없으나 출력 등에서 문제가 발생한다.

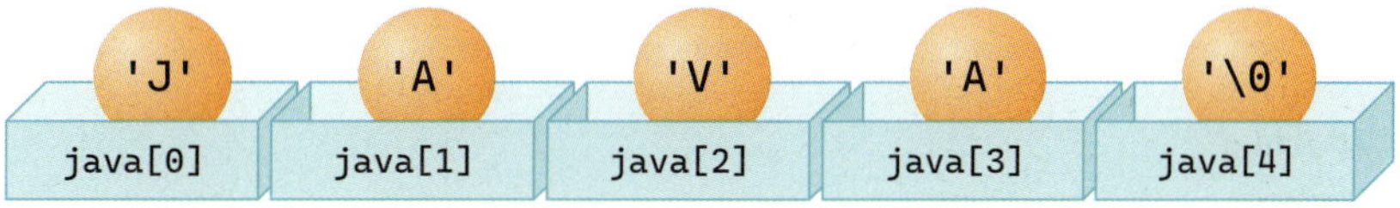

그림 12-4 문자열을 위한 문자 하나하나의 초기화 선언

문자열을 선언하는 편리한 다른 방법을 살펴보면, 배열 선언 시 큰따옴표를 사용해 문자열 상수를 바로 대입하는 방법이다.

- **배열 초기화에서 배열크기는 지정하지 않는 것이 더 편리하며, 만일 지정한다면 마지막 문자인 '\0'을 고려해 실제 문자 수보다 1이 더 크게 배열크기를 지정**해야 한다.
- **만일 지정한 배열크기가 (문자수+1)보다 크면 나머지 부분은 모두 '\0' 문자로 채워진다.**
- 만일 배열크기가 작으면 문자열 상수가 아닌 단순한 문자 배열이 되므로 문자열 출력 등에서 문제가 발생한다.

```
char c[] = "C language";          //크기를 생략하는 것이 간편
char c[11] = "C language";        //크기 지정 시 (문자수+1)
```

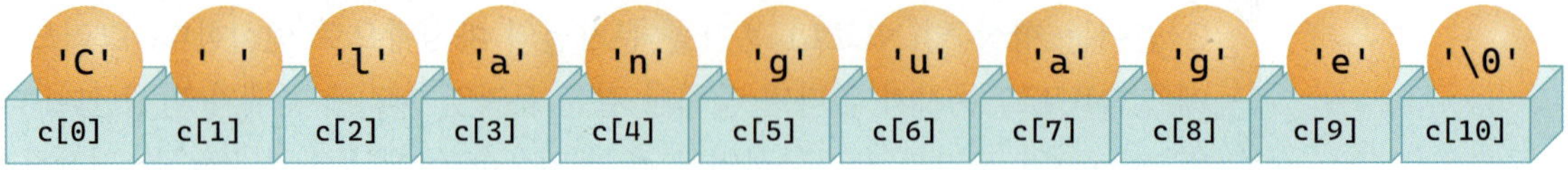


```
char go[5] = "go";                //크기가 (문자+1)보다 크면 나머지는 모두 '\0'로 채워짐
```

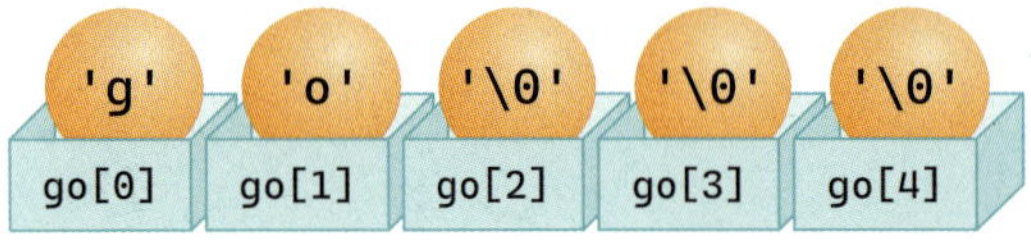

그림 12-5 문자열 상수로 문자배열 초기화

중간점검

01 다음 문자 또는 문자열 표현에서 잘못된 것을 설명하시오.

❶ 문자: "C"
❷ 문자: "Python"
❸ 문자열: 'P'
❹ 문자열: 'Python'

02 다음 문자와 문자열의 선언에서 잘못된 것을 설명하시오.

```
❶ char c1 = "C";
❷ char c2 = 'Python';
❸ char s1[] = 'C';
❹ char s2[6] = "Python";
```

함수 printf()를 사용한 문자와 문자열 출력

문자와 문자열 출력

함수 printf()에서 형식제어문자 %c로 문자를 출력한다. 함수 printf()에서 배열이름 또는 문자 포인터를 사용하여 형식제어문자 %s로 문자열을 출력한다. 함수 puts(csharp)와 같이 사용하면 한 줄에 문자열을 출력한 후 다음 줄에서 출력을 준비한다. 함수 printf(c)와 같이 바로 배열이름을 인자로 사용해도 문자열 출력이 가능하다.

실습예제 12-1 | Prj01 | 01chstrprt.c | 문자와 문자열 출력 | 난이도: ★

```c
#include <stdio.h>

int main(void)
{
   //문자 선언과 출력
   char ch = 'A';
   printf("%c %d\n", ch, ch);

   //문자열 선언 방법1
   char java[] = { 'J', 'A', 'V', 'A', '\0' };
   printf("%s\n", java);
   //문자열 선언 방법2
   char py[] = "Python";    //배열크기를 생략하는 것이 간편
   printf("%s\n", py);
   //문자열 선언 방법3
   char csharp[5] = "C#";
   printf("%s\n", csharp);

   //문자 배열에서 문자 출력
   printf("%c %c\n", csharp[0], csharp[1]);

   return 0;
}
```

%c로 문자 변수 ch 출력, %d를 사용하면 문자 코드 값 출력

문자열 출력을 위해 배열이름과 형식제어문자 %s를 이용

결과

```
A 65
JAVA
Python
C#
C #
```

문자열 구성하는 문자 참조

문자열을 처리하는 다른 방법은 **문자열 상수를 문자 포인터에 저장하는 방식**이다. 다음 소스와 같이 문자 포인터 변수에 문자열 상수를 저장할 수 있다. 문자열 출력도 함수 printf()에서 포인터 변수와 **형식제어문자 %s**로 간단히 처리할 수 있다.

- 문자 포인터에 의한 선언으로는 문자열을 구성하는 문자 하나하나의 수정은 할 수 없다.

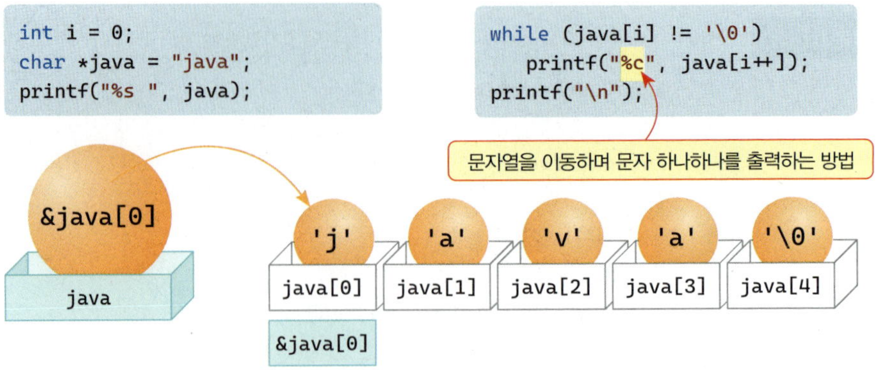

그림 12-6 문자 포인터를 사용한 문자열 저장과 출력

문자열을 구성하는 각각의 문자를 배열형식으로 직접 참조하여 출력하는 방식도 사용할 수 있다. 그러나 변수 java를 사용하여 문자를 수정하거나 수정될 수 있는 함수의 인자로 사용하면 실행에 문제가 발생한다.

- 출력할 문자열의 끝을 '\0' 문자로 검사하면 편리하다. 즉 반복문을 이용하여 문자가 '\0'이 아니면 문자를 출력하도록 하는 방식이다.
- 그러나 변수 java와 같이 문자열 상수를 저장하는 문자 포인터는 사용 상 주의가 필요하다. 변수 java가 가리키는 문자열은 상수이므로 수정할 수 없다.

실습예제 12-2 Prj02 02charptr.c 문자 포인터로 문자열 저장과 출력 난이도: ★

```c
#include <stdio.h>

int main(void)
{
    char *java = "java";
    printf("%s ", java);

    //문자 포인터가 가리키는 문자 이후를 하나씩 출력
    int i = 0;
    while (java[i]) //while (java[i] != '\0')
        printf("%c", java[i++]);
    printf(" ");

    i = 0;
    while (*(java + i) != '\0') //java[i]는 *(java + i)와 같음
        printf("%c", *(java + i++));
    printf("\n");

    //수정 불가능, 실행 결과에 문제 발생
```

java[i]는 *(java + i)와 동일한 표현 방식이므로 java[i++]도 *(java + i++)와 같다.

```c
    java[1] = 'A';
    printf("%c", java[1]);

    return 0;
}
```

결과

```
java java java
```

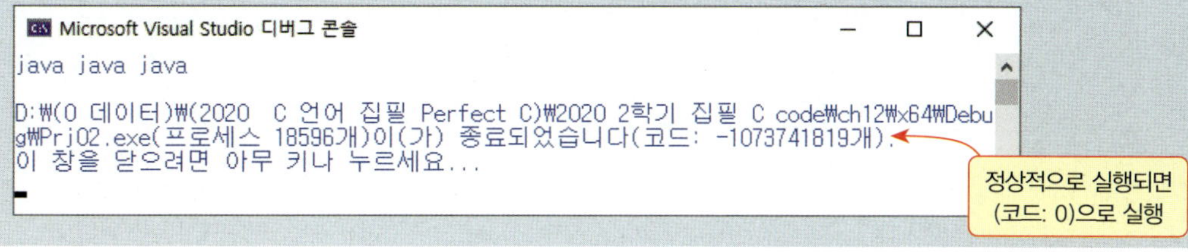

'\0' 문자에 의한 문자열 분리

함수 printf()에서 %s는 문자 **포인터가 가리키는 위치에서 NULL 문자까지를 하나의 문자열로 인식**한다. 다음 소스에서 배열 c[]는 처음에 문자열 "C C++ Java"가 저장되고 마지막에 NULL 문자가 저장된다. 만일 배열 c에 문장 c[5] = '\0';을 실행하고 c를 출력하면 무엇이 출력될까?

- c[5]에 저장된 '\0' 문자에 의해 c가 가리키는 문자열은 "C C++"까지가 된다. 즉 문자열은 시작 문자부터 '\0' 문자가 나올 때까지 하나의 문자열로 처리된다.
- 그러므로 (c+6)로 문자열을 출력하면 "Java"가 출력된다.

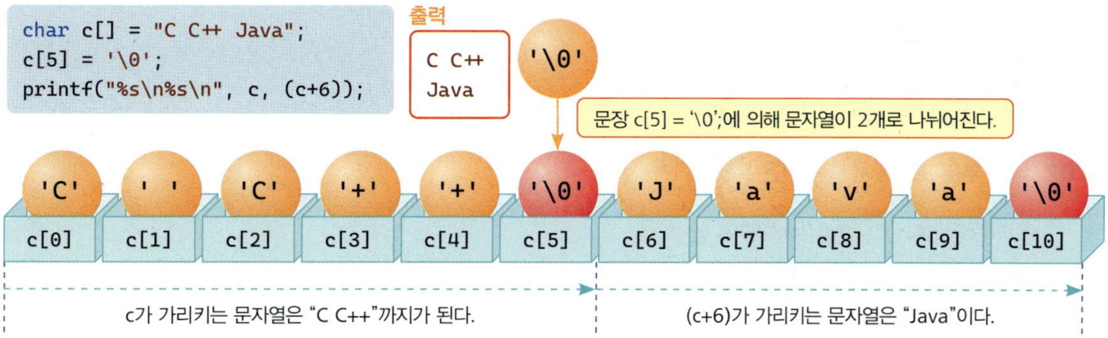

그림 12-7 문자열은 문자열이 시작되는 부분부터 '\0'문자까지

실습예제 12-3	Prj03	03strsplit.c	문자열 중간에 '\0'을 삽입해 문자열 분리	난이도: ★

```c
#include <stdio.h>

int main(void)
{
```

c[5]에 '\0'를 저장하면 "C C++\0Java\0"이 저장되어 두 개의 문자열 "C C++"와 "Java"로 나뉨

```
    char c[] = "C C++ Java";
    printf("%s\n", c);
    c[5] = '\0'; // NULL 문자에 의해 문자열 분리
    printf("%s\n%s\n", c, (c + 6));

    //문자 배열의 각 원소를 하나하나 출력하는 방법
    c[5] = ' '; //널 문자를 빈 문자로 바꾸어 문자열 복원
    char *p = c;
    while (*p) //(*p != '\0')도 가능
       printf("%c", *p++);
    printf("\n");

    return 0;
}
```

```
int i = 0;
while  (c[i])
   printf("%c", c[i++]);
printf("\n");

i = 0;
while  (*(c+i))
   printf("%c", *(c + i++));
printf("\n");
```

결과

```
C C++ Java
C C++
Java
C C++ Java
```

중간점검

01 다음 부분 소스에서 출력 값은 무엇인가?

```
char* str = "Python Pytorch";
while (*str)
   printf("%c", *str++);
printf("\n");
```

02 다음 부분 소스에서 출력 값은 무엇인가?

```
char* str = "Python\0Pytorch";
printf("%s\n", str);
printf("%s\n", str+7);
```

다양한 문자 입출력

버퍼처리 함수 getchar()

문자의 입출력을 위한 함수 getchar()와 putchar()를 알아보자. **함수 getchar()는 문자의 입력에 사용되고 putchar()는 문자의 출력에 사용된다.**

- **문자 입력을 위한 함수 getchar()는 라인 버퍼링(line buffering) 방식을 사용**하므로 문자 하나를 입력해도 반응을 보이지 않다가 [enter] 키를 누르면 그제서야 이전에 입력한 문자마다 입력이 실행된다.

입력한 문자는 임시 저장소인 버퍼(buffer)[1]에 저장되었다가 [enter] 키를 만나면 함수는 버퍼에서 문자를 읽기 시작한다. 이러한 라인 버퍼링 방식은 즉각적(interactive)인 입력을 요구하는 시스템에서는 사용이 불가능하다.

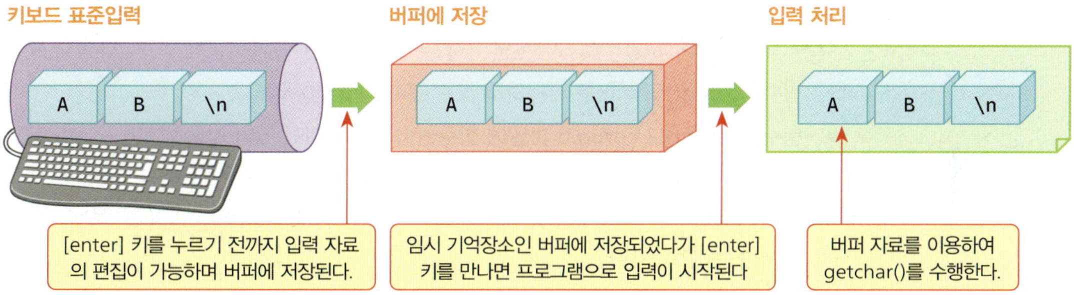

그림 12-8 함수 getchar()의 처리 과정

함수 _getche()

버퍼를 사용하지 않고 문자를 입력하는 함수 _getche()를 알아 보자. 함수 _getche()는 버퍼를 사용하지 않으므로 문자 하나를 입력하면 바로 함수 _getche()가 실행된다. 함수 _getche()에서 입력된 문자는 바로 모니터에 나타난다. _getche()에서 마지막 e는 입력문자를 표시하다는 echo를 의미한다.

- **함수 _getche()는 버퍼를 사용하지 않고 문자 하나를 바로 바로 입력할 수 있는 함수이다.**
- **함수 _getche()를 이용하려면 헤더파일 conio.h를 삽입해야 한다.**

다음 소스는 입력 문자가 'q'가 아니면 함수 putchar()에 의하여 문자가 바로 출력된다. 따라서 함수 _getche()에 의하여 입력된 문자도 보이고, 바로 putchar()에 의하여 출력된다. 예를 들어 입력 문자가 "inputq"라면 화면에는 "iinnppuuttq"가 보이게 된다. 즉 화면에 보이는 행이 표준입력과 표준출력이 번갈아 가면서 나오게 되므로 한 문자가 두 번씩 나오게 된다.

[1] 버퍼는 속도 차이가 있는 장치들을 위한 임시 데이터 저장소이다. 입출력은 상대적으로 다른 처리에 비해 처리속도가 느리다. 그러므로 효율적인 입출력을 위해 입출력 버퍼를 사용하기도 한다.

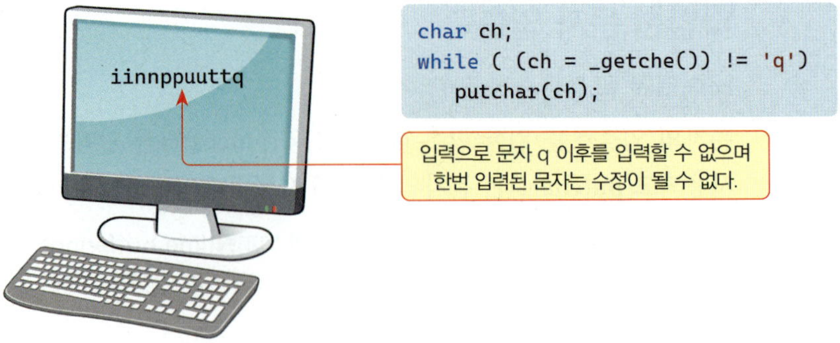

그림 12-9 함수 _getche()와 putchar()의 이용

함수 _getch()

문자 입력을 위한 함수 _getch()는 입력한 문자가 화면에 보이지 않는 특성이 있다. 그러므로 입력된 문자를 출력함수로 따로 출력하지 않으면 입력 문자가 화면에 보이지(echo) 않게 된다.

- 함수 _getch()도 버퍼를 사용하지 않는 문자 입력 함수이다.
- 함수 _getch()도 conio.h 파일에 함수원형이 정의되어 있어 사용하려면 conio.h를 삽입해야 한다.

다음 소스에서 문자 "inputq"를 입력으로 실행하면 "input"이 출력된다. 함수 putchar(ch)는 인자를 출력하는 함수이다.

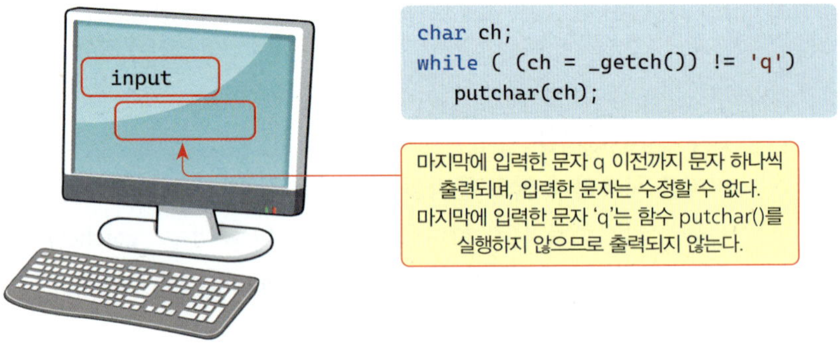

그림 12-10 함수 _getch()와 putchar()의 이용

다음 표는 문자 입력함수 scanf(), getchar(), _getche(), _getch()를 비교 설명한 표이다.

표 12-1 문자입력 함수 scanf(), getchar(), _getche(), _getch()의 비교

함수	scanf("%c", &ch)	getchar()	_getche()	_getch()
헤더파일	stdio.h		conio.h	
버퍼 이용	버퍼 이용함		버퍼 이용 안함	
반응	[enter] 키를 눌러야 작동		문자 입력마다 반응	
입력 문자의 표시(echo)	입력하면 바로 표시		입력하면 바로 표시	표시 안됨
입력문자 수정	가능		불가능	

다음 예제 프로그램에서 세 개의 while 문의 입력으로 모두 "pythonq"를 입력하면 다음 결과가 출력된다. 마지막 문자 q가 루프를 종료하는 조건 문자이다. 헤더파일 conio.h가 필요한 _putch(char)도 putchar(char)처럼 문자 char을 표준 출력한다.

실습예제 12-4 Prj04 04getch.c 함수 getchar(), _getche(), _getch()의 차이를 알아보는 예제 난이도: ★

```c
#include <stdio.h>
#include <conio.h>

int main(void)
{
    char ch;

    printf("문자를 계속 입력하고 Enter를 누르면 >>\n");
    while ((ch = getchar()) != 'q')
        putchar(ch); // stdio.h

    printf("\n문자를 누른 것이 보이고, _putch에 의해 입력문자 출력 >>\n");
    while ((ch = _getche()) != 'q')
        _putch(ch); // conio.h

    printf("\n문자를 누른 것이 안 보이고, _putch에 의해 입력문자 출력 >>\n");
    while ((ch = _getch()) != 'q')
        _putch(ch); // conio.h
    printf("\n");

    return 0;
}
```

함수 getchar()로 입력한 문자를 변수 ch에 저장하여 'q'가 아니면 반복몸체인 putchar(ch)를 실행, 변수 ch에 'q'이면 반복이 종료되므로 출력이 안됨

함수 _getche()로 입력한 문자를 변수 ch에 저장하여 'q'가 아니면 반복몸체인 _putch(ch)를 실행, 변수 ch에 'q'이면 반복 종료이므로 출력이 안됨

함수 _getch()로 입력한 문자를 변수 ch에 저장하여 'q'가 아니면 반복몸체인 _putch(ch)를 실행, 변수 ch에 'q'이면 반복 종료이므로 출력이 안됨. 함수 _getch()는 입력한 문자마다 바로 처리하며, 입력한 문자도 보이지 않음

결과

```
문자를 계속 입력하고 Enter를 누르면 >>
pythonq
python
문자를 누른 것이 보이고, _putch에 의해 입력문자 출력 >>
ppyytthhoonnq
문자를 누른 것이 안 보이고, _putch에 의해 입력문자 출력 >>
python
```

- pythonq: 마지막에 입력한 문자 q가 입력 종료를 처리
- ppyytthhoonnq: 마지막에 입력한 문자 q가 입력 종료를 처리
- python: 입력을 pythonq와 같이 마지막에 q를 입력해야 종료되며, 마지막에 입력한 q는 출력되지 않음

중간점검

01 문자의 표준입력을 위한 함수 _getche()를 사용하기 위해 삽입해야 하는 헤더파일은 무엇인가?

02 다음 소스에서 입력이 다음과 같을 때 프로그램의 출력 결과를 기술하시오.

```
char ch;

while ((ch = getchar()) != 'x')
   putchar(ch);
printf("\n");
```

입력

```
basic aplx visual[Enter]
```

문자열 입력

문자배열 변수로 scanf()에서 입력

문자열을 입력 받는 방법을 알아보자. 함수 scanf()는 공백으로 구분되는 하나의 문자열을 입력 받을 수 있다.

- 가장 먼저 입력 받은 문자열이 저장될 충분한 공간인 문자 배열 str을 선언한다.
- 함수 scanf("%s", str)에서 형식제어문자 %s를 사용하여 문자열을 입력 받을 수 있다.
- 함수 printf("%s", str)에서 %s를 사용하여 문자열을 출력한다.

문자열 입력은 충분한 공간의 문자배열이 있어야 가능하다. 단순히 문자 포인터로는 문자열 저장이 불가능하다.

gets()와 puts()

함수 gets()**는 한 행의 문자열 입력에 유용한 함수이다. 또한 함수 puts()는 한 행에 문자열을 출력하는 함수이다.** Visual C++의 함수 gets_s()는 현재 함수 gets()의 대체함수로 사용을 권장한다. 함수 gets(), puts(), gets_s()를 사용하려면 헤더파일 stdio.h 를 삽입해야 한다.

문자열 입출력 함수: 헤더파일 stdio.h 삽입

```
char * gets(char * buffer);
```

- 함수 gets()는 문자열을 입력 받아 buffer에 저장하고 입력 받은 첫 문자의 주소값을 반환한다.
- 함수 gets()는 표준입력으로 [enter] 키를 누를 때까지 공백을 포함한 한 행의 모든 문자열을 입력 받는다.
- 입력된 문자열에서 마지막 [enter] 키를 '\0' 문자로 대체하여 저장한다.

```
char * gets_s(char * buffer, size_t sizebuffer);
```

- 두 번째 인자인 sizebuffer는 정수형으로 buffer의 크기를 입력한다.
- Visual C++에서는 앞으로 gets() 대신 함수 gets_s()의 사용을 권장한다.

```
int puts(const char * str);
```

- 인자인 문자열 str에서 마지막 '\0' 문자를 개행 문자인 '\n'로 대체하여 출력한다.
- 함수 puts()는 일반적으로 0인 정수를 반환하는데, 오류가 발생하면 EOF를 반환한다.

그림 12-11 문자열 입출력 함수

함수 gets()는 [enter] 키를 누를 때까지 한 행을 버퍼에 저장한 후 입력처리 한다. 여기서 주의할 점은 **함수 gets()는 마지막에 입력된 '\n'이 '\0'로 교체되어 인자인 배열에 저장**된다는 것이다. 그러므로 프로그램에서 한 행을 하나의 문자열로 간주하고 프로그래밍할 수 있도록 한다.

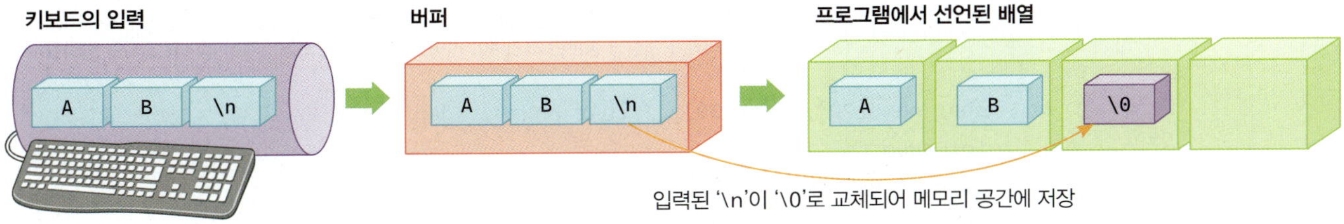

그림 12-12 함수 gets()의 처리 과정

함수 gets()의 인자로는 입력된 문자열을 저장할 수 있는 충분한 공간의 문자 배열을 사용해야 한다. 그렇지 않으면 실행오류가 발생한다. 문자열 출력함수 puts()는 문자열을 한 줄에 출력하는 데 유용하게 사용될 수 있다. 함수 puts()는 오류가 발생하면 EOF를 반환한다.

- 기호 상수 EOF(End Of File)는 파일의 끝이라는 의미로 stdio.h 헤더파일에 정수 −1로 정의되어 있다.

```
#define EOF      (-1)
```

함수 puts()는 함수 gets()와 반대로 문자열의 마지막에 저장된 '\0'를 '\n'로 교체하여 버퍼에 전송하고, 버퍼의 내용이 모니터에 출력되면 문자열이 한 행에 출력된다. 그러므로 문자열의 한 행 출력은 함수 puts()가 효과적이다.

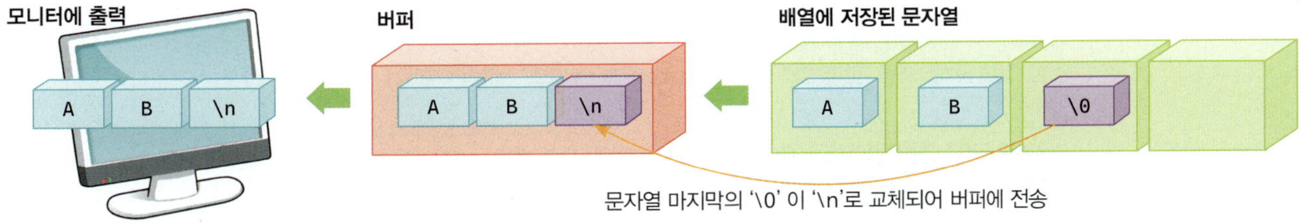

그림 12-13 함수 puts()의 처리 과정

다음 예제는 함수 scanf()에서 제어문자 %s로 문자열을 입력 받고, 함수 gets()와 gets_s()를 사용하여 여러 줄을 입력 받아 출력하는 프로그램이다. while 문을 사용하면 연속된 여러 행을 입력 받아 바로 행별로 출력할 수 있다. 다음 반복을 종료하려면 새로운 행 처음에 (ctrl + Z)를 입력한다. 함수 printf()와 scanf()는 다양한 입출력에 적합하며, 문자열 입출력 함수 puts()와 gets()는 처리 속도가 빠르다는 장점이 있다.

실습예제 12-5 | Prj05 | 05strinput.c | 함수 scanf()와 printf(), gets()와 puts()의 문자열 입출력 | 난이도: ★

```c
#define _CRT_SECURE_NO_WARNINGS
#include <stdio.h>

int main(void)
{
    char name[20], dept[30]; //char *name, *dept; 실행 오류 발생
    int snum;
    printf("학번 이름 학과 입력 >>\n");
    scanf("%d %s %s", &snum, dept, name);
    printf("출력: %d %s %s\n", snum, dept, name);

    char line[101]; //char *line 으로는 오류발생
    printf("한 행에 학번 이름 학과 입력한 후 [enter]를 누르고 ");
    printf("새로운 행에서 (ctrl + Z)를 누르십시오.\n");
    while (gets(line))
        puts(line);
    printf("\n");

    while (gets_s(line, 101))
        puts(line);
    printf("\n");

    return 0;
}
```

이름과 학과가 저장될 공간인 문자배열 name[20]과 dept[30]을 선언, 배열크기 20, 30은 이름과 학과가 저장될 충분한 크기여야 하며, 특히 한글은 크기 2개에 하나의 글자가 입력됨

한 줄에 입력되는 모든 문자열이 입력되도록 충분한 크기의 문자배열 line[101] 선언

함수 gets(line) 호출로 한 줄 전체를 입력 받음, 새로운 행에서 ctrl + Z 입력하면 while 반복 종료

함수 gets_s(line, 101) 호출로 한 줄 전체를 입력 받음, 새로운 행에서 ctrl + Z 입력하면 while 반복 종료

결과

```
학번 이름 학과 입력 >>
20222007 컴퓨터정보공학과 나윤희
출력: 20222007 컴퓨터정보공학과 나윤희
한 행에 학번 이름 학과 입력한 후 [enter]를 누르고 새로운 행에서 (ctrl + Z)를 누르십시오.

20222007 컴퓨터정보공학과 나윤희
20222007 컴퓨터정보공학과 나윤희
^Z

20222007 컴퓨터정보공학과 나윤희
20222007 컴퓨터정보공학과 나윤희
^Z
```

공백으로 구분해 snum, dept, name에 저장

한 행 모두가 배열 line에 저장

새로운 행에서 ctrl + Z 입력하면 while 반복 종료

중간점검

01 다음 소스에서 잘못된 부분을 찾아 수정하시오.

```
char *str = '\0';
scanf("%s", str);
printf("%s\n", str);
```

02 다음 부분 소스에서 입력이 다음과 같은 경우 프로그램의 출력 결과를 기술하시오.

```
char str[20];
gets(str);
puts(str);
```

My name is John.[Enter]

LAB

한 행을 표준입력으로 받아 문자 하나하나를 그대로 출력

함수 gets_s()를 사용하여 한 행의 표준입력을 받아 배열 s에 저장한 후, 문자 포인터 p를 사용해서 이 배열 s에서 문자 하나하나를 이동하면서 출력해보도록 한다.

- char 포인터 변수 p를 선언하면서 배열 s의 첫 원소를 가리키도록 저장
- 포인터 변수 p는 주소값이며 *p는 p가 가리키는 곳의 문자

Microsoft Visual Studio 디버그 콘솔

```
python java c
python java c
```

Lab 12-1 lab1lineprt.c 난이도: ★

```
01 #define _CRT_SECURE_NO_WARNINGS
02 #include <stdio.h>
03
04 int main()
05 {
06     char s[100];
07     //문자배열 s에 표준입력한 한 행을 저장
08     gets(s);
09
10     //문자배열에 저장된 한 행을 출력
11     char *p = ____________;
12     while (____________)
13         printf("%c", ____________);
14     printf("\n");
15
16     return 0;
17 }
```

정답

```
11     char *p = s;
12     while (*p)
13         printf("%c", *p++);
```

12.2 문자열 관련 함수

문자배열 라이브러리와 문자열 비교

다양한 문자열 라이브러리 함수

문자열 비교와 복사, 그리고 문자열 연결 등과 같은 다양한 문자열 처리는 헤더파일 string.h에 함수원형으로 선언된 라이브러리 함수로 제공된다. 함수에서 사용되는 자료형 size_t는 64비트 윈도우 시스템인 경우, 비부호 정수 long long형(unsigned __int64)이며, void *는 아직 정해지지 않은 다양한 포인터를 의미한다.

- 문자의 배열 관련 함수는 헤더파일 string.h에 함수원형이 정의되어 있다.

표 12-2 문자열 배열에 관한 다양한 함수

함수원형	설명
size_t strlen(const char *str)	포인터 src 위치에서부터 널 문자를 제외한 문자열의 길이 반환
void *memcpy(void *dest, const void *src, size_t n)	포인터 src 위치에서 dest에 n 바이트를 복사한 후 dest 위치 반환
void *memchr(const void *str, int c, size_t n)	메모리 str에서 n 바이트까지 문자 c를 찾아 그 위치를 반환
int memcmp(const void *str1, const void *str2, size_t n)	메모리 str1과 str2를 첫 n 바이트를 비교 검색하여 같으면 0, 다르면 음수 또는 양수 반환
void *memmove(void *dest, const void *src, size_t n)	포인터 src 위치에서 dest에 n 바이트를 복사한 후 dest 위치 반환
void *memset(void *str, int c, size_t n)	포인터 src 위치에서부터 n 바이트까지 문자 c를 지정한 후 src 위치 반환

함수 strcmp()와 strncmp()

문자열 비교와 복사, 그리고 문자열 연결 등과 같은 다양한 문자열 처리는 헤더파일 string.h에 함수원형으로 선언된 라이브러리 함수로 제공된다. 문자열 관련 함수는 대부분 strOOO()로 명명된다. 대표적인 문자열 처리 함수인 strcmp()와 strncmp()는 두 문자열을 비교하는 함수로서 함수원형은 다음과 같다.

문자열 비교 함수: 헤더파일 string.h 삽입

```
int strcmp(const char * s1, const char * s2);
```

두 인자인 문자열에서 같은 위치의 문자를 앞에서부터 다를 때까지 비교하여 같으면 0 을 반환하고, 앞이 크면 양수를, 뒤가 크면 음수를 반환한다.

```
int strncmp(const char * s1, const char * s2, size_t maxn);
```

두 인자 문자열을 같은 위치의 문자를 앞에서부터 다를 때까지 비교하나 최대 n 까지만 비교하여 같으면 0을 반환하고, 앞이 크면 양수를, 뒤가 크면 음수를 반환한다.

그림 12-14 문자열 비교 함수

함수 strcmp()는 인자인 두 문자열을 사전(lexicographically) 상의 순서로 비교하는 함수이다. strncmp()는 두 문자를 비교할 문자의 최대 수를 지정하는 함수이다.

- 비교 방법은 인자인 두 문자열을 구성하는 각 문자를 처음부터 비교해 나간다.
- 비교 기준은 아스키코드 값이다. 두 문자가 같다면 계속 다음 문자를 비교하여 문자가 다를 때까지 계속 비교한다.
- 결국 문자가 다른 경우, 아스키코드 값을 비교해 앞 문자가 작으면 음수, 뒤 문자가 작으면 양수, 같으면 0을 반환한다.
- 대문자가 소문자보다 아스키코드 값이 작으므로 strcmp("java", "javA")는 양수를 반환한다.
- 문자열의 마지막 문자 '\0'은 아스키코드 값이 0이므로 다른 어느 문자보다 작다.
- strcmp("ab", "a")는 마지막에 문자 b와 '\0'를 비교하므로 양수를 반환한다.

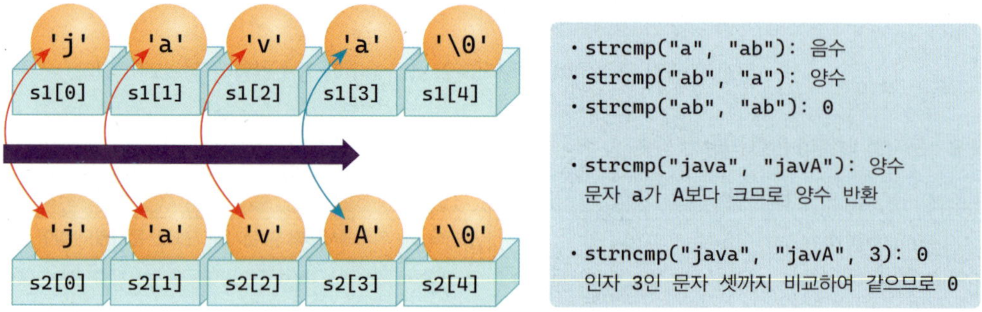

그림 12-15 함수 strcmp()와 strncmp()의 비교 방법

다음은 문자열의 길이를 반환하는 함수 strlen()과 문자배열의 복사를 위한 함수 memcpy(), 문자열을 비교하는 strcmp()와 strncmp()를 알아보는 예제이다.

실습예제 12-6 | Prj06 | 06strfun.c | 문자열 함수 strlen()과 memcpy(), strcmp()와 strncmp()의 활용 | 난이도: ★

```
#include <stdio.h>
#include <string.h>

int main(void)
{
    char src[20] = "C Python";
    char dst[20];

    printf("%s\n", src);
    printf("%zu\n", strlen(src));
    memcpy(dst, src, strlen(src) + 1);
    printf("%s\n", dst);
    memcpy(dst, "안녕하세요!", strlen("안녕하세요!") + 1);
    printf("%s\n\n", dst);
```

문자열 src에서 포인터 위치 dst에 strlen(src) + 1 수만큼 복사하여 문자열의 마지막이 널이 되도록

포인터 위치 dst에 문자열 상수 "안녕하세요!"를 복사하기 위해서는 (strlen("안녕하세요!") + 1)만큼 복사해야 문자열의 마지막이 널이 됨

```c
    char* s1 = "C lang";
    char* s2 = "C lang";
    printf("strcmp(%s, %s) = %d\n", s1, s2, strcmp(s1, s2));
    s1 = "C lang";
    s2 = "C ";
    printf("strcmp(%s, %s) = %d\n", s1, s2, strcmp(s1, s2));
    printf("strcmp(%s, %s) = %d\n", s2, s1, strcmp(s2, s1));
    printf("strncmp(%s, %s, %d) = %d\n", s1, s2, 2, strncmp(s1, s2, 2));

    return 0;
}
```

비교 세 번째 문자가 각각 'l'과 '0'이므로 strcmp(s1, s2)는 양수임

비교 세 번째 문자가 각각 '0'과 'l'이므로 strcmp(s1, s2)는 음수임

결과

```
C Python
8
C Python
안녕하세요!

strcmp(C lang, C lang) = 0
strcmp(C lang, C ) = 1
strcmp(C , C lang) = -1
strncmp(C lang, C , 2) = 0
```

문자열 "C Python"의 길이는 8

중간점검

01 다음 부분 코드의 출력 결과를 기술하시오.

```c
char str[50] = {'\0'};
memcpy(str, "Python C", 2);
printf("%s\n", str);
```

02 다음 부분 코드의 출력 결과를 기술하시오.

```c
printf("%d\n", strcmp("Python", "Python"));
printf("%d\n", strcmp("Python", "Pytorch"));
printf("%d\n", strncmp("Python", "Pytorch", 2));
```

문자열 복사와 연결

함수 strcpy()

함수 strcpy()와 strncpy()는 문자열을 복사하는 함수이다. 함수 strcpy()는 앞 인자 문자열 dest

에 뒤 인자 문자열 source를 복사한다. 그러므로 앞 인자가 완전히 뒤 인자로 바뀌게 된다. 첫 번째 인자인 dest는 복사 결과가 저장될 수 있도록 충분한 공간을 확보해야 한다. 함수 strncpy()는 복사되는 최대 문자 수를 마지막 인자 maxn으로 지정하는 함수이다.

문자열 복사 함수

```
char * strcpy(char * dest, const char * source);
```

- 앞 문자열 dest에 처음에 뒤 문자열 null 문자를 포함한 source를 복사하여 그 복사된 문자열을 반환한다.
- 앞 문자열은 수정되지만 뒤 문자열은 수정될 수 없다.

```
char * strncpy(char * dest, const char * source, size_t maxn);
```

- 앞 문자열 dest에 처음에 뒤 문자열 source 에서 n개 문자를 복사하여 그 복사된 문자열을 반환한다.
- 만일 지정된 maxn이 source의 길이보다 길면 나머지는 모두 널 문자가 복사된다. 앞 문자열은 수정되지만 뒤 문자열은 수정될 수 없다.

```
errno_t strcpy_s(char * dest, size_t sizedest, const char * source);
errno_t strncpy_s(char * dest, size_t sizedest, const char * source, size_t maxn);
```

- 두 번째 인자인 sizedest는 정수형으로 dset 의 크기를 입력한다.
- 반환형 errno_t 는 정수형이며 반환값은 오류번호로 성공하면 0을 반환한다.
- Visual C++에서는 앞으로 함수 strcpy_s()와 strncpy_s()의 사용을 권장한다.

그림 12-16 문자열 복사 함수

항상 문자열은 마지막 널 문자까지 포함하므로 다음 부분 소스에서 문자배열 d에는 NULL 문자까지 복사된다는 것을 잊지 말자.

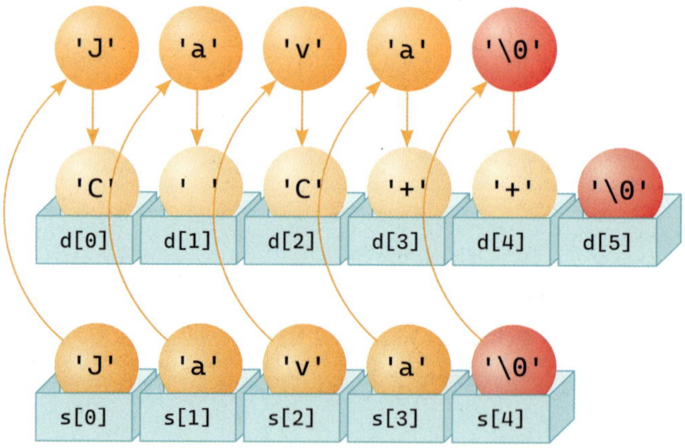

결과는 d에도 "java"가 저장된다.

```
char d[] = "C C++";
char s[] = "Java";
strcpy(d, s);
```

그림 12-17 함수 strcpy()의 기능

함수 strcat()

하나의 문자열 뒤에 다른 하나의 문자열을 연이어 추가해 연결하려면 함수 strcat()를 사용한다.

- **함수 strcat()는 앞 문자열에 뒤 문자열의 null 문자까지 연결하여, 앞의 문자열 주소를 반환하는 함수이다.**

이 함수에서 앞 인자인 dest의 저장공간이 연결된 문자열의 길이를 모두 수용할 수 있는 공간보다 부족하면 문제가 발생한다. 위와 같은 문제를 예방하기 위한 함수가 strncat() 함수이다. 이 함수는 전달인자의 마지막에 연결되는 문자의 수를 지정하여 그 이상은 연결되지 않도록 한다. 여기서 지정하는 문자 수는 널 문자를 제외한 수이다.

문자열 연결 함수

```
char * strcat(char * dest, const char * source);
```

- 앞 문자열 dest에 뒤 문자열 source를 연결(concatenate)해 저장하며, 이 연결된 문자열을 반환하고 뒤 문자열은 수정될 수 없다.

```
char * strncat(char * dest, const char * source, size_t maxn);
```

- 앞 문자열 dest에 뒤 문자열 source중에서 n개의 크기만큼을 연결(concatenate)해 저장하며, 이 연결된 문자열을 반환하고 뒤 문자열은 수정될 수 없다.
- 지정한 maxn이 문자열 길이보다 크면 null 문자까지 연결한다.

```
errno_t strcat_s(char * dest, size_t sizedest, const char * source);
errno_t strncat_s(char * dest, size_t sizedest, const char * source, size_t maxn);
```

- 두 번째 인자인 sizedest는 정수형으로 dest의 크기를 입력한다.
- 반환형 errno_t는 정수형이며 반환값은 오류번호로 성공하면 0을 반환한다.
- Visual C++에서는 앞으로 함수strcat_s()와 strncat_s()의 사용을 권장한다.

그림 12-18 문자열 연결 함수

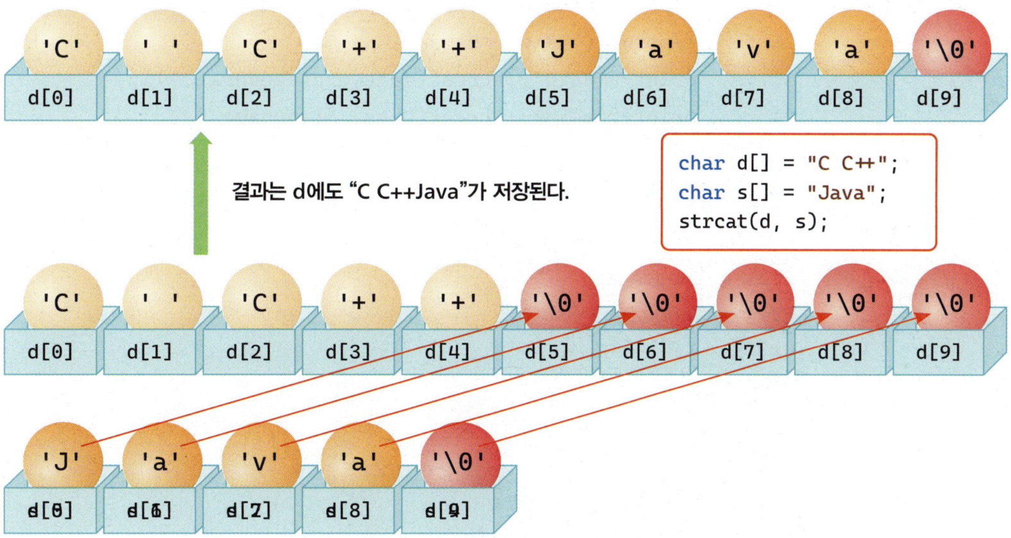

그림 12-19 함수 strcat()의 기능

실습예제 12-7	Prj07	07strcpycat.c	문자열 복사와 연결 함수 strcpy()와 strcat()활용	난이도: ★

```c
#define _CRT_SECURE_NO_WARNINGS
#include <stdio.h>
#include <string.h>

int main(void)
{
    char dest[80] = "Java";
    char source[80] = "C is a language.";

    printf("%s\n", strcpy(dest, source));
    //printf("%d\n", strcpy_s(dest, 80, source));
    //printf("%s\n", dest);
    printf("%s\n", strncpy(dest, "C#", 2));

    printf("%s\n\n", strncpy(dest, "C#", 3));
    //printf("%d\n", strncpy_s(dest, 80, "C#", 3));
    //printf("%s\n", dest);

    char data[80] = "C";

    printf("%s\n", strcat(data, " is "));
    //printf("%d\n", strcat_s(data, 80, " is "));
    //printf("%s\n", data);
    printf("%s\n", strncat(data, "a java", 2));
    //printf("%d\n", strncat_s(data, 80, "a proce", 2));
    //printf("%s\n", data);
    printf("%s\n", strcat(data, "procedural "));
    printf("%s\n", strcat(data, "language."));

    return 0;
}
```

- 비주얼 스튜디오에서 추천하는 strcpy_s() 사용 방법
- "C#"을 dest에 2바이트인 "C#"까지만 복사
- "C#"을 dest에 3바이트인 "C#\0"까지 복사
- 비주얼 스튜디오에서 추천하는 strncpy_s() 사용 방법
- 2개 문자인 "a "까지만 뒤에 연결되어 문자열은 "C is a"가 됨

결과

```
C is a language.
C#is a language.
C#

C is
C is a
C is a procedural
C is a procedural language.
```

- \0 이전인 C#만 출력

TIP 함수 strcpy()와 strcat()를 이용할 시 주의점

함수 strcpy()와 strcat()를 이용할 시 첫 번째 인자인 dest는 복사 또는 연결 결과가 저장될 수 있도록 충분한 공간을 확보해야 한다. 또한 문자열 관련 함수에서 단순히 문자열 포인터를 수정이 가능한 문자열의 인자로 사용할 수 없다. 즉 함수 strcpy()와 strcat()에서 첫 인자로 문자열 포인터변수는 사용할 수 없다. 그러므로 다음 소스는 모두 실행 시 바른 결과가 표시되지 않는다. 다양한 문자열 관련 함수에서 자료형이 (char *)인 인자에는 문자열 상수를 사용할 수 없으며, 자료형이 (const char *)인 인자에는 문자열 상수를 사용할 수 있다.

```
char dest[5] = "C";
char *destc = "C";

strcpy(dest, "Java language");        //실행 시 문제 발생
strcpy(destc, " Java language");      //실행 시 문제 발생
strcat(dest, " is a language.");      //실행 시 문제 발생
strcat(destc, " is a language.");     //실행 시 문제 발생
```

중간점검

01 다음 부분 코드의 출력 결과를 기술하시오.

```
char dst[50];

printf("%s\n", strcpy(dst, "Python"));
printf("%s\n", strncpy(dst, "Python", 2));
printf("%s\n", strcat(dst, " Pytorch"));
```

02 다음 부분 코드의 출력 결과를 기술하시오.

```
char dst[50];
strcpy(dst, "Python");
printf("%s\n", strcat(dst, " Pytorch "));
printf("%s\n", strncat(dst, "Tensorflow", 6));
```

문자열 분리 및 다양한 문자열 관련 함수

함수 strtok()

함수 strtok()은 문자열에서 구분자(delimiter)인 문자를 여러 개 지정하여 토큰을 추출하는 함수이다. 함수 strtok()에서 첫 번째 인자인 str은 토큰을 추출할 대상인 문자열이며 두 번째 인자인 delim은 구분자로 문자의 모임인 문자열이다. 첫 번째 인자인 str은 문자배열에 저장된 문자열을 사용해야 하며, 문자열 상수를 사용할 수 없다.

문자열 분리 함수

```
char * strtok(char * str, const char * delim);
```

• 앞 문자열 str에서 뒤 문자열 delim을 구성하는 구분자를 기준으로 순서대로 토큰을 추출하여 반환하는 함수이며, 뒤 문자열 delim은 수정될 수 없다.

```
char * strtok_s(char * str, const char * delim, char ** context);
```

• 마지막 인자인 context는 함수 호출에 사용되는 위치 정보를 위한 인자이며, Visual C++에서는 앞으로 함수 strtok_s()의 사용을 권장한다.

그림 12-20 문자열 추출 함수 strtok()

문자열 "C and C++\t languages are best!"에서 구분자를 공백문자 하나인 " "로 지정한 후 토큰을 분리하면 C, and, C++\t, languages, are, best! 총 6개의 토큰이 추출된다. 즉 공백문자 분리자를 이용하여 토큰을 분리한다. 다음과 같이 구분자에 더 많은 문자를 삽입하면 분리된 토큰이 많아지거나 하나하나의 토큰에서 구분자가 사라진다.

```
문자열: "C and C++\t language are best!"
```

• 구분자 delim이 " "인 경우의 토큰: C, and, C++\t, language, are, best! 총 6개
• 구분자 delim이 " \t"인 경우의 토큰: C, and, C++, language, are, best! 총 6개
• 구분자 delim이 " \t!"인 경우의 토큰: C, and, C++, language, are, best 총 6개

그림 12-21 토큰 분리 예

함수 strtok()의 사용방법을 알아보자.

- **문장 ptoken = strtok(str, delimiter);으로 첫 토큰을 추출한다.**
- **결과를 저장한 ptoken이 NULL이면 더 이상 분리할 토큰이 없는 경우이다.**
- 계속 토큰을 추출하려면 while 반복으로 추출된 토큰이 있는지를 (ptoken != NULL) 로 검사하고 NULL을 첫 번째 인자로 다시 strtok(NULL, delimiter)를 호출하면 그 다음 토큰을 반환 받을 수 있다.

실습예제 12-8	Prj12	08strtok.c	문자열에서 지정한 분리자를 사용해 문자열 토큰을 분리	난이도: ★★

```
01 #define _CRT_SECURE_NO_WARNINGS // strtok() 사용하기 위해
02 #include <stdio.h>
03 #include <string.h>
04
05 int main(void)
06 {
07     char str[] = "C and C++\t languages are best!";
08     char *delimiter = " !\t";
09     //char *next_token;
10
11     printf("문자열 \"%s\"을 >>\n", str);
```

구분자가 공백문자, 느낌표 !, 수평탭 모두 3개

9, 14, 19행을 사용해 strtok_S() 활용

```c
    printf("구분자[%s]를 이용하여 토큰을 추출 >>\n", delimiter);
    char* ptoken = strtok(str, delimiter);
    //char* ptoken = strtok_s(str, delimiter, &next_token);
    while (ptoken) //(ptoken != NULL)
    {
        printf("%s\n", ptoken);
        ptoken = strtok(NULL, delimiter); //다음 토큰을 반환
        //ptoken = strtok_s(NULL, delimiter, &next_token); //다음 토큰을 반환
    }

    return 0;
}
```

두 번째 호출부터는 첫 인자를 NULL로 호출

결과

```
문자열 "C and C++        languages are best!"을 >>
구분자[ !        ]를 이용하여 토큰을 추출 >>
C
and
C++
languages
are
best
```

문자열의 길이와 위치 검색

함수 strlen()은 NULL 문자를 제외한 문자열 길이를 반환하는 함수이다. 함수 _strlwr()는 인자를 모두 소문자로 변환하여 반환한다. 함수 _strupr()는 인자를 모두 대소문자로 변환하여 반환한다. 다음 표는 문자와 관련된 여러 함수를 요약한 표이다.

표 12-3 다양한 문자열 관련 함수

함수원형	설명
`char * _strlwr(char * str);` `errno_t _strlwr_s(char * str, size_t strsize); //Visual C++ 권장함수`	문자열 str을 모두 소문자로 변환하고 변환한 문자열을 반환하므로 str은 상수이면 오류가 발생하며, errno_t는 정수형의 오류번호이며, size_t도 정수형으로 strsize는 str의 길이
`char * _strupr(char * str);` `errno_t _strupr_s(char * str, size_t strsize); //Visual C++ 권장함수`	문자열 str을 모두 대문자로 변환하고 변환한 문자열을 반환하므로 str은 상수이면 오류가 발생하며, errno_t는 정수형의 오류번호이며, size_t도 정수형으로 strsize는 str의 길이
`char * strstr(const char * str, const char * strsearch);`	앞의 문자열 str에서 뒤 문자열 strsearch이 나타나는 처음 위치를 찾아 그 주소값을 반환하며, 만일 찾지 못하면 NULL 포인터를 반환
`char * strchr(const char * str, char ch);`	앞의 문자열 str에서 뒤 문자 ch가 나타나는 처음 위치를 찾아 그 주소값을 반환하며, 만일 찾지 못하면 NULL 포인터를 반환
`char * strpbrk(const char * str, const char * charset);`	앞의 문자열 str에서 뒤 문자열 charset에 포함된 문자가 나타나는 처음 위치를 찾아 그 주소값을 반환하며, 만일 찾지 못하면 NULL 포인터를 반환

실습예제 12-9 | Prj09 | 09strstr.c | 다양한 문자열 관련 함수의 이해 | 난이도: ★

```c
#define _CRT_SECURE_NO_WARNINGS
#include <stdio.h>
#include <string.h>

int main(void)
{
    char str[] = "JAVA 2022 Python C";
    printf("%zu\n", strlen("python"));//python 길이: 6
    printf("%s, ", _strlwr(str));   //모두 소문자로 변환
    printf("%s\n", _strupr(str));   //모두 대문자로 변환

    //문자열 VA가 시작되는 포인터 반환: VA 2022 PYTHON C
    printf("%s, ", strstr(str, "VA"));
    //문자 A가 처음 나타나는 포인터 반환: AVA 2022 PYTHON C
    printf("%s\n", strchr(str, 'A'));

    return 0;
}
```

결과

```
6
java 2022 python c, JAVA 2022 PYTHON C
VA 2022 PYTHON C, AVA 2022 PYTHON C
```

TIP _strupr()와 _strlwr()에서의 인자는 반드시 문자 배열로 사용

다음 소스는 문법오류는 없으나 실행 시 문제가 발생한다. _strupr()와 _strlwr()에서의 인자는 변환된 문자열이 다시 저장되어야 하므로 반드시 저장 가능한 문자 배열을 사용해야 한다.

```c
printf("%s\n", _strupr("project")); //실행 문제 발생
printf("%s\n", _strlwr("PROJECT")); //실행 문제 발생
```

중간점검

01 다음 함수 strpbrk()의 설명을 참고로 다음 프로그램의 출력 결과를 기술하시오.

```
char * strpbrk(const char * str, const char * charset);
```

앞의 문자열 str에서 뒤 문자열 charset에 포함된 문자가 나타나는 처음 위치를 찾아 그 주소값을 반환하며, 만일 찾지 못하면 NULL 포인터를 반환

```
char str[] = "Python, C#, Kotlin!";
char* delimiter = " !,";

char* ptoken = strtok(str, delimiter);
ptoken = strtok(NULL, delimiter);
printf("%s\n", ptoken);

char* s = "strpbrk()strcat()strcpy()";
printf("%s\n", strpbrk(s, "cpy"));
```

LAB 문자열을 역순으로 저장하는 함수 reverse() 구현

함수 memcpy()를 사용하여 문자열을 배열에 저장하여 출력한 후, 함수 reverse()를 호출하여 문자열을 역순으로 저장한 후 다시 그 결과를 출력해보도록 한다. 함수 reverse()는 문자열 배열을 역순으로 저장하는 함수이다.

- char 1차원 배열 s[50]를 선언하여 함수 memcpy()로 문자열 "Python C"를 저장
- 함수 reverse(char str[])는 문자열 str을 역순으로 다시 저장
- 다음 결과와 같이 원 문자열과 역순 문자열을 출력

선택 Microsoft Visual Studio 디버그 콘솔

```
Python C
C nohtyP
```

Lab 12-2 lab2reversestr.c 난이도: ★★

```c
#include <stdio.h>
#include <string.h>

void reverse(char []);

int main(void)
{
   char s[50];
   char* str = "Python C";
   memcpy(s, ______, strlen(str) + 1);
   printf("%s\n", s);

   reverse(s);
   printf("%s\n", s);

   return 0;
}

void reverse(char str[])
{
   for (int i = 0, j = (int) strlen(str) - 1; i < j; i++, j--)
   {
```

```c
23          char c = str[i];
24          
25          str[j] = c;
26      }
27  }
```

정답

```c
10      memcpy(s, str, strlen(str) + 1);
24          str[i] = str[j];
```

12.3 여러 문자열 처리

문자 포인터 배열과 2차원 문자 배열

문자 포인터 배열

여러 개의 문자열을 처리하는 하나의 방법은 문자 포인터 배열을 이용하는 방법이다. 하나의 문자 포인터가 하나의 문자열을 참조할 수 있으므로 문자 포인터 배열은 여러 개의 문자열을 참조할 수 있다.

다음 포인터 배열 pa의 선언 문장에 의한 메모리 구조를 살펴보면 다음과 같다.

```
char *pa[] = {"JAVA", "C#", "C++"};
//각각의 3개 문자열 출력
printf("%s ", pa[0]); printf("%s ", pa[1]); printf("%s\n", pa[2]);
```

배열의 크기는 문자열 개수인 3을 지정하거나 빈 공백으로 한다.

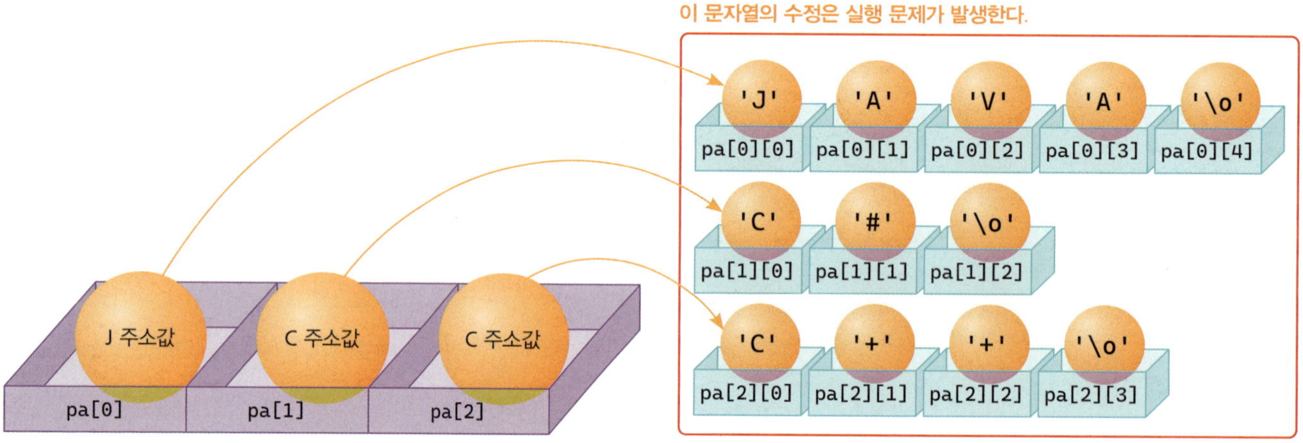

그림 12-22 문자 포인터 배열을 이용한 여러 개의 문자열 처리

문자 포인터 배열 이용 방법은 각각의 문자열 저장을 위한 최적의 공간을 사용하는 장점을 갖는다. 그러나 이러한 문자 포인터를 사용해서는 문자열 상수의 수정은 불가능하다. 즉 문장 pa[0][2] = 'v';와 같이 문자열의 수정은 실행 문제가 발생한다. 문자 포인터 배열 pa를 이용하여 각 문자열을 출력하려면 pa[i]로 형식제어문자 %s를 이용한다.

2차원 문자 배열

여러 개의 문자열을 처리하는 다른 방법은 문자의 2차원 배열을 이용하는 방법이다. 배열 선언에서 2차원 배열의 열 크기는 문자열 중에서 가장 긴 문자열의 길이보다 1 크게 지정해야 한다. 그러므로 가장 긴 문자열 "java"보다 1이 큰 5를 2차원 배열의 열 크기로 지정한다. 물론 2차원 배열의 행의 크기는 문자열 수에 해당하므로 3으로 지정하거나 공백으로 비워 둔다. 2차원 배열 ca의 메모리 구조는 다음과 같다.

```
char ca[][5] = {"JAVA", "C#", "C++"};
//각각의 3개 문자열 출력
printf("%s ", ca[0]); printf("%s ", ca[1]); printf("%s\n", ca[2]);
```

첫 번째(행) 크기는 문자열 개수를 지정하거나 빈 공백으로 두며, 두 번째(열) 크기는 문자열 중에서 가장 긴 문자열의 길이보다 1크게 지정한다.

이 문자열의 수정될 수 있다.

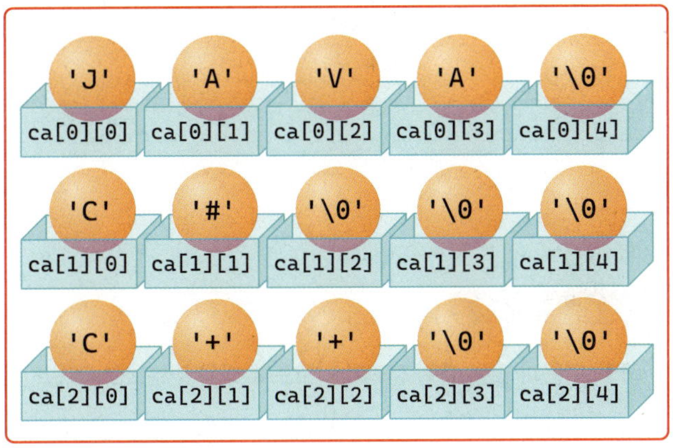

그림 12-23 2차원 문자배열을 이용한 여러 문자열 처리

위 구조는 문자의 2차원 배열에서 모든 열 수가 동일하게 메모리에 할당된다. 그러므로 여러 문자열의 길이가 서로 다른 경우에는 '\0' 문자가 들어가 낭비되는 메모리 공간이 있을 수 있다. 그러나 이러한 2차원 문자열 배열을 사용한 문자열 처리는 문자열을 수정할 수 있는 장점이 있다. 즉 문장 ca[0][2] = 'v';와 같이 원하는 문자 수정이 가능하다. 문자 2차원 배열 ca를 이용하여 각 문자열을 출력하려면 ca[i]로 형식제어문자 %s를 이용한다.

실습예제 12-10 | Prj10 | 10strary.c | 여러 개의 문자열을 선언과 동시에 저장하고 처리하는 방법 | 난이도: ★★

```
#include <stdio.h>

int main(void)
{
   char *pa[] = { "JAVA", "C#", "C++" };
   char ca[][5] = { "JAVA", "C#", "C++" };

   //pa[0][2] = 'v';    //실행 문제 발생
   //ca[0][2] = 'v';    //수정 가능
```

```c
    //각각의 3개 문자열 출력
    printf("%s ", pa[0]); printf("%s ", pa[1]); printf("%s\n", pa[2]);
    printf("%s ", ca[0]); printf("%s ", ca[1]); printf("%s\n", ca[2]);

    //문자 출력
    printf("%c %c %c\n", pa[0][1], pa[1][1], pa[2][1]);
    printf("%c %c %c\n", ca[0][1], ca[1][1], ca[2][1]);

    return 0;
}
```

문자열을 구성하는 각각의 문자를 출력하려면 pa[i][j]와 ca[i][j]을 형식제어문자 %c로 출력

결과

```
JAVA C# C++
JAVA C# C++
A # +
A # +
```

중간점검

01 다음과 같은 출력 결과가 나오도록 다음 부분 소스의 빈칸을 완성하시오.

```c
[          ]
for (int i = 0; i < 4; i++)
   printf("state %d: %s\n", i, states[i]);
```

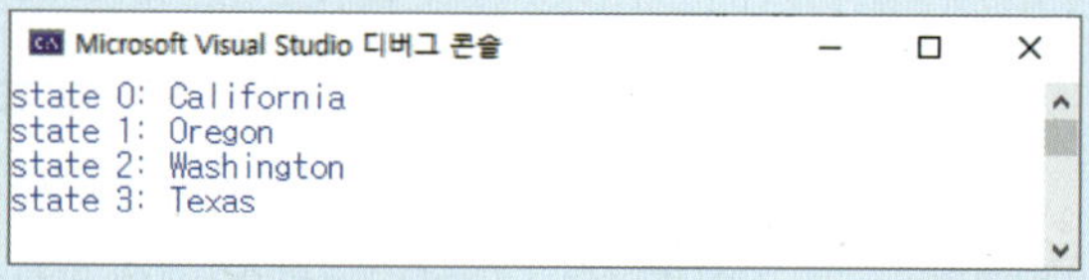

명령행 인자

main(int argc, char *argv[])

다음 명령 프롬프트(command prompt)을 살펴보면 명령어로 "dir /w"를 사용한다. 만일 우리가 프로그램 dir를 개발한다면 옵션에 해당하는 "/w"를 어떻게 인식할까?

- 다음과 같이 **명령행에서 입력하는 문자열을 프로그램으로 전달하는 방법이 명령행 인자(command line arguments)를 사용하는 방법이다.**

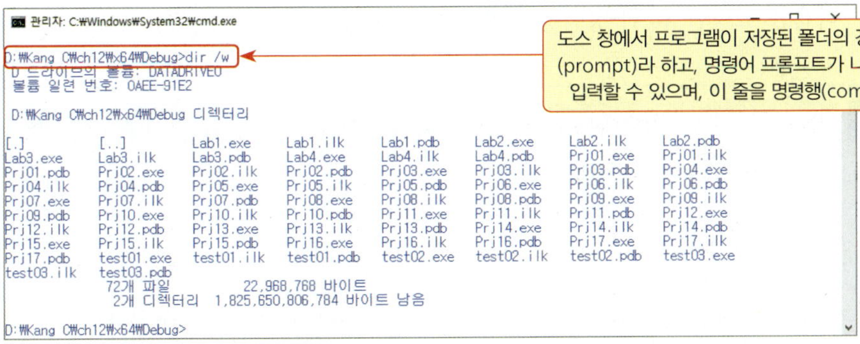

그림 12-24 명령 프롬프트에서 명령어 옵션 실행

프로그램에서 명령행 인자는 main() 함수의 인자로 기술된다. 지금까지는 명령행 인자를 이용하지 않고 main()의 인자를 void로 기술하였다.

- 프로그램에서 명령행 인자를 받으려면 main() 함수에서 두 개의 인자 argc와 argv를 (int argc, char * argv[])로 기술해야 한다.
- 매개변수 argc는 명령행에서 입력한 문자열의 수이며 argv[]는 명령행에서 입력한 문자열을 전달 받는 문자 포인터 배열이다.
- **여기서 주의할 점은 실행 프로그램 이름도 하나의 명령행 인자에 포함된다**는 사실이다. 비주얼 스튜디오에서 실행 프로그램 이름은 프로젝트 이름이다.

비주얼 스튜디오에서 명령행 인자를 설정하려면 메뉴 [프로젝트/{프로젝트이름} 속성…]를 눌러 다음 대화상자에서 설정한다.

- 명령행 인자 설정 방법은 대화상자 [{프로젝트이름} 속성 페이지]의 항목 [디버깅]을 누르고 중간의 [명령 인수]의 입력 상자에 인자를 기술한다.
- 이 입력 상자에는 실행파일 이름 뒤의 옵션만을 기술하면 된다.

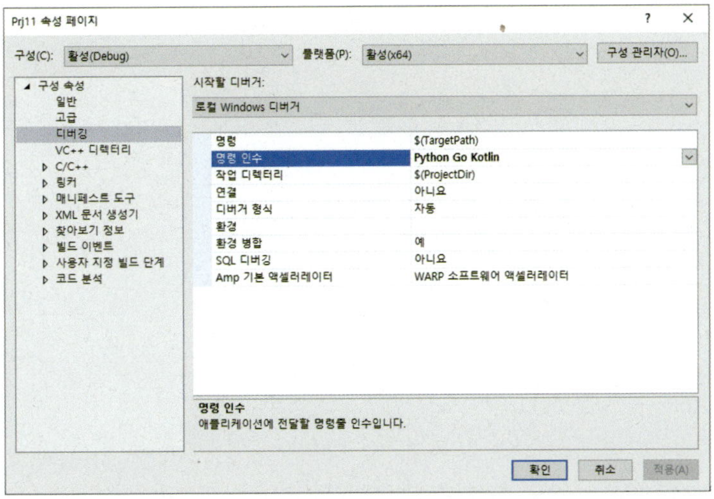

그림 12-25 비주얼 스튜디오에서 명령행 인자 설정을 위한 대화상자

다음을 코딩한 후 위 명령행 인자를 설정해 실행하자.

실습예제 12-11 Prj11 11cmdarg.c 명령행 인자 출력 난이도: ★★

```c
#include <stdio.h>

int main(int argc, char* argv[])
{
    int i = 0;

    printf("실행 명령행 인자(command line arguments) >>\n");
    printf("argc = %d\n", argc);
    for (i = 0; i < argc; i++)
        printf("argv[%d] = %s\n", i, argv[i]);

    return 0;
}
```

argc(argument count)에 인자의 수가, argv(argument variables)에는 인자인 여러 개의 문자열의 포인터가 저장된 배열이 전달

결과

```
실행 명령행 인자(command line arguments) >>
argc = 4
argv[0] = C:\Kang C\ch12\x64\Debug\Prj11.exe
argv[1] = Python
argv[2] = Go
argv[3] = Kotlin
```

비주얼 스튜디오에서 실행하면 전체 경로를 포함한 실행파일의 이름이 첫 번째 인자로 표시된다.

비주얼 스튜디오의 실행파일이 생성된 \ch12\x64\Debug 폴더에서 명령 프롬프트를 실행하자. 다음은 명령행에서 실행파일인 프로젝트 이름이 Prj11이고 옵션으로 C# C++ java로, 프로그램을 실행한 결과를 보이고 있다. 이와 같은 명령행 인자로 프로그램을 실행하면 다음과 같은 구조의 문자열이 전달된다.

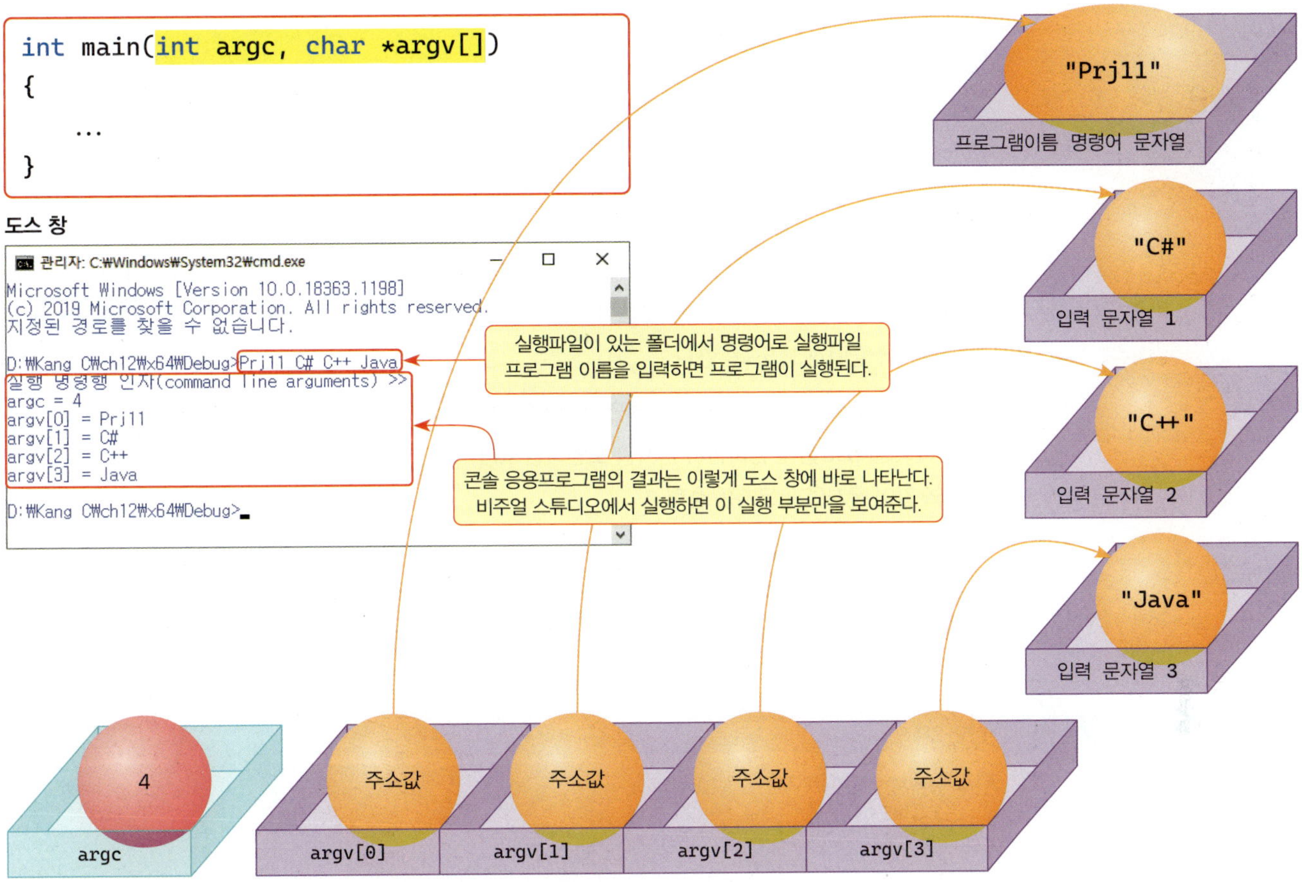

그림 12-26 명령행 인자 실행과 명령행 인자 전달

중간점검

01 C 언어에서 명령행 인자를 처리하기 위한 main() 함수의 헤드를 기술하시오.

02 다음 프로그램의 이름이 project라고 가정하면 다음 명령행 실행으로 프로그램의 출력 결과를 기술하시오.

```
project command
```

```
#include <stdio.h>

int main(int argc, char* argv[])
{
        if (argc == 2)
                printf("인자: %s\n", argv[1]);
        else
                printf("인자가 맞지 않습니다.\n");
}
```

LAB 여러 문자열 처리

여러 문자열을 각각의 1차원 문자배열 str1, str2, str3에 저장한 후, 문자 포인터 배열 pstr을 선언하면서 문자배열 이름을 초기화로 저장한다. 변수 str1, str2, str3와 pstr을 사용해 저장된 문자열과 문자를 적절히 출력해보도록 한다.

- char 1차원 배열 str1, str2, str3을 선언하면서 문자열 "Python", "Kotlin", "Tensorflow"를 저장
- char 포인터 배열 pstr을 선언하면서 문자열 포인터인 str1, str2, str3을 저장
- 다음 결과와 같이 문자열과 문자를 출력

Microsoft Visual Studio 디버그 콘솔

```
Python Kotlin Tensorflow
P o n
y o e
```

Lab 12-3 lab3strprocess.c 난이도: ★

```c
01 #include <stdio.h>
02 
03 int main(void)
04 {
05     char str1[] = "Python";
06     char str2[] = "Kotlin";
07     char str3[] = "Tensorflow";
08 
09     char *pstr[] = { ________________ };
10 
11     //각각의 3개 문자열 출력
12     printf("%s ", pstr[0]);
13     printf("%s ", ________________);
14     printf("%s\n", pstr[2]);
15 
16     //문자 출력
17     printf("%c %c %c\n", str1[0], str2[1], str3[2]);
18     printf("%c %c %c\n", pstr________,
19                                pstr________, pstr________);
20 
21     return 0;
22 }
```

정답

```c
09     char *pstr[] = { str1, str2, str3 };
13     printf("%s ", pstr[1]);
18     printf("%c %c %c\n", pstr[0][1], pstr[1][1], pstr[2][1]);
```

내용점검 연습

01 다음에서 서술 내용이 맞으면 ○, 틀리면 × 하시오.

❶ 문자의 모임인 일련의 문자를 문자열(string)이라 한다. (　　)

❷ C 언어는 문자열을 저장하기 위한 자료형을 따로 제공하지 않는다. (　　)

❸ 함수 strlen()은 널 문자를 포함한 문자열 길이를 반환하는 함수이다. (　　)

❹ 함수 printf()에서 %s는 문자 포인터가 가리키는 위치에서 NULL 문자까지를 하나의 문자열로 인식한다. (　　)

❺ 함수 strstr()은 문자열에서 구분자(delimiter)인 문자를 여러 개 지정하여 토큰을 추출하는 함수이다. (　　)

❻ 여러 개의 문자열을 처리하는 방법으로는 문자 포인터 배열과 문자의 2차원 배열을 이용하는 방법이 있다. (　　)

❼ 문자열 처리 함수인 strcmp()와 strncmp()는 두 문자열을 비교하는 함수로 반환형이 int이다. (　　)

02 다음에서 비어있는 부분을 적당히 채우시오.

❶ 문자열은 문자열의 마지막을 의미하는 (　　　　　)가 마지막에 저장되어야 한다.

❷ 함수 getche()를 이용하려면 헤더파일 (　　　　) 파일을 삽입해야 한다.

❸ 함수 (　　　　)는 앞 문자열에 뒤 문자열의 NULL 문자까지 연결하여, 앞의 문자열 주소를 반환하는 함수이다.

❹ 명령행에서 입력하는 문자열을 프로그램으로 전달하는 방법이 (　　　　　)를 사용하는 방법이다.

❺ 함수 getchar()는 (　　　　)키를 입력해야 이전에 입력한 문자가 입력된다.

❻ 기호 상수 (　　　　　　　　)는 파일의 끝이라는 의미로 헤더파일 stdio.h 파일에 정수 −1로 정의되어 있다.

❼ 명령행 인자를 받으려면 main() 함수에서 두 개의 인자 argc와 argv를 (　　　　　　　　)로 기술해야 한다.

03 다음 각각의 문제에서 가장 적절한 것을 하나 선택하시오.

❶ 다음은 문자와 문자열에 대한 설명이다. 다음 중에서 잘못 설명하고 있는 것은 무엇인가? (　)

가) C 언어는 문자열을 저장하기 위한 자료형을 따로 제공하지 않는다.

나) 문자열은 문자열의 마지막을 의미하는 널 문자 '\0'가 마지막에 저장되어야 한다.

다) 문자 배열 초기화 시 배열크기는 문자열 마지막에 '\0'이 자동으로 삽입되는 것을 감안하여 문자 수보다 1이 더 크게 배열크기를 반드시 지정해야 한다.

라) 문자 배열 초기화 저장 시 지정한 배열크기가 (문자수+1)보다 크면 나머지 부분은 모두 '\0' 문자로 채워진다.

❷ 다음 문장에서 문자 또는 문자열 표현으로 적절하지 않은 것은 무엇인가? ( )

가) 문자: 'L'　　나) 문자: "J"

다) 문자열: "Java"　　라) 문자열: "%"

❸ 다음 문장에서 적절하지 않은 문장은 무엇인가? ( )

가) char s[] = "c";　　나) char s[5] = "c++";

다) char c[4] = "java";　　라) char c[] = "programming";

❹ 다음 문장에서 적절하지 않은 문장은 무엇인가? ( )

가) char s[] = {"c", "+", "+"};

나) char *a[] = {"대한민국", "일본", "중국"};

다) char b[][6] = {"korea", "japan", "china"};

라) char c[] = "programming";

❺ 다음은 문자와 문자열에 대한 문장이다. 다음 중에서 바른 문장은 무엇인가? (　)

가) char s[] = 'java c#';　　나) char s[]; s = "java c#"

다) char c = "a";　　라) char s[] = "java c#";

❻ 다음은 문자열 관련 함수를 사용하는 문장이다. 다음 중에서 실행 오류가 발생하지 않는 바른 문장은 무엇인가? (　)

가) printf("%s", strcpy("objective-c", "java"));

나) printf("%d", strlen("java"));

다) printf("%s", strcat("java", "objective-c"));

라) printf("%s", strncat("java", "objective-c", 4));

❼ 다음은 명령행 인자를 처리하려는 main() 함수의 함수머리이다. 다음 중에서 바른 문장은 무엇인가? (　　)

가) int main(int argc, char *argv[])　　나) int main(int argc, char *argv)

다) int main(char argc, char *argv[])　　라) int main(char argc, char *argv)

04 다음은 문자와 문자열에 관련된 문장이다. 다음 문장에서 오류가 있거나 적절하지 못한 문장을 찾아 수정하시오.

❶ char java[] = {'J','A','V','A'};

❷ char a[] = '12345';

❸ char b[5] = "12345";

❹ char str[][5] = {"Korea", "China", "Japan"};

❺ char *pa = {"JAVA", "C#", "C++"};

05 다음에서 설명하고 있는 함수는 각각 무엇인지 적절한 함수이름을 고르시오.

strstr()	strchr()	strlen()	strlwr()	memcpy()

❶ 문자열 str을 모두 소문자로 변환하고 변환한 문자열을 반환

❷ 문자열 str에서 null 문자를 제외한 문자열의 길이를 반환

❸ 앞의 문자열 str에서 뒤 문자열 strsearch이 나타나는 처음 위치를 찾아 그 주소값을 반환한다. 만일 찾지 못하면 NULL 포인터를 반환

❹ 앞의 문자열 str에서 뒤 문자 ch가 나타나는 처음 위치를 찾아 그 주소값을 반환한다. 만일 찾지 못하면 NULL 포인터를 반환

❺ 포인터 src 위치에서 dest에 n바이트를 복사한 후 dest 위치 반환

06 다음과 같은 배열 선언에서 계속되는 문장 결과를 기술하시오.

```
char str[60] = "python pytorch tensorflow";
```

❶ printf("%s\n", _strupr(str));

❷ printf("%d\n", strcmp(str, "python"));

❸ printf("%s\n", strstr(str, "TH"));

❹ printf("%s\n", strchr(str, 'T'));

❺ printf("%s\n", strcat(str, " C++"));

07 다음 프로그램에서 문법오류 및 실행오류를 찾아 수정하시오.

❶
```
#include <stdio.h>
#include <string.h>
int main(void)
{
   char lect[18] = { "data structure", "database", "operating system" };
   for (int i = 0; i < 3; i++)
      printf("%s ", lect[i]);
   puts("");
   return 0;
}
```

❷
```
#define _CRT_SECURE_NO_WARNINGS
#include <stdio.h>
#include <string.h>
#define SIZE 20
int main(void)
{
   char src[SIZE] = "Python";
   char dst[SIZE] = "Pytorch";
   strcpy(dst, *src);
   printf("%s\n", dst);
   return 0;
}
```

08 다음 프로그램의 결과를 기술하시오.

❶
```
#include <stdio.h>
#include <string.h>
int main()
{
   char str[] = "My C Sample Source";
   printf("%s %s\n", &str[5], str + 5);
   printf("%c %c\n", *(str + 5), str[strlen("MyC")]);
   return 0;
}
```

❷
```
#define _CRT_SECURE_NO_WARNINGS
#include <stdio.h>
#include <string.h>
int main(void)
{
   char *pary[] = { "jsp", "python", "php" };
```

```
    char lect[] = "java";
    printf("%s\n", pary[0]);
    printf("%s\n", _strupr(lect));
    printf("%d\n", strcmp(pary[1], lect));
    printf("%s\n", strstr(pary[2], "hp"));
    printf("%c\n", pary[1][1]);
    return 0;
}
```

3
```
#include <stdio.h>
int myatoi(char *str)
{
    int res = 0;
    int i = 0;
    while (str[i])
        res = res * 10 + str[i++] - '0';
    return res;
}
int main()
{
    char str[] = "739821";
    printf("%d\n", myatoi(str));
    return 0;
}
```

프로그래밍 연습

01 표준입력으로 문자를 하나 입력 받아 아스키코드 값을 출력하는 프로그램을 작성하시오. 난이도: ★

```
Microsoft Visual Studio 디버그 콘솔
문자를 하나 입력하세요 >> *
*의 아스키 코드값은 십진수로 42 입니다.
```

02 표준입력으로 영어 한 단어를 입력 받아 각각의 단어를 구성하는 문자를 역순으로 출력하는 프로그램을 작성하시오. 난이도: ★

```
선택 Microsoft Visual Studio 디버그 콘솔
한 단어를 입력하세요 >> python
입력한 단어를 반대로 출력합니다 >> nohtyp
```

03 표준입력으로 한 줄의 영어 문자열을 입력 받아 단어의 문자를 역순으로 출력하는 프로그램을 작성하시오. 난이도: ★

```
Microsoft Visual Studio 디버그 콘솔
한줄의 문장을 입력하세요 >>
You should have the knowledge of the following C programming topics.

입력한 각각의 단어를 반대로 출력합니다 >>
uoY dluohs evah eht egdelwonk fo eht gniwollof C gnimmargorp .scipot
```

04 다음 두 변수를 선언해 함수 strcat()을 사용하지 말고 두 문자열을 연결해 출력하는 프로그램을 작성하시오. 난이도: ★★

```
char s1[100] = "C 언어 ", s2[] = "사랑합니다!";
```

```
선택 Microsoft Visual Studio 디버그 콘솔
두 문자열 붙인 결과: C 언어 사랑합니다!
```

05 표준입력으로 받은 10000보다 작은 정수를 그 숫자 값을 표현하는 한글 문자열로 출력하는 프로그램을 작성하시오. 난이도: ★★

```
Microsoft Visual Studio 디버그 콘솔
10000보다 작은 정수 하나를 입력하세요 >> 7891
입력한 정수는 [칠천팔백구십일]입니다.
```

06 표준입력으로 한 줄의 영어 문자열을 입력 받아 영문자의 대문자는 소문자로, 소문자는 대문자로 변환하여 출력하는 프로그램을 작성하시오. 난이도: ★★

- 함수 tolower()와 toupper()를 이용

```
Microsoft Visual Studio 디버그 콘솔
영어 문장을 입력하세요 >>
Join our newsletter for the latest updates.

입력한 문자열에서 대문자와 소문자를 반대로 변환하면 >>
jOIN OUR NEWSLETTER FOR THE LATEST UPDATES.
```

07 다음 내용을 참고로, 정수 형태의 문자열을 정수로 반환하는 함수를 구현하고 결과를 알아보는 프로그램을 작성하시오. 난이도: ★★

- 문자열 "4356"은 정수 4356으로, 다음 두 함수에 대하여 모두 출력
- 라이브러리 함수 atoi()를 사용해 출력, 함수 atoi()의 함수원형은 stdlib.h에 정의되어 있으며 문자열 str을 정수로 변환하는 함수

```
int atoi(const char *str);
```

- 직접 구현한 함수 toint()도 사용하여 다음과 같이 출력

```
int toint(const char *str);
```

```
Microsoft Visual Studio 디버그 콘솔
정수를 하나 입력 하세요 >> 7645
7645

먼저 함수 atoi()를 이용한 정수 >> 7645
직접 구현한 함수를 이용한 정수 >> 7645
```

08 앞의 문제에서 직접 구현한 함수 toint()를 이용하여 명령행에 입력된 두 정수를 더한 결과를 출력하는 프로그램을 작성하시오. 난이도: ★★

- 다음은 비주얼 스튜디오의 프로젝트 속성에서 [구성 속성/디버깅/명령 인수]에서 567 765를 입력해 실행한 결과

```
Microsoft Visual Studio 디버그 콘솔
입력한 두 수를 더한 결과 >> 567 + 765 = 1332
```

CHAPTER 13

구조체와 공용체

학습목표

- **구조체와 공용체를 이해하고 설명할 수 있다.**
  - 구조체의 개념과 정의 방법
  - 필요한 구조체 변수의 선언 방법
  - 구조체 변수의 접근연산자 .의 사용 방법
  - 공용체 정의와 변수 선언 및 활용 방법
- **자료형 재정의를 위한 typedef를 사용할 수 있다.**
  - 키워드 typedef를 사용한 자료형 재정의 방법과 필요성
  - 구조체 정의를 새로운 자료형으로 재정의
- **구조체 포인터와 배열을 활용할 수 있다.**
  - 구조체의 주소를 저장하는 포인터의 선언과 활용
  - 구조체 포인터의 접근연산자 ->의 사용 방법
  - 구조체 배열의 선언과 활용 방법

학습목차

13.1 구조체와 공용체

구조체 개념과 정의

구조체 개념

명절이 되면 마트에서 다음과 같은 과일 또는 육류 등의 선물세트를 흔히 볼 수 있다. **인기가 있거나 관련 있는 상품들을 묶어 하나의 구성제품**으로 판매하는 **선물세트처럼 정수나 문자, 실수나 포인터 그리고 이들의 배열 등을 묶어 하나의 자료형으로 이용하는 것이 구조체**이다.

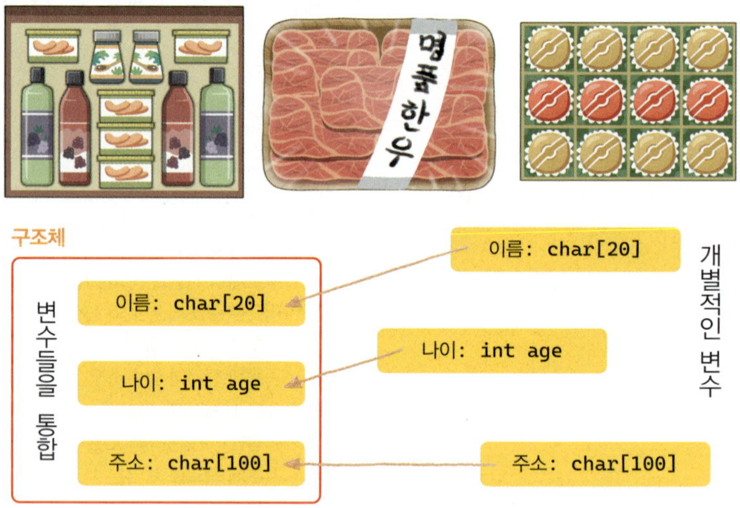

그림 13-1 선물세트와 구조체

일상생활에서 서로 관련 있는 정보들을 하나로 묶어 처리하는 경우가 흔히 발생한다. 예를 들어 자동차와 계좌, 책에 대한 정보 등을 들 수 있다. 또한 대학의 예를 들자면 학생과 교수, 강좌에 관한 정보 등이다. 프로그램에서도 이와 같이 서로 다른 개개의 자료 항목이 긴밀하게 연계된 하나의 단위로 관리되어야 하는 경우가 종종 발생한다. C 언어가 제공하는 구조체(struct)를 사용하면 이러한 요구사항을 쉽게 해결할 수 있다. 즉 연관성이 있는 서로 다른 개별적인 자료형의 변수들을 하나의 단위로 묶은 새로운 자료형을 구조체(structure)라 한다.

- 구조체는 연관된 멤버로 구성되는 통합 자료형으로 대표적인 유도 자료형이다. 즉 기존 자료형으로 새로이 만들어진 자료형을 유도 자료형[1](derived data types)이라 한다.

[1] 유도 자료형은 사용자정의 자료형(user defined data types)이라고도 부른다. 구조체, 공용체, 열거형 등이 있으며, 배열과 포인터도 유도 자료형이다.

그림 13-2 구조체 개념

구조체 정의

int나 double과 같은 일반 자료형은 자료형을 바로 사용할 수 있으나 **구조체를 자료형으로 사용하려면 먼저 구조체를 정의**해야 한다. 와플이나 붕어빵을 만들려면 와플 기계나 붕어빵 기계가 필요하듯이 **구조체를 사용하려면 먼저 구조체를 만들 구조체 틀(template)을 정의**하여야 한다.

구조체 틀: 정의

```
struct lecture
{
    char name[20];  //강좌명
    int credit;     //학점
    int hour;       //시수
};
```

구조체 정의 없이는 자료형
struct lecture를 사용할 수 없다.

구조체를 자료형으로 사용

```
struct lecture datastructure;
```

그림 13-3 와플과 구조체

먼저 구조체 틀을 만드는 구조체 정의 방법을 알아 보자. **구조체를 정의하는 방법은 키워드 struct 다음에 구조체 태그이름을 기술하고 중괄호를 이용하여 원하는 멤버를 여러 개의 변수로 선언하는 구조**다. **구조체를 구성하는 각각의 항목을 구조체 멤버(member) 또는 필드(field)**[2]라 한다. 다음 struct lecture는 대학의 강좌정보를 처리하는 구조체의 한 예이다.

- **구조체 정의는 변수의 선언과는 다른 것으로 변수 선언에서 이용될 새로운 구조체 자료형을 정의하는 구문이다.**
- 구조체 내부의 멤버 선언 구문은 모두 하나의 문장이므로 반드시 세미콜론으로 종료해야 하며, 각 구조체 멤버의 초기값을 대입할 수 없다. 마지막 멤버 선언에도 반드시 세미콜론이 빠지지 않도록 주의한다.
- 멤버가 int credit; int hour;처럼 같은 자료형이 연속적으로 놓일 경우, 간단히 콤마 연산자 ,를 사용해 int credit, hour;로도 가능하다.
- 또한 한 구조체 내부에서 선언되는 구조체 멤버의 이름은 모두 유일해야 한다.
- 구조체 멤버로는 일반 변수, 포인터 변수, 배열 등이 가능하며 **다른 구조체 변수 및 구조체 포인터**도 허용된다.

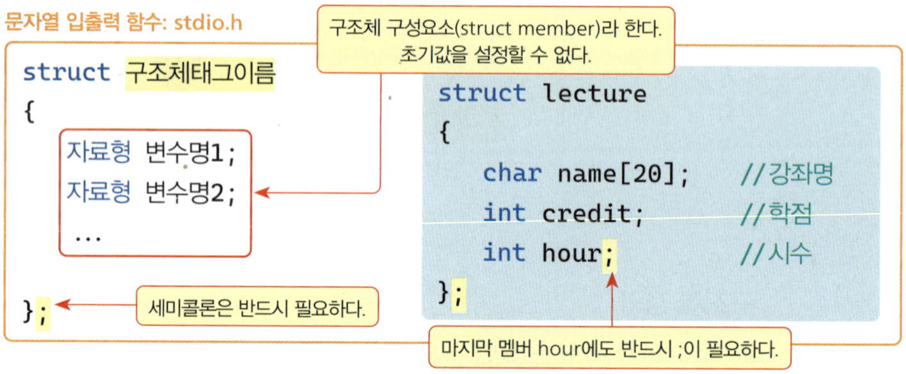

그림 13-4 구조체 정의 구문과 예문

다음 소스에서 구조체 태그이름이 account인 struct account는 계좌정보를 표현하는 구조체로 계좌주 이름, 계좌번호, 잔고 정보를 하나의 단위로 처리하는 자료형을 정의한 것이다.

```
struct account
{
    char name[10];      //계좌주이름
    int actnum;         //계좌번호
    double balance;     //잔고
};
```

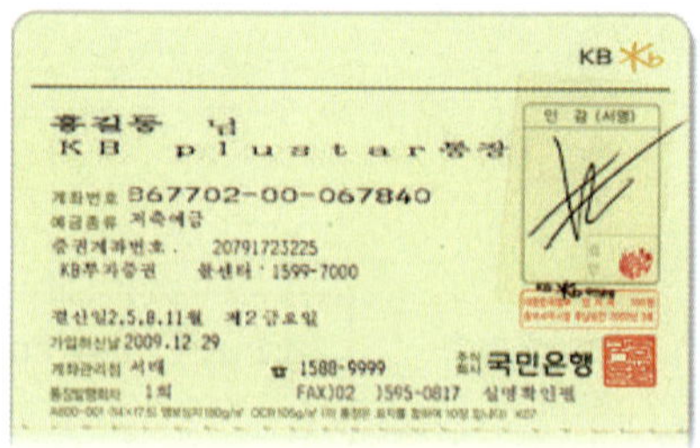

그림 13-5 은행의 계좌를 표현하는 구조체 struct account 정의

2 우리말로는 구조체의 구성항목이라고도 부른다.

중간점검

01 학생 정보를 담는 구조체 struct student에 포함될 수 있는 멤버를 예를 들어 설명하시오.

02 다음 구조체 정의 문장에서 잘못된 것을 설명하시오.

```
//행성을 위한 구조체 정의
struct
{
   char name[20];        //행성이름
   double diameter;      //지름
   int moons = 5;        //위성 수
}
```

구조체 변수 선언과 초기화

구조체 변수 선언

구조체가 정의되었다면 이제 구조체 자료형 변수 선언이 가능하다. 즉 구조체 struct account가 새로운 자료유형으로 사용될 수 있다. 구조체 자료형 struct account형 변수 mine을 선언하려면 struct account mine;으로 선언한다. 기존의 일반 변수 선언과 같이 동시에 여러 개의 변수 선언도 가능하다.

구조체 자료형 변수 선언 및 초기화 구문

```
struct   구조체태그이름   변수명;
struct   구조체태그이름   변수명1, 변수명2, 변수명3, ... ;

    struct account yours;
    struct account act1, act2, act3;
```

여러 변수의 선언도 가능하다.

그림 13-6 구조체 자료형 변수 선언 및 초기화 구문

구조체 변수를 선언하는 다른 방법은 다음과 같이 구조체 정의와 변수 선언을 함께하는 방법이다. 다음 문장으로 구조체 struct account를 정의하면서 동시에 변수 myaccount는 구조체 struct account형의 변수로 선언된다. 이 문장 이후 struct account도 구조체 자료형으로도 사용될 수 있다.

```c
struct account
{
    char name[12];        //계좌주이름
    int actnum;           //계좌번호
    double balance;       //잔고
} myaccount;

struct account youraccount;
```

변수 myaccount는 struct account형 변수로 선언된다.

변수 youraccount도 struct account형 변수로 선언된다.

그림 13-7 구조체 정의와 변수 선언을 함께하는 문장

TIP 이름 없는 구조체

구조체 변수 선언 구문에서 다음과 같이 구조체 태그이름을 생략할 수 있으나, 이러한 이름이 없는 변수 선언 방법으로는 이 구조체와 동일한 자료형의 변수를 더 이상 선언할 수 없다. 그러므로 단 한번 이 구조체 형으로 변수를 선언하는 경우에만 이용할 수 있는 방법이다. 단 이러한 태그이름이 없는 구조체 정의에서는 바로 변수가 나오지 않는다면 아무 의미 없는 문장이 된다.

```c
struct
{
    char name[12];        //계좌주이름
    int actnum;           //계좌번호
    double balance;       //잔고
} youraccount;
```

변수 youraccount 이후에 이와 동일한 구조체의 변수 선언은 불가능하다.

그림 13-8 구조체 태그이름이 없는 변수 선언 방법

구조체 변수의 초기화

배열과 같이 구조체 변수도 선언 시 중괄호를 이용한 초기화 지정이 가능하다. **초기화 값은 다음과 같이 중괄호 내부에서 구조체의 각 멤버 정의 순서대로 초기값을 쉼표로 구분하여 기술**한다. **배열과 같이 초기값에 기술되지 않은 멤버 값은 자료형에 따라 기본값인 0, 0.0, '\0' 등으로 저장**된다. 배열과 같이 초기화는 멤버의 순서대로 초기화가 되며, 초기값이 없으면 0과 같은 기본값이 저장된다.

```
struct 구조체태그이름    변수명 = {초기값1, 초기값2, 초기값3, ...};
```

```
struct account
{
    char name[12];        //계좌주이름
    int actnum;           //계좌번호
    double balance;       //잔고
};

struct account mine = {"홍길동", 1001, 300000 };
struct account mine = {"한국인", 1001};
```

멤버 balance에는 double형 기본값인 0.0이 저장

그림 13-9 구조체 변수의 초기화

TIP 버전 C99 추가 기능

구조체 초기화에서 멤버의 순서와 관계없이 ".멤버이름 = 초기값"으로 지정된 멤버에 초기값을 저장(designated initializer)할 수 있다.

```
struct account me = { .name = "홍길동", .balance = 50000 };
printf("%s %d %.2f\n", me.name, me.actnum, me.balance);
```

구조체의 멤버 접근 연산자 .와 변수 크기

선언된 구조체형 변수는 접근연산자 .를 사용하여 멤버를 참조할 수 있다. 즉 문장 yours.actnum=1002;은 변수 yours의 멤버 actnum에 1002를 저장하는 기능을 수행한다. 이와 같이 yours.name과 yours.balance로 구조체 멤버 name과 balance도 참조할 수 있다. 접근연산자는 .는 참조연산자라고도 부른다.

```
구조체변수이름.멤버
mine.actnum = 1002;    mine.balance = 300000;
```

그림 13-10 구조체 멤버 접근연산자 .

구조체 struct account의 변수 mine은 다음과 같은 구조로 메모리에 할당된다. 그러므로 변수 mine 저장공간 크기는 name이 12바이트, actnum이 4바이트, balance가 8바이트, 모두 더하면 총 24바이트이다. 변수 mine의 크기는 sizeof(mine)로 알아 볼 수 있다. 그러나 우리가 계산하는 멤버 저장공간 크기의 합인 구조체의 크기는 실제 sizeof 결과보다 작거나 같다. 일반적으로 컴파일러는 시스템의 효율성을 위하여 구조체 크기를 산술적인 구조체의 크기보다 크게 할당할 수 있기 때문이다.

- 시스템은 정보를 4바이트 혹은 8바이트 단위로 전송 처리하므로 이에 맞도록 메모리를 할당하다 보면 중간에 사용하지 않는 바이트[3]를 삽입할 수 있다. 그러므로 **실제 구조체의 크기는 멤버의 크기의 합보다 크거나 같다.**

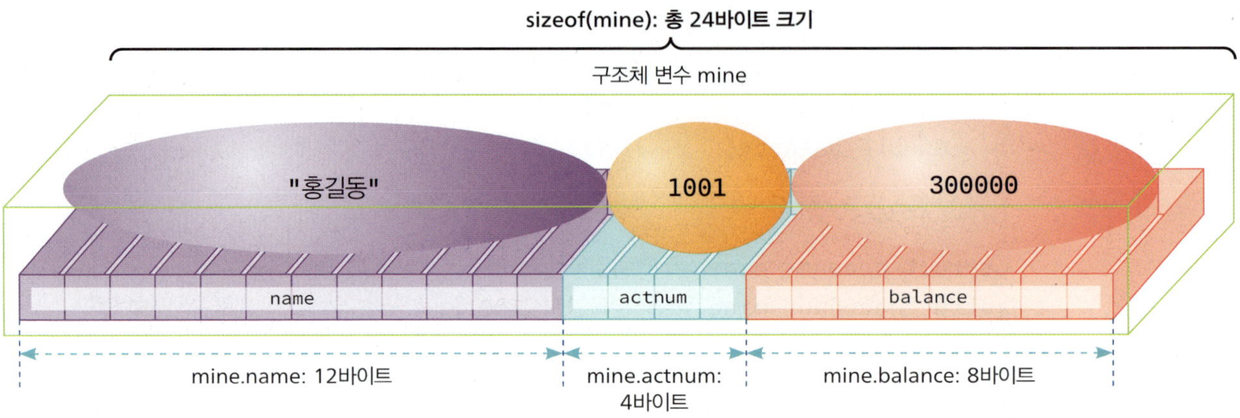

그림 13-11 구조체 struct account 변수 mine의 메모리 구조와 접근 연산자

실습예제 13-1 Prj01 01structbasic.c 구조체 정의와 구조체 변수 선언 난이도: ★

```
#define _CRT_SECURE_NO_WARNINGS
#include <stdio.h>
#include <string.h>

//은행 계좌를 위한 구조체 정의
struct account
{
   char name[12];    //계좌주 이름
   int actnum;       //계좌번호
   double balance;   //잔고
};

int main(void)
{
   //구조체 변수 선언 및 초기화
   struct account mine = { "홍길동", 1001, 300000 };
   struct account yours;

   strcpy(yours.name, "이동원");
   //strcpy_s(yours.name, 12, "이동원"); //가능
   //yours.name = "이동원"; //오류
   yours.actnum = 1002;
```

구조체 struct account 형인 mine을 선언하면서 초기화, 모든 멤버를 모두 초기화

[3] 이와 같이 삽입되는 저장공간을 패딩(padding)이라고 한다.

```c
    yours.balance = 500000;

    printf("구조체 크기: %zu\n", sizeof(mine));
    printf("%s %d %.2f\n", mine.name, mine.actnum, mine.balance);
    printf("%s %d %.2f\n", yours.name, yours.actnum, yours.balance);

    return 0;
}
```

연산자 sizeof(mine)로 변수 mine의 크기를 조회하여 출력

결과

```
구조체 크기: 24
홍길동 1001 300000.00
이동원 1002 500000.00
```

TIP 버전 C99 추가 기능

이미 선언된 구조체 변수에도 쉽게 멤버 값을 지정하는 방법을 제공한다. 이미 선언된 구조체 you에 초기화 방법과 같이 멤버에 일괄적으로 값을 대입한 후 타입 변환을 사용하여 대입한다.

```c
struct account you;
you = (struct account) { .name = "김파이", .balance = 70000 };
printf("%s %d %.2f\n", you.name, you.actnum, you.balance);
```

중간점검

01 다음 문장에서 구조체 이름(자료형)과 변수를 구분하시오.

```c
//행성을 위한 구조체 정의
struct planet
{
   char name[20];        //행성이름
   double diameter;      //지름
   int moons;            //위성 수
} mercury;

struct planet venus, earth;
```

02 위에서 정의한 구조체와 아래의 목성에 대한 정보를 사용하여 다음 변수 선언의 초기값으로 저장하는 소스를 완성하시오.

```c
목성(jupeter)의 위성수: 16개, 지름: 14만 3천 km
struct planet jupeter = {______________, ______________, ______________};
```

구조체 활용

구조체 멤버로 사용되는 구조체

구조체 멤버로 다른 구조체형 변수와 자기 자신을 포함한 구조체 포인터 변수를 사용할 수 있다. 다음 구조체 struct date는 년, 월, 일 정보를 저장할 수 있는 구조체이다.

```
struct date
{
    int year;       //년
    int month;      //월
    int day;        //일
};
```

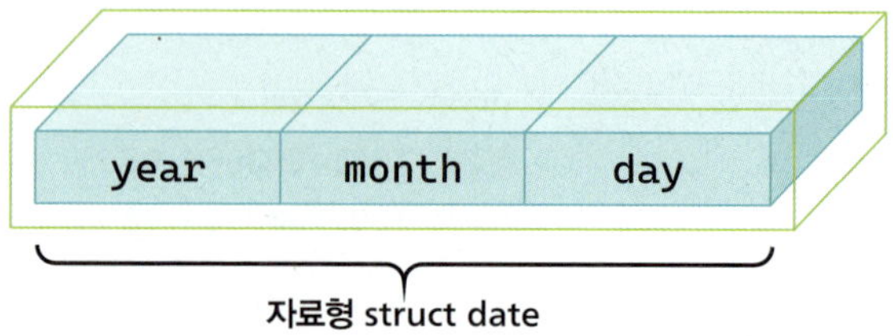

그림 13-12 자료형 struct date의 구조

구조체 struct account에 계좌 개설일자를 저장할 멤버로 open을 추가해보자. 이 open의 자료형으로 위에서 정의한 struct date를 사용할 수 있을 것이다. 즉 새로운 구조체 account를 다음과 같이 정의할 수 있다. 즉 구조체 account의 멤버로 구조체 struct date를 사용하고 있다. 이제 struct account 변수 me의 메모리 구조를 살펴보면 다음과 같다.

```
struct account
{
    struct date open;      //계좌 개설일자
    char name[12];         //계좌주 이름
    int actnum;            //계좌번호
    double balance;        //잔고
};
struct account me = {{2022, 3, 9}, "홍길동", 1001, 300000 };
```

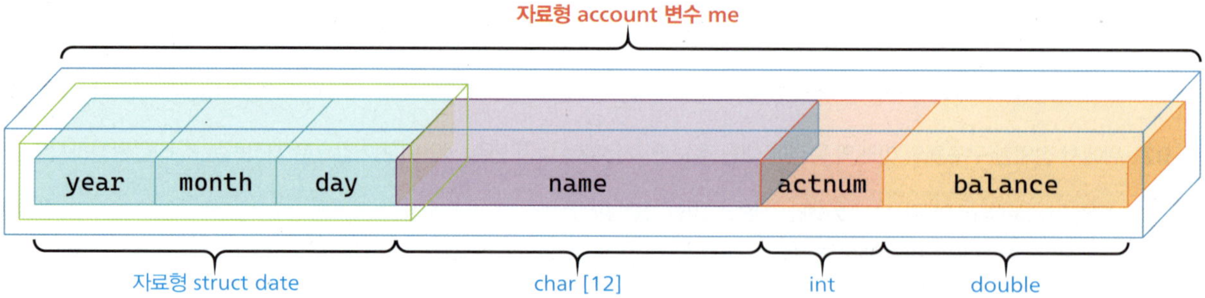

그림 13-13 변수 me의 구조

다음 예제는 앞에서 정의한 account 구조체를 사용한 프로그램이다. 멤버가 구조체 date인 초기화는 {2022, 3, 9}로 가능하다. 또한 구조체 account 변수인 me로 년, 월, 일을 참조하려면 접근연산자를 2번 사용하여 각각 me.open.year, me.open.month, me.open.day를 이용한다.

실습예제 13-2 | Prj02 | 02nestedstruct.c | 구조체 멤버로 다른 구조체 형 포함 | 난이도: ★

```c
#include <stdio.h>
#include <string.h>

//날짜를 위한 구조체
struct date
{
    int year;   //년
    int month;  //월
    int day;    //일
};

//은행계좌를 위한 구조체
struct account
{
    struct date open;     //계좌 개설일자
    char name[12];        //계좌주 이름
    int actnum;           //계좌번호
    double balance;       //잔고
};

int main(void)
{
    struct account me = { { 2022, 3, 9 }, "홍길동", 1001, 300000 };

    printf("구조체 크기: %zu\n", sizeof(me));
    printf("[%d. %d. %d]\n", me.open.year, me.open.month, me.open.day);
    printf("%s %d %.2f\n", me.name, me.actnum, me.balance);
}
```

구조체 멤버로 다른 구조체 변수를 포함

변수 open을 위한 {}는 생략 가능

중첩된 구조체를 접근하려면 접근연산자를 2번 사용

결과

```
구조체 크기: 40
[2022. 3. 9]
홍길동 1001 300000.00
```

산술적인 크기인 36보다 큼

TIP 구조체 정의의 위치

구조체 정의는 변수의 선언처럼 그 정의 위치에 따라 구조체 자료형의 유효 범위가 결정된다. 즉 **구조체의 정의도 변수 선언처럼 유효범위는 전역(global) 또는 지역(local)으로 모두 가능**하다. 다음과 같이 main() 함수 외부 상단에서 정의된 구조체 struct date는 전역으로 이 파일의 이 위치 이후 모든 함수에서 사용 가능하다. 그러나 main() 함수 내부에서 정의된 구조체 struct account는 지역으로 이 위치 이후 함수 main() 내부에서만 사용 가능하다.

```
struct date
{
   int year;     //년
   int month;    //월
   int day;      //일
};

int main(void)
{
   struct account
   {
      char name[12];    //계좌주 이름
      int actnum;       //계좌번호
      double balance;   //잔고
   };

   //구조체 변수 선언 및 초기화
   struct account mine = { "홍길동", 1001, 300000 };

   return 0;
}
```

그림 13-14 구조체 정의의 유효 범위

구조체 변수의 대입과 동등비교

동일한 구조체형의 변수는 대입문이 가능하다. 즉 구조체 멤버마다 모두 대입할 필요 없이 변수 대입으로 한번에 모든 멤버의 대입이 가능하다. 다음 소스와 같이 struct student 형의 변수 hong 과 one 사이의 대입이 가능하다.

```
struct student
{
   int snum;           //학번
   char *dept;         //학과 이름
   char name[12];      //학생 이름
};
struct student hong = { 202200001, "컴퓨터정보공학과", "홍길동" };
struct student one;

one = hong;
```

그림 13-15 구조체 변수의 대입

struct student 형의 변수 hong과 one에서 (one == hong)과 같은 동등비교는 사용할 수 없다. 그러므로 만일 구조체를 비교하려면 구조체 멤버 하나하나를 비교해야 한다. 즉 struct student에서 학번을 비교하고 이름과 학번은 문자열이므로 라이브러리 strcmp()를 사용하면 hong과 one의 내용을 모두 비교할 수 있다.

```
if ( one == hong ) //오류
   printf("내용이 같은 구조체입니다.\n");
```

```
if (one.snum == hong.snum)
   printf("학번이 %d로 동일합니다.\n", one.snum);
```

```
if (one.snum = = hong.snum && !strcmp(one.name, hong.name) && !strcmp(one.dept, hong.dept))
   printf("내용이 같은 구조체입니다.\n");
```

그림 13-16 구조체의 동등 비교

실습예제 13-3	Prj03	03structcmp.c	구조체 정의와 비교	난이도: ★★

```
#define _CRT_SECURE_NO_WARNINGS
#include <stdio.h>
#include <string.h>

int main(void)
{
   //학생을 위한 구조체
   struct student
   {
      int snum;        //학번
      char* dept;      //학과 이름
      char name[12];   //학생 이름
   };
   struct student hong = { 202200001, "컴퓨터정보공학과", "홍길동" };
   struct student na = { 202200002 };
   struct student you = { 202200003 };

   //학생이름 입력
   scanf("%s", na.name);
   //na.name = "나한국"; //컴파일 오류 '식이 수정할 수 있는 lvalue여야 합니다.'
   //scanf("%s", na.dept); //실행 오류

```

변수 dept는 char *로 문자열 상수의 주소가 저장 가능하나, scanf()나 memcpy(), strcpy()로는 문자열 저장이 불가능

변수 name은 char 배열로 문자열 자체의 저장이 가능하므로 scanf()나 memcpy(), strcpy()의 사용도 가능

구조체 struct student 형인 na을 선언하면서 초기화, 첫 번째 멤버인 학번만 기술되었으므로 나머지는 각각 NULL과 NULL 문자로 초기화

```c
    na.dept = "컴퓨터정보공학과";
    you.dept = "기계공학과";
    memcpy(you.name, "홍길동", 7);
    strcpy(you.name, "홍길동");
    strcpy_s(you.name, 7, "홍길동");

    printf("[%d, %s, %s]\n", hong.snum, hong.dept, hong.name);
    printf("[%d, %s, %s]\n", na.snum, na.dept, na.name);
    printf("[%d, %s, %s]\n\n", you.snum, you.dept, you.name);

    struct student one;
    one = you;
    if (one.snum == you.snum)
       printf("학번이 %d로 동일합니다.\n", one.snum);
    //if ( one == bae ) //컴파일 오류
    if (one.snum == you.snum && !strcmp(one.name, you.name) &&
                                    !strcmp(one.dept, you.dept))
       printf("내용이 같은 구조체입니다.\n");

    return 0;
}
```

구조체 변수 one에 변수 you의 내용을 모든 비교하려면 각각의 멤버를 모두 비교

결과

```
김현식
[202200001, 컴퓨터정보공학과, 홍길동]
[202200002, 컴퓨터정보공학과, 김현식]
[202200003, 기계공학과, 홍길동]

학번이 202200003로 동일합니다.
내용이 같은 구조체입니다.
```

TIP 문자열을 처리하기 위한 포인터 char *와 배열 char []

위 구조체 student의 정의에서 학과 이름은 char 포인터로, 학생 이름은 char 배열로 선언했다. 문자열을 처리하는 경우, 이 두 가지 경우를 많이 사용하는데 각각의 의미와 차이를 알아보자.

```c
char *dept;          //학과 이름
char name[12];       //학생 이름
```

char 포인터는 문자열의 첫 문자 주소를 저장하므로 문자열 상수의 주소로 사용하며, char 배열은 문자열을 구성하는 모든 문자를 하나하나 저장하고 마지막에 '\0' 문자를 저장하여 사용한다. 이 두 선언의 차이를 정리하면 다음과 같다.

표 13-1 char 포인터와 char 배열의 비교

char 포인터	char 배열
`char *dept;     //학과 이름`	`char name[12];     //학생 이름`
`char *dept = "컴퓨터정보공학과";` [　　] → **"컴퓨터정보공학과"** 변수 dept	`char name[12] = "나한국";` [나한국\0] 변수 name[12]
변수 dept는 포인터로 단순히 문자열 상수를 다루는 경우 효과적	변수 name은 배열로 12바이트 공간을 가지며 문자열을 저장하고 수정 등이 필요한 경우 효과적

정상 사용
`dept = "컴퓨터정보공학과";`
	정상 사용
	`strcpy(name, "배상문");`
	`scanf("%s", name);`

오류 발생
`strcpy(dept, "컴퓨터정보공학과"); //오류`
`scanf("%s", dept); //오류`
	오류 발생
	`name = "나한국"; //오류`

단지 문자열 상수의 첫 주소를 저장하므로 문자열 자체를 저장하거나 수정하는 것은 불가능하므로 다음 구문은 사용 불가능	문자열 자체를 저장하는 배열이므로 문자열의 저장 및 수정이 가능하고 문자열 자체를 저장하는 다음 구문 사용도 가능이 가능

중간점검

01 다음에서 정의된 구조체 struct rectangle의 유효 범위를 설명하시오.

```
...
int main(void)
{
   struct rectangle
   {
      int width;
      int height;
   };
    ...

}
```

02 위에서 정의된 구조체 struct rectangle을 사용한 다음 소스에서 오류 발생 원인을 설명하고 수정하시오.

```
struct rectangle r1 = { 10, 20 }, r2 = { 20, 10 };
if (r1 == r2)
   printf("두 사각형은 같습니다.%d\n");
else
   printf("두 사각형은 다릅니다.%d\n");
```

공용체 활용

공용체 개념

하나의 차고에 세단과 SUV를 각각 주차한다고 생각해보자. 주차 공간이 하나이므로 세단과 SUV를 동시에 주차시킬 수는 없으나 한 대의 주차는 가능하다. 이러한 겸용 주차장과 비슷한 개념이 공용체이다.

- **공용체는 동일한 저장 장소에 여러 자료형을 저장하는 방법으로,** 공용체를 구성하는 멤버에 한번에 한 종류만 저장하고 참조할 수 있다.

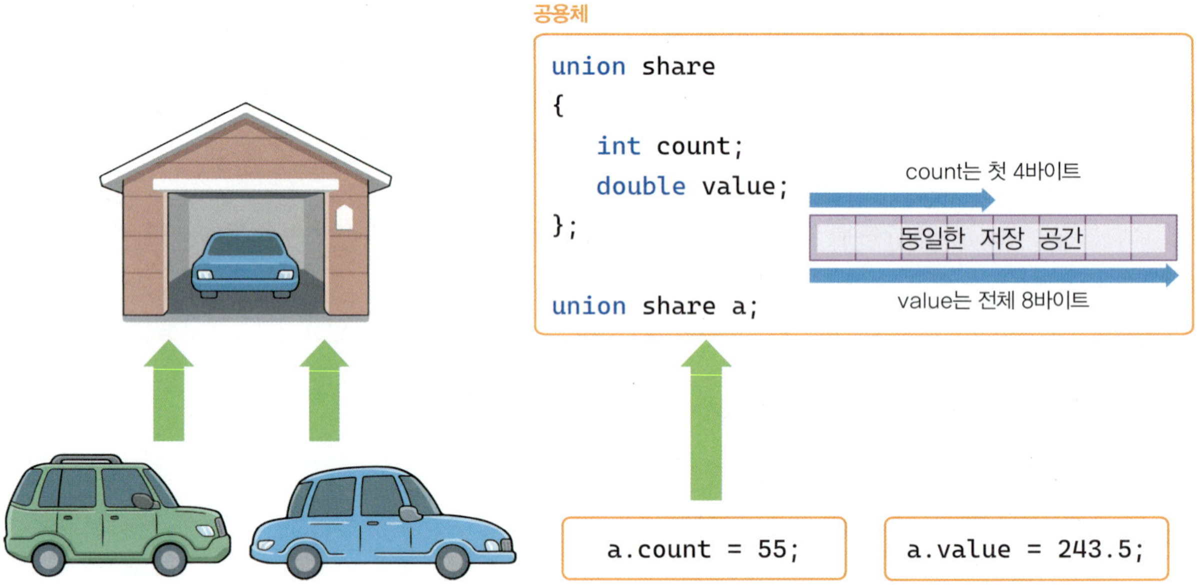

그림 13-17 동일한 공간을 함께 사용하는 공용체 개념

union을 사용한 공용체 정의 및 변수 선언

공용체(union)는 서로 다른 자료형의 값을 동일한 저장공간에 저장하는 자료형이다. 공용체 선언 방법은 union을 struct로 사용하는 것을 제외하면 구조체 선언 방법과 동일하다. 다음은 공용체 union data를 정의하는 구문이다. 물론 구조체와 같이 공용체를 정의하면서 바로 변수를 선언할 수 있다.

공용체 정의 및 변수 선언 구문

```
union 공용체태그이름
{
    자료형 멤버변수명1;
    자료형 멤버변수명2;       ← 공용체 구성요소인 멤버(struct member)이다.
    ...

} [변수명1] [,변수명2];      ← 세미콜론은 반드시 필요하다.
```

```
union data
{
    char ch;         //문자형
    int cnt;         //정수형
    double real;     //실수형
} data1;
```

```
union udata
{
    char name[4];    //char형 배열
    int n;           //정수형
    double val;      //실수형
};
```

그림 13-18 구조체 정의 구문

공용체 변수의 크기는 멤버 중 가장 큰 자료형의 크기로 정해진다. 즉 위에서 union data의 변수 data1은 멤버 중 가장 큰 크기인 double형의 8바이트의 저장공간을 세 멤버가 함께 이용한다.

- **공용체의 멤버는 모든 멤버가 동일한 저장공간을 사용하므로 동시에 여러 멤버의 값을 동시에 저장하여 이용할 수 없으며, 마지막에 저장된 단 하나의 멤버 자료 값만을 저장한다.**
- 공용체도 구조체와 같이 typedef를 이용하여 새로운 자료형으로 정의할 수 있다.
- **공용체의 초기화 값은 공용체 정의 시 처음 선언한 멤버의 초기값으로만 저장이 가능하다.**

만일 다른 멤버로 초기값을 지정하면 컴파일 시 다음과 같은 경고가 발생한다. 초기값으로 동일한 유형의 다른 변수의 대입도 가능하다.

```
typedef union data uniondata;

    uniondata data2 = {'A'};        //첫 멤버인 char형으로만 초기화 가능
    //uniondata data2 = {10.3};     //컴파일 시 경고 발생
    warning C4244: '초기화중' : 'double'에서 'char'(으)로 변환하면서 데이터가 손실될 수 있습니다.

    uniondata data3 = data2;        //다른 변수로 초기화 가능
```

그림 13-19 공용체 초기화 및 경고

TIP 버전 C99 추가 기능

구조체처럼 공용체도 멤버의 순서와 관계없이 ".멤버이름 = 초기값"으로 지정된 멤버에 초기값을 저장(designated initializer)할 수 있다.

```
union data value = { .real = 3.98 };
printf("%.2f\n", value.real);
```

공용체 멤버 접근

공용체 변수로 멤버를 접근하기 위해서는 구조체와 같이 접근연산자 .를 사용한다. 즉 문장 data2.ch = 'A';는 공용체 변수 data2의 멤버 ch에 문자 'A'를 저장하는 구문이다. 이 문장 이후에 멤버 cnt나 real의 출력은 가능하나 의미는 없다.

- 멤버 유형이 char인 ch를 접근하면 8바이트 중에서 첫 1바이트만 참조하며, int인 cnt를 접근하면 전체 공간의 첫 4바이트만 참조하고, double인 real을 접근하면 8바이트 공간을 모두 참조한다.
- 언제나 공용체 멤버의 참조는 가능하나 항상 마지막에 저장한 멤버로 접근해야 원하는 값을 얻을 수 있다. 그러므로 공용체를 참조할 경우 정확한 멤버를 사용하는 것은 프로그래머의 책임이다.

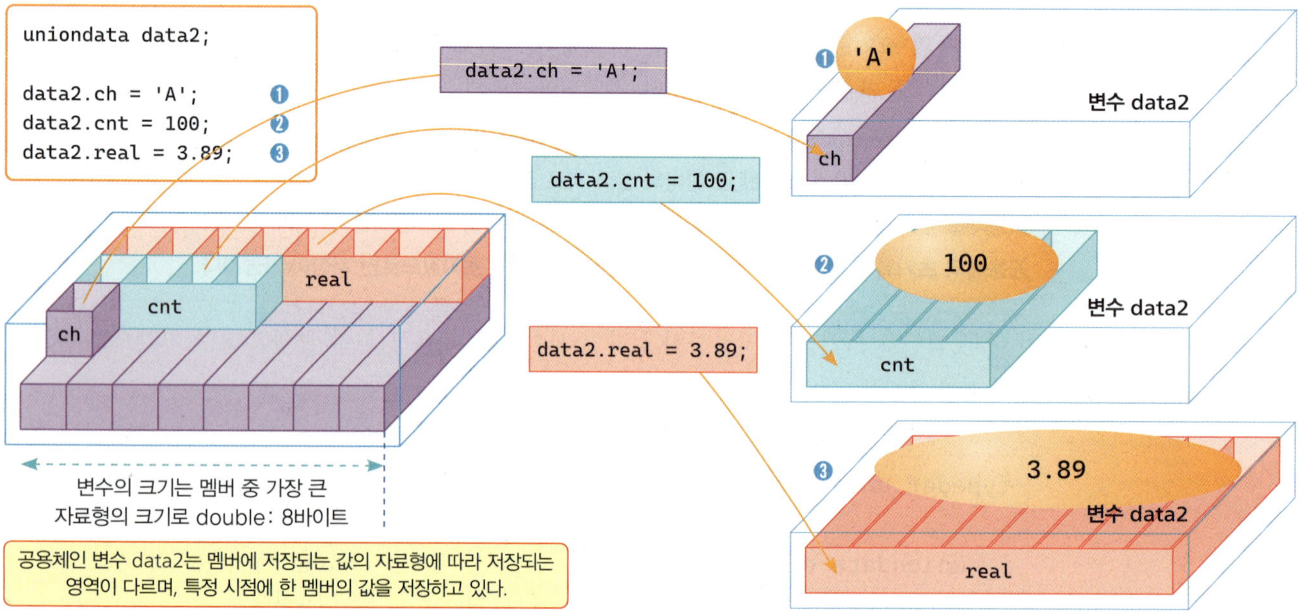

그림 13-20 공용체 변수의 저장 공간과 참조

실습예제 13-4 | Prj04 | 04union.c | 공용체 정의와 변수 선언 및 사용 | 난이도: ★

```c
#include <stdio.h>

//유니온 구조체를 정의하면서 변수 data1도 선언한 문장
union data
{
    char ch;        //문자형
    int cnt;        //정수형
    double real;    //실수형
} data1;            //data1은 전역변수

int main(void)
{
    union data data2 = { 'A' };  //첫 멤버인 char형으로만 초기화 가능
    union data data3 = { 97.78 }; //컴파일 시 경고 발생
    union data data4 = data2;     //다른 변수로 초기화 가능
    data4.real = 3.78;

    printf("%zu %zu\n", sizeof(union data), sizeof(data3));
    printf("%c %c %f\n", data2.ch, data3.ch, data4.real);

    //멤버 ch에 저장
    data1.ch = 'a';
    printf("%c %d %f\n", data1.ch, data1.cnt, data1.real);
    //멤버 cnt에 저장
    data1.cnt = 100;
    printf("%c %d %f\n", data1.ch, data1.cnt, data1.real);
    //멤버 real에 저장
    data1.real = 3.156759;
    printf("%c %d %f\n", data1.ch, data1.cnt, data1.real);

    return 0;
}
```

warning C4244: '초기화 중': 'double'에서 'char'(으)로 변환하면서 데이터가 손실될 수 있습니다.

초기화 값 97.78에서 정수인 97만 멤버 ch에 저장

공용체인 data1에서 자료형 int인 멤버 cnt에 정수 100을 저장, 이 이후로는 data1.cnt만 의미가 있음

결과

```
8 8
A a 3.780000
a 97 0.000000
d 100 0.000000
N -590162866 3.156759
```

중간점검

01 다음 공용체를 새로운 자료형 share로 사용할 수 있는 typedef 문장을 쓰시오.

```
union share
{
   int count;
   float value;
   char str[20];
};
```

02 위에서 정의된 공용체 union share를 사용하여 다음 출력이 의미 있는 값이 되기 위한 코드이다. 빈 부분을 완성하시오.

```
share a;
[        ] = 55;
printf("a.count : %d\n", a.count);
```

LAB 도시의 이름과 위치를 표현하는 구조체

도시의 이름과 위치를 표현하는 구조체 struct city는 멤버로 char *와 struct position으로 구성된다. 멤버인 구조체 struct position은 위도(latitude)와 경도(longitude)를 표현하는 멤버를 갖는다. 이 프로그램에서 구조체 struct city의 변수를 선언해 서울과 뉴욕의 정보를 저장하고 이들 도시의 정보를 다시 출력해 보도록 한다.

- 구조체 struct position 변수 seoul과 newyork

```
Microsoft Visual Studio 디버그 콘솔
[서울] 위도= 37.3 경도= 126.6
[뉴욕] 위도= 40.8 경도= 73.9
```

Lab 13-1 lab1structcity.c 난이도: ★

```c
#include <stdio.h>
#include <string.h>

//지구 위치 구조체
struct position
{
   double latitude;    //위도
   double longitude;   //경도
};

int main(void)
{
   //도시 정보 구조체
   struct city
   {
      char* name;               //이름
      struct position place;    //위치
   };
   ________ seoul, newyork;

   ____________
   seoul.place.latitude = 37.33;
   seoul.place.longitude = 126.58;

```

```
25     newyork.name = "뉴욕";
26     newyork.place.latitude = 40.8;
27     ____________________ = 73.9;
28 
29     printf("[%s] 위도= %.1f 경도= %.1f\n",
30        seoul.name, seoul.place.latitude, seoul.place.longitude);
31     printf("[%s] 위도= %.1f 경도= %.1f\n",
32        newyork.name, newyork.place.latitude, newyork.place.longitude);
33 
34     return 0;
35 }
```

정답

```
19     struct city seoul, newyork;
21     seoul.name = "서울";
27     newyork.place.longitude = 73.9;
```

13.2 자료형 재정의

자료형 재정의 typedef

typedef 구문

typedef는 이미 사용되는 자료 유형을 다른 새로운 자료형 이름으로 재정의할 수 있도록 하는 키워드이다. 문장 typedef int profit;은 profit을 int와 같은 자료형으로 새롭게 정의하는 문장이다.

자료형 재정의 typedef 구문

```
typedef  기존자료유형이름  새로운자료형1, 새로운자료형2, ... ;
```

여러 이름으로도 재정의할 수 있다.

```
typedef int profit;
typedef unsigned int budget;
typedef unsigned int size_t;
typedef unsigned __int64 size_t;
```

새로운 이름 size_t도 자료형 unsigned int와 동일하게 이용 가능하다.

그림 13-21 자료형 재정의 typedef 구문

일반적으로 자료형을 재정의하는 이유는 프로그램의 시스템 간 호환성과 편의성을 위해 필요하다. 예전에 많이 사용하던 터보 C++ 컴파일러에서 자료형 int는 저장공간 크기가 2바이트이나 비주얼 스튜디오에서는 4바이트이다. 그러므로 다음과 같이 비주얼 스튜디오에서 작성한 프로그램은 터보 C++에서는 문제가 발생한다. 2바이트로는 2,000,000을 저장할 수 없기 때문이다.

Visual C++: 4바이트

```
int salary = 2000000;
```

Turbo C++: 2바이트

```
int salary = 2000000;
```

오버플로 발생(데이터 손실)

그림 13-22 개발환경의 변화의 따른 자료형 크기의 문제

이 문제를 해결하는 방안을 살펴보자. 비주얼 스튜디오에서 다음과 같이 int를 myint로 재정의한 후, 모든 int형을 myint형으로 선언하여 이용한다. 만일 이 소스를 터보 C++에서 컴파일 한다면, typedef 문장에서 int를 long으로만 수정하면 다른 소스는 수정하지 않아도 아무 문제 없이 그대로 이용 가능하다.

이 typedef 문장만 수정하면 터보 C++에서 이 소스를 그대로 이용 가능하다.

Visual C++ 소스

```
typedef int myint;
...
myint salary = 2000000;
```

Turbo C++ 소스

```
typedef long myint;
...
myint salary = 2000000;
```

그림 13-23 서로 다른 개발환경에서 호환이 되도록 자료형 재정의

다음 문장과 같이 자료형 int를 여러 개의 새로운 자료형 이름 integer와 word로 재정의하는 것도 가능하다.

```
typedef int integer, word;

integer myAge;   //int myAge와 동일
word yourAge;    //int yourAge와 동일
```

그림 13-24 하나의 자료형을 여러 자료형으로 재정의

문장 typedef도 일반 변수와 같이 그 사용 범위를 제한한다. 그러므로 함수 내부에서 재정의되면 선언된 이후의 그 함수에서만 이용이 가능하다. 만일 함수 외부에서 재정의된다면 재정의된 이후 그 파일에서 이용이 가능하다. 다음 예제는 자료형 unsigned int를 새로운 자료형 budget으로 정의하며, 자료형 int를 새로운 자료형 profit로 정의하여 변수 선언에 사용하는 프로그램이다.

실습예제 13-5	Prj05	05typedef.c	자료형 재정의 키워드 typedef 이용	난이도: ★

```
#include <stdio.h>

//함수 외부에서 정의된 자료형은 이후 파일에서 사용 가능
typedef unsigned int budget;

int main(void)
{
   budget year = 24500000; //새로운 자료형 budget 사용

   //함수 내부에서 정의된 자료형은 함수 내부에서만 사용 가능
   typedef int profit;
   profit month = 4600000; //새로운 자료형 profit 사용
   printf("올 예산은 %d, 이달의 이익은 %d 입니다.\n", year, month);

   return 0;
```

budget은 int와 같은 자료형으로 변수 year를 budget으로 선언하면서 초기값 대입

```c
}

void test(void)
{
    budget year = 24500000; //새로운 자료형 budget 사용

    //profit은 이 함수에서는 사용 불가, 컴파일 오류 발생
    //profit year;
}
```

결과 | 올 예산은 24500000, 이달의 이익은 4600000 입니다.

구조체 자료형 재정의

struct를 생략한 새로운 자료형

구조체 자료형의 사용 시, struct date처럼 항상 키워드 struct를 써야 할까? typedef를 사용하여 구조체를 한 단어의 새로운 자료형으로 정의하면 이러한 불편을 덜 수 있다. **구조체 struct date가 정의된 상태에서 typedef를 사용하여 구조체 struct date를 date로 재정의**할 수 있다. 이제 새로운 자료형인 date는 struct date와 함께 동일한 자료형으로 이용이 가능하다. 물론 date가 아닌 datetype 등 다른 이름으로도 재정의가 가능하다.

```c
struct date
{
    int year;     //년
    int month;    //월
    int day;      //일
};

typedef struct date date;
```

자료형인 date는 struct date와 함께 동일한 자료유형으로 이용이 가능하다.

그림 13-25 새로운 자료형 date의 재정의와 이용

typedef를 이용하는 다른 방법은 구조체 정의 자체를 typedef와 함께 처리하는 방법이다. 아래 typedef 구문에서 새로운 자료형으로 software형이 정의되며, 이 구문 이후에는 software를 구조체 자료형으로 변수 선언에 사용할 수 있다. 이 경우 구조체 태그이름은 생략 가능하다. 구조체 software형은 멤버로 구조체 date형 변수 release를 갖는다.

```c
typedef struct
{
    char title[30];     //제목
    char company[30];   //제작회사
    char kinds[30];     //종류
    date release;       //출시일
} software;
```

software는 변수가 아니라 새로운 자료형이다.

그림 13-26 구조체 정의와 typedef를 함께 이용한 자료형의 정의

실습예제 13-6	Prj06	06tdefstruct.c	문장 typedef를 이용하여 구조체 자료형을 다른 이름으로 재정의해 사용	난이도: ★

```c
#include <stdio.h>

struct date
{
    int year;       //년
    int month;      //월
    int day;        //일
};

//struct date 유형을 간단히 date 형으로 사용하기 위한 구문
typedef struct date date;

int main(void)
{
    //구조체를 정의하면서 바로 자료형 software로 정의하기 위한 구문
    typedef struct
    {
        char title[30];      //제목
        char company[30];    //제작회사
        char kinds[30];      //종류
        date release;        //출시일
    } software;

    software vs = { "비주얼스튜디오 커뮤니티", "MS", "통합개발환경",
                                          { 2022, 8, 29 } };

    printf("제품명: %s\n", vs.title);
    printf("회사 : %s\n", vs.company);
    printf("종류 : %s\n", vs.kinds);
```

date는 구조체 struct date 의 새로운 자료형

software는 변수가 아니라 구조체의 새로운 자료형

```
    printf("출시일: %d. %d. %d\n", vs.release.year,
                                     vs.release.month, vs.release.day);

    return 0;
}
```

결과

```
제품명: 비쥬얼스튜디오 커뮤니티
회사 : MS
종류 : 통합개발환경
출시일: 2022. 8. 29
```

중간점검

01 다음 문장에서 CPU에 대해 설명하시오.

```
typedef struct
{
   char title[30];      //제목
   char company[30];    //제작회사
   char kinds[30];      //종류
} CPU;
```

02 다음 구조체를 새로운 자료형 mydate로 사용할 수 있는 typedef 문장을 쓰시오.

```
struct date
{
   int year;            //년
   int month;           //월
   int day;             //일
};
```

LAB

영화 정보를 표현하는 구조체

영화의 제목과 총수익을 표현하는 구조체 struct movie는 멤버로 char *와 long long으로 구성된다. 구조체 struct movie의 멤버인 title은 영화 제목을 표현하고 profit은 총수익을 저장한다. 이 프로그램에서 구조체 struct movie의 자료형을 다시 movie로 정의하고, 변수 parasite에 <기생충> 영화 정보를 저장한 후 다시 출력해 보도록 한다.

- 구조체 struct movie는 영화제목인 char* title과 총수익인 long long의 profit으로 구성

Lab 13-2 lab2structmovie.c 난이도: ★

```
01  #include <stdio.h>
02
03  int main(void)
04  {
05     //영화 정보 구조체
06     typedef struct movie
07     {
08        char* title;        //영화제목
09        long long profit;   //흥행수익
10     __________
11
12     ______ parasite;
13     parasite.title = "기생충";
14     parasite.profit = 310000000000;//전 세계에서 3,100억 수익
15
16     printf("[%s] 총수익: %lld\n", parasite.title, parasite.profit);
17
18     return 0;
19  }
```

정답

```
10     } movie;
12     movie parasite;
```

13.3 구조체와 공용체의 포인터와 배열

구조체 포인터

포인터 변수 선언

포인터는 각각의 자료형 저장 공간의 주소를 저장하듯이 **구조체 포인터는 구조체의 주소값을 저장하는 변수이다.** 구조체 포인터 변수의 선언은 일반 포인터 변수 선언과 동일하다. 다음은 대학 강좌를 처리하는 구조체 자료형 lecture를 선언한 구문이다. 구조체 포인터 변수 p는 lecture *p로 선언된다.

```
struct lecture
{
    char name[20];        //강좌명
    int type;             //강좌구분
    int credit;           //학점
    int hours;            //시수
};
typedef struct lecture lecture;
lecture *p;
```

그림 13-27 구조체 포인터 변수 선언

구조체 포인터 변수는 다른 포인터 변수와 사용 방법이 동일하다.

- 자료형 lecture 변수 os를 선언한 후, 문장 lecture *p = &os ;로 lecture 포인터 변수 p에 &os를 저장한다. 이로써 포인터 p로 구조체 변수 os 멤버 참조가 가능하다.

```
lecture os = {"운영체제", 2, 3, 3};
lecture *p = &os;
```

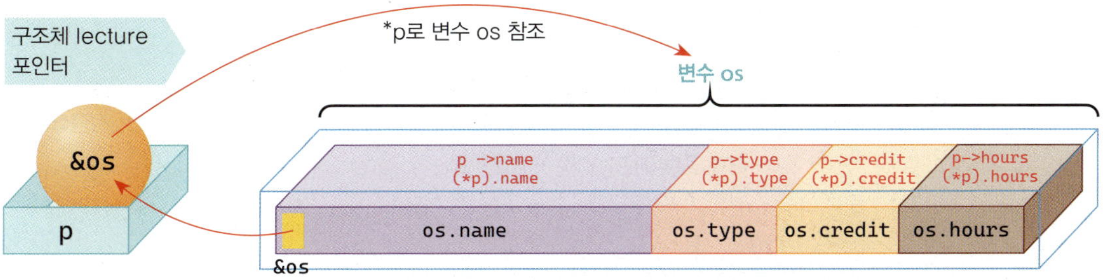

그림 13-28 구조체 변수 os와 포인터 변수 p의 관계 및 구조체 멤버 참조 방법

포인터 변수의 구조체 멤버 접근 연산자 ->

구조체 **포인터 멤버 접근연산자 ->는 p->name과 같이 사용한다. 연산식 p->name은 포인터 p가 가리키는 구조체 변수의 멤버 name을 접근하는 연산식이다.** 마찬가지로 p->type, p->credit, p->hours는 각각 os.type, os.credit, os.hours를 참조하는 연산식이다.

- 구조체 포인터의 접근연산자인 ->는 두 문자가 연결된 하나의 연산자이므로 −와 > 사이에 공백이 들어가서는 절대 안된다.
- 연산식 p->name은 접근연산자(.)와 간접연산자(*)를 사용한 연산식 (*p).name으로도 사용 가능하다. 그러나 (*p).name은 *p.name과는 다르다는 것에 주의하자.
- **연산식 *p.name은 접근연산자(.)가 간접연산자(*)보다 우선순위가 빠르므로 *(p.name)과 같은 연산식이다.** p가 포인터라면 p.name는 문법오류가 발생한다.
- 구조체 포인터 멤버 접근연산자 ->와 구조체 변수의 구조체 멤버 접근연산자 .의 연산자 우선순위는 간접연산자 *를 포함한 다른 어떠한 연산자 우선순위보다 가장 높다.
- 연산자 ->와 .은 우선순위 1위이고 결합성은 좌에서 우이며, 연산자 *은 우선순위 2이고 결합성은 우에서 좌이다.

구조체 변수 os와 포인터 변수 p를 이용하는 다음 4가지 구문을 잘 구별하도록 하자.

표 13-2 구조체 변수와 구조체 포인터 변수를 이용한 멤버의 참조

접근 연산식	구조체 변수 os와 구조체 포인터 변수 p인 경우의 의미
p->name	포인터 p가 가리키는 구조체의 멤버 name
(*p).name	
*p.name	*(p.name)이고 p가 포인터이므로 p.name 은 문법오류가 발생
*os.name	*(os.name)를 의미하며, 구조체 변수os의 멤버 포인터 name이 가리키는 변수로, 이 경우는 구조체 변수 os 멤버 강좌명의 첫 문자임, 다만 한글인 경우에는 실행 오류
*p->name	*(p->name)을 의미하며, 포인터 p이 가리키는 구조체의 멤버 name이 가리키는 변수로 이 경우는 구조체 포인터 p이 가리키는 구조체의 멤버 강좌명의 첫 문자임, 마찬가지로 한글인 경우에는 실행 오류

실습예제 13-7 Prj07 07structptr.c 구조체 포인터의 선언과 사용 난이도: ★★

```
#include <stdio.h>

struct lecture
{
   char name[20];     //강좌명
   int type;          //강좌구분 0: 교양, 1: 일반선택, 2: 전공필수, 3: 전공선택
   int credit;        //학점
   int hours;         //시수
};
typedef struct lecture lecture;

```

```c
//제목을 위한 문자열
char* head[] = { "강좌명", "강좌구분", "학점", "시수" };
//강좌 종류를 위한 문자열
char* lectype[] = { "교양", "일반선택", "전공필수", "전공선택" };

int main(void)
{
   lecture os = { "운영체제", 2, 3, 3 };
   lecture c = { "C프로그래밍", 3, 3, 4 };
   lecture* p = &os;

   printf("구조체 크기: %zu, 포인터 크기: %zu\n\n", sizeof(os), sizeof(p));
   printf("%10s %12s %6s %6s\n", head[0], head[1], head[2], head[3]);
   printf("%12s %10s %5d %5d\n", p->name, lectype[p->type],
                                                   p->credit, p->hours);

   //포인터 변경
   p = &c;
   printf("%12s %10s %5d %5d\n", (*p).name, lectype[(*p).type],
                                              (*p).credit, (*p).hours);
   printf("%12c %10s %5d %5d\n", *c.name, lectype[c.type],
                                                   c.credit, c.hours);

   return 0;
}
```

강좌구분이 2인 "전공필수"로 지정

문자열 "C프로그래밍"에서 첫 글자인 C만 참조하는 연산식

결과

```
구조체 크기: 32, 포인터 크기: 8

    강좌명      강좌구분   학점   시수
   운영체제     전공필수     3      3
 C프로그래밍    전공선택     3      4
           C    전공선택     3      4
```

공용체 포인터

공용체 변수도 포인터 변수 사용이 가능하며, 공용체 포인터 변수로 멤버를 접근하려면 접근연산자 ->를 이용한다. 다음은 공용체 변수 value를 가리키는 포인터 p를 선언하여 p가 가리키는 공용체 멤버 ch에 'a'를 저장하는 소스이다.

```c
union data
{
    char ch;
    int cnt;
    double real;
} value, *p ;

p = &value;      //포인터 p에 value의 주소값을 저장
p->ch = 'a';     //value.ch = 'a';와 동일한 문장
```

변수 value는 union data형이며 p는 union data 포인터형으로 선언

그림 13-29 공용체 포인터의 선언과 사용

구조체와 같이 연산식 p->ch는 포인터가 가리키는 공용체 변수의 멤버 ch를 접근하는 연산식이다. 마찬가지로 p->cnt, p->real은 각각 value.cnt, value.real을 참조하는 연산식이다.

실습예제 13-8	Prj08	08 unionptr.c	공용체 정의와 변수 선언 및 사용	난이도: ★★

```c
01 #include <stdio.h>
02 
03 int main(void)
04 {
05     //공용체 union data 정의
06     union data
07     {
08         char ch;
09         int cnt;
10         double real;
11     };
12 
13     //유니온 union data를 다시 자료형 udata로 정의
14     typedef union data udata;
15 
16     //udata 형으로 value와 포인터 p 선언
17     udata value, *p;
18 
19     p = &value;
20     p->ch = 'a';
21     printf("%c %c\n", p->ch, (*p).ch);
22     p->cnt = 100;
23     printf("%d ", p->cnt);
24     p->real = 3.14;
25     printf("%.2f \n", p->real);
```

char, int, double 자료형 중 하나를 동시에 저장할 수 있는 8바이트 공간의 공용체 unin data를 정의하기 위한 문장 시작으로 6행에서 11행까지 정의, 이 공용체 정의로 이 위치 이후 모든 파일에서 공용체 unin data 사용 가능

변수 value와 p는 모두 함수 main() 내부에서만 사용이 가능한 지역변수

연산식 p->ch와 (*p).ch는 모두 value.ch를 참조

```
    return 0;
}
```

결과

```
a a
100 3.14
```

중간점검

01 다음 소스를 참고로 구조체 struct book의 포인터 변수 p를 선언하여 변수 c를 가리키도록 하는 문장을 작성하시오.

```
struct book
{
   char title[50];
   int book_id;
};

struct book c;
```

02 위에서 선언한 포인터 변수 p를 사용하여 다음 문장을 다시 작성하시오.

```
strcpy(c.title, "C Programming");
c.book_id = 3429875;
```

구조체 배열

구조체 배열 변수 선언

다른 배열과 같이 동일한 구조체 변수가 여러 개 필요하면 구조체 배열을 선언하여 이용할 수 있다. 다음은 구조체 lecture의 배열크기 3인 c를 선언하고 초기값을 저장하는 구문이다. 구조체 배열의 초기값 지정 구문에서는 중괄호가 중첩되게 나타난다. 외부 중괄호는 배열 초기화의 중괄호이며, 내부 중괄호는 배열원소인 구조체 초기화를 위한 중괄호이다.

```c
lecture c[] = { {"인간과 사회", 0, 2, 2},
                {"경제학개론", 1, 3, 3},
                {"자료구조", 2, 3, 3}};
```

배열크기: sizeof(c)/sizeof(c[0]) 또는 sizeof(c)/sizeof(lecture)

그림 13-30 구조체 lecture의 배열 변수 c

문장 lecture *p = c;와 같이 구조체 배열이름은 구조체 포인터 변수에 대입이 가능하다. 이제 구조체 포인터 변수 p를 이용한 p[i]로 배열원소 접근이 가능하다.

```c
lecture *p = c;

//p로도 참조 가능
for (i = 0; i < arysize; i++)
   printf("%16s %10s %5d %5d\n", p[i].name, lectype[p[i].type],p[i].credit, p[i].hours);
```

그림 13-31 배열의 주소를 저장

실습예제 13-9 Prj09 09structary.c 구조체 배열을 선언한 후 내용 출력 난이도: ★

```c
#include <stdio.h>

struct lecture
{
   char name[20];     //강좌명
   int type;          //강좌구분
```

```
    int credit;    //학점
    int hours;    //시수
};
typedef struct lecture lecture;

char* lectype[] = { "교양", "일반선택", "전공필수", "전공선택" };
char* head[] = { "강좌명", "강좌구분", "학점", "시수" };

int main(void)
{
    //구조체 lecture의 배열 선언 및 초기화
    lecture course[] = { { "인간과 사회", 0, 2, 2 },
                         { "경제학개론", 1, 3, 3 },
                         { "자료구조", 2, 3, 3 },
                         { "모바일프로그래밍", 2, 3, 4 },
                         { "고급 C프로그래밍", 3, 3, 4 } };

    int arysize = sizeof(course) / sizeof(course[0]);

    printf("배열크기: %d\n\n", arysize);
    printf("%12s   %12s %6s %6s\n", head[0], head[1], head[2], head[3]);
    printf("==================================================\n");

    for (int i = 0; i < arysize; i++)
        printf("%16s %10s %5d %5d\n", course[i].name,
            lectype[course[i].type], course[i].credit, course[i].hours);

    return 0;
}
```

구조체 struct의 배열을 선언하면서 바로 초기값을 대입, 배열 크기는 지정하지 않고 초기값을 지정한 원소 수가 5

결과

```
배열크기:
         강좌명      강좌구분    학점   시수
==================================================
    인간과 사회         교양      2      2
     경제학개론     일반선택      3      3
       자료구조     전공필수      3      3
모바일프로그래밍     전공필수      3      4
고급 C프로그래밍     전공선택      3      4
```

중간점검

01 다음 구조체 배열에서 초기화 문장을 완성하시오.

```
struct book
{
   char title[50];
   int book_id;
};

struct book c[] = { ________________________________ };
```

02 위에서 정의된 구조체 struct book과 다음 소스를 사용하여 구조체 배열의 한 원소에 책의 제목과 id를 저장하는 다음 소스의 빈 부분을 완성하시오(변수 p와 c를 사용하여 각각 기술).

```
struct book c[3];
struct book *p = c;

strcpy(_________________________, "C Programming"); //책의 제목 지정
_________________ = 3429872; //책의 id 지정
```

LAB

영화 정보를 표현하는 구조체의 배열

영화의 제목과 감독, 관객수를 표현하는 구조체 struct movie는 멤버로 char *title, int attendance, char director[20]로 구성된다. 이 프로그램에서 구조체 movie의 배열을 선언하고 초기화로 영화 세 편의 정보를 저장한다. 세 번째 영화의 감독을 “김용화”로 저장하고 모든 영화의 정보를 다시 출력해 보도록 한다.

- 구조체 struct movie

```
struct movie
{
    char *title;          //영화제목
    int attendance;       //관객수
    char director[20];    //감독
};
```

- 구조체 movie의 배열 box를 선언하면서 초기화

```
선택 Microsoft Visual Studio 디버그 콘솔
       제목          감독   관객수
==================================
[           명량] 김한민 17613000
[       극한직업] 윤제균 16261000
[신과함께-죄와벌] 김용화 14419000
```

Lab 13-3 lab1boxoffice.c 난이도: ★★

```c
#define _CRT_SECURE_NO_WARNINGS
#include <stdio.h>
#include <string.h>

int main(void)
{
   //영화 정보 구조체
   typedef struct movie
   {
      char* title;          //영화제목
      int attendance;       //관객수
      char director[20];    //감독
   } movie;

```

```
15      ________ = { { "명량", 17613000, "김한민" },
16                   { "극한직업", 16261000, "윤제균" },
17                   { "신과함께-죄와벌", 14419000 } };
18
19      //세 번째 영화의 감독을 김용화로 저장
20      strcpy(________________);
21
22      printf("      제목        감독        관객수\n");
23      printf("==================================\n");
24      for (int i = 0; i < 3; i++)
25         printf("[%15s] %6s %d\n",
26            ________________________________
27
28      return 0;
29  }
```

정답

```
15      movie box[] = {{ "명량", 17613000, "김한민" },
20      strcpy(box[2].director, "김용화");
26            box[i].title, box[i].director, box[i].attendance);
```

내용점검 연습

01 다음에서 서술 내용이 맞으면 ○, 틀리면 × 하시오.

❶ 연관성이 있는 서로 다른 개별적인 자료형의 변수들을 하나로 묶어서 만든 새로운 자료형을 구조체(struct)라 한다. (   )

❷ 구조체를 자료형으로 사용하려면 먼저 구조체를 정의해야 한다. (   )

❸ 공용체의 멤버는 동시에 여러 멤버의 값을 저장하여 항상 이용할 수 있다. (   )

❹ 문장 typedef는 사용 범위를 제한하지 않는다. (   )

❺ 공용체의 초기값은 공용체 정의 시 처음 선언한 모든 멤버 중 하나의 초기값으로 저장이 가능하다. (   )

❻ 공용체 변수의 크기는 멤버 중 가장 큰 자료형의 크기로 정해진다. (   )

❼ 공용체 멤버의 접근은 가능하나 항상 마지막에 저장한 멤버로 접근해야 원하는 값을 얻을 수 있다. (   )

02 다음에서 비어있는 부분을 적당히 채우시오.

❶ 구조체를 구성하는 각각의 항목을 구조체 (   )라 한다.

❷ 자료형 int, double, float를 기본 자료형이라 한다면 구조체, 공용체, 열거형, 배열은 (   )이라 한다.

❸ 공용체 변수로 멤버를 접근하기 위해서는 구조체와 같이 접근연산자 (   )를 사용한다.

❹ 구조체 포인터의 멤버 접근연산자는 (   )이다.

❺ 같은 구조체 변수가 여러 개 필요하면 구조체 (   )을 선언하여 이용할 수 있다.

❻ 키워드 (   )를 사용하여 구조체를 새로운 자료형으로 정의하면 사용하기에 편리하다.

❼ (   )는 다른 형식의 데이터가 메모리의 저장 공간을 공유할 수 있도록 한다.

03 다음 각각의 문제에서 가장 적절한 것을 하나 선택하시오.

❶ 다음은 구조체에 대한 설명이다. 다음 중에서 잘못 설명하고 있는 것은 무엇인가? (   )

가) 구조체의 멤버로 다른 구조체를 사용할 수 있다.

나) 구조체 정의 시 초기값 지정을 할 수 있다.

다) 구조체는 연관된 멤버로 구성되는 통합 자료형으로 대표적인 유도 자료형이다.

라) 구조체를 자료형으로 사용하려면 먼저 구조체를 정의해야 한다.

❷ 다음은 공용체에 대한 설명이다. 다음 중에서 잘못 설명하고 있는 것은 무엇인가? ( )

가) 공용체는 서로 다른 자료형의 값을 동일한 저장공간에 저장하는 자료형이다.

나) 공용체도 구조체와 같이 typedef를 이용하여 새로운 자료형으로 정의할 수 있다.

다) 공용체 변수의 크기는 멤버 중 가장 큰 자료형의 크기로 정해진다.

라) 공용체의 초기화 값은 어떤 멤버의 초기값으로도 저장이 가능하다.

❸ 다음 구조체 정의 문장이다. 다음 중에서 구조체 정의 문장 이후에 올 문장으로 바르지 않은 것은 무엇인가? ( )

```
struct book
{
    int ISBN;
    char name[30];
};
```

가) typedef struct book book;

나) struct book jsp = {123467, "Perfect JSP"};

다) struct book c = {124378, "PerfectC"};

라) struct book com;

```
  com.ISBN = 127864; com.name = "유비쿼터스 컴퓨터개론";
```

❹ 다음은 자료형 재정의 문장이다. 다음 중에서 잘못된 문장은 무엇인가? ( )

```
구조체 struct date는 이미 정의되었다고 가정
```

가) typedef struct date date;

나) typedef profit int;

다) typedef unsigned int budget;

라) typedef int integer, word;

❺ 다음 문장에서 적절하지 않은 문장은 무엇인가? ( )

가) struct student {int number = 0; char name[10];};

나) struct book {int ISDN; char name[20];};

다) union data {int i, float f};

라) typedef union {int n, char c} data;

❻ 다음 문장에서 적절하지 않은 문장은 무엇인가? ( )

가) struct student {int number = 0; char name[10];};

나) struct book {int ISDN; char name[20];};

다) enum color {yellow, red, blue};

라) typedef union {int n, char c} data;

❼ 다음 선언문 이후 문장에서 적절하지 않은 문장은 무엇인가? ( )

```
char str[15];
```

가) str = “C programming”;

나) strcpy(str, “C programming”);

다) memcpy(str, “C programming”, 15);

라) strcpy_s(str, 15, “C programming”);

04 다음에서 설명하고 있는 것은 각각 무엇인지 고르시오.

구조체	공용체	포인터	배열

❶ 서로 다른 자료형의 값을 동일한 저장 공간에 저장하는 구조를 지원하는 자료형

❷ 연관성이 있는 서로 다른 개별적인 자료형의 변수들을 하나로 묶어서 만든 새로운 자료형

❸ 동일한 자료형의 저장공간을 한 번에 여러 개 정의하는 방법

❹ 특정한 자료형 저장공간의 주소값을 저장할 수 있는 자료형

05 다음에서 각각 설명하는 문장을 작성하시오.

❶ 년, 월, 일 정보로 구성된 구조체 date를 정의

❷ 위 구조체 date를 다시 자료형 datetype으로 재정의

❸ 이름과 주민등록번호 그리고 생년월일을 저장할 구조체 person을 정의, 위에서 정의한 자료형 datetype을 사용

❹ 학번, 취득학점수, 취득평균평점으로 구성된 구조체 student 정의

❺ int형 멤버 n과 char형 배열크기 4인 ch로 구성되는 공용체 data 정의

❻ 위 공용체 data를 다시 자료형 data로 재정의

❼ 공간좌표 x, y, z를 표현하는 구조체 coordinate 정의

06 다음 문장에서 오류가 있거나 적절하지 못한 문장을 찾아 수정하시오.

❶ struct professor {char name[10], int number};

❷ typedef struct {char name[10]; int number;};

❸ struct grade {int mid = 96; int final = 86; char grade[2];};

❹ struct grade {int mid; int final;} g; g = 1.5;

❺ struct grade {int mid; int final;} g; struct grade *p = g;

❻ struct student {char name*; int number = 20182098;};

❼ typedef union var { int i; double d; } datatype; datatype a = { 4.5 };

07 프로그램에서 문법오류 및 실행오류를 찾아 수정하시오.

❶
```
#include <stdio.h>
int main(void)
{
    struct professor { char name[10]; int number; };
    struct lecture
    {
        char name[20];      //강좌명
        int credit;         //학점
        int hour;           //시수
        professor prof;     //담당교수
    };
    struct lecture c = { "C 프로그래밍", 3, 4, {"전지현", 3478} };
    printf("%s %d %d\n", c.name, c.credit, c.hour);
    printf("담당교수: %s %d\n", c.prof.name, c.prof.number);
    return 0;
}
```

❷
```
#include <stdio.h>
int main(void)
{
    union data
    {
        char ch[4];    //문자배열형
        int cnt;       //정수형
    } u1;
    union data u2 = {"C++", 100};
    u1.cnt = 200;
    printf("%s\n", u1.ch);
    printf("%d\n", u2.cnt);
    return 0;
}
```

08 다음 프로그램의 결과를 기술하시오.

❶

```
#include <stdio.h>
struct student
{
   char name[10];    //이름
   double gpa;       //평균평점
};
typedef struct student student;
int main(void)
{
   student s[3] = {"이윤석", 3.6, "권다애", 4.5, "최지해", 4.2};
   student *p = s;
   printf("%s %.1f\n", p->name, p->gpa);
   printf("%s %.1f\n", (*(p+2)).name, (*(p+2)).gpa);
   return 0;
}
```

❷

```
#include <stdio.h>
struct data
{
   int a;
   double b;
};
int main(void)
{
   struct data values[] = { 3, 4.5, 7, 2.5, 9, 7.4 };

   struct data *p = values + 2;
   printf("%d %.1f\n", (*p).a, (*p).b);
   printf("%d %.1f\n", (values + 1)->a, (values + 1)->b);
   printf("%d %.1f\n", values[0].a, values[0].b);
   return 0;
}
```

프로그래밍 연습

01 직원 정보를 나타내는 구조체 Employee는 이름과 급여 정보를 갖는다. 구조체 Employee 배열을 선언해 직원 3명의 정보를 다음과 같이 출력하는 프로그램을 작성하시오. 난이도: ★

```
Microsoft Visual Studio 디버그 콘솔
직원 이름: 홍길동 월급여: 2000000
직원 이름: 임걱정 월급여: 3000000
직원 이름: 김영철 월급여: 2500000
```

02 분수 정보를 나타내는 구조체 fraction는 정수형의 분자(numerator)와 분모(denominator) 정보를 갖는다. 구조체 fraction을 정의하고, 2개의 분수를 선언하여 적당한 값을 입력하여 출력하는 프로그램을 작성하시오. 난이도: ★

```
Microsoft Visual Studio 디버그 콘솔
a = 4/5
b = 3/7
```

03 위에서 구한 구조체 fraction에서 두 분수의 곱을 출력하는 프로그램을 작성하시오. 난이도: ★

- 구조체 fraction의 예: 4/5 * 3/7 의 결과는 12/35

```
Microsoft Visual Studio 디버그 콘솔
a = 4/5
b = 3/7
c = a*b = 12/35
```

04 3개의 멤버를 갖는 구조체 struct home_address를 정의하고, 다음으로 변수 2개를 선언하면서 초기값을 지정해 다음과 같이 출력하는 프로그램을 작성하시오. 난이도: ★

```
address add1 = { 223, "선릉로", "서울시" };
address add2 = { .city = "서울시", .st_num = 567, .street= "경인로"};
```

```
Microsoft Visual Studio 디버그 콘솔
서울시 선릉로 223
서울시 경인로 567
```

05 다음 내용을 참고로 구조체 person을 정의하고, 사람 3명을 선언하여 적당한 값을 입력하고 출력하는 프로그램을 작성하시오. 난이도: ★

- 구조체 person 멤버 구성: 주소, 이름, 전화번호,
- 주소는 위에서 정의한 구조체 struct home_address를 활용

```
Microsoft Visual Studio 디버그 콘솔
     주 소              이 름          전화번호

춘천시 시청길 123      홍길동       011-1111-1111
서울시 경인로 456      조명호       017-3245-3278
수원시 영통로 789      최윤호       011-2222-2456
```

06 다음 내용을 참고로 구조체 student를 정의하고, 학생 5명을 선언하여 적당한 값을 입력하고 출력하는 프로그램을 작성하시오. 난이도: ★★

- 구조체 student멤버 구성: 이름, 학번, 평균평점, 학과, 진로

```
Microsoft Visual Studio 디버그 콘솔

      이 름        학 번        학 점        학 과          진 로

     김형근      0052029       4.2       전자상거래      웹디자너
     배태준      0052030       4.3       전자상거래          군인
     김보름      0052031       4.3       전자상거래      웹디자너
     서정순      0052032       3.5       전자상거래      웹마스터
     최종욱      0052033       3.7       전자상거래      DB관리자
```

07 다음 내용을 참고로 구조체 professor를 정의하고, 교수 3명을 선언하여 적당한 값을 입력하고 출력하는 프로그램을 작성하시오. 난이도: ★★

- 구조체 professor 멤버의 구성: 개인정보(위의 person 이용), 담당과목(여러 개), 학과

```
Microsoft Visual Studio 디버그 콘솔
  이 름     전화번호              주 소               학 과         담당   과목

 홍길동 011-1111-1111  서울시 구로구 고척동      전산과     객체지향    분석설계
 최윤호 011-2222-2456  경기도 안양시 비산동      전산과       C 언어    자바입문
 박종학 011-3333-2456      인천광역시 간석동      전산과   컴퓨터개론  프로그래밍
 이종석 016-3467-4389  서울시 강남구 도곡동      교양과     영어회화        국어
 신용현 017-2222-2456  경기도 일산시 화곡동      교양과     기초수학    이산수학
```

08 다음 내용을 참고로 구조체 student를 정의하고, 학생 5명을 선언하여 적당한 값을 입력하고 출력하는 프로그램을 작성하시오. 난이도: ★★★

- 구조체 student 멤버의 구성: 개인정보(위의 person 이용), 학번, 평균평점, 학과, 진로, 지도교수(위의 professor 이용)

```
Microsoft Visual Studio 디버그 콘솔
 이 름    전화번호       주 소      학 번  평점      학과       진로  지도교수

김영국 011-4567-9834  서울시도곡동 9952203 4.20  전자상거래     공무원   최윤호
강미연 011-4567-9834  서울시도화동 9952123 3.50  전산정보과     회사원   홍길동
송은혜 011-4567-9834  서울시고척동 9952108 3.20  비즈니스과     회사원   박종학
박보현 011-4567-9834  서울시마곡동 9952115 3.00  전자상거래프로게이머   이종석
김미경 011-4567-9834  서울시화곡동 0052028 4.10  전자상거래  웹마스터   신용현
김형근 011-4567-9834  서울시대치동 0052029 4.20  비즈니스과  웹디자너   박종학
배태준 011-4567-9834  서울시마장동 0052030 4.30  전자상거래       군인   홍길동
김보름 011-4567-9834  서울시부평동 0052031 4.30  전자상거래  웹디자너   최윤호
서정순 011-4567-9834  서울시도곡동 0052032 3.50  비즈니스과  웹마스터   이종석
최종욱 011-4567-9834  서울시도곡동 0052033 3.70      비서과  DB관리자   박종학
```

CHAPTER 14

함수와 포인터 활용

학습목표

▶ **함수의 인자전달 방식을 이해하고 설명할 수 있다.**
- 값에 의한 호출과 참조에 의한 호출 방식
- 함수에서 인자와 반환값으로 배열을 주고 받는 활용
- 가변인자의 필요성과 사용 방법

▶ **함수에서 인자로 포인터의 전달과 반환으로 포인터형의 사용을 이해하고 설명할 수 있다.**
- 매개변수 전달과 반환으로 포인터 사용
- 포인터 인자전달 시 키워드 const의 이용
- 함수에서 구조체 전달과 반환

▶ **함수 포인터를 이해하고 설명할 수 있다.**
- 함수 포인터의 필요성과 사용
- 함수 포인터 배열의 사용
- void 포인터의 필요성과 사용

학습목차

14.1 함수의 인자전달 방식

값에 의한 호출과 참조에 의한 호출

함수에서 값의 전달

C 언어는 함수의 인자 전달 방식이 기본적으로 값에 의한 호출(call by value) 방식이다. **값에 의한 호출 방식이란 함수 호출 시 실인자의 값이 형식인자에 복사되어 저장된다는 의미**이다.

다음 함수 increase(int origin, int increment)는 origin += increment;를 수행하는 간단한 함수이다. 함수 main()에서 변수 amount에 10을 저장한 후 increase(amount, 20)로 함수를 호출한다. 이후 변수 amount를 출력해 보자. 출력 값이 30이 아니라 여전히 10이다.

- 함수 호출 시 변수 amount의 값 10이 매개변수인 origin에 복사되고, 20이 매개변수인 increment에 복사된다. 이러한 방식을 값에 의한 호출이라 한다.

함수 increase() 내부실행에서 매개변수인 origin 값이 30으로 증가되고 다시 제어는 main() 함수로 돌아온다. main() 내부에서 amount의 값은 여전히 변하지 않고 10이다. 즉 변수 amount와 매개변수 origin은 아무 관련이 없다. 그러므로 origin은 증가해도 amount의 값은 변하지 않는다. 그러므로 C 언어에서 **값에 의한 호출 방식을 사용해서는 함수 외부의 변수를 함수 내부에서 수정할 수 없는 특징**이 있다.

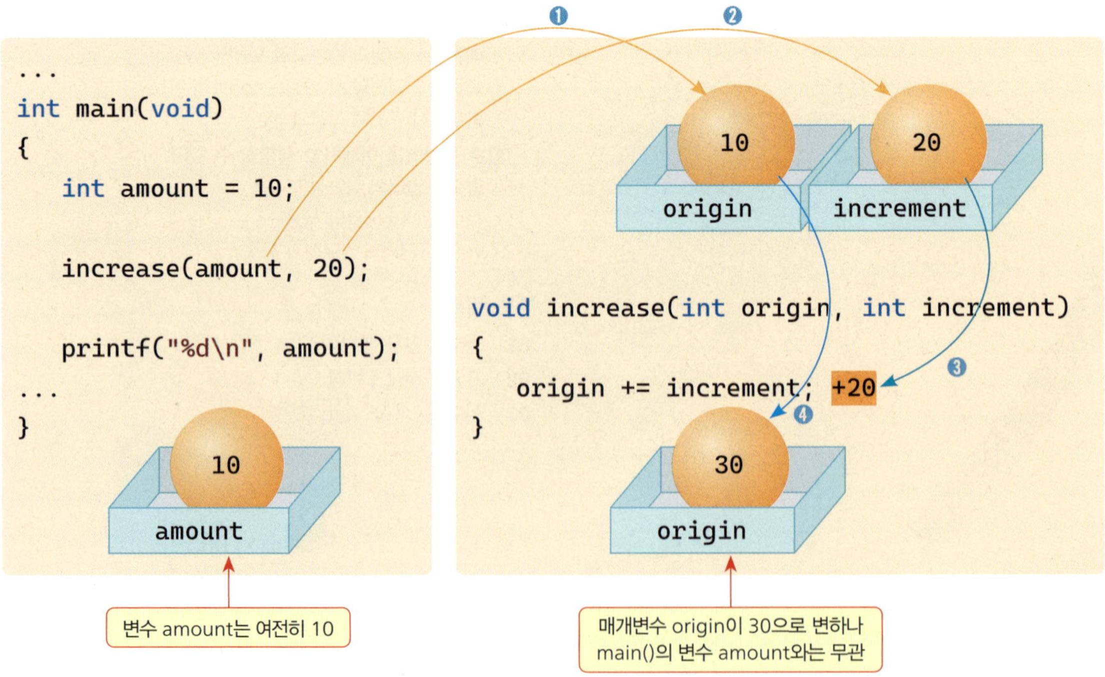

그림 14-1 값에 의한 호출

함수에서 주소의 전달

위 프로그램의 함수 increase()에서 첫 번째 매개변수를 int *로 수정하고 함수구현도 *origin += increment;로 수정하여 구현해 보자. 함수 main()에서 변수 amount에 10을 저장한 후 increase(&amount, 20)로 함수를 호출한다. 이후 변수 amount를 출력해 보자. 이제는 출력 값이 30이다. 이전 프로그램과 다르게 amount의 초기값이 10에서 30이 되었다. 이 과정을 살펴보자.

- 함수 호출 시 첫 번째 인자가 &amount이므로 변수 amount의 주소(address) 값이 매개변수인 origin에 복사되고, 20이 매개변수인 increment에 복사된다.
- 함수 increase() 실행에서 매개변수 origin이 포인터이므로 *origin은 변수 amount 자체를 의미한다. *origin을 증가시키면 amount의 값도 증가한다. 그러므로 main() 내부에서 amount의 값이 30으로 증가된다.

C 언어에서 포인터를 매개변수로 사용하면 함수로 전달된 실인자의 주소를 이용하여 그 변수를 참조할 수 있다. 이와 같이 함수에서 주소를 전달해 호출하는 방식을 **주소에 의한 호출(call by address)**이라 한다.

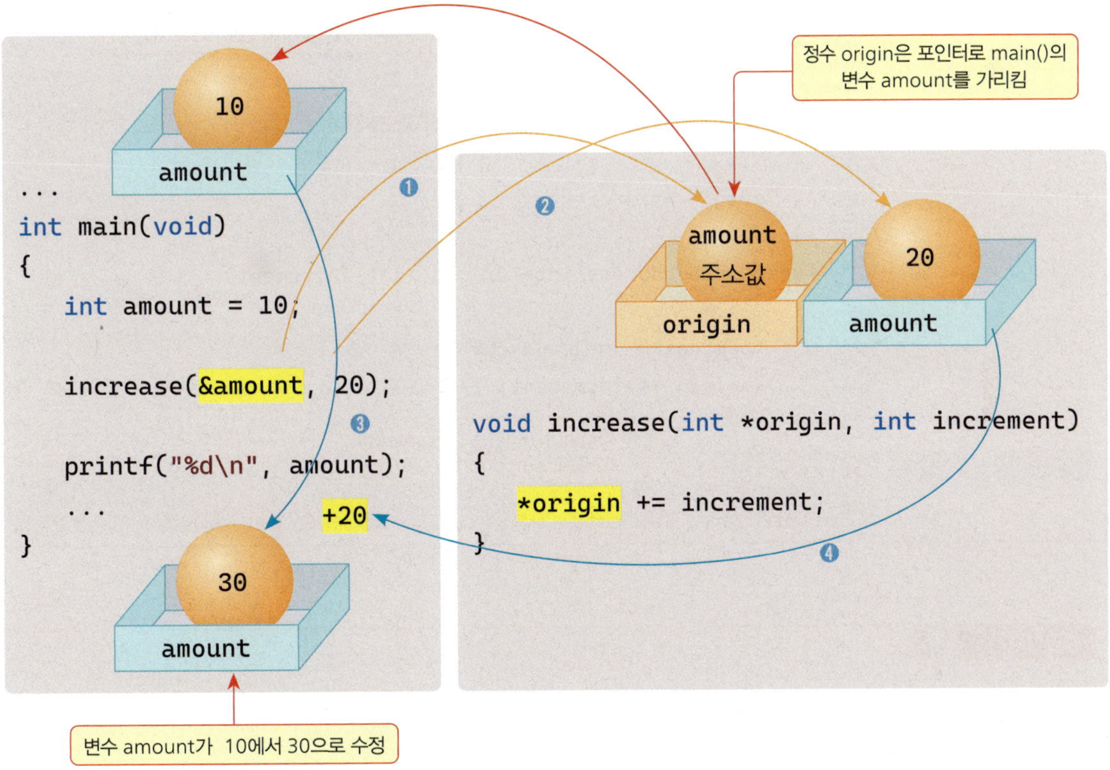

그림 14-2 주소에 의한 호출

실습예제 14-1 | Prj01 | 01callby.c | 구조체 배열을 선언한 후 내용 출력 | 난이도: ★★

```c
#include <stdio.h>

void increase(int origin, int increment);
void incbyaddress(int* origin, int increment);

int main(void)
{
    int amount = 10;
    increase(amount, 20); //amount가 20 증가하지 않음
    printf("%d\n", amount);

    amount = 10;
    incbyaddress(&amount, 20); //&amount: amount의 주소로 호출
    printf("%d\n", amount);

    return 0;
}

void increase(int origin, int increment)
{
    origin += increment;
}
void incbyaddress(int* origin, int increment)
{
    //*orogin은 origin이 가리키는 변수 자체
    *origin += increment; //그러므로 origin이 가리키는 변수 값이 20 증가
}
```

포인터 변수인 origin에 amount의 주소를 저장하고, 변수 increment에 20이 각각 저장

변수 origin이 가리키는 값은 amount, 그러므로 amount가 20 증가

결과

```
10
30
```

중간점검

```c
void funcbyvalue(int, int);
void funcbyaddress(int*, int*);

int a = 10, b = 100;
int *p1 = &a, *p2 = &b;
```

01 위 함수원형과 변수에서 함수 funcbyvalue()를 호출하는 문장을 작성하시오.

02 위 함수원형과 변수에서 함수 funcbyaddress()를 호출하는 문장을 작성하시오.

배열의 전달

배열이름으로 전달

함수의 매개변수로 배열을 전달하는 것은 배열의 첫 원소의 주소를 매개변수로 전달하는 주소의 의한 호출과 같다. 다음과 같이 배열을 매개변수로 하는 함수 sum()을 구현해보자. 함수 sum()은 실수형 배열의 모든 원소의 합을 구하여 반환하는 함수이다. 함수 sum()의 형식매개변수는 실수형 배열과 배열크기로 한다. 첫 번째 형식매개변수에서 배열자체에 배열크기를 기술하는 것은 아무 의미가 없다. 그러므로 double ary[5]보다는 double ary[]라고 기술하는 것을 권장한다.

- 실제로 함수 내부에서 실인자로 전달된 배열의 배열크기를 알 수 없다.
- 그 이유는 매개변수를 double ary[] 처럼 배열형태로 기술해도 단순히 double *ary 처럼 포인터 변수로 인식하기 때문이다. 그러므로 배열크기를 두 번째 인자로 사용한다.

함수원형과 함수 호출

```
double sum(double ary[], int n);
//double sum(double [], n); 가능

   ...

double data[] = {2.3, 3.4, 4.5, 6.7, 9.2};

   ... sum(data, 5);
```

함수 호출 시 배열이름으로 배열인자를 명시한다.

함수 정의

```
double sum(double ary[], int n)
{
   int i = 0;
   double total = 0.0;
   for (i = 0; i < n; i++)
      total += ary[i];

   return total;
}
```

그림 14-3 함수에서 배열 전달을 위한 함수원형과 함수 호출 그리고 함수 정의

만일 배열크기를 인자로 사용하지 않는다면 정해진 상수를 함수 정의 내부에서 사용해야 할 것이다. 그러나 이런 방법은 배열크기가 변하면 소스를 수정해야 하므로 비효율적이다. 배열크기에 관계없이 배열 원소의 합을 구하는 함수를 만들려면 배열크기도 하나의 인자로 사용해야 한다.

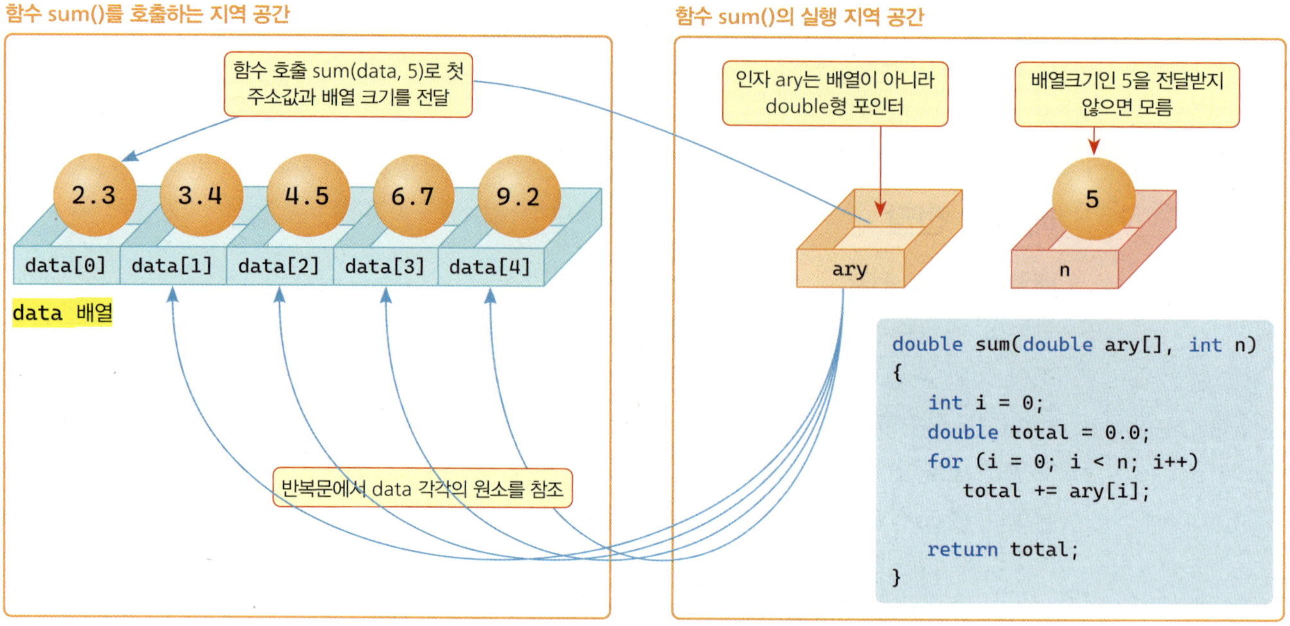

그림 14-4 배열 전달을 위한 함수 호출

함수 정의가 구현되면 함수원형을 선언한 뒤 함수 호출이 가능하다. **함수원형에서 매개변수는 배열이름을 생략하고 double [] 또는 double*와 같이 기술할 수 있다. 함수 호출에서 배열 인자에는 반드시 배열이름으로 sum(data, 5)와 같이 기술해야 한다.**

다양한 배열원소 참조 방법

다음 소스의 배열 point에서 간접연산자를 사용한 배열원소의 접근 방법은 *(point + i)이다. 그러므로 배열의 합을 구하려면 sum += *(point + i) 문장을 반복한다. 문장 int *address = point;로 배열 point를 가리키는 포인터 변수 address를 선언해 point를 저장해 보자. 이제 문장 sum += *(address++)으로도 배열의 합을 구할 수 있다.

- 그러나 배열이름 point는 주소 상수이기 때문에 sum += *(point++)는 사용할 수 없다. 증가연산식 point++의 피연산자로 상수인 point를 사용할 수 없기 때문이다.

```
int i, sum = 0;
int point[] = {95, 88, 76, 54, 85, 33, 65, 78, 99, 82};
int *address = point;
int aryLength = sizeof (point) / sizeof (int);
```

가능

```
for (i=0; i<aryLength; i++)
  sum += *(point+i);
```

가능

```
for (i=0; i<aryLength; i++)
  sum += *(address++);
```

오류

```
for (i=0; i<aryLength; i++)
  sum += *(point++);
```

그림 14-5 간접연산자 *를 사용한 배열원소의 참조방법

함수머리에 배열을 인자로 기술하는 다양한 방법에 대해 알아보자.

- 함수머리에 int ary[]로 기술하는 것은 int *ary로도 대체 가능하다.

같은 의미로 모두 사용할 수 있다

```
int sumary(int ary[], int SIZE)
{
    ...
}
```

```
int sumaryf(int *ary, int SIZE)
{
    ...
}
```

```
for (i = 0; i < SIZE; i++)
{
    sum += ary[i];
}
```

```
for (i = 0; i < SIZE; i++)
{
    sum += *(ary + i);
}
```

```
for (i = 0; i < SIZE; i++)
{
    sum += *ary++;
}
```

```
for (i = 0; i < SIZE; i++)
{
    sum += *(ary++);
}
```

그림 14-6 함수머리의 배열 인자와 함수 정의에서 다양한 배열원소의 참조 방법

for 문의 블록에서 배열 원소의 합을 구하는 문장은 위 4개 중에서 어느 것을 이용해도 배열의 합을 구할 수 있다.

- 변수 ary는 포인터 변수로서 주소값을 저장하는 변수이므로 증가연산자의 이용이 가능하다.
- 그러므로 연산식 *ary++에서 후위 증가연산자 (ary++)의 우선순위가 가장 높기 때문에 *(ary++)와 같은 의미로 사용할 수 있다.

실습예제 14-2 | Prj02 | 02aryparam.c | 함수에서 배열인자의 사용 | 난이도: ★★

함수원형에서 변수 이름 자체는 생략 가능

```
#include <stdio.h>

int sumary(int*, int); //int sumary(int ary[], int SIZE)도 가능

int main(void)
{
   int point[] = { 95, 88, 76, 54, 85, 33, 65, 78, 99, 82 };
   int aryLength = sizeof(point) / sizeof(int); //배열크기 구하기

   int* address = point; //address는 포인터 변수이며 point는 배열 상수
   int sum = 0;
   for (int i = 0; i < aryLength; i++) //메인에서 직접 배열 합 구하기
      sum += *(point + i);    //*(address++), *(address + i)도 가능
      //sum += *(point++);    //오류발생
```

```
    printf("main()에서 구한 합은 %d\n", sum);

    //함수 호출하여 합 구하기, 첫 인자 &point[0] 또는 address로도 가능
    printf("함수 sumary() 호출로 구한 합은 %d\n", sumary(point, aryLength));

    return 0;
}

int sumary(int* ary, int SIZE) //int sumary(int ary[], int SIZE)도 가능
{
    int sum = 0;
    for (int i = 0; i < SIZE; i++)
    {
        sum += *ary++; //*(ary++)와 동일
        //sum += ary[i];    //가능
        //sum += *(ary + i);    //가능
    }

    return sum;
}
```

결과

```
main()에서 구한 합은 755
함수 sumary() 호출로 구한 합은 755
```

중간점검

01 다음 소스에서 오류를 찾아 수정하시오.

```
int data[] = { 1, 2, 3 };
for (int i = 0; i < 3; i++)
   printf("%d ", *data++);
```

02 함수이름 process()는 다음과 같이 인자가 배열 하나인 함수이다. 이 함수의 다양한 함수원형을 작성해 보시오.

```
void process(int형 배열인자);
```

가변인자

가변인자가 있는 함수머리

함수 printf()는 다음과 같은 함수원형으로 되어 있으며, 첫 인자는 char *_Format을 제외하고는 이후에 … 표시가 되어있다. 인자 …이 가변인자 매개변수이다. 함수 printf()를 호출하는 경우를

살펴보면, 출력할 인자의 수와 자료형이 결정되지 않은 채 함수를 호출하는데, **출력할 인자의 수와 자료형은 문자열 인자 _Format에 %d 등으로 표현**되어 있는 것을 알 수 있다. 함수 scanf()도 마찬가지이다.

```
//함수 printf()의 함수원형
int printf(const char *_Format, ...); //...이 무엇일까?

//함수 사용 예
printf("%d%d%f", 3, 4, 3.678); //인자가 총 4개
printf("%d%d%f%f%f", 7, 9, 2.45, 3.678, 8.98); //인자가 총 5개
```

그림 14-7 함수 printf()의 함수원형과 함수 호출 사용 예

이와 같이 **함수에서 인자의 수와 자료형이 결정되지 않은 함수 인자 방식을 가변인자(variable argument)**라 한다.

- 함수의 가변인자란 함수에서 처음 또는 앞 부분의 매개변수는 정해져 있으나 이후 매개변수 수와 각각의 자료형이 고정적이지 않고 변하는 인자를 말한다.
- 함수의 매개변수에서 중간 이후부터 마지막에 위치한 가변인자만 가능하다.
- 함수 정의 시 가변인자의 매개변수는 ...으로 기술한다. 즉 함수 vatest의 함수 헤드는 int vatest(int n, ...)와 같이, 가변인자인 ...의 앞 부분에는 반드시 매개변수가 int n처럼 고정적이어야 하며, 이후 가변인자인 ...을 기술할 수 있다.
- 가변인자 ... 시작 전 첫 고정 매개변수는 주로 가변인자를 처리하는 데 필요한 정보를 지정하는 데 사용한다.

```
int vatest(int n, ...);
double vasum(char *type, int n, ...);
double vafun1(char *type, ..., int n); //오류, 마지막이 고정적일 수 없음
double vafun2(...); //오류, 처음부터 고정적일 수 없음
```

그림 14-8 함수머리에서의 가변인자 표현

가변인자가 있는 함수 구현

함수에서 **가변인자를 구현하려면 가변인자 선언, 가변인자 처리 시작, 가변인자 얻기, 가변인자 처리 종료 4단계가 필요**하다. 가변인자 처리 절차 4단계를 정리하면 다음과 같으며, 이를 구현하기 위해서는 **헤더파일 stdarg.h가 필요**하다.

- 가변인자 선언은 마치 변수 선언처럼 가변인자로 처리할 변수를 하나 만드는 일로서, 자료형인 va_list는 가변인자를 위한 char *로 헤더파일 stdarg.h에 정의되어 있다.
- 가변인자 처리 시작은 위에서 선언된 변수에서 마지막 고정 인자를 지정해 가변인자의 시작 위치를 알리는 방법으로, 함수 va_start()는 헤더파일 stdarg.h에 정의되어 있는 매크로 함수이다.

- 가변인자 얻기는 가변인자 각각의 자료형을 지정하여 가변인자를 반환 받는 절차로 함수 va_arg()도 헤더파일 stdarg.h에 정의된 매크로 함수이다. 매크로 함수 va_arg()의 호출로 반환된 인자로 원하는 연산을 처리할 수 있다.
- 가변인자 처리 종료는 표현 그대로 가변인자에 대한 처리를 끝내는 단계로 va_end() 함수는 헤더파일 stdarg.h에 정의된 매크로 함수이다.

표 14-1 가변인자 처리를 위한 네 가지 절차

처리 절차	구문	설명
❶ 가변인자 선언	va_list argp;	va_list로 변수 argp을 선언
❷ 가변인자 처리 시작	va_start(va_list argp, prevarg)	va_start()는 첫 번째 인자로 va_list로 선언된 변수이름 argp과 두 번째 인자는 가변인자 앞의 고정인자 prevarg를 지정하여 가변인자 처리 시작
❸ 가변인자 얻기	type va_arg(va_list argp, type)	va_arg()는 첫 번째 인자로 va_start()로 초기화한 va_list 변수 argp를 받으며, 두 번째 인자로는 가변인자로 전달된 값의 type을 기술
❹ 가변인자 처리 종료	va_end(va_list argp)	va_list로 선언된 변수이름 argp의 가변인자 처리 종료

가변인자 처리 절차와 가변인자가 있는 함수 sum(int numargs, …)에서의 구현을 정리하면 다음으로 요약할 수 있다. 함수 sum()에서 가변인자 앞의 첫 고정인자인 numargs는 가변인자의 수이며, int형인 가변인자를 처리하여 그 결과를 반환하는 함수이다.

- 가변인자 ... 시작 전 첫 고정 매개변수는 이후의 가변인자를 처리하는 데 필요한 정보를 지정하는 데 사용한다. 그러므로 다음의 numargs처럼 반드시 가변인자의 수일 필요는 없다.

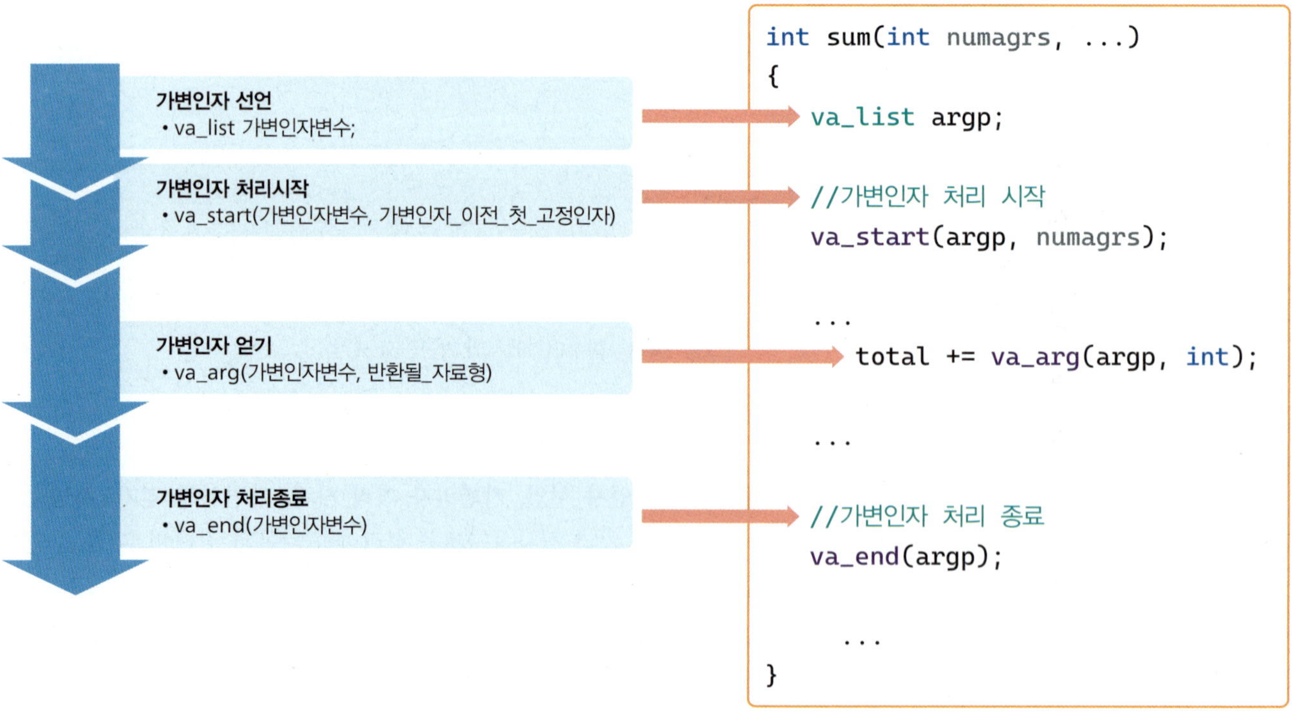

그림 14-9 가변인자 구현

다음 예제는 가변인자를 처리하는 함수 avg(int numargs, …)를 구현하고 이를 호출하여 검사하는 프로그램이다.

- 함수 avg()의 마지막 고정인자인 numargs는 가변인자의 수이며, double 형인 가변인자를 모두 더한 후 평균을 반환하는 함수이다.

실습예제 14-3 Prj03 03vararg.c 가변인자 처리 함수의 정의와 호출 난이도: ★★★

```c
#include <stdio.h>
#include <stdarg.h> //가변인자를 위한 헤더 파일

double avg(int, ...); //int 이후는 가변인자 ...

int main(void)
{
   printf("평균 %.2f\n", avg(5, 1.2, 2.1, 3.6, 4.3, 5.8));
   printf("평균 %.2f\n", avg(6, 1.0, 2.0, 3.0, 4.0, 5.0, 6.0));

   return 0;
}

//가변인자 ... 시작 전 첫 고정 매개변수는 가변인자를 처리하는데 필요한 정보를 지정
double avg(int numagrs, ...) //매개변수 numargs는 가변인자의 수를 지정
{
   double total = 0; //합이 저장될 변수

   va_list argp; //1. 가변인자 변수 선언
   va_start(argp, numagrs); //2. numargs 이후의 가변인자 처리 시작
   for (int i = 0; i < numagrs; i++) //3. 가변인자 얻기
      total += va_arg(argp, double); //지정하는 double 형으로 가변인자 하나를 반환
   va_end(argp); //4. 가변인자 처리 종료

   return total / numagrs;
}
```

가변인자 바로 앞 인자를 기술

결과

```
평균 3.40
평균 3.50
```

중간점검

01 다음 가변인자가 포함된 함수원형에서 오류를 찾아 설명하시오.

```
int function1( ... );
int function2( ... , int);
int function3(int,  ... , double);
```

02 가변인자 구현 4단계는 각각 무엇인가?

LAB

여러 정수 인자에서 최소값 찾기

여러 정수 중에서 최소값을 찾아내는 가변인자 활용 함수 min()을 만들어 프로그램을 실행해 보자. 다음 내용과 결과를 참고로 프로그램을 작성한다.

- 함수 min()은 첫 인자 수만큼 뒤 이은 정수 중에서 최소값을 반환하는 함수

```
int min(int n, ... )
```

- 5개 정수 20, 30, 33, 99, 6 중에서 최소값을 찾도록 min() 함수를 호출

```
min(count, 20, 30, 33, 99, 6)
```

```
Microsoft Visual Studio 디버그 콘솔
최소 값: 6
```

Lab 14-1 lab1minvararg.c 난이도: ★★★

```
#include <stdio.h>
#include <stdarg.h>

int min(int n, ... )
{
    int min, dum;

    va_list ap;
    ____________

    min = ______________ //최소값 찾기, 첫 인자를 최소값으로
    for (int i = 1; i < n; i++) //n-1번 반복
        if ((dum = va_arg(ap, int)) < min) // 현재 최소와 비교
            min = dum; //최소값 수정
    ________

    return min;
}

int main()
```

```c
{
    int count = 5;
    printf("최소값: %d\n", min(count, 20, 30, 33, 99, 6));
    return 0;
}
```

정답

```c
09    va_start(ap, n);
11    min = va_arg(ap, int); //최소값 찾기, 첫 인자를 최소값으로
15    va_end(ap);
```

14.2 포인터 전달과 반환

함수 매개변수와 반환으로 포인터 사용

주소연산자 &

함수에서 매개변수를 포인터로 이용하면 결국 주소에 의한 호출(call by address)이 된다. 함수의 매개변수로 포인터를 이용하는 다른 예를 살펴보자.

- 함수원형 void add(int *, int, int); 에서 첫 매개변수가 포인터인 int *이다.
- 함수 add()는 두 번째와 세 번째 인자를 합해 첫 번째 인자가 가리키는 변수에 저장하는 함수이다.
- 이 함수를 호출하는 방법은 합이 저장될 변수인 sum을 선언하여 주소값인 &sum을 인자로 호출한다.

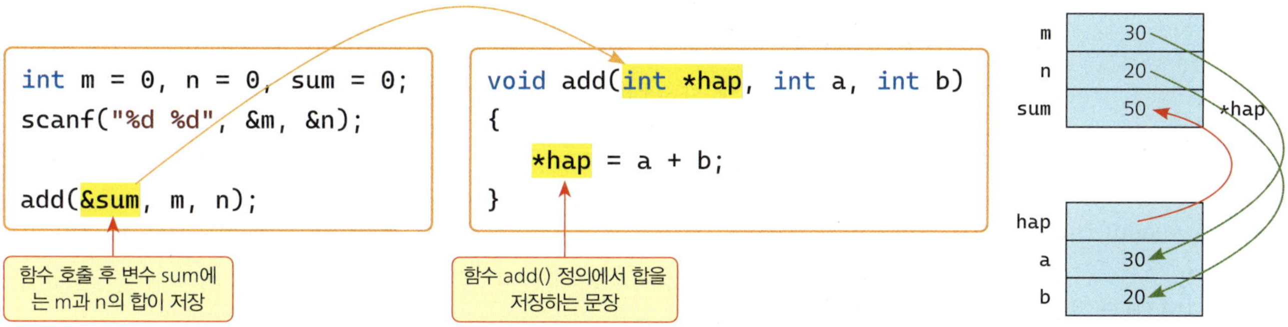

그림 14-10 함수에서의 포인터 전달

실습예제 14-4	Prj04	04ptrparam.c	함수로 포인터를 전달하는 주소에 의한 호출	난이도: ★★

```c
#define _CRT_SECURE_NO_WARNINGS
#include <stdio.h>

void add(int*, int, int);

int main(void)
{
   int m = 0, n = 0, sum = 0;

   printf("두 정수 입력: ");
   scanf("%d %d", &m, &n);
   add(&sum, m, n);
```

m과 n을 더한 결과가 변수 sum에 저장

```c
    printf("두 정수 합: %d\n", sum);

    return 0;
}

void add(int* psum, int a, int b)
{
    *psum = a + b;
}
```

결과

```
두 정수 입력: 10 20
두 정수 합: 30
```

주소값 반환

함수의 결과를 포인터로 반환하는 예를 살펴보자. 함수원형을 int * add(int *, int, int) 로 하는 함수 add()는 반환 값이 포인터인 int *이다. 함수 add() 정의에서 두 수의 합을 첫 번째 인자가 가리키는 변수에 저장한 후 포인터인 첫 번째 인자를 그대로 반환한다. 함수 add()를 *add(&sum, m, n)로 호출하면 변수 sum에 합 a+b가 저장된다. 또한 반환 값인 포인터가 가리키는 변수인 sum을 바로 참조할 수 있다.

```c
int * add(int *, int, int);

   int m = 0, n = 0, sum = 0;
   ...
   scanf("%d %d", &m, &n);

   printf("두 정수 합: %d\n", *add(&sum, m, n));
```

```c
int * add(int *psum, int a, int b)
{
   *psum = a + b;
   return psum;
}
```

그림 14-11 함수에서의 포인터 반환

다음 예제의 함수 multiply()에서 인자인 두 수의 곱을 지역변수인 mult에 저장한 후 &mult로 포인터를 반환한다. 지역변수는 함수가 종료되는 시점에 메모리에서 제거되는 변수이다. 그러므로 **지역변수 주소값의 반환은 문제를 발생**시킬 수 있다. 실제로 비주얼 스튜디오에서 컴파일 시 다음과 같은 경고가 발생한다. 그러므로 제거될 지역변수의 주소값은 반환하지 않는 것이 바람직하다.

실습예제 14-5 | Prj05 | 05ptrreturn.c | 주소값 반환 함수의 정의와 이용 | 난이도: ★★★

```c
#define _CRT_SECURE_NO_WARNINGS
#include <stdio.h>

int* add(int*, int, int);
int* subtract(int*, int, int);
int* multiply(int, int);

int main(void)
{
   int m = 0, n = 0, sum = 0, diff = 0;

   printf("두 정수 입력: ");
   scanf("%d %d", &m, &n);

   printf("두 정수 합: %d\n", *add(&sum, m, n));
   printf("두 정수 차: %d\n", *subtract(&diff, m, n));
   printf("두 정수 곱: %d\n", *multiply(m, n));

   return 0;
}

int* add(int* psum, int a, int b)
{
   *psum = a + b;
   return psum;
}
int* subtract(int* pdiff, int a, int b)
{
   *pdiff = a - b;
   return pdiff;
}
int* multiply(int a, int b)
{
   int mult = a * b;
   return &mult;
}
```

반환값인 합이 저장된 주소이므로 *add()로 결과를 바로 출력 가능

m과 n을 곱이 저장된 함수 multiply()의 지역변수 주소값을 전달하므로 경고가 발생

warning C4172: 지역 변수 또는 임시: mult의 주소를 반환하고 있습니다.

결과

```
두 정수 입력: 50 5
두 정수 합: 55
두 정수 차: 45
두 정수 곱: 250
```

중간점검

01 다음 프로그램의 실행 결과를 기술하시오.

```
#include <stdio.h>

void fun(double* x)
{
   *x += 1.1;
}

void main(void)
{
   double x = 3.9;
   double* p = &x;
   fun(p);
   printf("%.1f\n", x);
}
```

02 다음 함수원형의 함수를 호출하는 문장으로 잘못된 것은 무엇인가?

```
int* fun(int, int*);

   int a, b;
   int *x = &a, *y = &b;
```

```
❶ x = fun(a, y);
❷ y = fun(a, &b);
❸ y = fun(*y, y);
❹ &a = fun(*x, x);
```

상수를 위한 const 사용

키워드 const

포인터를 매개변수로 이용하면 수정된 결과를 받을 수 있어 편리하다. 그러나 이러한 참조에 의한 호출은 매개변수가 가리키는 변수 값이 원하지 않는 값으로 수정될 수 있다. 이러한 포인터 인자의 잘못된 수정을 미리 예방하는 방법이 있다. 즉 **수정을 원하지 않는 함수의 인자 앞에 키워드 const를 삽입**하여 참조되는 변수가 수정될 수 없게 한다.

- 키워드 const는 인자인 포인터 변수가 가리키는 내용을 수정할 수 없도록 한다.
- 다음과 같이 인자를 const double *a와 const double *b로 기술하면 *a와 *b를 대입연산자의 l-value로 사용할 수 없다. 즉 *a와 *b를 이용하여 그 내용을 수정할 수 없다.

- 상수 키워드 const의 위치는 자료형 앞이나 포인터 변수 *a 앞에도 가능하므로, const double *a와 double const *a는 동일한 표현이다.

```
// 매개변수 포인터 a, b가 가리키는 변수의 내용은 수정하지 못함
void multiply(double *result, const double *a, const double *b)
{
   *result = *a * *b;
   //다음 두 문장은 오류 발생
   *a = *a + 1;
   *b = *b + 1;
}
```

그림 14-12 const 인자의 이용

다음 예제의 함수 devideandincrement()에서 포인터 인자가 모두 const가 아니므로 그 인자가 가리키는 변수의 내용을 모두 수정할 수 있다. 즉 함수 devideandincrement(double *result, double *a, double *b)는 *a와 *b를 나누어 그 결과를 *result에 저장한 후 *a와 *b를 각각 1씩 증가시키는 함수이다.

실습예제 14-6 Prj06 06constparam.c **함수 매개변수에서 const의 사용 방법과 의미** 난이도: ★★

```
#define _CRT_SECURE_NO_WARNINGS
#include <stdio.h>

void multiply(double*, const double*, const double*);
void devideandincrement(double*, double*, double*);

int main(void)
{
   double m = 0, n = 0, mult = 0, dev = 0;

   printf("두 실수 입력: ");
   scanf("%lf %lf", &m, &n);
   multiply(&mult, &m, &n);
   devideandincrement(&dev, &m, &n);
   printf("두 실수 곱: %.2f, 나눔: %.2f\n", mult, dev);
   printf("연산 후 두 실수: %.2f, %.2f\n", m, n);

   return 0;
}

```

```
//매개변수 포인터 a, b가 가리키는 변수의 내용을 곱해 result가 가리키는 변수에 저장
void multiply(double* result, const double* a, const double* b)
{
   *result = *a * *b;
   //*a = *a + 1; //오류발생
   //*b = *b + 1; //오류발생
}

//매개변수 포인터 a, b가 가리키는 변수의 내용을 나누어 result가 가리키는 변수에 저장한 후
//a, b가 가리키는 변수의 내용을 모두 1 증가시킴
void devideandincrement(double* result, double* a, double* b)
{
   *result = *a / *b;
   ++* a;  //++(*a)이므로 a가 가리키는 변수의 값을 1 증가
   (*b)++; //b가 가리키는 변수의 값을 1 증가, *b++와는 다름
}
```

매개변수 포인터 a, b가 가리키는 변수의 내용은 수정하지 못함

const인 인자 *a와 *b로는 수정할 수 없으므로 다음과 같은 문법 오류가 발생 "error C2166: l-value가 const 개체를 지정합니다."

const가 아닌 포인터 인자 *result, *a와 *b는 모두 수정 가능

결과

```
두 실수 입력: 12.5 4.5
두 실수 곱: 56.25, 나눔: 2.78
연산 후 두 실수: 13.50, 5.50
```

TIP 참조 변수의 상수와 포인터의 상수

앞의 11장 포인터 기초에서 학습했듯이 const의 위치가 다음과 같이 *와 포인터 변수 사이라면 포인터 변수 자체가 상수라는 의미이다.

- 키워드 const가 int*와 변수 pi 사이에 나오는 선언은 포인터 pi에 저장되는 초기 주소값을 더 이상 수정할 수 없도록 하는 상수이다. 즉 포인터 변수 pi 자체를 상수로 만드는 방법으로 pi를 l-value로 사용할 수 없다.

```
int i = 10, j = 20;
int* const pi = &i;
pi = &j; //오류 발생
```

중간점검

01 다음 계속된 일련의 문장에서 오류를 찾아 설명하시오.

```
const int x = 100; x = 30;              //오류
int const y = 10; y = 20;               //오류
const int *p = &x; *p = 10;             //오류
int const *q = &y; *q = 5;              //오류
int * const r = &x; *r = 5; r = &y;     //오류
```

함수의 구조체 전달과 반환

복소수를 위한 구조체

구조체 complex를 이용하여 복소수 연산에 이용되는 함수를 만들어보자. 우선 복소수의 자료형인 **구조체 complex는 실수부와 허수부를 나타내는 real과 img를 멤버로 구성**한다. 복소수 자료형으로 complex를 재정의 하여 구조체 자료형으로 사용하도록 하자.

```
struct complex
{
   double real;  //실수
   double img;   //허수
};
typedef struct complex complex;
```

자료형 struct complex

자료형 complex

자료형 struct complex와 complex 모두 복소수 자료형으로 사용 가능

그림 14-13 구조체 자료형으로 complex를 사용하기 위한 구조체 정의와 자료형 재정의

TIP 복소수가 뭐예요?

복소수(complex number)는 실수의 개념을 확장한 수로 a + bi로 표현된다. 여기서 a와 b는 실수이며, i는 허수단위로 $i^2 = -1$을 만족한다. 복소수에서 a는 실수부, b는 허수부라고 한다. 예로 우리가 흔히 사용하는 실수인 3.4는 3.4 + 0i라는 복소수로 표현할 수 있으며, $\sqrt{5}$는 $\sqrt{5}$ + 0i로 표현 가능하다. 복소수에서도 사칙 연산을 정의할 수 있으며 다음과 같은 연산이 존재한다.

- 복소수의 합: (a + bi) + (c + di) = (a + b) + (c + d)i
- 복소수의 곱: (a + bi) * (c + di) = (ac – db) + (ad + bc)i
- (a + bi)의 켤레 복소수: (a – bi)
- (a – bi)의 켤레 복소수: (a + bi)

인자와 반환형으로 구조체 사용

함수 pcomplexvalue()는 인자인 복소수의 켤레 복소수(pair complex number)를 구하여 반환하는 함수로 정의한다. 복소수 (a + bi)의 켤레 복소수는 (a – bi)이므로 다음 소스에서 변수 pcomp에는 {3.4, –4.8}이 저장될 것이다. 함수 pcomplexvalue()을 구현해 보자. 이 함수는 유형이 complex인 인자의 켤레 복소수를 구하여 그 결과를 반환하므로 다음과 같이 구현할 수 있다. 함수에서 구조체의 반환 방법도 다른 일반 변수와 같다.

- **구조체도 자료형이므로 함수의 인자와 반환 값으로 이용이 가능**하다. 다음 함수는 구조체 인자를 값에 의한 호출(call by value) 방식으로 이용하고 있다.
- 즉 함수 pcomplexvalue() 내부에서 구조체 지역변수 com을 하나 만들어 실인자의 구조체 값을 모두 복사하는 방식으로 구조체 값을 전달 받는다.
- 구조체 자체를 전달하기 위해 대입하고 다시 반환 값을 대입하기 위해서는 시간이 소요된다.

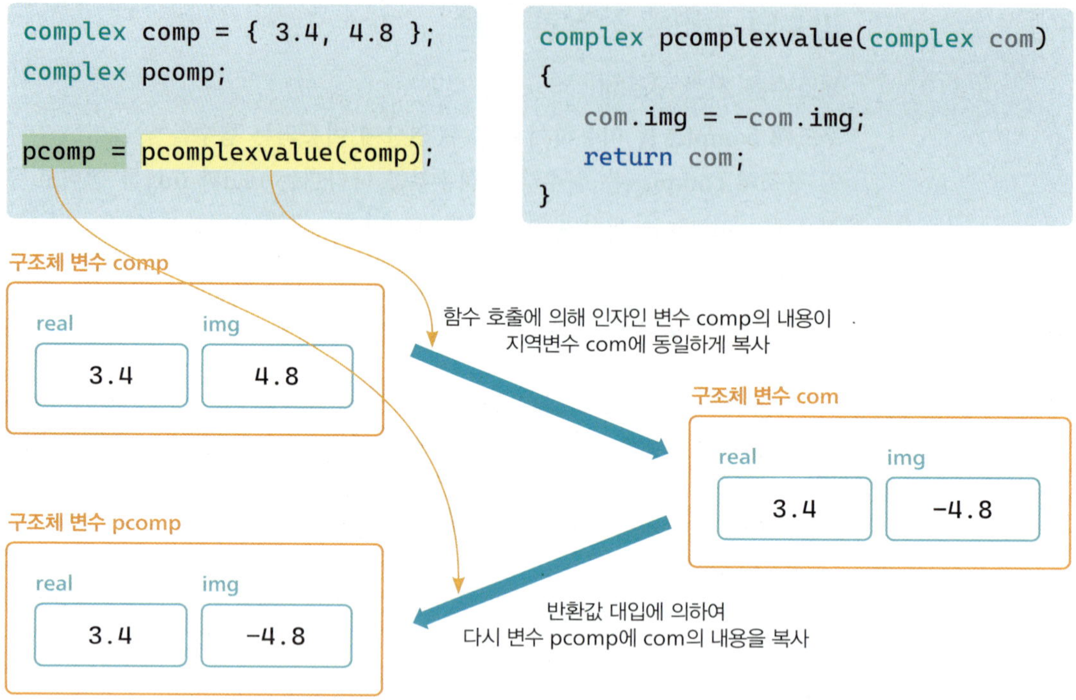

그림 14-14 구조체 자체를 인자로 하는 함수

이 함수를 주소에 의한 호출(call by address) 방식으로 바꾸어보자. 다음 함수 pcomplexaddress()는 인자를 주소값으로 저장하여, 실인자의 변수 comp의 값을 직접 수정하는 방식이다. 이 함수를 호출하기 위해서는 &pcomp처럼 주소값을 이용해 호출한다.

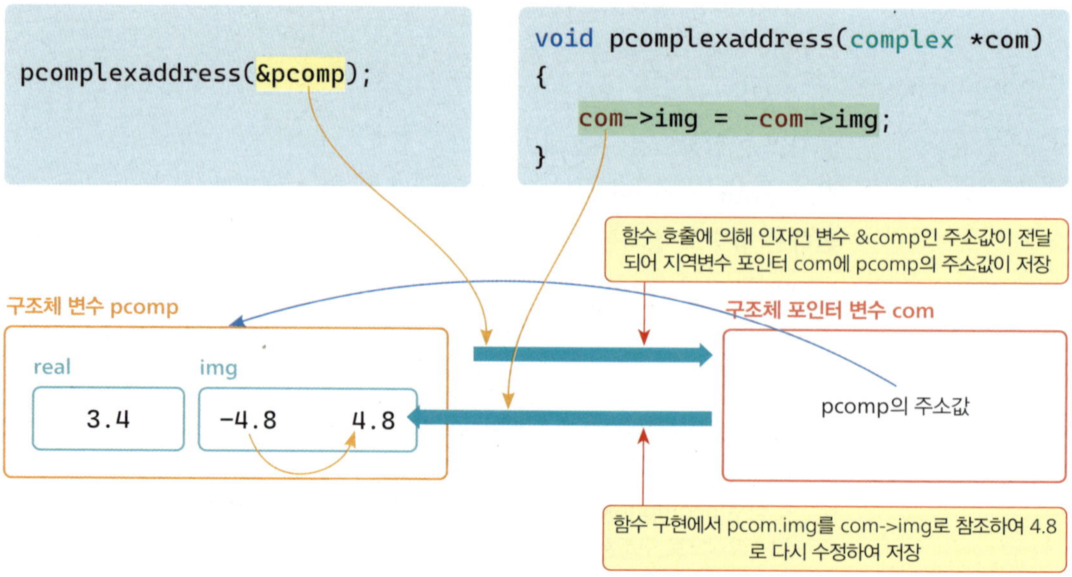

그림 14-15 구조체 포인터를 인자로 하는 함수

구조체를 함수의 인자로 사용하는 방식은 다른 변수와 같이 값에 의한 호출과 주소에 의한 호출 방식을 사용할 수 있다.

- 구조체가 크기가 매우 큰 구조체를 값에 의한 호출의 인자로 사용한다면 매개변수의 메모리 할당과 값의 복사에 많은 시간이 소요될 수 있다.
- 이에 반해 주소값을 사용하는 주소에 의한 호출 방식은 메모리 할당과 값의 복사에 드는 시간이 없는 장점이 있다.

함수를 모두 실행하고 return문에 의해 반환된 값을 대입문에 의해 max에 저장한다.

실습예제 14-7 | Prj07 | 07complexnum.c | 구조체를 사용하여 복소수를 표현, 함수의 인자와 반환형으로 사용 | 난이도: ★★

```
#include <stdio.h>

struct complex //복소수를 위한 구조체
{
    double real; //실수
    double img;  //허수
};
typedef struct complex complex; //complex를 자료형으로 정의

void printcomplex(complex com);
complex pcomplexvalue(complex com);
void pcomplexaddress(complex* com);

int main(void)
{
    complex comp = { 5.8, 7.2 };
    complex pcomp;

    printcomplex(comp);
    pcomp = pcomplexvalue(comp);
    printcomplex(pcomp);
    pcomplexaddress(&pcomp);
    printcomplex(pcomp);

    return 0;
}

//구조체 자체를 인자로 사용
void printcomplex(complex com)
{
    printf("복소수 = %5.1f + %5.1fi \n", com.real, com.img);
}

```

구조체 변수 comp의 켤레 복소수를 변수 pcomp에 저장하기 위해 변수 comp를 인자로 함수 pcomplexvalue(comp) 호출하여 그 결과를 바로 변수 pcomp에 대입, 함수 호출에서 인자 대입과 반환 값 대입 등 구조체 자체의 대입이 두 번 필요하므로 시간이 소요됨

구조체 변수 pcomp의 켤레 복소수를 다시 변수 pcomp에 반영하기 위해 &pcomp를 인자로 함수 pcomplexaddress(&pcomp) 호출하면 바로 그 결과가 변수 pcomp에 반영, 함수 호출에서 구조체의 주소값만 대입되므로 위 pcomplexvalue 보다 빠르게 처리 가능

```c
//구조체 자체를 인자로 사용하여 처리된 구조체를 다시 반환
complex pcomplexvalue(complex com)
{
   com.img = -com.img;
   return com; //구조체를 반환
}

//구조체 포인터를 인자로 사용
void pcomplexaddress(complex* com)
{
   com->img = -com->img;
}
```

결과

```
복소수 =   5.8 +   7.2i
복소수 =   5.8 +  -7.2i
복소수 =   5.8 +   7.2i
```

중간점검

01 함수의 인자로 배열과 구조체를 사용하는 경우, 값에 의한 호출과 주소에 의한 호출 관점에서 차이점을 설명하시오.

02 함수의 인자로 구조체 자체를 사용하는 경우, 단점을 설명하시오.

LAB

책 정보를 표현하는 구조체 전달

책이름과 저자, 책번호(ISBN: 국제표준도서번호 International Standard Book Number)를 표현하는 구조체 struct book을 참조에 의한 호출로 출력하는 함수를 구현해 보자.

- 구조체 struct book을 자료형 book으로 정의

```c
typedef struct book
{
    char  title[50];
    char  author[50];
    int   ISBN;
} book;
```

- 함수 print()는 인자가 (book *b)으로 구조체를 포인터로 받아 책 정보를 출력

```
Microsoft Visual Studio 디버그 콘솔
제목: 소프트웨어 중심사회의 컴퓨터개론, 저자: 강환수, ISBN: 437894
제목: 파이썬으로 배우는 누구나 코딩, 저자: 강환수, ISBN: 979117
```

Lab 14-2 lab2bookaddress.c 난이도: ★

```c
#define _CRT_SECURE_NO_WARNINGS
#include <stdio.h>
#include <string.h>

typedef struct book
{
    char  title[50];
    char  author[50];
    int   ISBN;
} book;




int main()
{
    book python = { "파이썬으로 배우는 누구나 코딩", "강환수", 979117 };
    book comintro;
```

```
18    strcpy(comintro.title, "소프트웨어 중심사회의 컴퓨터개론");
19    strcpy(comintro.author, "강환수");
20    comintro.ISBN = 437894;
21    
22    print(&python);
23 
24    return 0;
25 }
26 
27 void print(book* b)
28 {
29    printf("제목: %s, ", b->title);
30    printf("저자: %s, ", b->author);
31    printf("ISBN: %d\n", b->ISBN);
32 }
```

정답

```
12  void print(book* b)
21    print(&comintro);
```

14.3 함수 포인터와 void 포인터

함수 포인터

함수 주소 저장 변수

포인터의 **장점은 하나의 포인터로 여러 변수를 참조하여 읽거나 쓰는 것도 가능**하다는 것이다. 이처럼 **하나의 함수이름으로 필요에 따라 여러 함수를 사용**하면 편리할 수 있다. 이것을 가능하도록 하는 것이 함수 포인터이다.

- 다음 그림처럼 함수 포인터 pfun은 함수 add()와 mult() 그리고 subt()로도 사용 가능하도록 한다.

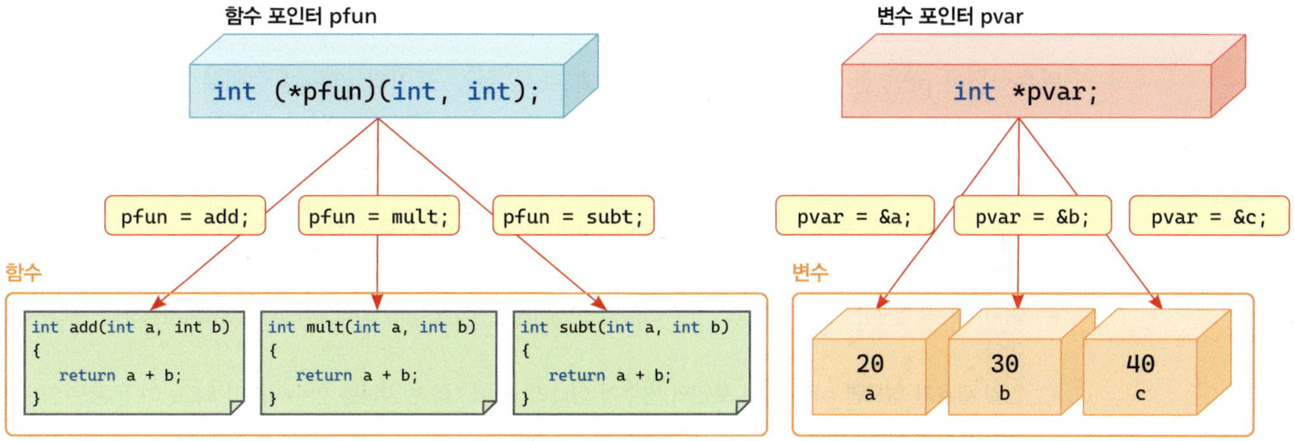

그림 14-16 함수 포인터의 개념

함수 포인터(pointer to function)는 함수의 주소값을 저장하는 포인터 변수이다. 즉 함수 포인터는 함수를 가리키는 포인터를 말한다. 함수도 변수처럼 메모리 어딘가에 저장되어 있으며 그 주소를 갖고 있다.

- 함수 포인터는 반환형, 인자목록의 수와 각각의 자료형이 일치하는 함수의 주소를 저장할 수 있는 변수이다.
- 함수 포인터를 선언하려면 함수원형에서 함수이름을 제외한 반환형과 인자목록의 정보가 필요하다.

다음은 함수 포인터의 선언 구문과 간단한 예문이다.

함수 포인터 변수 선언

```
반환자료형  (*함수 포인터변수이름)(자료형1 매개변수이름1, 자료형2 매개변수이름2, ...);
반환자료형  (*함수 포인터변수이름)(자료형1, 자료형2, ...);
```

```
void add(double*, double, double);
void subtract(double*, double, double);
   ...
   void (*pf1)(double *z, double x, double y) = add;
   void (*pf2)(double *z, double x, double y) = subtract;
   pf2 = add;
```

그림 14-17 함수 포인터 선언 구문과 이용

변수이름이 pf인 함수 포인터를 하나 선언해 보자. 함수 포인터 pf는 함수원형이 void add(double*, double, double);인 함수의 주소를 저장하려고 한다. 이때 필요한 것이 함수원형에서 반환형인 void와 인자목록인 (double *, double, double) 정보이다.

- 함수 포인터 pf는 문장 void (*pf)(double*, double, double); 로 선언될 수 있다.
- 물론 인자목록에서 변수이름은 사용할 수도 있으나 생략하는 편이 더 간편하다.
- 여기서 주의할 점은 (*pf)와 같이 변수이름인 pf 앞에는 *이 있어야 하며 반드시 괄호를 사용해야 한다는 것이다.
- 만일 괄호가 없으면 pf는 함수 포인터 변수가 아니라 void *를 반환하는 함수이름이 되고, 이 문장은 함수원형이 되어 버린다.

```
//잘못된 함수 포인터 선언
void *pf(double*, double, double);    //함수원형이 되어 pf는 원래 함수이름

void (*pf)(double*, double, double); //함수 포인터
pf = add; //변수 pf에 함수 add의 주소값을 대입 가능
```

그림 14-18 함수 포인터 변수 선언과 대입

물론 위 함수 포인터 변수 pf는 함수 add()만을 가리킬 수 있는 것이 아니라 add()와 반환형과 인자목록이 같은 함수는 모두 가리킬 수 있다. 즉 subtract()의 반환형과 인자목록이 add()와 동일하다면 pf는 subtract()도 가리킬 수 있다. 문장 pf = subtract;와 같이 함수 포인터에는 괄호가 없이 함수이름만으로 대입해야 한다.

- 함수 이름 add나 subtract는 주소연산자를 함께 사용하여 &add나 &subtract로도 사용 가능하다. 그러나 다음과 같이 subtract()나 add()와 같이 함수 호출로 대입해서는 오류가 발생한다.

```
void (*pf2)(double *z, double x, double y) = add();      //오류발생
pf2 = subtract();                                        //오류발생
pf2 = add;                                               //가능
pf2 = &add;                                              //가능
pf2 = subtract;                                          //가능
pf2 = &subtract;                                         //가능
```

그림 14-19 함수 포인터 변수의 대입

함수 포인터를 이용한 함수 호출

다음 예제에서 함수 add()의 구현을 살펴보자. 함수 add()에서 x + y의 결과를 반환하지 않고 포인터 변수 z에 저장하고 있다. 이와 같이 함수 호출에서 함수 인자를 포인터 변수로 사용하면 함수 내부에서 수정한 값이 그대로 실인자로 반영되는 것을 알 수 있다.

```
double m, n, result = 0;
void (*pf)(double*, double, double);
....
pf = add;
pf(&result, m, n);  //add(&result, m, n);
//(*pf)(&result, m, n); //이것도 사용 가능
```

```
void add(double *z, double x, double y)
{
   *z = x + y;
}
```

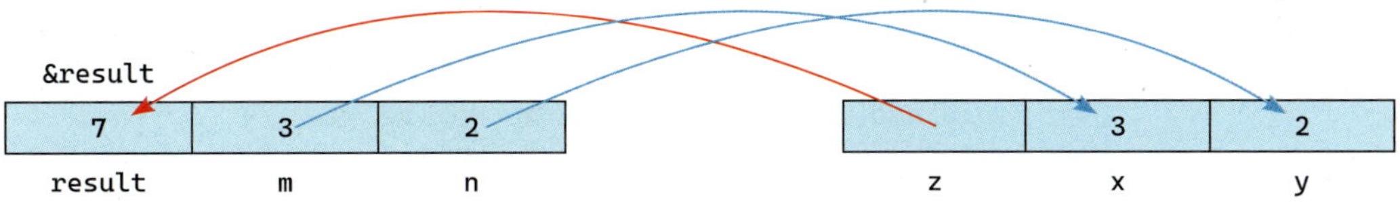

그림 14-20 함수 매개변수인 포인터 변수의 효과

문장 pf = add;로 함수 포인터 변수인 pf에 함수 add()의 주소값이 저장되면, 변수 pf를 이용하여 add() 함수를 호출할 수 있다.

- 포인터 변수 pf를 이용한 함수 add()의 호출 방법은 add() 호출과 동일하다. 즉 pf(&result, m, n); 로 add(&result, m, n) 호출을 대체할 수 있다. 이 문장이 실행되면 변수 result에는 m + n의 결과가 저장된다. 즉 함수 add()에서 m + n이 반영된 변수 result를 사용할 수 있다.
- 함수 호출 pf(&result, m, n)은 (*pf)(&result, m, n)로도 사용 가능하다. 반드시 *pf에 괄호를 넣은 (*pf)이 필요하다.

실습예제 14-8 Prj08 08ptrfunction.c 함수 주소를 저장하는 함수 포인터의 선언과 사용 난이도: ★★

```c
#define _CRT_SECURE_NO_WARNINGS
#include <stdio.h>

void add(double*, double, double);
void subtract(double*, double, double);

int main(void)
{
    void (*pf)(double*, double, double) = NULL; //함수 포인터 pf를 선언

    double m, n, result = 0;
    printf("연산 +, -를 수행할 실수 2개를 입력하세요. >> ");
    scanf("%lf %lf", &m, &n);

    pf = add; //add() 함수를 함수 포인터 pf에 저장
    pf(&result, m, n);  //add(&result, m, n);
    printf("\n더하기 수행: %lf + %lf == %lf\n", m, n, result);
    printf("%p %p\n", pf, add);

    pf = subtract; //subtract() 함수를 함수 포인터 pf에 저장
    pf(&result, m, n);  //subtract(&result, m, n);
    printf("  빼기 수행: %lf - %lf == %lf\n", m, n, result);
    printf("%p %p\n", pf, subtract);

    return 0;
}

// x + y 연산 결과를 z가 가리키는 변수에 저장하는 함수
void add(double* z, double x, double y)
{
    *z = x + y;
}
// x - y 연산 결과를 z가 가리키는 변수에 저장하는 함수
void subtract(double* z, double x, double y)
{
    *z = x - y;
}
```

함수 포인터 pf를 선언, 반환 값은 없으며(void), 인자의 유형은 double *, double, double 이라는 것으로 선언하면서 초기값으로 0번지 주소인 NULL을 저장

add() 함수의 주소값을 함수 포인터 pf에 저장하는 문장

함수 포인터 pf로 함수를 호출하는 방법은 add()와 동일

pf와 add 모두 함수의 주소값 출력

결과

```
연산 +, -를 수행할 실수 2개를 입력하세요. >> 5.3 1.2

더하기 수행: 5.300000 + 1.200000 == 6.500000
00007FF61D5B105F 00007FF61D5B105F
  빼기 수행: 5.300000 - 1.200000 == 4.100000
00007FF61D5B117C 00007FF61D5B117C
```

중간점검

01 다음 두 문장을 비교하여 설명하시오.

```
int* fn(int);
int (*pf)(int);
```

02 다음 함수원형의 함수를 저장할 수 있는 함수 포인터 변수 pf를 선언하면서 초기화로 다음 함수의 주소를 저장하는 문장을 작성하시오.

```
int* fun(int, int*);
```

함수 포인터 배열

함수 포인터 배열 개념

포인터 배열과 같이 함수 포인터가 배열의 원소로 여러 개의 함수 포인터를 선언하는 함수 포인터 배열을 생각할 수 있다. 즉 **함수 포인터 배열(array of function pointer)은 함수 포인터가 원소인 배열**이다.

- 다음 그림에서 크기가 3인 함수 포인터 배열 pfunary는 문장 int (*pfunary[3])(int, int);으로 선언된다.
- 배열 pfunary의 각 원소가 가리키는 함수는 반환 값이 int이고 인자목록이 (int, int)이어야 한다.

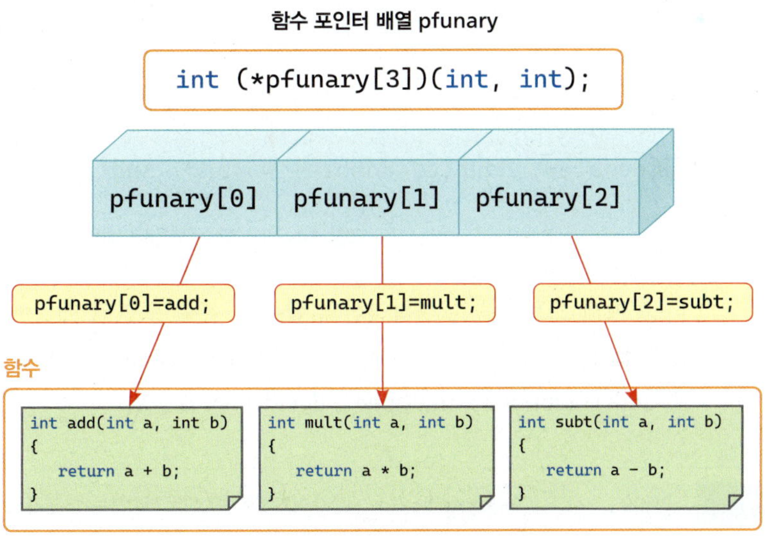

그림 14-21 함수 포인터 배열 개념

함수 포인터 배열 선언

다음은 함수 포인터 배열 선언 구문을 나타낸다. 다음 부분 소스의 배열 fpary의 각 원소가 가리키는 함수는 반환 값이 void이고 인자목록이 (double*, double, double)인 경우의 배열 선언이다.

함수 포인터 배열 선언

```
반환자료형  (*배열이름[배열크기])(자료형1 매개변수이름1, 자료형2 매개변수이름2, ...);
반환자료형  (*배열이름[배열크기])(자료형1, 자료형2, ...);
```

```
void add(double*, double, double);
void subtract(double*, double, double);
void multiply(double*, double, double);
void devide(double*, double, double);
   ...
   void (*fpary[4])(double*, double, double);
```

그림 14-22 함수 포인터 배열 선언 구문과 이용

배열 fpary을 선언한 이후에 함수 4개를 각각의 배열원소에 저장하는 방법과 배열 fpary을 선언하면서 함수 4개의 주소값을 초기화하는 문장은 다음과 같다.

```
void (*fpary[4])(double*, double, double);
fpary[0] = add;
fpary[1] = subtract;
fpary[2] = multiply;
fpary[3] = devide;
```

배열의 선언과 초기화 문장으로 간단히 처리

```
void (*fpary[4])(double*, double, double) = {add, subtract, multiply, devide};
```

그림 14-23 함수 포인터 배열 선언과 초기화

다음 예제 프로그램은 사칙연산의 함수를 함수 포인터 배열에 저장하여 사칙연산을 호출하는 프로그램이다. 반복문 내부의 함수 호출 fpary[i](&result, m, n);은 함수 포인터의 배열 첨자 순으로 add(), subtract(), multiply(), devide()를 호출한다.

실습예제 14-9	Prj09	09aryptrf.c	여러 함수 주소를 저장하는 함수 포인터 배열의 선언과 사용	난이도: ★★

```
#define _CRT_SECURE_NO_WARNINGS
#include <stdio.h>

void add(double*, double, double);
```

```
void subtract(double*, double, double);
void multiply(double*, double, double);
void devide(double*, double, double);

int main(void)
{
   char op[4] = { '+', '-', '*', '/' };
   //함수 포인터 선언하면서 초기화 과정
   void (*fpary[4])(double*, double, double) =
                                 { add, subtract, multiply, devide };

   double m, n, result;
   printf("사칙연산을 수행할 실수 2개를 입력하세요. >> ");
   scanf("%lf %lf", &m, &n);
   //사칙연산을 배열의 첨자를 이용하여 수행
   for (int i = 0; i < 4; i++)
   {
      fpary[i](&result, m, n);
      printf("%.2lf %c %.2lf == %.2lf\n", m, op[i], n, result);
   }

   return 0;
}

// x + y 연산 결과를 z가 가리키는 변수에 저장하는 함수
void add(double* z, double x, double y)
{
   *z = x + y;
}
// x - y 연산 결과를 z가 가리키는 변수에 저장하는 함수
void subtract(double* z, double x, double y)
{
   *z = x - y;
}
// x * y 연산 결과를 z가 가리키는 변수에 저장하는 함수
void multiply(double* z, double x, double y)
{
   *z = x * y;
}
// x / y 연산 결과를 z가 가리키는 변수에 저장하는 함수
void devide(double* z, double x, double y)
{
   *z = x / y;
}
```

함수 포인터 배열 fpary[4]를 선언, 배열 크기는 4이며, 각각의 포인터는 반환 값은 없으며(void), 인자의 유형은 double *, double, double인 함수의 주소를 저장할 수 있으며, 초기값으로 함수 add, subtract, multiply, devide 의 주소를 각각 저장

제어변수 i에 따라 fpary[0]는 add()를 호출, fpary[1]은 subtract()를 호출, fpary[2]는 multiply()를 호출, fpary[3]은 devide()를 각각 호출, 호출할 때 인자는 모두 &result, m, n으로 동일

결과	사칙연산을 수행할 실수 2개를 입력하세요. >> 50.56 3.4 50.56 + 3.40 == 53.96 50.56 - 3.40 == 47.16 50.56 * 3.40 == 171.90 50.56 / 3.40 == 14.87

중간점검

01 함수 포인터 배열에 대해 설명하시오.

02 다음 함수원형의 함수들을 저장할 수 있는 함수 포인터 배열을 선언하면서 초기화로 세 함수를 모두 저장하는 문장을 작성하시오.

```
int add(int a, int b);
int mult(int a, int b);
int subt(int a, int b);
```

void 포인터

void 포인터 개념

포인터는 주소값을 저장하는 변수인 int *, double * 처럼 가리키는 대상의 구체적인 자료형의 포인터로 사용하는 것이 일반적이다. **주소값이란 참조를 시작하는 주소에 불과하며 자료형을 알아야 참조할 범위와 내용을 해석할 방법을 알 수 있는 것**이다.

그렇다면 void 포인터(void *)는 무엇일까?

- 바로 void 포인터는 자료형을 무시하고 주소값만을 다루는 포인터이다. 그러므로 포인터 void 포인터는 대상에 상관없이 모든 자료형의 주소를 저장할 수 있는 만능 포인터로 사용할 수 있다.
- void 포인터에는 일반 변수 포인터는 물론 배열과 구조체 심지어 함수 주소도 담을 수 있다.

```
char ch = 'A';
int data = 5;
double value = 34.76;

void *vp;            //void 포인터 변수 vp 선언

vp = &ch;            //ch의 주소만을 저장
vp = &data;          //data의 주소만을 저장
vp = &value;         //value의 주소만을 저장
```

그림 14-24 void 포인터의 선언과 대입

void 포인터 활용

void 포인터는 모든 주소를 저장할 수 있지만 가리키는 변수를 참조하거나 수정이 불가능하다. void 포인터로 참조 변수를 참조할 수 없는 것은 당연한 일이다. 주소값으로 변수를 참조하려면 결국 자료형으로 참조범위를 알아야 하는데 void 포인터는 이러한 정보가 전혀 없이 주소만을 담는 변수에 불과하기 때문이다.

- **void 포인터는 자료형 정보는 없이 임시로 주소만을 저장하는 포인터**이다. 그러므로 실제 **void 포인터로 변수를 참조하기 위해서는 자료형 변환이 필요**하다.

```c
int m = 10;      double x = 3.98;

void *p = &m;
int n = *(int *)p; //int * 로 변환
n = *p; //오류
             오류: "void" 형식의 값을 "int" 형식의 엔터티에 할당할 수 없습니다.
p = &x;
int y= *(double *)p; //double * 로 변환
y = *p; //오류
             오류: "void" 형식의 값을 "int" 형식의 엔터티에 할당할 수 없습니다.
```

그림 14-25 void 포인터의 참조

실습예제 14-10	Prj10	10voidptr.c	포인터 void *의 선언과 활용	난이도: ★★

```c
#include <stdio.h>

void myprint(void)
{
   printf("void 포인터 신기하네요!\n");
}

int main(void)
{
   int m = 10;
   double d = 3.98;
   char str[][20] = { { "C 언어," }, { "재미있네요!" } };

   void* p = &m; //m의 주소만을 저장
   printf("%p ", p); //주소값 출력
   //printf("%d\n", *p); //컴파일 오류 발생
```

포인터 void * 는 *p로 바로 m을 참조할 수 없음

```c
    printf("%d\n", *(int*) p); //int * 로 변환

    p = &d;
    printf("%p ", p); //주소값 출력
    printf("%.2f\n", *(double*) p); //double * 로 변환

    p = myprint;
    ((void(*)(void)) p)(); //함수 포인터인 void(*)(void) 로 변환하여 호출 ()

    p = str;
    //열이 20인 2차원 배열로 변환하여 1행과 1행의 문자열 출력
    printf("%s %s\n", (char(*)[20])p, (char(*)[20])p + 1);
    printf("%s %s\n", str, str + 1);

    return 0;
}
```

int 포인터인 m의 값을 p로 참조하기 위해 형변환 연산자 사용하여 *(int *)p로 참조

double 포인터인 d의 값을 p로 참조하기 위해 형변환 연산자 사용하여 *(double *)p로 참조

함수 myprint()의 함수를 호출하기 위해 p로 형변환 연산자 사용하여 ((void(*)(void)) p)()로 호출

char의 2차원배열 str에서 첫 번째와 두 번째 행을 출력하기 위해 p로 형변환 연산자 사용하여 각각 (char(*)[20])p, (char(*)[20])p + 1로 참조

결과

```
0000006A652FFB24 10
0000006A652FFB48 3.98
void 포인터 신기하네요!
C 언어, 재미있네요!
C 언어, 재미있네요!
```

중간점검

01 다음 문장에서 오류를 찾아 수정하시오.

```c
int a = 10;
void *p = &a;
printf("%d\n", *p);
```

02 2차원 배열 포인터를 참고하여 다음 부분 소스의 실행결과를 기술하시오.

```c
int data[][3] = { { 34, 56, 32 }, { 87, 24, 72 } };
void* p = data;
printf("%d %d\n", ((int(*)[3]) p)[0][1], ((int(*)[3]) p)[1][2]);
```

LAB 함수 포인터 배열의 활용

배열크기가 3인 함수 포인터 배열을 하나 만들어 각각 더하기와 빼기, 그리고 곱하기를 수행하는 함수를 각각 저장한다. 연산을 수행하는 방법과 순서를 나타내는 문자열 "*+-"를 저장하여 문자열 순서대로 곱하기, 더하기, 빼기를 수행하는 프로그램을 작성해 보도록 한다.

- 연산의 피연산자는 변수 m과 n에 각각 8과 6으로 저장해 다음과 같은 결과로 수행

Lab 14-3 lab3ptrfunction.c 난이도: ★★

```c
#include <stdio.h>

int add(int a, int b);
int mult(int a, int b);
int subt(int a, int b);

int main(void)
{
    ______________(int, int);
    pfunary[0] = add;
    pfunary[1] = mult;
    ______________

    int m = 8, n = 6;
    char* ops = "*+-";
    char op;
    while (op = *ops++)
       switch (op)
       {
       case '+': printf("%c 결과: %d\n", op, pfunary[0](m, n));
          break;
       case '-': printf("%c 결과: %d\n", op, pfunary[2](m, n));
          break;
       case '*': printf("%c 결과: %d\n", op, pfunary[1](m, n));
          break;
```

```c
        }

    return 0;
}

int add(int a, int b)
{
    return a + b;
}
int mult(int a, int b)
{
    return a * b;
}
int subt(int a, int b)
{
    return a - b;
}
```

정답

```c
09      int (*pfunary[3])(int, int);
12      pfunary[2] = subt;
```

내용점검 연습

01 다음에서 서술 내용이 맞으면 ○, 틀리면 × 하시오.

❶ 포인터를 매개변수로 사용하면 함수로 전달된 실인자의 주소를 이용하여 그 변수를 참조할 수 있는데, 이 방식을 주소에 의한 호출(call by address)라 한다. (　)

❷ 함수 내부에서 실인자로 전달된 배열의 배열크기를 알 수 있다. (　)

❸ 함수에서 가변인자를 구현하려면 가변인자 처리 시작, 가변인자 얻기, 가변인자 처리 종료 3단계가 필요하다. (　)

❹ 함수원형이 int test(int)와 같은 함수의 주소값을 저장하기 위한 함수 포인터 ptr의 선언문은 int (*ptr)(int); 와 같다. (　)

❺ void 포인터 (void *)는 자료형은 생각하지 않고 주소값만을 다루는 포인터이다. (　)

❻ void 포인터는 대상에 상관없이 모든 자료형의 주소를 저장할 수 있는 만능 포인터로 사용할 수 있으나 함수 주소는 담을 수 없다. (　)

❼ 함수 포인터 배열(array of function pointer)은 함수 포인터가 원소인 배열이다. (　)

02 다음에서 비어있는 부분을 적당히 채우시오.

❶ 함수에서 (　　　　　　) 방식이란 함수 호출 시 실인자의 값이 형식인자에 복사되어 저장된다는 의미이다.

❷ 함수에서 인자의 수와 자료형이 결정되지 않은 함수 인자 방식을 (　　　　)라 한다.

❸ 함수 정의 시 가변인자의 매개변수는 (　)으로 기술한다.

❹ 가변인자를 구현하기 위해서는 헤더파일 (　　　)가 필요하다.

❺ 수정을 원하지 않는 함수의 인자 앞에 키워드 (　　)를 삽입하여 참조되는 변수가 수정될 수 없게 한다.

❻ 문장 void (*fpary[4])(double*, double, double);으로 선언된 것은 (　　　　　) 배열이다.

❼ 자료형 (　　　)는 모든 유형의 포인터 값을 저장할 수 있는 포인터형이다.

03 다음 각각의 문제에서 가장 적절한 것을 하나 선택하시오.

❶ 다음은 함수의 인자전달 방식에 대한 설명이다. 다음 중에서 잘못 설명하고 있는 것은 무엇인가? (　)

가) C 언어는 함수의 인자 전달 방식이 기본적으로 값에 의한 호출(call by value) 방식이다.

나) 값에 의한 호출 방식을 사용해서는 함수 외부의 변수를 함수 내부에서 수정할 수 없다.

다) 포인터를 매개변수로 사용하면 함수로 전달된 실인자의 주소를 이용하여 그 변수를 참조할 수 있는데, 이 방식을 주소에 의한 호출(call by address)이라 한다.

라) 함수의 매개변수로 배열을 전달하는 것은 배열 전체를 값에 의한 호출 방식으로 전달하는 효과와 동일하다.

❷ 배열크기가 5인 1차원 배열 ary를 함수원형에서 매개변수로 사용하는 다음 문장 중에서 잘못된 것은 무엇인가? ( )

가) void test(int ary);
나) void test(int *ary);
다) void test(int ary[]);
라) void test(int ary[5]);

❸ 다음 함수 내부에서 수행하는 문장 중에서 그 효과가 다른 문장은 무엇인가? ( )

```
void function(int *value)
{
    ...
}
```

가) (*value)++;
나) ++*value;
다) *value++;
라) *value += 1;

❹ 함수 update()의 함수원형과 변수 x, y, p의 선언이 다음과 같다. 다음 함수 호출 문장 중에서 잘못된 것은 무엇인가? ( )

```
void update(double, double *);

double x = 3.5, y = 5.8;
double *p = &x;
```

가) update(x, y);
나) update(x, p);
다) update(*p, p);
라) update(y, &x);

❺ 다음은 여러 포인터의 선언에 대한 설명이다. 다음 중에서 잘못 설명하고 있는 것은 무엇인가? ( )

가) void형 포인터 선언: void p*;

나) int형 포인터 원소 4개인 배열 선언: int *pi[4];

다) 1차원 배열 int a[3]의 배열 포인터 선언: int *p;

라) 2차원 배열 int b[3][4]의 배열 포인터 선언: int (*p)[4];

❻ 다음 중에서 가변인자 처리 절차의 순서가 맞는 것은 무엇인가? (   )

가) 가변인자 선언, 가변인자 얻기, 가변인자 처리 시작, 가변인자 처리 종료

나) 가변인자 선언, 가변인자 처리 시작, 가변인자 얻기, 가변인자 처리 종료

다) 가변인자 얻기, 가변인자 선언, 가변인자 처리 시작, 가변인자 처리 종료

라) 가변인자 얻기, 가변인자 처리 시작, 가변인자 선언, 가변인자 처리 종료

❼ 다음 중에서 가변인자가 있는 함수원형에서 오류가 있는 것은 무엇인가? (   )

가) double vafunction(char *format, ...);

나) double vafunction(char *format, int count, ...);

다) double vafunction(char *format, ..., int arg);

라) double vafunction(char *format, double data, int value, ...);

04 다음 설명에 대한 변수 선언 문장을 작성하시오.

❶ 함수원형이 void functionname(int, int)인 함수 포인터 pf

❷ 함수원형이 int *functionname(double, double)인 함수 포인터 addf

❸ 함수원형이 double functionname(double *, double)인 함수 포인터 3개인 배열 aryfp

❹ 함수원형이 int functionname(int, double *)인 함수 포인터 4개인 배열 ap

❺ void 포인터 pvar

05 다음 각각의 문항에서 2개의 선언문은 무엇을 의미하는지 그 차이를 설명하시오.

❶ int *pi; void *p;

❷ int ary[] = {1, 2, 3}; int *p = ary;

❸ double *pd[3]; double (*pa)[3];

❹ int *f(int, int); int (*pf)(int, int);

❺ int (*pf[3])(int*, int*); int (*p[3]);

06 다음 문장에서 문법오류 및 실행오류를 찾아 수정하시오.

❶ const int a = 1; a = 10;

❷ double d; const double *p = &d;   *p = 5.87;

❸ double data[2][3]; double (*pd)[2] = data;

❹ int add(int, int); int (*pf)(int, int) = &add;

❺ int add(int, int);
int sub(int, int);
int (*pf[2]) = {add, sub};

07 다음 프로그램에서 문법오류 및 실행오류를 찾아 수정하시오.

❶
```
#include <stdio.h>
#include <stdarg.h>
double sum(int count, ...); //int count 이후는 가변인자 ...
int main(void)
{
   printf("합 %.1f\n", sum(5, 1.2, 2.1, 3.8, 4.3, 5.9, 8.6));
   return 0;
}
double sum(int numagrs, ...)
{
   va_list argp; //가변인자 변수 선언
   //numargs 이후의 가변인자 처리 시작
   va_start(argp);
   double total = 0; //합이 저장될 변수
   for (int i = 0; i < numagrs; i++)
      //지정하는 double형으로 가변인자 하나하나를 반환
      total += va_arg(argp);
   va_end(argp); //가변인자 처리 종료
   return total;
}
```

❷
```
#include <stdio.h>
int subtract(int, int);
int add(int, int);
int main(void)
{
   int(*pa[])(int, int) = { add, subtract };
   printf("합: %d\n", (*pa(0))(10, 2));
   printf("차: %d\n", (*pa(1))(10, 2));
   return 0;
}
int subtract(int x, int y) {
   return x - y;
}
int add(int x, int y) {
   return x + y;
}
```

08 다음 프로그램의 결과를 기술하시오.

❶
```
#include <stdio.h>
void increment(int*, int, int);
int main(void)
```

```
{
    int year[] = { 2020, 2021, 2022, 2023, 2024 };
    int* p = year, *q = year + 2;
    increment(p, 1, 2);
    increment(q, 2, 3);
    for (int i=0; i<5; i++ )
        printf("%d ", year[i]);
    printf("\n");
    return 0;
}
void increment(int* p, int n, int cnt)
{
    int i;
    for (i = 0; i < cnt; i++)
        *p++ += i * n;
}
```

❷
```
#include <stdio.h>
typedef struct data
{
    int m;
    double x;
} data;
void handle(data d);
void process(data *d);
int main(void)
{
    data value1 = { 3, 4.8 };
    data value2 = { 3, 4.8 };
    handle(value1);
    process(&value2);
    printf("%d %.1f\n", value1.m, value1.x);
    printf("%d %.1f\n", value2.m, value2.x);
    return 0;
}
void handle(data d)
{
    d.m *= 2;
    d.x *= 2;
}
void process(data *d)
{
    d->m += 2;
    d->x += 2;
}
```

프로그래밍 연습

01 다음 두 함수를 구현해 두 수 10과 20의 합을 각각의 함수를 사용해 출력하는 프로그램을 작성하시오. 난이도: ★

- 함수 addbyvalue()는 형식 매개변수 a와 b를 더해 반환하는 함수
- 함수 addbyaddress()는 형식 매개변수 a와 b를 더해 sum이 가리키는 변수에 대입하는 함수

```
int addbyvalue(int a, int b);
void addbyaddress(int* sum, int a, int b);
```

```
Microsoft Visual Studio 디버그 콘솔
a = 10 b = 20, 합: 30
a = 10 b = 20, 합: 30
```

02 배열 포인터를 이용하여 다음의 2차원 배열에서 모든 원소의 값을 10씩 증가시키는 프로그램을 작성하시오. 난이도: ★

- int ary[][5] = {2, 1, 7, 9, 10, 6, 3, 8, 4, 5}
- 배열 포인터 : int (*ptr)[5];

```
선택 Microsoft Visual Studio 디버그 콘솔
원 행렬값:
-------------------------------------
|   2 |   1 |   7 |   9 |  10 |
|   6 |   3 |   8 |   4 |   5 |
-------------------------------------

계산후 행렬값:
-------------------------------------
|  12 |  11 |  17 |  19 |  20 |
|  16 |  13 |  18 |  14 |  15 |
-------------------------------------
```

03 함수 printvar()는 가변인자를 지원하는 함수로, 첫 번째 인자의 형식에 따라 가변인자를 출력하는 함수이다. 다음 결과가 출력되도록 프로그램을 작성하시오. 난이도: ★★

- 함수 printvar()는 “scfd” 형식처럼 형식 문자열을 사용하며, 여기서 각 문자(s: 문자열, c: 문자, f: 실수, d: 정수)는 해당 위치의 인수 유형을 지정
- 가변인자는 형식 지정인 szTypes 매개변수가 가리키는 형식 문자열의 형식 문자의 순서에 따르며, 형식이 맞지 않으면 오류 발생

```
void printvar(char* szTypes, ... );
int main() {
   printvar("scfd", "원주율", 'P', 3.14, 4);
   return 0;
}
```

```
Microsoft Visual Studio 디버그 콘솔
원주율 P 3.140000 4
```

04 double형 1차원 배열을 다음과 같이 초기화하고, 첫 번째 인자인 배열 source를 두 번째 인자인 배열 target에 복사하는 함수를 만들어 결과를 알아보는 프로그램을 작성하시오. 난이도: ★★

- double ary[5] = {3.12, 5.14, 7.25, 7.48, 5.91};
- copyarray(double *source, double *target, int size);

```
Microsoft Visual Studio 디버그 콘솔
원 행렬값:
   3.12     5.14     7.25     7.48     5.91

함수 copyarray() 호출후 target 배열값:
   3.12     5.14     7.25     7.48     5.91
```

05 다음을 참고로 정수형 배열 pascal[10][10]을 선언하여 10행까지 [파스칼의 삼각형]을 저장한 후 출력 하는 프로그램을 작성하시오. 난이도: ★★★

- size 크기의 파스칼 삼각형을 2차원 배열 p에 생성하는 함수
- 함수 void pascaltriangle(int (*p)[10], int size);

```
하나의 행에서 처음과 끝이 아니면 p[i][j] = p[i-1][j] + p[i-1][j-1]
하나의 행에서 처음 또는 끝이면 p[i][j] = 1
```

- size 크기 배열 p를 그림과 같이 삼각형만 출력하는 함수

```
함수 void triangleprint(int (*p)[10], int size)
```

```
Microsoft Visual Studio 디버그 콘솔
1
1   1
1   2   1
1   3   3   1
1   4   6   4   1
1   5  10  10   5   1
1   6  15  20  15   6   1
1   7  21  35  35  21   7   1
1   8  28  56  70  56  28   8   1
1   9  36  84 126 126  84  36   9   1
```

06 다음을 참고로 두 1차원 배열의 병합을 구하여 출력하는 프로그램을 작성하시오. 난이도: ★★★

- 이미 오름차순으로 정렬되어 있는 두 배열 a, b의 병합 결과 c는 다음과 같음

```
int a[] = {1, 2, 5, 7, 9, 14};
int b[] = {2, 3, 6, 8, 13};
int c[] = {1, 2, 2, 3, 5, 6, 7, 8, 9, 13, 14};
```

- 배열 a, b의 병합 결과를 배열c에 저장하는 함수, an: a배열크기, bn: b배열크기 함수 void arraymerge(int *a, int an, int *b, int bn, int *c)

```
Microsoft Visual Studio 디버그 콘솔
1 2 2 3 5 6 7 8 9 13 14
```

07 다음과 조건을 만족하도록 가변인자 함수를 처리하는 프로그램을 작성하시오. 난이도: ★★★

- 가변인자를 처리하는 함수 vafunc()의 다음 함수원형에서 첫 인자는 처리유형으로 문자 d이면 int가 가변인자의 자료형이며, 문자 f이면 double이 가변인자의 자료형이며, 첫 인자는 가변인자의 개수를 지정하며, 가변인자의 평균을 반환하는 함수

```
double vafunc(char *type, int count, ...); //int count 이후는 가변인자 ...
```

- 함수 main()에서 다음을 호출하여 출력되도록

```
printf("평균 %.2f\n", vafunc("d", 5, 172, 21, 36, 43, 58));
printf("평균 %.2f\n", vafunc("f", 5, 5.8, 17.3, 2.8, 31.8, 45.9, 5.9));
```

```
Microsoft Visual Studio 디버그 콘솔
평균 66.00
평균 20.72
```

08 사칙연산을 수행하는 함수를 모두 4개 정의하고 이를 함수 포인터 배열에 저장해 표준입력으로 받은 두 실수의 사칙연산을 수행하는 프로그램을 작성하시오. 난이도: ★★★

```
Microsoft Visual Studio 디버그 콘솔
사칙연산을 위해 각 연산에 대한 번호를 입력하세요. >>
[더하기]: 0, [빼기]: 1, [곱하기]: 2, [나누기]: 3 >> 0

사칙연산을 수행할 실수 2개를 입력하세요. >> 3.4 4.5

문장: pfary[0] 함수호출
더하기 수행: 3.400000 + 4.500000 == 7.900000
```

Perfect **C**

CHAPTER 15

파일 처리

학습목표

▶ **텍스트 파일과 이진 파일의 차이를 이해하고 설명할 수 있다.**
- 주기억장치와 파일의 차이
- 텍스트 파일과 이진 파일의 정의와 예
- 파일 스트림과 파일모드의 이해
- 함수 fopen()과 fopen_s(), fclose()의 사용

▶ **텍스트 파일의 입출력 함수를 이해하고 설명할 수 있다.**
- 함수 fprintf()와 fscanf(), fscanf_s()의 사용
- 함수 fputc()와 fgetc()의 사용

▶ **이진 파일의 입출력 함수를 이해하고 설명할 수 있다.**
- 함수 fwrite()와 fread()의 사용
- 함수 getw()와 putw()의 사용

▶ **파일 삭제 및 이름 바꾸기 함수를 이해하고 설명할 수 있다.**
- 함수 remove()와 rename()의 사용

학습목차

15.1 파일 기초

텍스트 파일과 이진 파일

파일의 필요성

일상 생활에서 자주 이용하는 한글 또는 워드와 같은 워드프로세서는 어떻게 개발하였을까? 지금까지 메모장이나 워드프로세서로만 파일을 만들었을 것이다. 이러한 워드프로세서 없이 프로그램에서 프로그램의 결과로 구성되는 파일을 직접 만들 수 있을까? 또한 이미 있는 파일의 내용을 읽을 수 있을까? 이런 의문이 있었다면 이 단원으로 이제 그 의문이 어느 정도 풀릴 것이다.

지금까지 프로그램의 출력은 스크린 화면의 콘솔에서, 입력은 키보드에서 수행했다. 만일 프로그램에서 출력을 파일에 한다면 파일이 생성되는 것이다. 반대로 키보드에서 표준입력하던 입력을 파일에서 입력하면 **파일 입력**이 된다.

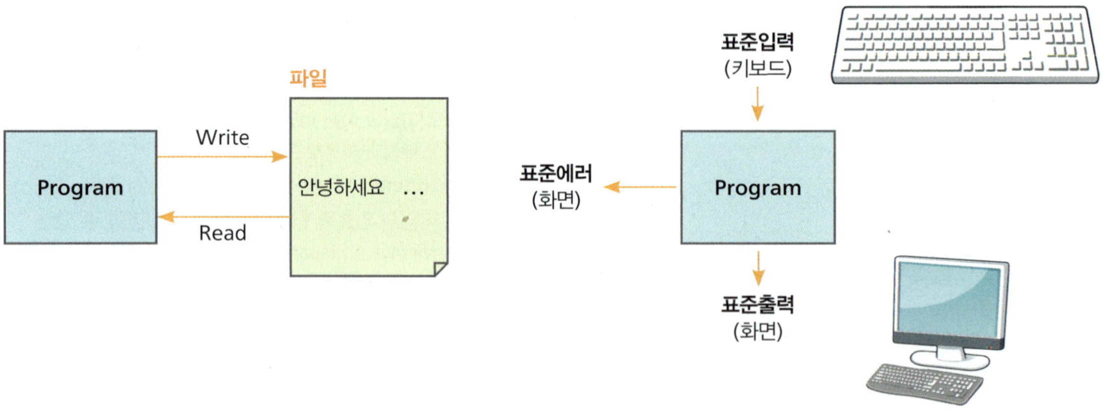

그림 15-1 파일 입출력과 표준 입출력

변수와 같이 프로그램에서 내부에서 할당되어 사용되는 주기억장치의 메모리 공간은 프로그램이 종료되면 모두 사라진다. 그러나 **보조기억장치인 디스크에 저장되는 파일(file)은 직접 삭제하지 않은 한 프로그램이 종료되더라도 계속 저장**할 수 있다. 그러므로 **프로그램에서 사용하던 정보를 종료 후에도 계속 사용하고 싶다면 프로그램에서 파일에 그 내용을 저장**해야 한다. 한 예로 학생 성적 처리를 프로그램을 통하여 결과를 얻어내 그 처리 결과를 지속적으로 저장하려면 파일에 저장해야 할 것이다.

텍스트 파일과 이진 파일

파일은 보조기억장치의 정보 저장 단위로 자료의 집합이다. **파일은 텍스트 파일(text file)과 이진 파일(binary file) 두 가지 유형**으로 나뉜다. 대표적인 텍스트 파일은 메모장(notepad) 같은 편집기로 작성된 파일이며, 이진 파일은 실행 파일과 그림 파일, 음악 파일, 동영상 파일 등과 같이 이진 자료가 직접 저장된 파일이다.

- **텍스트 파일은 문자 기반의 파일로서 내용이 아스키코드(ascii code)와 같은 문자 코드 값으로 저장된다.**
- 메모리에 저장된 실수와 정수와 같은 내용도 텍스트 파일에 저장될 때는 문자 형식으로 변환되어 저장된다. 그러므로 텍스트 파일은 텍스트 편집기를 통하여 그 내용을 볼 수 있고 수정할 수도 있다.

이진 파일은 텍스트 파일과 다르게 그림 파일, 동영상 파일, 실행 파일과 같이 각각의 목적에 알맞은 자료가 이진 형태(binary format)로 저장되는 파일이다. 또한 C 프로그램 내부에서 관리하던 변수의 내용을 그대로 이진 형태로 파일에 저장하면 이진 파일이 된다. 이진 파일은 메모장과 같은 텍스트 편집기로는 그 내용을 볼 수 없다. 이진 파일의 자료는 그 내용을 이미 알고 있는 특정한 프로그램에 의해 인지될 때 의미가 있다.

- 이진 파일은 프로그램 내부 형식으로 저장되는 파일이다.
- 이진 파일에서 자료는 메모리 자료 내용에서 어떤 변환도 거치지 않고 그대로 파일에 기록된다. 그러므로 입출력 속도도 텍스트 파일에 비해 빠르다.

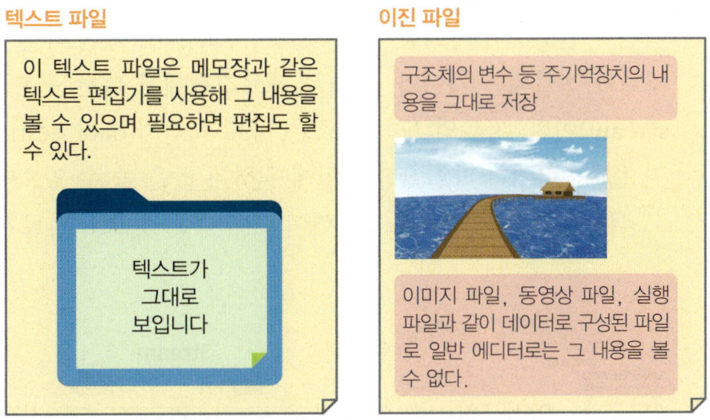

그림 15-2 텍스트 파일과 이진 파일

입출력 스트림

자료의 입력과 출력은 자료의 이동이라고 볼 수 있으며 자료가 이동하려면 이동 경로가 필요하다. 산속의 물이 개울가(stream)를 통해 하천으로 내려오듯이 자료도 이동 경로인 스트림(stream)이 연결되어야 이동할 수 있다. 입출력 시 이동 통로가 바로 입출력 스트림(io stream)이다. 키보드에서 프로그램으로 자료가 이동하는 경로가 바로 표준입력 스트림이며 함수 scanf()는 바로 표준입력 스트림에서 자료를 읽을 수 있는 함수이다. 반대로 프로그램에서 모니터의 콘솔로 자료가 이동하는 경로가 표준출력 스트림이며 함수 printf()는 바로 표준출력 스트림으로 자료를 보낼 수 있는 함수이다.

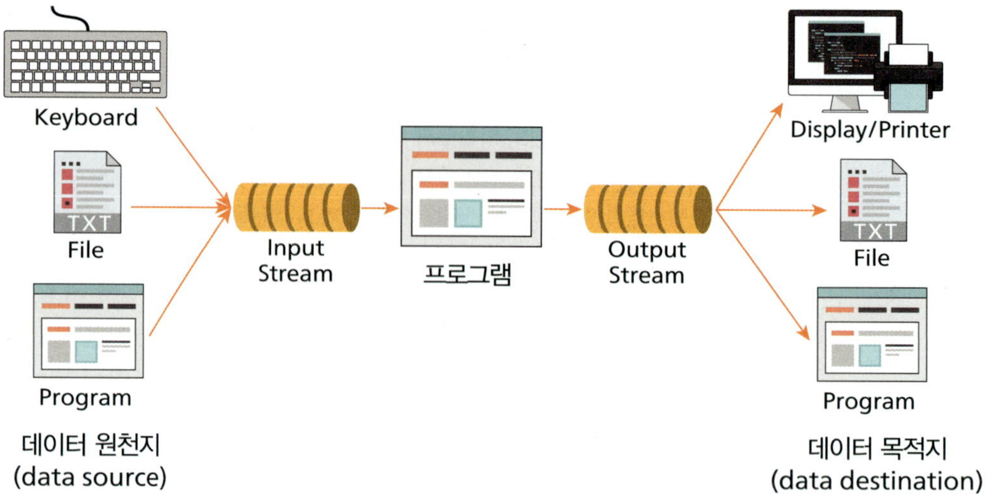

그림 15-3 스트림의 이해

다른 곳에서 프로그램으로 들어오는 경로가 입력 스트림(input stream)이다. 자료가 떠나는 시작 부분이 자료 원천지(data source)라 한다. 자료 이동의 시작이 키보드이면 표준입력이며 파일이면 파일로부터 자료를 읽는 것이며, 네트워크이면 다른 곳에서 프로그램으로 네트워크를 통해 자료가 전달되는 것이다. 반대로 **프로그램에서 다른 곳으로 나가는 경로가 출력 스트림(output stream)**이다. 자료의 도착 장소는 자료 목적지(data destination)라 한다. 자료 목적지가 콘솔이면 표준출력이며 파일이면 파일에 원하는 값을 쓸 수 있으며, 프린터이면 프린터에 출력물이 나오고, 네트워크이면 네트워크 출력이 되어 다른 곳으로 자료가 이동되는 것이다.

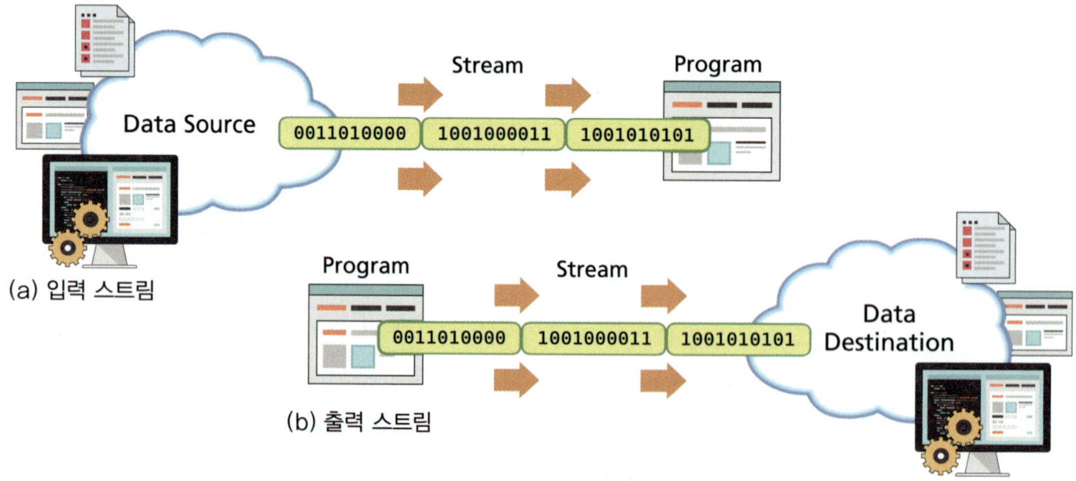

그림 15-4 입력 스트림과 출력 스트림

파일 스트림 이해

프로그램에서 보조기억장치에 파일로 정보를 저장하거나 파일에서 정보를 참조하려면 파일(file)에 대한 파일 스트림(file stream)을 먼저 연결해야 한다. **파일 스트림이란 보조기억장치의 파일과 프로그램을 연결하는 전송경로**이다.

그림 15-5 파일 스트림 개념

파일 스트림은 입력을 위한 파일 입력 스트림(file input stream)과 출력을 위한 파일 출력 스트림(file output stream)으로 나뉠 수 있다.

- 이러한 파일 스트림을 만들기 위해서는 특정한 파일이름과 파일모드가 필요하다. 여기서 파일모드란 입력 또는 출력과 같은 스트림의 특성을 말한다.

중간점검

01 텍스트 파일과 다르게 그림 파일, 동영상 파일, 실행 파일과 같이 각각의 목적에 알맞은 자료가 이진 형태(binary format)로 저장되는 파일을 무엇이라 하는가?

02 보조기억장치의 파일과 프로그램을 연결하는 전송경로를 무엇이라 하는가?

파일 스트림 열기

함수 fopen()으로 파일 스트림 열기

프로그램에서 특정한 파일과 파일 스트림을 연결하기 위해서는 함수 fopen() 또는 fopen_s()를 이용한다. 함수 fopen()과 fopen_s()의 함수 원형은 다음과 같으며 헤더 파일 stdio.h에 정의되어 있다. 파일 열기 함수 표준은 fopen()이나 현재 비주얼 스튜디오에서 함수 fopen_s()를 권장하고 있다.

함수 fopen()과 fopen_s() 함수원형

```
FILE * fopen(const char * _Filename, const char * _Mode);
errno_t fopen_s(FILE ** _File, const char * _Filename, const char * _Mode);
```

- 함수 fopen()은 파일명 _Filename의 파일 스트림을 모드 _Mode로 연결하는 함수이며, 스트림 연결에 성공하면 파일 포인터를 반환하며, 실패하면 NULL을 반환한다.
- 함수 fopen_s()는 스트림 연결에 성공하면 첫 번째 인자인 _File에 파일 포인터가 저장되고 정수 0을 반환하며, 실패하면 양수를 반환한다. 현재 Visual C++에서는 함수 fopen_s()의 사용을 권장하고 있다.

그림 15-6 함수 fopen()과 fopen_s() 함수원형

FILE은 파일을 처리하기 위한 구조체 유형이다. 그러므로 함수 fopen()의 반환값 유형 FILE *은 구조체 FILE의 포인터 유형이다. 함수 fopen()은 인자가 파일이름과 파일열기 모드이며, 파일 스트림 연결에 성공하면 파일 포인터를 반환하며, 실패하면 NULL을 반환한다.

```
FILE* f; //파일 포인터
char* fname = "basic.txt"; //파일이름

if ((f = fopen(fname, "w")) == NULL)
{
   printf("파일이 열리지 않습니다.\n");
   exit(1);
};
```

그림 15-7 구조체 FILE과 함수 fopen()의 사용

다음 소스는 파일 "basic.txt"를 여는 모듈로서, 파일에 자료를 쓰기 위한 파일 스트림을 연결하기 위해서는 모드 값을 "w"로 기술한다. 함수 fopen_s()는 성공적으로 지정된 외부 파일 이름과 내부 파일 포인터 f와 출력 파일 스트림이 연결되면 FILE 포인터가 인자 f에 저장된다. **함수 fopen_s()는 파일 스트림 연결에 성공하면 정수 0을 반환한다. 만일 스트림 연결에 실패하면 양수를 반환**한다.

- 함수 fopen_s()에서 첫 번째 인자는 파일 포인터의 주소값이며,
- 두 번째 인자인 문자열은 처리하려는 파일 이름이고,
- 세 번째 문자열은 파일열기 종류인 모드이다.

```
if (fopen_s(&f, "basic.txt", "w") != 0)
//if ( (f = fopen(fname, "w")) == NULL )
{
   printf("파일이 열리지 않습니다.\n");
   exit(1);
};
```

그림 15-8 함수 fopen_s()의 사용

조건문 if를 위와 같이 함수 fopen_s()과 함께 이용하면 파일 열기에 실패할 경우 문장 "파일이 열리지 않습니다.\n"를 출력한다. 함수 fopen()과 fopen_s()의 인자인 파일열기 종류(모드)에는 텍스트 파일인 경우 "r", "w", "a" 등의 종류가 있다.

- 읽기모드 r은 읽기가 가능한 모드이며, 쓰기는 불가능하다.
- 쓰기모드 w는 파일 어디에든 쓰기가 가능한 모드이나 읽기는 불가능하다.
- 추가모드 a는 파일 중간에 쓸 수 없으며 파일 마지막에 추가적으로 쓰는 것만 가능한 모드이며, 읽기는 불가능하다. 그러므로 파일모드 a에서 파일에 쓰는 내용은 무조건 파일 마지막에 추가된다.

함수 fclose()로 파일 스트림 닫기

함수 fclose()는 fopen()으로 연결한 파일 스트림을 닫는 기능을 수행한다. 그러므로 **파일 스트림을 연결한 후 파일 처리가 모두 끝났으면 파일 포인터 f를 인자로 함수 fclose()를 호출하여 반드시 파일을 닫도록** 한다. **함수** fclose()는 내부적으로 파일 스트림 연결에 할당된 자원을 반납하고, 파일과 메모리 사이에 있던 버퍼의 내용을 모두 지우는 역할을 수행한다.

함수 fclose()

```
int fclose(FILE * _File);
```

함수 fclose()는 파일 스트림 f를 닫는 함수로서, 성공하면 0을 실패하면 EOF을 반환한다.

```
fclose(f);
```

그림 15-9 함수 fclose() 함수원형

출력 스트림을 이용한 파일 생성

함수 fopen_s()와 fprintf()를 이용하여 지정한 학생이름과 점수를 파일 "basic.txt"에 출력하는 프로그램을 작성하자.

- 함수 fprintf()는 파일에 서식화된 문자열을 출력하는 함수이다. 다음 절에서 다시 자세히 알아 볼 예정이다.
- 파일이 쓰기 모드로 열리지 않으면 함수 exit()를 이용하여 프로그램을 종료한다.
- 함수 exit()를 이용하려면 헤더 파일 stdlib.h가 필요하며, 함수 exit()는 함수를 강제로 종료하는 기능을 수행한다. 인자 값 0은 정상적인 종료를 의미하고, 0이 아닌 값은 정상적인 종료가 아님을 운영체제에게 알리는 의미로 사용된다.

다음 예제 프로그램이 성공적으로 실행되면 일반적으로 소스파일이 있는 폴더에 새로운 basic.txt 파일이 생성된다. 파일 basic.txt는 텍스트 파일이므로 모든 편집기로 볼 수 있으며 메모장으로 파일 basic.txt를 열어 확인해 보자.

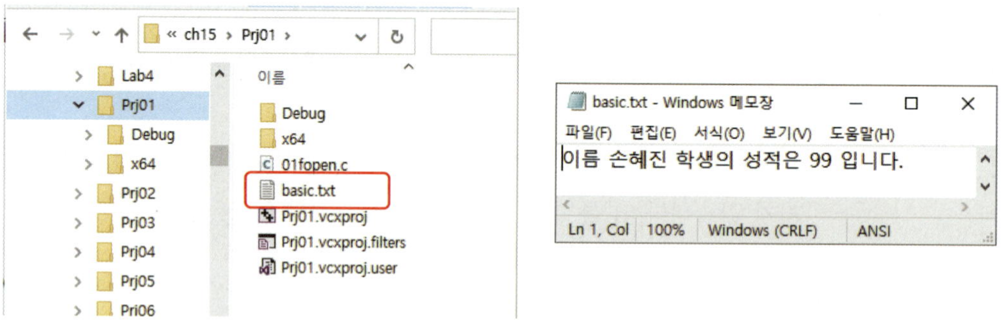

그림 15-10 예제 fopen 결과로 생성된 basic.txt 파일

실습예제 15-1 | Prj01 | 01fopen.c | 이름과 성적 정보 내용으로 간단한 파일을 생성 | 난이도: ★

```c
#define _CRT_SECURE_NO_WARNINGS
#include <stdio.h>
#include <stdlib.h> //for exit()

int main()
{
    char* fname = "basic.txt"; //파일이름
    FILE* f; //파일 포인터

    char name[30] = "손혜진"; //파일에 쓰려는 자료
    int point = 99;

    //파일 열기 함수 fopen()과 fopen_s()
    if ((f = fopen(fname, "w")) == NULL) //if (fopen_s(&f, fname, "w") != 0)
    {
        printf("파일이 열리지 않아 종료합니다.\n");
        exit(1);
    };

```

함수 fopen()의 호출 시, 첫 인자는 파일이름, 두 번째 인자는 모드로 "w"는 쓰기모드이며, 반환 값을 파일 포인터로 선언한 f에 대입, 만일 파일 열기에 실패하면 f에 NULL이 저장됨

파일 열기에 실패하면 메시지 출력하고 exit(1)으로 종료

```
    //파일 "basic.txt"에 쓰기
    fprintf(f, "이름 %s 학생의 성적은 %d 입니다.\n", name, point);
    fclose(f);
    //표준출력 콘솔에 쓰기
    printf("이름 %s 학생의 성적은 %d 입니다.\n", name, point);
    puts("프로젝트 폴더에서 파일 basic.txt를 메모장으로 열어 보세요.");

    return 0;
}
```

지정한 파일 f에 출력 printf()를 하는 기능을 수행

파일 처리가 종료되었으면 fclose()로 스트림을 닫음

결과

```
이름 손혜진 학생의 성적은 99 입니다.
프로젝트 폴더에서 파일 basic.txt를 메모장으로 열어 보세요.
```

중간점검

01 함수 fopen_s()의 첫 번째 인자는 무엇인지 설명하시오.

02 함수 fopen()의 두 번째 인자는 무엇인지 설명하시오.

LAB

파일 "myinfo.txt"을 열어 간단한 정보를 출력

파일 "myinfo.txt"를 쓰기모드로 열어 전화번호, 주소, 나이 등의 간단한 정보를 출력해 보도록 한다. 특정한 파일이름을 사용한 함수 fopen()과 fopen_s()의 사용에 익숙해지도록 하며, 함수 fprintf(f, …)의 첫 인자에 파일 포인터를 대입하면 파일에 서식화된 문자열을 출력할 수 있다.

- 파일에 출력이나 입력을 모두 마치면 함수 fclose(f)로 파일 f를 닫는다.

```
Microsoft Visual Studio 디버그 콘솔
전화번호: 010-3018-3824, 주소:서초구 대정로 557, 나이: 22
프로젝트 폴더에서 파일 myinfo.txt를 메모장으로 열어 보세요.
```

Lab 15-1 lab1basicfio.c 난이도: ★

```c
#define _CRT_SECURE_NO_WARNINGS
#include <stdio.h>
#include <stdlib.h> //for exit()

int main()
{
   FILE* f; //파일 포인터

   if ((f = [                    ])) == NULL)
   //if (fopen_s(&f, "myinfo.txt", "w") != 0)
   {
      printf("파일이 열리지 않습니다.\n");
      exit(1);
   };

   //파일에 쓰려는 자료
   char tel[15] = "010-3018-3824";
   char add[30] = "서초구 대정로 557";
   int age = 22;
   //파일 "basic.txt"에 쓰기
   [          ](f, "전화번호: %s, 주소:%s, 나이: %d\n", tel, add, age);

   fclose(f); //파일 닫기
   //표준출력 콘솔에 쓰기
   printf("전화번호: %s, 주소:%s, 나이: %d\n", tel, add, age);
```

```
26     puts("프로젝트 폴더에서 파일 myinfo.txt를 메모장으로 열어 보세요.");
27 
28     return 0;
29 }
```

정답

```
09     if ((f = fopen("myinfo.txt", "w")) == NULL)
21     fprintf(f, "전화번호: %s, 주소:%s, 나이: %d\n", tel, add, age);
```

15.2 텍스트 파일 입출력

파일에 서식화된 문자열 입출력

함수 fprintf()와 fscanf()

서식화된 자료의 파일 입출력 함수를 알아보자. **텍스트 파일에 자료를 쓰거나 읽기 위하여 함수 fprintf()와 fscanf() 또는 fscanf_s()를 이용**한다. 이들 함수를 이용하기 위해서는 헤더 파일 stdio.h를 포함해야 한다. 함수 fprintf()와 fscanf(), fscanf_s()의 함수원형을 살펴보면 다음과 같다. 현재 비주얼 스튜디오에서 함수 fscanf()는 함수 fscanf_s()로 대체되어 fscanf_s() 사용을 권장하고 있다.

함수 fprintf()와 fscanf() 함수원형

```
int fprintf(FILE * _File, const char * _Format, ...);
int fscanf(FILE * _File, const char * _Format, ...);
int fscanf_s(FILE * _File, const char * _Format, ...);
```

위 함수에서 _File은 서식화된 입출력 스트림의 목적지인 파일이며, _Format은 입출력 제어 문자열이며, 이후 기술되는 인자는 여러 개의 출력될 변수 또는 상수이다.

그림 15-11 함수 fprintf()와 fscanf() 함수원형

위 함수들의 첫 번째 인자는 입출력에 이용될 파일이고, 두 번째 인자는 입출력에 이용되는 제어 문자열이며, 다음 인자들은 입출력될 변수 또는 상수 목록이다. 함수 원형에서 기호 …은 인자 수가 정해지지 않은 가변인자이다. 또한 함수 fprintf()와 fscanf() 또는 fscanf_s()의 첫 번째 인자에 각각 stdin 또는 stdout를 이용하면 표준입력과 표준 출력으로 이용이 가능하다.

- fprintf(stdout, "제어문자열", …)은 printf("제어문자열", …)와 같이 표준출력 기능을 수행한다.
- 기호 상수 stdin, stdout은 stderr과 함께 헤더 파일 stdio.h에 정의되어 있는 값으로 각각 표준입력, 표준출력, 표준에러를 의미한다. 실제로 이 stdin, stdout, stderr은 파일을 가리키는 포인터로 C 언어가 제공하는 표준파일이라 한다.

표 15-1 표준파일의 종류

표준파일	키워드	장치(device)
표준입력	stdin	키보드
표준출력	stdout	모니터 화면
표준에러	stderr	모니터 화면

표준입력 자료를 파일에 쓰기

파일에 내용 쓰기와 반대로 파일로부터 내용을 읽는 프로그램을 작성해 보자. 쓰기 모드로 파일을 열어 표준입력으로 받은 학생이름과 중간점수, 기말점수를 파일에 기록하고 파일을 닫는다. 다시 읽기 모드로 그 파일을 열어 기록된 내용을 읽어와 표준출력으로 출력하는 프로그램을 작성하자.

함수 scanf_s()에서 표준입력을 빈칸으로 구분하므로 중간에 공백이 없는 이름을 입력해야 한다. 함수 scanf_s()는 이전 함수인 scanf()와 다르게 형식제어문자 %s를 사용하는 문자열 입력에 저장되는 버퍼와 함께 버퍼의 크기인 인자를 하나 더 삽입해야 된다. 표준입력으로 읽어들인 학생이름, 중간점수, 기말점수를 함수 fprintf()를 이용하여 파일 f에 출력하는 문장은 다음과 같다. 변수 cnt는 이름 앞에 번호를 붙이려는 목적으로 이용한다.

```
scanf_s("%s%d%d", name, 30, &point1, &point2);

fprintf(f, "%d %s %d %d\n", ++cnt, name, point1, point2);
```

문자열이 저장되는 name과 그 크기를 지정해야 한다.

그림 15-12 함수 scanf_s()와 fprintf()의 이용

파일 f에서 함수 fscanf_s()를 이용하여 구조체의 정보를 입력하려면 파일의 내부 자료의 저장 형태를 알아야 한다. 저장 형태는 학생이름, 중간, 기말이므로 다음과 같이 문장으로 fscanf_s()를 사용한다. 형식제어문자 %s를 사용하는 문자열 저장에는 이전 함수 fscanf()와 다르게 저장되는 버퍼의 크기인 인자가 하나 추가되어야 한다.

문자열이 저장되는 name과 그 크기를 지정해야 한다.

```
//파일 "grade.txt"에서 읽기
fscanf_s(f, "%d %s %d %d\n", &cnt, name, 30, &point1, &point2);
```

그림 15-13 함수 fscanf_s()의 이용

실습예제 15-2	Prj02	02fprintf.c	이름과 성적 2개를 입력해 그 내용을 파일에 쓰고 다시 읽어 표준 출력에 보이는 프로그램	난이도: ★★

```
#define _CRT_SECURE_NO_WARNINGS
#include <stdio.h>
#include <stdlib.h>

int main()
{
   char fname[] = "grade.txt";
   FILE* f;
   char name[30];
   int point1, point2, cnt = 0;

```

```c
    if (fopen_s(&f, fname, "w") != 0)
    //if ( (f = fopen(fname, "w")) == NULL )
    {
        printf("파일이 열리지 않습니다.\n");
        exit(1);
    };
    printf("이름과 성적(중간, 기말)을 입력하세요.\n");
    scanf("%s %d %d", name, &point1, &point2);
    //scanf_s("%s%d%d", name, 30, &point1, &point2);
    fprintf(f, "%d %s %d %d\n", ++cnt, name, point1, point2);
    //파일 "grade.txt"에 쓰기
    fclose(f);

    if (fopen_s(&f, fname, "r") != 0)
    //if ( (f = fopen(fname, "r")) == NULL )
    {
        printf("파일이 열리지 않습니다.\n");
        exit(1);
    };
    //파일 "grade.txt"에서 읽기
    fscanf(f, "%d %s %d %d\n", &cnt, name, &point1, &point2);
    //fscanf_s(f, "%d %s %d %d\n", &cnt, name, 30, &point1, &point2);

    //표준출력에 쓰기
    fprintf(stdout, "\n%6s%16s%10s%8s\n", "번호", "이름", "중간", "기말");
    fprintf(stdout, "%5d%18s%8d%8d\n", cnt, name, point1, point2);
    fclose(f);

    return 0;
}
```

첫 번째 인자는 파일 포인터의 주소, 두 번째 인자는 파일이름, 세 번째 인자는 모드로 "w"는 쓰기모드이며, 반환 값은 오류 수로 0이 아니면 파일 열기에 문제가 발생한 것

파일 열기에 실패하면 메시지 출력하고 exit(1)으로 종료

이름은 모두 붙여 쓰도록

함수 fprintf(stdout, …)는 함수 printf(…)로도 이용 가능

파일 읽기가 종료되었으면 fclose()로 스트림을 닫음

결과

```
이름과 성적(중간, 기말)을 입력하세요.
이재현 79 99

   번호            이름      중간     기말
    1            이재현       79       99
```

중간점검

01 함수 fprintf()와 fscanf(), fscanf_s()의 첫 번째 인자는 무엇인가?

02 표준입력과 표준출력을 나타내는 기호 상수는 각각 무엇인가?

파일 문자열 입출력

함수 fgets()와 fputs()

행 단위의 파일 입출력 함수를 알아보자. **함수 fgets()는 파일로부터 한 행의 문자열을 입력받는 함수**이다. **함수 fputs()는 파일로 한 행의 문자열을 출력하는 함수**이다. 함수 fgets()와 fputs()는 헤더파일 stdio.h에 다음과 같은 의미의 함수원형으로 정의되어 있다. 비주얼 스튜디오의 버전이 향상되면서 함수원형은 계속 수정되고 있다.

함수 fgets()와 fputs() 함수원형

```
char * fgets(char * _Buf, int _MaxCount, FILE * _File);
int  fputs(char * _Buf, FILE * _File);
```

- 함수 fgets()는 _File로부터 한 행의 문자열을 _MaxCount 수의 _Buf 문자열에 입력 수행
- 함수 fputs()는 _Buf 문자열을 _File에 출력 수행

```
char names[80];
FILE *f;

fgets(names, 80, f);
fputs(names, f);
```

그림 15-14 함수 fgets()와 fputs() 함수원형

- 함수 fgets()에서 첫 번째 인자는 문자열이 저장될 문자 포인터이고, 두 번째 인자는 입력할 문자의 최대 수이며, 세 번째 인자는 입력 문자열이 저장될 파일이다.
- 함수 fputs()에서 첫 번째 인자는 출력될 문자열이 저장된 문자 포인터이고, 두 번째 인자는 문자열이 출력되는 파일이다.

함수 fgets()는 파일로부터 문자열을 개행문자(\n)까지 읽어 마지막 개행문자를 '\0'문자로 바꾸어 입력 버퍼 문자열에 저장한다. 마찬가지로 함수 fputs()는 문자열을 한 행에 출력한다.

함수 feof()와 ferror()

함수 feof()는 파일 스트림의 EOF(End Of File) 표시를 검사하는 함수이다. **함수 ferror()는 파일 처리에서 오류가 발생했는지 검사하는 함수**이다. 함수 ferror()는 이전 파일 처리에서 오류가 발생하면 0이 아닌 값을 반환하고, 오류가 발생하지 않으면 0을 반환한다. 함수 feof()는 읽기 작업이 파일의 이전 부분을 읽으면 0을 반환하고 그렇지 않으면 0이 아닌 값을 반환한다. 파일 스트림의 EOF은 이전 읽기 작업에서 EOF 표시에 도달하면 0이 아닌 값으로 지정된다. 단순히 파일 지시자가 파일의 끝에 있더라도 feof()의 결과는 0이다. 다음은 헤더파일 stdio.h에 정의되어 있는 함수 feof()와 ferror()의 함수원형이다.

함수 feof()와 ferror() 함수원형

```c
int  feof(FILE * _File);
int  ferror(FILE * _File);
```

- 함수 feof()은 _File의 EOF를 검사
- 함수 ferror()는 _File에서 오류발생 유무를 검사

```c
while ( !feof(stdin) )
{
   ...
   fgets(names, 80, stdin);    //표준입력
}
```

그림 15-15 함수 feof()와 ferror() 함수원형

다음 예제는 함수 fgets()와 fputs()를 이용하여 표준입력으로 여러 줄을 입력 받아 여러 줄을 파일 grade.txt에 출력하는 프로그램이다.

- 여러 줄의 표준입력을 처리하기 위하여 while (!feof(stdin)) {…} 구문을 이용한다.
- 함수 fputs()를 이용하기 전에 함수 fprintf()를 이용하여 줄 번호를 출력한다.
- 즉 파일 grade.txt 저장 시 맨 앞에 1부터 순차적으로 번호가 삽입되도록 한다.
- 표준입력에서 입력을 종료하려면 파일의 끝(EOF)을 의미하는 키 ctrl+Z를 새로운 행의 처음에 누른다.

실습예제 15-3 | Prj03 | 03mlinefio.c | 여러 줄에 걸쳐 이름, 성적을 입력하여 지정된 이름의 파일에 그 내용을 모두 저장 | 난이도: ★★

```c
#define _CRT_SECURE_NO_WARNINGS
#include <stdio.h>
#include <stdlib.h>

int main()
{
   char fname[] = "grade.txt";
   char names[80];
   int cnt = 0;
   FILE* f;

   if (fopen_s(&f, fname, "w") != 0) //if ((f = fopen(fname, "w")) == NULL)
   {
      printf("파일이 열리지 않습니다.\n");
      exit(1);
   };
   printf("이름과 성적(중간, 기말)을 입력하세요.\n");
```

```
    fgets(names, 80, stdin);

    //콘솔에 이름 중간 기말 입력하고 Enter 치고
    //계속 여러 줄에 여러 학생의 성적을 입력하다가
    //종료하고 싶을 때 새로운 줄 처음에 ctrl + Z 누르고 Enter 치면 종료
    while (!feof(stdin))            // ctrl + Z 표준입력의 종료 확인
    { //파일 "grade.txt"에 쓰기
        fprintf(f, "%d ", ++cnt);       //맨 앞에 번호를 삽입
        fputs(names, f);                //이후에 입력 받은 이름과 성적 2개 저장
        fgets(names, 80, stdin);        //다시 표준입력
    }
    fclose(f);

    return 0;
}
```

표준입력으로 받은 한 행을 변수 names에 저장, 한 행이 79 열보다 크면 배열 names[]의 크기를 더 크게 조정

표준입력이 있으면 계속, ctrl+Z 로 feof()이면 종료

결과

```
이름과 성적(중간, 기말)을 입력하세요.
김여린 89 98
김수진 92 95
이강호 88 92
^Z
```

표준입력으로 여러 줄에 걸쳐 적당한 형태로 입력하고 마지막 행에는 반드시 키 ctrl + Z를 입력한 후 Enter를 친다.

다음은 위 프로그램에서 생성한 파일 grade.txt의 내용이다. 맨 앞에 1부터 순차적으로 번호가 삽입된 것을 확인할 수 있다.

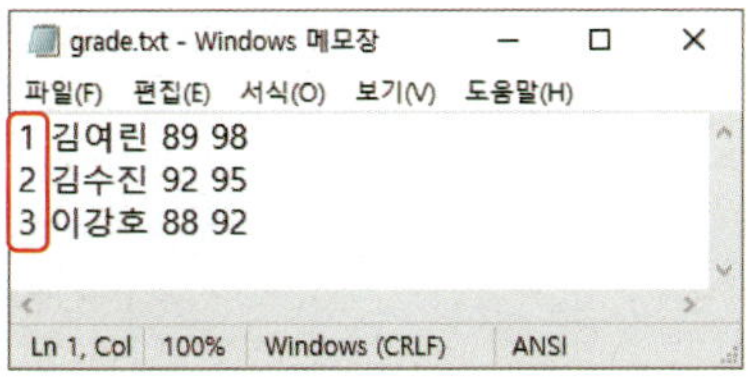

그림 15-16 프로그램에서 생성한 파일 grade.txt 내용

중간점검

01 함수 fputs()에서 두 번째 인자는 무엇인가?

02 파일 스트림의 EOF(End Of File) 표시를 검사하는 함수는 무엇인가?

파일 문자 입출력

함수 fgetc()와 fputc() 함수원형

문자 단위의 파일 입출력 함수를 알아보자. **함수 fgetc()와 getc()는 파일로부터 문자 하나를 입력받는 함수**이다. **함수 fputc()와 putc()는 문자 하나를 파일로 출력하는 함수**이다. 이 함수들은 문자 하나의 입출력의 대상인 파일 포인터를 인자로 이용한다. 이 함수들은 헤더파일 stdio.h에 다음과 같은 함수원형으로 요약되어 있다.

함수 fgetc()와 fputc() 함수원형

```
int  fgetc(FILE * _File);
int  fputc(int _Ch, FILE * _File);

int  getc(FILE * _File);
int  putc(int _Ch, FILE * _File);
```

- 함수 fgetc()아 getc()는 _File에서 문자 하나를 입력받는 함수
- 함수 fputc()와 putc()문자 _Ch를 파일 _File 에 출력하는 함수

그림 15-17 함수 fgetc()와 fputc() 함수원형

다음 예제는 여러 문자를 표준입력으로 받아 파일 char.txt에 저장한 후, 다시 파일에서 문자를 읽어 표준출력하는 프로그램이다. 표준입력에서 문자 x를 입력하면 입력 절차가 종료된다. 콘솔의 표준입출력으로 함수로는 _getche()와 _putch()를 이용한다. 함수 _getche()와 _putch()는 비주얼 스튜디오에서 getche()와 putch()를 대체하는 권장 함수이다. 다음 프로그램을 실행하면 프로젝트 폴더에 파일 char.txt가 생성되고, x를 입력하기 전까지의 문자가 입력된다.

실습예제 15-4	Prj04	04fgetc.c	영어 문자를 표준입력으로 계속 입력받아 파일에 저장한 후, 다시 파일에서 문자를 읽어 표준출력	난이도: ★★

```
#define _CRT_SECURE_NO_WARNINGS
#include <stdio.h>
#include <stdlib.h>
#include <conio.h>

int main()
{
   char fname[] = "char.txt"; //입력한 내용이 저장될 파일이름
   FILE* f; //파일 포인터

   if (fopen_s(&f, fname, "w") != 0) //쓰기모드로 파일 열기
   //if ( (f = fopen(fname, "w")) == NULL )
   {
```

```c
        printf("파일이 열리지 않습니다.\n");
        exit(1);
    };
    puts("영어 문자를 계속 입력하다가 종료하려면 x를 입력 >>");

    /* 표준입력으로 받은 영어 문자를 파일 char.txt에 출력하는 부분 */
    int ch; //입력된 문자 저장
    while ((ch = _getche()) != 'x')
        fputc(ch, f);    //파일 "char.txt"에 문자 출력
    fclose(f);
    puts("");

    if (fopen_s(&f, fname, "r") != 0) //읽기모드로 파일 열기
    {
        printf("파일이 열리지 않습니다.\n");
        exit(1);
    };

    //* 파일 char.txt에서 다시 문자를 입력받아 콘솔에 표준출력하는 부분 */
    while ((ch = fgetc(f)) != EOF)      //파일 "char.txt"에서 다시문자 읽기
        _putch(ch);                     //파일로부터 입력 받은 문자를 표준출력
    fclose(f);
    puts("");

    return 0;
}
```

함수 _getche()로 문자를 하나 표준입력 받아 ch에 저장, ch의 문자가 x가 아니면 while 반복 계속

함수 fgetc()로 파일에서 문자를 하나 읽어 변수 ch에 저장, ch가 EOF이 아니면 계속 while 반복 실행

결과

```
영어 문자를 계속 입력하다가 종료하려면 x를 입력 >>
C Java Python x
C Java Python
```

영어 문자를 입력하다가 x를 입력하면 바로 종료

파일 내용을 표준출력으로 그대로 출력

도스 명령어 type와 같이 지정한 파일의 내용을 그대로 콘솔에 출력하는 프로그램을 만들어보자. 파일 내용의 출력은 한 줄마다 맨 앞에 줄 번호를 출력한다. 다음 소스에서 지정한 파일 "05flist.c"는 다음 프로젝트의 소스로 지정한 파일은 프로젝트 폴더에 있어야 한다.

실습예제 15-5 | Prj05 | 05flist.c | 지정한 파일 "05flist.c"의 내용을 행 번호를 붙여 표준출력으로 그대로 출력하는 프로그램 | 난이도: ★★

```c
#include <stdio.h>
#include <stdlib.h>

int main(void)
```

```c
{
    FILE* f;
    if (fopen_s(&f, "05flist.c", "r") != 0) //읽기 모드로 파일 열기
    //if ( (f = fopen("05flist.c", "r")) == NULL )
    {
        printf("파일이 열리지 않습니다.\n");
        exit(1);
    }

    int ch, cnt = 0; //문자를 저장할 ch, 행번호를 저장할 cnt
    printf("%4d: ", ++cnt); //1행 처음에 번호 1 출력
    while ((ch = fgetc(f)) != EOF)
    {
        putchar(ch); //putc(ch, stdout);
        if (ch == '\n') //2행부터 행 처음에 행 번호 출력
            printf("%4d: ", ++cnt);
    }
    printf("\n");
    fclose(f);

    return 0;
}
```

새로운 줄에 이동했으면 다시 처음에 행 번호 ++cnt 출력

결과

```
   1: #include <stdio.h>
   2: #include <stdlib.h>
   3:
   4: int main(void)
   5: {
   6:     FILE* f;

... 중간생략

  24:
  25:     return 0;
  26: }
  27:
```

줄 번호와 함께 파일 내용을 그대로 출력

중간점검

01 다음 빈 부분의 함수이름을 완성하시오.

함수 ____________는 파일로부터 문자 하나를 입력받는 함수이다.
함수 ____________는 문자 하나를 파일로 출력하는 함수이다.

LAB

파일의 대소문자를 서로 바꿔 다른 파일에 저장

다음 소스파일 lab2uplowerchar.c의 알파벳에서 대문자는 소문자로, 소문자는 대문자로 변환하여 새로운 파일 convertchar.c에 출력하는 프로그램을 작성해 보도록 한다.

- 두 파일을 각각 열기모드와 쓰기모드로 열어, 함수 fgetc() 또는 getc()로 문자 하나를 읽어 알파벳이면 대소문자를 각각 바꿔 다시 함수 fputc() 또는 putc()로 변환된 문자를 출력
- 문자 하나를 읽어 그 문자가 EOF이 아니면 계속 변환하여 출력
- 소스에 한글은 없도록 함(문자 처리에 오류 발생)

```
Microsoft Visual Studio 디버그 콘솔
File convertchar.c is created!!!
```

Lab 15-2 lab2uplowerchar.c 난이도: ★

```c
#define _CRT_SECURE_NO_WARNINGS
#include <stdio.h>
#include <stdlib.h>
#include <ctype.h>

int main(void)
{
   FILE* f1, * f2;
   if ((f1 = fopen("lab2uplowerchar.c", "r")) == NULL)
   {
      printf("cannot open this file\n");
      exit(1);
   }
   if ((f2 = fopen("convertchar.c", "w")) == NULL)
   {
      printf("cannot open this file\n");
      fclose(f1);
      exit(1);
   }

   char a;
   while  ((a = getc(f1)) != EOF)
   {
      if (isalpha(a))
```

```
25          if (islower(a))
26             ______________
27          else if (isupper(a))
28             a = tolower(a);
29       ______________ //fputc(a, f2)
30    }
31
32    fclose(f1);
33    fclose(f2);
34    printf("File convertchar.c is created!!!\n");
35
36    return 0;
37 }
```

정답

```
26             a = toupper(a);
29       putc(a, f2); //fputc(a, f2)
```

15.3 이진 파일 입출력

텍스트와 이진 파일 입력과 출력

함수 fprintf()와 fscanf_s()

함수 fprintf()와 fscanf(), fscanf_s()는 자료의 입출력을 텍스트 모드로 처리한다. 함수 fprintf()에 의해 출력된 텍스트 파일은 텍스트 편집기로 그 내용을 볼 수 있으며, 텍스트 파일의 내용은 모두 지정된 아스키코드와 같은 문자 코드 값을 갖고 있어 그 내용을 확인할 수 있을 뿐만 아니라 인쇄할 수도 있다. 함수 fprintf()를 이용하여 int형 변수 cnt의 값을 파일 f에 출력하는 과정을 살펴보자.

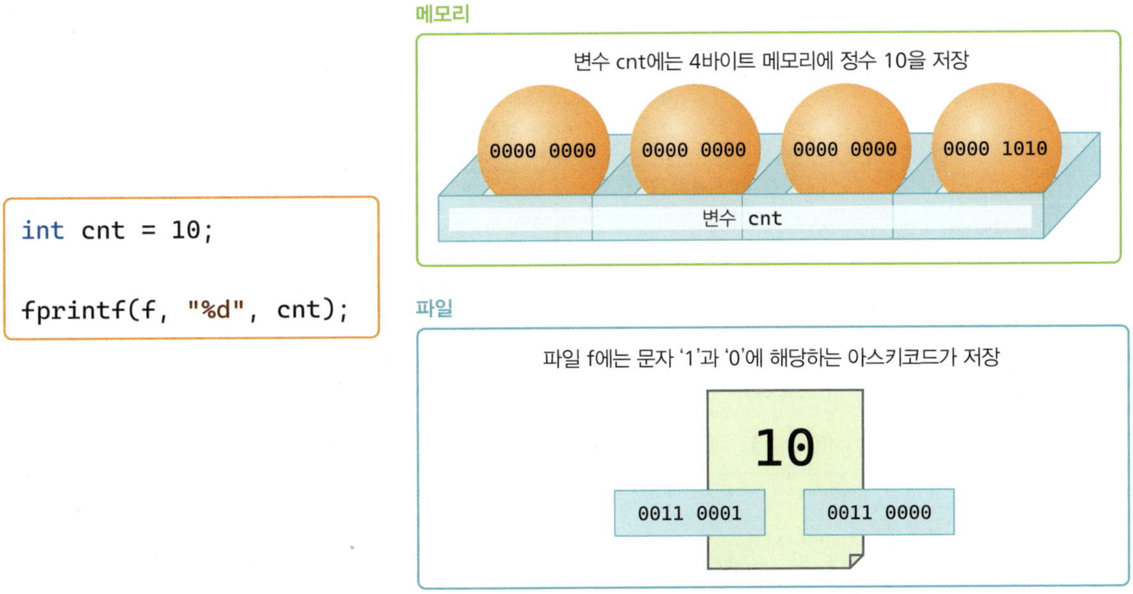

그림 15-18 함수 fprintf()에 의한 텍스트 파일 출력의 예

함수 fprintf()로 실제 정수 int형 변수 cnt를 출력하면, 실제로 파일에 저장되는 자료는 정수 값 10에 해당하는 각 문자의 아스키 값이다 그러므로 파일 f에는 정수 값 10에 해당하는 각각의 문자 '1'과 '0'의 아스키코드 값이 저장된다.

함수 fwrite()와 fread()

텍스트 파일과는 다르게 이진 파일(binary file)은 C 언어의 자료형을 모두 유지하면서 바이트 단위로 저장되는 파일이다. 이진 모드로 블록 단위 입출력을 처리하려면 함수 fwrite()와 fread()를 이용한다. 함수 fwrite()와 fread()는 헤더파일 stdio.h에 다음과 같은 함수원형으로 요약되어 있다.

함수 fwrite()와 fread() 함수원형

```
size_t fwrite(const void * _Buffer, size_t _ElementSize,
                                   size_t _ElementCount, FILE* _Stream);
size_t fread(void * _Buffer, size_t _ElementSize,
                                   size_t _ElementCount, FILE* _Stream);
```

- 함수 fwrite()는 _Buffer가 가리키는 메모리에서 _ElementSize만큼 _ElementCount개를 파일 _Stream에 쓰는(저장) 함수
- fread()는 반대로 파일 _Stream에서 _ElementSize의 _ElementCount개만큼 메모리 _Buffer에 읽어오는 함수, 반환값은 성공적으로 입출력을 수행한 항목의 수

```
int cnt = 10;
fwrite(&cnt, sizeof(int), 1, f);
fread(&cnt, sizeof(int), 1, f);
```

그림 15-19 함수 fwrite()와 fread() 함수원형

함수 fwrite()를 이용하여 정수형 변수 cnt 값을 파일 f에 출력하는 과정을 살펴보자.

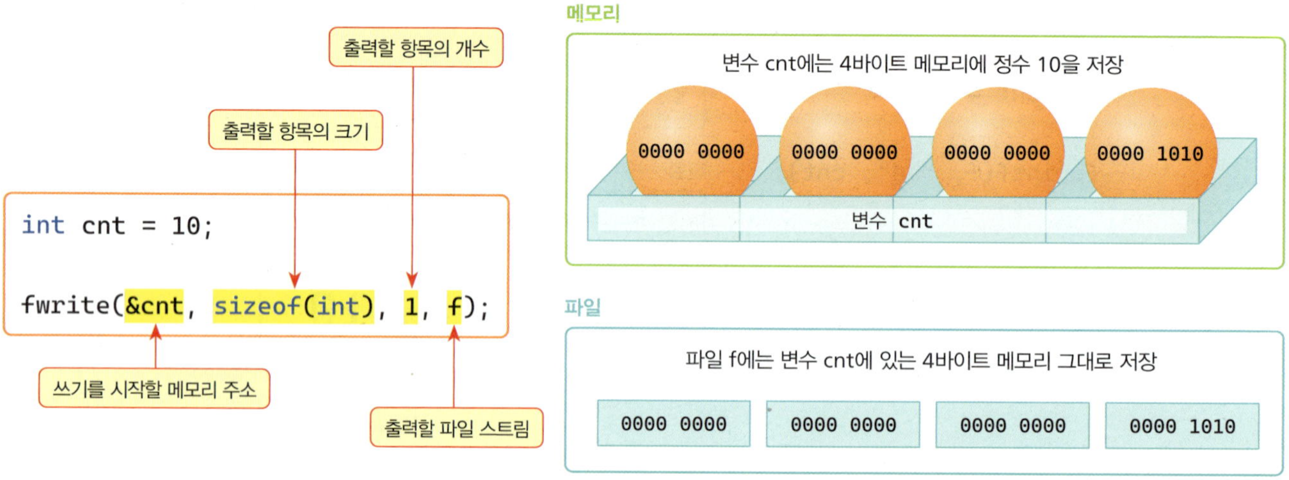

그림 15-20 함수 fwrite()에 의한 이진 파일 출력의 예

함수 fwrite()는 바이트 단위로 원하는 블록을 파일에 출력하기 위한 함수이고, 함수 fwrite()에 의하여 출력된 자료는 함수 fread()로 입력해야 그 자료유형을 유지할 수 있다. 다음 그림은 함수 fwrite()에서 세 번째 항목인 출력항목 수를 4로 지정한 경우의 출력을 나타낸다.

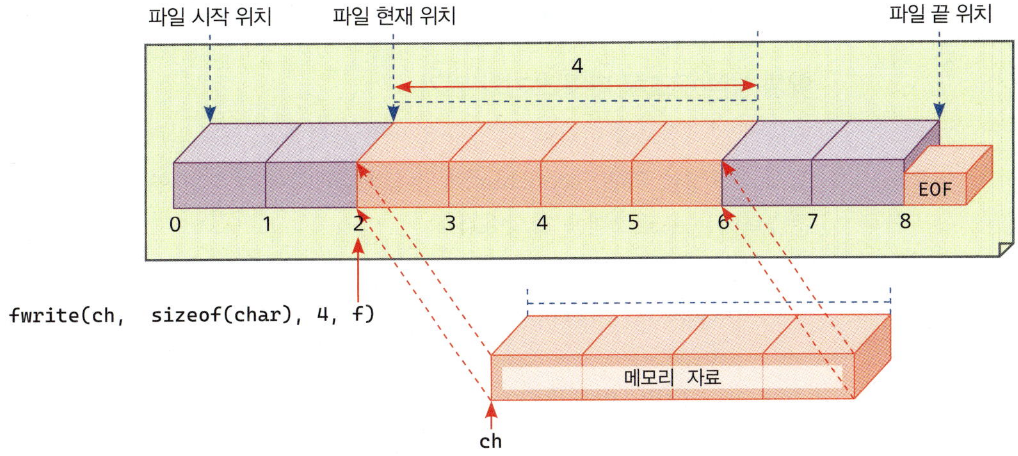

그림 15-21 블록 쓰기 함수 fwrite()

이진 파일을 위한 파일 열기 모드에서 다음과 같이 문자 'b'를 추가할 수 있다. 이진(binary)을 의미하는 b는 모든 파일열기 모드에 "rb"와 같이 이용될 수 있다. 파일 열기 모드에서 'b'가 없으면 기본으로 텍스트 파일을 의미한다.

표 15-2 이진 파일 열기 함수 fopen()의 모드 기본 종류

모드	의미
rb	이진 파일의 읽기(read) 모드로 파일을 연다.
wb	이진 파일의 쓰기(write) 모드로 파일을 연다.
ab	이진 파일의 추가(append) 모드로 파일을 연다.

중간점검

01 다음은 이진 모드로 파일 f에 입출력하는 소스로 빈 부분을 완성하시오.

```
int cnt = 10;
fwrite(&cnt, _______________, 1, _____);
fread(&cnt, _______________, 1, _____);
```

02 파일 열기 모드에서 "rb"를 설명하시오.

구조체의 파일 입출력

학생 성적 구조체 파일 쓰기와 읽기

학생의 성적정보를 다음과 같이 구조체로 표현하고, 표준입력으로 여러 명의 자료를 입력 받은 구조체 자료형을 파일 "score.bin"에 저장한 후 다시 생성된 이진 파일 score.bin의 내용을 읽어 표준출력하는 프로그램을 작성하자.

```
typedef struct personscore   //구조체 struct personscore 정의
{
   int number;               //번호
   char name[40];            //이름
   int mid;                  //중간성적
   int final;                //기말성적
   int quiz;                 //퀴즈성적
} pscore;                    //구조체 자료형 pscore 정의
```

- 구조체 personscore는 번호, 이름, 중간, 기말, 퀴즈 점수를 멤버로 가지며, 이 구조체 자료형으로 한 학생의 정보를 저장하기 위해 표준입력으로 번호를 제외한 이름, 중간, 기말, 퀴즈 점수를 입력 받는다.
- 표준입력은 사람마다 한 행씩 입력 받도록 하며, 입력된 학생 수로 학생 번호를 입력한다.
- 표준입력은 한 행마다 fgets()를 이용하여 하나의 문자열로 받고, 이 입력된 문자열에서 각 구조체의 멤버 자료를 추출한다.
- 문자열에서 자료를 추출하기 위하여 함수 sscanf()를 이용한다.

이 프로그램이 정상적으로 실행되면 이진 파일 score.bin이 프로젝트 폴더에 생성된다. 이 score.bin은 이진 파일이므로 그 내용을 볼 수 없다. 물론 일부 문자열 자료는 그대로 아스키코드 값으로 저장되고 출력되므로 그 내용을 확인할 수 있다. 이제 생성된 이진 파일 score.bin의 내용을 읽어 표준 출력하는 프로그램을 작성하자. 함수 feof()을 이용하여 파일의 마지막까지 구조체 자료를 읽어 적당한 출력 형태가 되도록 함수 fprintf()와 printf()를 이용하여 출력한다. 이 예제를 실행하려면 예제에서 생성되는 파일 score.bin이 반드시 이 프로젝트 하부 폴더에 생성되어야 한다.

실습예제 15-6	Prj06	06structfio.c	여러 줄에 걸쳐 학생 성적 구조체의 정보를 입력하여 파일을 생성하고 다시 파일에서 구조체 정보를 읽어 표준출력에 출력	난이도: ★★★

```
#define _CRT_SECURE_NO_WARNINGS
#include <stdio.h>
#include <string.h>
#include <stdlib.h>

typedef struct personscore //구조체 struct personscore 정의
{
```

```c
    int number;          //번호
    char name[40];       //이름
    int mid;             //중간성적
    int final;           //기말성적
    int quiz;            //퀴즈성적
} pscore;                //구조체 자료형 pscore 정의

void printhead()
{
    printf("%s\n", "  -------------------------------------------");
    printf("%8s%15s%10s%8s%8s\n", "번호", "이름", "중간", "기말", "퀴즈");
    printf("%s\n", "  -------------------------------------------");
}

int main()
{
    char fname[] = "score.bin";
    FILE* f;

    if (fopen_s(&f, fname, "wb") != 0) //쓰기 모드로 파일 열기
    //if ( (f = fopen(fname, "wb")) == NULL )
    {
        printf("파일이 열리지 않습니다.\n");
        exit(1);
    };

    char line[80];    //표준입력으로 행을 저장하기 위한 변수
    int cnt = 0;      //입력 학생 번호(자동 생성) 변수
    pscore score;     //구조체 변수 선언
    printf("이름과 성적(중간, 기말, 퀴즈)을 입력하세요.\n");

    fgets(line, 80, stdin);
    while (!feof(stdin))
    {
        //표준입력의 한줄을 구조체의 멤버 별로 자료를 입력
        sscanf_s(line, "%s %d %d %d", score.name, 40, &score.mid,
                                            &score.final, &score.quiz);
        //sscanf(line, "%s %d %d %d", score.name, &score.mid,
        &score.final, &score.quiz);
        score.number = ++cnt;
        fwrite(&score, sizeof(pscore), 1, f);
        fgets(line, 80, stdin);
    }
    fclose(f);
```

첫 인자인 line의 문자열에서 서식화된 자료를 입력 받는 함수로, score.name과 score.mid, score.final, score.quiz를 입력 받음

파일에 구조체 변수 score를 저장

```
    if ((f = fopen(fname, "rb")) == NULL) //읽기 모드로 파일 열기
    //if (fopen_s(&f, fname, "rb") != 0)
    {
        printf("파일이 열리지 않습니다.\n");
        exit(1);
    };
    printhead();

    fread(&score, sizeof(pscore), 1, f);
    //이진모드로 파일 f에서 구조체 pscore 자료 읽기
    while (!feof(f)) //파일에서 읽어 표준출력에 쓰기
    {
        fprintf(stdout, "%6d%18s%8d%8d%8d\n",
                score.number, score.name, score.mid, score.final, score.quiz);
        fread(&score, sizeof(pscore), 1, f);
    }
    printf("%s\n", " ---------------------------------------------------");
    fclose(f);

    return 0;
}
```

첫 번째 인자는 파일이름, 두 번째 인자는 모드로 "rb"는 이진으로 읽기모드이며, 반환 값을 파일 포인터에 저장

제목출력 함수 printhead() 호출

여러 줄 입력 후 Ctrl + Z 입력 후 Enter 키 입력

다시 이진모드로 파일 f에서 구조체 pscore 자료를 하나 읽어 변수 score에 저장

결과

```
이름과 성적(중간, 기말, 퀴즈)을 입력하세요.
홍길동 98 88 78
김진형 78 98 45
전성욱 88 85 95
^Z
  ------------------------------------------------------
   번호          이름        중간      기말      퀴즈
  ------------------------------------------------------
     1          홍길동        98        88        78
     2          김진형        78        98        45
     3          전성욱        88        85        95
  ------------------------------------------------------
```

여러 줄 입력 후 Ctrl + Z 입력 후 Enter 키 입력

위 내용을 파일에 저장 후, 다시 읽어 콘솔에 출력

중간점검

01 문자열에서 필요한 자료를 추출하는 함수는 무엇인가?

02 함수 fprintf()를 사용해 표준출력을 한다면 첫 인자는 무엇인가?

LAB

학생정보를 표현하는 구조체 배열을 파일에 쓰고 파일에 저장된 학생정보를 다시 읽어 오기

학생의 정보를 표현하는 구조체 student는 학과와 이름, 학번으로 구성된다. 학생 3명의 정보를 초기화로 배열 mylab에 저장한 후, 파일 student.bin을 쓰기 모드로 열어 함수 fwrite()로 배열을 모두 출력한다. 다시 파일 student.bin을 열기 모드로 열어, 저장할 구조체 배열 lab을 선언하여 함수 fread()로 배열을 모두 입력한다. 배열 lab에 저장된 학생 정보를 다시 콘솔에 출력해 보도록 한다.

- 함수 fwrite(자료 주소값, 하나의 바이트 크기, 총 개수, 출력파일 포인터)의 인자 4개
  - 첫 번째 인자는 출력될 자료의 주소값이며, 두 번째 인자는 출력될 자료 항목의 바이트 크기이고, 세 번째 인자는 출력될 항목의 개수이며, 마지막 인자는 출력될 파일 포인터
- 함수 fread(입력 자료 주소값, 하나의 바이트 크기, 총 개수, 입력파일 포인터)의 인자 4개
  - 첫 번째 인자는 저장될 버퍼 자료의 주소값이며, 두 번째 인자는 입력될 자료 항목의 바이트 크기이고, 세 번째 인자는 입력될 항목의 개수이며, 마지막 인자는 입력 파일 포인터

Lab 15-3 lab3stdtinfo.c 난이도: ★★

```c
#include <stdio.h>

typedef struct student //구조체 자료형 student 정의
{
    char dept[40];    //학과
    char name[20];    //이름
    int snum;         //학번
} student;

int main()
{
    student mylab[] = {
        { "컴퓨터정보공학과", "이미정", 20224576},
        { "컴퓨터정보공학과", "김별이", 20226734 },
        { "컴퓨터소프트웨어공학과", "김한수", 20238732 } };

```

```c
17      FILE* f;
18      char fname[] = "student.bin";
19      fopen_s(&f, fname, "wb");
20      int size = sizeof(mylab) / sizeof(student);
21      fwrite(                              , f);
22      fclose(f);
23
24      fopen_s(&f, fname, "rb"); //다시 읽기 위해 오픈
25      //파일에서 구조체 배열 모두를 한번에 읽어 다시 저장된 배열을 출력
26      student lab[10]; //다시 파일의 내용을 저장할 배열 선언
27      //파일 f에서 sizeof(student) 크기로 size 수만큼 읽어 lab에 저장
28      fread(                               );
29      for (int i = 0; i < size; i++)
30          fprintf(stdout, "%24s%10s%12d\n", lab[i].dept, lab[i].name,
31                                                              lab[i].snum);
32      fclose(f);
33
34      return 0;
35  }
```

정답

```c
21      fwrite(mylab, sizeof(student), size, f);
28      fread(lab, sizeof(student), size, f);
```

15.4 파일 접근 처리

순차 접근과 임의 접근

파일 위치

파일을 열면 파일 위치(file position)는 항상 파일의 시작 부분을 가리킨다. **파일 위치는 파일 내부를 바이트 단위로 파일 내부 위치를 나타내는 값이다.** 이 파일 위치를 '**파일 지시자(file indicator)**' 또는 '**파일 표시자**'라고도 부른다. 파일의 시작점에서 파일 위치는 0이며 1바이트마다 1씩 증가한다. 마치 메모리의 주소값과 같다. **파일의 마지막에는 파일의 마지막을 알리는 EOF(End Of File) 표시**가 있다.

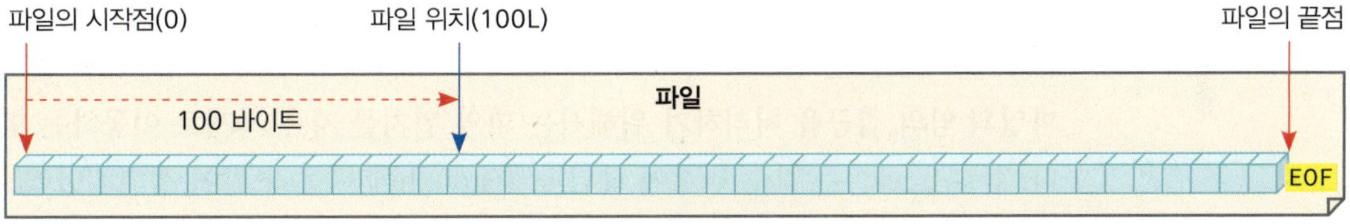

그림 15-22 파일 위치의 의미

만일 파일 위치가 100L이라면 파일의 처음에서부터 100바이트 떨어진 위치에 현재 파일 위치가 있다는 의미이다. 파일 위치 값은 일반적으로 자료형 long으로 취급하므로 상수를 기술할 때 100L처럼 수 뒤에 L을 쓸 수 있다. 파일에 내용을 쓰거나 읽으려면 그 파일 위치로 이동해야 한다. 파일 위치는 파일 내부에서 자료를 읽거나 쓰는 만큼 파일의 현재 위치에서 뒤로 이동한다.

파일 스트림 연결 시 파일 위치

파일을 처음으로 열면 모드에 관계없이 파일 위치는 모두 0이다. 파일 모드가 추가(a)인 경우, 파일을 처음 열면 파일 위치는 0이나 자료를 파일에 쓰면 자동으로 파일 위치가 마지막으로 이동되어 추가된다. 그러나 파일 위치를 임의로 이동하였다면 파일의 마지막으로 이동하여 추가해야 한다.

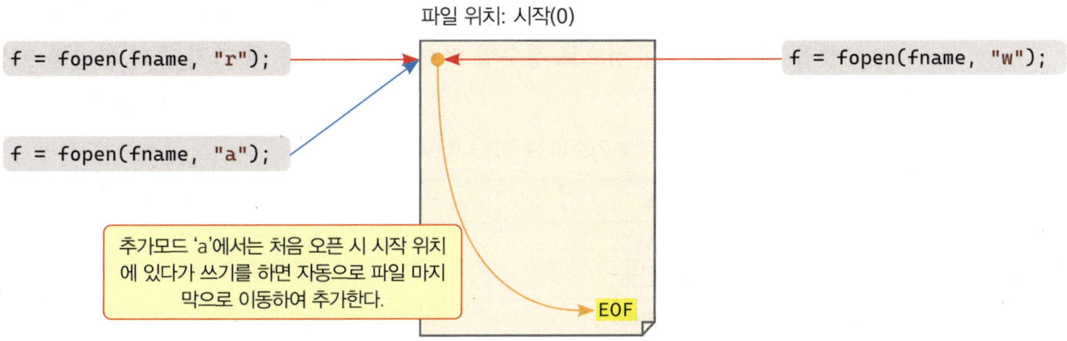

그림 15-23 파일 스트림 연결 시 처음 파일 위치

파일 순차적 접근과 임의 접근

파일 위치를 처음부터 하나씩 증가시키면서 파일을 참조하는 방식을 순차적 접근(sequential access)이라 한다. **순차적 접근과는 다르게 파일의 어디라도 바로 참조하는 방식을 임의 접근(random access)**이라 한다. 파일의 임의 접근이 필요한 경우에는 관련 함수 fseek(), ftell(), rewind() 등을 활용하여 접근해야 한다.

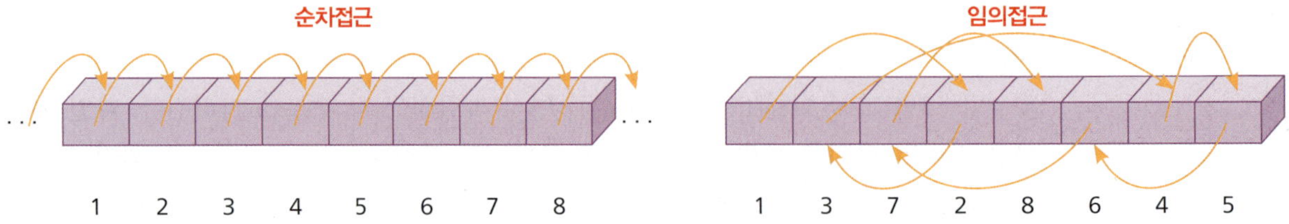

그림 15-24 순차적 접근과 임의 접근

파일의 임의 접근 함수

함수 fseek()

파일의 임의 접근을 처리하기 위해서는 파일 위치를 자유 자재로 이동하는 함수 fseek()이 필요하다. 함수 fseek()는 함수 원형이 헤더파일 stdio.h에 다음과 같이 정의되어 있는 함수이다.

함수 fseek() 함수원형

```
int fseek(FILE * _File, long _Offset, int _Origin);
```

함수 fseek()는 파일 _File의 기준점 _Origin에서 _Offest만큼 파일 포인터를 이동하는 함수 , 성공하면 0을 반환하며 실패하면 0이 아닌 정수를 반환

```
fseek(f, 0L, SEEK_SET);
fseek(f, 100L, SEEK_CUR);
fseek(f, -100L, SEEK_END);
```

그림 15-25 함수 fseek() 함수원형

함수 fseek()에서 첫 번째 인자는 파일 포인터를 나타내며, 두 번째 인자는 long형으로 기준점으로부터 떨어진 값을 말하며 흔히 오프셋(offset)이라 한다. **함수 fseek()에서 세 번째 인자는 오프셋을 계산하는 기준점으로 정수형 기호 상수로 다음 세 가지 중의 하나를 이용할 수 있다.**

표 15-3 파일의 오프셋 기준의 종류를 나타내는 상수

기호	값	의미
SEEK_SET	0	파일의 시작 위치
SEEK_CUR	1	파일의 현재 위치
SEEK_END	2	파일의 끝 위치

- 함수 fseek(f, 100L, SEEK_SET)의 호출은 파일 위치를 파일의 처음 위치에서 100바이트 떨어진 위치로 이동시킨다.
- 함수 fseek(f, 100L, SEEK_CUR)의 호출은 파일의 현재 위치에서 100바이트 떨어진 위치로 이동시킨다.
- 함수 fseek(f, -100L, SEEK_END)의 호출은 파일 끝 위치에서 앞으로 100바이트 떨어진 위치로 이동시킨다. 함수 fseek()에서 offset이 양수이면 파일의 끝점으로, 음수이면 파일의 시작점으로의 이동방향을 나타낸다.

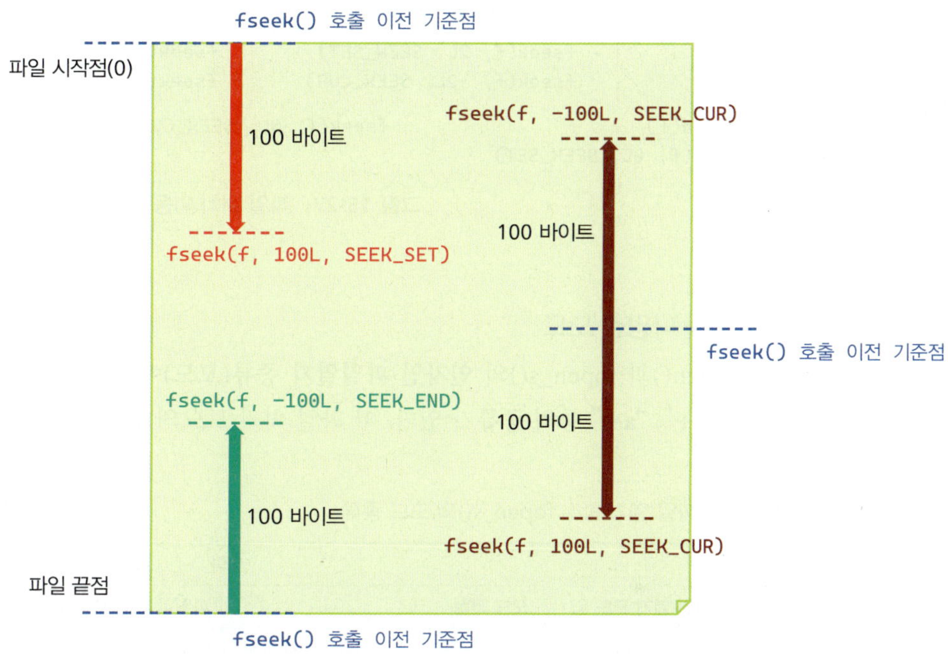

그림 15-26 함수 fseek()에서 여러 mode에 따른 offset의 의미

파일 위치와 관련된 함수로서 다음 세 가지 함수를 이용할 수 있다. **함수 ftell()은 인자인 파일의 파일 위치를 반환하며, 함수 rewind()는 파일 위치를 무조건 가장 앞으로 이동**시킨다.

표 15-4 파일 위치 관련 함수

함수	기능
int fseek(FILE *, long offset, int pos)	파일 위치를 세 기준점(pos)으로부터 오프셋(offset)만큼 이동
long ftell(FILE *)	파일의 현재 파일 위치를 반환
void rewind(FILE *)	파일의 현재 위치를 0 위치(파일의 시작점)로 이동

함수 rewind() 호출은 함수 fseek(f, 0L, SEEK_SET)의 호출과 같이 파일의 맨 처음으로 이동한다. 다음은 함수 fseek()의 다양한 사용의 예를 보이고 있다.

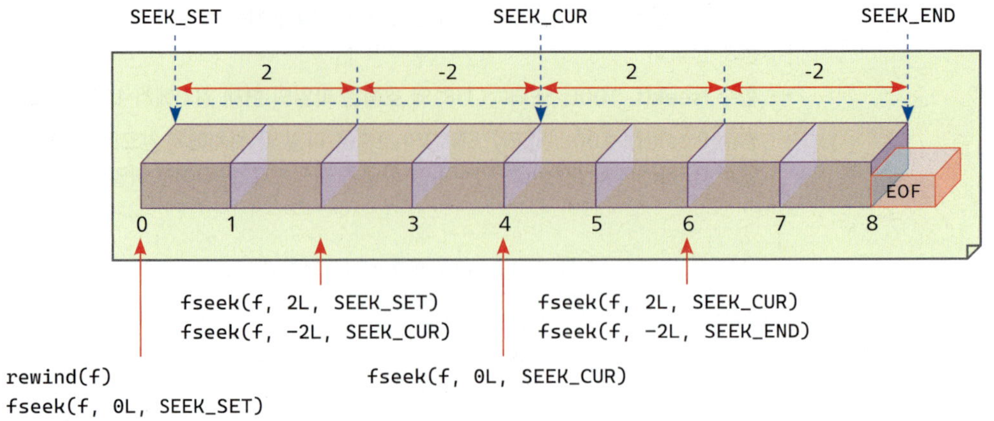

그림 15-27 파일 위치 이동 함수

파일 열기 다양한 모드

함수 fopen()과 fopen_s()의 **인자인 파일열기 종류(모드)에는 텍스트 파일인 경우 "r", "w", "a", "r+", "w+", "a+" 등의 종류**가 있다. 이 파일 처리 모드의 의미는 다음과 같다.

표 15-5 파일 열기 함수 fopen_s()의 모드 종류

모드	의미			
	파일 열기 모드	모드 전환	파일이 있는 경우	파일이 없는 경우
r	읽기(read)	쓰기(write) 불가능	파일의 처음에서 읽기 시작	에러 발생
w	쓰기(write)	읽기(read) 불가능	이전 내용을 지워지고 파일의 처음부터 쓰기 시작	새로 생성
a	추가(append)	읽기(read) 불가능	파일의 마지막에서 파일의 쓰기 시작하며, 파일 중간에 쓰는 것은 불가능	새로 생성
r+	읽기(read)	쓰기(write)	파일의 처음에서 읽기 시작	에러 발생
w+	쓰기(write)	읽기(read)	이전 내용을 지워지고 파일의 처음부터 쓰기 시작	새로 생성
a+	추가(append)	읽기(read)	파일의 마지막에서 파일의 쓰기 시작하며, 파일 중간에 쓰는 것은 불가능	새로 생성

파일 모드는 간단히 읽기(r)와 쓰기(w) 그리고 추가(a) 모드가 있다.

- **읽기 모드 r은 읽기가 가능한 모드이며, 쓰기는 불가능하다.**
- **쓰기 모드 w는 파일 어디에든 쓰기가 가능한 모드이나 읽기는 불가능하다.**
- **추가 모드 a는 파일 중간에 쓸 수 없으며 파일 마지막에 추가적으로 쓰는 것만 가능한 모드이며, 읽기는 불가능하다.** 그러므로 파일 모드 a에서 파일에 쓰는 내용은 무조건 파일 마지막에 추가된다.

파일 모드에서 +의 삽입은 수정(update) 모드 의미로 원래의 모드에서 읽기 또는 쓰기가 추가되는 모드이다. 즉 수정(update) 모드에서는 모드 간의 전환이 가능하다.

- 파일 모드 r+는 처음에 읽기 모드로 파일을 열어 필요하면 쓰기 모드로 전환할 수 있다. 그러므로 파일이 없으

면 오류가 발생한다.

- 파일 모드 w+는 처음에 쓰기 모드로 파일을 열어 필요하면 읽기 모드로 전환할 수 있다. 만일 파일이 존재한다면 이전의 내용은 모두 사라진다.
- 파일 모드 a+는 처음에 추가 모드로 파일을 열어 필요하면 읽기 모드로 전환할 수 있다.

수정 모드에서 모드 전환은 추가 모드와 읽기 모드 간의 전환과 쓰기 모드와 읽기 모드 간의 전환(mode switch)이 가능하다. **모든 파일 모드 전환 사이에는 fseek() 또는 rewind()와 같은 함수 호출이 반드시 필요하다.**

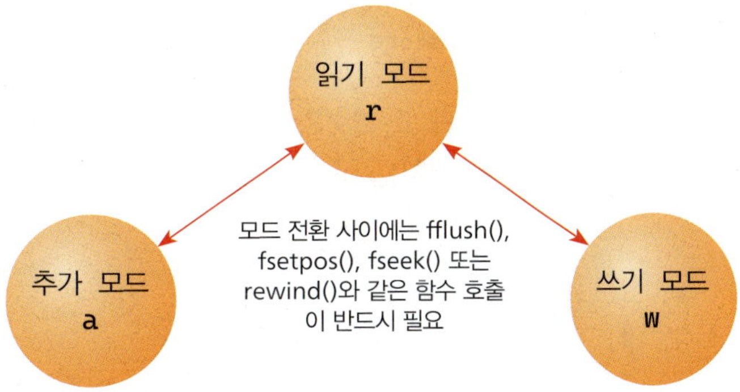

그림 15-28 모드 전환 시 필요한 함수 호출

이진 파일을 위한 파일 열기 모드에서 다음과 같이 문자 'b'를 추가할 수 있다.

표 15-6 이진 파일 열기 함수 fopen()의 모드 종류

모드		의미
rb		이진 파일의 읽기(read) 모드로 파일을 연다.
wb		이진 파일의 쓰기(write) 모드로 파일을 연다.
ab		이진 파일의 추가(append) 모드로 파일을 연다.
rb+	r+b	이진 파일의 읽기(read)와 쓰기(write) 모드로 파일을 연다.
wb+	w+b	이진 파일의 읽기(read)와 쓰기(write) 모드로 파일을 연다.
ab+	a+b	이진 파일의 추가(append) 모드로 파일을 연다.

학생 성적 정보를 추가하는 프로그램

앞의 예제 프로그램을 발전시켜 더 많은 학생의 성적정보를 추가하는 프로그램을 작성하자. 프로그램이 실행되면 제일 먼저 파일 score.bin 파일에 있는 학생 정보를 모두 읽어와 출력한다. 다음에는 파일에 있는 마지막 학생 정보로부터 마지막 학생 번호를 알아낸다. 이 번호에 1씩 증가시키면서 다음에 추가될 학생의 번호로 이용한다. 추가될 학생 정보는 학생마다 한 행씩 자료를 받아서 파일 score.bin 파일에 추가한다. 키보드 ctrl + z를 누르면 입력이 종료되고, 다시 파일 score.bin에서 모든 자료를 읽어 모든 정보를 출력한다. 프로그램에서 제일 먼저 자료를 추가할 score.

bin 파일을 모드 "ab+"로 연다. 파일을 "ab+"로 여는 이유는 학생 정보를 추가도 하고, 다시 읽기도 하기 위함이다. 다음은 이 프로그램의 전체 소스이다.

실습예제 15-7 Prj07 07appendsfile.c 학생 성적 구조체 정보를 추가하는 프로그램 난이도: ★★

```c
#define _CRT_SECURE_NO_WARNINGS
#include <stdio.h>
#include <string.h>
#include <stdlib.h>

struct personscore
{
    int number;
    char name[40];
    int mid;
    int final;
    int quiz;
};
typedef struct personscore pscore;

void printhead();
int printscore(FILE* f);
void appendscore(FILE* f, int cnt);

int main()
{
    FILE* f;
    char fname[] = "score.bin";
    int cnt = 0;
    long offset = 0;

    if ((f = fopen(fname, "ab+")) == NULL) //if (fopen_s(&f, fname, "a+") != 0)
    {
        printf("파일이 열리지 않습니다.\n");
        exit(1);
    }
    int readcnt = printscore(f);
    if (readcnt == 1)
    {
        pscore score;
        offset = (long)sizeof(pscore); //구조체 하나의 크기
        //파일의 마지막에서 마지막 학생을 읽기 위해 한 학생만큼 뒤로 이동
        fseek(f, -offset, SEEK_END);
```

변수 cnt에 학생 번호를 저장

첫 인자는 파일이름, 두 번째 인자는 모드로 "ab+"는 이진 추가모드이며, 반환 값을 파일 포인터로 선언한 f에 대입, 만일 파일 열기에 실패하면 f에 NULL이 저장됨

```
        //fseek(f, -offset, SEEK_CUR); //파일의 현재 포인터에서 한 학생만큼 뒤로 이동
        fread(&score, sizeof(pscore), 1, f); //마지막 학생을 읽음
        cnt = score.number; //제일 마지막 자료의 번호를 찾기 위하여
        printf("\n제일 마지막 번호가 %d번 입니다. \n\n", cnt);
    }
    fseek(f, 0L, SEEK_END);
    appendscore(f, cnt);
    printscore(f);
    fclose(f);

    return 0;
}

void appendscore(FILE* f, int cnt)
{
    char line[80];
    pscore score = { 0 };
    printf("추가할 이름과 성적(중간, 기말, 퀴즈)을 입력하세요.\n\n");
    fgets(line, 80, stdin);
    while (!feof(stdin))
    {
        sscanf_s(line, "%s %d %d %d", score.name, 40, &score.mid,
                                                     &score.final, &score.quiz);
        score.number = ++cnt;
        fwrite(&score, sizeof(pscore), 1, f);
        fgets(line, 80, stdin);
    }
}

int printscore(FILE* f)
{
    rewind(f); //파일의 맨 앞으로 이동
    pscore score;
    //파일 f에 하나도 자료가 없으면 변수 readcnt가 0
    int readcnt = fread(&score, sizeof(pscore), 1, f);
    if (readcnt == 0) //파일 f에 하나도 자료가 없으면 변수 readcnt가 0
    {
        printf("현재는 성적 정보가 하나도 없습니다. >>\n");
        return 0;
    }

    printhead(); //제목 출력
    while (!feof(f)) //표준출력에 쓰기
```

다시 이진모드로 파일 f에서 구조체 pscore 자료를 하나 읽어 변수 score에 저장

변수 readcnt 파일 f에서 구조체 하나를 읽어 score에 저장,
파일 f에 하나도 자료가 없으면 학생 번호 변수 readcnt에 0 저장

```
    {
        fprintf(stdout, "%6d%18s%8d%8d%8d\n",
            score.number, score.name, score.mid, score.final, score.quiz);
        fread(&score, sizeof(pscore), 1, f);
    }
    fprintf(stdout, "%s\n", "  ----------------------------------------------");

    return 1;
}

void printhead()
{
    printf("\n현재의 성적 내용은 >>\n");
    fprintf(stdout, "%s\n", "  ______________________________________________");
    fprintf(stdout, "%8s%15s%10s%8s%8s\n", "번호", "이름", "중간", "기말", "퀴즈");
    fprintf(stdout, "%s\n", "  ----------------------------------------------");
}
```

결과

```
현재의 성적 내용은 >>
-----------------------------------------------------
번호 이름 중간 기말 퀴즈
-----------------------------------------------------
1 홍길동 98 88 78
2 김진형 78 98 45
3 전성욱 88 85 95
---------------------------------------------------
제일 마지막 번호가 3 번 입니다.
```

TIP feof()에서의 주의

함수 feof(f)는 단순히 파일 f의 파일 지시자가 파일의 마지막인가를 검사하는 것이 아니라 이전 읽기 작업을 통해 EOF까지 도달하면 0이 아닌 값을, 아직 도달하지 않았으면 0을 반환하는 함수이다. 그러므로 다음과 같이 파일 f에서 파일 지시자를 마지막으로 이동시키더라도 이전 읽기 작업이 없었으므로 feof(f)은 0이 "no"가 출력된다.

```
fseek(f, 0, SEEK_END);
printf("%s\n", feof(f) ? "yes" : "no");
```

그러나 다음과 같이 읽기 작업을 수행하니 드디어 EOF까지 도달하여 다음 출력은 "yes"가 출력된다.

```
int ch = getc(f);
printf("%s\n", feof(f) ? "yes" : "no");
```

중간점검

01 파일의 접근 방식인 순차접근과 임의 접근을 설명하시오.

02 다음은 파일 위치 관련 함수를 정리한 표이다. 빈 부분의 함수를 채우시오.

함수	기능
int ________(FILE *, long offset, int pos)	파일 위치를 세 기준점(pos)으로부터 오프셋(offset)만큼 이동
	파일의 현재 파일 위치를 반환
	파일의 현재 위치를 0 위치(파일의 시작점)로 이동

입출력 및 파일 삭제, 이름 바꾸기 함수

텍스트 파일

표준 입출력 장치를 이용한 입출력 함수와 특정 파일을 대상으로 하는 입출력 함수는 대부분 헤더 파일 stdio.h에 그 함수 원형이 정의되어 있다. 그러므로 다음 함수를 사용하려면 헤더 파일 stdio.h를 삽입해야 한다. 이들 함수를 정리하면 다음과 같다.

표 15-7 자료에 따른 다양한 입출력 함수

자료	종류	표준 입출력	파일 입출력
문자	입력	int getchar(void)	int getc(FILE *) int fgetc(FILE *)
	출력	int putchar(int)	int putc(int, FILE *) int fputc(int, FILE *)
문자열	입력	char * gets(char *)	char * fgets(char *, int, FILE *)
	출력	int puts(const char *)	int fputs(const char *, FILE *,)
서식 자료	입력	int scanf(const char *, …) int scanf_s(const char *, …)	int fscanf(FILE *, const char *, …) int fscanf_s(FILE *, const char *, …)
	출력	int printf(const char *, …)	int fprintf(FILE *, const char *, …)

이진 파일

다음은 블록과 정수 자료의 파일 입출력 함수를 정리한 표로 **함수 _getw()와 _putw()는 워드(word) 크기의 int형 정수를 파일에 이진 모드로 입출력하는 함수**이다.

표 15-8 블록과 정수의 파일 입출력 함수

자료	종류	파일 입출력
블록	입력	size_t fread(void *, size_t, size_t, FILE *)
	출력	size_t fwrite(const void *, size_t, size_t, FILE *)
정수(int)	입력	int _getw(FILE *)
	출력	int _putw(int, FILE *)

파일 처리 함수 remove()와 rename()

함수 remove()는 지정된 특정한 파일을 삭제하고, 함수 rename()은 지정된 파일 또는 폴더의 이름을 새로운 이름으로 바꾸는 기능을 수행한다. 함수 remove()와 rename()도 헤더 파일 stdio.h에 그 함수원형이 정의되어 있다.

표 15-9 파일 삭제 함수

기능	함수 원형
파일 삭제	int remove(char const* _FileName);
파일 또는 폴더 이름 바꾸기	int rename(char const* _OldFileName, char const* _NewFileName);

함수 remove()는 remove("sample.txt")와 같이 문자열로 지정된 파일을 삭제한다. 함수 remove()는 파일이 성공적으로 삭제되면 0을 반환하며, 실패하면 -1을 반환한다.

- 함수 rename()은 rename("oldname.txt", "newname.txt")과 같이 앞의 파일이름 또는 폴더이름을 뒤에 지정한 이름으로 바꾸는 역할을 한다.
- 함수 rename()은 성공적으로 이름이 수정되면 0을 반환하며, 실패하면 0이 아닌 정수를 반환한다.

함수 rename()을 이용한 예제 프로그램 rename을 작성하자. 다음 프로젝트의 소스를 파일 old.c로 복사한 후 다음 프로젝트를 실행하면 프로젝트 폴더에서 파일 old.c가 new.c로 변경된 것을 확인할 수 있다.

실습예제 15-8 Prj08 08rename.c 파일 이름을 수정하는 함수 rename()을 사용하여 파일 이름을 수정하는 프로그램 난이도: ★

```c
#include <stdio.h>
#include <stdlib.h>

int main()
{
   char* fname1 = "old.c";
   char* fname2 = "new.c";
   rename(fname1, fname2); //파일 이름 수정 함수 호출
```

```
    printf("파일 %s가 %s로 수정되었습니다.\n", fname1, fname2);

    return 0;
}
```

결과

```
파일 old.c가 new.c로 수정되었습니다.
```

중간점검

01 워드(word) 크기의 int형 정수를 파일에 이진 모드로 입출력하는 함수는 각각 무엇인가?

02 다음은 무엇을 하는 함수인지 설명하시오.

```
rename("test.bin", "data.bin");
```

LAB

정수 배열 값을 파일에 출력한 후 다시 입력

1차원 정수 배열의 내용을 모두 파일에 출력한 후 다시 파일에서 입력으로 받아 표준 출력해 보도록 한다. 파일은 "wb+"로 열어 이진모드로 쓰고 읽을 수 있도록 한다. 함수 _putw()를 사용해 출력하고 함수 _getw()를 사용해 입력한다.

- 배열의 내용을 파일 "test.bin"에 모두 출력
- 파일에 출력 후, 다시 처음부터 읽으려면 함수 rewind()를 호출
- 파일 "test.bin"에서 정수를 읽을 때는 한 정수 읽은 후 함수 fseek()을 사용하여 파일 위치를 하나 건너 뛰고 다음 정수를 읽는 식으로 입력하여 다시 표준출력

```
Microsoft Visual Studio 디버그 콘솔
파일에 출력 자료: 10 20 30 40 50 60 70 80
파일에서 입력 자료(하나씩 건너 뜀): 10 30 50 70
```

Lab 15-4 lab4arrayput.c 난이도: ★★★

```c
#include <stdio.h>
#include <stdlib.h>

int main()
{
   FILE* f;
   if (fopen_s(&f, "test.bin", "wb+") != 0)
   //if ((f = fopen("test.bin", "wb+")) == NULL)
   {
      printf("파일이 열리지 않습니다.\n");
      exit(1);
   }

   int out[] = { 10, 20, 30, 40, 50, 60, 70, 80 };
   int size = sizeof(out) / sizeof(out[0]);
   printf("파일에 출력 자료: ");
   for (int i = 0; i < size; i++)
   {
      _putw(out[i], f); //_putw() 이용 배열 out의 내용 모두 출력
      printf("%d ", out[i]);
   }
   printf("\n");
```

```
23
24      ________    //파일 f의 파일 지시자를 0으로 위치
25      printf("파일에서 입력 자료(하나씩 건너 뜀): ");
26      for (int i = 0; i < size / 2; i++)
27      {
28          int in = _getw(f);
29          ______________________    //다음 정수는 하나 건너 뛰기
30          printf("%d ", in);
31      }
32      printf("\n");
33      fclose(f);
34
35      return 0;
36  }
```

정답

```
24      rewind(f);
29          fseek(f, sizeof(int), SEEK_CUR);
```

내용점검 연습

01 다음에서 서술 내용이 맞으면 ○, 틀리면 × 하시오.

❶ 입출력 시 이동 통로가 바로 입출력 스트림(io stream)이다. (   )

❷ 이진 파일의 내용은 모두 지정된 아스키코드와 같은 문자 코드 값을 갖고 있어 그 내용을 확인할 수 있을 뿐만 아니라 인쇄할 수도 있다. (   )

❸ 프로그램에서 특정한 파일과 파일 스트림을 연결하기 위해서는 함수 open() 또는 open_s()를 이용한다. (   )

❹ 함수 fopen_s()의 파일 열기 종류에서 'a'는 읽기 모드로 파일 스트림을 연결한다. (   )

❺ 함수 printf(stdout, "제어문자열", …)은 fprintf("제어문자열", …)와 같이 표준출력 기능을 수행한다. (   )

❻ 파일 지시자는 파일 내부를 바이트 단위로 파일 내부 위치를 나타내는 값이다. (   )

❼ 함수 fgets()는 파일로부터 한 행의 문자열을 입력받는 함수이며, 함수 fputs()는 한 행의 문자열을 파일로 출력하는 함수이다. (   )

02 다음에서 비어있는 부분을 적당히 채우시오.

❶ 파일은 텍스트 파일(text file)과 (   )의 두 가지 유형으로 나뉜다.

❷ (   )이란 보조기억장치의 파일과 프로그램을 연결하는 전송경로이다.

❸ 함수 (   )는 파일로부터 문자 하나를 입력받는 함수이다.

❹ 함수 (   )은 인자인 파일의 파일 위치인 파일 포인터를 반환한다.

❺ 함수 (   )는 파일 위치를 무조건 맨 앞으로 이동시킨다.

❻ 함수 (   )와 (   )는 워드(word) 크기의 int형 정수를 파일에 이진 모드로 입출력하는 함수이다.

❼ 함수 fseek()에서 오프셋을 계산하는 기준점으로 정수형 기호 상수인 SEEK_SET, SEEK_CUR, (   ) 세 가지 중에 하나를 이용할 수 있다.

03 다음 각각의 문제에서 가장 적절한 것을 하나 선택하시오.

❶ 다음은 파일 입출력에 대한 설명이다. 다음 중에서 잘못 설명하고 있는 것은 무엇인가? (   )

가) 파일 입출력을 수행하기 위해서는 파일(file)에 대한 파일 스트림(file stream)을 먼저 연결해야 된다.

나) 파일 스트림은 크게 입력을 위한 파일 입력 스트림(file input stream)과 출력을 위한 파일 출력 스트림(file output stream)으로 나뉠 수 있다.

다) 함수 fopen_s()의 반환 값은 파일 스트림이 연결된 FILE *이다.

라) 파일 처리가 모두 끝났으면 함수 fclose()를 호출하여 반드시 파일을 닫도록 한다.

❷ 다음은 여러 함수에 대한 설명이다. 다음 중에서 잘못 설명하고 있는 것은 무엇인가? ( )

가) 함수 remove()는 파일 삭제를 위한 함수이다.

나) 함수 ftell()은 현재의 파일 위치정보를 반환한다.

다) 함수 rewind()는 파일 위치를 파일의 끝으로 보낸다.

라) 함수 rename()은 파일 이름을 변경하는 함수이다.

❸ 함수 fseek()에서 사용하는 기호 상수가 아닌 것은 무엇인가? ( )

가) SEEK_SET　　나) SEEK_CUR

다) SEEK_START　　라) SEEK_END

❹ 다음 선언을 참고로 함수 _putw()의 사용이 바른 것은 무엇인가? ( )

```
int data = 10;
```

가) _putw(data, f);　　나) _putw(&data, f);

다) _putw(f, data);　　라) _putw(f, &data);

❺ 파일 스트림 연결 시 파일모드에 대한 표현이다. 다음 중 그 표현이 올바른 것은 무엇인가? ( )

가) b+a　　나) +ab

다) ab+　　라) ba+

❻ 다음 중 파일의 현재 위치를 반환하는 함수는 무엇인가? ( )

가) rewind()　　나) ftell()

다) feof()　　라) remove()

❼ 다음 중 함수 rewind(f)의 호출과 같은 기능을 수행하는 문장은 무엇인가? ( )

가) fseek(f, 0L, SEEK_ SET);　　나) fseek(f, 0L, SEEK_ END);

다) fseek(f, −100L, SEEK_ SET);　　라) fseek(f, −100L, SEEK_CUR);

04 다음 설명에서 필요한 파일모드를 다음 중에서 하나 선택하시오.

r	w	a	r+	w+	a+

❶ 파일을 읽기 모드로 열어 작업을 하다가 쓰기 모드로 작업을 마치는 작업

❷ 파일을 쓰기 목적으로만 사용하는 작업

❸ 파일을 새로이 만들어 읽기와 쓰기 모두 작업

❹ 파일 마지막에 필요 내용을 추가하기 위해 파일을 열어 다른 부분도 읽기 작업 수행

❺ 파일 마지막에 필요 내용을 추가하는 작업만 수행

05 다음 문장이 실행된 이후의 파일 위치를 기술하시오.

❶ fseek(f, 0L, SEEK_ SET);

❷ fseek(f, 4 * sizeof(double), SEEK_ SET);

❸ fseek(f, 0L, SEEK_ CUR);

❹ fseek(f, 300L, SEEK_ CUR);

❺ fseek(f, 0L, SEEK_END);

❻ rewind(f);

06 다음과 같은 변수 선언 문장과 코드에서 출력되는 실수 값을 적으시오.

```
double data[] = { 1.6, 8.2, 6.7, 9.3, 5.7, 2.3, 4.9 };
double temp;
FILE* f;

fopen_s(&f, "data.bin", "w+b");
fwrite(&data, sizeof(data), 1, f);

fseek(f, 3 * sizeof(double), SEEK_SET);
fread(&temp, sizeof(double), 1, f);
printf("%.1f\n", temp); //①

fseek(f, -2 * sizeof(double), SEEK_CUR);
fread(&temp, sizeof(double), 1, f);
printf("%.1f\n", temp); //②

fseek(f, -1 * sizeof(double), SEEK_END);
```

```
fread(&temp, sizeof(double), 1, f);
printf("%.1f\n", temp); //③
```

07 다음 프로그램에서 문법오류 및 실행오류를 찾아 수정하시오.

❶
```
#include <stdio.h>
int main(void)
{
   FILE* f;
   char s[80];
   fopen_s(f, "test.c", "w+");
   fputs("이 내용을 추가합니다.", f);
   fseek(f, 0L, SEEK_SET);
   fgets(s, f);
   printf("%s\n", s);
   fclose(f);
   return 0;
}
```

❷
```
#define _CRT_SECURE_NO_WARNINGS
#include <stdio.h>
int main(void)
{
   FILE *f = fopen("sample.data", 'a');
   for (char ch = 'A'; ch < 'G'; ch++)
      fwrite(&ch, sizeof(char), f);
   long pos = ftell(f);
   fclose(f);
   printf("%d\n", pos);
   return 0;
}
```

08 다음 프로그램의 결과를 기술하시오.

❶
```
#define _CRT_SECURE_NO_WARNINGS
#include <stdio.h>
int main(void)
{
   FILE* f = fopen("test.bin", "wb+");
   char str[] = "C Program!";
   fwrite(str, sizeof(str), 1, f);
   fseek(f, 0, SEEK_END);
```

```
    long length = ftell(f);
    printf("%ld\n", length);
    const int NUM = 9;
    fseek(f, (length - NUM), SEEK_SET);
    char ch;
    do {
        ch = fgetc(f);
        putchar(ch);
    } while (ch != EOF);
    fclose(f);
    printf("\n");
    return(0);
}
```

❷

```
#include <stdio.h>
int main() {
    FILE* fp;
    fopen_s(&fp, "file.txt", "w+");
    fputs("This is a Kang's C book", fp);
    fseek(fp, 7, SEEK_SET);
    fputs(" C Programming Language", fp);
    //fclose(fp);
    rewind(fp);
    while (!feof(fp))
    {
        int c = fgetc(fp);
        printf("%c", c);
    }
    puts("");
    fclose(fp);
    return(0);
}
```

프로그래밍 연습

01 다음 파일 origin.txt에서 자료를 읽어 학생들의 점수의 합을 구하여 새로운 파일 output.txt에 점수와 합을 함께 출력한 후 다시 콘솔에 출력하는 프로그램을 작성하시오. 난이도: ★★

```
origin.txt - Windows 메모장
파일(F) 편집(E) 서식(O) 보기(V) 도움말(H)
1   Lee    82.2   78.9   87.1
2   Park    87.8   67.4   83.2
3   Chun    92.4   91.5   78.9
```

```
Microsoft Visual Studio 디버그 콘솔
 1      Lee     82.2    78.9    87.1    248.2
 2      Park    87.8    67.4    83.2    238.4
 3      Chun    92.4    91.5    78.9    262.8
```

02 명령어 listfile로 다음 명령행 인자인 파일 filename의 내용을 행 번호와 함께 출력하는 프로그램을 작성하시오. 난이도: ★★

```
listfile filename
```

```
Microsoft Visual Studio 디버그 콘솔
 1: #include <stdio.h>
 2: #include <stdlib.h>
 3:
 4: int main(int argc, char* argv[])
 5: {
 6:    FILE* f;
```

03 명령어 appendfile로 다음 명령행 인자인 파일 srcfile 파일을 dstfile 파일 맨 뒤에 추가하여 합하는 프로그램을 작성하시오. 난이도: ★★★

```
appendfile srcfile dstfile
```

```
Microsoft Visual Studio 디버그 콘솔
추가된 파일 내용 출력: -->

#include <stdio.h>
#include <stdlib.h>

int main(int argc, char* argv[])
{

}
```

```
srcfile.c
1  int main(int argc, char* argv[])
2  {
3
4  }
5
```

```
dstfile.c
1  #include <stdio.h>
2  #include <stdlib.h>
3
```

04 명령어 isequal로 다음 명령행 인자인 두 파일 file1과 file2의 내용이 정확히 일치하는지 검사하는 프로그램을 작성하시오.

난이도: ★★

```
isequal file1 file2
```

```
Microsoft Visual Studio 디버그 콘솔
a.c와 b.c는 같은 파일입니다.
```

05 명령어 mycopy로 다음 명령행 인자인 srcfile을 dstfile로 복사한 후 복사된 내용을 콘솔에도 출력하는 프로그램을 작성하시오.

난이도: ★★

```
mycopy srcfile dstfile
```

```
Microsoft Visual Studio 디버그 콘솔
This is a original file.
```

06 다음을 참고해 파일 내부에 있는 문자 수, 단어 수, 줄 수를 출력하는 프로그램을 작성하시오.

난이도: ★★★

- 명령어 filecount로 다음 명령행 인자인 파일을 대상으로 결과를 출력

```
filecount filename
```

- 문자는 영어 알파벳만을 의미하고, 단어는 공백 문자로 구분되는 단어

```
Microsoft Visual Studio 디버그 콘솔
           Analysis Result
----------------------------------------
           Count of Character :    410
                 Count of Word :    121
                 Count of Line :     50
```

07 다음을 참고해 명령행 인자 처리로 파일을 삭제하거나 파일 이름을 수정하는 프로그램을 작성하시오.

난이도: ★★

- 명령어 prg07로 명령행 인자가 총 두 개이면 파일 file을 삭제

```
prg07 file
```

- 명령어 prg07로 명령행 인자가 총 세 개이면 파일 oldfile의 이름을 newfile로 변경

```
prg07 oldfile newfile
```

```
파일 old.c가 new.c로 수정되었습니다.
```

```
파일 file1.c가 삭제되었습니다.
```

08 다음을 참고해 파일에서 특정한 문자열 string을 검색하여 검색된 행 번호와 그 내용을 출력하는 프로그램을 작성하시오. 난이도: ★★★

- 명령어 searchfile로 다음 명령행 인자인 파일 srcfile 파일에서 문자열 string을 검색

```
searchfile srcfile string
```

```
찾을 단어 char*, 길이: 5

검색 내용 출력: -->

 6 : int main(int argc, char* argv[])
11 :    char* fn = argv[1], lne[256];
12 :    char* targetstr = argv[2];
```

Perfect **C**

CHAPTER 16

동적 메모리와 전처리

학습목표

- **동적 메모리 할당 방식을 이해하고 설명할 수 있다.**
  - 정적 할당과 동적 할당의 필요성
  - 함수 malloc(), calloc(), realloc(), free()의 사용
  - 동적 메모리 할당으로 구현하는 자기참조 구조체
- **연결 리스트를 이해하고 설명할 수 있다.**
  - 연결 리스트의 이해와 구현
  - 연결 리스트의 노드, 헤드, 순회, 삽입, 삭제
  - 여러 파일로 구성하는 프로젝트와 사용자 정의 헤더파일
  - 연결 리스트의 구현
- **전처리 지시자를 이해하고 설명할 수 있다.**
  - 매크로와 인자를 활용한 매크로
  - #if와 #endif
  - #ifdef와 #endif, #ifndef #endif
  - 전처리 연산자 #, #@, ##, defined

학습목차

16.1 동적 메모리와 자기참조 구조체

동적 메모리 할당과 해제

정적 메모리 할당

지금까지 활용한 변수와 배열, 구조체 모두 프로그램 실행 전에 필요한 만큼의 변수를 선언해 사용하였다. 만일 변수의 수를 정확한 모른다면 예상보다 충분한 공간을 배열로 확보한 후 필요 없으면 사용하지 않는 방법을 택했을 것이다. 이는 프로그램 실행 중에 변수의 수를 늘리거나 줄이는 것이 불가능했기 때문이다. 이와 같이 **컴파일 이전에 저장공간 수나 크기를 정한 메모리 할당 방법을 정적(static) 메모리 할당** 방법이라고 한다.

- 즉 **정적인 메모리 할당 방식이란 프로그램이 실행되기 이전에 변수의 저장 공간 크기가 정해지고 프로그램 또는 함수가 시작되면 메모리에 할당되어 사용되며 그 모듈이나 프로그램이 종료되면 변수가 메모리에서 삭제되는 방식**을 말한다.

이러한 정적 방식은 사용이 간편하나 실행 이전에 사용할 메모리의 공간 크기를 모두 알아야 한다. **그러므로 메모리의 사용 예측이 부정확한 경우 충분한 메모리를 미리 확보해야 하므로 비효율적**이다.

동적 메모리 할당

프로그램 실행 중에 필요한 메모리를 할당하는 방법을 동적 메모리 할당이라 한다. 동적 메모리 할당(dynamic memory allocation)**은 실행 중에 메모리를 할당하는 방식**이다. 동적 메모리 할당 방식은 함수 malloc() 등을 사용하며 메모리 사용 예측이 정확하지 않고 실행 중에 메모리 할당이 필요한 경우 적합하다.

정적 메모리 할당 방식

```
int i;
long prod = 1;
int facto[6];
char *[] = {"algol", "pascal"
            "C", "C++" };
```

동적 메모리 할당 방식

```
int* pi = NULL;

pi = (int*) malloc( sizeof(int) ); //동적 메모리 할당
*pi = 7; //동적 메모리에 내용 값 7 저장
```

그림 16-1 정적 메모리 할당 방식과 동적 메모리 할당 방식

동적 메모리는 함수 malloc()의 호출로 힙(heap) 영역에 확보된다. 동적으로 할당한 메모리는 사용 후 함수 free()를 사용해 해제해야 한다. 만일 메모리 해제를 하지 않으면 메모리 부족과 같은 문제를 일으킬 수 있으니 꼭 해제하는 습관을 기르도록 한다.

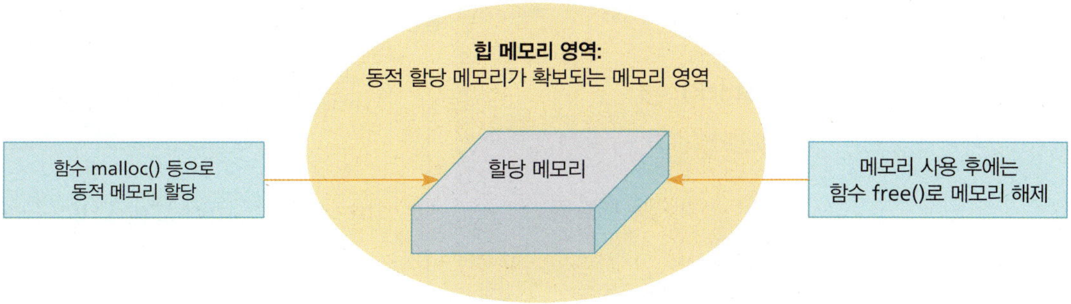

그림 16-2 동적 메모리 할당과 해제

동적 메모리 할당 함수는 malloc(), calloc(), realloc() 3가지이다. 동적으로 할당된 메모리를 해제하는 함수는 free()이다. **함수 malloc(), calloc(), realloc() 모두 반환형이 void 포인터(void *)로 메모리 할당에 요구한 자료의 포인터형으로 변환**을 해야 한다. 간략히 이 함수를 정리하면 다음과 같다. 이 함수들의 사용하려면 헤더파일 stdlib.h를 사용한다.

표 16-1 동적 메모리 관련 함수

메모리 연산	기본값	함수 원형	기능
메모리 할당	없음	void * malloc(size_t)	인자만큼의 메모리 할당 후 기본 주소 반환
	0	void * calloc(size_t , size_t)	뒤 인자 만큼의 메모리 크기로 앞 인자 수 만큼 할당 후 기본 주소 반환
기존 메모리 변경	이전 값	void * realloc(void *, size_t)	앞 인자의 메모리를 뒤 인자 크기로 변경 후, 기본 주소 반환
메모리 해제	해당 없음	void free(void *)	인자를 기본 주소로 갖는 메모리 해제

메모리 할당 영역

앞의 10장 변수 유효 범위에서 메모리 영역이 데이터(static data) 영역, 힙(heap) 영역, 스택(stack) 영역 세 부분으로 나뉜다고 학습하였다. 바로 앞에서 배운 동적 메모리가 할당되는 부분이 힙 영역이고, 데이터 영역은 전역변수와 정적변수가 할당되는 저장공간이며, **스택 영역은 함수 호출에 의한 형식 매개변수 그리고 함수 내부의 지역변수가 할당되는 저장공간**이다.

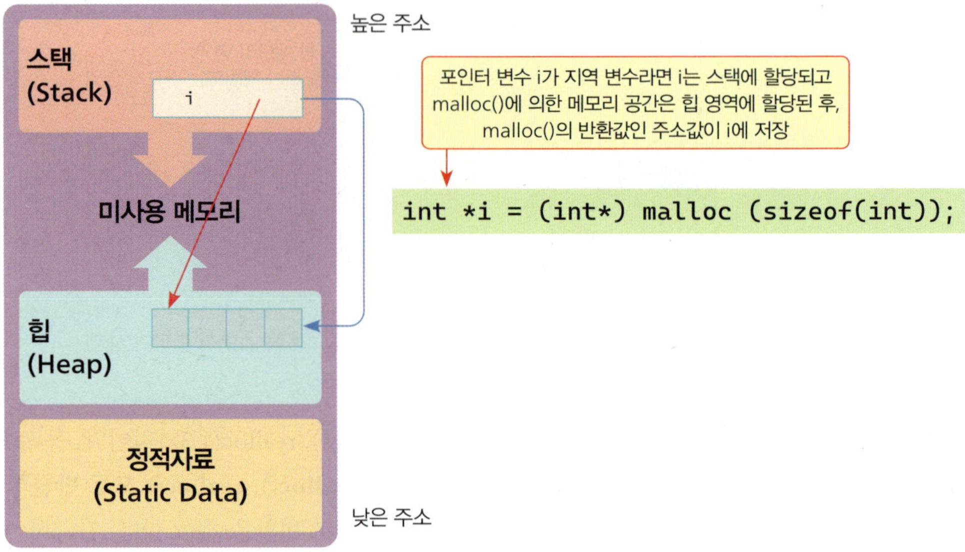

그림 16-3 메모리 영역

함수 malloc()

동적 메모리 할당 기능의 기본 함수가 malloc()이다. 동적 메모리 할당을 위해서는 함수 malloc()을 이용하여 메모리 공간을 확보해야 한다. 함수 malloc()은 헤더 파일 stdlib.h에 다음 함수원형으로 정의되어 있다.

- 함수 malloc()은 인자인 자료형 크기 size만큼의 메모리를 할당하여 성공하면 할당된 공간의 void 포인터를 반환하며, 실패하면 NULL을 반환

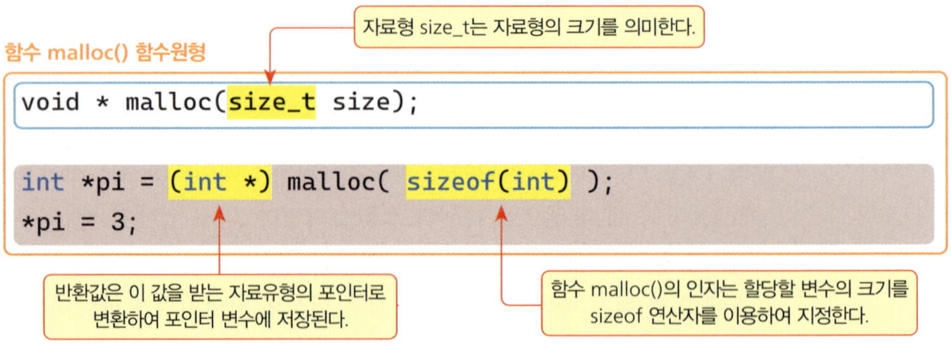

그림 16-4 함수 malloc()의 함수원형과 사용 방법

함수 malloc()은 인자로 메모리 할당의 크기를 지정하고 할당된 메모리의 시작 주소를 반환한다. **반환 값의 유형은 모든 자료형의 포인터로 이용할 수 있도록 void *를 사용**한다. 위 예는 정수형 int의 메모리 공간을 함수 malloc()을 이용하여 동적으로 할당하는 소스이다. 확보된 공간의 주소는 int *의 변수에 저장하며 간접연산자 *pi를 이용하여 원하는 값을 수정할 수 있다. 다음은 위 문장으로 메모리에 4바이트가 할당된 모습이다.

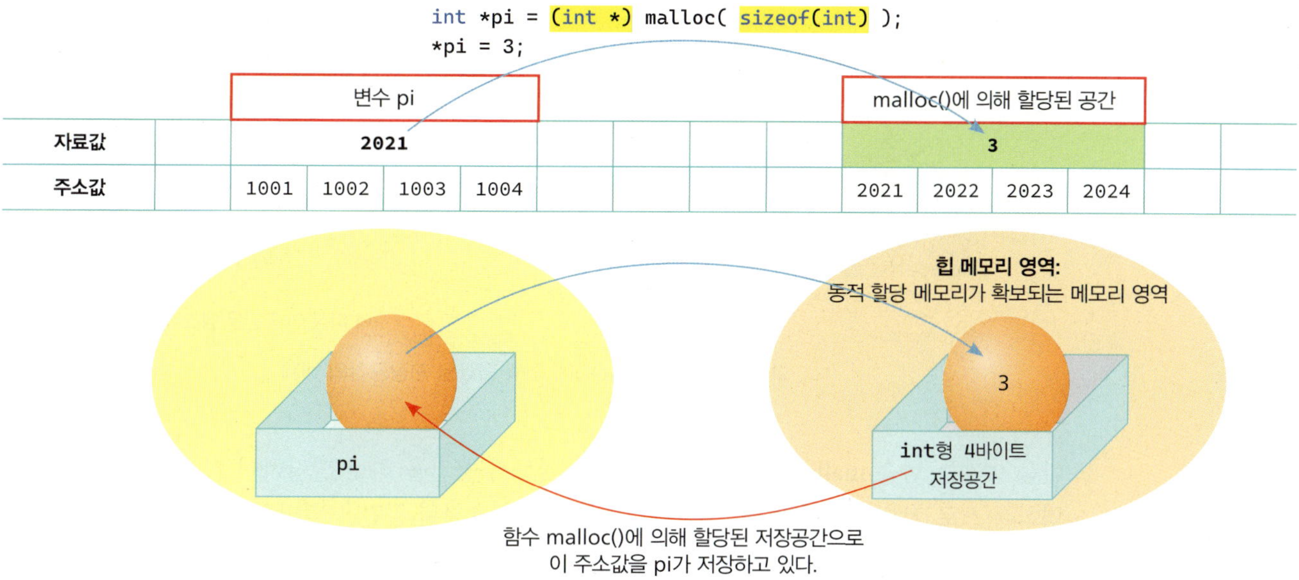

그림 16-5 함수 malloc()으로 정수형 저장공간 할당

함수 free()

함수 malloc()에 의하여 동적으로 할당된 메모리 공간은 더 이상 필요가 없거나 프로그램을 종료하는 경우에 반드시 메모리를 해제해야 한다. 메모리 해제에 이용되는 함수는 free()로서 헤더 파일 stdlib.h에 다음 함수 원형으로 정의되어 있다.

함수 free() 함수원형

```
void free(void *);
```

```
free(pi);
```

그림 16-6 함수 free()의 함수원형과 사용 방법

함수 malloc()의 반환 주소를 저장한 변수 pi를 해제하려면 free(pi)를 사용한다. **함수 free()는 인자로 해제할 메모리 공간의 주소값을 갖는 포인터를 이용하여 호출**한다. 함수 free(pi)가 호출되어 성공적으로 메모리가 해제되면 변수 pi가 가리키는 4바이트의 자료 값이 해제되어 더 이상 사용할 수 없다.

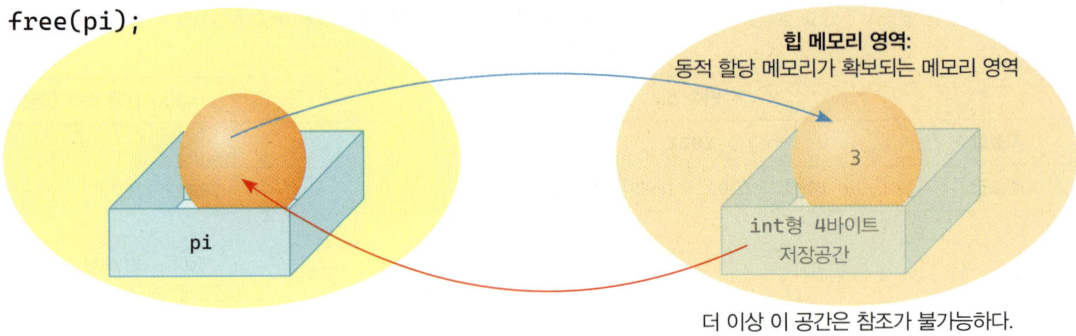

그림 16-7 함수free()에 의해 할당된 저장공간의 해제

다음 예제는 함수 malloc()을 이용하여 int형 메모리 공간을 하나 할당하여 값 3을 저장한 후 출력하는 프로그램이다. 만일 메모리 공간이 부족하여 요청된 공간을 할당하지 못한다면 함수 malloc()은 NULL을 반환할 것이다. 함수 malloc()을 호출하는 문장에서 다음 예제와 같이 반환 값을 점검하는 if 문을 활용해야 한다.

실습예제 16-1 Prj01 01malloc.c 함수 malloc()을 이용하여 int형 저장공간을 확보하여 처리 난이도: ★★

```c
#include <stdio.h>
#include <stdlib.h>

int main(void)
{
   int* pi = NULL;

   pi = (int*) malloc( sizeof(int) ); //동적 메모리 할당
   if (pi == NULL) //동적 메모리 할당 검사
   {
      printf("메모리 할당에 문제가 있습니다.");
      exit(1);
   };

   *pi = 7; //동적 메모리에 내용 값 7 저장
   printf("주소값: *pi = %p, 저장 값: p = %d\n", pi, *pi);

   free(pi); //동적 메모리 해제

   return 0;
}
```

함수 malloc()으로 동적 메모리 할당 후 int형 포인터인 pi에 저장하기 위해 자료형 변환 (int *)이 필요

만일을 대비해서 함수 malloc()의 반환 값을 점검하는 모듈이 필요

결과

```
주소값: *pi = 00000145F70D6A30, 저장 값: p = 7
```

함수 malloc()에 의한 배열 공간 할당

배열과 같이 동일한 메모리 공간 여러 개를 동적으로 확보하는 방법을 살펴보자. 만일 int형 배열을 확보한다면, 함수 malloc()이 반환하는 값은 포인터인 int *의 변수로 저장하고 malloc()의 인자는 sizeof(int) * (확보하려는 배열의 원소의 개수)로 지정한다. 메모리 공간이 성공적으로 확보되면 변수 ary를 이용하여 다음과 같이 배열 형태와 같이 이용할 수 있다. 다음 문장이 실행된 이후의 메모리의 모습은 다음과 같다.

```
int *ary;
ary = (int *) malloc( sizeof(int)*3 );
ary[0] = 10; ary[1] = 11; ary[2] = 12;
```

함수 malloc()에 의해 할당된 저장공간은 int형 3개이며 주소값을 ary에 저장하고 있다. ary[i]로 각 원소를 참조할 수 있다.

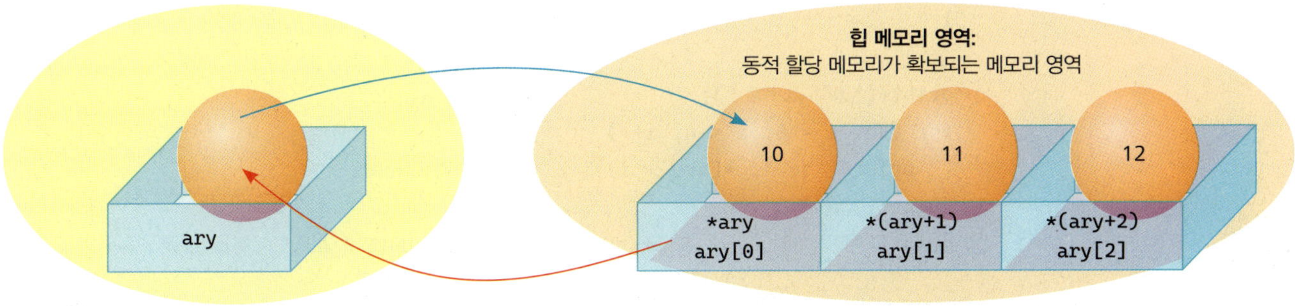

그림 16-8 함수 malloc()으로 정수형 저장공간 할당

다음 예제는 표준입력으로 입력될 성적의 개수를 먼저 입력 받아 그 수만큼 메모리를 동적으로 할당하는 프로그램이다. 동적으로 할당된 메모리에 표준입력으로 받은 여러 성적을 저장하여 합과 평균을 구하여 출력한다. 동적 할당은 이와 같이 실행시간에 메모리 공간의 수가 결정되는 프로그램에 적합하다.

실습예제 16-2 Prj02 02arymalloc.c 함수 malloc()을 이용하여 동일한 저장공간 여러 개를 확보하여 처리 난이도: ★★

```
#define _CRT_SECURE_NO_WARNINGS
#include <stdio.h>
#include <stdlib.h>

int main(void)
{
   int n = 0;
   printf("입력할 점수의 개수를 입력 >> ");
   scanf("%d", &n);

   int* ary = NULL;
```

```c
    if ((ary = (int*)malloc(sizeof(int) * n)) == NULL) //동적 메모리 할당
    {
        printf("메모리 할당에 문제가 있습니다.");
        exit(1);
    };

    printf("%d개의 점수 입력 >> ", n); //점수 입력
    int sum = 0;
    for (int i = 0; i < n; i++)
    {
        scanf("%d", (ary + i));
        sum += *(ary + i); //sum += ary[i];
    }

    printf("입력 점수: ");
    for (int i = 0; i < n; i++)
        printf("%d ", *(ary + i)); //표준입력 자료 출력
    printf("\n");
    printf("합: %d  평균: %.1f\n", sum, (double)sum / n); //결과 출력

    free(ary); //동적 메모리 해제

    return 0;
}
```

할당되는 메모리의 총 크기는 인자인 sizeof(int)*n

ary[i]로도 참조 가능

결과

```
입력할 점수의 개수를 입력 >> 5
5개의 점수 입력 >> 89 70 67 92 99
입력 점수: 89 70 67 92 99
합: 417  평균: 83.4
```

함수 calloc()

함수 malloc()은 메모리 공간을 확보하고 초기값을 저장하지 않아 쓰레기 값이 저장된다. 함수 malloc()과는 다르게 함수 calloc()[1]은 메모리 공간을 확보하고 초기값을 자료형에 알맞게 0을 저장한다. 함수 calloc()은 함수 원형이 헤더 파일 stdlib.h에 정의되어 있다. 함수 calloc()에서 앞의 인자는 할당되는 원소의 개수이고 뒤의 인자는 한 원소의 크기이다.

[1] 함수의 calloc()의 첫 문자 c는 단어 clear의 첫 문자를 의미한다. 일반적으로 씨얼록으로 읽는다.

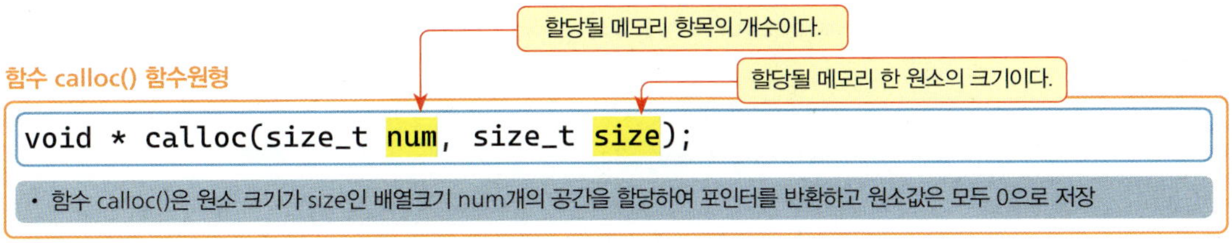

그림 16-9 함수 calloc()의 함수원형과 사용 방법

다음은 함수 호출 calloc(3, sizeof(int))로 할당된 int형 원소 3개의 저장공간에 기본값 0이 저장된 메모리 구조를 나타낸다.

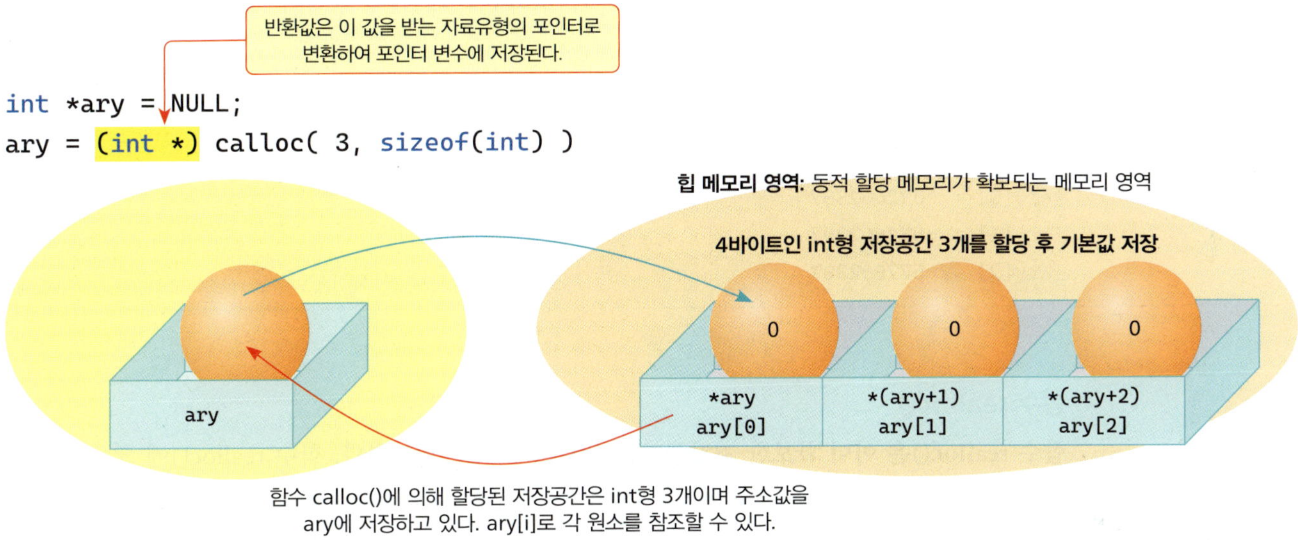

그림 16-10 함수 calloc()의 저장공간 할당과 기본값 저장

실습예제 16-3	Prj03	03calloc.c	함수 calloc()을 이용하여 int형 원소 3개를 할당	난이도: ★★

```
#include <stdio.h>
#include <stdlib.h>

void myprintf(int* ary, int n);

int main(void)
{
   int* ary = NULL;
   if ((ary = (int*)calloc(3, sizeof(int))) == NULL) //동적 메모리 할당
   {
      printf("메모리 할당이 문제가 있습니다.\n");
      exit(EXIT_FAILURE);
   }
```

정수 1로서 헤더파일 stdlib.h에 정의되어 있는 상수

```
    myprintf(ary, 3);          //모두 기본값인 0 출력

    free(ary);                 //동적 메모리 해제
    myprintf(ary, 3);          //모두 쓰레기 값 출력

    return 0;
}

void myprintf(int* ary, int n)
{
    for (int i = 0; i < n; i++)
        printf("ary[%d] = %d\n", i, *(ary + i));
}
```

메모리 해제에 의해 값이 모두 제거되어 초기값이 없는 상태임

(지역 변수) int *ary
온라인 검색
C6001: 초기화되지 않은 메모리 'ary'을(를) 사용하고 있습니다.

결과

```
ary[0] = 0
ary[1] = 0
ary[2] = 0
ary[0] = -572662307
ary[1] = -572662307
ary[2] = -572662307
```

함수 realloc()

함수 realloc()은 이미 확보한 저장공간을 새로운 크기로 변경한다. 함수 realloc()에 의하여 다시 확보하는 영역은 새로운 영역을 다시 할당하여 이전의 값을 복사하거나 기존의 영역을 이용하여 그 저장 공간을 변경하기도 한다.

- 함수 realloc()은 성공적으로 메모리를 할당하면 변경된 저장공간의 시작 주소를 반환하고, 실패하면 NULL을 반환한다. 함수 realloc()의 첫 번째 인자는 변경할 저장공간의 주소이며, 두 번째 인자는 변경하고 싶은 저장 공간의 총 크기이다.
- **함수 realloc()에서 첫 번째 인자가 NULL이면 함수 malloc()과 같은 기능을 수행한다. 즉 지정된 크기만큼의 새로운 공간을 할당**한다.

함수 realloc() 함수원형

할당되는 총 메모리 크기이다.

```
void * realloc(void *p, size_t size);
```

- 함수 realloc()은 이미 확보한 메모리 p를 다시 지정한 크기 size로 변경하는 함수이며, 이미 확보한 p가 NULL이면 malloc()과 같은 기능을 수행

그림 16-11 함수 realloc()의 함수원형과 사용 방법

다음 예제 소스에서 cary는 int형 3개의 저장공간의 시작 주소를 저장한다. 그리고 모든 변수의 값은 기본값인 0으로 저장된다. 다음은 함수 realloc()을 이용하여 변수 cary가 가리키는 메모리의 내용을 다시 크기가 4인 배열로 재할당하는 구문과 메모리 구조를 나타내고 있다. 함수 realloc()이 성공적으로 수행되면 변경된 메모리 영역의 처음 주소값이 변수 reary에 반환되어 저장된다. 실제로는 대부분 reary와 cary 값이 같다. 함수 realloc()에 의하여 확장되는 공간은 malloc()과 같이 기본값 0이 저장되지 않는다. 다음 그림에서 reary[3]의 내용을 none으로 표기한 것은 기본값 0이 저장되지 않았음을 의미한다.

```
int *reary, *cary;
cary = (int *) calloc( 3, sizeof(int) );

reary = (int *) realloc( cary, 4*sizeof(int) );
```

- cary: 이전에 calloc(), malloc(), realloc()에 의하여 이미 할당된 저장공간의 기본 주소이다.
- reary: 새로이 할당된 저장공간의 기본 주소가 저장된다.
- 4*sizeof(int): 이미 있는 공간과 새로이 확보될 저장공간의 합인 전체 크기이다.

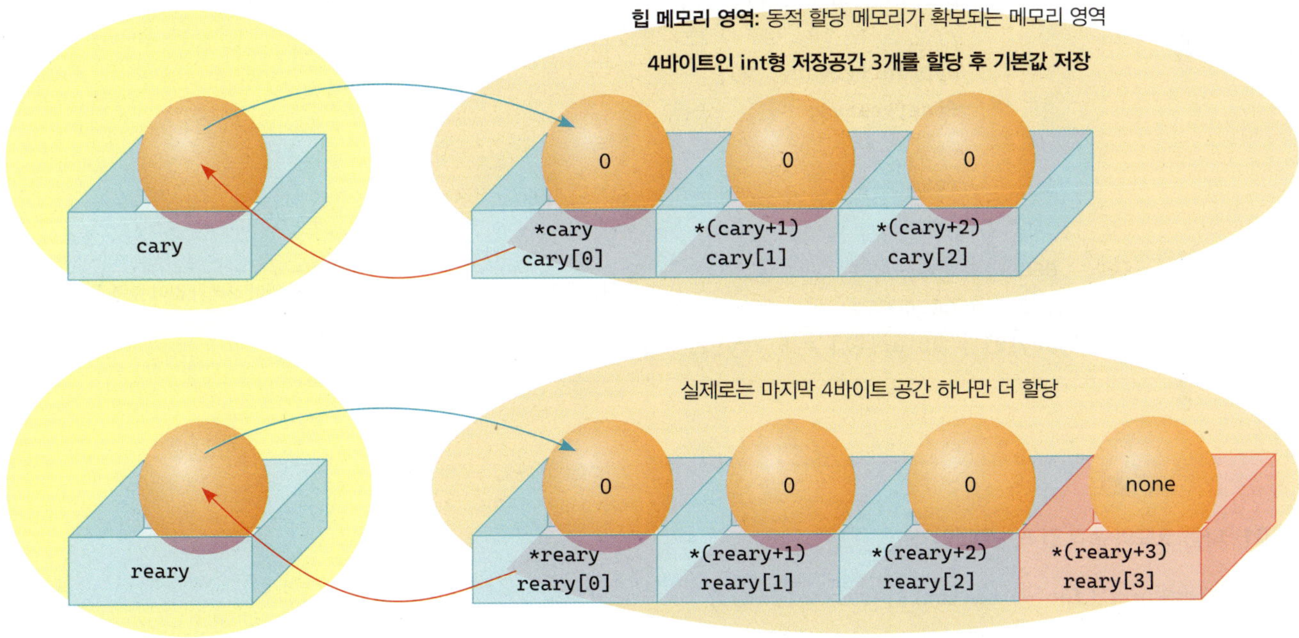

그림 16-12 함수 realloc()에 의한 메모리 공간의 재할당

실습예제 16-4	Prj04	04realloc.c	함수 realloc()을 이용하여 이미 할당된 메모리를 변경	난이도: ★★

```
#include <stdio.h>
#include <stdlib.h>
void myprintf(int* ary, int n);

```

```c
int main(void)
{
    int* reary, * cary;
    if ((cary = (int*)calloc(3, sizeof(int))) == NULL)
    {
        printf("메모리 할당이 문제가 있습니다.\n");
        exit(EXIT_FAILURE);
    }
    printf("%p\n", cary);
    cary[0] = 10;

    if ((reary = (int*)realloc(cary, 4 * sizeof(int))) == NULL)
    {
        printf("메모리 할당이 문제가 있습니다.\n");
        exit(EXIT_FAILURE);
    }
    printf("%p\n", reary);
    //첫 원소는 10, 이후 2개는 기본값인 0, 마지막 하나는 쓰레기 값
    myprintf(reary, 4);
    free(reary);

    return 0;
}
```

이전에 할당된 공간이 3개이므로 실제로는 하나 더 추가되어 4개가 할당

결과

```
0000018F609AFA30
0000018F609AFC60
ary[0] = 10 ary[1] = 0 ary[2] = 0 ary[3] = -842150451
```

확장된 메모리 공간에는 기본값이 저장되지 않아 쓰레기 값이 출력

중간점검

01 다음 코드의 출력 결과는 무엇인가?

```c
int* p = (int *) calloc(3, sizeof(int));
p[1] = 100;
printf("%d %d %d\n", p[0], p[1], p[2]);
```

02 다음 코드의 오류는 무엇인가?

```c
int* p = (int*)calloc(3, sizeof(int));
int* r = (int*)realloc(4 * sizeof(int), p);
```

자기참조 구조체

자기참조 구조체 정의

자기참조 구조체(self reference struct)란 구조체의 멤버 중 하나가 자기 자신의 구조체 포인터 변수를 갖는 구조체를 말한다. 다음 구조체 정의를 살펴보자.

- 구조체 selfref는 멤버로 int형 n과 struct selfref * 형 next를 갖는다. 즉 멤버 next의 자료형은 지금 정의하고 있는 구조체의 포인터형이다.
- 즉 구조체 selfref는 자기참조 구조체로 구조체의 멤버 중 하나가 자기 자신의 구조체 포인터 변수이다.
- 구조체는 자기 자신 포인터를 멤버로 사용할 수 있으나 자기 자신은 멤버로 사용할 수 없다. 즉 구조체 정의 구문에서 위와 같이 자기 자신 구조체 유형의 멤버는 허용하지 않는다.

```
struct selfref {
   int n;
   struct selfref *next;
   //struct selfref one;    //컴파일 오류 발생
}
```

error C2079: 'one'은(는) 정의되지 않은 struct 'selfref'을(를) 사용합니다.

그림 16-13 자기참조 구조체

간단한 연결 리스트

자기참조 구조체는 동일 구조체의 표현을 여러 개 만들어 연결할 수 있는 기능을 갖는다. 이러한 구조를 연결 리스트(linked list)라 한다. 간단히 두 개의 구조체를 연결하는 방법을 알아보자.

```
//❶ 우선 구조체 struct selfref를 하나의 자료형인 list 형으로 정의
typedef struct selfref list;

//❷ 두 구조체 포인터 변수 first와 second를 선언한 후,
//   함수 malloc()을 이용하여 구조체의 멤버를 저장할 수 있는 저장공간을 할당
list *first = NULL, *second = NULL;
first = (list *)malloc(sizeof(list));
second = (list *)malloc(sizeof(list));

//❸ 구조체 포인터 first와 second의 멤버 n에 각각 정수 100, 200을 저장하고,
//   멤버 next에는 각각 NULL을 저장
first->n = 100;
second->n = 200;
first->next = second->next = NULL;
```

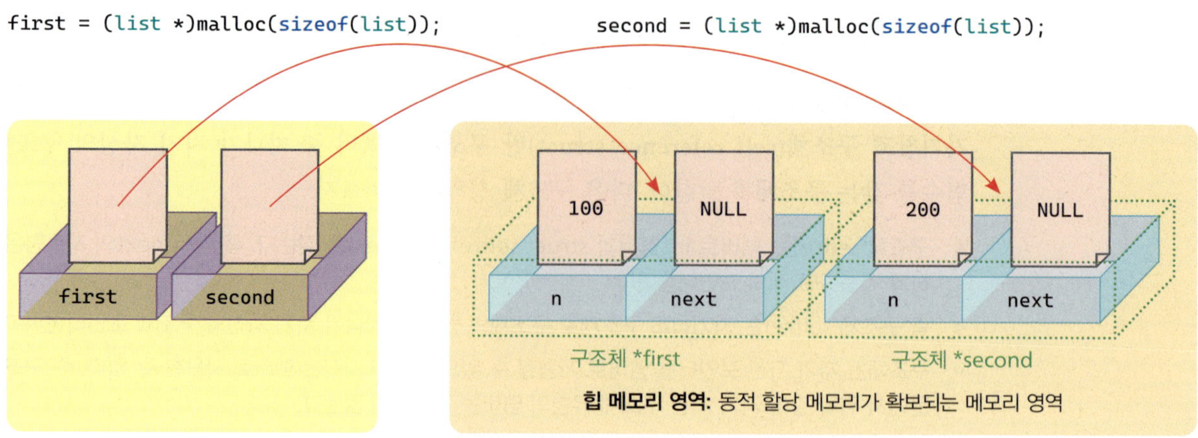

그림 16-14 구조체 멤버로 포인터가 있는 구조체의 동적 할당

다음은 위 문장이 실행된 이후의 메모리 모습이다. 위 그림으로는 아직 구조체 *first와 *second는 아무 관련이 없다.

- 만일 구조체 *first가 다음 *second 구조체를 가리키도록 하려면 문장 first->next = second;가 필요하다.
- 즉 구조체 *first의 멤버 next에 구조체 포인터 second의 내용인 주소값을 저장한다.

다음은 이 문장이 실행된 후의 메모리 모습이다. 이제 first가 가리키는 구조체 멤버 next를 사용하여 다음 구조체를 연결하고 있다.

```
//❹ first 다음에 second를 연결
first->next = second;  // 구조체 *first가 다음 *second 구조체를 가리키도록 하는 문장
```

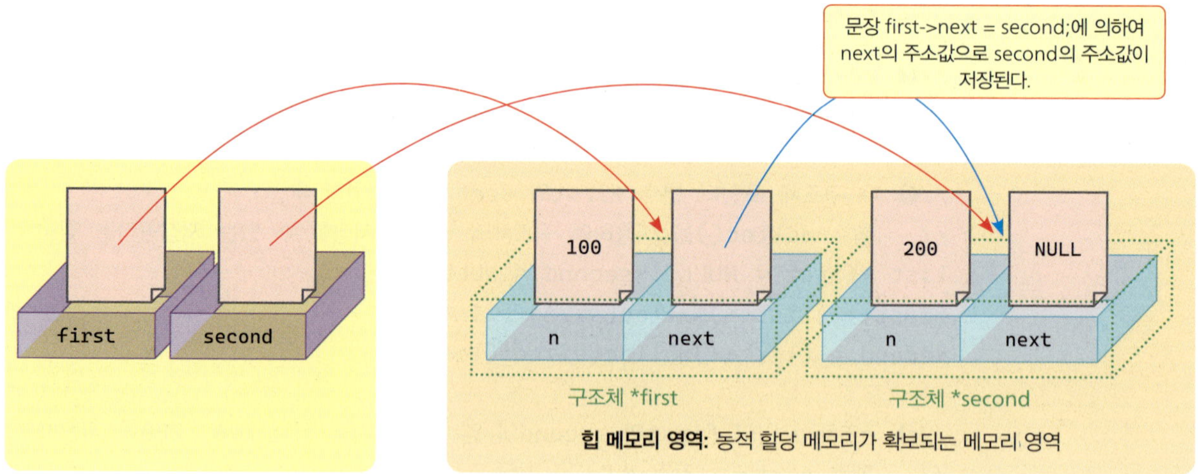

그림 16-15 구조체 멤버의 포인터에 연결하려는 구조체의 주소값을 저장

실습예제 16-5 | Prj05 | 05selfrefstruct.c | 자기참조 구조체를 이용한 연결리스트의 기본 학습 | 난이도: ★★

```c
01 #include <stdio.h>
02 #include <stdlib.h>
03 
04 struct selfref { //자기참조 구조체 정의
05    int n;
06    struct selfref* next; //struct selfref one;   //컴파일 오류 발생
07 };
08 
09 int main(void)
10 {
11    //① 우선 구조체 struct selfref를 하나의 자료형인 list 형으로 정의
12    typedef struct selfref list;
13 
14    //② 두 구조체 포인터 변수 first와 second를 선언한 후,
15    //   함수 malloc()을 이용하여 구조체의 멤버를 저장할 수 있는 저장공간을 할당
16    list* first = NULL, * second = NULL;
17    first = (list*) malloc( sizeof(list) );
18    second = (list*) malloc( sizeof(list) );
19 
20    //③ 구조체 포인터 first와 second의 멤버 n에 각각 정수 100, 200을 저장하고,
21    //   멤버 next에는 각각 NULL을 저장
22    first->n = 100;
23    second->n = 200;
24    first->next = second->next = NULL;
25 
26    //④ first 다음에 second를 연결
27    first->next = second; //구조체 *first가 다음 *second 구조체를 가리키도록 하는 문장
28 
29    printf("%p\n", first);
30    printf("%d %p\n", first->n, first->next);
31    printf("%d\n\n", first->next->n);
32 
33    printf("%p\n", second);
34    printf("%d %p\n", second->n, second->next);
35 
36    free(first); //동적 메모리 할당 해제
37    free(second);
38 
39    return 0;
40 }
```

멤버 next의 자료형이 struct selfref *로 자기 자신 유형의 포인터로 선언, 이와 같이 구조체의 멤버 중의 하나가 자기 자신의 구조체 포인터 변수를 갖는 구조체를 자기참조 구조체(self reference struct)라 함

포인터 first로 멤버를 참조하려면 연산자 ->을 사용

first->next의 주소값이 바로 33행의 second의 주소값과 동일

결과

```
000001DA4AE0F9E0
100 000001DA4AE0FA30
200

000001DA4AE0FA30
200 0000000000000000
```

중간점검

01 자기참조 구조체(self reference struct)를 설명하고 자기참조 구조체(self reference struct)를 하나 정의하시오.

LAB 직원을 위한 자기참조 구조체 구현

직원의 정보를 표현하는 struct employee를 정의한 후, 2개의 구조체를 동적 메모리로 할당하여 적절한 정보를 입력한다. 특히 구조체 employee는 자기 자신을 가리키는 자기참조 구조체로 하나의 구조체 필드 next가 다른 구조체를 가리키도록 구현한다. 다음 결과를 참고로 프로그램 전체를 작성해 실행해 보도록 하자.

- 구조체 변수 you의 next는 구조체 one을 가리키는 관계를 고려해 24행에서 변수 you로 변수 one의 내용을 참조할 수 있도록 구현

```
Microsoft Visual Studio 디버그 콘솔
고은아 2000000
정재형 1000000
정재형 1000000
```

Lab 16-1 lab1semployee.c 난이도: ★★

```
01 #define _CRT_SECURE_NO_WARNINGS
02 #include <stdio.h>
03 #include <stdlib.h>
04 #include <string.h>
05
06 typedef struct employee { //자기참조 구조체 정의
07    char* name;
08    int salary;
09    struct employee* next;
10 } employee;
11
12 int main(void)
13 {
14    employee* you = (employee*)malloc(sizeof(employee));
15    employee* one = (employee*)malloc(sizeof(employee));
16
17    you->name = (char*)malloc(strlen("고은아") + 1);
18    strcpy(you->name, "고은아");
19    you->salary = 2000000;
20    one->name = (char*)malloc(strlen("정재형") + 1);
21    strcpy(one->name, "정재형");
22    ____________________
```

```
23
24
25     printf("%s %d\n", you->name, you->salary);
26     printf("%s %d\n", one->name, one->salary);
27     printf("%s %d\n", you->next->name, you->next->salary);
28
29     //동적 메모리 할당 해제
30     free(one);
31     free(you);
32
33     return 0;
34 }
```

정답

```
22     one->salary = 1000000;
24     you->next = one;
```

16.2 연결 리스트

연결 리스트 개요와 기본 연산

배열의 장단점

프로그램 언어를 개발된 순서인 C, C++, Java 순서로 나열해보자. 일상 생활에서는 이러한 표현의 한 방법으로 표를 이용한다. 그렇다면 프로그래밍에서는 이러한 순차적(sequential) 자료를 효과적으로 표현하는 방법이 무엇일까?

1	C
2	C++
3	Java

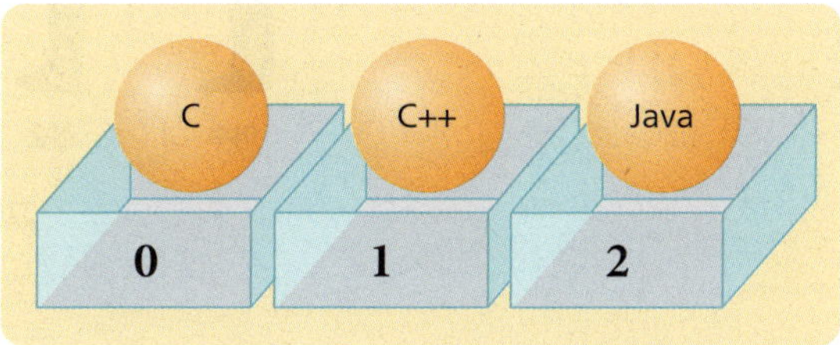

그림 16-16 개발된 순서로 나열한 프로그래밍 언어 이름과 배열 표현

자료를 순차적으로 저장하기 가장 쉬운 방법은 배열이다. 배열은 배열이름과 첨자(index)를 사용하여 원하는 위치의 원소를 직접 임의 참조(random access)가 가능하다. 그러나 다음과 같은 단점도 있다.

- C 언어와 같은 경우, 컴파일 전에 배열의 크기가 이미 결정되어야 하고 실행 중간에 배열크기를 늘릴 수 없다는 단점이 있다.
- 또한 중간이 이미 모든 원소로 채워져 있는 배열에서 맨 앞이나 중간에 새로운 자료를 삽입하려면 삽입되는 자료 이후의 원소가 모두 이동해야 하는 번거로움이 있다. 다음 그림은 algol을 가장 앞에 삽입하는 경우, 모든 자료가 하나씩 뒤로 이동해야 하는 단점을 보여주고 있다.
- 중간에 하나 삭제하는 경우도 마찬가지 어려움이 있다.

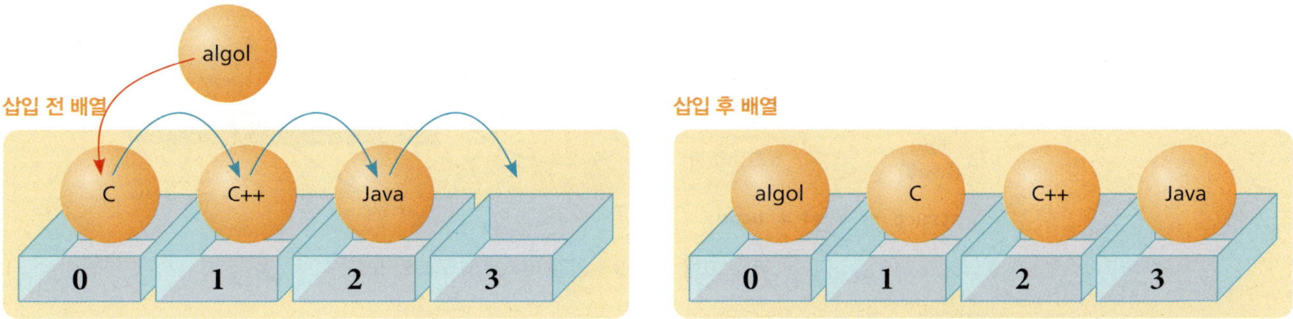

그림 16-17 배열 처음 위치에 새로운 원소 삽입

연결 리스트 개요

배열과 함께 순차적 자료 표현에 적합한 구조는 연결 리스트이다. 다음 그림과 같이 헤드(head)는 "미수"를 가리키고, "미수"는 다시 "현순"을 가리키고, 계속해서 "윤일", "현화", "수성", "나혜" 그리고 다시 나혜는 마지막이라 가리키는 사람이 없는 것(NULL)과 같은 구조를 연결 리스트라 한다. 이러한 연결 리스트는 헤드에서 시작하여 가리키는 곳을 계속 따라가면 순차적 자료를 표현할 수 있다.

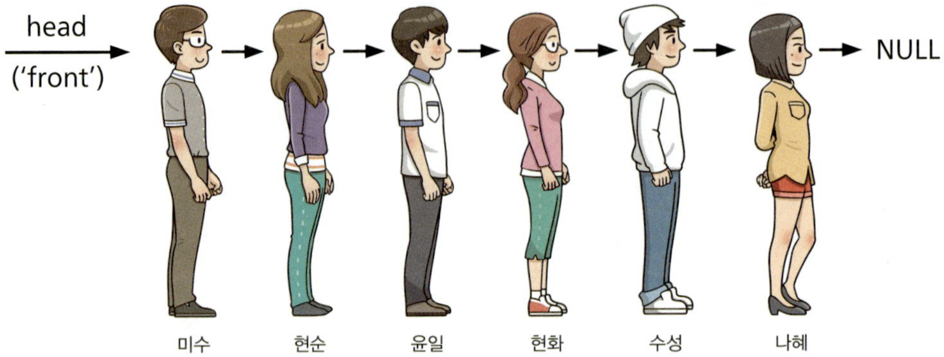

그림 16-18 연결 리스트의 이해

연결 리스트(linked list)는 원소인 노드(node)가 순차적으로 연결된 자료구조이다. 노드[2]는 배열의 원소에 해당한다.

- **연결 리스트는 첨자 대신 링크(link)라는 포인터로 다음 노드를 가리키는 구조**이다. 그러므로 **노드는 자료(data)와 링크(link)로 구성**된다.
- 노드는 이미 앞에서 구현해 보았듯이 자기참조 구조체로 정의한다.

노드의 자료는 필요한 여러 변수의 조합으로 구성될 수 있고 노드의 링크는 자기 구조체의 포인터로 구현한다.

- **연결리스트에서 헤드(head)는 항상 첫 번째 노드를 가리키는 포인터이다.** 또한 헤드(head)와 같이 마지막 노드를 가리키는 테일(tail) 포인터를 사용할 수 있다.

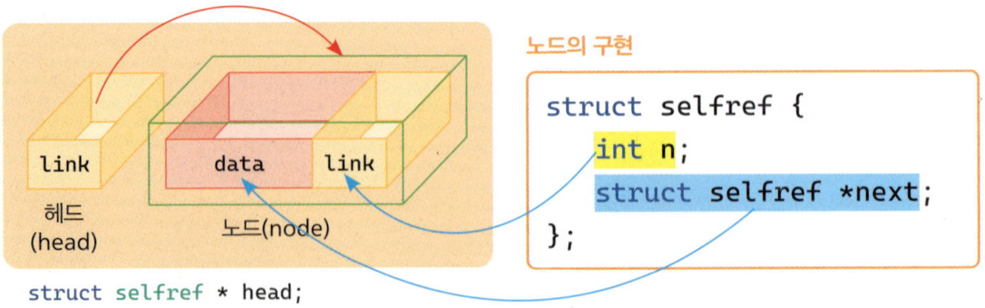

그림 16-19 연결 리스트의 헤드와 노드

2 노드(node)는 항목(item) 또는 원소(element)라고도 부른다.

다음 그림이 앞의 자료를 연결 리스트로 표현한 그림이다. 연결 리스트의 헤드 포인터 노드에서 시작해서 화살표를 따라 이동하면 자료를 순서대로 참조가 가능하다.

- 연결 리스트에서 마지막 노드의 링크는 NULL로 저장된다.
- 만일 연결 리스트에 노드가 하나도 없다면 헤드는 NULL을 가진다.

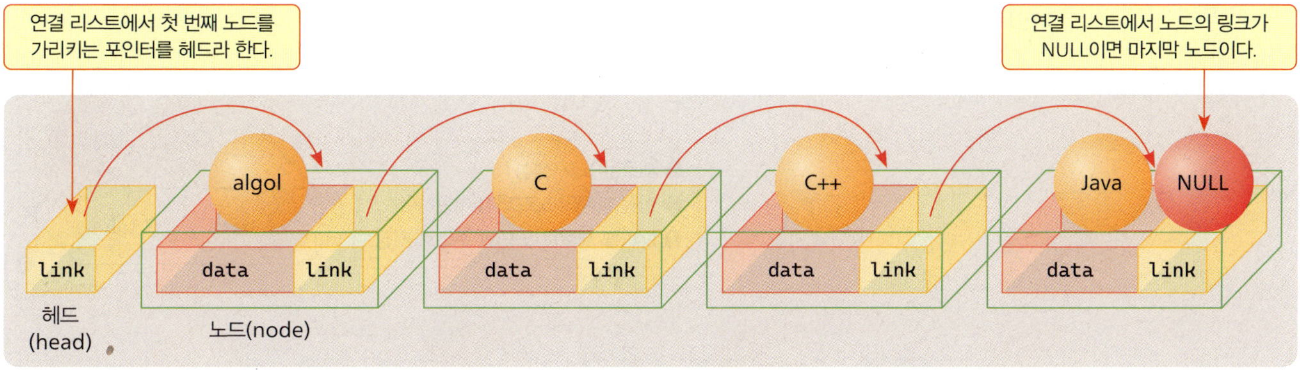

그림 16-20 연결 리스트의 헤드와 노드

연결 리스트 장단점

연결 리스트의 가장 큰 장점은 프로그램 내부에서 메모리가 허용하는 한 연결 리스트 항목 수를 늘릴 수 있다는 것이다. **즉 연결 리스트는 배열과는 달리 프로그램 실행 전에 미리 기억장소를 확보해 둘 필요가 없다. 연결 리스트는 프로그램 실행 중이라도 필요할 때 노드를 동적으로 생성하여 기존의 연결 리스트에 삽입 또는 추가할 수 있다.** 또한 **연결 리스트는 기억장소를 비순차적으로 사용한다.** 그러므로 연결 리스트에서 중간에 노드를 삽입 또는 삭제하더라도 배열에 비하여 다른 노드에 영향을 덜 미친다.

- 결론적으로 **연결 리스트는 동적으로 노드를 생성하므로 연결 리스트의 크기의 증가 감소에 따라 효율적으로 대처할 수 있으며 노드의 삽입과 삭제와 같은 자료의 재배치를 빠르게 처리할 수 있다.**
- 그러나 **연결 리스트는 배열에 비하여 임의 접근(random access)에 많은 시간이 소용되는 단점**이 있다. 즉 연결 리스트의 노드 검색은 헤드에서부터 링크를 따라가는 순차적 검색만이 가능하다.

노드 순회와 추가

연결 리스트에서 모든 노드를 순서대로 참조하는 방법을 노드 순회(node traversal)라 한다. 노드 순회는 헤드부터 계속 노드 링크의 포인터로 이동하면 가능하다. **링크가 NULL이면 마지막 노드임을 알 수 있다.** 이러한 노드 순회 방법을 이용하여 각 노드의 자료를 참조할 수 있으며 원하면 출력도 가능하다.

새로운 노드를 하나 생성하여 연결 리스트의 마지막 노드로 추가하는 방법도 연결 리스트의 주요 기능이다. 다음 그림은 "C#" 노드를 만들어 기존의 연결 리스트에 추가하는 방법을 설명하고 있다.

❶ 새로운 노드를 추가하기 위해서는 첫 번째로 추가할 노드를 먼저 생성한 후, 자료를 저장하고 링크를 NULL로 저장한다.

❷ 다음은 헤드에서부터 포인터를 따라 기존 연결 리스트를 순회하여 마지막으로 이동하는 일이다.

❸ 이제 마지막으로 이동한 **노드의 링크를 새로 생성한 노드의 주소값으로 저장하여 연결 리스트의 마지막 노드로 연결**한다.

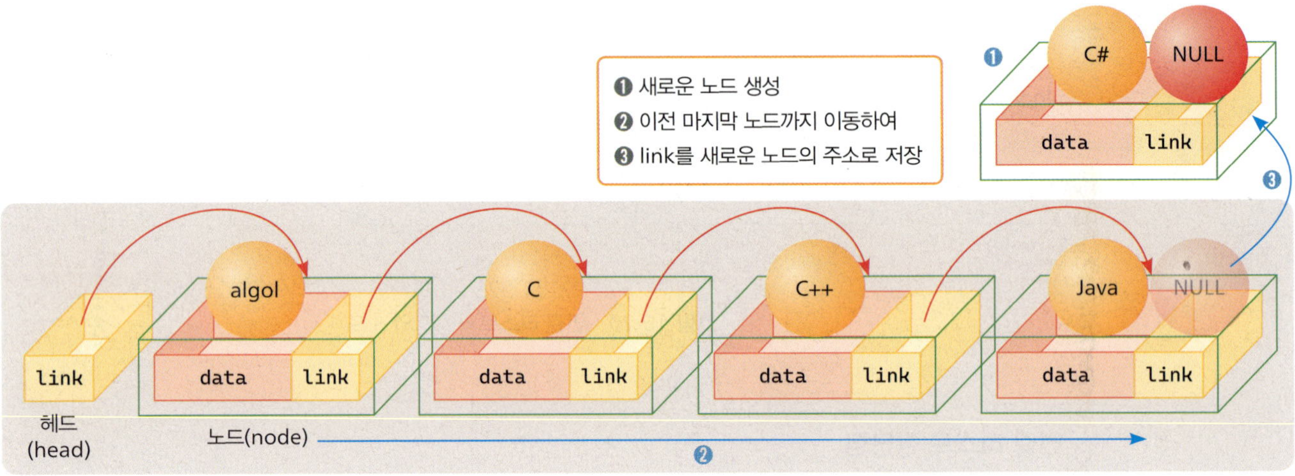

그림 16-21 연결 리스트에서 노드 추가

노드 삽입

연결 리스트 중간에 한 노드를 삽입하는 과정을 알아보자. 기존의 연결 리스트인 노드 "C"와 노드 "C++" 사이에 노드 "Objective-C"를 삽입하는 과정을 살펴보자.

❶ 가장 먼저 삽입 노드를 동적으로 생성하여 원하는 자료를 저장한다.

❷ 이제 헤드 포인터를 따라 가며 삽입하려는 바로 이전 노드인 노드 "C'로 이동한다.

❸ 삽입하는 "Objective-C" 노드의 링크에 노드 "C"의 링크를 저장한다.

❹ 다음에는 노드 "C"의 링크를 새로 삽입하는 "Objective-C" 노드를 가리키도록 삽입하는 "Objective-C" 노드의 주소값을 저장한다.

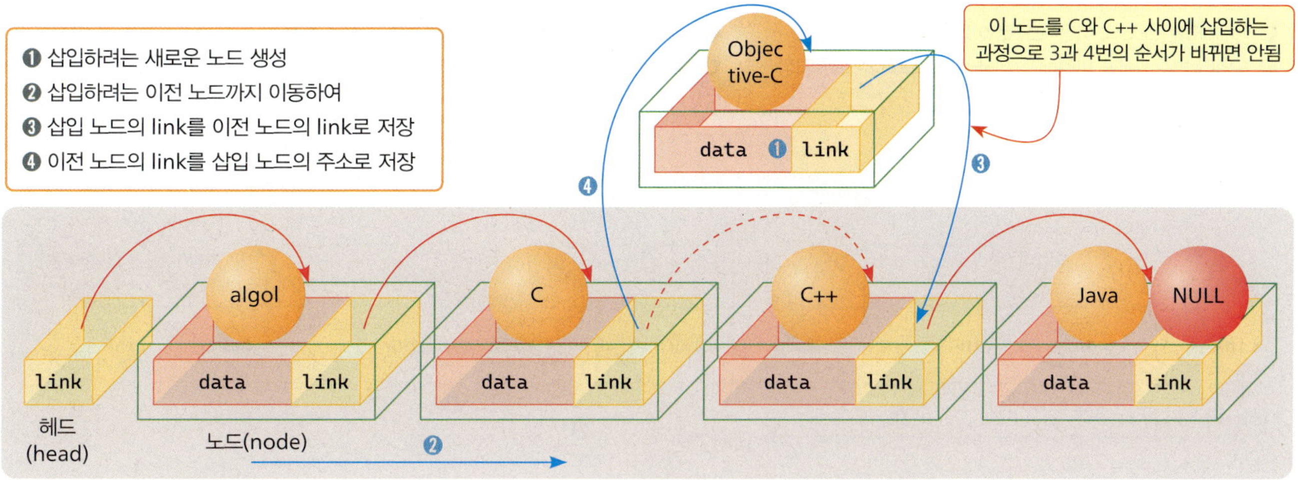

그림 16-22 연결 리스트에서 삽입

노드 삽입의 다른 조건을 살펴보면 삽입 노드의 위치를 알려주는 방법도 있을 수 있다. 즉 위 과정 중에서 2번의 이동이 없이 바로 노드 "C"를 알려주고 노드 "C"의 다음에 삽입하는 방법이다. 이러한 과정에서는 위 과정 중 2번을 제외하고 처리하면 새로운 노드를 삽입할 수 있다.

노드 삭제

연결 리스트에서 노드 하나를 삭제하는 과정을 살펴보자. 다음 연결 리스트에서 중간 노드 "C++"를 삭제하는 절차를 예로 살펴보자.

❶ 연결 리스트에서 노드 "C++"를 삭제하려면 가장 먼저 삭제하려는 노드 바로 이전 노드 "C'로 이동해야한다. 또는 삭제 이전 노드를 바로 알려줄 수도 있다.

❷ 포인터 변수(del)를 마련해 삭제할 이전 노드의 링크인 삭제하려는 노드 "C++"의 주소를 저장한다.

❸ 노드 "C"의 링크를 수정하기 위해 노드 "C"의 링크를 삭제하려는 노드 "C++"의 링크 노드 값으로 저장한다.

❹ 이제 포인터 변수 del로 삭제 노드 "C++"를 메모리에서 제거한다.

❶ 삭제하려는 노드의 이전 노드로 이동
❷ 포인터 변수 del을 마련해 삭제하려는 노드의 주소를 저장
❸ 삭제 이전 노드의 link를 삭제 노드의 link로 저장
❹ 변수 del으로 삭제 노드를 메모리에서 제거

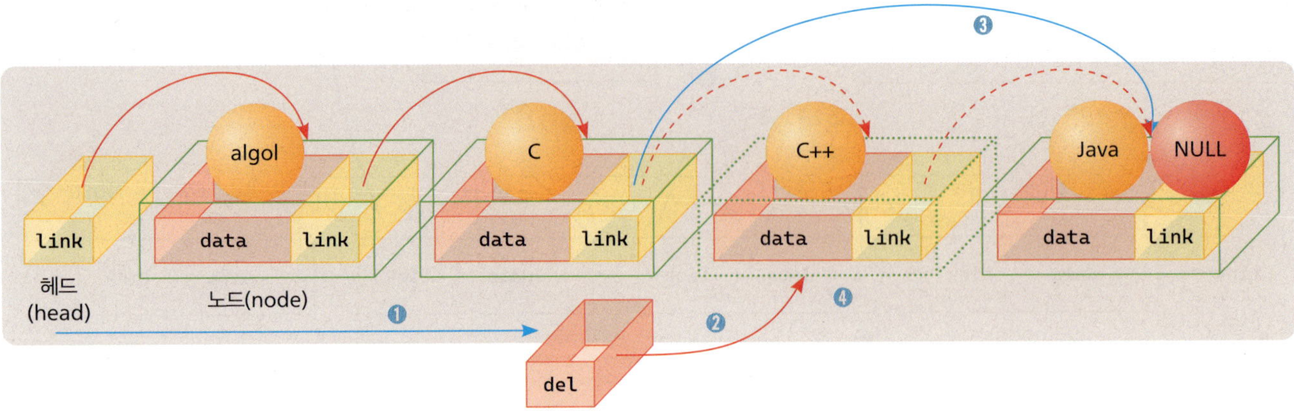

그림 16-23 연결 리스트에서 노드 삭제

중간점검

01 다음과 같은 연결 리스트를 만들려고 한다. 다음 구조체 정의에서 잘못된 것을 찾아 수정하시오.

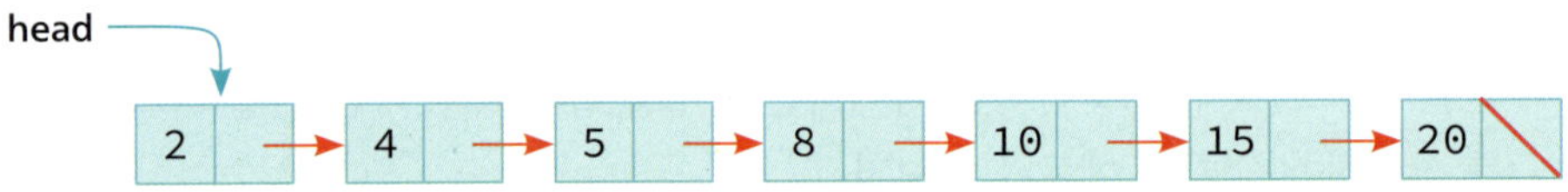


```
typedef struct node { //자기참조 구조체 정의
   int n;
   struct node next;
} node;
```

연결 리스트 구현

구조체 정의와 생성

지금까지 설명한 연결 리스트의 노드를 표현하는 구조체 struct linked_list를 정의해보자. 구조체 struct linked_list의 멤버로 문자열을 저장할 char * 변수인 name 그리고 다른 구조체를 가리킬 포인터 next를 구성한다. **문장 typedef를 이용해 struct linked_list를 간단히 NODE로 정의하고, 이 NODE의 포인터를 LINK로 정의**하자.

```
struct linked_list { //자기참조 구조체 정의
    char* name;
    struct linked_list* next;
};

typedef struct linked_list NODE; //struct linked_list를 NODE로 재정의
typedef NODE* LINK; //NODE *를 LINK로 재정의
```

그림 16-24 구조체와 관련 자료형 정의

구조체 NODE를 하나 생성해 멤버 name에 인자로 전달되는 문자열을 저장하는 함수 createNode()를 구현하자. 노드 하나를 생성해서 "Java" 문자열을 저장하려면 함수 호출 createNode("Java")로 수행한다.

```
LINK createNode(char* name) //노드를 생성하는 함수
{
    LINK cur; //새로 생성되는 노드의 주소를 저장할 변수 cur를 선언
    cur = (LINK)malloc(sizeof(NODE));
    if (cur == NULL)
    {
        printf("노드 생성을 위한 메모리 할당에 문제가 있습니다.\n");
        return NULL;
    }
    //언어 이름을 저장할 문자배열을 동적 할당하여 name에 저장
    cur->name = (char*)malloc(sizeof(char) * (strlen(name) + 1));
    strcpy(cur->name, name);
    cur->next = NULL; //다음 노드는 모르므로 NULL로 저장

    return cur;
}
```

그림 16-25 노드를 생성하는 함수 createNode()

변수 cur이 가리키는 구조체의 멤버 name은 문자 포인터이다. 이 cur->name에 저장할 문자의 수만큼 메모리를 할당 받는다. **함수 malloc()에서 할당할 메모리의 크기는 strlen(str)+1개의 문자 크기를 확보**해야 한다. 함수 strcpy()를 이용하여 "Java"가 저장된 문자열 str을 cur->name에 복사한다. 현재 생성된 노드의 멤버 cur->next에는 초기에 NULL을 입력한 후, 필요하면 나중에 다른 구조체를 가리키도록 대입한다.

구조체 노드 추가

연결 리스트에 구조체 포인터 cur을 추가하는 함수 append()를 만들어 보자. 함수 append()는 시작 노드를 가리키는 head와 추가될 노드인 cur을 인자로 갖는다. 연결 리스트는 인자인 노드 head가 가리키는 노드에서 시작한다. 함수 append()는 시작 노드를 반환하도록 한다. 함수 append()는 인자인 cur 노드를 연결 리스트 head의 마지막 노드에 추가하는 함수이다.

```
//cur 노드를 연결 리스트 head의 마지막 노드에 추가하는 함수
LINK append(LINK head, LINK cur)
{
    //지역 변수 nextNode를 선언하고 초기값으로 head를 저장
    LINK nextNode = head;
    ...
    return head;
}
```

그림 16-26 함수 append() 구현

함수 append()를 이용하여 노드가 하나도 없는 연결 리스트에 노드 C를 추가하는 과정을 살펴보자.

- 함수 내부에서 연결 리스트의 마지막 노드를 찾아가는데 필요한 지역 변수 nextNode를 선언하고 초기값으로 head를 저장한다.
- 만일 현재 연결 리스트에 아무 노드가 없는 상태라면 무조건 새로 추가되는 노드가 첫 번째 노드가 될 것이다. 그러므로 이러한 경우에는 head에 cur을 대입하고 head를 반환하면서 함수를 종료한다.

다음 그림은 C 노드가 연결 리스트의 첫 번째 노드가 된 결과를 나타낸다.

```
//지역 변수 nextNode를 선언하고 초기값으로 head를 저장
LINK nextNode = head;
//만일 현재 헤드가 가리키는 것이 없다면, 즉 연결리스트의 노드가 하나도 없는 경우
if (head == NULL)
{
    head = cur; //추가하려는 노드가 head가 됨
    return head;
}
```

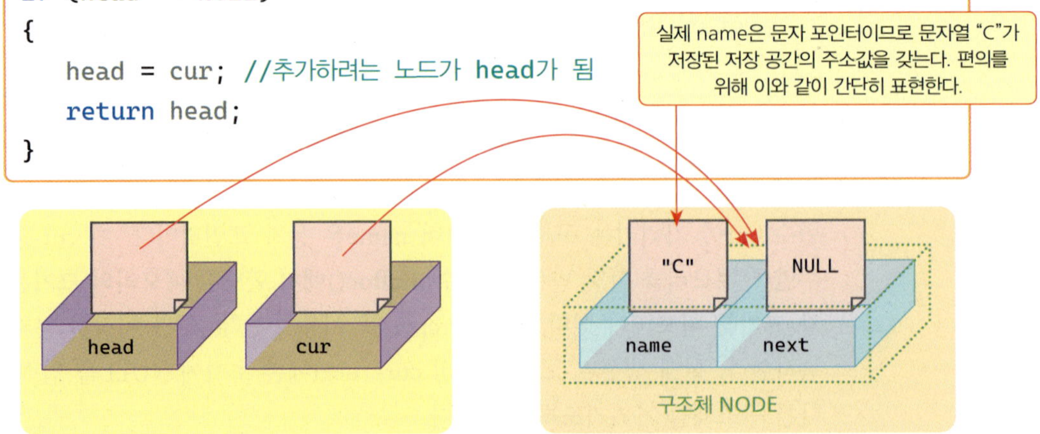

그림 16-27 노드가 전혀 없는 연결 리스트에 처음으로 C 노드를 추가

만일 기존의 연결 리스트에 여러 노드가 있다면 마지막 노드를 찾아가야 한다. 연결 리스트 마지막 노드에 노드 C#을 추가하는 과정을 살펴보자.

- 다음 while() 모듈을 이용하면 nextNode는 멤버 next의 값이 NULL인 마지막 노드에 이르게 된다.
- 다음 그림에서와 같이 nextNode는 처음에 head에서부터 마지막 노드를 찾아갈 때까지 계속 다음 노드를 가리킨다. 결국 멤버 next의 값이 NULL인 마지막 노드를 가리킨다.
- 이제 마지막 노드에 새로운 노드 C#을 연결하는 일만 남았다. 이 일을 위해 마지막 모드를 가리키는 nextNode를 이용하여 nextNode->next에 cur를 대입한다.

다음 그림은 노드 C와 C++ 그리고 java로 구성된 연결 리스트에 노드 C#을 추가한 결과 그림이다.

```
//멤버 next가 NULL일 때까지 이동하여 마지막 노드까지 이동
while (nextNode->next != NULL)
{
   nextNode = nextNode->next;
}
nextNode->next = cur;  //추가 노드를 현재 노드의 next에 저장
```

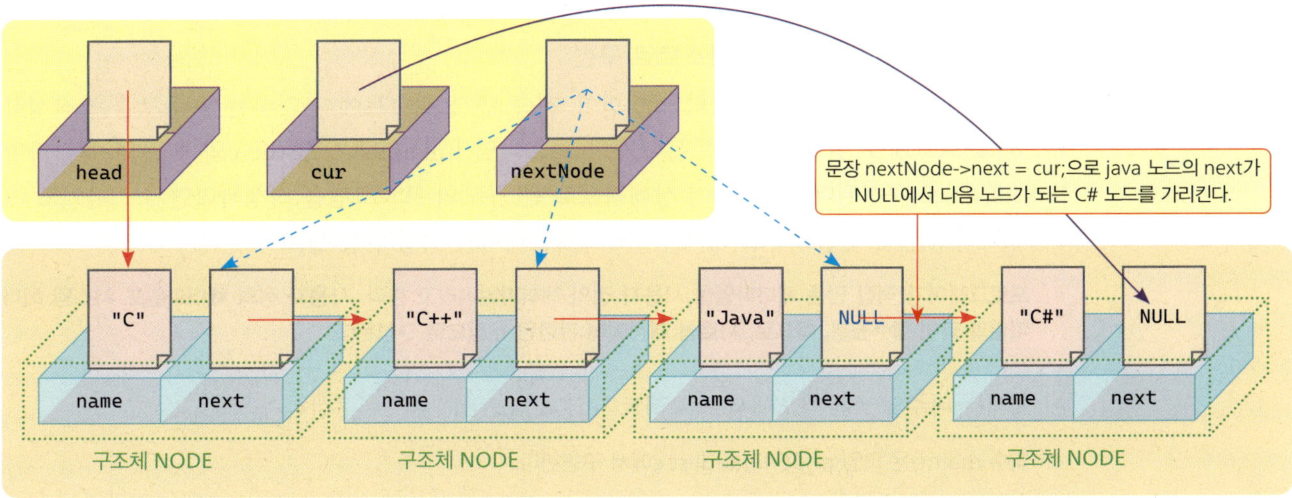

그림 16-28 연결 리스트에 C# 노드가 추가되어 수정된 연결 리스트

구조체 노드 출력

연결 리스트 자료 출력 함수 printList()를 작성하자. 함수 printList()는 연결 리스트의 시작 노드를 가리키는 head 노드를 인자로 받아서 연결 리스트를 순회하면서 모든 노드의 자료를 출력하는 함수이다. 함수 printList()는 출력된 노드의 수를 반환한다.

```
int printList(LINK head) //연결 리스트의 모든 노드 출력 함수
{
   int cnt = 0; //방문한 노드의 수를 저장
   LINK nextNode = head;
   //nextNode를 이용하여 연결 리스트의 처음부터 끝까지 순회
   while (nextNode != NULL)
   {
      //리스트의 순서로 노드를 방문하여 방문 횟수와 문자열 자료를 출력
      printf("%3d번째 노드는 %s\n", ++cnt, nextNode->name);
      nextNode = nextNode->next;
   }

   return cnt; //총 노드 방문 횟수를 반환하고 함수를 종료
}
```

그림 16-29 함수 printList()

프로그래밍 언어 종류를 연결 리스트로 구현

프로그래밍 언어 이름을 표준입력으로 받아 계속 연결 리스트에 추가하는 프로그램을 작성하자. 본 프로그램을 위한 프로젝트는 2개의 소스파일 linkedlist.c, listlib.c와 하나의 헤더파일 linkedlist.h로 구성된다. 이와 같이 상대적으로 큰 규모의 프로그램을 작성하려면 소스파일도 여러 개로 나누는 것이 필요하고 헤더파일도 프로그래머가 직접 만들 필요가 있다.

- **프로그래머가 직접 만든 헤더파일을 사용자 정의 헤더파일**이라고 한다. **사용자 정의 헤더파일도 시스템 헤더파일과 같이 함수원형, 매크로, 자료형 재정의에 관련된 문장으로 구성**된다.

이 예제는 비주얼 스튜디오에서 프로젝트 "Prj06 Linked List"로 구현하자.

- 함수 main()은 파일 prj06-linkedlist.c에서 구현한다.
- 연결 리스트에 필요한 함수 createNode(), append(), printList()는 파일 listlib.c에서 구현한다.
- 헤더파일 prj06-linkedlist.h에서는 필요한 시스템 헤더 파일을 삽입하고 함수 createNode(), append(), printList()의 함수원형을 정의하며, 구조체 linked_list 정의와 관련된 자료유형을 정의한다.

다음은 Prj06 Linked List 프로젝트의 소스파일 3개와 목적파일 그리고 실행파일을 보이고 있다.

- 헤더파일은 컴파일이 필요한 파일이 아니므로 프로그램 소스 2개에서 컴파일이 성공하면 목적파일 prj06-inkedlist.obj와 prj06-listlib.obj가 생성된다.
- 다시 링크가 성공하면 프로젝트 이름의 실행파일 "Prj06 Linked List.exe"가 생성된다.

비주얼 스튜디오에서 사용자 헤더 파일을 추가하려면 현재 프로젝트의 [헤더 파일]에서 오른쪽 버튼을 눌러 나온 메뉴 [추가/새항목]을 선택한다. 표시된 [새 항목 추가] 대화상자에서 헤더파일

을 선택하고 사용자 헤더파일 이름 prj06-linkedlist를 입력한다. 소스파일 추가는 파일이 필요한 만큼 가능하며 이 프로젝트는 2개의 소스파일 prj06-linkedlist.c, prj06-linkedlib.c와 하나의 헤더파일 prj06-linkedlist.h로 구성된다. 다음 솔루션 탐색기를 보면 프로젝트 Prj06 Linked List에 추가된 소스파일과 헤더파일을 확인할 수 있다.

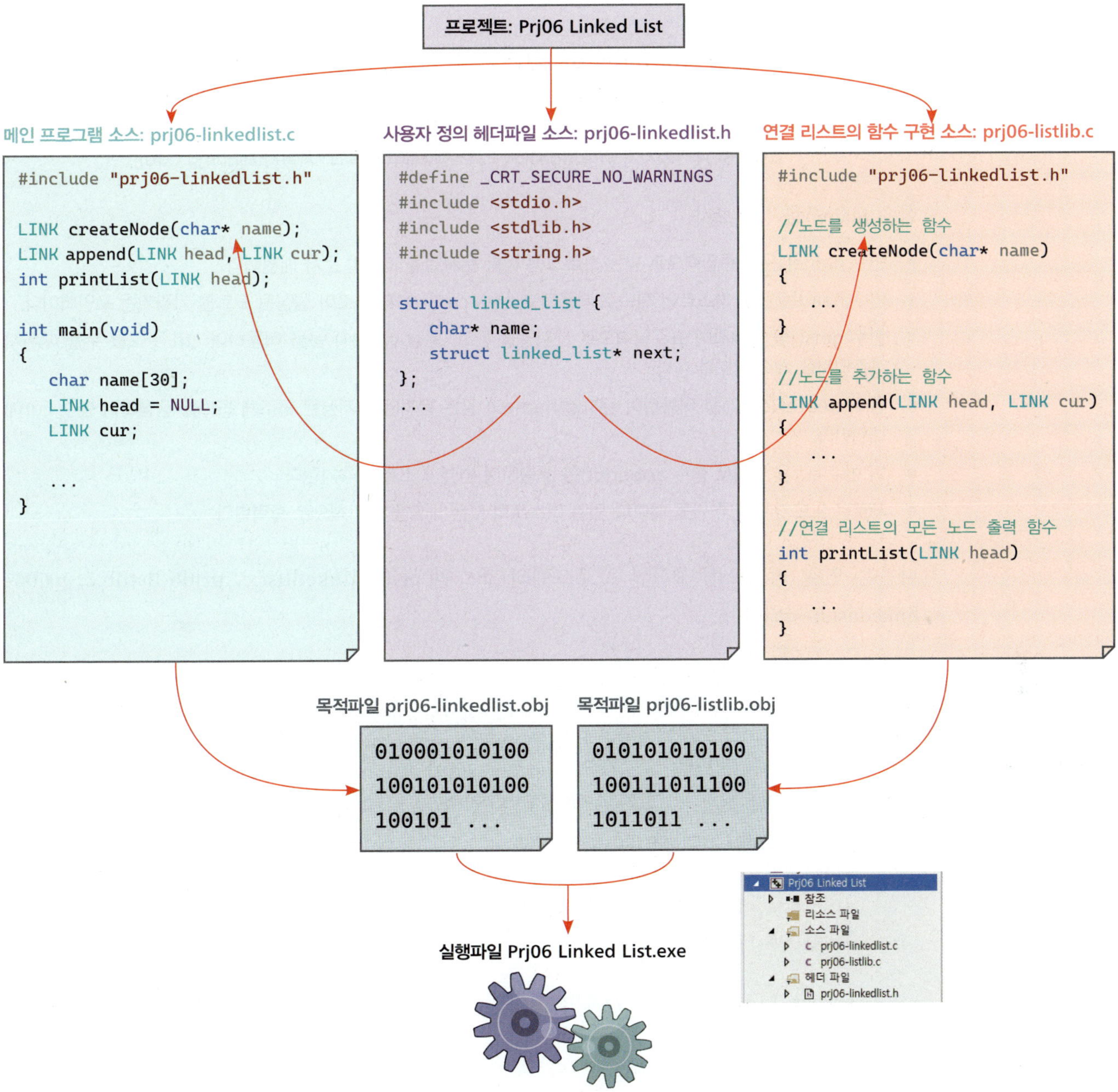

그림 16-30 프로젝트 Prj06 Linked List의 소스파일과 실행파일

프로그래밍 언어 종류를 연결 리스트로 구현

표준입출력에 필요한 헤더파일 <stdio.h>의 삽입은 사용자 정의 헤더파일 prj06-linkedlist.h에 기술하고 두 구현 소스파일에서 헤더파일 prj06-linkedlist.h을 삽입한다. **지시자 #include에서 큰따옴표를 사용해서 사용자 정의 헤더파일을 삽입**한다. 이는 시스템 헤더파일을 삽입하는 #include의 <stdio.h>와 다르다는 것을 알 수 있다.

```
#include "prj06-linkedlist.h"   //"사용자 헤더파일.h" 기술
#include <stdio.h>              //<시스템 헤더파일.h> 기술
```

그림 16-31 지시자 #include에서 <시스템 헤더파일>과 "사용자 헤더파일" 차이

함수 main()을 살펴보자.

- 변수 name[]은 표준입력으로 받은 프로그램 이름 문자열을 저장할 문자 배열이다.
- 변수 head는 연결 리스트의 헤드로 사용되고, 변수 cur은 현재 새로이 생성된 노드를 가리키는 포인터이다.
- 함수 gets()를 이용하여 표준입력으로 문자열을 받고, 문장 while() 문을 이용하여 ctrl + Z를 누를 때까지 표준입력을 계속 받도록 한다.
- 함수 createNode()를 이용하여 문자열 name과 같은 문자열이 저장된 구조체 노드를 생성하여 변수 cur에 대입한다.
- 이 변수 cur을 인자로 함수 append()를 호출하여 연결 리스트에 추가한다.
- 새로운 노드가 하나 추가될 때마다 연결 리스트의 모든 노드를 순차적으로 출력한다.

다음은 연결 리스트를 구현한 프로그램의 소스인 prj06-linkedlist.c, prj06-listlib.c, prj06-linkedlist.h 파일이다.

실습예제 16-6	Prj06 Linked List	prj06-linkedlist.c prj06-listlib.c prj06-linkedlist.h	프로그래밍 언어 이름인 문자열을 멤버로 갖는 노드로 구성되는 연결리스트 구현	난이도: ★★★
헤더파일	prj06-linkedlist.h	연결 리스트를 생성하고 출력하는 프로그램을 위한 헤더파일		

```
#define _CRT_SECURE_NO_WARNINGS
#include <stdio.h>
#include <stdlib.h>
#include <string.h>

struct linked_list { //자기참조 구조체 정의
    char* name;
    struct linked_list* next;
};

typedef   struct linked_list NODE; //struct linked_list를 NODE로 재정의
typedef   NODE* LINK; //NODE *를 LINK로 재정의
```

```
Java
  1번째 노드는 C
  2번째 노드는 Java
Python
  1번째 노드는 C
  2번째 노드는 Java
  3번째 노드는 Python
^Z
```

중간점검

01 다음 그림의 연결 리스트에서 두 코드를 실행한 후에 수정된 그림을 그리시오.

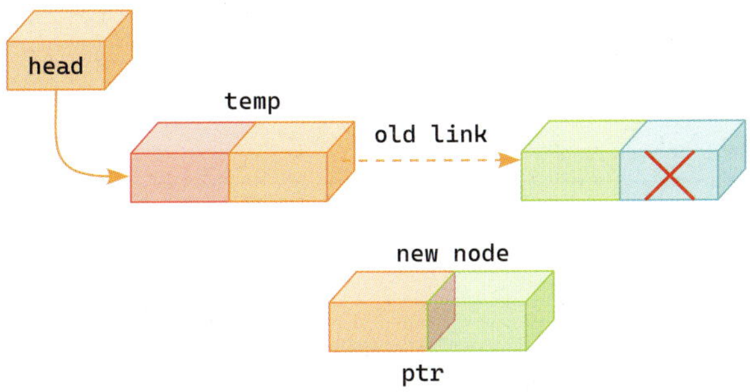


```
ptr -> next = temp -> next
temp -> next = ptr
```

LAB

노드 3개로 구성된 연결 리스트

구조체 struct node는 int형의 정보를 담는 x 필드와 다른 노드를 가리키는 next 필드로 구성된다. 먼저 노드 2개를 생성하여 연결 리스트로 연결한다. 포인터 head는 항상 연결 리스트의 첫 노드를 가리키게 하며 마지막 노드의 필드 next는 NULL 값을 갖는다. 2개의 노드 중 마지막 노드로 이동하여 하나의 노드를 새로 생성하여 필드 x를 500으로 저장하고 이 노드가 마지막 노드가 되도록 한다. 마지막으로 연결 리스트의 모든 노드를 순회하면서 필드 x 값을 출력해 다음의 결과가 되도록 프로그램을 작성해 실행해 보도록 한다.

- 노드 3개로 구성되는 연결 리스트의 순서는 다음과 같이 수행

```
Microsoft Visual Studio 디버그 콘솔
1번째 노드는 20
2번째 노드는 10
3번째 노드는 500
```

Lab 16-2 lab2nodelist.c 난이도: ★★

```c
#include <stdio.h>
#include <stdlib.h>

struct node {
   int x;
   struct node* next;
};

int main(void)
{
   //노드 두 개를 생성하여 자료와 링크를 대입
   struct node* one = malloc(sizeof(struct node));
   one->x = 10;
   one->next = NULL;
   struct node* two = malloc(sizeof(struct node));
   two->x = 20;
   two->next = one;

   struct node* head = two;
```

```
20      struct node* cur = head;
21      if (cur)
22      {
23          while (cur->next != NULL)
24              cur = cur->next;
25      }
26
27      cur->next = malloc(sizeof(struct node)); //노드를 생성하여 주소를 저장
28      cur = cur->next;
29
30      cur->next = NULL;
31      
32
33      int cnt = 0;
34      cur = head;
35      while (cur != NULL)
36      {
37          //리스트의 순서로 노드를 방문하여 방문 횟수와 문자열 자료를 출력
38          printf("%3d번째 노드는 %d\n", ++cnt, cur->x);
39          
40      }
41
42      return 0;
43  }
```

정답

```
31      cur->x = 500;
39          cur = cur->next;
```

16.3 전처리

전처리 지시자 종류와 매크로

다양한 전처리 명령어

전처리기가 처리하는 지시자의 종류를 살펴보면 다음과 같다. 헤더파일을 삽입하는 지시자 #include와 기호상수를 정의하는 #define은 이미 알아 보았다. 또한 전처리기는 조건부로 필요한 문장을 컴파일에 참여시키는 지시자를 제공한다. **조건부 컴파일 문장은 개발단계에서만 실행에 참여하는 문장 처리에 적합**하다. 또한 프로그램 개발에서 버전과 플랫폼에 따라 다르게 컴파일해야 하는 부분이 있다면 조건부 컴파일 기능이 유용하게 사용될 수 있다.

표 16-2 전처리 명령어 종류

명령어	설명
#include	지정된 헤더파일 내용을 현재에 복사
#define	기호상수 정의
#undef	지정한 기호상수를 삭제
#if	주어진 연산식이 참이면 컴파일
#else	조건부 컴파일 블록의 마지막을 표시
#elif	조건부 컴파일 블록의 표시
#endif	조건부 컴파일 블록의 종료 표시
#ifdef	주어진 이름이 정의되었다면 컴파일
#ifndef	주어진 이름이 정의되지 않았다면 컴파일

예약 매크로

프로그램의 편의를 위하여 C 언어에서는 다음과 같이 시스템에서 이미 정의되어 있는 예약 매크로(predefined macro)를 제공한다. 다음 예약 매크로는 ANSI 표준 매크로로 프로그램 디버깅에 활용될 수 있다.

표 16-3 예약 매크로

매크로	설명
__DATE__	가장 최근에 소스파일을 컴파일한 날짜를 [Mmm dd yyyy]으로 표시
__FILE__	현재 소스파일 이름으로 절대경로로 표시
__LINE__	현재 소스파일에서 이 문장이 있는 줄 번호
__TIME__	가장 최근에 소스파일을 컴파일한 시각으로 [시:분:초]로 표시
__TIMESTAMP__	현재 소스파일을 마지막으로 수정한 시각으로 [요일 월 날짜 시:분:초 년]으로 표시

실습예제 16-7 Prj07 07sysmacro.c 이미 정의된 __DATE__와 같은 예약 매크로의 이용 난이도: ★★

```c
#include <stdio.h>

int main(void)
{
    printf("%s\n", __DATE__);
    printf("%s\n", __FILE__);
    printf("%d\n", __LINE__);
    printf("%s\n", __TIME__);
    printf("%s\n", __TIMESTAMP__);

    return 0;
}
```

결과

```
Dec 15 2020
C:\Kang C code\ch16\Prj07\07sysmacro.c
7
13:47:21
Tue Dec 15 13:47:21 2020
```

현재 소스파일 이름으로 절대경로로 표시

소스파일의 최종 수정된 날짜와 시각 정보를 표시

명령행에서 전처리 결과 보기

비주얼 스튜디오 개발도구는 명령어 컴파일러 cl.exe를 제공한다. cl과 같은 비주얼 스튜디오의 명령어를 사용하려면 윈도우 주 메뉴에서 Visual Studio 2019 하부 Developer Command Prompt for VS 2019를 선택해 실행된 명령 프롬프트에서 실행하도록 한다.

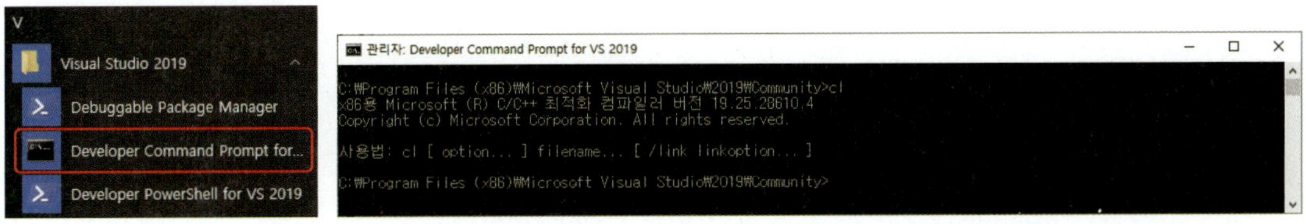

그림 16-32 메뉴 Developer Command Prompt for VS 2019

전처리기가 처리한 결과 소스를 표준출력으로 보기 위해서는 컴파일러 cl 명령어에서 /E 옵션을 사용한다. 다음은 위의 예제 소스파일 07sysmacro.c의 전처리 결과를 보는 명령어이다. 그러나 위 명령어를 실행하면 생각보다 결과 소스가 길어 그 내용을 마지막 부분만 볼 수 있다. 다음과 같이 도스 연산자 >>를 사용하여 표준출력을 지정한 파일이름 preresult.c에 저장할 수 있다. 또한 옵션 /P를 사용하면 바로 확장자가 i인 소스파일이름으로 전처리 결과를 저장할 수 있다.

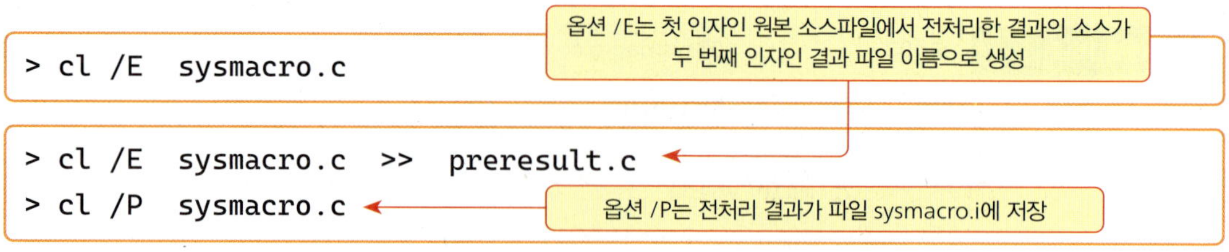

그림 16-33 전처리 결과를 파일에 저장하는 명령어

전처리 결과 파일 preresult.c 또는 07sysmacro.i를 편집기로 열면 전처리기가 처리한 결과 소스를 볼 수 있다. 전처리 결과는 빈 줄도 많고 파일이 매우 길다. 다음은 처리 결과의 마지막 부분으로 전처리기에 의해 상수 __DATE__ 등이 실제 출력될 문자열로 바뀐 것을 볼 수 있다.

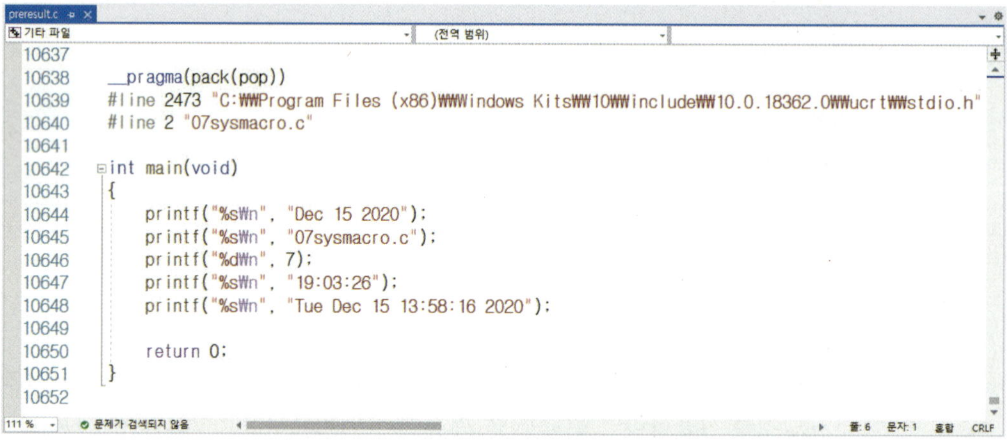

그림 16-34 예제 소스 07sysmacro.c의 전처리 결과 소스

중간점검

01 전처리 결과를 알아볼 수 있는 명령어는 무엇인가?

02 다음 중 전처리 지시어가 아닌 것은?

❶ #define
❷ #include
❸ #ifdef
❹ #ifndef
❺ #elseif

조건부 컴파일 지시자

기본 조건부 컴파일 명령어 #if #endif

전처리 #if #endif는 기본적인 조건부 컴파일 지시자다. **#if 다음의 조건식 expression이 0이 아니면 #endif 또는 다른 옵션의 전처리 지시자 사이의 모든 문장을 컴파일하고, 만일 조건식 expression이 0이면 컴파일에서 제거**한다. #if는 반드시 #endif로 종료해야 한다. #ifdef와 #endif 사이에는 C 문장뿐 아니라 #define과 같은 다른 전처리기 지시자도 올 수 있으며, 옵션으로 else if를 의미하는 #elif와 else인 #else가 올 수 있다. 전처리기 지시자 #if #endif는 일반 if 문과 유사하다. 다만 #if에서는 조건식에 괄호가 생략 가능하며, 조건 절의 문장이 여러 개라도 블록을 사용할 필요가 없다. 그러나 #if 의 조건식에 괄호를 사용해도 무방하다.

명령어 #if #elif #else #endif

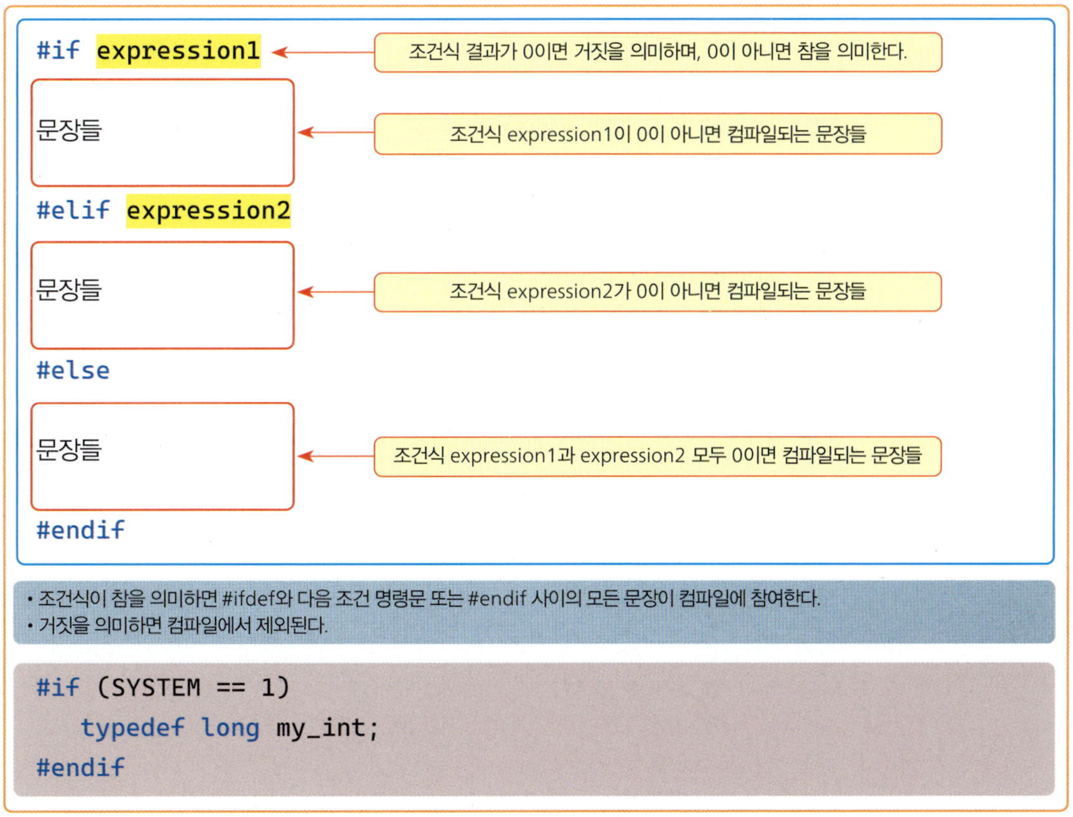

그림 16-35 전처리 지시자 #if #endif

- 명령문 #if 조건식에는 기호상수와 정수 상수, 문자 상수만 나올 수 있으며 그 결과도 반드시 정수여야 한다. 실수 상수와 문자열 상수, 변수 등을 사용할 수 없다.
- 조건식에는 관계연산자와 논리연산자 그리고 사칙연산을 사용할 수 있다.
- 또한 조건식에 변수는 사용할 수 없다. 다음은 잘못된 #if 조건식을 나타낸다.

```c
#if SYSTEM < 2.0
#define TEST 100
#endif
```

```c
#define PL "Java"
#if PL == "Java"
#define TEST 100
#endif
```

```c
int a = 10;
#if a == 10
typedef long my_int;
#endif
```

그림 16-36 잘못 사용된 #if 조건식

실습예제 16-8	Prj08	08preif.c	전처리기 지시자 #if를 이용	난이도: ★★

```c
#include <stdio.h>

//상수 정의
#define WINDOWS 1
#define MAC 2
#define UNIX 3
//#define SYSTEM WINDOWS
#define SYSTEM WINDOWS

//전처리 #if #elif #else #endif
#if (SYSTEM == WINDOWS)
typedef int my_int;
#elif SYSTEM == MAC
typedef long my_int;
#elif SYSTEM == UNIX
typedef long long my_int;
#else
typedef short my_int;
#endif

int main(void)
{
    my_int n = 17;
    printf("변수크기: %zu, 저장 값: %d\n", sizeof(n), n);

    return 0;
}
```

결과

```
변수크기: 8, 저장 값: 17
```

전처리 연산자 defined

전처리 연산자 defined (기호상수)는 기호상수가 정의되었다면 참을 의미하는 0이 아닌 값을, 정의가 되지 않았다면 거짓을 의미하는 0을 반환한다. 피연산자의 괄호는 생략 가능하다. 연산자

defined 는 지시자 #if의 조건식에서 다음과 같이 사용될 수 있다.

```
#if (defined WINDOWS)
   typedef long my_int;
#endif
```

그림 16-37 전처리 연산자 defined

if defined #ifdef #endif

전처리 #ifdef #endif도 조건부 컴파일 지시자다. **#ifdef 다음에 나오는 기호상수가 이미 정의되었다면 #endif까지 모든 문장을 컴파일하고, 그렇지 않으면 컴파일에서 제거**한다. #ifdef는 반드시 #endif로 종료해야 한다. #ifdef와 #endif 사이에는 C 문장뿐 아니라 전처리 지시자도 올 수 있다.

지시자 #ifdef #endif

```
#ifdef 기호상수
   ...
#endif
```

명령어 #define 또는 명령행에서 정의된 기호상수이다.

• 기호상수가 정의되었다면 #ifdef와 #endif 사이의 모든 문장이 컴파일에 참여한다. 정의되지 않았다면 컴파일에서 제외된다.

```
#ifdef DEBUG
   printf("DEBUG : 1부터 %d까지의 곱은 %d 입니다.\n", i, prod);
#endif
```

그림 16-38 전처리 지시자 #ifdef #endif

다음 예제에서 기호상수 DEBUG가 정의되어 있으면 중간 결과를 출력하는 문장이 컴파일 되며, 그렇지 않으면 이 문장은 컴파일에서 제외된다. 이 프로그램에서 기호상수 DEBUG는 지시자 #define으로 정의하고 있다. 비주얼 스튜디오에서도 직접 기호상수를 정의할 수 있다. 메뉴 [프로젝트/ 프로젝트 속성(Alt + Enter) …]를 선택하여 표시된 [프로젝트 속성 페이지] 대화상자의 [전처리기 정의]에서 DEBUG를 삽입할 수 있다.

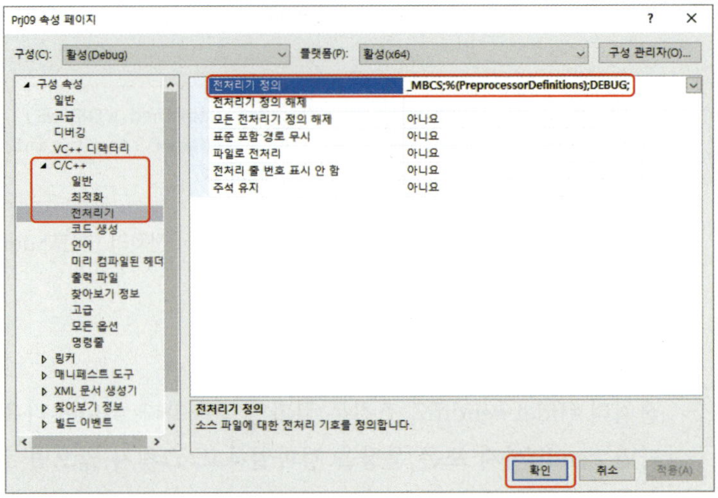

그림 16-39 비주얼 스튜디오에서 기호상수를 정의하는 대화상자

다음 소스는 기호상수 DEBUG가 정의되어 있다면 printf("DEBUG : 1부터 %d까지의 곱은 %d 입니다.\n", i, prod); 출력문을 컴파일한다. 만일 DEBUG가 정의되어 있지 않다면 #ifdef 내부의 printf()문은 컴파일에 참여할 수 없고, 당연히 실행해도 그 부분은 실행되지 않는다.

실습예제 16-9	Prj09	09ifdef.c	전처리 지시자 #ifdef 이용한 디버깅 방법	난이도: ★★

```c
#include <stdio.h>

#define DEBUG
#define LIMIT 20

int main(void)
{
    long prod = 1; // long long prod = 1
    for (int i = 1; i <= LIMIT; i++)
    {
        prod *= i;

#ifdef DEBUG
        if (i % 5 == 0)
            printf("DEBUG : 1부터 %2d까지의 곱은 %d 입니다.\n", i, prod);
#endif

    }
    printf("1부터 %d까지의 곱은 %d 입니다.\n", LIMIT, prod);

    return 0;
}
```

이 기호상수 정의 문을 제거하면 중간 과정의 결과는 보이지 않음

기호상수 DEBUG가 정의되면 이 코드가 실행

기호상수 DEBUG가 정의되지 않는다면 다음과 같은 한 줄의 결과만 표시

결과

```
DEBUG : 1부터  5까지의 곱은 120 입니다.
DEBUG : 1부터 10까지의 곱은 3628800 입니다.
DEBUG : 1부터 15까지의 곱은 2004310016 입니다.
DEBUG : 1부터 20까지의 곱은 -2102132736 입니다.
1부터 20까지의 곱은 -2102132736 입니다.
```

자료형 int의 범위를 벗어나 오버플로가 발생

명령어 #ifndef

전처리 지시자 #ifndef는 #ifdef**와 반대로 기호상수가 정의되지 않았다면 #ifndef와 #endif 사이의 모든 문장이 컴파일에 참여하며, 정의되었다면 컴파일에서 제외**된다. 다음 소스는 기호상수 NAME_SIZE가 정의되어 있지 않다면 NAME_SIZE를 30으로 정의하는 문장이다. 실제로 헤더 파일을 여러 개 사용하다 보면 기호상수 정의가 중복될 수 있는데, 컴파일 시 경고가 발생한다. 단순히 #define NAME_SIZE 30이 아니라 다음과 같이 #ifndef 를 사용한 기호상수 정의는 헤더파일에서 기호상수를 중복되게 정의하는 것을 막아주는 역할을 한다.

전처리 명령어 #ifndef

```
#ifdef 기호상수
    ...
#endif
```

명령어 #define 또는 명령행에서 정의된 기호상수이다.

- 기호상수가 정의되지 않았다면 #ifdef와 #endif 사이의 모든 문장이 컴파일에 참여한다. 정의되었다면 컴파일에서 제외된다.

```
#ifndef NAME_SIZE
    #define NAME_SIZE 30
#endif
```

그림 16-40 전처리 지시자 #ifndef #endif

기호상수 삭제 #undef

#undef는 이미 정의된 기호 상수를 해지하는 지시자이다. 다음 구문은 20으로 정의된 기호상수 SIZE를 전처리기 지시자 #undef SIZE로 그 효력을 상실하게 한다. 일반적으로 기호상수를 삭제하기 전에 #ifdef로 이전에 정의됨을 확인한 후 삭제하는 것이 좋다.

```
#define SIZE 20
#ifdef SIZE
#undef SIZE
#endif
```

그림 16-41 지시자 #undef

중간점검

01 비주얼 스튜디오에서 직접 기호상수를 정의하는 방법을 설명하시오.

전처리 연산자

전처리 연산자 종류

전처리 연산자는 #, #@, ##, defined 모두 4개이다. 연산자는 #, #@, ##은 매크로 정의 **지시자 #define에서 사용**된다. **연산자 defined는 이미 보았듯이 조건부 컴파일 지시자 #if와 #elif 등에서 사용**된다.

표 16-4 전처리 연산자

연산자	이름	사용 예	기능
#	문자열 만들기 연산자 (Stringizing operator)	#인자	인자 앞 뒤에 큰따옴표를 붙여 인자를 문자열로 만드는 연산자
#@	문자 만들기 연산자 (charizing operator)	#@인자	인자 앞 뒤에 작은따옴표를 붙여 인자를 문자로 만드는 연산자
##	토큰 붙이기 연산자 (token-pasting operator)	인자##인자	인자를 다른 토큰들과 연결해주는 연산자
defined	정의 검사 연산자 (defined operator)	defined WINDOWS	상수로 정의되어 있는지 검사하는 연산자

문자열 만들기 연산자

문자열 만들기 연산자 #은 매크로 정의 시에 뒤에 나오는 인자를 문자열로 만드는 연산자이다. 즉 매크로에서 인자의 앞 뒤에 인용 부호 "인자"를 넣어 문자열로 만든다.

- 다음 소스에서 매크로 PRT(a) 정의에서 인자 a의 사용을 #a로 하는 경우, 이 매크로 호출 시에 인자의 앞 뒤에 인용 부호 "a"를 넣어 문자열로 만든다.
- 다음 매크로 PRT(i)의 호출에서 실인자 #i는 "i"로 대체되며 실인자 i는 그대로 i로 대체된다.
- C 언어에서 문자열 "i"와 " = %2d 일때,"를 나열한 것은 그대로 문자열의 연결을 의미한다. 즉 두 문자열이 연결된 문자열 "i = %2d 일때,"이 함수 printf()의 첫 인자가 된다.

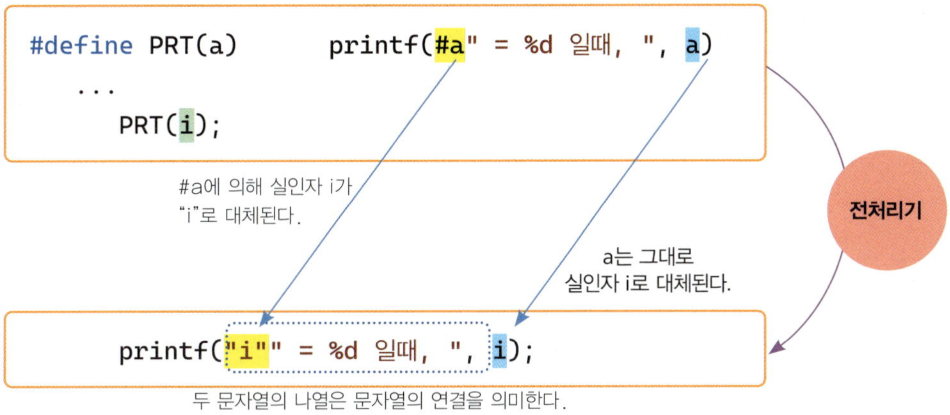

그림 16-42 문자열 만들기 연산자 #의 예1

다음과 같은 매크로 정의 APRT(a)에서 APRT(fact[i])의 호출은 어떤 문장이 실행될까? 결과는 printf(“facto[i]”“ = %3d\t”, facto[i]);문장으로 실행된다.

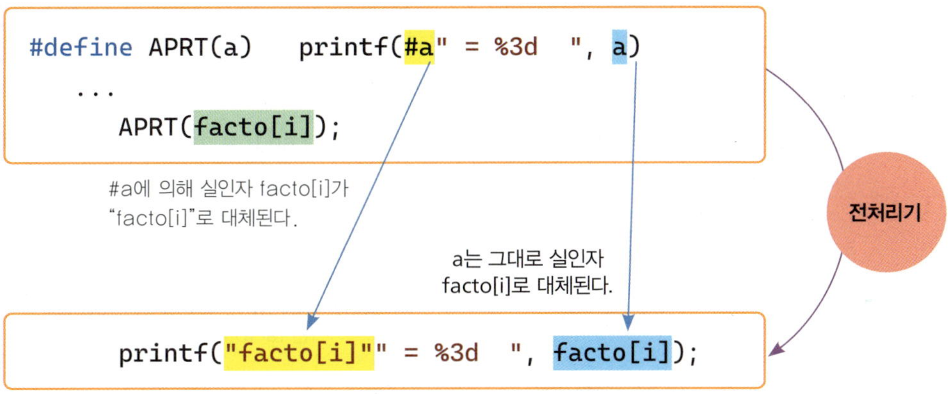

그림 16-43 문자열 만들기 연산자 #의 예2

문자 만들기 연산자 #@

문자 만들기 연산자 #@는 인자x의 매크로 정의에서 #@x와 같이 형식인자 앞에 위치한다. 연산자 #@는 뒤에 나오는 인자를 앞 뒤에 작은따옴표를 붙여 문자로 만들어 준다. 다음 매크로 CHPRT(a)는 인자 a를 문자로 만들어 함수 printf()로 출력하는 매크로이다. 즉 매크로 호출 CHPRT($)로 문자 $를 출력할 수 있다.

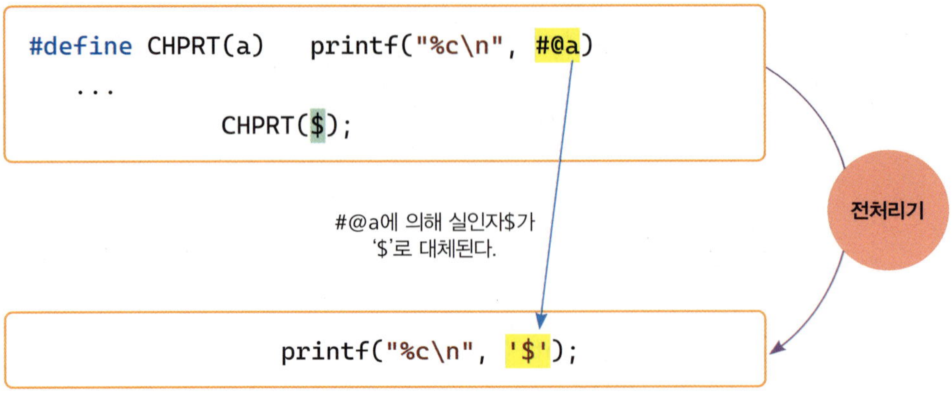

그림 16-44 문자 만들기 연산자 #@의 예

토큰 붙이기 연산자

토큰 붙이기 연산자 ##은 좌우의 토큰을 연결(concatenation)하는 기능을 수행한다. 다음 매크로 AIPRT(a, i)에서 연산식 a##[i]는 a와 [i]를 연결한다. 매크로 호출 AIPRT(facto, i)는 실인자 연산식 facto##[i]에 의해 facto와 i를 연결한 facto[i]로 대체된다.

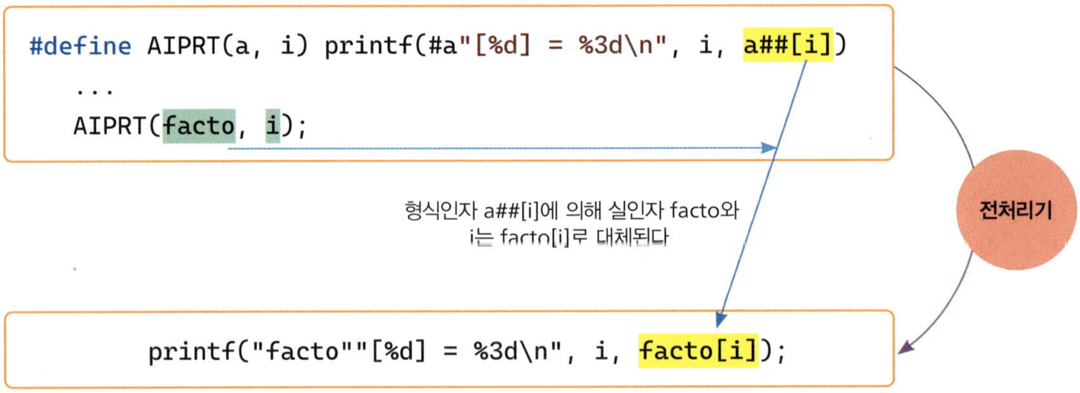

그림 16-45 토큰 붙이기 연산자 ##

실습예제 16-10 | Prj10 | 10operator.c | 전처리 연산자 #, #@, ##의 사용 | 난이도: ★★★

```
#include <stdio.h>

#define CHPRT(a)    printf("%c\n", #@a)
#define PRT(a)       printf(#a" = %d 일때, ", a)
#define APRT(a)       printf(#a" = %3d  ", a)
#define AIPRT(a, i)  printf(#a"[%d] = %3d\n", i, a##[i])

```

#@인자는 인자 앞 뒤에 작은따옴표를 붙여 인자를 문자로 만드는 연산자로 #@a는 'a'로 만듦

#인자는 인자 앞 뒤에 큰따옴표를 붙여 인자를 문자열로 만드는 연산자로 #a는 "a"로 만듦

#a" = %3d "는 결국 "a" " = %3d " 가 되어 문자열 "a" " = %3d "이 됨

##은 다른 두 토큰들과 연결해주는 연산자로 a##[i]는 a[i]가 됨

```c
int main(void)
{
    int prod = 1;
    int facto[6];
    CHPRT($);                    //3행 매크로 호출

    for (int i = 1; i <= 5; i++)
    {
        prod *= i;
        facto[i] = prod;
        PRT(i);                  //4행 매크로 호출
        APRT(facto[i]);          //5행 매크로 호출
        AIPRT(facto, i);         //6행 매크로 호출
    };

    return 0;
}
```

PRT(i)는 i에 따라 'i = 4 일때'와 같이 출력

APRT(facto[i])는 i에 따라 'facto[i] = 24'와 같이 출력

AIPRT(facto, i)는 i에 따라 'facto[4] = 24'와 같이 출력

결과

```
$
i = 1 일때, facto[i] =   1  facto[1] =   1
i = 2 일때, facto[i] =   2  facto[2] =   2
i = 3 일때, facto[i] =   6  facto[3] =   6
i = 4 일때, facto[i] =  24  facto[4] =  24
i = 5 일때, facto[i] = 120  facto[5] = 120
```

중간점검

01 전처리 연산자를 고려해 다음 프로그램의 결과를 기술하시오.

```c
#include <stdio.h>
#define AIPRT(a) printf(#a" = %d, %p\n", ##a, &##a)

int main(void)
{
   int value = 1;
   AIPRT(value);

   return 0;
}
```

LAB

다양한 자료형의 변수 내용을 서로 교환하는 매크로

두 변수의 내용을 서로 교환하는 수행을 스왑(swap)이라고 표현한다. 매크로 SWAP_INT(a, b, temp)는 int형 변수 두 a, b를 이미 선언되어 있는 변수 temp를 사용하여 두 변수를 교환하는 매크로로 구현한다. 매크로 SWAP_DOUBLE(a, b)은 double형 변수 두 a, b를 매크로 내부에서 직접 변수 _temp를 선언해 두 변수를 교환하는 매크로로 구현한다. 마지막으로 매크로 SWAP_TYPE(type, a, b)은 자료형 type형인 변수 두 a, b를 매크로 내부에서 직접 자료형 type으로 변수 _swap_temp를 선언해 두 변수를 교환하는 매크로로 구현한다. 다음과 같은 프로그램 수행 결과가 되도록 프로그램을 구현해 보도록 한다.

- 정수를 교환하는 매크로와 실수를 교환하는 매크로 각각 2번 호출

Lab 16-3 lab3swaptype.c 난이도: ★★★

```
#include <stdio.h>

//자료형 int a, b의 교환 매크로, temp를 사용
#define SWAP_INT(a, b, temp)    \
        temp = a; a = b; b = temp;

#define SWAP_DOUBLE(a, b)     \
        double _temp = a; 

//자료형을 지정하여 a, b의 교환 매크로, _swap_temp를 내부에서 지정해서 사용
#define SWAP_TYPE(type, a, b) \
        { \
          type _swap_temp; \
          _swap_temp = (b); \
          (b) = (a); \
          (a) = _swap_temp; \
        }

int main(void)
```

```c
20  {
21      int a = 50, b = 70, c;
22      printf("%d %d\n", a, b);
23      SWAP_INT(a, b, c);
24      printf("%d %d\n", a, b);
25      SWAP_TYPE(int, a, b);
26      printf("%d %d\n", a, b);
27  
28      double x = 3.36, y = 7.18;
29      printf("%.2f %.2f\n", x, y);
30      SWAP_DOUBLE(x, y);
31      printf("%.2f %.2f\n", x, y);
32      SWAP_TYPE(              );
33      printf("%.2f %.2f\n", x, y);
34  
35      return 0;
36  }
```

정답

```c
08        double _temp = a; a = b; b = _temp;
32      SWAP_TYPE(double, x, y);
```

내용점검 연습

01 다음에서 서술 내용이 맞으면 ○, 틀리면 × 하시오.

❶ 메모리 사용 예측이 정확하지 않고 실행 중에 메모리 할당이 필요하다면 정적 메모리 방식이 적합하다. ( )

❷ 함수 malloc(), calloc(), realloc() 모두 반환형이 요구한 자료의 포인터 형이다. ( )

❸ 함수 free()는 인자로 해제할 메모리 공간의 주소값을 갖는 포인터를 이용하여 호출한다. ( )

❹ 구조체는 자기 자신을 멤버로 사용할 수 있으나 자기 자신의 포인터는 멤버로 사용할 수 없다. ( )

❺ 동적 할당된 연결 리스트의 노드들은 연속된 저장공간에 저장된다. ( )

❻ 연결 리스트의 가장 큰 장점은 연결 리스트 항목 수를 프로그램 내부에서 메모리가 허용하는 한 원하는 만큼 늘릴 수 있다는 것이다. ( )

❼ 토큰 붙이기 연산자 #은 좌우의 토큰을 연결(concatenation)하는 기능을 수행한다. ( )

02 다음에서 비어있는 부분을 적당히 채우시오.

❶ 함수 realloc()에서 첫 번째 인자가 NULL이면 함수 (   )과 같은 기능을 수행한다

❷ (   ) 구조체란 구조체의 멤버 중의 하나가 자기 자신의 구조체 포인터 변수를 갖는 구조체를 말한다.

❸ 연결 리스트는 원소인 (   )가 순차적으로 연결된 자료구조이다.

❹ 연결 리스트에서 (   )는 항상 첫 번째 노드를 가리키는 포인터이다.

❺ 모든 지시자는 원칙적으로 한 줄에 하나의 지시자를 코딩해야 하므로 여러 줄의 지시자를 입력하기 위해서는 줄 끝에 (   )를 이용한다.

❻ (   )는 이미 정의된 기호 상수를 해지하는 지시자이다.

❼ 문자열 만들기 연산자 ( )은 매크로 정의 시에 뒤에 나오는 인자를 문자열로 만드는 연산자이다.

03 다음 각각의 문제에서 가장 적절한 것을 하나 선택하시오.

❶ 다음은 메모리 할당에 대한 설명이다. 다음 중에서 잘못 설명하고 있는 것은 무엇인가? ( )

가) 메모리 할당 방법에는 정적 할당과 동적 할당이 있다.

나) 동적 메모리 할당 함수는 malloc(), calloc(), realloc() 3가지이다.

다) 한번 동적으로 할당된 메모리는 다시 확장할 수 없다.

라) 동적 메모리를 해제하는 함수는 free()이다.

❷ 다음은 배열과 연결 리스트에 대한 설명이다. 다음 중에서 잘못 설명하고 있는 것은 무엇인가? (　)

가) 연결 리스트는 배열에 비하여 임의 접근(random access)도 빠르다.

나) 연결 리스트에서 헤드는 첫 번째 노드를 가리킨다.

다) 자료를 순차적으로 저장하기 가장 쉬운 방법은 배열이다.

라) 연결 리스트의 노드는 자료(data)와 링크(link)로 구성된다.

❸ 다음 중에서 모두 메모리 할당 함수인 것은 무엇인가? (　)

가) malloc(), clralloc(), realloc()　　나) alloc(), calloc(), ralloc()

다) malloc(), calloc(), ralloc()　　라) malloc(), calloc(), realloc()

❹ 다음 문장 이후에 함수 realloc()의 사용이 잘못된 것은 무엇인가? (　)

```
int *p, *ptr;
p = (int *)calloc(3, sizeof(int));
```

가) ptr = (int *)realloc(p, 4 * sizeof(int));

나) p = (int *)realloc(NULL, 4 * sizeof(int));

다) ptr = (int *)realloc(p, 4 * sizeof(int));

라) p = (int *)realloc(p, ptr);

❺ 다음 전처리 연산자 중에서 좌우의 토큰을 연결(concatenation)하는 기능을 수행하는 연산자는 무엇인가? (　)

가) #　　나) ##

다) #@　　라) defined

❻ 다음 중에서 예약 매크로(predefined macro)가 아닌 것은 무엇인가? (　)

가) _DATE_　　나) _DAY_

다) _TIME_　　라) _TIMESTAMP_

❼ 다음 프로그램의 출력 결과가 바른 것은 무엇인가? (   )

```
#include <stdio.h>
#define strprint( x ) printf(#x"\n")
int main()
{
   strprint(연결리스트);
}
```

가) 연결리스트

나) 오류발생

다) "연결리스트"

라) '연결리스트'

04 다음에서 설명하는 문장을 작성하시오.

❶ double형 포인터 변수 dptr에 double형 자료를 저장할 수 있는 공간을 할당하여 2.92를 저장하는 문장

❷ int형 포인터 변수 pi에 int형 원소 3개를 저장할 수 있는 배열 공간을 할당하여 각각 11, 32, 57을 저장하는 문장

❸ 위에서 할당된 메모리를 원소 5개로 확장하여 메모리를 할당하고 확장된 마지막 두 원소에 각각 7, 9를 저장하는 문장

❹ 함수 realloc()을 이용하여 int형 포인터 변수 p에 int 자료를 저장할 수 있는 공간을 할당하여 각각 100을 저장하는 문장

❺ 함수 calloc()을 이용하여 int형 포인터 변수 pc에 int형 원소 2개를 저장하는 배열 공간을 할당하는 문장

❻ 위에서 할당된 메모리 pc에서 원소 4개로 확장하여 메모리를 할당하고 원소의 값으로 1, 2, 3, 4를 저장하는 문장

❼ 구조체 멤버로 char형인 ch 변수와 자신의 포인터 변수인 next를 갖는 자기 참조 구조체 struct data를 정의하는 문장

05 다음 문장에서 문법오류를 찾아 수정하시오.

❶
```
char c = (char*) malloc(sizeof(char));
```

❷
```
double* pr = (double*) realloc(null, 3 * sizeof(int));
```

❸
```
double* pc = (int*) calloc(5, sizeof(double));
```

❹
```
int *reary, *cary;
cary = (int*) calloc(sizeof(int));
reary = (int*) realloc(4 * sizeof(int), cary);
```

⑤
```
struct node {
    int data;
    node* link;
};
```

06 다음 전처리 지시자 문장에서 문법오류를 찾아 수정하시오.

①
```
#defined PHI 3.14
```

②
```
#define area[r] (3.14 * 3.14 * (r))
```

③
```
#if VERSION > 0
#define SYSTEM 5
#end
```

④
```
#if define SYSTEM
#define OS 3
#endif
```

⑤
```
#ifnotdef SYSTEM
#define OS 3
#endif
```

07 다음 프로그램에서 문법오류 및 실행오류를 찾아 수정하시오.

①
```
#include <stdio.h>
#include <stdlib.h>

int main(void)
{
    int* ary = NULL;
    int i = 0;

    ary = (int*) malloc(3, sizeof(int));
    ary[0] = 10;
    ary[1] = 20;
    ary[2] = 30;

    for (i = 0; i < 3; i++)
        printf("ary[%d] = %d\n", i, *(ary + i));


    free(ary);

    return 0;
}
```

❷
```c
#include <stdio.h>
#include <stdlib.h>

typedef struct node
{
    int data;
    struct node* ptr;  //Pointer to Struct node
} node;

int main(void)
{
    node first = (node*) malloc(sizeof(node));
    node second = (node*) malloc(sizeof(node));

    free(first);
    free(second);

    return 0;
}
```

❸
```c
#include <stdio.h>

#define mkstr(str) #str#

int main(void)
{
    printf(mkstr(visualstudio));
    puts("");

    return 0;
}
```

08 다음 프로그램의 결과를 기술하시오.

❶
```c
#include <stdio.h>
#include <stdlib.h>

struct node {
    int data;
    struct node* link;
};
typedef struct node node;

node* createNode(int n);
```

```
int printList(node* head);

int main(void)
{
   int i;
   node* head = NULL;
   node* tail = NULL;

   for (i = 0; i < 4; i++)
   {
      if (head == NULL)
      {
         head = createNode((i + 1) * (i + 1));
         tail = head;
      }
      else
      {
         tail->link = createNode((i + 1) * (i + 1));
         tail = tail->link;
      }
   }

   printList(head);
   return 0;
}

//노드를 생성하는 함수
node* createNode(int n)
{
   node* cur;
   cur = (node*)malloc(sizeof(node));
   cur->data = n;
   cur->link = NULL;

   return cur;
}

//연결 리스트의 모든 노드 출력함수
int printList(node* head)
{
   int cnt = 0;
   node* nextNode = head;
   while (nextNode != NULL)
```

```
    {
        printf("%d %d\n", ++cnt, nextNode->data);
        nextNode = nextNode->link;
    }

    return cnt;
}
```

❷
```
#include <stdio.h>

#define PRINT(a) \
    printf("변수 "#a"의 값은 %d이다.\n", a);
#define ARYPRINT(a, i) \
    printf("변수 "#a"["#i"]의 값은 %d이다.\n", a[##i]);

int main(void)
{
    int i, n = 20;
    int a[] = { 4, 5, 6, 7, 8 };
    PRINT(n);
    for (i = 0; i < 5; i++)
        ARYPRINT(a, i);
    return 0;
}
```

프로그래밍 연습

01 입력할 실수의 개수를 입력 받아 동적으로 할당한 메모리에 다시 실수를 입력 받아 저장한 후 다음과 같이 출력하는 프로그램을 작성하시오. 난이도: ★★

```
Microsoft Visual Studio 디버그 콘솔
입력할 실수의 갯수를 입력 >> 4
4개의 실수 입력 >> 34.356 56.678 32.78 89.63
입력한 실수
34.36 56.68 32.78 89.63
```

02 구조체 point와 circle 2개를 정의하고 구조체 circle을 저장할 공간을 동적으로 확보하여 다음 자료를 저장하고 출력하는 프로그램을 작성하시오. 난이도: ★★

- 원의 반지름을 인자로 면적을 계산하는 매크로를 정의
- 구조체 point는 실수로 x, y 2차원 평면의 좌표를 표현
- 구조체 circle은 멤버로 중심 좌표인 point와 반지름인 radius으로 구성

```
Microsoft Visual Studio 디버그 콘솔
원 중심좌표(1.24, 3.82), 반지름: 4.93
원면적: 48.61
```

03 다음 파일에서 그 내용을 읽어 동적으로 자료를 만들어 연결리스트를 구성하고, 각 학생의 점수의 합을 구하여 표준 출력으로 아래의 내용과 합을 출력하는 프로그램을 작성하시오. 난이도: ★★★

- 입력파일과 출력 콘솔

```
input.txt - Windows 메...
파일(F) 편집(E) 서식(O) 보기(V) 도움말(H)
1	Frank	28.3	98.5
2	Harry	67.3	89.5
3	Peter	76.3	83.3
4	Grace	82.2	93.9
5	Diane	76.8	88.4
6	Carol	83.4	94.5
100%	Windows (CRLF)	UTF-8
```

```
Microsoft Visual Studio 디버그 콘솔
1	Frank	28.3	98.5	126.8
2	Harry	67.3	89.5	156.8
3	Peter	76.3	83.3	159.6
4	Grace	82.2	93.9	176.1
5	Diane	76.8	88.4	165.2
6	Carol	83.4	94.5	177.9
```

04 앞의 3번 문제 프로그램을 기반으로 각 학생의 점수의 합을 구하여 다음과 같은 형태로 표준출력과 동시에 파 일 out.txt에도 출력하도록 프로그램을 작성하시오. 난이도: ★★★

```
Microsoft Visual Studio 디버그 콘솔
  1     Frank    28.3    98.5    126.8
  2     Harry    67.3    89.5    156.8
  3     Peter    76.3    83.3    159.6
  4     Grace    82.2    93.9    176.1
  5     Diane    76.8    88.4    165.2
  6     Carol    83.4    94.5    177.9
```

05 정수 10개를 저장할 수 있는 배열을 동적으로 할당하여 함수 srand(), rand()를 이용하여 임의로 수를 저장한 후 오름차순으로 정렬하는 프로그램을 작성하시오. 난이도: ★★★

```
Microsoft Visual Studio 디버그 콘솔
정렬 전 배열값: -->
25, 32, 81, 19, 96, 11, 72, 3, 36, 51
정렬 후 배열값: -->
3, 11, 19, 25, 32, 36, 51, 72, 81, 96
```

06 다음을 참고로 매크로 print(exp)를 정의하여 다음 결과가 나오도록 프로그램을 작성하시오. 난이도: ★★

- 매크로 print(exp)는 연산식 exp가 그대로 출력되며 형식은 exp = 값으로 출력

```c
int a = 2;
print(3 * 4 + 3 / a);
```

- 한 예로 매크로 print(3 * 4 + 3 / a)의 출력 결과

```
Microsoft Visual Studio 디버그 콘솔
3 * 4 + 3 / a = 13
```

07 다음을 참고로 매크로 PRINT(x, y)를 정의하여 다음 결과가 나오도록 프로그램을 작성하시오. 난이도: ★★

- a와 b는 실제 프로그램에서 선언한 변수의 이름이며, 매크로 print(a, b)와 같이 호출 시 인자로 사용

```c
int a = 7, b = 2;
print(a, b);
```

- 매크로 print(a, b)의 출력 결과

```
Microsoft Visual Studio 디버그 콘솔
a와 b의 곱은 14 입니다.
```

08 매크로 PRINTMAX(a, b)를 정의해 다음처럼 출력이 되는 프로그램을 작성하시오. 난이도: ★★

- a와 b는 실제 프로그램에서 선언한 변수의 이름이며, 매크로 PRINTMAX(a++, b)와 같이 호출 시 인자로 사용

```
int a = 6, b = 5;
PRINTMAX(a++, b);
```

```
int a = 6, b = 5;
PRINTMAX(a++, b);
```

```
Microsoft Visual Studio 디버그 콘솔
a++와 b의 최대값: 7
```

Perfect **C**

찾아보기

V

W

기타

Perfect C

C언어로 배우는 프로그래밍 기초

인 쇄 2023년 1월 05일 3판 2쇄
발 행 2023년 1월 12일 3판 2쇄

저 자 강환수, 강환일, 이동규
발 행 인 성희령
기 획 팀 채희만
영 업 팀 한석범, 최형진, 이호준
편 집 팀 한혜인, 임유리
경영관리팀 이승희
발 행 처 INFINITYBOOKS

주 소 경기도 고양시 일산동구 하늘마을로 158
대방트리플라온 C동 209호

대표전화 02)302-8441
팩 스 02)6085-0777

도서 문의 및 A/S 지원
홈페이지 www.infinitybooks.co.kr
이 메 일 helloworld@infinitybooks.co.kr

I S B N 979-11-85578-83-5
등록번호 제2021-000018호
판매정가 **32,000원**

인지

본서의 무단복제를 금하며 파본은 구입처에서 교환하여 드립니다.